Joseph Neuwirth

Bank und Valuta in Österreich-Ungarn, 1862-1873

Joseph Neuwirth

Bank und Valuta in Österreich-Ungarn, 1862-1873

ISBN/EAN: 9783743329164

Hergestellt in Europa, USA, Kanada, Australien, Japan

Cover: Foto ©ninafisch / pixelio.de

Manufactured and distributed by brebook publishing software
(www.brebook.com)

Joseph Neuwirth

Bank und Valuta in Österreich-Ungarn, 1862-1873

BANKACTE UND BANKSTREIT

IN

OESTERREICH-UNGARN

1862—1873

VON

JOSEPH NEUWIRTH.

LEIPZIG

VERLAG VON DUNCKER & HUMBLOT

1873.

Vorwort und Widmung.

Wenig mehr als ein Decennium ist verstrichen, seit für das Geld- und Bankwesen in Oesterreich-Ungarn jene Grundlagen geschaffen worden sind, welche, durch den staatsrechtlichen Umgestaltungsprozess vom J. 1867 alterirt und seither von der wirthschaftlichen Entwickelung der Monarchie überholt, in nächster Zeit durch neue, den veränderten Verhältnissen angepasste Vereinbarungen ersetzt werden sollen. Voraussetzungen und Vorbedingungen, welche damals kaum geahnt wurden, Forderungen und Ansprüche, welche damals nicht erhoben werden konnten, sind derzeit für die Reformen und Transactionen auf diesem Gebiete gegeben und sie werden in nächster Zeit, mehr noch als in den unmittelbar vorausgegangenen Jahren, das Object schwieriger und verwickelter Verhandlungen bilden. Nichts wäre bedenklicher und kein Fehler wäre grösser, als der, wollte man hiebei den historischen Verlauf der Dinge innerhalb der letzten 10 Jahre völlig ausser Acht lassen, statt den lehrreichen Phasen, welche die ganz eigenartige Bank- und Valutafrage in Oesterreich-Ungarn innerhalb dieser Periode durchzumachen hatte, aufmerksam zu folgen und sie in jedem Stadium dieser Verhandlungen fest im Auge zu behalten. Zumal für die diesseitige Reichshälfte sind von dem Momente an, in welchem diese Verhandlungen beginnen, der Gründe viele gegeben, in eine Lösung der Bankfrage im Allgemeinen, sowie der mit ihr zusammenhängenden Detailfragen nur an der Hand der innerhalb des

letzten Decenniums gemachten Erfahrungen heranzutreten.
Journalistischer Erörterung mag diese Methode sich naturgemäss entziehen, die Tagespresse, indem sie die Bankfrage
behandelt, kann nicht unablässig rekapituliren. Diejenigen
Elemente und Organe aber, welche zur unmittelbaren Mitwirkung an der Lösung der grossen Bank- und Valutafrage
berufen sein werden, können solch einer rekapitulirenden
Arbeit nicht entrathen, und zumal für die endgiltige parlamentarische Behandlung derselben bildet die vollständigste
Vertrautheit nicht blos mit der Geschichte der Bankacte
allein, sondern auch mit den verschiedenen Stadien und dem
Verlauf des österreichisch-ungarischen Bankstreites eine unerlässliche Vorbedingung und Voraussetzung.

Diesem Gesichtspunkte vornehmlich verdankt die Arbeit,
welche ich hiemit der Oeffentlichkeit übergebe, ihr Entstehen.
Bedarf es einer Rechtfertigung, dass ich es unternommen
habe, mit dieser Arbeit hervorzutreten, dann wäre sie für mich
ausreichend durch den Umstand gegeben, dass Niemand vor
mir das auf die Bank- und Valutafrage in Oesterreich-Ungarn
bezügliche, überaus reichhaltige Material systematisch gesammelt und einheitlich darzustellen versucht hat. Für jene
Perioden, welche der Bankacte vom J. 1862 vorausgingen,
sind informirende Quellen in zusammenhängender Form ziemlich reichlich vorhanden, bis dahin reicht die österreichische
Bankliteratur; weiter aber reicht sie nicht, und für das Decennium, welches uns von dem Gesetze trennt, durch welches
die jetzige österreichische Bankacte geschaffen wurde, bietet
sich nur ein bunt zerstreutes Material dar, welches man nicht
ohne viele Mühe theils in Journalen und theils im Reichs-
gesetzblatt, theils in den Protocollen der beiden Häuser des
Reichsrathes und theils in den Publikationen der österreichischen Nationalbank, und infolge dessen ebensowenig vollständig als übersichtlich, aufzufinden vermag. Ich darf sagen,
dass ich mit gewissenhaftem Fleisse bemüht war, dieses Material mit möglichster Vollständigkeit zusammenzutragen, und

damit Diejenigen, welche dieses Materials bedürfen, des mühevollen Suchens nach anderen Quellen zu entheben.

Allerdings — und das dürfte vielleicht in den Augen Mancher als Fehler erscheinen — habe ich mich nicht darauf allein beschränkt, das Material zusammenzutragen, sondern habe es auch unternommen, auf Grund dieses Materials zu urtheilen. Es ist ein Stück kritischer Spezialgeschichte, welches ich geschrieben habe. Das geschah nicht darum allein, weil ich der bescheidenen Meinung bin, dass historische Darstellungen, welcher Art immer, nur dann, wenn sie für den Schulgebrauch bestimmt sind, des kritischen Gewandes zweckmässig entbehren, sondern es geschah diess auch mit Rücksicht auf die Natur des Gegenstandes, welcher die Kritik in unwiderstehlicher Weise herausfordert. Ich habe damit publizistisch nur fortgesetzt, was ich ehedem journalistisch zu thun gewohnt war. Für manche Leser dieses Buches wird der Standpunkt, welcher in demselben festgehalten ist, kein neuer sein, denn es ist der nämliche, den ich Jahre hindurch in zahlreichen Artikeln der „Neuen freien Presse" vertreten habe, und sie werden es auch begreiflich finden, dass es mir schwer gefallen wäre, nach jahrelanger Theilnahme an der öffentlichen Diskussion über die Bankfrage mich mit einem Male der kritischen Disposition zu entäussern, welcher ich solange gefolgt bin. Neutralität, das bekenne ich, kennzeichnet meine Arbeit nicht. Doch ist das, wie ich sofort beifügen muss, eben nicht ausschliesslich meine Schuld, sondern zum guten Theile die der Verhältnisse. Wer die Geschichte der Bankfrage in Oesterreich-Ungarn, namentlich aber die Geschichte des österreichisch-ungarischen Bankstreites mit einiger Aufmerksamkeit verfolgt hat, der wird wohl mit mir übereinstimmen, wenn ich die Behauptung wage, dass in dieser Angelegenheit überhaupt und nicht erst seit gestern, nicht bloss auf einer, sondern überhaupt auf allen Seiten jegliche neutrale Standpunkt, ja man könnte fast sagen, alle Objectivität abhanden gekommen ist. Die Bankfrage in Oesterreich-Un-

garn ist eben nicht eine wirthschaftliche Frage allein, sondern
sie ist auch eine politische, ja sie ist im Laufe der Zeit sogar
immer mehr zu einer grossen, staatsrechtlichen Parteifrage
geworden. Unter dieser eigenthümlichen Gestaltung hat sie
in gar vielen Richtungen argen Schaden gelitten, ganz besonders aber wurde sie dadurch mindestens auf publizistischem
Gebiete objektiver Behandlung nahezu entrückt. Ja, selbst
die wirthschaftliche Seite dieser Bankfrage ist in Oesterreich
leider nicht das, was sie in anderen Ländern ist. Nirgends,
Nordamerika mit seinem Freibanksystem und seinen professionel-
len Goldschwindlern vielleicht ausgenommen, führt in solchem
Maasse und in solcher Heftigkeit wie in Oesterreich-Ungarn
eine alle Theorien wie alle geschichtlichen Erfahrungen
vornehm verhöhnende, theils von Sonderinteressen geleitete,
theils durch mangelnde wirthschaftliche Bildung verleitete
Partei unersättlicher Notenexpansionisten das grosse Wort,·
und nirgends ist derjenige, der nicht mit einstimmt in den
Satz, dass das Creditbedürfniss eines Volkes keine Grenzen
habe, und dass dieses grenzenlose Creditbedürfniss jederzeit
und um jeden Preis seine Befriedigung finden müsse, so sehr
öffentlicher Verhöhnung, wenn nicht gar Verdächtigung ausgesetzt, wie eben in Oesterreich-Ungarn. Das hat dazu geführt,
dass die Bankfrage auch nach ihrer wirthschaftlichen Seite
hin nicht mit jener den wechselnden Ereignissen und den Interessen des Tages entrückten Ruhe und Gelassenheit des
Urtheils behandelt wird, wie dies in gegebenen Momenten in
anderen Ländern und beispielsweise eben jetzt im deutschen
Reiche und in England der Fall ist. Auch in Bezug auf die
wirthschaftliche Seite der Bankfrage ist eben der Streit in
Oesterreich-Ungarn ein ganz eigenartiger, denn es besteht
da nicht bloss ein Kampf der Meinungen und Ueberzeugungen,
sondern auch ein Kampf der Meinung und Ueberzeugung gegen
weitverzweigte Interessen. Derjenige aber möchte schwer zu
finden sein, der unter solchen Umständen allein sich auf den
Isolirschemel der Neutralität zu stellen vermöchte, zum Mindesten würde das Werk, welches er schafft, ein gut Theil

des Zusammenhanges mit den Thatsachen und Erscheinungen, welche er darzustellen unternimmt, einbüssen.

Unter dem kritischen Gewande meiner Ausführungen verbirgt sich aber mit Nichten ein Plaidoyer für die österreichische Nationalbank, soweit es sich um ihre Interessen in nächster Zukunft handelt. Ganz abgesehen davon, dass diese Ausführungen gar manchen Tadel gegen dieses Bankinstitut vorbringen, ja dass manche Partien dieses Buches geradezu dem Nachweise gewidmet sind, wie sehr die österreichische Nationalbank selbst mitschuldig ist an der heillosen Verschleppung des schwebenden Bankstreites, möchte in dieser Beziehung die Hinweisung darauf vielleicht am Platze sein, dass dieser erste Band meines Buches weder die Details der Frage der Verlängerung des Bankprivilegiums, noch auch die Modalitäten, unter welchen dieselbe in zweckmässiger Weise stattzufinden hätte, noch auch die Leistungen, welche von der Nationalbank gefordert werden sollten, behandelt. Erst der zweite Band meines Buches wird sich diesen mit der grossen Valutafrage in innigstem Zusammenhange stehenden Angelegenheiten zuwenden und bis dahin bitte ich Freund und Gegner das Urtheil über das Ausmaass meiner Anwaltschaft zu Gunsten der österreichischen Nationalbank zu suspendiren. Das aber bekenne ich allerdings schon an dieser Stelle, dass meine Ausführungen von Sympathie für dieses Institut getragen sind, von einer Sympathie jedoch, die nicht seinen Leitern oder den Interessen seiner Actionäre, sondern dem Institute selbst, seinem Fortbestande und seiner fortschreitenden Consolidirung gilt. Man sollte meinen, dass diese Sympathie keine vereinzelte sein und auch keine Missbilligung finden könne, in einem Lande, in welchem nichts beständiger ist als der Wechsel der Systeme wie der Experimente und welches schon mit Rücksicht darauf allen Grund hat, den gesicherten Fortbestand eines Institutes zu wünschen, welches, maassgebend für die wirthschaftliche Entwickelung des Landes, den mitunter gar stürmischen Consequenzen jener wechselnden Systeme und Experimente bisher mit so grossem Erfolge getrotzt hat, wie diese österreichische Nationalbank. Schier der letzte Rest politischer Einheit und staatswirthschaftlicher Gemeinsamkeit verkörpert sich in diesem Institute, welches gerade jetzt inmitten eines beispiellosen finanziellen Misstrauens als der Hort staatsöconomischen Credits dasteht und damit nicht bloss seine eminente Existenzberechtigung neuerlich erwiesen, sondern auch die wirthschaftliche Ehre Oesterreich-Ungarns nach Aussen hin gerettet hat. Die Frage, wie der staatsfinanzielle Vortheil mit dem Fortbestande dieses Institutes unmittelbar in Einklang zu bringen und welcher Transformation das Institut mit Rücksicht auf die seither wesentlich veränderten Verhältnisse zu unterwerfen sei, mag eine offene sein, ein Streit der Meinungen darüber, heute schon unvermeidlich erscheinend, ist ein berechtigter; darüber aber sollte eine Verschiedenheit der Meinungen kaum bestehen, dass die österreichisch-ungarische Monarchie, schon aus Gründen politischer Natur, solch eines innerlich kräftigen, wohlconsolidirten centralen Zettelemissionsinstitutes bedarf und dass sie allen Grund hat sich dazu zu beglückwünschen, dass sie das Zettelbankwesen der nächsten Zukunft aus der heute gegebenen Basis herauswachsen lassen kann, statt ein solches aus dem Nichts heraus erst schaffen zu müssen.

Gehört unter den in Oesterreich-Ungarn obwaltenden Verhältnissen trotzdem vielleicht einiger Muth dazu, in solcher Weise rückhaltlos, wenn auch nur im Prinzipe, dem Fortbestande der österreichischen Nationalbank das Wort zu reden, so nehme ich, von aufrichtigster Ueberzeugung getragen, keinen Anstand, ihn in dieser Richtung zu bethätigen, wie ich denn auch, von dem Gefühle für Gesetz und Recht geleitet, keinen Anstand genommen habe, diesen Muth bei Beurtheilung der letzten zehn Jahre österreichisch-ungarischer Bankpolitik grundsätzlich zu bethätigen. Diejenigen aber, welche meinen Standpunkt in beiden Richtungen nicht theilen — und ich weiss, dass ihre Zahl keine geringe ist — lade ich freundlichst ein, sich von den kritischen Partien meines Buches vorerst nachsichtig abzuwenden und mir mindestens um des Umstandes willen einige Gerechtigkeit widerfahren zu lassen, dass ich durch die vollständige und übersichtliche Beibringung des reichen, anderweitig nicht leicht aufzufindenden Materials doch auch ihnen ein klein wenig zu Diensten gewesen bin. Insoweit der zweite Band meines Buches sich weiter noch mit der österreichischen Nationalbank zu beschäftigen haben wird, werde ich auf eine solche Nachsicht ohnehin keinen Anspruch erheben können.

Eine Reihe von bankstatistischen Daten, welche in meiner sonst completen Materialiensammlung fehlten und der Vollständigkeit halber nicht entbehrt werden konnten, hat das Secretariat der österreichischen Nationalbank mir auf mein Ersuchen zur Verfügung gestellt und ich kann es nicht unterlassen, demselben hierfür meinen besten Dank auszusprechen.

* *

Ich widme dies Buch dem Andenken eines Mannes, der vor nicht viel mehr als einem Jahre erst aus der Reihe der Lebenden geschieden ist, und dessen Verlust heute noch wie damals in meinem Gemüthe schmerzlich nachzittert — dem Andenken Max Friedländers! Möchten die bedeutende Persönlichkeit des Verblichenen und seine von Freund und Feind anerkannten Verdienste um die österreichische Presse für sich allein ausreichen, um solch ein Zeichen der Erinnerung gerechtfertigt erscheinen zu lassen, so sind für mich speziell der Beweggründe hiefür noch gar manche gegeben. In seinem Geiste vor Allem ist dieses Buch geschrieben. Ursprünglich und während der Berathung der Bankacte deren eifrigster Widersacher, wurde er zum consequenten Verfechter derselben von dem Momente an, in welchem diese Bankacte Gesetz geworden war. Am 20. Januar 1865, als von vielen Seiten unter Hinweisung auf die Opfer, welche die Durchführung des Uebereinkommens zwischen Staat und Bank dem Staatsschatze auferlegten, eine Agitation für Suspension dieser

Bankacte in Scene gesetzt worden war, schrieb er in dem von ihm herausgegebenen, damals noch kaum 5 Monate alten Journale folgende Sätze nieder:

„. . . . . Wir halten es für eine sehr beklagenswerthe Ansicht, dass die Bankacte nichts als ein von der Plutokratie angebetetes Idol ist, und dass die Volksvertretung dieses Werk ruhig zertrümmern könne. Auch wir sind Gegner der Bankacte. Unter allen Stimmen in Oesterreich haben wir am offensten den Compromiss bekämpft, welcher in der Bankacte besiegelt wurde. Aber nichts scheint uns verderblicher, als die Lehre, nun auch wieder diese Bankacte zu zertrümmern. Es wäre eine letzte Zertrümmerung des österreichischen Credits, sollte auch jetzt wieder von den Verpflichtungen, die der Staat gegen die Bank unternommen, abgegangen, sollten selbst die unter Mitwirkung des Reichsrathes gegebenen Versprechungen gebrochen werden. Welche Kurzsichtigkeit, die österreichische Plutokratie als die Anbeterin der Bankacte hinzustellen! Unserer Plutokratie ist die Herstellung der Valuta vielleicht am allergleichgiltigsten. Aber am wichtigsten ist sie für Handel, Gewerbe, Industrie, Landwirthschaft, für den ganzen Nährstand, für die Gesammtheit. Der Staat darf den Zusagen, die er in der Bankacte gemacht hat, nicht untreu werden; die Bankacte ist auch für ihn ein Gesetz . . . .“

Das war seine Bankpolitik und er blieb ihr treu, wie er denn auch in keinem Stadium der Bankfrage und des Bankstreites den Gesichtspunkt aus den Augen verloren hatte, dass es über kurz oder lang denn doch wieder zur Regelung der Valuta und damit auch zur Herstellung der Solvenz der österreichischen Nationalbank kommen müsse.

Ich aber trat ihm gerade in dem Jahre näher, in welchem die österreichische Bankacte zum Gesetze heranreifte und von da ab war ich lange Jahre hindurch an seiner Seite journalistisch thätig. Im Laufe der Zeit war der Lehrer mir zum Freunde geworden. In beiden Richtungen habe ich ihm zu

danken, in beiden Richtungen bewahre ich ihm und seinem Andenken das aufrichtige Gefühl pietätvoller Treue. So mögen
denn diejenigen, welche dieses Buch zur Hand nehmen, durch
dasselbe veranlasst sein, den Manen des verblichenen hochbegabten Mannes eine Erinnerung zu weihen. Wie man am
Tage Allerseelen einen Kranz niederlegt auf das Grab eines
theuren Verstorbenen, so lege ich diese meine Arbeit im
Geiste auf sein Grabmal in schlesischer Erde nieder und
wehmüthig gedenke ich dabei und werde ich stets gedenken
der Worte des alten Wandsbecker Boten:

„Ach, sie haben einen guten Mann begraben,
„Und mir war er mehr."

Wien, im Juli 1873.

Der Verfasser.

Inhalts-Verzeichniss.

IV.
Das Jahr des Ausgleichs, 1867.

Zweites Buch.

Vom Ausgleiche bis zur Suspension der Bankacte.
(1868—1873.)

V.
Das Jahr 1868 und die Modification der Bankacte.

VI.
Das Jahr 1869 und die Speculationskrise.

VII.
Das Jahr 1870 und die ungarische Bankenquête.

VIII.
Das Jahr 1871; Krise und Umlaufsmittel.

IX.

Das Jahr 1872 und die ungarische Bankpolitik.

X.

Das erste Semester 1873 und die Suspension der Bankacte.

Drittes Buch.
Der Bankstreit in Oesterreich - Ungarn.

XI.
Zur Kritik des österreichisch-ungarischen Bankstreites.

Erstes Buch.

Von der Bankacte bis zum Ausgleiche.

(1862 — 1867.)

I.

Die Geschichte der Bankacte
von 1862.

Unter den Aufgaben staatswirthschaftlicher Reform, welche
der auf Grund der Verfassung vom 26. Februar 1861 am
1. Mai 1861 eröffnete erste österreichische Reichsrath vorfand,
stand die Bank- und mit ihr die Valutafrage obenan, und in
der Thronrede, mit welcher der Kaiser den Reichsrath begrüsste, wurde gesagt: „Ihrer erleuchteten und reiflichen Erwägung empfehle ich die Vorschläge zur Regelung des Verhältnisses zwischen dem Staate und der Nationalbank, mit
denen vor Allem die Sicherstellung der Unabhängigkeit der
letzteren bezweckt wird." Diese Regelung war in der That
unabweisbar geworden, denn das Geldwesen der Monarchie
befand sich im Zustande heilloser Zerrüttung. Das Kriegsjahr
1859, dessen Kosten hauptsächlich mit Hilfe der Notenpressen der Nationalbank und ihres Baarschatzes bestritten
worden waren, hatte das bereits bestandene Schuldverhältniss
zwischen Staat und Bank in einer Weise potenzirt, welche den
Bruck'schen Baarzahlungs-Versuch zu einer traurigen Episode
gestaltete und die Nationalbank zur Insolvenz verurtheilte.
Eine Folge der übermässigen, nicht durch die Bedürfnisse des
Verkehrs, sondern durch den Bedarf der Staatsverwaltung
herbeigeführten Noten-Production war die Entwerthung der
Landeswährung, welche vor Erscheinen der Februar-Verfassung
in einem Silber-Agio von 50 Prozent zum Ausdrucke kam und
mit dieser an dem Marke der Staatsfinanzen wie des gesamm-

1*

ten staatlichen Wirthschaftslebens zehrenden, eine masslose Valutaspeculation nach sich ziehenden Calamität ging die völlige Erschöpfung der Staatskassen, ging ein zerrütteter Staatshaushalt Hand in Hand. Weder den nach Brucks tragischem Ende zur Meinungsäusserung aufgeforderten Handels- und Gewerbekammern der Monarchie noch dem verstärkten Reichsrathe, noch auch der von dem Nachfolger Brucks einberufenen fachmännischen Valuta-Commission war es gelungen, die Lösung des grossen und schwierigen Problems auch nur anzubahnen. Nicht mehr als ein allerdings überreiches Material von zumeist recht zweifelhaftem Werthe hatte sich für die parlamentarische Action angesammelt, welcher die Bank- und Valutafrage nunmehr überantwortet war. Eine schwierigere und gewaltigere Aufgabe, als damit dem neuen, schmerzgebornen österreichischen Reichsrathe zugefallen war, hatte wohl selten noch ein Neulings-Parlament zu lösen, zumal politisches Wirrsal und festgewurzelter Pessimismus diese Lösung eben nicht erleichterten und schon der Anbeginn der Action zum Signal wurde für einen mit Erbitterung und Leidenschaft geführten Kampf, wie ihn die Geschichte des Bankwesens nur selten zu verzeichnen hat. Der parlamentarische Theil dieses Kampfes soll uns hier zunächst beschäftigen.

Am 13. März 1862, in der 100. Sitzung der ersten Session des Reichsrathes brachte der Finanzminister des Ministeriums Schmerling, Herr von Plener, den Entwurf einer Bankacte, das Ergebniss der zwischen ihm und der österreichischen Nationalbank gepflogenen Verhandlungen vor das Abgeordnetenhaus. Die Vorlage bestand aus dem Entwurfe eines Uebereinkommens, welches, das Verhältniss der Nationalbank zum Staate neu regelnd, vom Reichsrathe einfach „bestätigt" werden sollte, dann aus neuen Statuten und einem neuen Reglement, durch welche Acte das Privilegium der Bank bis Ende Dezember des Jahres 1890, also auf 24 Jahre, verlängert werden sollte. In der Rede, mit welcher er die Vorlage einbegleitete, wurde betont, dass es sich um folgende höchst wichtige „mit einander im innigsten Zusammenhange stehende" Zwecke handle:

a. Regelung des Schuldverhältnisses zwischen Staat und Bank;
b. Bedeckung des Defizits im Staatshaushalte;
c. Besserung und allmälige Herstellung der Landeswährung.

Die Regelung des Schuldverhältnisses zwischen Staat und Bank bezog sich auf folgende Schuldposten per 31. Januar 1862:

Gulden.

1. Die fundirte Staatsschuld aus der Einlösung des Wiener-Währung Papiergeldes im Restbetrage von . . . . 40,587,954.
2. Die durch Staatsgüter bedeckte Schuld im Restbetrage von . . . . 89,726,139.
3. Die Vorschüsse auf das mit kaiserl. Verordnung vom Jahre 1859 verfügte Anlehen im Restbetrage von . . . . 99,000,000.
4. Die Vorschüsse in Silber auf die 3 Millionen Pfund Sterling der im Jahre 1859 in London emittirten Anleihe 20,000,000

Zusammen 249,314,094.

Die von der Regierung damals vorgeschlagenen Rückzahlungs-Modalitäten wurden bald gegenstandslos und es wäre von Ueberfluss, sie hier im Detail zu recapituliren. Nur drei Momente des complicirten Rückzahlungs-Verfahrens wären hier zu erwähnen: Die letzte der Rückzahlungs-Raten wäre erst 1871 fällig geworden, die Rückzahlung hätte sich auf neun Jahre vertheilt; aus dem Erlöse der der Bank für die bezeichneten Schuldposten überwiesenen Pfandobjecte, speciell aus dem Erlöse der der Bank verpfändeten 123 Millionen des 1860er Lotterie-Anlehens sollten durch Theilung desselben zugleich die Mittel gefunden werden, um das vorhandene Staatsdefizit bedecken zu können; endlich sollte aus der Gesammtforderung der Bank ein Betrag von 80 Millionen fl. ö. W. ausgeschieden und dem Staate von der Bank als Entgelt für die Verlängerung ihres Privilegiums unter der Bedingung darlehensweise überlassen werden, dass dieses Darlehen mit 2 $\frac{1}{4}$ jährlich verzinst und in 5 gleichen Jahresraten, die erste am 31. Dezember 1886, die letzte am 31. Dezember 1890, zurückgezahlt würde. Gleichzeitig mit der Beendigung des Rückzahlungsprozesses sollte auch die Realisirung der im Besitze der Bank befindlichen Effecten — im damaligen Gesammtbetrage von 26$_{73}$ Millionen fl. — beendet sein und von der durch diese Reihe von Operationen bewerkstelligten Verminderung der Staatsschuld und des Notenumlaufes bei gleichzeitigem Anwachsen des Silberschatzes der Bank wurde Seitens der Regierung eine entschiedene Besserung der Valuta noch vor eintretender Einlösbarkeit der Noten erwartet.

Der Kernpunkt der Bankstatuten, das Noten-Emissionsrecht der Bank und die Frage der Notenbedeckung, lag in den §§ 14 und 15 der damaligen Regierungsvorlage und es dürfte um so angezeigter erscheinen, diesen Punkt hier nicht unberücksichtigt zu lassen, als speciell die Bedeckungsfrage in nächster Zeit wiederum das Object eingehender Controverse werden dürfte. Die Nationalbank sollte während der Dauer ihres Privilegiums ausschliesslich berechtigt sein, „unverzinsliche, dem Ueberbringer auf Verlangen zahlbare Anweisungen auf sich selbst anzufertigen und auszugeben", jedoch auf keinen niedrigeren als auf den Betrag von 10 fl. Die Bank sollte verpflichtet sein, die von ihr ausgegebenen Noten auf Verlangen der Inhaber bei ihrer Hauptcasse in Wien jederzeit nach ihrem vollen Nennwerthe gegen gesetzliche Silbermünze einzulösen. Die Bankdirection, so hiess es weiter, habe für ein solches Verhältniss des Metallschatzes zur Notenemission Sorge zu tragen, welches geeignet ist, die vollständige Erfüllung dieser Verpflichtung zu sichern. Die Bedeckung der im Umlaufe befindlichen Noten der Bank wurde in folgender Weise vorgeschlagen:

„So lange der gesammte Betrag dieser Noten nicht den dreifachen Betrag des Bankfondes, d. i. 330 Millionen übersteigt, wenigstens bis zur Höhe eines Drittheils mit gesetzlicher Silbermünze oder Silberbarren; sobald der im Umlaufe befindliche Betrag 330 Millionen übersteigt, bis zu einem Drittheil der 330 Millionen und weiter mit der Hälfte des Mehrbetrages mit gesetzlicher Silbermünze oder Silberbarren; sobald der im Umlaufe befindliche Betrag 440 Millionen übersteigt, müssen die 440 Millionen wie oben und der Ueberschuss über 440 Millionen mit einem diesem gleichkommenden Betrage gesetzlicher Silbermünze oder Silberbarren bedeckt sein; derjenige Theil der im Umlaufe befindlichen Noten, welcher nicht mit Silber bedeckt ist, muss in allen Fällen mit statutenmässig escomptirten oder beliehenen Effecten bedeckt sein, dann mit statutenmässig eingelösten und zur Wiederveräusserung geeigneten Pfandbriefen der Bank, welche letztere jedoch den Betrag von 20 Millionen nicht überschreiten dürfen, und nur mit ⅔ des Nennwerthes zur Bedeckung dienen können."

Also lauteten im Wesentlichen die Vorschläge der Regierung. Sie provozirten sofort einen ziemlich hartnäckigen Widerstand, welcher die nun folgenden Berathungen im Schoosse des Finanzausschusses des Abgeordnetenhauses fast unausgesetzt begleitete. Den Einen schien das der Bank zu gewährende Entgelt zu hoch und die Leistungen der Bank für dieses Entgelt zu niedrig, die Andern kämpften gegen die Privilegiums-Verlängerung überhaupt, ohne indess in gleicher Weise deutlich anzugeben, welche Institution eventuell an Stelle der Bank zu treten hätte, die Dritten endlich wagten sich, wenn auch nur schüchtern, mit theils theoretischen, theils von politisch-föderalistischen Gesichtspunkten geleiteten Plaidoyers für Bankfreiheit oder doch wenigstens Landesbanken hervor. Dazwischen verging kaum eine Sitzung des Abgeordnetenhauses, in der nicht etliche Finanzprojecte und Bankvorschläge in Form von Petitionen und Broschüren zur Vertheilung gelangt wären. Die Bank- und Valutafrage war eben damals schon ihres streng sachlichen, wissenschaftlichen Charakters entkleidet und speciell durch die Vorlage der Regierung selbst mit den allgemeinen Finanzen des Staates, mit der Frage der Bedeckung des Defizits u. s. w. verquickt worden und damit war für die finanzielle Quacksalberei die Einladung zum Tanze vollauf gegeben, eine Einladung, von der sie auch wacker Gebrauch machte. Eines Zeitraumes von nahezu sieben Monaten bedurfte der Finanzausschuss des Abgeordneten-

hauses, um über die schwierige Angelegenheit schlüssig zu
werden, zu deren Lösung ihm übrigens eine mehrwöchent-
liche fachmännische Enquête schätzbares Material zu dem bereits vorhandenen geliefert hatte. Am 24. October 1862 trat
er mit seinem Elaborate vor das Haus und an diesem Tage
begann im Abgeordnetenhause die Verhandlung, nicht über
die Vorlage der Regierung, welche von dieser selbst so ziemlich im Stiche gelassen worden war, vielmehr über den völlig
neuen Entwurf einer Bankacte, deren Cardinalpunkte im Folgenden skizzirt werden mögen:

Woran der Finanzausschuss vor allem Anstoss nahm, das
war die zu lange Dauer der Privilegiums-Verlängerung, die
allzulangsame Abwickelung des Schuldverhältnisses zwischen
Staat und Bank und im Zusammenhange damit die allzuweit
vertagte Wiederaufnahme der Silberzahlungen, wie dies Seitens der Regierung vorgeschlagen war. Zugleich aber liess
der Ausschuss, in diesem Punkte mit der Regierung und auch
mit dem einsichtsvolleren Theile der Bevölkerung übereinstimmend, von der wohl auch heute noch sachlich wohlbe-
gründeten Ueberzeugung sich leiten, „dass es zweckmässiger
sei, wenn die schon bestehende Nationalbank als Central-
Zettelemissions-Institut zu fungiren fortfährt gegenüber den
Störungen, welche die Liquidation der Nationalbank und die
Creirung einer neuen Zettel-Emissions-Anstalt im Verkehre
nach sich ziehen würde" und seine Gegenvorschläge suchten
dieser Ueberzeugung unter gleichzeitiger Wahrung des staatlichen Interesses Rechnung zu tragen. Vier Punkte zunächst
bedurften der Modification:

I. Die Modalitäten der Regelung des Schuldverhältnisses
   zwischen Staat und Bank.

II. Die Normen über die für die naturgemässe Vermin-
    derung des Notenumlaufs und die Vorbereitungen zur
    Herstellung der Valuta wichtige Veräusserung der im
    Besitze der Bank befindlichen Effecten.

III. Die Wiederaufnahme der Silberzahlungen und die Ver-
     minderung des Notenumlaufs.

IV. Die dem Staate zu reservirenden Vortheile für die Verlängerung des Bankprivilegs.

ad I sprach der Finanzausschuss sich dahin aus, dass der
Termin für die A b w i c k e l u n g d e s S c h u l d v e r h ä l t n i s s e s
zwischen Staat und Bank nicht zu weit hinausgeschoben
werden solle, und dass das Ende des Jahres 1866 dafür der
um so richtiger gewählte Zeitpunkt wäre, als er mit dem Ablaufe des Bankprivilegiums zusammenfalle. „Man hielt", so
sagte damals der Berichterstatter des Finanzausschusses, Abg.
Dr. Herbst, „einen Zeitraum von mehr als 4 Jahren einerseits
für nothwendig, um die Opfer, welche die Wiederherstellung
der Valuta für den Staat und wohl auch für viele betheiligte
Interessen, herbeiführen muss, nicht allzu drückend zu machen,
man hielt aber auch dafür, dass die Sache eine so wesentliche, eine so wichtige, eine so innig mit den Interessen der
Völker Oesterreichs verflochtene sei, dass es nicht mit der
Pflicht des Abgeordnetenhauses vereinbar wäre, nicht dafür
einzustehen, dass mit Ablauf jenes Termines die Möglichkeit
der Wiederaufnahme der Baarzahlungen herbeigeführt werde.
Das war der leitende Gedanke. D a s E n d e d e s J a h r e s
1 8 6 6 s o l l d e n W e n d e p u n k t b i l d e n; mit Ende dieses
Jahres soll die Periode des Ueberganges abgeschlossen
werden." Demgemäss brachte der Finanzausschuss folgende
Rückzahlungsmodalitäten für die mittlerweile von 249·311 Millionen auf 232·944 Millionen gesunkene Schuld des Staates an
die Bank in Vorschlag:

Der Rest der aus der Einlösung der Wiener Währungs-
schuld herrührenden Schuld (per 30. September 1862 mit
37·649 Millionen) wird mit 2% verzinst und in vier gleichen
Jahresraten, deren erste mit Ende Dezember 1863, die letzte
aber mit Ende Dezember 1866 fällig sein soll, an die Bank
zurückgezahlt;

Die Silberschuld vom Jahre 1859 (per 30. September 1862
mit 20·000 Millionen) wird in Silber oder Silberwechseln in
zwei gleichen Raten, Ende Dezember 1865 und Ende Dezember 1866, zurückgezahlt;

Von der Gesammtforderung der Bank an den Staat wird
ein Betrag von 80 Millionen ausgeschieden und dem Staate von
der Bank als ein Darlehen überlassen, welches bis zur Wiederaufnahme der Einlösung ihrer Noten unverzinslich ist, von
da an aber mit 2% jährlich verzinst wird;

Nachdem von den bei der Nationalbank befindlichen 123
Millionen Obligationen des 1860er Lotterie-Anlehens 83 Millionen inzwischen realisirt wurden, so sollen 50 Millionen des
Erlöses zu anderweitigen Staatszwecken, der Rest zur Rückzahlung an die Bank verwendet werden; von dem Erlöse der
noch zu realisirenden 40 Millionen wird jeder einfliessende Theilbetrag zu $^2/_3$ für Staatszwecke, zu $^1/_3$ zur Rückzahlung an die
Bank verwendet;

Die Rückzahlung der nach Abrechnung der hier erwähnten
Einzelposten noch verbleibenden und durch Staatsgüter bedeckten Restschuld — beiläufig 67 Millionen — soll durch die
Verwerthung eben dieser Staatsgüter geschehen. Da jedoch
auch diese Schuld bis Ende Dezember 1866 getilgt sein sollte,
so wurde gleichzeitig beantragt, dass, falls der Erlös aus
dem Verkaufe der Staatsgüter nicht ausreichen sollte, das
Fehlende aus Staatsmitteln baar bezahlt werden solle, derart,
dass in jedem Falle auch diese Restschuld mit Ende 1866 ab-
getragen wäre.

Es war keine geringe Last, welche auf diese Weise zum
Zwecke der beschleunigten Abwickelung des ganzen Rückzahlungsprozesses innerhalb von vier Jahren (statt des von
der Regierung in Aussicht genommenen Zeitraumes von neun
Jahren) den ohnehin arg bedrängten Staatsfinanzen zugemuthet
wurde; die Summe der Rückzahlungen betrug eben, abgesehen
von den Rückzahlungen aus dem Erlöse der 1860er Loose ungefähr 127 Millionen auf vier Jahre vertheilt. Allein der
Finanzausschuss erklärte, davor nicht zurückzuschrecken, mit
Rücksicht vor Allem darauf, „dass es wirklich der dringlichste
und sehnlichste Wunsch aller Angehörigen Oesterreichs ist,
dass Oesterreich aus der Valuta-Calamität endlich

herauskomme und dass Opfer, welche in dieser Beziehung gebracht werden, gewiss als gerechtfertigt erscheinen."

ad II sollte der Bank zum Zwecke der Vorbereitungen für die Wiederaufnahme der Baarzahlungen die Verpflichtung auferlegt werden, sich ihres Effectenbesitzes — über 26 Millionen Gulden — innerhalb des Zeitraumes und nach dem Verhältnisse, in welchem der Staat seine Rückzahlungen an die Bank leistet, zu entäussern. Die durch diese Veräusserung, sowie durch die Rückzahlungen des Staates eingehenden Noten sollen, so beantragte der Finanzausschuss, in der Weise zur Verringerung des Notenumlaufs verwendet werden, dass bis Ende Dezember 1866 die statutenmässige Bedeckung der Noten hergestellt ist.

ad III war der Ausschuss der Meinung, dass wenn mit Ende 1866 die Rückzahlung der Staatsschuld und die Veräusserung der Effecten durchgeführt sei, damit für die Bank bereits die Möglichkeit gegeben sei, ihre Silberzahlungen wieder aufzunehmen. Er enthielt sich jedoch jeder speciellen Angabe eines bestimmten Termines und begnügte sich mit der Aufstellung des Grundsatzes, dass die Wiederaufnahme der Silberzahlungen im Jahre 1867 zu erfolgen habe, während die näheren Bestimmungen über den Zeitpunkt und die Modalitäten hiefür einem in der Reichsrathssession 1866 zu erlassenden Gesetze vorbehalten bleiben sollten. Die Nationalbank sollte vorläufig ermächtigt bleiben, Noten zu 1 und 5 fl. im Umlauf zu halten; über den Zeitpunkt für die Einziehung der 1 fl.-Noten sollte durch ein besonderes Gesetz bestimmt werden; die Noten zu 5 fl. aber sollten dann zur Einziehung gelangen, wenn die Veräusserung der zur Bedeckung dieser Noten dienenden, der Bank verpfändeten Loose des Anlehens vom Jahre 1860 beendigt sein werde. Eine numerische Festsetzung in Betreff der successiven Verminderung des Notenumlaufes schien dem Finanzausschusse unthunlich.

ad IV blieben endlich die Vortheile zu erwägen, welche der Staat von der Bank für die Verlängerung des Privi-

legiums zu beanspruchen hätte. Darüber war man einig,
dass der Hauptvortheil in einem für die Privilegiumsdauer
dem Staate zu überlassenden permanenten Darlehen von 80
Millionen fl. zu bestehen habe. Dabei, dass gerade diese
Ziffer in Uebereinstimmung mit dem Regierungsantrage gewählt wurde, war der Gesichtspunkt massgebend, dass der
Staat, falls keine Banknoten bestünden, zum Mindesten 80
Millionen ohne Zwangscours und ohne Verpflichtung zur Einlösung im Umlaufe erhalten könnte, worauf er eben durch
Ertheilung des Privilegiums an die Bank Verzicht leiste, dass
aber andererseits das Darlehen füglich auch nicht höher als
80 Millionen sein könne „weil sonst der Bankfond (110 Millionen) erschöpft oder wohl gar überschritten und sohin die
Folge herbeigeführt werden könnte, dass sich Noten im Umlaufe befänden, welche nur in diesem Darlehen ihre Deckung
hätten und daher nicht bankmässig gedeckt wären." Dieses
Darlehen von 80 Millionen sollte nach dem Antrage des
Finanzausschusses bis zum Momente der Wiederaufnahme der
Silberzahlungen unverzinslich sein; von diesem Momente, also
von 1867 an, sollte dieses Darlehen mit 2% verzinst werden,
gleichzeitig aber auch eine Betheiligung des Staates an
dem Gewinne der Bank Platz greifen und zwar derart,
dass von dem reinen Jahreserträgnisse der Geschäfte und des
Vermögens der Bank vorerst sechs Procent an die Actionäre
vertheilt, dann ein Viertheil des Restes in den Reservefond
hinterlegt, der Rest von drei Viertheilen aber zu gleichen
Theilen zwischen dem Staate und den Actionären der Bank
zu theilen wäre.

Dies waren im Wesentlichen die Grundzüge des „Uebereinkommens", welches nach dem Antrage des Finanzausschusses zwischen der Staatsverwaltung und der Nationalbank abgeschlossen werden sollte. Aus den Berathungen dieses
Ausschusses ging aber auch noch der Entwurf der „Statuten" in wesentlich modifizirter Fassung hervor und zwar
vor allem in jenen 2 Hauptpunkten, welche die Privilegiumsdauer und die Modalitäten der Notenbedeckung betrafen.

Wie schon früher erwähnt, nahm der Ausschuss, und er hatte in diesem Punkte die öffentliche Meinung entschieden auf seiner Seite, an dem Vorschlage der Regierung, das Bankprivilegium auf 24 Jahre zu verlängern, von vornherein Anstoss und seine Anschauung gelangte im § 1 der Statuten dahin zum Ausdrucke, dass nur eine Verlängerung um 10 Jahre, also bis Ende 1876, Platz zu greifen habe. Kaum minder belangreich und bis zu diesem Augenblicke noch in seinen Consequenzen einen Gegenstand der Controverse bildend, war die Aenderung, welche an der Regierungsvorlage in Bezug auf die Normen der Notenbedeckung vorgenommen wurde. Die Regierungsvorlage beruhte, wie früher bereits erwähnt, im Wesentlichen auf dem Principe der Drittelbedeckung combinirt mit dem Systeme einer graduell aufsteigenden Bedeckung bis zu einer Notenmenge, von welcher an die volle metallische Bedeckung einzutreten hätte. Es lag diesem Modus, wie er aus der Vereinbarung der Regierung mit der Nationalbank hervorging, der Gedanke zu Grunde, dass für die Nationalbank unter voller Bedachtnahme auf ihre Solvenz doch die Möglichkeit geschaffen werden solle, den eventuellen Anforderungen eines gesteigerten Verkehrs, einem temporär auftretenden grösseren Bedarf an Umlaufsmitteln in ausgiebigerem Maasse Rechnung tragen zu können, als dies bei Annahme eines anderen Bedeckungssystems der Fall wäre. Speciell dem von vielen Seiten patronisirten Vorschlage gegenüber, die Bedeckung derart zu normiren, dass von einer gewissen, als Minimum des Circulationsbedarfes anzusehenden Grenze, etwa von 100 Millionen an, sofort die volle metallische Bedeckung einzutreten habe, wurde Seitens der Regierung geltend gemacht, dass die Nationalbank, bei einem Notenumlaufe von 300 Millionen angelangt, wobei in jedem Falle eine metallische Bedeckung von 100 Millionen Silber vorhanden sein müsste, nur dann ein Interesse an der weitern Vermehrung hätte, wenn sie einen Ersatz für die Kosten der Anschaffung eines gleichen Betrages in Metall durch einen höhern Discontosatz erlangen könnte, da ohne einen solchen Ersatz

jede weitere Vermehrung des Notenumlaufs ihre Arbeit und
ihr Risico ohne jeden Gegenvortheil vermehren würde. Bei
der Grenze von 300 Millionen angelangt, von wo an jede weitere Banknote mit dem gleichen Betrage in Silber bedeckt
sein sollte, müsste die Bank, so wurde argumentirt, sich Silber
verschaffen und zwar durch Emission von Noten, welche auf
diese Weise, von der Verwendung im regelmässigen Bankgeschäfte ausgeschlossen, in den Umlauf kämen; die Ausgabe
weiterer Noten im regelmässigen Bankgeschäfte wäre unmöglich, da dann für jede dieser Noten wieder Silber vorhanden sein müsste, was wiederum nur gegen Hinausgabe
von Noten geschehen könnte. Es wäre demnach die Bank,
bei dieser Grenze von 300 Millionen angelangt, festgebunden
und ihr die Möglichkeit benommen, erhöhten Anforderungen
des Handels und der Industrie zu entsprechen. Es könne
aber nicht behauptet werden, dass fortan ein Notenumlauf
von 300 Millionen für den Verkehr im Lande ausreichend
sein werde und zumal in bewegteren, in ungewöhnlich günstigen, die Nachfrage nach Noten steigernden oder in kritischen, das Begehren nach dem Bankcredit erhöhenden Zeiten
würde der Bank jede Elasticität und jede Möglichkeit zu
helfen fehlen.

Im Schoosse des Finanzausschusses wurde diese Frage
der Notenbedeckung in wochenlangen Berathungen erörtert,
deren Ergebniss die Verwerfung des Regierungsantrages war.
Der Ausschuss fand zunächst, dass bei Annahme des von
der Regierung vorgeschlagenen Systems die Möglichkeit eines
den vorhandenen Baarschatz um 275 Millionen übersteigenden
Notenumlaufs gegeben sei (nämlich bei einem Notenumlaufe
von 440 Millionen), dass aber eine solche Möglichkeit, wenn
auch im Interesse der Rentabilität der Bank gelegen, sich doch
mit der ersten und wichtigsten Rücksicht, der Sicherung
der Solvenz der Bank, nicht vereinbaren lasse. Gegenüber
dem Systeme der Drittelbedeckung selbst trug der Ausschuss
dem Bedenken Rechnung, dass es bei grossem Notenumlaufe
zu wenig Sicherheit gewähre, da beispielsweise bei einem Noten-

umlaufe von 450 Millionen nur die kaum genügende Metallbedeckung von 150 Millionen vorhanden zu sein brauchte, während bei einem geringeren Notenumlaufe wiederum eine das Maass des Nothwendigen übersteigende Sicherung gegeben wäre, da beispielsweise bei einem Notenumlaufe von 240 Millionen eine kaum unbedingt erforderliche Metallbedeckung von 80 Millionen vorhanden sein müsste. Ueberdies berge das System der Drittelbedeckung die Gefahr in sich, dass dasselbe in Zeiten lebhaften Verkehrs zu einer enormen, das wirkliche Bedürfniss oft überschreitenden Notenausgabe führe und die Bank 'dann beim Eintritte einer Krisis, wenn ihre Noten zur Einlösung präsentirt werden, überdiess noch den doppelten Betrag jeder ihrer präsentirten Noten aus dem Verkehre ziehen müsse, wenn das Princip der Drittelbedeckung nicht alterirt werden soll, dass also einer zu sehr ermöglichten und erleichterten Noten-Expension in kritischen Zeiten eine um so empfindlichere, ganz unverhältnissmässige und gerade in den Tagen einer Krisis um so gefahrvollere Restriction folgen müsste. Mit Rücksicht auf diese Bedenken glaubte der Ausschuss dem Systeme der Peel'schen Bankakte, dem Systeme nämlich, dass über die Grenze eines bestimmten, als Minimum des Bedarfes zu betrachtenden Notenquantums hinaus jede Note Gulden für Gulden metallisch bedeckt sein müsse, den Vorzug geben zu sollen, ohne indess dieses System ganz nach dem englischen Vorbilde zu acceptiren. Es wurde nämlich angesichts der Schwierigkeiten bei Bestimmung des Notenbedarf-Minimums und um den Nachtheil zu verhüten, dass die Bank eventuell dem Verkehre eine ausreichende Unterstützung nicht zu gewähren vermöchte, zunächst der allgemeine Grundsatz aufgestellt: „Die Bankdirection hat für ein solches Verhältniss des Metallschatzes zur Notenemission Sorge zu tragen, welches geeignet ist, die vollständige Erfüllung dieser Verpflichtung (der Baareinlösung) zu sichern", gleichzeitig aber auch die Beschränkung dieses freien Ermessens der Bankdirection in der Richtung ausgesprochen, dass für den gesammten Notenumlauf stets vollständige theils metallische, theils bankmässige

Bedeckung, dass ferner stets jener Betrag, um welchen die
Summe der umlaufenden Noten 200 Millionen Gulden über-
steigt, in Silbermünze oder Barren vorhanden sein müsse.
Damit sollte der Bankdirection anheimgegeben werden, den
Metallschatz so hoch zu halten als sie für angemessen er-
achtet und ihr die Möglichkeit eröffnet sein, denselben auf ein
Drittheil, auf die Hälfte u. s. w. des Notenumlaufs zu bringen.

Demgemäss fand die Frage der Notenbedeckung Seitens
des Finanzausschusses ihre Erledigung dahin, dass (nachdem
im § 13 des Statutenentwurfes normirt worden war, die Nationalbank sei verpflichtet, die von ihr ausgegebenen Noten
auf Verlangen der Inhaber jederzeit nach ihrem vollen Nennwerthe gegen gesetzliche Silbermünze einzulösen und die
Nichterfüllung dieser Verpflichtung solle den Verlust des Privilegiums zur Folge haben) der diese Frage betreffende § 14
der Statuten folgende Fassung erhielt:

> „Die Bankdirection hat für ein solches Verhältniss des Metallschatzes zur
> Notenemission Sorge zu tragen, welches geeignet ist, die vollständige Erfüllung
> dieser Verpflichtung zu sichern.
>
> Es muss jedoch jedenfalls jener Betrag, um welchen die Summe der um-
> laufenden Noten 200 Millionen übersteigt, in gesetzlicher Silbermünze oder Silber-
> barren vorhanden sein.
>
> Ebenso muss jener Betrag, um welchen die umlaufenden Noten den vorhan-
> denen Baarvorrath übersteigen, mit statutenmässig escomptirten oder beliehenen
> Effecten bedeckt sein, dann mit statutenmässig eingelösten und zur Wiederver-
> äusserung geeigneten Pfandbriefen der Bank, welche letztere jedoch den Betrag von
> 20 Millionen Gulden nicht überschreiten dürfen und nur mit ⅔ des Nennwerthes
> zur Bedeckung dienen können.
>
> Bis zur Höhe des vierten Theiles des Metallvorrathes kann Gold in Münze
> oder in Barren anstatt des Silbers zur Bedeckung verwendet werden.
>
> Als im Umlaufe befindlich sind die von der Nationalbank ausgegebenen und
> nicht an ihre Cassen zurückgelangten Noten anzusehen.“

Der Vollständigkeit der Darlegung halber wären zwei
Momente hierbei noch zu betonen. Einmal, dass es an Stimmen und zwar auch im Schoosse des Finanzausschusses selbst
nicht fehlte, welche der Meinung Ausdruck gaben, dass die
Summe von 200 Millionen zu hoch gegriffen und dass es für die
Solvenz der Bank bedenklich sei, wenn ihr gestattet werde,
erst von diesem Betrage an für die volle metallische Be-

deckung zu sorgen. Das zu constatiren dürfte angesichts der Klagen, welche sich seither so oft gegen den § 14 der Bankstatuten erhoben haben, nicht von Ueberfluss sein. Weiter aber soll auch der Umstand hier seine Erwähnung finden, dass der Wortführer des Finanzausschusses der Eventualität damals wohl gedachte, dass die Summe von 200 Millionen unbedeckter Noten zu gering werden könnte und dass für diese Eventualität die Abhilfe durch die seinerzeitige Legislation in Aussicht genommen wurde. Erhöhen, das beiläufig war der Sinn der damaligen Auseinandersetzung des Berichterstatters des Finanzausschusses, lasse sich die Ziffer des unbedeckten Notenquantums immer, sie herabzumindern aber stünde nicht in der Macht der Legislation, denn dann würde der andere Compaciscent ein vertragsmässiges Recht erworben haben.

Die Verhandlung über die neue Bankacte, deren Grundzüge wir hier skizzirt haben, begann im Plenum des Abgeordnetenhauses, wie bereits erwähnt, am 27. October 1862 und gelangte am 10. November 1862 zum Abschlusse. Nachdem in der Sitzung vom 28. October die Generaldebatte erledigt war, begann die Specialberathung und zwar zunächst über den neuen Entwurf der Statuten für die Nationalbank. Dem Zwecke dieser Darlegung, meinen wir, dürfte es dienlich sein, den Verlauf der Berathungen über die essentiellen Punkte und die Natur der vom Abgeordnetenhause gefassten Beschlüsse hier zu recapituliren:

Bei § 1 (Dauer des neuen Bankprivilegiums) erklärte sich das Abgeordnetenhaus für die Verlängerung um 10 Jahre (bis Ende 1876). Der Regierungsantrag (Verlängerung um 24 Jahre bis 1880) wurde abgelehnt.

Bei § 10 der Statuten kam, im Zusammenhange mit den §§ 4, 6 und 9 des „Uebereinkommens", die Frage der Verwerthung des Bankprivilegiums und die grundsätzliche Be-

stimmung des dem Staate hiefür zu gewährenden Entgelts
zur Verhandlung. Das Prinzip einer Betheiligung des
Staates am Gewinne der Bank wurde abgelehnt, dagegen gleichzeitig die Unverzinslichkeit des dem Staate von
der Bank zu gewährenden 80 Millionen Darlehens beschlossen,
somit ein zwischen dem Antrage der Regierung und jenem
des Finanzausschusses die Mitte haltender Antrag acceptirt.
Im Zusammenhange mit der Ablehnung der Gewinnbetheili-
gung des Staates wurde sodann im § 10 normirt, dass von
dem Jahreserträgnisse der Bank den Actionären nach Abzug
aller Auslagen zunächst 6% des Bankfondes gebühren, und
dass von dem dann noch verbleibenden reinen Jahreserträgnisse ein Viertheil in den Reservefond hinterlegt werden, die
andern drei Viertheile zur Superdividende bestimmt sein sollen.

Bei § 12 (ausschliessliche Berechtigung der Nationalbank
zur Ausgabe von Banknoten) ergab sich keine Differenz.
Dagegen wurde bei § 13 (Verpflichtung der Bank zur Einlösung ihrer Noten) über Anregung der Regierung die
späterhin leider zur Thatsache gewordene Eventualität ins
Auge gefasst, dass „in ausserordentlichen Zeitverhältnissen,
wenn auch die Bank vollkommen ihren Verpflichtungen nach-
kommt, die Einstellung der Silberzahlungen für sie ein Gebot der Nothwendigkeit werden könnte", und es wurde für
diesen Fall dadurch vorgesorgt, dass das betreffende Alinea
folgende Fassung erhielt: „Die Nichterfüllung dieser Verpflichtung hat, ausser dem Falle einer im gesetzlichen Wege verfügten, zeitweiligen Einstellung der Noteneinlösung den Verlust des Privilegiums zur Folge."

Bei § 14 kam das System der Notenbedeckung in Verhandlung, einer der wichtigsten Punkte des ganzen Statuten-
Entwurfes. Die Regierung hielt ihren Antrag (modifizirte
Drittelbedeckung) kaum mehr aufrecht. Ein Antrag im Plenum des Hauses eingebracht, das System der metallischen
Halbbedeckung bis zu 400 Millionen, von da an volle Metallbedeckung bezweckend, fand nicht die genügende Unterstützung, war also von vornherein beseitigt. Zur Annahme

gelangte der oben erwähnte, vom Finanzausschusse beantragte
Bedeckungsmodus (bis 200 Millionen als angenommenes Cir-
culationsbedarfs-Minimum bankmässige, von da an volle Metallbedeckung). Dabei war der Gesichtspunkt massgebend,
dass da, wo es sich um die Herstellung der Solvenz einer
insolvent gewordenen Bank handle, das Augenmerk vor Allem
darauf zu richten sei „das natürliche Interesse zur Notenvermehrung zu beschränken." Die Nationalbank, so
lautete die Argumentation des Berichterstatters Dr. Herbst,
werde auf Grund der neuen Bankakte und nach Abwickelung
des Schuldverhältnisses zwischen Staat und Bank in der Lage
sein dem Escompte- und Lombardgeschäfte 200 Millionen zuzuwenden und es lasse sich nicht denken „dass damit die
legitime Nachfrage bei der Bank nicht sollte befriedigt werden können." In bewegten oder kritischen Zeiten aber sei
eine noch weiter gehende Elastizität der Bank gerade am
wenigsten am Platze. „Ob in Zeiten wenn der Verkehr blüht
und die Geschäfte sich erweitern es angezeigt ist, noch künstlich diese Erweiterung zu begünstigen, ob nicht darauf in der
Regel ein Rückschlag eintritt, der dann dem Verkehre
schwerere Wunden schlägt als jene scheinbare und künstlich
grösser gemachte Blüthe ihm genützt hat, das ist eine Frage,
welche die Geschichte der meisten Handelskrisen bereits beantwortet hat. Und denken wir uns unglückliche Zeiten, wo
die Leute um ihr Silber zur Bank kommen, dass da die Bank
noch Elastizität haben und ihre Noten weiter noch soll vermehren dürfen, das scheint mir der Natur der Sache nicht
vollkommen zu entsprechen. In solchen Zeiten muss die Bank
vielmehr ihre Credite restringiren und welchen Nutzen soll
die weitere Ausgabe von Banknoten im Escompte-Geschäfte
haben, wenn die Leute ohnehin mit den Noten zur Bank
kommen, um das Silber dafür herauszunehmen? Die Bank
würde entsetzlich unvorsichtig handeln, wenn sie in solcher
Zeit ihr Escompte-Geschäft erweitern würde?." Man sieht aus
dieser Darlegung des damaligen Berichterstatters im Abgeordnetenhause, dass die seinerzeitigen Beschlüsse in Betreff

des Systems der Notenbedeckung in der Hauptsache eben
nur den Zeitpunkt nach wieder aufgenommener Baarzahlung
im Auge hatten. Für den Fall, dass dieser Zeitpunkt überhaupt nicht eintreten werde, wurde eben nicht vorgesorgt
und die Eventualität, dass dieses Bedeckungssystem während
der Dauer des verlängerten Bankprivilegiums auch bei geschlossenen Bankkassen in Wirksamkeit sein werde, wurde
damals eben gar nicht erörtert.

Bei § 16 (Zwangscours der Banknoten) fand, charakteristisch für die Methode, mit welcher die Bankfrage damals
behandelt wurde, eine Verhandlung gar nicht statt, das heisst,
es wurde die Ertheilung des Zwangscourses für die Noten
der Bank als etwas Selbstverständliches, gar nicht weiter zu
Erörterndes angesehen. Die Wiederaufnahme der Baarzahlung wurde überdies dermassen als ausser Frage stehend angesehen, dass die Regierungsvorlage bei diesem § die Beschränkung enthielt, es habe der Zwangscours der Banknoten
nur so lange zu gelten, als dieselben „nach ihrem vollen
Nennwerthe eingelöst werden". Rechtzeitig noch wurde von
dem Berichterstatter des Finanzausschusses darauf aufmerksam gemacht, dass diese Beschränkung im Falle der Zah-
lungssuspension nicht für die Bank, wohl aber für den jeweiligen Notenbesitzer nachtheilige Folgen haben und auch sonst
für den Credit der Noten bedenklich sein könnte und der
Anregung folgend liess denn auch das Abgeordnetenhaus die
angeführte Beschränkung fallen.

Der Normen, welche, die §§ 20—25 der Statuten umfassend, die Geschäfte der Bank betrafen, muss hier etwas
eingehender gedacht werden, mit Rücksicht auf die Rolle,
welche diese Paragraphe später im Jahre 1868 als Objekt
wichtiger Verhandlungen zu spielen berufen waren.

§ 20 bestimmte den Geschäftskreis der Nationalbank
in folgender Weise: Die Bank ist berechtigt Wechsel, Effekten
und Coupons zu escomptiren; Darlehen gegen Handpfand zu
erfolgen; Depositen zur Verwahrung zu übernehmen; Geld
und Wechsel in laufende Rechnung zu übernehmen; Anwei-

sungen auf ihre eigenen Cassen auszustellen; commissionsweise
Geschäfte für Rechnung des Staates zu besorgen; verfallene
Coupons von Grundentlastungs-Obligationen einzulösen; zur
Aufrechthaltung eines entsprechenden Verhältnisses zwischen
ihrem Metallschatze und dem Banknoten-Umlaufe Gold und
Silber, gemünzt und ungemünzt, dann Wechsel auf auswärtige
Plätze anzuschaffen und zu verkaufen; endlich nach den durch
kaiserliche Entschliessung vom Jahre 1856 genehmigten Sta-
tuten Hypothekar-Darlehen zu gewähren.

§ 21, die Escomptegeschäfte der Bank im Speziellen
betreffend, hatte nach dem Antrage des Finanzausschusses
folgende Fassung:

Die Bank escomptirt gezogene und eigene Wechsel, welche auf österreichische
Währung lauten; der Zahler mag am Orte der Escomptecasse wohnhaft sein
oder den Wechsel dort nur zur Zahlung angewiesen haben. Die Bank kann
in Wien auch Wechsel escomptiren, welche an Plätzen zahlbar sind, wo sich
ein Bankfiliale befindet. Von den Filialen können auch Wechsel escomptirt
werden, welche in Wien zahlbar sind. Die Bank kann ihre Filialen ermächtigen, Wechsel zu escomptiren, welche an Orten, wo Filialen bestehen, zahlbar
sind. Die Bank wird von Zeit zu Zeit bestimmen, ob und welche Effekten
der Schuld des Staates und der Länder (oder deren Coupons), in soferne selbe
längstens innerhalb drei Monaten zahlbar sind, von ihr im Escompte übernommen werden. Die Bank ist nicht verpflichtet, eine Ursache der verweigerten Escomptirung anzugeben.

Die §§ 22, 23 und 24, das Lombardgeschäft, den
Zinsfuss und das Depositengeschäft betreffend, stimmten
nach Antrag des Finanzausschusses mit der Regierungsvorlage überein und lauteten:

§ 22. Die Bank kann auf Gold, Silber, inländische Staatspapiere oder
Grundentlastungs-Obligationen und die von ihrer Hypothekarabtheilung ausgegebenen Pfandbriefe, endlich nach Zulässigkeit ihrer Mittel auch auf voll eingezahlte Actien und Effecten von Prioritätsanlehen inländischer Industrieunternehmungen, deren Ertragniss durch eine Staatsgarantie gewährleistet ist, verzinsliche Darlehen erfolgen.
§ 23. Die Nationalbank wird von jeder, die Höhe des Zinsfusses beschränkenden gesetzlichen Verfügung losgezählt.
§ 24. Die Bank übernimmt nach den von ihr festzusetzenden Bestimmungen,
Gold, Silber, dann Werthpapiere und Urkunden in Aufbewahrung.

Eine Meinungsverschiedenheit rücksichtlich dieser fünf
Paragraphe (20—24) machte sich bei der Verhandlung im

Plenum des Abgeordnetenhauses nicht weiter geltend, dieselben wurden in der hier angeführten Fassung genehmigt.

Bei § 25 dagegen, das Girogeschäft der Bank betreffend, welcher nach der Regierungsvorlage also lautete:

> „Im Girogeschäfte übernimmt die Bank Gelder, Wechsel und Effekten ohne Verzinsung in laufender Rechnung, worüber nach Eingang durch Anweisung (Cheque) und Abschreibung auf dem zu diesem Behufe eröffneten Folium verfügt werden kann. Die Bankdirektion kann die angesuchte Eröffnung eines Foliums gewähren oder abweisen, ohne eine Ursache ihres Beschlusses anzugeben."

brachte der Finanzausschuss den folgenden Zusatz in Antrag:

> „Die im Girogeschäfte an die Bank gelangenden Beträge darf dieselbe nicht weiter in ihren anderen Geschäften (Escomptiren von Wechseln, Beleihen von Handpfändern u. s. f.) verwenden."

Es geschah diess von Seite des Finanzausschusses einmal mit Rücksicht auf die juridische Natur des Depositengeschäftes, weil derjenige, der namentlich beim unverzinslichen Depositengeschäfte Geld erlege, es nicht darum thue, „damit von Seite des Depositars damit Geschäfte gemacht werden, sondern damit es vorhanden bleibe." Weiter aber wurde dem Zusatze das folgende Raisonnement zu Grunde gelegt: Die Sache erhalte überhaupt erst dann eine praktische Bedeutung wenn die Summe des ohne metallische Notenbedeckung circulirenden Notenquantums erschöpft sei, denn sei diese nicht erschöpft, so brauche die Bank nicht die im Girogeschäfte an sie gelangenden Gelder zu verwenden. Sei aber die Notenreserve der Bank erschöpft, so sei die Verwendung der Giro-Gelder zu Escompte- und Lombardgeschäften auf 90tägigen Termin bedenklich, weil der Giro-Gläubiger jeden Augenblick über seine Einlage disponiren könnte und die Bank dann Noten hinauszahlen müsste, welche den gesetzlich zulässigen Betrag überschreiten würden. Dem gegenüber berief sich die Regierung in der Plenarverhandlung auf das Beispiel der Bank von England um nachzuweisen, dass soweit es sich um unverzinsliche Depositen handle, die Bedenken des Finanzausschusses unhaltbare seien, weil erfahrungsgemäss solche Depositen der Bank nicht in gefährlichem Grade entzogen werden. Anders verhalte es sich mit verzinslichen Depositen, weil solche nur so lange liegen bleiben, bis der Einleger Gelegenheit habe sein Geld auf eine bleibende und dabei einträglichere Weise anzulegen und darum habe die Regierung sich mit Bestimmtheit dem Wunsche der Bank entgegengesetzt, und ihr „nicht gestattet verzinsliche Capitalien aufzunehmen, welche sie als unverträglich mit der vollkommenen Sicherheit der österreichischen Nationalbank betrachtet." Aber die Aufnahme unverzinslicher Depositen sollte der österreichischen Nationalbank erleichtert werden und da man wünschen müsse, dass dieses System sich auch in Oesterreich entwickele, weil durch dasselbe die Möglichkeit gegeben sei in der Folge mit weniger Noten auskommen zu können, so sei jede Beschränkung in dieser Richtung zweckwidrig. Ohne solche Beschränkungen würden die im Girogeschäfte der Bank eingelegten Noten als nicht im Umlauf befindlich angesehen werden und die Einleger, welche sich bei der Bank ein Girofolium eröffnen lassen, würden das mit dem Bewusstsein thun, dass die Bank die eingelegten Noten in dem Maasse verwende, als sie es mit ihrer Sicherheit vereinbarlich erachte. Im Uebrigen erklärte sich indess die Regierung bereit einer Norm zuzustimmen, wornach der Bank die Verfügung wenigstens über die Hälfte der im Girogeschäfte eingelegten Gelder vorbehalten bliebe. Mit dieser Beschränkung wurden dann auch die auf das Girogeschäft bezüglichen Bestimmungen vom Abgeordnetenhause angenommen und der § 25 erhielt demgemäss den Zusatz:

„Die im Girogeschäfte an die Bank gelangenden Beträge darf dieselbe nur zur Hälfte in ihren andern Geschäften verwenden."

Bei § 63 kam die Frage zur Verhandlung, in welchem Umfange der Bank gestattet sein solle, Geschäfte mit dem Staate zu machen. In der Regierungsvorlage hatte dieser Paragraph folgende Fassung:

„Die Bank ist nur nach Massgabe der Statuten berechtigt, mit dem Staate Geschäfte zu machen. Ausserdem kann sie aber nur commissionsweise Geschäfte für Rechnung des Staates besorgen. Das aus der commissionsweisen Besor-

gung solcher Geschäfte sich ergebende Guthaben ist am Schlusse eines jeden
Monates gegenseitig baar zu begleichen.

Diese Abgränzung der geschäftlichen Beziehungen zwischen Bank und Staat schien dem Finanzausschusse mit Rücksicht auf die in dieser Beziehung gemachten traurigen Erfahrungen nicht ausreichend. Speziell die durch obige Fassung
ermöglichte Benützung des Lombardgeschäftes der Bank
durch den Staat erschien bedenklich und es sollte verhütet
werden, dass die Staatsverwaltung künftig die Möglichkeit
habe, im Wege des Lombards den Credit der Bank zum
Nachtheile des Handels und der Industrie in Anspruch zu
nehmen. Dem Abänderungsantrage, wornach der erste Satz
des § 63 zu lauten habe: „Die Bank kann vom Staate statutenmässig Wechsel escomptiren" schloss das Abgeordnetenhaus sich um so mehr an, als diese Formulirung
ursprünglich zwischen der Bankdirektion und dem Finanzministerium vereinbart war und die Bankdirektion selbst die
weiter gehende Formulirung der Regierung perhorreszirt hatte.

Nachdem die Verhandlung über das Bankstatut in der
Sitzung vom 6. November 1862 erledigt war, trat das Abgeordnetenhaus in die Verhandlung über das zwischen Staat
und Bank abzuschliessende „Uebereinkommen" ein.

Der lediglich thatsächliche Angaben über den Stand der
Schuld des Staates an die Bank enthaltende § 1 des
Uebereinkommens gab keinen Anlass zu einer Debatte. Den
seither eingetretenen Veränderungen entsprechend wurde statt
des Standes vom 31. Januar der Stand vom 31. October 1862
mit 229.872.185 fl. in den Paragraph aufgenommen und in demselben ausgesprochen, dass eine Regelung dieses Schuldverhältnisses stattzufinden habe.

Dagegen waren die folgenden, die Modalitäten der Rückzahlung der einzelnen Schuldposten normirenden §§
2—6 des Uebereinkommens Gegenstand eingehender Verhandlungen, aus welchen indess die betreffenden Anträge des
Finanzausschusses nur in formeller Beziehung mehrfach modifizirt, in der Hauptsache jedoch in unveränderter Fassung

hervorgingen. Ohne Abänderung angenommen wurde die vom Ausschuss proponirte Rückzahlung der Wiener-Währungs Schuld (in 4 gleichen Jahresraten von Ende 1863 bis Ende 1866, zweiperzentige Verzinsung). In Betreff der Silberschuld (§ 3) zu 20 Millionen blieb es gleichfalls bei dem Antrage des Finanzausschusses (Rückzahlung in Silber in zwei gleichen unverzinslichen Raten, je eine Ende 1865 und Ende 1866 fällig). Ein Antrag die ganze Rückzahlung dieser Schuldpost für Ende Dezember 1866 zu normiren, wurde abgelehnt, mit Rücksicht darauf, dass es nothwendig sei, die Tilgung gerade' dieser Post entsprechend dem Näherrücken des Termins der Wiederaufnahme der Baarzahlungen vorzunehmen. Die 80 Millionen betreffend, welche als permanentes Darlehen auszuscheiden waren (§ 4), lag bereits der vom Hause bei § 10 der Statuten gefasste Beschluss vor, dass dieses 80 Millionen Darlehen ein unverzinsliches sein solle. Demgemäss wurde § 4 des Uebereinkommens abgeändert. Der § 5 wurde bei der Plenarverhandlung nur in formeller Beziehung angefochten. Bei dem die Tilgung der Restschuld normirenden § 6 wurde ein Antrag, dass dem Staate das Recht vorbehalten werden solle, auch in kürzeren oder grösseren Raten die Schuld abzutragen und in diesem Falle die entsprechend frühere Aufnahme der Baarzahlungen Seitens der Bank zu veranlassen — gestellt, vom Hause jedoch abgelehnt. Das Abgeordnetenhaus hatte demnach das Rückzahlungssystem genehmigt, wie es vom Finanzausschusse vorgeschlagen war und an einer früheren Stelle dieser Darlegung (s. Seite 9 und 10) skizzirt erscheint. In gleicher Weise wurde die Norm des § 7 des Uebereinkommens, betreffend die Veräusserung der im Besitze der Bank befindlichen Effekten vom Abgeordnetenhause genehmigt.

Bei § 8 des Uebereinkommens kam die wichtige Frage zur Verhandlung, was mit den durch die Rückzahlungen des Staates und durch die Veräusserung der im Besitze der Bank befindlichen Effekten eingehenden Notenbeträge zu geschehen habe. Schon im Finanzausschuss war die Frage vielfach er-

örtert worden, ob es angezeigt sei eine numerische Bestimmung des dem Verkehre zu entziehenden Notenquantums auszusprechen, aber diese eingehenden Erörterungen hatten zu der Ueberzeugung geführt, dass eine
solche Bestimmung nicht thunlich sei und dass man sich
darauf beschränken müsse, den allgemeinen Grundsatz auszusprechen, es sei auf eine Verringerung des Notenumlaufes in der Weise•hinzuwirken, dass bis Ende 1866 die
statutenmässige Bedeckung der Noten vorhanden sei. Diese
Anschauung blieb nicht ohne Widersacher und es wurde derselben die Ansicht entgegengesetzt, dass es nicht räthlich
sei, die unausweichliche Noteneinziehung, resp. das Ausmass
derselben dem Gutdünken Einzelner, obendrein Solcher zu
überlassen, welche aus kaufmännischen oder andern Motiven
an der möglichsten Expansion der Noten ein Interesse haben.
Es sei, meinte der Abg. Skene, nothwendig, das Publikum
an die unausweichliche Einschränkung zu gewöhnen
und die Uebergangsperiode zu erleichtern; demgemäss beantragte derselbe die Aufnahme einer Bestimmung in den § 8,
dahin lautend, dass die Hälfte der durch die Rückzahlungen
des Staates eingehenden Noten zur Einziehung gelangen
solle, während die andere Hälfte sowie der Erlös aus den
zu veräussernden Effekten bis zur Höhe der in § 14 der Statuten festgestellten 200 Millionen metallisch unbedeckter Noten
gegen statutenmässige Bedeckung zur Creditgewährung sollen
benutzt werden dürfen. Diesem Vorschlage widersetzte sich
die Regierung mit der Begründung, dass der ohnehin einer
fühlbaren Beengung entgegengehende Verkehr dadurch noch
mehr beengt werden würde als überhaupt nothwendig sei.
Auch der Berichterstatter des Finanzausschusses, Abg. Herbst,
widersetzte sich diesem Antrage und es dürfte sich, mit Rücksicht auf die später folgende Beleuchtung des Umfangs der
auf Grund der neuen Bankakte in den Jahren 1863—1865
thatsächlich erfolgten Restrictionen Seitens der Bank, für uns
hier empfehlen, die damalige Argumentation des Finanzausschusses hier zu skizziren. Die rückzahlbare Staatsschuld, so

setzte der Referent Dr. Herbst auseinander, betrage, abgesehen von der 20 Millionen Silberschuld, auf Grund dieses Uebereinkommens rund 130 Millionen und nach Verminderung derselben durch Einzahlungen auf die 1860er Loose werde sie nicht viel mehr als 120 Millionen betragen. Lege man diesen Betrag zu Grunde, so würde sich aus der Annahme des Antrages des Abg. Skene das Resultat ergeben, dass innerhalb der 4 Jahre des Ueberganges 60 Millionen Banknoten aus dem Verkehre zu ziehen wären, wornach von dem momentanen Banknoten-Umlaufe von 450 Millionen 390 im Umlauf bleiben würden, ein Resultat, welches nach Ueberzeugung des Ausschusses auch ohne den Antrag des Abg. Skene eintreten werde. Berücksichtige man ferner, dass von jenen 120 Millionen möglicherweise am letzten Dezember 1866 ganz dem Uebereinkommen gemäss 36 Millionen zurückgezahlt werden, wornach statt 60 Millionen nur 42 Millionen, nämlich um 18 Millionen weniger, entsprechend der Hälfte von 36 Millionen) zur Einziehung im Laufe der 4 Jahre gelangen würden, so sei das ein Resultat, das ohne den erwähnten Antrag ganz gewiss auch werde erreicht werden. — Das Ergebniss dieser Verhandlung war die Ablehnung des erwähnten Antrages unter Annahme der vom Finanzausschusse vorgeschlagenen Fassung.

Bei § 9, die umlaufenden Noten zu 1 und 5 fl. betreffend, wurde in Uebereinstimmung mit dem Antrage des Finanzausschusses beschlossen: Die Nationalbank bleibe vorläufig ermächtigt Noten zu 1 und 5 fl. in Umlauf zu halten; der Zeitpunkt für die Einziehung der Noten zu 1 fl. werde durch ein besonderes Gesetz bestimmt werden, die Noten zu 5 fl. aber seien dann einzuziehen, wenn die Veräusserung der zur Bedeckung dieser Noten dienenden, der Bank verpfändeten 1860er Loose beendet sein werde.

Bei § 10 wurde zur Verhütung „illegitimer Valutaspeculationen" die Bestimmung getroffen, dass die statutenmässige Belehnung von Gold und Silber erst nach Wiederaufnahme der Silberzahlungen stattfinden könne.

Eine sehr wichtige Verfügung wurde im § 11 getroffen, eine Bestimmung welche in einer späteren Phase eine nicht völlig interesselose Rolle zu spielen berufen war. Es war diess die Verfügung; „Die Wiederaufnahme der Silberzahlungen der Bank hat im Jahre 1867 zu erfolgen. Die näheren Bestimmungen über den Zeitpunkt und die Modalitäten hierfür werden durch ein in der Reichsraths-Session 1866 zu erlassendes Gesetz festgestellt werden." Die ausdrückliche Aufnahme dieser Bestimmung wurde als „dringender Wunsch der gesammten der Verkehrswelt angehörenden Personen" erklärt, denn, so sagte der Berichterstatter des Finanzausschusses, es sei natürlich, dass alles „sich auf den Zeitpunkt einrichten muss, in welchem die Valuta hergestellt sein wird, dass eine Menge Berechnungen und Einrichtungen sich darauf stützen müssen."

Die Erfüllung der aus dem Uebereinkommen der Finanzverwaltung und der Nationalbank obliegenden Verpflichtungen wurde im § 12 unter die Controle der reichsräthlichen Staatsschulden-Control-Commission gestellt.

In der Sitzung des Abgeordnetenhauses vom 10. November 1862 wurden Uebereinkommen, Statut und Reglement in dritter Lesung genehmigt und der Entwurf dieser neuen Bankacte wanderte nun zur weitern verfassungsmässigen Behandlung in das Herrenhaus des Reichsrathes.

Im Herrenhause des Reichsrathes erfuhr die Bankakte eine verhältnissmässig rasche Erledigung. Am 9. Dezember 1862 trug der Referent der Finanzcommission, der ehemalige Finanzminister Freih. v. Baumgartner, dem Plenum den Bericht vor. Die Finanzcommission acceptirte im Grossen und Ganzen die Gesichtspunkte, von denen das Abgeordnetenhaus bei der Beschlussfassung ausgegangen war, zumal die Regierung ihren Widerstand gegen die Beschlüsse des Abgeordnetenhauses bereits so gut wie aufgegeben hatte.

Was vor Allem das „Uebereinkommen" zwischen

Staat und Bank und zwar zunächst die vom Staate zu übernehmenden Verpflichtungen anbelangte, so verkannte die
Commission zwar nicht, dass der Staat mit der Verpflichtung,
seine Schuld bis Ende 1866 zu tilgen, eine sehr bedeutende Last
auf sich nehme; allein die Commission fand gleichzeitig, es
seien die Vortheile einer solchen raschen Abwickelung der
grössten Opfer werth. „An eine Aufnahme der Baarzahlung
der Bank", so hiess es in dem Commissionsberichte, „ist vor
Abtragung der Bankschuld nicht zu denken und den mit der
Papiergeldwirthschaft verbundenen Druck bald los zu werden,
der wie ein böser Alp auf allen Classen der Bewohner des
Kaiserstaates lastet, der die Staatseinkünfte schmälert, die
Auslagen erhöht und dem politischen Gewichte des Staates
abträglich ist, muss Gegenstand der ernstesten Bemühungen
sein." In Betreff der von der Bank zu übernehmenden Verpflichtungen nahm die Finanzcommission des Herrenhauses
im Wesentlichen nur an der vom Abgeordnetenhause beschlossenen Unverzinslichkeit des 80 Millionen Darlehens Anstoss, und sie brachte einen Modus in Vorschlag, welcher
zwischen dem Antrage der Regierung und dem Beschlusse
des Abgeordnetenhauses „nahe die Mitte hielt", nämlich die
Entrichtung einer Pauschalsumme von 1 Million Gulden jährlich. Die Bank, so argumentirte der Commissionsbericht, erlange zwar durch die ausschliessliche Notenemission
ein höchst werthvolles Recht, aber der Staat verliere durch
die Cedirung dieses Rechtes nichts oder nur sehr wenig, denn
er könne „besonders bei gegenwärtigen Verhältnissen seines
Credites in Geldsachen" nicht selbst Papiergeld ausgeben.
Die Verleihung eines Privilegiums für eine Zettelbank sei
auch nicht wie der Verkauf einer Waare anzusehen., über
welche dem Käufer da volles Dispositionsrecht abgetreten
werde, denn der Inhaber eines Bankprivilegiums sei an sehr
beschränkende Bedingungen in Bezug auf den Gebrauch seines Rechtes gebunden. Auch werde eine Bank, welche so
gestellt sei, dass sie selbst bei angestrengter Thätigkeit nur
knappe Vortheile erlangen könne und ihr Capital nur dürftig

verzinse, nicht ihrem grossen Berufe nachkommen können,
Handel und Industrie würden von ihr nur schlecht unterstützt
werden.

Von den Abänderungen an den Beschlüssen des Abgeordnetenhauses, welche die Finanzcommission des Herrenhauses sonst noch in Vorschlag brachte, wären die folgenden
zu erwähnen:

Bei § 8 des Uebereinkommens schien es unzweckmässig,
das imperativ ausgesprochen werde, es seien die durch die
Rückzahlungen des Staates und durch Veräusserung der
Effekten der Bank eingehenden Noten „zur Verminderung
des Notenumlaufs" zu verwenden. Handel und Industrie
könnten dadurch in die grösste Nothlage gerathen, auch sei
es gleichgiltig, ob die Herstellung der statutenmässigen Bedeckung mit Ende 1866 durch Verringerung des Notenumlaufes
oder ob sie durch Verstärkung der Baarbedeckung erzielt
werde. Demgemäss sollten die Worte „zur Verminderung
des Notenumlaufs" entfallen.

Bei § 9 erblickte die Finanzcommission in der Einziehung
der Noten zu 5 fl., bevor noch die eingetretene Baarzahlung
ihre Wirkung bis an die Gränze des Reiches ausgeübt habe,
eine den Verkehr erschwerende Massregel und sie gelangte
zu dem Antrage, dass die Notenkategorien zu 1 und 5 fl.,
successive aber gleichzeitig eingezogen werden sollen und
dass das diesfalls zu erlassende Gesetz sich auf beide Kategorien zu erstrecken hätte.

Für den Entwurf der Statuten wurden von der Finanzcommission verhältnissmässig nur wenige Aenderungen und
Abweichungen von den Beschlüssen des Abgeordnetenhauses in Antrag gebracht, doch waren diese immerhin von
Belang.

Gleich bei § 1 sprach sich die Commission für eine weitere Verlängerung des Bankprivilegiums und zwar
auf 14 Jahre, nämlich bis Ende 1880 aus. Sie berief sich auf
die Analogie bei anderen privilegirten Notenbanken (England,
Frankreich, Belgien, Frankfurt u. s. w.) und betonte, dass

die Verlängerung auf nur 10 Jahre den billigen Anforderungen
der Bankgesellschaft nicht entsprechen würde.

Bei dem wichtigsten Paragraphe der Statuten, bei dem
die Notenbedeckung normirenden § 14 ergab sich eine
wesentliche Differenz. Dem Beschlusse des Abgeordnetenhauses setzte die Finanzcommission das Bedenken entgegen,
es sei nicht unbedenklich einen Notenumlauf bis zum Betrage
von 200 Millionen ganz ohne Metallbedeckung zu belassen
und es könne dieser Modus nur unter der Bedingung einigermassen gerechtfertigt erscheinen, dass die Ziffer von 200 Millionen dem Minimum des Notenumlaufs sehr nahe stehe und
sonach der Fall selten eintreten werde, wo alle Metallbedeckung fehlen dürfe. Ob die Summe von 200 Millionen
das wirkliche Minimum des Notenumlaufs darstelle, lasse sich
nicht genau ermitteln, weil die vorhandenen Notenumlaufs-
tabellen hierzu nicht in gehörigem Umfange brauchbar seien.
Man entgehe aber allen Bedenken, wenn man bis zu einer
bestimmten Summe des Notenumlaufs die Drittelbedeckung
zulasse. Alle Banken des europäischen Continentes, so führte
der Commissionsbericht weiter aus, huldigen dieser Art der
Bedeckung mit bestem Erfolge und die österreichischen Geldverhältnisse hätten gewiss mit denen des Continentes mehr
Aehnlichkeit als mit jenen Englands, denen das vom Abgeordnetenhause beschlossene Bedeckungssystem entlehnt sei.
Auch die oesterreichische Nationalbank hätte den Stürmen
und dem Andrängen des Jahres 1848 länger widerstehen können, wenn sie wenigstens ein Drittheil ihrer im Umlauf befindlichen Noten an Silbermünze vorräthig gehabt hätte. Allein
dieser Baarvorrath habe damals nicht einmal ein Siebentel
der umlaufenden Noten betragen und es habe die Drittelbedeckung überhaupt bei der Nationalbank während eines 44jäh-
rigen Bestandes nur zehnmal stattgefunden. Man könne daher
nicht mit Grund behaupten, die Erfahrung spreche gegen die
Drittelbedeckung. Es werde aber dessenungeachtet zugegeben
werden müssen, dass bei einem sehr grossen Betrage an umlaufenden Noten zwei Drittel derselben ohne Metallbedeckung

zu lassen nicht ohne Gefahr sei und darum spreche sich die
Commission für eine Gränze des Notenumlaufs aus, über welche
hinaus jeder Gulden metallisch bedeckt sein solle. Allein
welche Ziffer solle diese Gränze bilden? In England habe
man sie seinerzeit den 20jährigen Resultaten der englischen
Bank entnommen und selbst damit nicht das ganz Richtige
getroffen. Für uns in Oesterreich lägen aber nicht einmal
solche Erfahrungen vor. Die Jahre vor 1848 seien nicht gut
dazu brauchbar, aus ihnen Lehren für die Gegenwart zu ab-
strahiren. Von 1848 bis 1854 bestand neben dem Bankpapier-
geld auch Staatspapiergeld. Von 1854 bis 1861 sei der Zeitraum zu kurz, als dass aus den Ergebnissen dieser Jahre eine
Grundlage mit voller Sicherheit gewonnen werden könnte.
Allein gleichwohl sei das doch das einzige einigermassen zu-
ässige Hilfsmittel und man könne sich desselben in folgender
Weise bedienen: Die Noten von 10 fl. aufwärts mögen den
Bedarf an umlaufenden Papiergeld darstellen, welcher vorhanden sein werde, wenn einmal die Noten zu 1 und 5 fl. eingezogen und dafür Silbergeld in Umlauf gesetzt sein werde.
An solchen Noten ergebe sich von 1854 bis incl. 1860 ein
Umlauf im Maximum von 301, im Minimum von 212 Millionen
Gulden. Man könne daher mit einiger Wahrscheinlichkeit
annehmen, „dass die umlaufenden Noten auch in der Folge
nicht unter 200 Millionen herabsinken und nicht sehr viel über
300 Millionen steigen werden" (!) Die Finanzcommission habe
aber in Anbetracht der wahrscheinlich steigenden Verkehrs-
bedürfnisse die Ziffer von 350 Millionen als die Gränze angesehen, über welche hinaus die vollständige Metallbedeckung
einzutreten hatte und demgemäss sollte § 14 die folgende
Fassung erhalten:

„Die Bankdirektion ist verpflichtet, dafür zu sorgen, dass, so lange der Betrag an umlaufenden Noten die Summe von 350 Millionen Gulden nicht übersteigt, wenigstens ein Drittel derselben in gesetzlicher Silbermünze oder in
Silberbarren vorhanden sei. Wie weit diese Bedeckung über ein Drittel des
Betrages in umlaufenden Noten bestehen muss, damit die Erfüllung der in § 13
enthaltenen Verpflichtung der Bank gesichert sei, ist der pflichtmässigen Sorge
der Bankdirection zu bestimmen überlassen. Jener Betrag, um welchen die

umlaufenden Noten 350 Millionen Gulden übersteigen, muss vollständig in gesetzlicher Silbermünze oder in Silberbarren vorhanden sein . . . ."

Das Herrenhaus des Reichsrathes stimmte nach zwei-
tägiger Verhandlung, welche Neues nicht weiter zu Tage förderte, den Anschauungen und Anträgen seiner Commission
bei, genehmigte in der Sitzung vom 10. Dezember 1862 in
dritter Lesung das Uebereinkommen, die Statuten und
das Reglement in der von der Commission beantragten, abgeänderten Fassung und damit war die Nothwendigkeit gegeben, eine gemischte Commission beider Häuser behufs
Ausgleichung der bestehenden Differenzen zusammentreten zu lassen.

Bereits am 11. Dezember trat die gemischte Commission
der beiden Häuser des Reichsrathes zur Berathung zusammen.
Das Ergebniss der letzteren war eine vollkommene Vereinbarung und die Ausgleichung der schwebenden Differenzen. In
der Sitzung des Abgeordnetenhauses vom 15. Dezember referirte der Abgeordnete Dr. Herbst über die Anträge der gemischten Commission:

Die Differenz bei § 4 des Uebereinkommens, betreffend
das 80 Millionen-Darlehen, wurde in der Weise ausgeglichen, dass bestimmt wurde, es sei für dieses Darlehen eine
Pauschalsumme im Maximum von einer Million Gulden, jedoch
nur dann und nur insoweit zu bezahlen, als nothwendig sein
wird, um die an die Actionäre wirklich zu vertheilende Dividende, also nach vorausgehender Dotirung des Reservefonds,
auf 7 Prozent des Bankfondes zu bringen. — Das Abgeordnetenhaus, indem es diesen Ausweg acceptirte, fand es jedoch
für zweckmässig, die Bestimmung beizufügen, dass durch diese
Entrichtung einer Pauschalsumme „für die Staatsverwaltung
kein Recht zu einer über die Anordnungen des § 58 der Statuten hinausgehenden Einflussnahme auf die Geschäftsgebarung
der Bank begründet werde."

Die Differenz bei § 8 des Uebereinkommens, betreffend

die Verwendung der eingehenden Noten zur V e r r i n g e r u n g
d e s N o t e n u m l a u f e s wurde dadurch beglichen, dass, der
Anschauung des Herrenhauses Rechnung tragend, die Textirung
„zur a l l m ä l i g e n Verringerung des Notenumlaufs" gewählt
wurde und das Abgeordnetenhaus trat dem bei.

Die Differenz bei § 9, betreffend den Zeitpunkt für die
E i n z i e h u n g d e r N o t e n z u 1 und 5 fl., wurde durch eine
neue Fassung beseitigt, wornach der Zeitpunkt für diese Einziehung durch b e s o n d e r e G e s e t z e (also nicht durch e i n
besonderes Gesetz) bestimmt werden sollte, dass also die Möglichkeit, die 5 fl.-Noten schon früher aus dem Verkehre zu
ziehen als die Noten zu 1 fl., nicht ausgeschlossen wurde. Das
Abgeordnetenhaus stimmte dem bei.

Die Differenz bei § 1 der Statuten, betreffend die Dauer
der P r i v i l e g i u m s - V e r l ä n g e r u n g, wurde durch das vollständige Entgegenkommen Seitens des Herrenhauses in der
Weise beglichen, dass es bei der Anschauung des Abgeordnetenhauses — V e r l ä n g e r u n g n u r u m 10 J a h r e bis 1876 —
sein Verbleiben hatte.

Die wichtige Differenz bei § 14 der Statuten, betreffend
die Frage des N o t e n b e d e c k u n g s - S y s t e m s, wurde gleichfalls durch ein Compromiss beseitigt. Dem Bedenken des
Herrenhauses, dass vielleicht das vom Abgeordnetenhause angenommene Maximum der metallisch unbedeckten Noten den
Bedürfnissen des Verkehrs nicht genügen könnte, wurde durch
den folgenden, vom Abgeordnetenhause acceptirten Zusatz
Rechnung getragen:

> „Sollte die Erfahrung darthun, dass der hier festgestellte Betrag der bloss
> bankmässig bedeckten Noten unzulänglich sei, so ist die Nationalbank berech-
> tigt, ihre diessfalls zu stellenden, thatsächlich begründeten Anträge der Finanz-
> verwaltung vorzulegen und deren verfassungsmässige Behandlung anzusprechen".

Rücksichtlich aller anderen, unwesentlichen Differenzpunkte hatte die gemischte Commission sich für die Fassung
des Herrenhauses entschieden und das Abgeordnetenhaus
schloss sich dem an.

In der Sitzung vom 16. December 1862, der letzten der

zwanzigmonatlichen Session, trat das Herrenhaus den Beschlüssen, welche das Abgeordnetenhaus auf Grund des in der gemischten Commission geschlossenen Compromisses gefasst hatte, bei, und am 27. Dezember erhielt das Gesetz, durch welches der Finanzminister ermächtigt wurde, mit der Oesterreichischen Nationalbank das vom Reichsrathe beschlossene Uebereinkommen abzuschliessen, die kaiserliche Sanction. Oesterreich hatte seine neue Bankacte. Im Reichsgesetzblatte No. 2 vom Jahre 1863 erfolgte ihre Publikation mit der Klausel: „Giltig für das ganze Reich".

Nicht ohne Vorbedacht haben wir die vorausgegangene Darstellung des parlamentarischen Prozesses, aus welchem die neue Bankakte hervorging, aus ihrem Zusammenhange mit der gleichzeitigen, ausserparlamentarischen Agitation losgelöst und uns vorerst darauf beschränkt, die einzelnen Phasen der legislatorischen Aktion zu skizziren. Jenem Interesse, welches sich angesichts der neuerlich auf der Tagesordnung stehenden Frage der Verlängerung des Bankprivilegiums an die Entstehungsgeschichte der Bankacte vom Jahre 1862 knüpft, dürfte so scheint uns, vor allem durch eine objective Kennzeichnung der von den gesetzgebenden Factoren festgehaltenen Gesichtspunkte gedient sein und die Reproduction des Wortlauts der Bankacte im Anhange dieses Buches erschien dem Autor als zweckentsprechende Ergänzung einer solchen Darstellung. Ganz unberücksichtigt aber dürfen die eigenthümlichen ausserparlamentarischen Verhältnisse nicht bleiben, welche die Schaffung der Bankacte vom Jahre 1862 begleiteten, vielmehr gebührt ihnen in unserer geschichtlichen Darstellung eine eingehende Behandlung und die österreichische Nationalbank selbst ist es, von der hiebei vor allem die Rede sein muss.

Das Jahr 1861 fand die österreichische Nationalbank in einer von ihr selbst mitverschuldeten, trostlosen Situation.

Ihr Jahresausweis für 1860 trug das ganze Gepräge des sünd-
haften Verhältnisses, welches das Finanzregime Brucks
zwischen ihr und dem Staate hergestellt hatte. Bei einem
Bankfonde von 109·38 Millionen und einem Reservefonde von
10·69 Millionen fl. zeigte er, das 474·66 Millionen fl. Noten im
Umlaufe waren. Von diesem Notenumlaufe circulirten 257·05
Millionen, demnach mehr als die Hälfte, auf Rechnung des
Staates, welcher einen Theil der Kosten des Krieges von
1859 durch Inanspruchnahme der Notenpresse der Bank auf-
gebracht hatte, nur eine Quote von 112·10 Millionen Gulden
war durch bankmässige Forderungen (Escompte 58·17 Millionen, Lombard 54·23 Millionen) gedeckt. An Baarem und baarem Gelde gleichzuhaltenden Forderungen besass die Bank
129·51 Millionen (Baarvorrath 89·17 Millionen, Devisen 6·31, Süd-
bahnraten 34·00 Millionen), so dass das Verhältniss des Münz-
vorraths zum Notenumlaufe 1 : 5·32 war und wenn man den
Maassstab der später durch die Bankacte eingeführten, heute
geltenden Normen an die damalige Situation der Nationalbank
anlegt, nur ungefähr 50°/₀ des Notenumlaufs sich bankmässiger
Deckung erfreuten. Von der gesammten Schuld des Staates
an die Bank mit 257·05 Millionen figurirten 45·19 Millionen als
fundirte Schuld, 92·86 Millionen waren durch verpfändete
Staatsgüter bedeckt, für den schwebenden Rest zu 99·00 Millionen waren der Bank 123 Millionen fl. Loose des Lotterie-
anlehens vom Jahre 1860, die nicht gezeichnete Quote des ganzen 200 Millionen-Anlehens als Pfand übergeben worden, welches Pfand „nach dem 1. November 1861" veräussert und zur
„Tilgung" dieses 99 Millionen-Vorschusses verwendet werden
sollte. Neben dem Disagio der Noten war dieser Bankausweis der eclatanteste Beleg für die Insolvenz eines Institutes
welches, dazu geschaffen, der heillosen Zettelgeldwirthschaft
früherer Dezennien ein Ende zu machen und der Vermittler
für die Bedürfnisse des Handels und Verkehrs zu sein, durch
eine strafwürdige Finanzpolitik von der einen und mangeln-
des Selbstbewusstsein von der andern Seite, zum offenen Nachtheile für das ganze Land vorwiegend den Charakter einer

Notenfabrikationsanstalt für den „Staat in Verlegenheit" erlangt hatte. Diese strafwürdige Finanzpolitik, sie bleibt für
ewige Zeiten mit dem Namen des Mannes verknüpft, der dem
Lande in andern Sphären seiner Wirksamkeit unvergängliche
Dienste geleistet hatte, auf diesem Gebiete aber aus der Praxis eines systemlosen Experimentirens niemals hinausgekom-
men war, des Freiherrn von Bruck. Er war es, der, statt
eine systematische, die Gewähr des dauernden Erfolges in sich
tragende Auseinandersetzung zwischen Staat und Bank anzubahnen und consequent durchzuführen, das unnatürliche Aus-
beutungs- resp. Abhängigkeitsverhältniss zwischen beiden stets
von Neuem herbeiführte und festhielt, und der, ein Mann
rascher Entschlüsse und rascher Thaten, mittelst finanzieller
Handstreiche der seltsamsten Art dazu gelangte, das Gegentheil von dem herbeigeführt zu haben, was zu bewirken seine
Absicht gewesen. So war denn die Situation, in welcher die
österreichische Nationalbank das Jahr 1860 verliess, das Werk
des nämlichen Mannes, welcher zwei Jahre zuvor das unbe-
dachte Intermezzo der Baarzahlung aufgeführt hatte und
grösser und schwieriger denn zuvor war das Bankproblem,
welches Freiherr von Bruck ungelöst zurückliess, als er mit
eigener Hand seinem Leben ein Ende machte.

Indess nicht ihn allein traf alle Schuld. Nimmermehr
hätte das unnatürliche Verhältniss zwischen Staat und Bank
jene Dimensionen annehmen und zu jenen Ausschreitungen
führen können, welche die Geschichte der Bank in den fünfziger Jahren kennzeichnen, wenn etwas mehr Mannesmuth
und Selbstbewusstsein auf Seite derjenigen zu finden gewesen
wäre, deren Händen das Schicksal des Bankinstituts anvertraut war. Dass sie nicht jeder einzelnen der im Laufe der
Jahre an sie herangetretenen Zumuthungen einer jederzeit
geldbedürftigen Finanzverwaltung kühnen Widerstand ent-
gegensetzten, das wird man am Ende nicht unnatürlich finden,
die Widerspenstigkeit von Bankgesellschaften, die sich des
staatlich ihnen verliehenen Notenprivilegiums erfreuen, hat
noch alleweil und in allen Staaten ihre Grenze gehabt. Die

Beispiele hiefür reichen bekanntlich bis nach England selbst.
In dem Grade aber, wie die jeweilige österreichische Finanzverwaltung in den Vertretern der österreichischen Nationalbank,
hat, seit Staaten ihre Zettelbanken missbrauchen, wohl noch selten irgend eine Regierung in der Vertretung einer Bankgesellschaft willfährige Werkzeuge zur Befriedigung maasslosen
Gelddurstes gefunden — konnte doch einige Zeit später, als
das gedruckte Wort in Oesterreich etwas freier geworden
war als es bis dahin gewesen, ein österreichischer Publicist
von den Directoren der österreichischen Nationalbank sagen
sie, die insgesammt jetzt Catone sein wollen, hätten lange genug den „Senatoren Caligula's" nachgestrebt! So weit ging
die Selbstverleugnung wider bessere Ueberzeugung, dass die
schreiendsten Akte willkürlicher Ausbeutung der Bank, eigentlich aber der Bevölkerung mit Hilfe der Bank, in der Regel
ohne auch nur formell einen Protest Seitens der Bank zu provoziren, ausgeführt werden konnten.

Begreiflich wird eine solche Sachlage, wenn man sich auf
der einen Seite den Erfolg vergegenwärtigt, welchen diese
Haltung materiell für die Interessenten der Bank mit sich
führte, und wenn man auf der andern Seite der über alle
Maassen seltsamen Organisation der damaligen Bankvertretung
Rechnung trägt. Jener Erfolg kam in dem Zuwachse zum
Ausdrucke, welchen die Dividende der Actionäre aus den
vom Staate gezahlten, wenn auch relativ nicht unmässigen
Zinsen erfuhr, diese Zinsen aber zahlte in Wirklichkeit die
notenbesitzende Bevölkerung, also der Gläubiger der Bank,
sie zahlte die Zinsen dafür, dass die Bank sich der Mühe
unterzog, ihre Notenpresse in Bewegung zu setzen. Die Actionäre der Bank befanden sich dabei nicht übel, wenn auch
die Früchte dieses unnatürlichen Verhältnisses gerade in den
der Lösung desselben unmittelbar vorausgegangenen Jahren
keine so reichlichen waren wie vordem. Die folgende Tabelle,
an sich schon ein interessanter Beitrag zur Vorgeschichte der
neuen Bankacte, dürfte ganz geeignet sein, die Sachlage von
damals in der erwähnten Richtung zu illustriren:

Jahr	Brutto-Erträgnisse	Von diesem Bruttoertrag: Verzinsung d. Schuld des Staates	Dividende			monatl. Durchschnittscours der Actien	
	Gulden.	Gulden.	Im Ganzen per Actie Gulden.	nach Procent vom Capital 735 fl. per Actie.	nach Procent vom monatl. Durchschnittscours d. Actie.	Höchster	Niedrigster
						Gulden.	
1851	6,969.469	2,865.090	65	10·83	5·39	1271	1139
1852	5,453.902	2,738.663	70	11·66	5·39	1374	1225
1853	5,755.606	2,503.452	83	13·63	6·02	1462	1294
1854	6,802.282	2,383.710	85	14·10	6·77	1329	1183
1855	8,656.515	2,129.924	73	10·44	7·16	1042	916
1856	9,406.511	1,170.528	60	7·31	5·85	1125	926
1857	11,253.091	1,094.934	65	9·11	6·19	1039	964
1958	10,864.460	1,038.161	00	8·60	6·30	980	949
1859	10,395.923	931.382	57	7·61	6·85	954	710
1860 [1]	11,704.914	3,181.366	56	7·67	6·93	873	739

Zur Erläuterung dieser Tabelle sei hier vorerst daran erinnert, dass das Actiencapital der Bank, Ende 1852 noch

---

1) Von 1851 bis 1858 in Conventionsmünze; für 1859 und 1860 in österreichischer Währung.

30,372.600 fl. C. M. sich in Folge der am 9. Mai 1853 beschlossenen und bis Ende 1854 durchgeführten Veräusserung der
bis dahin noch unbegebenen 49379 Stück Bankaktien auf
69,875.800 fl. C. M., repräsentirt durch 100000 Actien gehoben
hatte, dass ferner in Folge der im Jahre 1855 vor sich
gegangenen Gründung der selbstständigen Hypothekar-
Abtheilung das Bankkapital um die Hälfte durch Ausgabe
neuer 50000 Actien à 700 fl. C. M. (735 fl. ö. W) vermehrt
wurde. Dieses letztere Datum erklärt, wenn auch für sich
allein nicht völlig ausreichend, doch zum grossen Theile die
Abnahme der Dividenden seit 1855 bei gleichzeitiger beträcht-
licher Steigerung des Bruttoerträgnisses. Man ersieht aus
den Ziffern der obigen Tabelle einen wie beträchtlichen Antheil an dem Gewinne der Bankactionäre die Zinsenzahlungen
von Seite des Staates hatten, Zahlungen für eine Leistung,
welche auf eine solche Entlohnung keinen Anspruch hatte;
man ersieht aus denselben aber auch das noch, dass, so an-
ständig und erträglich die Actiendividende auch während der
minder fetten Jahre sich immerhin gestaltete, die Lage der
Actionäre gleichwohl von 1855 ab precärer wurde und eine
Ordnung des Verhältnisses zwischen Staat und Bank wie eine
die Selbstständigkeit des Bankinstitutes sichernde Reform
überhaupt auch ihnen selbst erwünscht sein musste.

Eine solche Reform aber musste ihnen wie der Bevölkerung auch darum noch erwünscht erscheinen, weil, wie erwähnt,
die Vertretung und Leitung des Bankinstitutes eine völlig ano-
male Organisation aufwies und das Gros der begangenen Sünden zunächst darauf zurückzuführen war, dass die Regierung
in der Lage war, mit der Nationalbank souverän wie mit einem
Staatsinstitute zu schalten. Ging doch diese Souveränität so
weit, dass beispielsweise die neue Actienemission von 1855 vom
Staate, ohne die Vertretung der Bank, den sogenannten Bankausschuss, auch nur anzuhören, einfach decretirt wurde, dass
grosse Bankkredite an hochstehende oder sonst einflussreiche
Personen völlig abseits selbst von der Bankdirection und ohne

dass diese davon Kentniss erhalten hätte, bewilligt wurden[1].
Die Actionäre der Bank entbehrten der Möglichkeit, ihre
Rechte geltend zu machen, auch wenn sie dazu das erforderliche Ausmaass von Selbstbewustsein besessen hätten. Die
Hälfte von ihnen, die ausländischen Bankactionäre nämlich,
war durch das Statut von jeder Einflussnahme auf die Leitung der Bank von vorne herein ausgeschlossen und von der
Masse der inländischen Actionäre bildeten Hundert, welche
den grössten Actienbesitz repräsentirten, den sogenannten
grossen Bankausschuss, dessen Rechte sich bis 1859 darauf
beschränkten, den Bericht des vom Staate eingesetzten Bankgouverneurs anzuhören und dazu wie zu dem Vorschlage für
die Ernennung der Bankdirectoren durch die Regierung unter-
thänigst Ja zu sagen[2]. Selbstverständlich wurden die zum
Austritte bestimmten Directoren immer wieder vorgeschlagen

---

1) Charakteristisch in dieser Richtung ist die im Verlaufe der späteren Verhandlungen im Schoosse der III. Section des Finanzausschusses des Abgeordnetenhauses constatirte Thatsache, dass unter den Lombardschuldnern der Bank eines
der reichbegütertsten Mitglieder des Kaiserhauses mit der Summe von 3 Millionen
Gulden obenan stand!

2) Erst in der Jahresversammlung des Bankausschusses vom 14. und 15.
Januar 1861 begann etwas wie Selbstgefühl sich zu regen. Eine zahme Opposition
von einigen freisinnigen Advocaten (Dr. Neumann, Dr. Wandratsch u. A.) geführt, bildete sich im Schoosse des Bankausschusses. Gestützt auf die statuten-
widrigen Missbräuche des Jahres 1859 und unter Berufung auf den Statutenpara-
graph: „Die Bankgesellschaft wird durch einen Ausschuss und eine Direction
repräsentirt, welche beiden Körper alle Angelegenheiten der Bank zu besorgen
haben" — wurde verlangt, dass in Hinkunft für alle Geschäfte zwischen Bank und
Staat vor Abschluss derselben der Bankausschuss vernommen werden solle und
dass eine Abänderung der Statuten in dem Sinne erfolge, dass solche Geschäfte
der Genehmigung des Ausschusses bedürfen. Unglaublich und doch wahr —
diese Forderung erschien der Regierung sowohl wie der Bankdirection als ein Act
offener Auflehnung. „Das ist ein Begehren" sagte der Bankgouverneur, „welches
in solcher Art noch nicht vorgekommen ist . . . . . Ueber einen Vertrag, der eine
verschiedene Auffassung zulässt, können Sie sich aussprechen, aber dieses Aussprechen kann keine Genehmigung sein, sondern eine Beurtheilung, eine Kritik . . . . ." So redete man mit den Vertretern der Actionäre. Stärkeres noch
leistete dazumal der Vertreter der Regierung, der als „Hofcommissär" fungirende
Hofrath von Brentano. Dieser spielte in den jeweiligen Ausschussversammlungen
eine geradezu dominirende Rolle. Jener Reclamation der Actionäre und dem Ver-

und von der Regierung stets von Neuem ernannt, so dass die
letztere sich jederzeit der willfährigsten Selbstverläugnung
Seitens derjenigen versehen konnte, deren Händen die Leitung
des Institutes anvertraut war. „Es charakterisirt den damaligen Schlendrian und die ganze Hohlheit der Begriffe, dass
die Bankvertretung statt mit aller Energie die Wiederaufnahme der Zahlungen zu erstreben, ein Jahrzehnt lang die
wächserne Nachgiebigkeit nach oben und die Nichterfüllung
ihrer Verpflichtungen gegen die Gläubiger noch mit dem prun-
kenden Mantel der Vaterlandsliebe umkleiden konnte ....“
also beurtheilte selbst ein der damaligen Regierung nahege-
standener, hoher Staatsbeamter die Haltung der damaligen
Bankvertretung[1]).

Etliche nicht unwesentliche Reformen wurden allerdings
im Laufe der fünfziger Jahre in der Gebahrung des Bankinstitutes vorgenommen und mancher Fehler war verbessert
worden, freilich nur sehr allmälig und erst nach langem Widerstreben. Die Bank begann der Forderung nach einem, je
nach den Erfordernissen des Geldmarktes variablen Zinsfusse
Rechnung zu tragen; sie ermässigte in den letzten fünfziger
Jahren ihre Dividende und verwendete einen Theil ihres Gewinnes zur Stärkung ihres Reservefonds, welcher von 1818 an
bis 1849 auf nur 5,980.000 fl., von da an aber bis 1860 in Folge
besserer Dotation auf 10,692.000 fl. gebracht wurde; sie hatte
ihr Actiencapital von 30.37 Millionen im Jahre 1852 auf 109·38
Millionen im Jahre 1860 gebracht; sie erhöhte die Zahl ihrer
Filialen in den Provinzen, suchte den ungerechtfertigt hohen

---

suche, Staatsstreiche bei der Bank für die Folge hintanzuhalten, trat er am 15.
Januar 1861 mit den ebenso denkwürdigen wie bezeichnenden Worten entgegen: .... Es ist hier sehr viel die Rede von Selbstständigkeit der Bank,
von Trennung der Bank vom Staate. Ich theile diese Ansicht(!). Allein das
Statut ist nicht zu diesem Zwecke entworfen worden. Die Nationalbank ist nicht
gegründet worden, um als eine vom Staate selbstständige Anstalt nur ihre kaufmännischen Geschäfte und Interessen wahrzunehmen. Die Nationalbank ist gegründet worden, um überdiess sehr wichtige staatliche Zwecke zu erfüllen.“ (Protokoll über die Ausschussversammlung vom 14. und 15. Januar 1861.)

1) Dr. Gustav Höfken, die österreichischen Finanzprobleme, Leipzig, 1862.

Credit, welchen einzelne privilegirte Firmen und Personen, darunter die meisten Mitglieder der Bankdirection selbst. jahrelang genossen hatten, auf ein bescheideneres Maass zurückzuführen und gewährte den Wechseln zweiter Firmen und Domizilen Zutritt zu den Kassen der Bank. Erfolgten indess diese Reformen an sich schon nur partiell und nur unter dem Hochdrucke der öffentlichen Meinung, so waren sie vollends dazu nicht geeignet und nicht ausreichend, um die Missstimmung zu beseitigen, welche sich im Laufe der Jahre gegen die Nationalbank allenthalben eingenistet hatte und den Misscredit auch nur abzuschwächen, welcher ihr, eine Folge ihrer Mesalliance mit dem Staate, wie ein Bleigewicht am Leibe hing. In den weitesten Kreisen, ja man darf fast sagen allenthalben, betrachtete man die Nationalbank als die erklärte Feindin der berechtigten Interessen des Landes und seines Verkehrs und nur Wenige hatten sich die erforderliche Nüchternheit des Urtheils bewahrt, um den Gedanken festzuhalten dass nicht die Sühne für die begangenen Sünden, sondern die Beseitigung der Möglichkeit neue zu verüben und die Herbeiführung geordneter Bank- und Valutaverhältnisse auf der Basis gegebener Thatsachen dasjenige sei, was dem Reiche vor allem Noth thue.

Unter den hier gekennzeichneten Auspicien, unter dem tief- und weitgehenden Nachklange einer durch die vorausgegangene Epoche erzeugten Verstimmung und eines ziemlich allseitigen Misstrauens begannen die Verhandlungen über den Abschluss eines das Privilegium der Nationalbank verlängernden Uebereinkommens zwischen Staat und Bank, dazu bestimmt, die zerrütteten Geld- und Valutaverhältnisse des Reiches auf eine neue gesunde Basis hinüberzuführen,

Der Ausschussversammlung der österreichischen Nationalbank, welche am 13. Januar 1862 eröffnet wurde, legte die
Direction der Nationalbank den Entwurf für eine Revision der
Statuten und des Reglements der Bank vor. Der Entwurf
war das Ergebniss von Besprechungen, welche zwischen dem
Finanzministerium und Repräsentanten der Bank stattgefunden hatten. In seiner Rede in der Sitzung des Abgeordnetenhauses vom 17. December 1861 hatte Finanzminister Plener
dieser Besprechungen erwähnt. Der Bankausschuss beschloss
„in die Berathung der vorgelegten Statuten mit der voraus-
zusetzenden wesentlichen Verwahrung einzugehen, dass diese
Statuten nur für die Dauer des bisherigen Bankprivilegiums
(bis 1866) zu gelten haben." Auf diesen Beschluss antwortete
der „Hofcommissär" bei der Bank Namens der Regierung mit
der Erklärung, dass dieselbe „nicht in der Lage sei, unter
diesem Vorbehalte neue Bankstatuten überhaupt in Betracht
zu ziehen, sondern dass es ihre entschiedene Absicht sei, die
Gewährung neuer Statuten nur in Verbindung mit der Regelung des Verhältnisses zwischen dem Staate und der Bank
bei einer entsprechenden Verlängerung des Privilegiums der
verfassungsmässigen Behandlung zuzuführen." Der Bankausschuss beschäftigte sich unter dem Eindrucke dieser Erklärung
in sechs aufeinanderfolgenden Sitzungen mit der Angelegenheit, trug jedoch in der letzten dieser Sitzungen am 18. Januar
1862 den Erklärungen der Regierung insoferne Rechnung,
als er, von dem früheren Beschlusse abgehend, für die mit
dem Finanzministerium einzuleitenden Verhandlungen ein Comité von 12 Ausschussmitgliedern wählte, welches gemeinschaftlich mit der Bankdirection „dem Ausschusse — nebst
den Anträgen über die Regelung des Schuldverhältnisses des
Staates zur Bank und über die Modalitäten der Verlängerung
des Bankprivilegiums — auch den hiernach redigirten Entwurf
der Statuten und des Reglements, die unter der Wirksamkeit
des neuen Bankprivilegiums bestehen sollen, vorzulegen hat."

Am 25. Januar 1862 begannen die Verhandlungen, am
17. Februar 1862 wurden sie geschlossen und am 22. Februar

wurde einer ausserordentlichen Ausschussversammlung darüber Bericht erstattet und die betreffenden Anträge zur Beschlussfassung vorgelegt. In dem Berichte wurde constatirt, dass die Vertreter der Bank sich neben den Bedingungen eines gedeihlichen Bestandes der Bankgesellschaft zugleich die Forderungen des öffentlichen Wohles in uneigennütziger Auffassung gegenwärtig gehalten hätten, dass der entscheidende Werth auf die Gewährleistung der Unabhängigkeit der Bank gelegt worden sei, während in allen andern auf die Geschäftsführung bezüglichen Punkten die vorgeschlagenen Aenderungen bereitwillig acceptirt worden seien. So seien denn die Modificationen sämmtlich angenommen worden, welche Seitens der Regierung in Betreff der Revision der Statuten und des Reglements gefordert wurden. Bei dem die ausschliessende Berechtigung der Bank zur Hinausgabe von Noten betreffenden Statutenparagraphe sei eine Definition des Begriffes „Banknote" eingeschaltet, dagegen die Bestimmung beseitigt worden, dass die Banknoten „in dem ganzen Umfange der österreichischen Monarchie ausschliessend als Geldzeichen dienen sollen", nachdem die Regierung erklärt habe, dass in dem zu erlassenden Einführungs-Gesetze über die Verleihung des neuen Bankprivilegiums die Staatsverwaltung sich ausdrücklich neuerdings des Rechtes begeben werde Staatspapiergeld mit Zwangscours in Umlauf zu setzen. Alle übrigen Modificationen seien minder wesentlich. Nur in der Benennung jener beiden Körperschaften, von denen die eine bisher als „Ausschuss" bestand, die andere als „Comité des Ausschusses" in Vorschlag gebracht wurde sei eine Aenderung zweckentsprechend gefunden worden; die erstere solle künftig „General-Versammlung", die andere aber „Ausschuss" genannt werden. — Was das Uebereinkommen zur Regelung des Schuldverhältnisses zwischen Staat und Bank betreffe [1]), so

---

[1]) Dasselbe war in diesem Stadium identisch mit der etliche Tage später am 13. März im Abgeordnetenhause eingebrachten Vorlage des Finanzministers v. Plener. S. S. 4 ff.

sei die Aufgabe der Bankvertretung dabei eine viel schwierigere gewesen, dieselbe habe aber im Bewusstsein ihrer Pflicht nicht gezögert, unter ihrer Verantwortung „die besondern Interessen der Gesellschaft bis an die äusserste Gränze in den Hintergrund zu stellen." Auf Grund dessen möge der Ausschuss der getroffenen Vereinbarung vollinhaltlich beitreten.

Letzteres geschah denn auch nach längerer Discussion, welche einen ruhigeren Charakter und Verlauf hatte als die ihr vorausgegangene im Monate Januar. Das vorläufige Einvernehmen zwischen der Regierung und der Bankgesellschaft besiegelnd, wenn auch nicht frei von der Ahnung, dass der Kampf damit eigentlich erst begonnen habe, fasste der Bankausschuss folgende Beschlüsse:

1) Der Ausschuss nimmt die von dem hohen Finanzministerium vorgeschlagenen Modificationen des von der Bank in der Ausschussversammlung vom 13. bis 18. Januar 1862 genehmigten Entwurfes betreffend die Verlängerung des Bankprivilegiums und die Revision der Statuten und des Reglements der Nationalbank dem vollen Wortlaute nach an.

2) Der Ausschuss nimmt die Punktationen für eine Regelung des Schuldverhältnisses zwischen dem Staate und der Bank, vorbehaltlich der verfassungsmässigen Genehmigung und unter der Voraussetzung ihrem vollen Inhalte nach an, dass die Staatsverwaltung in dem zu erlassenden Einführungsgesetze sich neuerdings des Rechtes begiebt, Staatspapiergeld mit Zwangscours in Umlauf zu setzen.

3) Der Ausschuss erklärt sich in Permanenz um das Ergebniss der weiteren Erledigung der Angelegenheit entgegenzunehmen.

Am 13. März 1862 lag die in solcher Weise zwischen Regierung und Nationalbank vereinbarte Bankacte als Regierungsvorlage zur verfassungsmässigen Behandlung auf dem Tische des Abgeordnetenhauses, (siehe S. 4 ff.). Nur den eine künftige Staatsnotenemission bezüglichen Passus, also die Voraussetzung unter welcher der Bankausschuss der Vereinbarung zugestimmt hatte, hatte der Finanzminister v. Plener auf eigene Faust aus der Bankacte einfach eliminirt.

Mittlerweile aber hatte sich die publizistische Erörterung und das öffentliche Interesse der Bankfrage mit einer bis dahin in Oesterreich fast nicht gekannten Lebhaftigkeit bemächtigt. Die Verhandlungen des Bankausschusses vom Januar standen bereits unter dem Hochdrucke dieser Agitation, welche immer mächtigere Dimensionen und mitunter geradezu leidenschaftliche Formen gewann. Der Discussion hatte bereits die Rede vom 17. Dezember 1861, mit welcher Herr v. Plener die Grundzüge seines Bankplanes auseinandersetzte das erschöpfende Substrat geliefert und was sich seitdem in dem Sitzungssaale des grossen Ausschusses der Bank zugetragen hatte, war bei dem ziemlich allseitig bestandenen Vorurtheile gegen jede wenn auch an sich noch so berechtigte und natürliche Forderung der Bank, nur geeignet die Hitze des Gefechtes zu steigern. Dass zwischen der ersten Enthüllung des neuen Bankplanes und seiner Einbringung im Abgeordnetenhause ein Zeitraum von drei Monaten verstrich, von den Gegnern wacker ausgenützt um eine Action zu discreditiren noch bevor dieselbe begonnen hatte, das war unter allen Umständen ein arger Fehler, der mancherlei erklärt, was sonst heute noch erklärungsbedürftig wäre.

Die publizistische Discussion, welche die schwebende Bankfrage durch ihre vielen Phasen hindurch begleitete, lässt sich zweckmässig in drei Richtungen theilen und indem wir die letzteren kennzeichnen, dürfte die Natur der Bewegung daraus am deutlichsten zu erkennen sein. Die eine Richtung gehörte der Tagesliteratur und wurde vornehmlich durch das damals verbreiteteste österreichische Journal „Die Presse" vertreten. Schon bei Beginn der Unterhandlungen zwischen der Regierung und der Nationalbank im Monate Januar 1862 trat dieses Blatt mit Plaidoyers für die völlige Beseitigung der bestehenden Bank hervor. „Unter den ererbten Uebelständen in Oesterreich ist einer der bösartigsten die österreichische Nationalbank." „Die Liquidation der Nationalbank wäre die erste und wirksamste Massregel, die Herstellung der Valuta vorzubereiten." Das war die Bankpolitik des genannten Blattes und sie gipfelte in dem, von dem Eigenthümer des Blattes,

Herrn August Zang, später auch mündlich als Experte vor
der III. Section des Finanzausschusses des Abgeordnetenhauses vertretenen Vorschlage, die Nationalbank aufzulösen
und zur Emission von Staatspapiergeld überzugehen. Der
Bankplan des Finanzministers Plener, so lautete das Programm,
werde zurückgewiesen, das Bankprivilegium nicht verlängert.
Es seien 250 Millionen Gulden Staatspapiergeld mit Zwangscours als Steuernoten zu emittiren und mit diesen 250 Millionen Gulden die Staatsschuld bei der Bank zu tilgen, welche
dafür denselben Betrag der von ihr ausgegebenen Noten einzuziehen und dem Staate die ihr als Deckung übergebenen
20 Millionen Gulden des englischen Anlehens, 123 Millionen 1860er
Loose und die Staatsgüter zurückzugeben habe; diese Effekten und Staatsgüter seien zur Bedeckung des Staatsdefizits
für 1862 und 1863 zu verwerthen. Bis zum Ablauf ihres Privilegiums habe die Bank den Rest ihrer umlaufenden Noten
einzuziehen, so dass mit Ablauf des Privilegiums nur noch
die 250 Millionen Staatsnoten in Circulation bleiben (!). Sollte
diese Summe sich als zu gross (!) zeigen und der Paricours
dieser Noten sich nicht behaupten, so sei es die fernere Aufgabe des Staates den Ueberschuss aus der Circulation zu
ziehen, bis der Paricours gewonnen sei. (!) Ein Bankgesetz
habe die Bedingungen zu bestimmen, unter denen in allen
Theilen des Reiches Escompte- und Girobanken, denen Zettelausgabe nicht gestattet wird, gegründet werden können. Die
Hypothekar-Abtheilung der Nationalbank sei in Landesbanken
aufzulösen. — Die Feder, welche dieses Programm publizistisch vertrat, war die des verewigten Dr. Max Friedländer,
aus ihr stammten fast ausnahmslos die zahllosen Artikel,
welche die „Presse" ein volles Jahr hindurch der Bankfrage
widmete. Die Gerechtigkeit verlangt zu constatiren, dass
dieses Programm völlig ohne Anhänger war, dass es die
öffentliche Meinung, die mit gutem Grunde von einem Staats-
zettelgelde nichts wissen wollte, gegen sich hatte. Gleichwohl
spielte diese Haltung der meistverbreiteten österreichischen
Zeitung in dem Kampfe für und gegen die Bankakte eine

grosse Rolle und das mit. gutem Grunde. Der seither verstorbene Autor der betreffenden Artikel verstand es damals
schon grosse Fragen mit jener seltenen Energie des Gedankens, mit jener Kraft der Sprache und Ausdauer in der Polemik zu behandeln, welche, später immer bedeutsamer ent-
faltet, ihm unter den Publizisten Oesterreichs, ja Deutschlands
den vordersten Rang anwiesen. Wenige Jahre erst war er
in Oesterreich thätig als er in der Bankfrage das Wort zu
führen unternahm, und doch unterstützte ihn damals schon
eine so vollständige Kenntniss der Dinge und der Personen
in diesem Lande, eine so klare Erkenntniss der schwachen
Punkte, an welche der Hebel der Polemik zum Mindesten
mit äusserlichem Erfolge anzusetzen war, dass die publizistische Erörterung der Frage, trotz des Widerstrebens nicht
bloss der zunächst betheiligten Kreise, von ihm eine zeitlang
geradezu beherrscht wurde und seine damalige Leistung auch
heute noch als eines der bedeutsamsten Zeugnisse seiner
ausserordentlichen Begabung, als eines der ältesten Denk-
zeichen seiner publizistischen Thätigkeit dasteht.

Sein und des Eigenthümers der „Presse" hervorragendster
Widerpart war damals der seither gleichfalls verstorbene
Publizist Eduard Warrens. Ihm war, als die Bankfrage auf
die Tagesordnung kam, das Thema ein wohlvertrautes und
er durfte sich mit gutem Rechte darauf berufen, die Frage
in Oesterreich bereits zu einer Zeit warm gehalten zu haben,
als ausser ihm kaum noch ein Zweiter sich öffentlich mit ihr
beschäftigte. Die Abnormitäten der Nationalbank hatten in
ihm schon im Jahre 1849 einen öffentlichen Gegner gefunden
und er durfte sich manches literarischen Verdienstes aus
früherer Zeit in Betreff der Verbesserung der Bankverhältnisse rühmen. Warrens trat in einem damals neugegründeten
Regierungsorgane („Botschafter") für den Plener'schen Bankplan ein. Gegen die auf der äussersten Linken stehende
„Presse" focht er von der äussersten Rechten aus, die gerechten Begehren der Bank wohlwollend schützend und ver-
theidigend und vor Allem die Staatspapiergeld-Gelüste dieses

Blattes rücksichslos bekämpfend. „Der getrübte Verstand",
so schrieb er am 20. März 1862, „welcher Oesterreich, das die
Erinnerung an 1811 noch nicht ganz verwischt hat, das noch
seinen Credit nicht unerschütterlich herzustellen wusste, an-
räth, Staatsnoten mit Zwangscours als alleiniges Geld auszugeben, könnte nie in unseren constitutionellen Körperschaften
Eingang finden, ohne der Constitution selbst in der Meinung
der Nation die ärgste und bedenklichste Wunde zu versetzen."
Mit Bezug darauf, dass die „Presse" für den neuen Bankplan
die Kraftbezeichnung „finanzielles Concordat" erfunden hatte,
um damit den Bankplan in den Augen der Bevölkerung zu
discreditiren, schrieb er am 20. April 1862: „Das Abgeordnetenhaus wird dem Volke ein „Concordat" geben, durch
welches endlich festgestellt werden wird, dass ein centrales
Geldinstitut in Oesterreich zu bestehen hat, unabhängig vom
Staate, eine Handlangerin für die Industrie und den Handel,
eine Bürgin für die Nimmerwiederkehr einer Assignatenzeit
und für die sichere, wenn auch nicht übereilte Rückkehr zu
dem Zustande einer fest geordneten Landeswährung." Und
der nämliche Mann, der im Jahre 1862 in solcher Weise
schrieb, der sich mit der damals geschaffenen Bankacte völlig
identifizirt hatte, wurde später zum Lobsänger des Staats-
notenregens, welcher 1866 in der Aera Larisch-Becke über
das Land niederging! Ja noch mehr, der Mann, welcher das
Abgeordnetenhaus zu der „grossen That" beglückwünscht
hatte, welche dasselbe mit der Votirung der Bankacte vollzogen, der Mann welcher in dieser Bankakte die Bürgschaft
für die nothwendige Wiederherstellung der Landeswährung
erblickt hatte, er war es, der mit der ganzen Schärfe seiner
hochgewandten Feder acht Jahre später den Gedanken aus-
führte, die Nationalbank müsse vom Erdboden verschwinden
und an ihrer Stelle habe eine Staatsbank den Verkehr mit
Circulationsmitteln zu versehen. „Für das Geldbedürfniss des
Volkes giebt es keine Gränze", also lehrte wörtlich der zum
Saulus gewordene Bank-Paulus und da die Bank diesem Bedürfnisse zu entsprechen vermöge der Bankakte ausser Stande

sei, so solle man die Bankakte beseitigen und eine Art von
Reichsbank etabliren für die ein metallischer Baarschatz gar
nicht nöthig sei, denn die Bulliontheorie der alten Schule
sei eine völlig überwundene und was Oesterreich Noth thue,
das sei nicht Metallgeld, sondern viel Papiergeld. Mit der
Herstellung der Valuta habe es keine Eile, die könne noch
zwanzig Jahre warten, denn Massregeln zur Herstellung der
Valuta würden ohnehin nur zu „wirthschaftlichen Krisen"
führen! Dass es dabei gleichzeitig an Schmähungen gegen
die „unverständigen" Schöpfer der Bankacte von 1862 nicht
fehlte, das sei nur nebenbei erwähnt. Für solch einen geradezu
verblüffenden Gesinnungswechsel liegt in der Biographie des
Verstorbenen, zumal in jener der letzten Jahre seines Lebens,
die ausreichende Erklärung. Unsere Sache ist es nicht, sie
hier zu schreiben, auch leitet uns hier nicht die Intention einer
posthumen Polemik gegen den hochbegabten Todten. Diese
Polemik führten wir bei seinen Lebzeiten lange genug gegen
ihn, unbeschadet der Achtung vor dem grossen Talente, das
in ihm mit fesselnder Individualität vereinigt war. Aber, als
eine der bezeichnendsten Episoden in der Geschichte der
Bankacte von 1862 durften wir den Antheil, welchen Warrens
an der Erörterung und Behandlung der Bankfrage genommen
hat, nicht mit Stillschweigen übergehen, denn damit hätten
wir auf eine der interessantesten Illustrationen zur Geschichte
des Kampfes auf diesem Gebiete verzichtet.

Die zweite Richtung in der publizistischen Behandlung
der Bankfrage im Jahre 1862 wäre als die wissenschaftliche
zu bezeichnen. Sieht man zweckmässiger Weise von der damaligen Productivität an Flugschriften und Broschüren ab,
die mehr oder weniger immer auf dilettantenhafte Finanzprojecte, mitunter confusester Natur, hinausliefen, so wird jene
Richtung vornehmlich durch vier Autoren repräsentirt, deren
Schriften von damals einen bleibenden Werth behalten haben
und Niemandem unbekannt sein sollten, der heute an der
Discussion über die Bankfrage in Oesterreich theilnimmt.

Der eine von den vier Autoren ist der bekannte Volks-

4*

wirth, Carl v. Meyer, später einer der Leiter der Anglo-
Oesterr. Bank, einer der durchgebildetesten Nationalökonomen
Oesterreichs. Seine Idee war die Anwendung der Grundsätze der Peel'schen Bankakte auf die Oesterreichische Nationalbank. Er vertrat sie in einer, in der k. k. Hof- und
Staatsdruckerei „als Manuskript" gedruckten, niemals in den
Buchhandel gelangten, umfangreichen Schrift[1]) und später
mündlich als Experte vor der III. Section des Finanzausschusses des Abgeordnetenhauses. Sein von der Regierung
favorisirter Plan gipfelte in folgenden Hauptpunkten: Trennung
der Notenemission von den übrigen Geschäften der Bank
durch Errichtung einer gesonderten Zettel-Abtheilung (Emis-
sions-Departement) und einer Creditabtheilung, letztere mit
einer Unterabtheilung für den Hypothekarkredit; getrennte
und selbstständige Verwaltung des Emissions-Departements
durch Vertreter der Bank in Gemeinschaft mit Commissären,
welche letztere von der Reichsvertretung zu ernennen und
nur durch sie aus dem Amte zu entfernen wären; Festsetzung
eines Maximalbetrages auf Verlangen einlösbarer Noten mit
Zwangscours, welche bloss gegen Deckung in Staatspapieren
emittirt, rücksichtlich im Umlauf erhalten werden sollen,
während jedes Plus der Notenausgabe Gulden für Gulden
bis zur Höhe von 15 oder 20 Millionen in Metallmünze und
darüber hinaus in ausländischen Wechseln (Devisen) seine
Bedeckung haben müsste, worüber indess der Verwaltung
des Emissions-Departements die unabhängige Verfügung zu-
stünde; Beschränkung der Pflicht der Einlösung der Noten
gegen Baargeld auf das Centrale in Wien; Freigebung des
Bankzinsfusses und Beschränkung der Vorschüsse gegen
Staatspapiere auf die Hälfte des jeweiligen Courswerthes;
freie Verfügung der Bank in Bezug auf Vertheilung ihrer

---

[1]) Grundzüge für die Herstellung und Erhaltung einer convertiblen
Papierwährung in Oesterreich, mit besonderer Rücksicht auf die englische
Bankacte vom J. 1844 und deren Anwendbarkeit auf die hiesigen Verhältnisse;
Wien, 1861.

disponiblen Geldmittel zwischen Wien und den Filialen; endlich Ueberlassung des Zinsengewinnes aus dem durch die bestehende Schuld des Staates bedeckten Theile der Notenemission an die Staatsfinanzen lediglich gegen Rückvergütung der Kosten der Notenfabrikation. Von diesem Plane wurde bekanntlich seitens des Finanzausschusses lediglich die Grundidee der Anwendung der Peelsakte berücksichtigt. Die Details schienen unter den gegebenen Verhältnissen nicht wohl durchführbar.

Der Andere von den erwähnten Autoren war der heute noch im Amte befindliche, eben so sachkundige wie gewissenhafte Generalsekretär der österreichischen Nationalbank Wilhelm Ritter von Lucam. Aus seiner Feder rühren zwei Schriften her, deren Ursprung in die Tage vor der Vereinbarung zwischen Regierung und Nationalbank zurückreicht. Die Eine behandelte das Verhältniss der österreichischen Nationalbank zum Staate[1]), enthielt eine strenghistorische um des sachlichen Materiales willen höchst werthvolle Darstellung der Situation, in welche die österr. Nationalbank durch die im Laufe der Jahre an sie herangetretenen Forderungen des Staates versetzt worden war und legte einen nicht geringen Werth auf die Nachweisung, dass es nicht durch ihr eigenes, sondern durch das Verschulden des Staates mit der Bank dahin gekommen war, wo sie eben stand. Schon in dieser Schrift wie auch in allen folgenden später zu erwähnenden Streitschriften, welche die Signatur der Bankleitung selbst tragen, wurde die Zweckmässigkeit einer baldigen Wiederherstellung der zerrütteten Landeswährung und die Bereitwilligkeit der Bank, in dieser Richtung alle ihre Kräfte aufzubieten, nachdrücklich betont. Die andere Schrift[2]) war in ausgesprochener Weise eine polemische, gerichtet eben gegen die vorgenannten „Grundzüge". Ursprüng-

---

1) Die Oesterr. Nationalbank und ihr Verhältniss zum Staate; — ein Beitrag zur Beurtheilung der Bankfrage; Wien 1861.

2) Zur Oesterr. Bank- und Finanzfrage; Wien 1861.

lich als Artikelreihe in einem damals bestandenen Wiener Blatte veröffentlicht, erschien diese Arbeit nachher gesammelt als Separatabdruck und die Autorschaft dieser Schrift dürfte den Meisten bis heute noch unbekannt gewesen sein. Lucam wies in dieser Schrift die Unmöglichkeit nach, die englische Acte von 1844 auf die österreichischen Verhältnisse anzuwenden, er wies nach, dass England im J. 1844 nicht nöthig hatte, jene Zwecke zu verfolgen, welche der Verfasser der „Grundzüge" in den Vordergrund gestellt habe, nämlich die Valuta herzustellen und ein Deficit zu decken, er wies nach, dass an eine Regelung der Bankverhältnisse sowie an eine Herstellung einer wirklich geordneten Landeswährung nicht zu denken sei, wenn nicht die Rückzahlung des grösseren Theiles der Schuld des Staates an die Bank ihr vorausgehe und er schloss mit der gewissermassen im Namen des Bankinstitutes selbst abgegebenen Versicherung, dass die Nationalbank sich an einer solchen Selbsttäuschung nicht betheiligen könne und werde, und dass, wenn die Verlängerung des Privilegiums der Bank an Bedingungen geknüpft werden sollte, wie sie in jenen „Grundzügen" dargelegt wurde, die Bankdirektion sich verpflichtet halten würde, die Auflösung der Bankgesellschaft zu befürworten.

Späteren Datums und der Zeit ihres Erscheinens nach in den Monat April 1862 also nach Einbringung der Plener'schen Bankvorlage im Reichsrathe fallend, sind zwei Schriften, welche Männer der Theorie, hervorragende Fachmänner zu Autoren haben: Dr. Gustav Höfken und Prof. Dr. Ad. Wagner[1].

Höfkens Schrift kehrte sich, wiewohl er als Sectionschef des Finanzministeriums dem Finanzminister unmittelbar nahe stand, doch wesentlich gegen den Plener'schen Bank-

---

[1] Die Oesterr. Finanzprobleme bezüglich Bank, Valuta und Deficit von Dr. Gustav H....n; Leipzig 1862. — Die Herstellung der Nationalbank mit besonderer Rücksicht auf den Bankplan des Finanzministers v. Plener von Dr. Adolf Wagner; Wien 1862.

plan. Nicht nur, dass er für eine Verstärkung der Cautelen
zur Sicherung der Unabhängigkeit der Bank plaidirte, sprach
er sich auch ablehnend vornehmlich gegen den in dem Plener'-
schen Bankplane enthaltenen Bedeckungsmodus aus. Er
hielt den Betrag von 150 Millionen Gulden für diejenige
Summe, welche sich an Staats- und Steuernoten abseits von
den Banknoten jederzeit im Umlauf erhalten lasse, und da
zunächst sollte nach seiner Ansicht der Staat seinen Vortheil
ziehen. Die Bank sollte 150 Millionen Gulden Noten metallisch
unbedeckt zum Besten des Staates gegen eine unverzinsliche
Staatsschuldverschreibung und 50 Millionen Gulden an 5%igen
Schatzscheinen emittiren, dagegen sollte jede weiter über
diesen Betrag hinaus von der Bank emittirte Note voll und
baar bedeckt sein, Noten in Appoints unter 10 Gulden nicht
ausgegeben werden. Ueberdies sollte der Staat das Recht
sich vorbehalten, weitere 50 Millionen Gulden Staatsnoten
in Appoints zu 1 und 5 Gulden mit beschränktem Zwangscours zu emittiren. In solcher Weise sollte das Bankprivilegium, welches der Autor nur bis 1880 verlängert wissen
wollte, verwerthet werden, und es war des Autors Meinung,
dass die Bank dabei einerseits für sich einen Gewinn von
mehr als 7% erzielen würde, gleichzeitig aber die Baarzahlungen noch vor Beginn des verlängerten Privilegiums schon
Anfangs 1864 aufgenommen und dauernd behauptet werden
könnten. So schloss er sich denn auch dem System der
vollen Metalldeckung aller Noten über einen gewissen Betrag
hinaus an, von ihm erwartend, dass es die ununterbrochene
Einlösbarkeit der Noten sichern und jedes Misstrauen von
vornherein beseitigen werde. Von dem System der Drittelbedeckung wollte er darum Umgang genommen wissen, weil
dasselbe bei verhältnissmässig starkem Notenumlauf keine
ausreichende Beruhigung gewähre, während es bei einer verhältnissmässig schwachen Notenausgabe sich als eine un-
nöthige und unzweckmässige Beschränkung der Notenausgabe
und des Verkehrs darstelle. Einen ganz besonderen Werth
aber verlieh der Autor seiner Schrift nach unserem Dafür-

halten dadurch, dass er in derselben eine Frage behandelte,
die heute noch gerade so wichtig und zeitgemäss erscheint,
wie sie es damals gewesen, nämlich die Frage der Vorbereitung für die Herstellung der Valuta durch zweckentsprechende
Massregeln noch vor effectiver Aufnahme der Baarzahlung.
Er antwortete auf die von vielen Seiten auch heute noch
mit besonderem Nachdruck hervorgekehrte Frage, ob bei der
Verschuldung Oesterreichs an das Ausland die Baarzahlung
einer Zettelbank in Oesterreich überhaupt angebahnt und
aufrecht erhalten werden könne, mit einem entschiedenen Ja,
dieser Antwort bloss die Bedingung anhängend, dass dabei
die grösste Vorsicht und die strengsten Bedeckungsmodalitä-
ten angewendet werden müssten. Wie gesagt, speciell dieses
Plaidoyer für vorbereitende Massregeln lange voraus bevor
noch der eigentliche Heilungsprocess beginnen soll, gibt der
Höfken'schen Schrift, ganz abgesehen von ihrem historischen
Werth als vortrefflicher Beitrag zur Beurtheilung der Bankfrage von 1862, auch heute noch einen ganz actuellen Werth
und diejenigen, welche sich der Frage der Herstellung der
Valuta gegenüber, sei es aus Ueberzeugung, sei es in Folge
hier nicht zu erörternder Sonderinteressen pessimistisch verhalten, möchten die darauf bezüglichen Abschnitte der Höfken'schen Schrift auch heute noch mit einigem Nutzen lesen.

Näher als die Höfken'sche Schrift stand die citirte Arbeit
von Prof. Dr. Wagner dem Plener'schen Bankplane. Wagner vertheidigte das Princip des Plener'schen Planes, nicht
ohne indess Modificationen in Antrag zu bringen, deren Zweck
vor Allem die Beschleunigung der Wiederaufnahme der
Baarzahlung war. Nach seiner, übrigens später im Abgeordnetenhause und in der Bankakte selbst thatsächlich zur Geltung gekommenen Ansicht, war vor Allem der in dem
Plener'schen Bankplane für die Regelung des Schuldenver-
hältnisses zwischen Staat und Bank vorgesehene Zeitraum
von 9 Jahren ein viel zu langer und speciell der Beginn der
Wiederaufnahme der Baarzahlungen auf einen viel zu späten
Zeitpunkt hinausverschoben. Im Ganzen aber befürwortete

Wagner den ministeriellen Bankplan, als in der Hauptsache
auf dem Standpunkt rationaler Theorie und Praxis stehend.
Er fand in demselben die wesentlichsten der zu erreichenden
Zwecke erfüllt: Erhaltung der Nationalbank, Wiederherstellung ihrer Solvenz, Anerkennung des Princips der bankmässigen Deckung der Noten und Abzahlung der Staatsschuld wenigstens so weit, dass keine Note mehr unmittelbar
auf dem Staatscredite basirend im Umlauf sein sollte. Mit
der Zahlung von 2 % Zinsen für das permanente Darlehen
von 80 Millionen Gulden erklärte er sich einverstanden, in
derselben lediglich eine gerechte Leistung des Staates an
die Bank und keineswegs eine Uebervortheilung des ersteren
durch die letztere erblickend. Zumal dieses Darlehen den
Bankfond nicht überstieg, überdies sämmtliche Noten bankmässige Deckung haben sollten, schien ihm der Einwand
einer Gefährdung der Banksolvenz durch dieses Darlehen
vollkommen beseitigt.

Die dritte Richtung endlich in der damaligen öffentlichen Erörterung der Bankfrage und das Bild der damaligen, weit ausgedehnten Agitation vervollständigend, erscheint durch die österr. Nationalbank selbst vertreten
und indem wir von dem Antheile sprechen, welchen sie durch
ihren Generalsecretär v. Lucam an der öffentlichen Erörterung
genommen hat, wird dadurch zugleich die Haltung gekennzeichnet sein, welche sie während der zahlreichen, kritischen
Phasen der damaligen Verhandlungen eingenommen hat. Wir
werden damit zugleich zur Vervollständigung der auf die
Verhandlung über die Bankfrage im Jahre 1862 bezüglichen
historischen Daten gelangen, insofern als die folgende Darlegung dem Standpunkte gewidmet ist, welchen die Nationalbank selbst eingenommen hat und welchen sie sowohl durch
den Verlauf der Dinge wie durch den Hochdruck der öffentlichen Meinung allmälig zu verlassen gezwungen war.

Dass der Entwurf einer neuen Bankacte, wie er als Ergebniss der Vereinbarung zwischen Regierung und Bankdirektion am 13. März 1862 in dem Abgeordnetenhause zur
verfassungsmässigen Behandlung vorgelegt wurde, die einzelnen Stadien dieser Behandlung nicht ohne beträchtliche
Hindernisse passiren werde, darauf war man in den Bankkreisen wohl vorbereitet, darauf musste man nach Allem, was
vorausgegangen war, wohl gefasst sein. Der Widerstand
aber, wie er sich thatsächlich erhob und immer weitere Kreise
zog, übertraf selbst die schlimmsten Befürchtungen des Part-
ners Bank. Bei Zeiten setzte die Bankdirektion sich zur
Wehre. Als im April 1862 der früher erwähnte Bericht der
III. Section des Finanzausschusses des Abgeordnetenhauses
in die Oeffentlichkeit gelangt war, in welchem Berichte vornehmlich der Gesichtspunkt zum Ausdruck kam, dass die
Regierungsvorlage das von der Bank für die Ueberlassung
des Privilegiums dem Staate zu bezahlende Entgelt ganz un-
verhältnissmässig niedrig gegriffen habe und dass die Be-
lassung eines 2%igen Darlehens als ein angemessenes Entgelt für die Privilegiumsverlängerung nicht angesehen werden
könne, erhob die Bank sich dagegen in einer Druckschrift:
„*Der Werth des Bankprivilegiums. Als Manuskript
gedruckt Wien 1862*". Mit Rücksicht auf die nun neuerdings
auf der Tagesordnung befindliche Frage der Privilegiumsverlängerung der Nationalbank gewinnt diese Schrift bis zu
einem gewissen Grade neuerlich an Interesse und es scheint
uns zweckmässig von ihr etwas eingehender zu sprechen.
Doch muss, bevor dies geschieht, auf die Anschauungen
Rücksicht genommen werden, welche dazumal ausserhalb der
Bankkreise in Bezug auf den Werth des Bankprivilegiums
obwalteten. Da wäre vor Allem des ablehnenden Berichtes
zu gedenken, welchen die III. Section des Finanzausschusses
in den ersten Apriltagen des Jahres 1862 an den Finanzausschuss erstattete. In diesem Berichte war ausgeführt, dass,
wenn man im Sinne des von der Regierung vorgelegten
Uebereinkommens einen Banknotenumlauf von 330 Millionen

Gulden annehme, welcher zu einem Drittel mit Silber bedeckt
sei, dann 220 Millionen ohne solche Deckung, also mit 5%
Erträgniss, verwendbar seien und demnach einen Gewinn von
11 Millionen Gulden ergeben; wenn weiter angenommen werde,
dass sämmtliche Spesen durch die sonstigen Geschäfte, abgesehen von Lombard und Escompte, sowie durch die Ge-
stattung, auch Bankpfandbriefe bis zum Betrage von 20 Millionen Gulden als bankmässige Bedeckung anzunehmen, gedeckt seien, so könne jene Summe von 11 Millionen Gulden
immerhin als Reinertrag des Zettelgeschäftes angenommen
werden; da nun der Bankfond 70 Millionen Gulden betrage
(nach Abrechnung von 40 Millionen, welche für die Hypothe-
kar-Creditsabtheilung gewidmet sind), so ergebe sich, selbst
wenn dieser ganze Fond der Regierung unverzinslich überlassen würde und ganz abgesehen von den Erträgnissen des
Reservefonds noch immer eine Verzinsung dieses Fonds mit
16%; mit Einrechnung der Reservefondzinsen und der
1,600.000 fl., welche der Staat an Zinsen bezahlen soll, würde
das Erträgniss sich noch um weitere 2 Millionen steigern,
was einer Gesammtverzinsung von 19% entsprechen würde.
Musste damals schon, wie es auch thatsächlich der Fall war,
ziemlich allseitig anerkannt werden, dass diese Abschätzung
des künftigen Erträgnisses der Bankaktien eine viel zu opti-
mistische und übertriebene sei, so haben die Erfahrungen der
seither vergangenen, für die Nationalbank nicht eben ungünstigen Jahre das vollauf bestätigt. In der That hat jene
Abschätzung damals lediglich die Folge gehabt, dass sie von
den Gegnern jedweder Vereinbarung mit der Bank als ein
willkommenes, mit der Autorität eines Theiles der parlamentarischen Körperschaft ausgestattetes Argument ausgenützt
wurde. Anders als der Bericht der III. Section es gethan,
rechnete in späteren Sitzungen die Regierung. Ihr Vertreter, Hofrath Brentano legte in einer der Sitzungen in
den letzten Apriltagen des Jahres 1862, von einer allerdings
auch idealen Zukunftsbilanz der Bank ausgehend, folgende
Calculation vor:

Gulden.

$2^0/_0$ von 80 Millionen Staatsssschuld 1,600.000

$5^0/_0$ von Escompte und Lombard in der Höhe von

    $223._0$ Millionen angenommen .   11,152.500

$1^0/_0$ von 35 Millionen Pfandbriefen   350.000

$6^0/_0$ von 20 Millionen Pfandbriefen . .   1,200.000

Zinsen des Reservefondes 540.000

                          Zusammen   14,842.500

Davon ab:

Einkommensteuer 750.000 fl., Banknotenfabrikation

    600.000 fl., andere Unkosten 1,050.000 fl., 5%

    Zinsen des Bankfondes 5,512.500 fl., $^1/_4$ des

    Ueberschusses in den Reservefond 1,732.500 fl.,

    zusammen 9,645.000

würden immer noch 5,197.500

als Superdividende verbleiben, so dass hiernach die Jahres-
rente einer Actie sich auf 71 fl. 70 kr. oder $9^7/_{10}\%$ des
Nominalkapitals stellen würde.

Gegen diese und noch andere Calculationen war vor
Allem die obenerwähnte Schrift der Bank über den Werth
des Bankprivilegiums gerichtet. Die von der III. Section
des Finanzausschusses angenommene 16 oder selbst 19% Verzinsung, so führte diese Schrift aus, sei dadurch ermittelt
worden, dass man den Bankfond nur mit 70 Millionen Gulden
veranschlagt habe, indem man die der Hypothekarabtheilung
gewidmeten 40 Millionen Gulden in Abrechnung brachte.
Nun hafte aber nach der ausdrücklichen Bestimmung der
Statuten dieser Geschäftsabtheilung das gesammte bewegliche und unbewegliche Vermögen der Bank, somit gemeinschaftlich und gesetzlich auch ihr gesammtes Capital ohne
Unterschied für die pünktliche Verzinsung und Bezahlung
des Pfandbriefcapitals; die gemeinschaftliche Verpflichtung
stände aber wenig im Einklange mit einer verkürzten Theilnahme oder gar Ausschliessung von dem gemeinschaftlichen
Genusse der Rechte. Auch dürfe nicht vergessen werden,
dass schon die Vermehrung des Fonds von 30 auf 70 Millionen nicht ausschliessend durch den Umfang des eigentlichen

Bankgeschäftes gerechtfertigt gewesen sei. Als der Fond der Bank 30 Millionen betrug, hätten Escompte und Lombard nur das 4 fache, die Staatsschuld aber nahezu das 10 fache desselben in Anspruch genommen; nach der Erhöhung des Bankfonds auf 70 Millionen hätten Escompte und Lombard sich nicht ganz auf das $2\frac{1}{2}$ fache, die Staatsschuld aber noch immer auf mehr als das 3 fache dieses Fonds belaufen. Es sei also kein Zweifel, dass schon damals die Erhöhung des Bankfonds vorzugsweise durch die Steigerung der Schuld des Staates an die Bank nothwendig geworden sei. Einer Berechnung des Bankgewinnes müsse demnach, wie bei allen anderen Gesellschaften, das gesammte eingezahlte Actien-capital zu Grunde gelegt werden. Wenn weiter behauptet werde, dass in anderen Staaten für das Bankprivilegium ein grösseres Entgelt geleistet werde, so müsse daran erinnert werden, dass in Frankreich das Bankprivilegium im Jahre 1857, obwohl es noch 10 Jahre zu laufen hatte, unter der Be-dingung auf weitere 30 Jahre verlängert wurde, dass die Bank ihr Capital verdoppelte und von der Schuld des Staates 100,000.000 Frcs. gegen 3% Rente in Abrechnung brachte; dass in England der Staat seine Schuld an die Bank mit 3% verzinse, obgleich diese Schuld des Staates als gesetz-liche Deckung für den gleichen Betrag des Notenumlaufes gelte, dass die Bank von England dem Staate zwar einen jährlichen Betrag von 180.000 Pfund Sterling zahle, von dem-selben jedoch eine besondere diesen Betrag überschreitende Vergütung für die Verwaltung der Staatsschuld erhalte und ihr ausserdem sehr bedeutende Staatsdepositen zur frucht-bringenden Benutzung überlassen seien; das ausschliessende Recht, so wurde weiter in jener Schrift der Bank ausgeführt, in einem grossen Verkehrsgebiete Banknoten auszugeben, sei ohne Zweifel ein gewinnbringendes und der Staat fordere mit Recht dafür eine entsprechende Gegenleistung. Die nächst-liegende und natürlichste Gegenleistung der Bank bestehe darin, dass sie für die stete Einlösbarkeit ihrer Noten Sorge zu tragen habe. Werde aber ausser diesem natürlichsten

Entgelte noch eine weitere Gegenleistung verlangt, dann sei
das eine rein finanzielle Frage, welche im vorliegenden Falle
keine Schwierigkeit bieten könne. Einerseits sei von der
zwangsweisen Auferlegung eines Privilegiums nicht die Rede,
andrerseits sei zu erwarten, dass die bestehende Bankgesellschaft, um eine möglicher Weise nachtheilige Liquidirung zu
vermeiden, sich gewiss zu grösseren Zugeständnissen herbeilassen werde, als etwa eine erst neu sich bildende Gesellschaft. Welches besondere Entgelt wolle nun die Bank entrichten? Um dies zu beurtheilen, müsse man die heutige
Lage der Bank zuerst bezüglich ihrer Forderungen an den
Staat betrachten. Der Staat sei vertragsmässig verpflichtet
einen namhaften Betrag seiner Schuld an die Bank sofort
zurückzuzahlen, andrerseits sei die Bank gewiss nicht verpflichtet dem Staate ein während der Dauer ihres Privilegiums
unkündbares Darlehen zu überlassen. Wenn nun die Bank
sich verpflichte, dem Staate dieses Darlehen gegen 2 °/₀ Verzinsung zu belassen und überdies die in ihrem Besitze befindlichen Effekten, welche ihr freies Eigenthum seien, in einem
solchen Umfange zu veräussern, dass aus dem Erlöse derselben und aus den von dem Staate geleisteten Rückzahlungen das Verhältniss der statutenmässigen Bedeckung der
Banknoten erreicht werde, so seien das sehr bedeutende Zugeständnisse, und wolle man unter dieser Voraussetzung die
Wahrscheinlichkeit des künftigen Gewinnes der Bank in Betracht ziehen und dabei der bisher gewonnenen Erfahrung
einiges Recht lassen, so ergebe sich folgende Gewinnbe-
rechnung:

	Gulden.
150 Mill. Gulden Escompte und Lombard zu 5°/₀ .	7,500.000
80 Millionen Gulden Hypothekar-Credit und zwar	
60 Millionen zu 1, 20 Millionen zu 6°/₀	1,800.000
80 Millionen Staatsschuld zu 2°/₀	1,600.000
Zinsen des Reservefondes 500,000 fl. und diverse	
Geschäfte 100,000 fl.	600.000
zusammen	11,500.000

Davon ab:

Regiekosten und Notenfabrication 1,100.000 fl., 7 °/₀
Einkommensteuer 1,100.000 fl., 5 °/₀ Zinsen des
Bankfonds 5,470.000 fl., ¼ des Ueberschusses
in den Reservefond 957.500 fl., zusammen . . 8,627.500
so dass 2,872.500
als Superdividende verbleiben würden, also für jede Bankactie
ein Jahreserträgniss von 55 fl. 60 oder 7 ³/₅ °/₀ von ihrem
Capitalwerthe; wäre das 80 Millionen Darlehen an den Staat
unverzinslich, dann möchte das Erträgniss sich auf 48 fl. 40 xr.
oder 6 ³/₅ °/₀ reduciren.

Man könne nicht sagen, so führte die erwähnte Schrift
weiter aus, dass dieses Erträgniss der Bankactie in Oesterreich ein übermässiges sei. Indem die Bank sich darauf beschränke nur eine 2 °/₀ Verzinsung des permanenten Darlehens anzusprechen, rechne sie in ihrem ganzen Geschäfte
selbst unter den günstigsten Verhältnissen auf keinen höheren
Gewinn als er von anderen Gesellschaften gewöhnlich erreicht
werde, ja sie unterziehe sich damit der Gefahr, dass es ihr
nicht immer möglich sein dürfte auch nur diesen Gewinn zu
erzielen. Die Bank könne daher dem Staate dieses Darlehen
nicht unverzinslich belassen, könne sich auch nicht mit einer
geringeren Verzinsung desselben als 2 °/₀ begnügen. Wenn
nun aber gleichwohl die Meinung ausgesprochen werde, dass
die Erträgnisse der Bank in Hinkunft eine noch weitere Steigerung erfahren dürften, so sei ein Mittel zur Vereinbarung
zwischen den entgegenstehenden Ansichten darin vielleicht
gegeben, dass der §. 12 der neuen Statuten dahin abgeändert
wird: Von dem Jahreserträgnisse der Bank nach Abzug aller
Auslagen gebühren den Actionären zunächst 5 °/₀ des Bankfondes, von dem noch verbleibenden Reinerträgnisse werde
ein Viertheil in den Reservefond hinterlegt, und die anderen
drei Viertheile als Superdividende in der Weise vertheilt,
dass, wenn die Actionäre im Ganzen ein Erträgniss von 8 °/₀
des Bankfonds erhalten haben, der dann noch vorhandene
reine Jahresgewinn zu gleichen Theilen zwischen dem

Staate und den Actionären der Bank getheilt wird.
Doch müsste in diesem Falle der Staat ausdrücklich erklären
aus dieser Theilnahme am Gewinne der Bank keinerlei Rechte
zu einer Beeinflussung der inneren ökonomischen Verwaltung
der Bank ableiten zu wollen. —

Diese Ausführungen blieben im Schoosse der III. Section
des Finanzausschusses völlig wirkungslos. Die Section unterzog den ihr vorliegenden Entwurf einer neuen Bankakte in
allen ihren Theilen sehr weit gehenden Abänderungen und
gegen diese ihre Beschlüsse wendete sich die Nationalbank
mit zwei weiteren Flugschriften. Die Eine erschien im Monate
Juni 1862 unter dem Titel: „die beantragten Aenderungen an den Statuten und dem Reglement der österreichischen Nationalbank". Sie enthielt den Bericht des
Generalsecretärs der Bank über diese Aenderungen und 42
Mitglieder des grossen Bankausschusses erklärten mit diesem
Berichte einverstanden zu sein, beifügend, dass sie sich verpflichtet fühlen würden, die beschlossenen Abänderungen im
Bankausschusse abzulehnen. Der Bericht wendete sich zunächst gegen die von der III. Section nur auf 10 Jahre beschlossene Verlängerung des Bankprivilegiums, dieselbe für
ungenügend erklärend und unter Hinweisung auf Analogien
in anderen Staaten ausführend, dass die Bankgesellschaft
eine Verlängerung des Privilegiums für nur 10 Jahre in
keinem Falle annehmen könnte. Sie wendete sich weiter mit
besonderem Nachdruck gegen die Modificationen, welche im
Finanzausschusse in Betreff der künftigen Notenbedeckung
beschlossen wurden. Es würde, so führte der Bericht aus, auf
diese Weise für Oesterreich theilweise ein System zur Geltung kommen, das auf dem ganzen Continente nirgends bestehe, das in England allein unter wesentlich verschiedenen
Verhältnissen gesetzliche Kraft hat, und auch dort sich wiederholt unhaltbar gezeigt habe. Nach dem von der Bank ursprünglich vorgelegten Entwurfe der Statuten sollte die bankmässige Deckung des Notenumlaufes mit dem Beisatze
Geltung haben, dass mindestens $\frac{1}{3}$ des Notenumlaufes mit

Metall bedeckt sein sollte. Weit entfernt der sogenannten
Dritteldeckung unbedingt zu huldigen, ergebe sich hieraus
die auch ausdrücklich ausgesprochene Verpflichtung der Bankdirektion für ein solches Verhältniss des Notenumlaufes zum
Metallschatze Sorge zu tragen, durch welches die stete Einlösung der Noten sicher gestellt werde. Die Bank habe nicht
verkannt, dass sie dadurch eine grössere Verantwortlichkeit
übernehme, aber sie sei vor derselben nicht zurückgetreten, da
nach ihrer Ueberzeugung das System der sogenannten Credit-
theorie vor der in England herrschenden sogenannten Geldtheorie
den Vorzug verdiene. Als bei den späteren Verhandlungen
über diesen Punkt hervorgehoben worden sei, dass es zur
Befriedigung der öffentlichen Meinung gereichen würde, wenn
das von der Bank angenommene Princip, bei einem höheren
Notenumlauf auch einen grösseren Metallschatz zu halten, in
den Statuten ziffermässig ausgedrückt würde, habe die Bank
keinen Anstand genommen, sich mit der Bestimmung einverstanden zu erklären, wie sie später in der Regierungsvorlage
zum Ausdruck gekommen sei. Nach dem Vorschlage des
Finanzausschusses solle nun aber künftig jener Betrag, um
welchen der Notenumlauf die Summe von 200 Millionen Gulden übersteige, jedenfalls in Metall vorhanden sein. Für diese
Annahme von 200 Millionen Gulden fehle aber jede Erfahrung.
Die lange Reihe von Jahren, während welcher die Bank die
Baarzahlungen aufrecht hielt, sei als Anhaltspunkt schon deshalb nicht massgebend, weil Notenumlauf und Metallvorrath
damals ein Geheimniss waren. Für die spätere Zeit der Zah-
lungseinstellung sei es unmöglich auch nur mit einiger Bestimmtheit anzugeben, welche Wirkung auf den Notenumlauf
einerseits die gesunde Entwicklung des Verkehrs, andrerseits
der zwangweise Druck augenblicklicher Verhältnisse ausge-
geübt haben mochten. Und dennoch beruhe auf der Feststellung der Ziffer des Notenumlaufes, welcher metallisch unbedeckt bleiben soll, das ganze System, welches für Oesterreich nun vorgeschlagen werde. Welche Wirkung werde
dieses System haben? Nehme man den Metallschatz der

Bank mit 148 Millionen und einen wahrscheinlichen Notenumlauf von etwas mehr als 300 Millionen an, so wäre das Bedeckungsverhältniss so ziemlich das nämliche, wie jenes welches von der Bank vorgeschlagen wurde. Nach Einberufung der Noten zu einem Gulden gegen Silber aber wären etwa 240 Millionen Noten mit etwa 78 Millionen Silber zwar gesetzlich gedeckt, diese Deckung aber würde eine ungünstigere sein als die für diesen Fall von der Bank vorgeschlagene und durch weitere Münzabflüsse würde sich dieses Verhältniss noch nachtheiliger gestalten. Wenn diese Aenderung gesetzliche Geltung erhalte. so könnte die Verwaltung der Bank unter keiner Bedingung auch ausserdem noch die Verpflichtung übernehmen „für ein solches Verhältniss des Baarschatzes zum Notenumlauf Sorge zu tragen, durch welches die stete Einlösbarkeit der Noten sicher gestellt sei." Ausser anderen minder wesentlichen Aenderungen an den Statuten kehrte sich dieser Bericht vornehmlich auch noch gegen jene Abänderung, welche der die Geschäfte zwischen Staat und Bank betreffende §. 64 der Statuten in der III. Section erfahren hatte. Eigentlich war diese Aenderung schon vor Einbringung der Regierungsvorlage durch die Regierung selbst einseitig vorgenommen worden, die III. Section hatte diese Aenderung lediglich genehmigt; der Bericht des Banksecretärs führte nun aus, dass, wenn man sich darauf beschränke den §. 64 dahin zu formuliren: „Die Bank ist nur nach Massgabe der Statuten berechtigt. mit dem Staate Geschäfte zu machen", auf solche Weise der Staat ermächtigt wäre, bei der Bank auch gegen Verpfändung seiner eigenen Schuldverschreibungen Vorschüsse zu erheben, dass aber eine solche Eventualität der bestimmt ausgesprochenen Absicht des Bankausschusses, sowie der zwischen Regierung und Bank in dieser Beziehung früher getroffenen Vereinbarung zuwider laufe.

Die andere der beiden Flugschriften erschien Mitte Juli 1802 und war den Aenderungen gewidmet, welche der Finanzausschuss. respective seine III. Section an dem Uebere inkommen zwischen Staat und Bank vorgenommen hatte. In der Hauptsache enthielt diese unter dem Titel: *„Die beantragten Aenderungen des Uebereinkommens zwischen dem Staat und der österreichischen Nationalbank"* erschienene Schrift den Wiederabdruck der von uns früher skizzirten Darlegung über den „Werth des Bankprivilegiums" und mit ihren Ausführungen erklärten sich diesmal 57 Mitglieder des grossen Bankausschusses einverstanden.

Alle Anstrengungen seitens der Nationalbank, die Gerechtigkeit ihrer Forderungen vor der Oeffentlichkeit zu vertreten und ihrem Standpunkte Geltung zu verschaffen, blieben indess wirkungslos. Das Abgeordnetenhaus selbst kehrte sich daran noch viel weniger als vorher sein Finanzausschuss es gethan und aus der Plenarverhandlung, welche in der Zeit vom 24. Oktober bis 10. November 1862 eilf Sitzungen ausgefüllt hatte, ging die Bankacte, wie an früherer Stelle bereits dargelegt, in einer Fassung hervor, welche dem in den erwähnten Publikationen vertretenen Standpunkte der Nationalbank in keiner Weise Rechnung trug.

Die diesfälligen Differenzen erfuhren von Seite der Nationalbank ihre, hauptsächlich für die darauf folgende Verhandlung im Herrenhause des Reichsraths berechnete publicistische Beleuchtung in einer unter dem Titel: *„die Beschlüsse des hohen Hauses der Abgeordneten über die Bankacte"* Mitte November 1862 erschienenen Schrift. In derselben wurde vorerst daran erinnert, dass in dem von dem Abgeordnetenhause beschlossenen Einführungsgesetze zur Bankakte die Verzichtleistung des Staates auf das Recht, Staatspapiergeld mit Zwangscours in Umlauf zu setzen, vollständig fehle, trotzdem der Bankausschuss am 22. Februar 1862 nur unter dieser Voraussetzung sich zu einer Vereinbarung in Betreff einer Regelung des Schuldverhältnisses zwischen Staat und Bank bereit erklärt habe. Was den Beschluss in Betreff der Unverzinslichkeit des 80 Millionen-Darlehens betreffe, so habe man zur Begründung dieses Beschlusses angeführt, dass die von der Bank ausgegangene Berechnung, wornach Es-

compte und Lombard in der Zukunft allenfalls mit einem sich
stets gleichbleibenden Gesammtbetrage von 150,000.000 fl.
angenommen werden könnten, zu niedrig gegriffen sei. Damit sei die Erwartung ausgesprochen, dass die beiden Haupt-
geschäfte der Bank, nämlich Escompte und Lombard, bei
offenen Münzcassen dauernd auf eine Ziffer steigen werden,
welche sie bei geschlossenen Münzcassen bisher noch nie
erreicht haben. Dem gegenüber aber müsse man doch bedenken, dass wenn die Valuta hergestellt und die politische
Lage eine dauernd befriedigende sei, das auswärtige Kapital,
wie in früheren Jahren, durch den höheren Zinsfuss angezogen
sich voraussichtlich mit Vorliebe wieder nach Oesterreich
wenden werde, und damit würde der Bank ein Mitbewerber
erwachsen, welcher bei Beurtheilung der künftigen Bankgeschäfte nicht ausser Betracht bleiben könne. Eine Notenbank könne ein Entgelt für ihr Privilegium überhaupt nur
im Hinblick auf jene Geschäfte leisten, welche sie durch ihre
metallisch unbedeckten Noten vermittle. Für das Recht aus
ihrem bereits erworbenen Reservefond, wie jeder Privatmann
von seinem Vermögen, Zinsen zu beziehen oder für das Recht
Anweisungen zahlbar nach Sicht auszustellen oder endlich
für das Recht Depositen gegen eine Gebühr in Aufbewahrung zu nehmen, könne man von der Bank selbst nach der
strengsten Auffassung kein anderes Entgelt fordern, als
jenes, welches in der für die Actionäre zu entrichtenden
Einkommensteuer liege. Nun können die ohne metallische
Deckung auszugebenden Noten den Betrag von 200 Millionen
Gulden in keinem Falle überschreiten. Dies ergebe, selbst
eine 2% Verzinsung des Darlehens an den Staat eingerechnet, im Ganzen von den Hauptgeschäftszweigen eine Verzinsung des Actiencapitals von nur $7\frac{1}{2}\%$; entfiele die
2% Verzinsung, so würde sich unter den gleichen Voraussetzungen die Verzinsung des Actiencapitals aus diesen
Geschäften auf $6\frac{1}{2}\%$ reduciren. Die Bank könne sonach
auf die 2% Verzinsung des Darlehens an den Staat unmöglich Verzicht leisten. Eine weitere Polemik führte diese

Schrift gegen den Beschluss, welchen das Abgeordnetenhaus in Betreff des Verkaufes der im Besitze der Bank befindlichen Effecten gefasst hatte und welcher (§. 10 des Uebereinkommens) dahin ging, dass die Veräusserung der angeführten Effecten, nach dem Verhältnisse zu geschehen habe, in welchem der Staat seine Rückzahlungen an die Bank leiste. Die Bankdirektion machte dagegen geltend, dass sie als Verkäufer auf dem offenen Markte nicht von ihrem eignen Willen allein abhängig sei und daher die Verpflichtung nicht übernehmen könne, in einem einzelnen Jahre eine bestimmte Summe von Effecten zu veräussern. Man möge, so verlangte sie, nicht besorgen, dass sie mit der Veräusserung der Effecten etwa bis zum Jahre 1866 warten werde, da ja ihre Verluste bei einer im letzten Augenblick überstürzten Veräusserung nur gesteigert werden könnten und es mögen daher aus dem betreffenden Paragraphe die Worte: „und nach dem Verhältnisse" weggelassen werden. Gegen den Beschluss ferner, dass die Noten zu 5 fl. dann einzuziehen seien, wenn die Veräusserung der zur Bedeckung dieser Noten dienenden der Bank verpfändeten Loose vom J. 1860 beendet sein werde, kehrte die Bankdirektion die Ansicht hervor, dass diese Notenkategorie für die nächste Zukunft noch ein dringendes Bedürfniss und dass es ebenso gerechtfertigt. als auch im öffentlichen Interesse räthlich sei, diese Notenkategorie nicht sofort nach Veräusserung der Loose vom Jahre 1860 einzuziehen, sondern den Zeitpunkt dieser Einziehung der späteren verfassungsmässigen Behandlung vorzubehalten.

In Bezug auf die Aenderungen, welche das Abgeordnetenhaus an dem Entwurfe der neuen Statuten vorgenommen hatte, machte die Bank einen neuerlichen Versuch eine Verlängerung des Privilegiums mindestens bis 1880, also um 14 Jahre statt der von dem Abgeordnetenhause beschlossenen 10 Jahre, zu erwirken und ihre weitere Gegenanstrengung galt dem Beschlusse des Abgeordnetenhauses in Betreff der Notenbedeckung. Gegen das zwischen dem Finanzministerium und der Bank vorläufig vereinbarte

System, in der Hauptsache jenes der bankmässigen Bedeckung
welche man irriger Weise Drittelbedeckung nenne, sei, so
führte die Bankdirektion aus, eingewendet worden, dass es
in der Theorie längst verurtheilt und auch aus praktischen
Gesichtspunkten zu verurtheilen sei; eigenthümlich sei dabei,
dass sich, England ausgenommen, bisher keine Bank und
keine Regierung dazu entschlossen habe, von dem angeblich so verurtheilten System zu lassen. Auf der andern Seite
fehle noch die Erfahrung ob die Bank von England mit
ihrem jetzigen System politischen Stürmen bezüglich ihrer
Baarzahlungen besser widerstehen werde, als es früher der
Fall war. Theoretisch und praktisch seien also die beiden
Systeme entweder von dem gleichen Werthe oder sie seien
noch nicht in gleicher Weise erprobt worden. Wenn man
aber das System der sogenannten Dritteldeckung wegen
seiner Cardinalfehler als verurtheilt bezeichne, so sei es
immerhin auffallend, dass man zwar das entgegengesetzte
System einführen wolle, sich aber vor dessen möglichen Gefahren am besten dadurch zu schützen glaube, dass man der
Bankdirektion das Recht einräume und im gewissen Sinne
sogar die Verpflichtung auferlege nach dem verlassenen und
verurtheilten System der Drittelbedeckung vorzugehen. Diese
Betrachtungen könnten die Bank nicht veranlassen ihre bis-
herige Stellung dieser Frage gegenüber aufzugeben und ihr
bereits früher hervorgekehrtes Bedenken fallen zu lassen,
welches sich auf den logischen Unterschied zwischen dem
System der englischen Bankacte und dem System der bankmässigen Bedeckung, irriger Weise Dritteldeckung genannt,
gründe. Einer der Hauptzwecke, welchen Peel bei seinem
Bankgesetze vom J. 1844 vor Augen hatte, sei der gewesen,
jeden selbstständigen Einfluss der Bankdirektion auf die
Hinausgabe von Noten zu beseitigen und es sei demnach ein
innerer Widerspruch, dieses System anzunehmen und zugleich
den Grundgedanken desselben aufzugeben. Die Bank könnte
daher, wenn gegen ihre Ueberzeugung die von dem Abgeordnetenhause beschlossene Metalldeckung der Noten zum

Gesetze werden sollte, unter Aufrechthaltung ihrer dagegen
geltend gemachten Bedenken, sich dieser Bestimmung nur
dann unterziehen, wenn der Bankdirektion nicht ausserdem
noch die Sorge für ein entsprechendes Verhältniss des Metallschatzes zum Notenumlauf auferlegt würde. Ausser den im
Vorstehenden bereits erwähnten Differenzen constatirte die
Schrift der Bankdirektion auch noch eine Reihe anderer
theils minder bedeutender, theils ganz unwesentlicher, etwa
30 an der Zahl. Die hier skizzirte Publication der Bankdirektion gelangte als „Denkschrift" der Nationalbank
am 18. November vor das Herrenhaus. Sie wurde einbe-
gleitet durch eine Petition, welche die Unterschrift von 74
Mitgliedern des grossen Bankausschusses trug und enthielt
die kategorische Erklärung, dass jene 74 „für die Annahme
der in dem Abschnitte 1. der Denkschrift erörterten Beschlüsse des hohen Hauses der Abgeordneten, wie selbe jetzt
vorliegen, in dem Bankausschusse nicht stimmen könnten".

In dem Herrenhause, welches am 9. und 10. Dezember
1862 über die Bankacte verhandelte, fand die Nationalbank,
wie sich aus einer Vergleichung des Inhaltes dieser Petition
mit den von diesem Hause gefassten Beschlüssen (siehe
Seite 28 ff.) ergibt, endlich wenigstens bis zu einem gewissen
Grade Schutz und Hilfe. Das Herrenhaus modificirte den
Entwurf des Abgeordnetenhauses theils im Sinne der ursprünglichen Regierungsvorlage, theils unter Berücksichtigung
der von der Bank geltend gemachten Ansprüche und Bedenken.

Die schliessliche Einigung zwischen den beiden Factoren
der Gesetzgebung erfolgte, wie an früherer Stelle bereits
dargelegt, im Wege eines Compromisses, welches am 15.
(16.) Dezember 1862 zu Stande kam. Für den einen der beiden Paciscenten, für die staatliche Gesetzgebung nämlich,
war damit die grosse Angelegenheit, welche seit einem vollen

Jahre Gegenstand der öffentlichen Erörterung gewesen, beendet. Nicht so für den andern Contrahenten, für die Nationalbank. Noch in diesem letzten Stadium in den Tagen, der zweiten Dezemberhälfte, sträubte sich die Bank gegen die Annahme der aus der verfassungsmässigen Behandlung hervorgegangenen Bankacte und machte Miene ihre Zustimmung zu derselben verweigern zu wollen. Aus der Feder des Generalsecretärs der Bank ging noch am 22. Dezember 1862 eine kleine Schrift hervor — die letzte der von der Bank ausgegangenen Streitschriften — welche sich hauptsächlich gegen die vom Reichsrath beschlossene „bedingte Zinsengarantie" wendete. Der Widerstand gegen alle übrigen Differenzpunkte war in diesem Stadium allerdings bereits so gut wie aufgegeben, Bankdirektion und Bankausschuss waren endlich zur Ueberzeugung gelangt, dass Besseres und Vortheilhafteres als das Compromiss zwischen den Factoren der Gesetzgebung normirt hatte, für sie nicht mehr zu erreichen war, aber dem Beschlusse der bedingten Zinsengarantie je nach dem Ergebnisse der jeweiligen Jahresbankdividende mochte die Bank auch in diesem Stadium noch nicht zustimmen. Die Bank so führte jene letzte Schrift aus, sei auf Grund des zwischen ihr und der Staatsverwaltung abgeschlossenen Darlehensvertrages berechtigt. eine Verzinsung des Darlehens von 80 Millionen anzusprechen und diese Verzinsung könne je nach der Verabredung entweder nach einem festgesetzten Percentualausmasse oder in einer Pauschalsumme geleistet werden. Indem man aber statt dessen der Bank eine bedingte Zinsengarantie für ihr gesammtes Capital anbiete, verlasse man den in der Natur der Dinge liegenden gesetzlichen Boden des Darlehensvertrages und damit verliere die Bank ganz und gar ihre Unabhängigkeit. Mit Rücksicht darauf schien die Bankdirektion nicht übel geneigt, im Bankausschusse die Ablehnung des Uebereinkommens oder vielmehr die Annahme desselben mit Ausnahme des einen auf die Zinsengarantie bezüglichen Punktes zu empfehlen. Trat dieser. allerdings in diesem Stadium mit jeder Stunde un-

wahrscheinlicher gewordene Fall ein, dann wurde die Be-
fürchtung eines Scheiterns der ganzen Vereinbarung zur Ge-
wissheit und die Regierung, welche eine von den drei Factoren der
Gesetzgebung genehmigte Acte vor sich hatte, musste Alles
daran setzen, den Widerstand der Bankdirektion zu brechen.

In der That machte die Regierung noch eine letzte
Kraftanstrengung um die Bankgesellschaft zur Annahme der
von der Gesetzgebung beschlossenen Acte zu bewegen. Der
Finanzminister richtete, neben mündlichen Besprechungen
zwischen ihm und der Bankdirektion, am 26. Dezember 1862
an den Bankgouverneur eine Note beiläufig folgenden Inhalts: Er, der Minister, müsste es bedauern, wenn die Bankdirektion die Bankacte nur mit Ausnahme des die bedingte Verzinsung des 80 Millionen Darlehens betreffenden Paragraphs des Uebereinkommens zur Annahme empfehlen und auf einer Weigerung beharren würde, welche
‚die ganze hochwichtige Massregel vereiteln müsste'. Er
müsse der Ansicht mit Entschiedenheit entgegentreten, dass
durch diese bedingte Zinsenvergütung der Staatsverwaltung das
Recht erwachsen würde, auf die Gebahrung der Bank einen
anderen Einfluss zu nehmen, als eine durch die Statuten für
alle Fälle bestimmte Ueberwachung. Er gebe übrigens
die Erklärung, dass die Kaiserliche Regierung bereit sei, ein
die Umwandlung der bedingten in eine feste Verzinsung bezweckendes Ansuchen der Nationalbank, insofern
dasselbe eine geringere feste Verzinsung im Auge haben
werde und sohin mit den Staatsinteressen vereinbart werden
könne, entgegenzunehmen und darüber einen entsprechenden Antrag in der nächsten Reichsrathssession zu stellen.

Drei Tage später fand dann die entscheidende Sitzung
des grossen Bankausschusses statt, welche zugleich die letzte
Zusammenkunft dieser Körperschaft war, deren Rechte nunmehr im Sinne der neuen Statuten auf eine „Generalversammlung der Actionäre" überging. Der Bankgouverneur eröffnete
die Versammlung mit einem Vortrage, in welchem er betonte;

dass seit Gründung der Nationalbank die Vertreter derselben
vor keinem so ernsten Entschlusse standen, wie der sei,
welchen die Versammlung heute zu fassen habe. Er legte
hierauf den Verlauf der letzten Verhandlung mit der Regierung dar und gab der Ansicht der Bankdirektion Ausdruck,
dass durch die von dem Finanzminister im Namen der Kaiserlichen Regierung abgegebene Erklärung die Besorgnisse
beseitigt seien, welche gegen die bedingte Verzinsung erhoben wurden. Demgemäss schlage die Bankdirektion dem
Bankausschusse vor, die Bankacte, wie dieselbe von dem
Reichsrathe beschlossen worden sei, im Ganzen und im
Einzelnen anzunehmen. — Es fehlte in der Versammlung nicht an Stimmen, welche sich auch in dieser letzten
Stunde noch der Annahme der Bankacte widersetzten. Die
überwiegende Majorität des Bankausschusses jedoch verstand
sich endlich dazu, den Umständen Rechnung zu tragen und
beschloss die Bankacte unbedingt und vollständig anzunehmen;
die Würdigung der Verhältnisse bezüglich einer Umwandlung
der nur bedingten in eine feste Verzinsung jedoch der nach
den Bestimmungen der neuen Statuten einzuberufenden Generalversammlung der Actionäre vorzubehalten.

Damit war die grosse seit Jahr und Tag schwebende Bankfrage gelöst — wie man glaubte für eine Dauer von 10 Jahren.
Die neue Bankacte erhielt am 6. Januar 1863 die Genehmigung
des Kaisers und am 14. Januar 1863 erfolgte ihre Publication. —

Besehen wir uns nun am Schlusse dieses Abschnittes
den Status, in welchem die Oesterr. Nationalbank sich befand,
als die neue Bankacte sie in die neue Aera hinüberführte
und folgen wir den hieraus sich ergebenden Betrachtungen
auch in der Richtung, welche uns den Bescheid zu geben
vermag auf die Frage: In welche Lage die Bankgesellschaft
gerathen wäre, wenn es zu keiner Vereinbarung gekommen

und die Nationalbank zur Liquidation gezwungen gewesen wäre? Die Eventualität einer solchen Liquidation wurde damals, namentlich von den Gegnern der Bankacte als Schreckmittel in Anwendung gebracht, vielfach ventilirt. Insofern bildet eine, flüchtige Untersuchung derselben eine zweckmässige Ergänzung unserer bisherigen historischen Darlegung. Einen actuellen Werth aber verleiht einer solchen Untersuchung bis zu einem gewissen Grade derzeit der Umstand, dass die heutigen Gegner der Nationalbank wiederum nicht übel Lust zeigen, die Liquidation als ein Mittel der Drohung und der Pression in Anwendung zu bringen, so dass es nur zweckmässig erscheinen kann, durch eine ziffermässige Untersuchung der damaligen Sachlage gewissermassen zugleich einen Fingerzeig zur Beurtheilung der jetzigen Sachlage zu bieten.

Der Stand der Oesterr. Nationalbank am 31. Dezember 1862 war folgender:

Activa

	Millionen Gulden
Metallschatz	105'071
Südbahn-Kaufschillingsraten in Silber	22'000
Schuld des Staates an die Bank, worunter 20 Mill. in Silber . .	217'289
Wechselportefeuille . . .	66'919
Darlehen	53'484
Zu realisirende Effecten . .	26'732
Hypothekar-Darlehen	58'679
Effecten des Reservefondes zum Course vom 31. Dezember 1862 . .	9'418
Effecten des Pensionsfondes	1'310
Schuldverschreibungen der Carl-Ludwigsbahn	13'840
Gebäude und Fundus instructus	4'400
Saldi laufender Rechnungen	0'400

Passiva

Bankfond . . . . $110._{250}$

Banknoten-Umlauf nach Abzug der für das Silber-
Depôt des Staates ausgegebenen Banknoten
und Hinzurechnung der einzulösenden Bankanweisungen . . . . . . $422._{427}$

Pfandbriefe im Umlauf . . . . $36._{079}$

Bei diesem Stande der Bank waren demnach $61._3\%$ des No-
ten-Umlaufs im Sinne der neuen Statuten bedeckt. — Der Rein-
gewinn des Jahres 1862 nach beträchtlichen Abschreibungen
von dem Werthe der al pari übernommenen Grundentlastungs-Obligationen, belief sich auf $9._{017}$ Millionen Gulden.
Davon wurde eine Dividende mit $8._{400}$ Mill. $= 56$ fl. pr. Actie
für das ganze Jahr an die Actionäre hinausbezahlt, der Rest
mit 617059 fl. wurde in den Reservefond hinterlegt. Das Erträgniss für 1862 entsprach somit einer $7._6$ prozentigen Verzinsung des Actiencapitals.

Wenn nun die Bank bei diesem Stande, freiwillig oder
gezwungen, zur Liquidation geschritten wäre. ein Fall, der
freilich ernsthaft nicht in Betracht gezogen worden war, so
hätte die Sachlage damals sich folgendermassen gestaltet:
Zur Erfüllung der Verpflichtungen der Bank gegen ihre
Notengläubiger, respective zur Einlösung ihrer Noten und
Anweisungen pr $422._{400}$ Millionen Gulden — wir nehmen die
Posten hier in runden Ziffern an — standen der Bank zur
Verfügung: Die Schuld des Staates, deren Abzahlung ja doch
für den Fall der Liquidation vorausgesetzt werden musste mit
$217._{200}$; das Wechselportefeuille mit $66._{000}$; die Darlehen mit
$53._{400}$; die Effecten, auch die des Reservefondes, und Schuldverschreibungen mit $50._{000}$ Mill. fl, — zusammen $387._{300}$ Mill.
Gulden und, wenn wir einen eventuellen Verlust bei Veräusserung dieser Effecten mit etwa $7._{300}$ Millionen in Anschlag
bringen, immer noch mindestens rund $380._{000}$ Mill. Gulden.
Nach Verwendung dieser Summe zur Noten-Einlösung wären
noch $42._{427}$ Mill. Gulden Noten in Circulation gewesen. Dem

aber wären folgende Posten gegenüber gestanden: Metallschatz der Bank 105'₀₀₀, Kaufschillingsraten der Südbahn
22'₀₀₀, Guthaben der Bank aus dem Hypothekar-Darlehensge-
schäfte (Differenz zwischen den Darlehen und den ausgegebenen Pfandbriefen) 22'₆₀₀, endlich der Fundus instructus
u. s. w. mit 4'₄₀₀ — zusammen 154'₀₀₀ Mill. Gulden. Jene
noch in Circulation befindlichen 42'₅₂₇ Mill. Gulden Noten
davon in Abzug gebracht, wäre immer noch ein unter die
Actionäre zu vertheilendes, reines Activum pr. 111'₅₀₀ Mill.
verblieben und dieses Activum war demnach um 1¹/₄ Mill.
höher als der Bankfond. Es war demnach vom Standpunkte
einer eventuellen Liquidation aus kaum gerechtfertigt, wenn
die Bankactie damals an der Börse ziemlich hoch über pari
(812 fl. Ende 1862) bewerthet wurde. Ein Verlust an ihrem No-
minalcapitale aber drohte damals den Actionären der Bank
auch im Falle der Liquidirung nicht, zumal wenn man erwägt,
dass die factische Liquidation erst mit Ende 1866 vor sich
gegangen wäre und die Bankleitung innerhalb der vier Jahre
es sicherlich nicht verabsäumt hätte, die Durchführung der
Liquidation in der für sie vortheilhaftesten Weise vorzubereiten und durchzuführen.

II.

DIE UEBERGANGS-JAHRE 1863 BIS 1865
UND DIE VORBEREITUNGEN ZUR HERSTELLUNG
DER VALUTA.

Mit dem Tage ihrer Publication trat die neue österreichische Bankacte auch sofort in Wirksamkeit. Die öffentliche Discussion, bis dahin mit so grosser Leidenschaft geführt, verstummte der so geschaffenen Thatsache gegenüber und das allgemeine Interesse wendete sich fortan ohne jede Aufregung der Frage zu, wie und auf welche Weise die Staatsverwaltung auf der einen, die Verwaltung der National-bank auf der anderen Seite, den Verpflichtungen nachkommen werden, welche die neue Bankacte ihnen auferlegte. Seltsamer Weise fand sich die neue Bankacte, einmal zur Thatsache geworden, von der wissenschaftlichen Kritik vernachlässigt. So lange die österreichische Bankfrage ein Gegenstand des Streites und der Agitationen war, fehlte es an solcher Kritik dessen, was erst zu thun war, nicht; aber dem Stadium der Controverse entrückt, nahmen selbst die Fachkreise, nicht bloss in sondern auch ausserhalb Oesterreichs, ihr gegenüber eine passive Haltung ein. Uns ist aus damaliger Zeit nur Eine fachmännische Beurtheilung der neuen Bankacte bekannt, welche, mit gründlicher Sachkenntniss und ziemlich vorurtheilslos geschrieben, um der Gesichtspunkte willen, welche sie hervorkehrte, auch heute noch besonderer Aufmerksamkeit werth ist, eine Aufmerksamkeit,

welche namentlich denjenigen zu empfehlen wäre, welche
später und fast bis in die jetzige Zeit hinein die damals
statuirte Bankacte als einen grausamen Schnürleib für Handel und Verkehr in Oesterreich kennzeichneten. Es ist dies
ein Aufsatz von dem bekannten national-öconom. Publizisten
Otto Michaelis unter dem Titel: *„Die österreichische Bankacte"* [1]. Wogegen Michaelis vor Allem polemisirte, das war
die Bestimmung der Statuten der österreichischen Nationalbank, nach welcher der Bank die Befugniss zuertheilt wurde,
die Pfandbriefe ihrer eigenen Hypothekarabtheilung zu $^2/_3$ des
Börsenwerthes dieser Effekten zu beleihen. In dem Wege,
auf welchem die Nationalbank zur Wiederaufnahme der Baarzahlungen gelangen solle, liege, so führte Michaelis weiter aus,
ein wesentlicher Anreiz zu einer unbankmässigen Fundirung
eines Theiles ihres Notenumlaufes und die Gefahr einer solchen
erblicke er in der erwähnten Bestimmung sowie weiterhin in
der offen gelassenen Möglichkeit, dass die Nationalbank durch
Ausdehnung ihres Lombardgeschäftes den Notenumlauf auf
völlig ungesunder Basis vermehren werde statt ihn zu vermindern. Die Anlehnung an die Peelsacte von 1844 war
gleichfalls ein Gegenstand seines Tadels. Die Peelsacte,
führte er aus, bildete nicht etwa die Modalität, unter welcher
die Bank von England ihre Einlösungspflicht wieder aufnahm,
sondern sie bildete ein von der damaligen Theorie adoptirtes
Schutzmittel gegen Ueberemissionen von Banknoten der damals solvent gewesenen Bank von England. Die österreichische Nationalbank aber sei nicht solvent und bei ihr
komme es nicht darauf an, eine Ordnung der Geldverhältnisse zu erhalten, sondern darauf, diese Ordnung erst herzu-
zustellen. Dem nämlichen Gedanken hatte, wie wir an einer
früheren Stelle bereits dargelegt haben, auch die Nationalbank Ausdruck gegeben, so lange sie sich eben im Stadium
des Widerstandes gegen das von dem Abgeordnetenhause

---

[1] Siehe Faucher's Vierteljahrschrift für Volkswirthschaft und Culturge-
schichte, Jahrgang 1863, Band III.

beschlossene System der Notenbedeckung befand. Als den
eigentlichen Grundfehler der Bankacte aber bezeichnete
Michaelis die durch das gesammte System der Statuten herbeigeführte „künstliche Erweiterung des Notenumlaufs". Eine
Beschränkung der Notenemission der österreichischen Zettelbank, nicht nach dem Massstabe ihres Geschäftes d. h. nicht
nach dem Massstabe des Verhältnisses des Umfangs des Notenumlaufes zum Umfange der täglichen im regelmässigen
Geschäfte einlaufenden Zahlungen, sondern nach dem Massstabe des angeblichen Notenbedarfs, sei überhaupt keine Beschränkung. Zudem werde durch den Zwangscours, welcher
den Noten der Bank verliehen wurde, diesen Noten die den
Umlauf begrenzende Grundlage der Umlaufsfähigkeit, welche
in den bei der Bank täglich fälligen Zahlungen liegt, genommen und eine andere den Umlauf nicht begrenzende Grundlage substituirt, welche in allen im ganzen Lande an irgend
wen fälligen Zahlungen beruhe. Es werde so jeder Zusammenhang zwischen den Geschäften der Bank und ihrem
Notenumlauf durchschnitten und mit diesem Schnitte werde
die naturgemässe Grenze des Notenumlaufs beseitigt. Die
Begrenzung des Notenumlaufs in den Statuten werde eben
nicht durch die Natur des Geschäftes gebildet, sondern durch
das Statut mit seinen 200 Millionen und seinem Zwangscours.
Die Verpflichtung der Bank für ihre metallisch unbedeckten
Noten bankmässige Deckung zu halten, sei keine ausreichende.
Liege schon in einem zu leichten Discontiren von Wechseln
eine Gefahr, gegen welche bei einer Monopolzettelbank lediglich in der Vorsicht und Verantwortlichkeit der Bankverwaltung ein Schutz gegeben sei, so steigere sich diese Gefahr noch
durch eine etwaige starke Anspannung des Lombardgeschäftes, welches sehr oft genau die Function übe, welche in
den den Handelskrisen vorausgehenden Zeiten allgemeiner
Haussespeculation der Wechselreiterei zufalle. Wohl gehöre
das Lombardgeschäft in die Reihe der Bankgeschäfte, aber
Lombardcredit mit Noten geben, heisse wirklich neue Umsatz-
mittel schaffen, welche sich in Schöpfung einer künstlichen

das Gleichgewicht störenden Nachfrage erst Beschäftigung suchen müssen, heisse den Werth von Waaren, welche als Productionsinstrumente noch nicht dienen, in Papier auf den Markt bringen, sei eine Art von Assignatenausgabe. Eine Sicherung gegen diese Gefahr sei in den Statuten absolut nicht getroffen, während beispielsweise die preussische Bankordnung als Deckungsmittel für Noten im Ganzen nur 7 Millionen Lombardforderungen zulasse. Man sei also in Oesterreich auch in dieser Beziehung lediglich auf die Einsicht und den guten Willen der Bankverwaltung angewiesen. Aus alledem sei zu schliessen, dass für die Durchführung der zunächst gestellten Aufgabe der Wiederherstellung des vollen Werthes der Banknoten und Aufrechthaltung der Baarzahlungen in der österr. Bankacte keine Garantie geboten sei. „Es folgt aber daraus keineswegs", so heisst es dort weiter, „dass diese Aufgabe nicht dennoch und trotz der Grundfehler der Bankacte, möglicher Weise durchgeführt werden könnte. Aber ein etwaiges Gelingen wird nicht der Weisheit der Bankacte, sondern anderen Verdiensten und anderen wichtigeren und tiefer eingreifenden Vorgängen zu danken sein". Nach der Ansicht des gediegenen Volkswirthes, dessen Urtheil wir hier skizzirten, enthielt demnach die österr. Bankacte von Vornherein der rationellen Beschränkungen gegen eine leichtfertige Notenexpansion viel zu wenige und kam das Meiste darauf an, wie die Bankverwaltung sich fortan in Bezug auf die Notenausgabe und damit auch in Bezug auf die Vorbereitungen für die Wiederherstellung der Valuta benehmen werde.

Die nun folgende Darlegung des Verlaufs der Ereignisse in den Jahren, welche auf Grund der Bankacte den Rüstungen zur Wiederherstellung der Valuta gewidmet waren, wird zeigen, dass die Verwaltung der österr. Nationalbank innerhalb dieser Zeit sich in der Praxis und selbst in jenen Fällen, in welchen der Wortlaut der Statuten ihr ein anderes, mitunter direct im Sinne ihrer Actionäre gelegenes Vorgehen ermöglicht hätte, sich ziemlich genau von jenen Principien

leiten liess, welche der früher erwähnte deutsche Fachmann
der neuen österr. Bankacte gegenüber hervorkehrte und dass
jene Befürchtungen, welchen nach seinem Dafürhalten die
Bestimmungen der österr. Bankacte Raum geben konnten, in
der That durch die Art, wie die Bank praktisch ihre Aufgabe erfasste und durchführte, beseitigt worden sind. Diese
Darlegug aber wird zugleich auch zeigen, wie gerade diese
sachlich und wissenschaftlich durchaus correcte und dem angestrebten Zwecke der Wiederherstellung der Landeswährung
förderliche Politik der Bank in den ersten Jahren nach Erlass der Bankacte zu Klagen und Recriminationen der seltsamsten Art geführt hat, Klagen, welche angesichts der von
der Bankverwaltung auch nach der Uebergangsperiode in
analoger Weise festgehaltenen Politik, in etwas veränderter
Form als gegen die Bankacte überhaupt gerichtete Anklage
sich bis zum heutigen Tage rege erhalten haben. Es wird
sich unsere Darlegung an dieser Stelle hauptsächlich mit den
Ziffern zu beschäftigen haben, welche einerseits den Process
der Rückzahlung der Schuld des Staates an die Bank,
andrerseits den Process der Veräusserung der im Besitze der
Bank befindlichen Effecten betreffen, und wir werden unter
Einem auch ein Bild der Notenbewegung in den der Vorbereitungen zur Wiederherstellung der Valuta gewidmeten
Jahren gewinnen. Zuvor aber wollen wir uns die Uebersicht
durch die folgende Zusammenstellung eines Tableaus erleichtern:

Rückzahlungen des Staates an die Bank und Realisirung der im Besitze der Bank befindlichen
Effecten

auf Grund des Uebereinkommens zwischen Staat und Bank
vom 27. Dezember 1862:

Die Schuld des Staates an die Bank bestand am 31. Dezember 1862 aus folgenden Posten:

Gulden

1. Schuld aus der Einlösung des Wiener Währungspapiergeldes . . . 36,547.161
2. Banknotenschuld vom J. 1859 . 73,800.000
3. Silberschuld vom J. 1859 . 20,000.000
4. Staatsgüterschuld . . 86,942.083

217,289.244

Durch die §§. 2 bis 6 des Uebereinkommens wurde diese Schuld in folgender Weise geregelt:

§. 2 des Uebereinkommens fl. 36,547.161
§. 3 „　　　„　　　„ 20,000.000
§. 4 „　　　„　　　„ 80,000.000
§. 5 „　　　„　　　„ 13,333.333
§. 6 „　　　„　　　„ 67,408.750

fl. 217,289.244

Die Rückzahlungstermine waren folgendermassen stipulirt:

	1863	1864	1865	1866
§. 2	9,136.790	9,136.790	9,136.790	9,136.790
§. 3			10,000.000	10,000.000
§. 5	13,333.333			
§. 6	6,740.857	13,481.750	20,222.625	26,963.500
	29,210.998	22,618.540	39,359.415	46,100.291
d. i. pr. Jahr	21·2 %	16·5 %	28·7 %	33·6 %

der im Ganzen rückzuzahlenden Schuld pr. 137,289.244 fl., nach Abzug des permanenten Darlehens von 80 Mill. fl.

Im Zusammenhange damit waren die im Besitze der Bank befindlichen Effecten, welche am 31. Dezbr. 1862 fl. 26,730.000 betrugen, nach §. 7 des Uebereinkommens im Verhältnisse zu den jährl. Rückzahlungen des Staates in folgender Weise zu realisiren:

Im Jahre 1863 fl. 5,666.760
„　　„　1864　„　4,410.450
„　　„　1865　„　7,671.510
„　　„　1866　„　8,981.280

—

Das erste der Uebergangsjahre war das Jahr 1863, für
das wirthschaftliche Leben in Oesterreich kein günstiges, reich
an trübseligen, politischen und finanziellen Ereignissen, welche
Oesterreich nicht unberührt liessen. Neben der Fortdauer
des grossen amerikanischen Bürgerkrieges und der dadurch
hervorgerufenen Baumwollnoth die Streitfrage zwischen den
Westmächten und Russland wegen Polens, neben der mexi-
kanischen Expedition das Herannahen des Krieges in Schles-
wig-Holstein, das war die politische Signatur dieses Jahres.
Es lastete auf allen europäischen Geldplätzen ein schwerer
Druck; in England und in Frankreich, in welch' letzterem
Lande die Krisis des Credit-mobilier sich verbreitete, wurde
der Geld- und Effectenmarkt empfindlich gestört. Der ungünstige Einfluss auf die fremden Wechselcourse blieb nicht
aus, das Ende des Jahres 1863 sah das Silberagio in Oesterreich, welches unter dem moralischen Einfluss der zu Stande
gekommenen Bankacte im Laufe dieses Jahres erheblich gesunken war, auf jener Höhe wieder, welche es vor Beginn
der Bankverhandlungen aufwies; Silber notirte Ende 1863 121.5.
Die Nationalbank vermochte gleichwohl am Schlusse dieses
Jahres auf die Thatsache einer gleichmässigen und stetig fortschreitenden Besserung ihrer Lage hinzuweisen. Es war dies
vor Allem die Folge der Thatsache, dass sowohl die Finanzverwaltung als auch die Nationalbank den aus dem Uebereinkommen vom 27. Dez. 1862 (3. Jänner 1863) erwachsenen Verpflichtungen für das Jahr 1863 vollständig nachgekommen waren[1]):
Die Staatsverwaltung leistete im Jahre 1863 an die Bank
dem Uebereinkommen gemäss baare Rückzahlungen im Ge-

---

[1]) Siehe: Zweiter Jahresbericht der Staatsschulden-Controllecommission des
Reichsraths vom 7. October 1864. Dieser Bericht gibt auch die Erklärung
dafür, dass die folgenden Ziffern der wirklichen Abstattungen des Staates an
die Bank mitunter von den Ziffern des obigen, auf Grund des Uebereinkommens entworfenen Tableaus abweichen. Die Abweichungen waren lediglich
formelle und hingen vor Allem damit zusammen, dass die Bank in ihren
Rechnungs-Abschlüssen Kaufschillingsreste für verkaufte Staatsgüter, welche
erst nach dem 1. Jänner 1867 fällig wurden, in den einzelnen Jahren in Abrechnung brachte.

sammtbetrage von $27'_{468}$ Millionen Gulden. Die Nationalbank hatte daher von ihrem Effectenbesitze pr. $26'_{732}$ Mill.
bis Ende Dezember 1863 $5'_{348}$ Mill. zu veräussern; sie hat indess Effecten im Werthe von $13'_{366}$ Mill., somit um $8'_{017}$ Mill.
mehr veräussert, als sie zu veräussern verpflichtet gewesen
wäre. Auf Grund dieser beiden Processe waren im Ganzen
$40'_{834}$ Mill. Noten eingegangen, von welchen die Bank
$10'_{612}$ Mill. in ihren statutenmässigen Geschäften wieder ausgegeben hatte, so dass Ende 1863 eine Verminderung des
Notenumlaufes um $30'_{221}$ Mill. eingetreten war. Gleichzeitig
erfuhr der Metallschatz der Bank im Laufe des Jahres 1863
eine Zunahme um $5'_{682}$ und hatte derselbe zu Ende des
Jahres 1863 die Höhe von $110'_{700}$ Mill. erreicht. Die Bewegung im Notenumlaufe sowie in den beiden Hauptgeschäftszweigen der Bank im Laufe des Jahres 1863 gestaltete sich folgendermassen:

	Banknoten		
	Umlauf	Escompte	Lombard
	In Millionen Gulden		
Ende 1862	$426'_{87}$	$66'_{91}$	$53'_{18}$
1863			
Ende Januar	$417'_{24}$	$62'_{75}$	$51'_{17}$
„ Febr.	$405'_{13}$	$56'_{49}$	$50'_{34}$
„ März	$394'_{97}$	$51'_{44}$	$48'_{49}$
„ April	$390'_{00}$	$53'_{12}$	$46'_{08}$
„ Mai	$388'_{55}$	$59'_{52}$	$45'_{27}$
„ Juni	$387'_{70}$	$62'_{00}$	$45'_{12}$
„ Juli	$392'_{22}$	$67'_{41}$	$45'_{21}$
„ August	$394'_{55}$	$73'_{37}$	$44'_{71}$
„ Septbr.	$396'_{50}$	$75'_{78}$	$46'_{56}$
„ October	$401'_{55}$	$83'_{02}$	$47'_{00}$
„ Novbr.	$399'_{53}$	$81'_{20}$	$49'_{03}$
„ Dezbr.	$396'_{65}$	$89'_{13}$	$50'_{78}$

Zinsfuss im Jahre 1863:

| Escompte | Lombard |
| 5% | 5½% ohne Variation. |

Die Bankverwaltung hatte demnach, wie aus dieser
Tabelle ersichtlich, darauf geachtet eine rationellere Vertheilung des Credites in ihren beiden Hauptgeschäftszweigen
anzubahnen und bei gleichzeitiger Ausdehnung des Escompte-
Geschäftes den Lombardcredit zu ermässigen. Die Nationalbank schloss das Jahr 1863 mit einem Rechnungsabschlusse,
dessen Hauptposten folgende waren: Gesammt-Erträgnisse
10.987.763 fl. u. z. im Escompte-Geschäfte 3.487.013 fl., im Leihgeschäfte 2,741.128 fl., im Hypothekarcreditsgeschäfte 1,924.103 fl.,
Effectenzinsen 1,435.601 fl., Zinsen vom Staate 727.275 fl.
u. s. w. Nach Abzug der Auslagen mit 2,060.828 fl. verblieb
ein reines Jahreserträgniss von 8,920.934 fl., von welchem,
nach Dotirung des Reservefondes mit 853.608 fl. an die Actionäre eine Gesammtdividende, Zinsen und Superdividende
zusammen, von 53 fl. 80 kr. pr. Actie vertheilt wurde, entsprechend einer Verzinsung des Nominalkapitals mit 7⅗%.

In dem Jahres-Berichte, welchen die Bankdirektion
am 18. Januar 1864 der Generalversammlung der Actionäre
für das Geschäftsjahr 1863 erstattete, betonte dieselbe dass
es Aufgabe der Bank sei und im Interesse der ruhigen Entwicklung der schwierigen Uebergangsperiode auch Aufgabe
der Bank bleibe, ihre bisherigen Bestrebungen in klarer Erkenntniss der Zwecke und der Mittel ungehindert fortzusetzen.
Die Frist bis zur Wiederaufnahme der Baarzahlungen sei
um ein Jahr kürzer geworden und es sei daher an der Zeit
„die Geschäftswelt vorbereitend zu mahnen, dass die Bank auf
dem Wege zu diesem Endziele nicht alle Ansprüche befriedigen könne". Es sei dies namentlich rücksichtlich jener
Beträge der Fall, welche formell wohl auf höchstens 3 Monate behoben werden (Lombardcredit), deren Rückzahlung
aber durch Prolongationen weit über diese Frist hinausverschoben werde. Hier sei die unbedingte Sicherheit für sich
allein nicht mehr genügend, wenn jene Beweglichkeit man-
geln würde, welche die stets einlösbare Note für ihre Bedeckung ansprechen müsse. Dieser Mahnung wurde damals
ausserhalb der Bank bei dem darniederliegenden geschäft-

lichen Verkehre und der Abnahme der Productions- wie der
Consumtionskraft im Allgemeinen eine besondere Bedeutung
nicht beigelegt.

Wir gelangen nun zum Jahre 1864. In noch verstärk-
terem Masse als in dem vorausgegangenen traten in diesem
Jahre die ungünstigen Nachwirkungen der allgemeinen Lage
hervor. Das Jahr 1864 war ein durchaus kritisches, der
höchste durchschnittlich berechnete Jahresdiscont erreichte
eine seit 1857 nicht mehr gekannte Höhe. Man verzeichnet
eine ausserordentliche Zahl von Fallimenten, das Vertrauen
war tief erschüttert. Dazu kam, dass im Innern die politischen Verhältnisse, zumal in Bezug auf die schwebende
Verfassungsfrage und auf die finanziellen Verlegenheiten des
Staates, sich immer kritischer gestalteten. Gleichwohl erfüllte
sowohl die Staatsverwaltung als auch die Nationalbank auch
in diesem Jahre die ihnen aus dem Uebereinkommen erwachsenen
Verpflichtungen in ihrer vollen Ausdehnung. Auf die Schuld
des Staates an die Bank, welche Ende 1863 noch 106_{373} Mill.
betrug, leistete die Staatsverwaltung im Laufe des Jahres 1864
ihrer Verpflichtung gemäss eine Rückzahlung im Betrage
von 12_{565} Mill.; die Nationalbank, welche auf Grund des
Uebereinkommens verpflichtet gewesen wäre, von ihrem
Effectenbesitze 2_{233} Mill. zu veräussern, veräusserte thatsächlich Effecten im Werthe von 6_{115} Mill., somit um 3_{881} Mill.
mehr als sie verpflichtet war und erfüllte so ihre Verpflichtung zur Veräusserung der Effecten schon im Jahre 1864 bis
in das Jahr 1866 hinein. Der Banknotenumlauf, welcher am
31. Dezember 1863 396_{655} Mill. Gulden betrug stellte sich am
31. Dezember 1864 auf 375_{828} Mill., hatte sich demnach im
Laufe des Jahres 1864 um 20_{827} Mill. vermindert. Da die
Bank auf Grund des Uebereinkommens nur zu einer Einziehung von 17_{584} Mill. verpflichtet gewesen wäre, so betrug

die Verringerung des Notenumlaufes $3'_{272}$ Mill. mehr als die
ausserordentlichen zur allmäligen Verminderung bestimmten
Zuflüsse selbst betragen haben. Die nachmalige Commission
zur Controlle der Staatsschuld — es war nicht mehr die
reichsräthliche — constatirte in ihrem Vortrage an den Kaiser,
die österr. Nationalbank habe „die ihr durch die §. 7 u. 8 des
Uebereinkommens vom 3. Januar 1863 für das Jahr 1864 auferlegte Verpflichtung nicht nur vollständig erfüllt, sondern
in beiden Richtungen um ein namhaftes mehr geleistet als
wozu dieselbe verpflichtet gewesen"[1]). Gleichzeitig erreichte
der Metallschatz der Bank mit Ende 1864 die Höhe von
$112'_{191}$ Mill., sein Stand war demnach um $1'_{481}$ Mill. höher als
zu Ende 1863.

Die Bewegung im Notenumlaufe der Bank und in ihren
beiden Hauptgeschäftszweigen im Laufe des Jahres 1864
veranschaulichen folgende Ziffern:

	Banknoten-Umlauf	Escompte	Lombard
	In Millionen Gulden		
Ende 1863:	$396'_{05}$	$89'_{13}$	$50'_{78}$
1864:			
Ende Januar	$394'_{73}$	$90'_{51}$	$47'_{80}$
„ Febr.	$393'_{09}$	$89'_{01}$	$47'_{10}$
„ März	$379'_{51}$	$78'_{50}$	$45'_{37}$
„ April	$380'_{03}$	$81'_{88}$	$44'_{10}$
„ Mai	$381'_{73}$	$86'_{52}$	$42'_{37}$
„ Juni	$384'_{00}$	$89'_{87}$	$46'_{52}$
„ Juli	$389'_{45}$	$92'_{71}$	$46'_{07}$
„ August	$389'_{14}$	$90'_{53}$	$47'_{27}$
„ Septbr.	$391'_{17}$	$98'_{37}$	$48'_{40}$
„ October	$388'_{82}$	$94'_{53}$	$52'_{08}$
„ Novbr.	$380'_{14}$	$89'_{23}$	$50'_{41}$
„ Dezbr.	$375'_{82}$	$95'_{53}$	$51'_{44}$

Zinsfuss der Nationalbank im Jahre 1864:

Escompte Lombard

5%   5 ½ %, wie im Jahre 1863 und ohne Variation.

---

1) Siehe: Allerunterthänigster Vortrag der Commission zur Controlle der
Staatsschuld für das Jahr 1865 vom 11. Mai 1866.

Wiewohl das Jahr 1864 für Oesterreichs Handel und Industrie eben kein günstiges war, gestalteten sich die Geschäftsergebnisse der Nationalbank im Grossen und Ganzen dennoch befriedigend. Ohne dass während dieses Jahres im Leihgeschäfte empfindliche Einschränkungen Platz gegriffen hätten, konnte dem Escomptegeschäfte eine weitere Ausdehnung zugewendet werden. Die Hauptposten des Rechnungsabschlusses der Bank für 1864 waren folgende: Gesammte Jahres-Erträgnisse 11,388.441 fl. u. z: im Escompte-Geschäfte 4,564.282 fl., im Leihgeschäfte 2,653.327 fl., im Hypothekarcreditsgeschäfte 1,670.206 fl., Effectenzinsen 1,226.629 fl., Zinsen vom Staate 545.901 fl. u. s. w. Nach Abzug der Auslagen pr. 2,145.322 fl. verblieb' ein reines Jahreserträgniss von 9,243.118 fl. Mit dieser Besserung in der Lage der Bank ging eine kleine Erhöhung der Dividende Hand in Hand, die Actionäre erhielten nach Dotirung des Reservefondes mit 932.654 fl. für dieses Jahr eine Gesammtdividende von 55 fl. 40 xr. für jede Actie entsprechend einer Verzinsung des Nominalcapitals mit $7\cdot5\%$. Der Jahres-Bericht der Bankdirektion für 1864 beschränkte sich auf Anführung und Beleuchtung dieser ziffermässigen Thatsachen, kam aber noch auf zwei Angelegenheiten zu sprechen: Auf die seit Anfang 1862 schwebende Frage der Umwandlung der bedingten Verzinsung des 80 Millionendarlehens in eine geringere feste Verzinsung, dann auf die im Jahre 1864 erfolgte Etablirung eines Saldosaales. In Bezug auf die erste Angelegenheit wurde den Actionären mitgetheilt, dass die Bankdirektion diesfalls an die Regierung die Bitte gerichtet habe, diese Zusage bis zur nächsten Session des Reichsraths zu erstrecken und dass die Finanzverwaltung am 9. Dezember 1864 ihre Bereitwilligkeit ausgesprochen habe, diese Zusage auch während der Reichsrathssession im Jahre 1865 einzuhalten und falls die Bankdirektion darum einschreiten sollte, auch zur Erfüllung zu bringen. In Bezug auf den Saldosaal theilte die Bankdirektion mit, sie habe im öffentlichen Interesse gemeinschaftlich mit drei hervorragenden Credit-Instituten versucht,

in Wien eine Einrichtung einzubürgern, welche unter dem
Namen Clearinghouse oder Scontro-Anstalt auf andern grossen
Handelsplätzen für die möglichst öconomische Ausnutzung
des flüssigen Capitals und des umlaufenden Geldes von
wesentlichem Nutzen sei. In gleicher Weise habe die Nationalbank die Benutzung ihrer Giro-Anstalt dadurch zu erleichtern gesucht, dass sie die bestandene Gebühr für den
Incasso von Wechseln aufgehoben habe. Es sei zu hoffen
„dass die einsichtsvollen Geschäftskreise Wiens das begonnene
Werk durch ihre rege Theilnahme weiter fördern werden" —
meinte die Bandirektion.

Minder glatt als in den zwei ersten Jahren der Vorbereitung für die Wiederherstellung der Valuta verliefen die
Dinge in dem Jahre 1865. Nahm auch der Jahresbericht
der Bankdirektion für 1864 davon keine Notiz, so stand nichtsdestoweniger doch die Thatsache fest, dass damals schon die
Klagen über die von der Bank angeblich vorgenommenen
Restrictionen grössere Dimensionen als zuvor angenommen
hatten, Klagen, welche sich allmälig zu der Forderung zu-
spitzten, dass von der Einhaltung der darauf bezüglichen Bestimmungen der Bankacte einfach abgesehen werden solle.
Die Bankacte, kaum zwei Jahre in Wirksamkeit, wurde zum
Gegenstande eines concentrirten Angriffes, welcher seine Unterstützung zunächst auch aus dem Umstande zog, dass die
Erfüllung der vom Staate in dem Uebereinkommen mit der
Bank übernommenen Verpflichtungen demselben thatsächlich
um so grössere Verlegenheiten bereitete, als das Deficit im
Staatshaushalte in erschreckender Progression zunahm und
rücksichtlich seiner Bedeckung völlige Rathlosigkeit an der
Tagesordnung war. Ueber die offenkundige Thatsache, dass
unter dem Einflusse der neuen Bankacte und in Folge des
sicheren Glaubens daran, dass die Regierung ohne Unter-

brechung die in dem Uebereinkommen stipulirten Verpflichtungen gegen die Bank erfüllen werde, bereits eine ansehnliche Besserung der Valuta herbeigeführt worden war, über
die Thatsache, dass das Silberagio, welches bei Beginn der
Bankverhandlungen 21.50% betrug, sich Ende 1864 auf 14.50%
ermässigt hatte, setzte man sich ebenso leicht hinweg, wie
über die Schwierigkeiten, unter welchen die bis zu diesem
Zeitpunkt von Seite des Staates für die Wiederherstellung
der Valuta bereits gebrachten Opfer vor sich gegangen
waren. Auf der einen Seite, trotz des von den Bankaus-
weisen eclatant bewiesenen Gegentheiles, die Klagen über angebliche Restrictionen der Bank im Sinne einer unbedingten
Verminderung des Notenumlaufes ohne Rücksicht auf die Bedürfnisse des Verkehrs, auf der anderen Seite eine Finanzverwaltung, die einem colossalen Defizit im Staatshaushalte rath-
los gegenüber stand, — das genügte Vielen um vom Staate
geradezu die Einstellung der an die Bank zu leistenden Zahlungen, mit anderen Worten die Suspension der Bankacte und die Vertagung aller weiteren Versuche zur Regelung der Landeswährung auf unbestimmte Zeit hinaus
zu fordern.

Vollends kritisch gestaltete sich die Sachlage als im Juli
1865 jene innere politische Krisis ausbrach, welche das Regime der Verfassungssistirung an's Ruder brachte. Von
diesem Regime erwarteten die Gegner der Bankacte ihr Heil,
von ihm erwarteten sie, dass es, nachdem es sich über das
Verfassungsrecht hinweggesetzt hatte, nun um so leichter
auch über die unter der Wirksamkeit dieses Verfassungsrech-
tes zu Stande gekommene Bankacte umsomehr hinwegsetzen
werde, als für dieses Regime damit zugleich ein grosser Theil
jener finanziellen Verlegenheiten beseitigt gewesen wäre,
welche dasselbe in der Abzahlung der noch aushaftenden
Schuldbeträge des Staates bei seinem Amtsantritte vorfand.
Es würde uns zu weit führen und über den Zweck dieses
Buches hinausreichen, wollten wir hier auf den intimen Zusammenhang zwischen der staatsfinanziellen Frage, welche

in jenen Tagen schwebte, und den Stipulationen in Bezug auf
die Bank näher eingehen. Es mag genügen hier die Thatsache
zu verzeichnen, dass selbst der Finanzminister des damaligen
Sistirungsregimes, Graf Larisch, Anstand nahm, die Bankacte
zu durchlöchern, dass er es vorzog die Verpflichtungen,
welche dem Staate aus dem Uebereinkommen mit der Bank
für das Jahr 1865 erwuchsen, aus dem Erlöse der gegen Ende
1865 aufgenommenen 90 Millionen Anleihe zu decken und dass
trotz allem Sturmlauf gegen die Bankacte Seitens ihrer Gegner auch das Jahr 1865 noch in Bezug auf das Verhältniss
zwischen Staat und Bank in correcter Weise abschloss.

Bei Beginn des Jahres 1865 bestand die an die Nationalbank zurückzuzahlende Schuld des Staates noch aus $94\cdot_{410}$ Mill.
worunter 20 Mill. in Silber, von welchen die Hälfte pr. 10 Mill.
im Jahre 1865 fällig war und ausserdem hafteten an später
fälligen Kaufschillingsraten für bereits verkaufte Staatsgüter
noch $4\cdot_{501}$ Mill. aus. Im Laufe des Jahres 1865 tilgte der
Staat im Wege der Rückzahlung an die Nationalbank eine
weitere Quote von $32\cdot_{823}$ Mill., worunter 10 Mill. in Silber.
Die Nationalbank veräusserte zwar in diesem Jahre Effecten
nur im Betrage von $4\cdot_{186}$ Mill., nachdem dieselbe jedoch im
Jahre 1864 von ihren Effecten um $11\cdot_{800}$ Mill. mehr veräussert
hatte, als sie zu veräussern verpflichtet gewesen wäre, so betrug die gesammte Veräusserung mit Ende 1865 immer noch
um $9\cdot_{004}$ Mill. über die Stipulation des Uebereinkommens
hinaus. Der Banknotenumlauf sank von $375\cdot_{828}$ Mill. Ende
1864 auf $351\cdot_{100}$ Mill. Ende 1865 verminderte sich mithin um
$24\cdot_{727}$ Mill., während gleichzeitig der Metallschatz der Bank
von $112\cdot_{191}$ Mill. Ende 1864 auf $121\cdot_{521}$ Mill. Ende 1865, demnach um $9\cdot_{330}$ Mill. gestiegen war Allerdings hatte die
Nationalbank in diesem Jahre die Rückzahlungen des Staates
theilweise durch die statutenmässige Escomptirung von Wechseln erleichtert; in Folge dessen hatte der Notenumlauf im
Jahre 1865 sich nicht um den vollen Betrag der Rückzahlungen des Staates vermindert, doch befand sich die Nationalbank fortwährend strenge innerhalb der ihr vorgezeichneten

Gränzen. Es erfüllten demnach sowohl die Finanzverwaltung als auch die Nationalbank auch im Jahre 1865 die ihnen aus dem Uebereinkommen vom 3. Januar 1863 obliegenden Verpflichtungen [1]) und die Nationalbank bewegte sich auch zu Ende 1865 streng innerhalb der Normen, welche das Uebereinkommen und die Statuten ihr vorzeichneten.

Im Notenumlaufe der Bank und in ihren Hauptgeschäftszweigen traten im Laufe des Jahres 1865 folgende Veränderungen ein:

	Banknoten-Umlauf	Escompte	Lombard
	In Millionen Gulden		
Ende 1864	$375\cdot_{82}$	$95\cdot_{53}$	$51\cdot_{44}$
1865			
Ende Januar	$366\cdot_{50}$	$88\cdot_{69}$	$47\cdot_{31}$
„ Febr.	$356\cdot_{96}$	$92\cdot_{30}$	$45\cdot_{42}$
„ März	$346\cdot_{00}$	$83\cdot_{07}$	$44\cdot_{05}$
„ April	$345\cdot_{10}$	$84\cdot_{07}$	$43\cdot_{56}$
„ Mai	$339\cdot_{11}$	$81\cdot_{32}$	$42\cdot_{50}$
„ Juni	$342\cdot_{41}$	$86\cdot_{31}$	$43\cdot_{01}$
„ Juli	$346\cdot_{51}$	$88\cdot_{15}$	$41\cdot_{03}$
„ August	$347\cdot_{02}$	$89\cdot_{05}$	$43\cdot_{22}$
„ Septbr.	$350\cdot_{57}$	$94\cdot_{02}$	$43\cdot_{10}$
„ October	$358\cdot_{62}$	$102\cdot_{10}$	$42\cdot_{50}$
„ Novbr.	$350\cdot_{37}$	$95\cdot_{24}$	$42\cdot_{48}$
„ Dezbr.	$351\cdot_{10}$	$106\cdot_{83}$	$43\cdot_{20}$

Zinsfuss der Nationalbank im Jahre 1865:

Escompte Lombard ⎫ wie in den Jahren 1863 und 1864

5%   5 1/2 % ⎭   ohne Variation.

In seinen geschäftlichen Ergebnissen war das Jahr 1865 für die Bank ein minder günstiges als das vorausgegangene Jahr. Der Rechnungsabschluss pro 1865 zeigte folgende

---

1) Siehe: Allerunterthänigster Vortrag der Commission zur Controlle der Staatsschuld für das Jahr 1865, vom 11. Mai 1866.

Hauptposten: Gesammt-Jahreserträgniss 10,930.756 fl. u. z. Im Escomptegeschäfte 4,750.696 fl., im Leihgeschäfte 2,526.644 fl., im Hypothekarcreditsgeschäfte 1,613.893 fl., Effectenzinsen 745.506, Zinsen vom Staate 364.885 fl. u. s. w. Nach Abzug der Auslagen mit 2,144.212 fl. verblieb ein reines Jahreserträgniss in der Höhe von 8,786.544 fl., von welchem nach Dotirung des Reservefondes mit 818.511 fl. an die Actionäre 53 fl. 10 xr. pro Actie als Gesammt-Dividende vertheilt wurden, entsprechend einer Verzinsung des Nominalcapitals mit $7\frac{1}{2}^{0}/_{0}$. Es war dies ganz sicherlich keine reiche Dividende. Hätte die Verwaltung der Nationalbank damals, statt ihrer Politik consequenter Vorbereitung für den Zeitpunkt der Wiederaufnahme der Baarzahlungen treu zu bleiben, die Forderungen Jener erfüllt, welche die Notenexpansion um jeden Preis begehrten, hätte sie statt, wie es thatsächlich der Fall war, vorzugsweise das allgemeine Interesse, mehr das Interesse ihrer eigenen Actionäre im Auge behalten, dann wäre die Dividende sicherlich auch reichlicher ausgefallen. Dass sie in solcher Weise entgegen ihrem eigenen Interesse correct vorging, das verminderte nicht im Mindesten die Vehemenz der mitunter leidenschaftlichen Angriffe, denen sie damals ausgesetzt war. Es ist dies ein Punkt, der es verdient, hier noch etwas eingehender behandelt zu werden, zumal es an Analogien zwischen der damaligen und der heutigen Situation in dieser Richtung keineswegs fehlt. Mit dem Jahre 1865 waren von den vier Jahren, welche den Vorbereitungen und Rüstungen zur Wiederaufnahme der Baarzahlungen gewidmet waren, drei abgelaufen. Das folgende Jahr 1866 mit seiner Katastrophe bildete bekanntlich den Wendepunkt in dieser Bankpolitik, eine Wendung der traurigsten und folgenschwersten Art, die uns im nächsten Abschnitte dieses Buches zu beschäftigen haben wird. Die Zeit aber zwischen dem Abschluss des Jahres 1865 und jener Katastrophe im Mai 1866 schliesst eine der markantesten Episoden österreichischer Bankpolitik ein und ihre Besprechung gibt uns zugleich Gelegenheit zu einem zusammenfassenden Urtheile über die durch die neue Bank-

acte herbeigeführten Verhältnisse in dem Jahren 1863, 1864
und 1865.

Die Bankfrage, deren Lösung man durch die Acte vom
27. Dez. 1862 (3. Januar 1863) herbeigeführt zu haben vermeinte, stand schon gegen Ende 1865, namentlich aber in den
ersten Monaten 1866 leibhaftig wieder da und mit ihr beschäf-
tigten sich immer eindringlicher und vernehmlicher nicht
bloss die Gegner der Bankacte ausserhalb der Regierungs-
kreise, sondern auch die Regierung selbst. Die Regierung
der Verfassungssistirung fing an durch ihre Organe die Bankfrage in neuer Auflage auf die Tagesordnung zu setzen.
Seltsame Erscheinungen traten auf. Den Gedanken an eine
Wiederaufnahme der Baarzahlungen mit Anfang 1867 hatten
nachgerade Alle aufgegeben, man redete nur noch von
einer eventuellen Aufnahme der Baarzahlungen im Laufe
des Jahres 1867. Ja es fehlte an Stimmen nicht, welche
so weit gingen, zu erklären, dass den Bestimmungen des
§. 11 des Uebereinkommens vom Jahre 1863 völlig Genüge
geschehe, wenn die Baarzahlungen Ende 1867, also etwa am
31. Dez. 1867, wenn überhaupt nur vor Beginn des Jahres 1868,
aufgenommen werden. Ein Jahr zuvor, da der Reichsrath noch
tagte, wäre dieser Gedanke unmöglich gewesen und thatsächlich
hatte auch ausserhalb des Reichsrathes noch wenige Monate zuvor Niemand an einen anderen Termin als an den 1. Januar 1867
gedacht. Ja noch mehr; Graf Larisch selber, der damalige
Finanzminister, und sein oberster Rathgeber, der damalige
Sectionschef und nachmalige Finanzminister Baron Becke,
hatten sich noch kurz zuvor in dem Finanzexposé zu dem
Finanzgesetze für das Jahr 1866, welches sie am Sylvester-
tage 1865 durch die amtliche Zeitung veröffentlichten, keineswegs mit diesem Sturmlaufe gegen die Bankacte identificirt.
Wohl beklagte es Graf Larisch in diesem Exposé, dass
nach dem Uebereinkommen vom Jahre 1863 die höchste Quote
der vom Staate an die Nationalbank zu erstattenden Schul-
denrückzahlung in das Jahr 1866 falle (es waren bis Ende
1866 im Ganzen noch 45.6 Mill. worunter 10 Mill. in Silber

an die Bank zu bezahlen) sowie dass „bei der sonst so heil-
samen und nothwendigen Regelung des Verhältnisses der
Staatsverwaltung zur Nationalbank die Abstattungstermine
so kurz und die zur Tilgung kommenden Beträge ganz un-
verhältnissmässig hoch und nur mit den äussersten Anstrengungen erschwinglich angesetzt worden sind". Aber in demselben Exposé war — charakteristisch für die damalige
Situation, sowie für die weitere Entwickelung der Dinge —
auch noch folgende Stelle enthalten ·

> „.... Die Herstellung der österreichischen Valuta wird aller Voraussicht nach
> noch vor Beginn des Jahres 1867 eine Thatsache geworden sein. Zur Stunde
> ist das Silberagio bereits auf 105 gesunken und ein Blick auf den Bankaus-
> weis zeigt, dass die österr. Nationalbank heute zu den bestfundir-
> ten, durchaus consolidirten Creditinstituten Europas gehört.
> Eine Benutzung der Banknotenpresse zur Deckung von Staats-
> bedürfnissen ist durch unübersteigliche Schranken des Gesetzes
> und der Controlle zur Unmöglichkeit geworden.....".

War nun auch der Vorwurf in Betreff der zu kurzen
Abstattungstermine insofern ungerechtfertigt, als das Abgeordnetenhaus in Bezug auf die Tilgung der Schuld an die
Bank seinerzeit als staatliche Ressourcen nicht etwa bloss
die laufenden Einnahmen und neuen Anleihen, sondern auch
ganz vorzüglich den auf 4 Jahre vertheilten Verkauf der
Staatsgüter ins Auge gefasst hatte und war es demnach
nicht die Schuld des Abgeordnetenhauses, sondern die des
früheren Finanzministers von Plener und seines Nachfolgers,
des Grafen Larisch, wenn diese Verkaufsoperation derart vernachlässigt und verzettelt wurde, dass noch zu Ende
1865 keine Aussicht auf eine Realisirung des Staatsgüterge-
schäftes gegeben war, so durfte man doch nach dem Tenor,
welchen das Exposé in Betreff der Bankacte angeschlagen
hatte, annehmen, dass, allem Geschrei nach Suspension der
Bankacte entgegen, das Sistirungsregime die pünktliche Einhaltung der Stipulationen der Bankacte, also auch des Termines für die Wiederaufnahme der Baarzahlungen, in sein
Programm aufgenommen habe. Das war indess nicht der
Fall. Officiell vermied man es irgend eine Massregel im

Sinne des Bankbruches anzuordnen, officiös aber unterstützte man die gegen die Bank wegen angeblicher Restrictionen und Bedrängungen des Verkehrs erhobenen Anklagen und favorisirte man die daraus gezogene Folgerung, dass die verfassungsmässig zu Stande gekommene Bankacte durch eine neue, „freie Vereinbarung" zwischen Staat und Bank zu ersetzen sei.

Läugnen liess sich nun allerdings nicht, dass, soweit es sich um die Wiederaufnahme der Baarzahlungen handelte, die Fassung des dafür massgebenden §. 11 des Uebereinkommens vom Jahre 1863 den Gegnern der Bankacte insofern eine entsprechende Handhabe bot, als in diesem Paragraphe normirt war: „Die Wiederaufnahme der Silberzahlungen der Bank hat im Jahre 1867 zu erfolgen. Die näheren Bestimmungen über den Zeitpunkt und die Modalität hiefür werden durch ein in der Reichsrathssession 1866 zu erlassendes Gesetz festgestellt werden". Der Reichsrath, als er diesen Paragraph beschloss, konnte eben nicht voraussehen, dass vor dem betreffenden Termine die Verfassung in Frage gestellt sein, dass man sie sistiren werde. Unter allen Umständen aber war es eine traurige Erscheinung, dass die unglückselige Fassung einer gesetzlichen Bestimmung zum Hebel benützt ward, um diese Bestimmung ganz aus den Angeln zu heben, dass man es versuchte sich hinwegzusetzen über die öffentliche wirthschaftliche Moral, die jedes Staatswesen respectiren muss. Es liess sich schlechthin nicht rechtfertigen, dass man der Bevölkerung, nachdem man ihr drei Jahre lang die Herstellung der Valuta verlockend in Aussicht gestellt hatte, mit einem Male unter den gesuchtesten Vorwänden begreiflich zu machen suchte, es gehe nun doch, und obendrein im allgemeinen Interesse nicht an, zur Wiederaufnahme der Silberzahlungen zu schreiten. Wie die finanzielle Welt, wie der Geldmarkt die Eventualität der Wiederaufnahme der Baarzahlungen bis dahin beurtheilt hatte, das zeigte klar und deutlich der Courszettel, zwar nicht in der Rubrik der Staatsfonds — und das hatte eben nur politische Motive, war ja doch

das Verfassungsrecht sistirt! — wohl aber in dem Stande des
Silberagios. Anfangs Januar 1862 stand der Preis des Silbers 140, gegen Ende März 1866 notirte er kaum 102. Diese
Thatsache und der durch sie herbeigeführte Vortheil für das
Staatsbudget konnte von keiner Seite verkannt oder bezweifelt werden und dennoch wuchs die Zahl Jener, welche, indirekt von Oben her unterstützt, für den Bruch der Bankacte plaidirten!

Allerdings fehlte es diesen Plaidoyers nicht an unter-
stützenden Argumenten, die auf den ersten Blick zumal die
grosse Anzahl der zifferscheuen Bankpolitiker bestricken
konnten. Man stellte eben Handel und Verkehr durch die
Massnahmen für eine Wiederaufnahme der Baarzahlungen als
gefährdet, ihren Ruin als unausbleiblich hin. Man malte die
Schrecken einer unausbleiblichen Handelskrisis aus und gelangte auf diesem Wege zur erwünschten Schlussfolgerung,
dass die Vertagung der Wiederaufnahme der Silberzahlung
absolut nothwendig sei. Ja es erhielten diese Anklagen in
den Märztagen 1866 gewissermassen einen officiellen Anstrich
dadurch, dass der Finanzminister sich veranlasst fand, die
Bankdirektion unter Hinweis auf den, verschiedene Deutungen
zulassenden §. 11 der Statuten aufmerksam zu machen, dass
die Bankacte keineswegs stricte die Wiederaufnahme der
Baarzahlungen mit 1. Januar 1867 vorschriebe, dass es also
mit der Restriction des Notenumlaufes keine besondere Eile
habe. In Wahrheit fehlte damals den gegen die Bankacte
sowie gegen die Bankdirektion gerichteten Anklagen vom
Standpunkte einer rationellen Bankpolitik aus jedwede Berechtigung. Ganz abgesehen davon, dass die Bankacte selbst
schon in ihren Bestimmungen über die Vorbereitungen zur
Wiederherstellung der Valuta, die Geschäftswelt indirekt zur
Vorsicht sowie zur Ermässigung ihrer Ansprüche an die Bank
aufforderte; ganz abgesehen davon, dass die Bankdirektion
es nicht unterlassen hatte, die Geschäftswelt daran zu mahnen,
dass die Nationalbank in den vier Vorbereitungsjahren nicht in
der Lage sein werde, allen an sie gestellten Anforderungen

jederzeit zu genügen; ganz abgesehen endlich auch davon, dass die Einziehung der Umlaufsmittel seitens der Bank nicht plötzlich sondern ganz allmälig erfolgte, muss die Thatsache vor Allem constatirt werden, dass Handel und Verkehr in keiner Weise bedrängt waren und die Gefahr einer Krisis von dieser Seite her nicht drohte. Es lohnt der Mühe diesen Gegenstand hier an der Hand von Ziffern näher zu beleuchten und für jene Behauptung den vollen Beweis zu führen. Besehen wir uns zunächst die Bewegung in den Hauptgeschäftszweigen der Nationalbank, in Escompte und Lombard, in den Jahren, welche der neuen Bankacte und den Vorbereitungen zur Wiederaufnahme der Baarzahlungen vorausgingen; die Ausweise der Jahre 1852—1860 liefern die folgende Tabelle:

		Escompte	Lombard
Ende	1852	$36._{32}$ Mill. fl.	$17._{77}$ Mill. fl.
„	1853	$53._{44}$ „ „	23.86 „ „
„	1854	$73._{21}$ „ „	$48._{18}$ „ „
„	1855	$86._{76}$ „ „	79.03 „ „
„	1856	$84._{77}$ „ „	$86._{66}$ „ „
„	1857	$79._{05}$ „ „	$86._{20}$ „ „
„	1858	$76._{79}$ „ „	$77._{13}$ „ „
„	1859	$35._{13}$ „ „	55.60 „ „
„	1860	$58._{10}$ „ „	$54._{23}$ „ „

Dagegen zeigen die Rechnungsabschlüsse von Beginn 1863 bis Ende April 1866 folgende Ziffern:

	Escompte	Lombard
1. Januar 1863	$66._{91}$ Mill. fl.	$53._{45}$ Mill. fl.
30. Juni 1863	$62._{90}$ „ „	$45._{42}$ „ „
31. Dezbr. 1863	$89._{13}$ „	$50._{78}$ „ „
30. Juni 1864	$89._{87}$ „ „	$46._{32}$ „ „
31. Dezbr. 1864	$95._{55}$ „ „	$51._{44}$ „
30. Juni 1865	$86._{31}$ „ „	$43._{91}$ „ „
31. Dezbr. 1865	$106._{83}$	$43._{20}$ „ „
30. April 1866	$112._{70}$ „	$42._{51}$ „ „

7 *

Und nun betrachten wir zunächst die Ziffern des Lombardgeschäfts. Die Höhe dieser Ziffern in den Jahren
1850—1858 hatte notorisch keine gesunde Grundlage. Sie
war eines jener krankhaften Gebreste, an denen die Nationalbank damals laborirte. Der damaligen Misswirthschaft
kam es auf eine Sünde mehr oder weniger nicht mehr an;
jetzt, da an eine Heilung des ganzen Uebels gegangen wurde,
wäre solche Sünde doppelt strafbar gewesen. In keinem
Falle stand die Reduction, welche das Lombardgeschäft seit
dem Zustandekommen der Bankacte erfahren hatte, eine
Reduction um 10 bis 11 Mill. Gulden, in einem Missverhältnisse
zu dem Zwecke, welcher erreicht werden sollte. Und darüber
zu klagen, dazu fehlte die Berechtigung umsomehr, als die
Bank den beschwerlichen Weg der Wiederherstellung ihrer
Solvenz zurückzulegen hatte, und demgemäss darauf wohl
Bedacht nehmen musste, dass Lombardforderungen, auch
wenn sie nur drei Monate laufen, von einer rationellen Bankpolitik unmöglich als eine gesunde Grundlage für einen
Notenumlauf angesehen werden können und dass eine Ueberspannung des Lombardgeschäftes wohl geeignet sei, eine den
wechselnden Verhältnissen entsprechende Regulirung der
Notencirculationen zu verhindern. Auch konnte die Bank in
dieser Periode den Beruf nicht haben, den Besitzern von
unter pari stehenden 5%igen Staatspapieren im Wege einer
unbeschränkten Belehnung dadurch zu einem unnatürlichen
Profit zu verhelfen, dass sie von ihnen einen geringeren Pro-
centsatz nahm, als die gekauften Staatspapiere ihnen ein-
trugen, ihnen also auf diese Weise einen Theil ihres Kauf-
geldes wieder zur Verfügung stellte, denn das war, wie alle
Welt wusste, damals der eigentliche Zweck mindestens eines
grossen Theiles der Darlehenssucher.

Noch unberechtigter waren die damaligen Klagen über
die Einschränkungen des Escomptegeschäftes. Im Jahre
1860 bei einem Notenumlauf von 475 Mill. war das Wechselportefeuille mit 58% Mill. belastet; am 21. Januar 1863 (erster

Wochenausweis nach Erlass der Bankacte) bei einem Notenumlauf von 423·, Mill. betrug das Wechselportefeuille
66·, Mill., am 30. Juni 1864 bei einen Notenumlauf von 384 Mill.
war der Escompte auf 89 Mill. ·gestiegen; am 30. Juni 1865
bei einem Notenumlauf von 342 Mill. betrug der Escompte
86 Mill.; am 14. März 1866 bei einem Notenumlauf von 330 Mill.
zeigte der Escompte die Höhe von 103 Mill. Mit der Abnahme des Notenumlaufes war daher fast stetig eine Zunahme
im Escompte verbunden und die Summe, um welche der Escompte innerhalb der Zeit von Anfang 1863 bis Ende April
1866 gestiegen war, betrug 15·₇₀ Mill. Gulden. Im Ganzen
wurde von den innerhalb desselben Zeitraums bei der Bank
eingegangenen Noten im Betrage von 139·₀₀₄ Mill. nicht
weniger als 51·₃₃ Mill. vornehmlich durch Steigerung des Escomptegeschäftes wieder in den Verkehr hinausgegeben. Die
totale Notenverminderung innerhalb jenes Zeitraumes betrug 88·₀₇₀ Mill. Dabei war thatsächlich nicht
etwa, wie behauptet wurde, eine vermehrter Umlaufsmittel
bedürfende Steigerung, sondern vielmehr eine Stagnation des
Verkehrs in Oesterreich eingetreten und war die Consumtionskraft, wie aus den betreffenden Staatsrechnungsabschlüssen
der Finanzverwaltung sowie aus den Handelsausweisen dieser
Jahre evident hervorging, entschieden in Abnahme begriffer.
Zudem waren die Productenpreise in diesen Jahren nicht unbeträchtlich gesunken, während gleichzeitig der erhöhte Werth
der umlaufenden Noten den Bedarf an diesem Circulationsmittel
immerhin nicht ganz unansehnlich herabdrückte. Auch fand
der Verkehr in der Restrictionszeit eine Unterstützung, deren er
sich in den fünfziger Jahren nicht erfreut hatte, in den neu
gegründeten Creditinstituten, sowie in der allmäligen Entwicklung des kaufmännischen Creditwesens im Allgemeinen, welches
letztere in den 50er Jahren noch kaum der Rede werth war.
All das spricht wohl dafür, dass der Mangel an Umlaufsmitteln und die vorgenommenen Restrictionen in der in Rede
stehenden Uebergangsperiode zum Mindesten nicht in dem
Grade fühlbar waren, dass ein störendes Eingreifen der Staats-

verwaltung in die von der Bank getroffenen Vorbereitungen
auch nur entfernt gerechtfertigt gewesen wäre. Dass die
Bank Anstand nahm der damaligen Valutaspeculation von
Auswärts her Vorschub zu leisten, dass sie in gegebenen
Fällen die Diskontirung solcher Wechsel mit auswärtigen
Giri, die das Merkmal solcher Valutaspeculation an sich
trugen, verweigerte, das war wohl eine für Viele höchst un-
bequeme und unwillkommene, gleichwohl aber in der Natur
der Sache gelegene und durch die damalige Lage der Bank
wohl gerechtfertigte Massregel.

Man ist in Oesterreich gewohnt, solche Ausführungen,
auch wenn sie, wie die unsrige hier, durch unwiderlegbare
Ziffern erhärtet sind, schlechtweg als Plaidoyers für die
Bankverwaltung hinzustellen. Ausführungen dieser Art sind
in diesem Lande des nimmersatten Notendurstes, wo niemals
nach der Natur des Geldes, immer nur nach „Geld" gefragt
wird, damals schon höchstens unbequem gewesen und sie sind es
leider auch heute noch. Das kann uns indessen nicht abhalten unser unbefangenes Urtheil auf Grund der angeführten
Ziffern und Thatsachen dahin auszusprechen, dass einerseits
die in den Jahren 1863 bis Ende April 1866 vollzogenen Einschränkungen des Notenumlaufes durch die Rücksichten auf
die wiederherzustellende Banksolvenz und als Vorbereitung
für die Wiederaufnahme der Baarzahlungen geradezu geboten waren und dass andererseits die Sachlage, wie sie damals gegeben war, mit der wirthschaftlichen Situation des
Landes und seinen in Wahrheit stagnirenden Verkehrsver-
hältnissen vollständig im Einklange war. Der reelle Verkehr,
der solide Handel hatte dazumal keinen Bedarf an Circulationsmitteln, der namhaft über jenes Ausmass hinaus gereicht
hätte, welches in den Ausweisen der Bank zum Ausdrucke
kam und diese Ausweise, insofern sie einen Rückgang in den
Hauptgeschäftszweigen der Bank dokumentirten, waren in der
That nicht die Ursache, sondern viel eher die Wirkung der
Zustände, über welche man sich beklagte und um derentwillen

man den Bruch der Bankacte forderte. Selbst die traurige, ausserordentlich grosse Zahl der Concurse und Ausgleiche in jener Periode die Concursstatistik weist für das Jahr 1864 1185 Concurse und 174 Ausgleiche, für das Jahr 1865 1435 Concurse und 269 Ausgleiche nach, beweist nichts gegen unsere Ausführung, denn ihnen steht die unwiderlegbare weil ziffermässig nachgewiesene Thatsache gegenüber, dass von den in Wien zum Escompte eingereichten Wechseln im Jahre 1865 nur 5°/₀, in den ersten 4 Monaten des Jahres 1866 etwa 8% von der Bank zurückgewiesen wurden, dass die grösseren Zurückweisungen Anfangs 1866 solche Tratten auswärtiger Banquiers trafen, welche angesichts des bevorstehenden Krieges auf einen Rückgang der österreichischen Valuta rechneten und aus diesem Grunde unberücksichtigt bleiben mussten, dass ferner von den den Filialen der Bank für das Escompte- und Leihgeschäft zur Verfügung gestellten Dotationen durchschnittlich monatlich im Jahre 1864 mehr als 11 Mill., im Jahre 1865 mehr als 14 Mill und in den ersten 4 Monaten 1866 an 9 Mill. unbenützt geblieben waren[1]. Von dem wirthschaftlichen Aufschwunge, welcher erst später nach der Katastrophe von 1866 sich zu regen begann, war eben damals noch keine Rede, vielmehr lagen der Verkehr und der Unternehmungsgeist völlig darnieder und selbst die weitgehendsten Creditgewährungen seitens der Bank hätten dieselbe nicht zu beleben vermocht, zumal dieser Umstand nicht etwa blos ein lokaler, specifisch österreichischer war, sondern der europäische Verkehr im Allgemeinen zu jener Zeit ein nichts weniger als blühender war.

Insofern war auch die Rechtfertigung eine wohl begründete, mit welcher die Bankdirektion in ihrem Jahresberichte an die Actionäre am 15. Januar 1866 hervortrat, und

---

[1] Siehe Zuschrift des Generalsecretärs von Lucam an die „Neue freie Presse" vom 25. April 1866.

es hat dieser Bericht, das letzte Actenstück der Bankdirektion vor der bald darauf erfolgten gewaltsamen Unterbrechung der Vorbereitungsperiode für die Wiederaufnahme der Baarzahlungen, mit Rücksicht darauf einen besonderen historischen Werth. Die Bankdirektion legte den Actionären dar, dass in einem Lande, dessen Zahlungsmittel Jahre hindurch nur in uneinlösbaren Creditpapieren bestanden, der Uebergang zur Metallwährung unter allen Umständen mit grossen Schwierigkeiten verbunden sei. Man dürfe, erklärte sie, diese Schwierigkeiten nicht zu hoch anschlagen, man dürfe sie aber auch nicht unterschätzen, denn bei Rückkehr zu geordneten wirthschaftlichen Verhältnissen müssen sie jedenfalls überwunden werden. Die Nationalbank habe seit Abschluss des Uebereinkommens vom Jahre 1863 einerseits auf die Voraussetzung gebaut, dass die Bestimmungen dieses Uebereinkommens, wie es thatsächlich geschehen, wortgetreu erfüllt werden, andererseits aber auch sich strenge innerhalb der Grenze gehalten, welche der §. 14 der Statuten für den Umfang des Notenumlaufes festsetze. Die Ausgabe von Noten erfolge wesentlich nur im Escompte und im Leihgeschäft. Das Leihgeschäft sei allerdings seit 3 Jahren um 10 Millionen zurückgegangen, doch sei dies zum überwiegend grössten Theile die Folge freiwilliger Rückzahlungen. Das Escomptegeschäft dagegen sei seit 3 Jahren um nahezu 40 Mill. gestiegen und die eingetretene Restriction sei keineswegs eine unbedingte gewesen. Gegenüber dem Hinweis auf den grösseren Notenumlauf von früher dürfe man nicht vergessen, dass derselbe, zunächst mittelbar und unmittelbar durch die Bedürfnisse des Staates erzeugt, eben jene Störungen im österreichischen Geldwesen zur Folge gehabt habe, welche noch in allen Ländern unter ähnlichen Verhältnissen eingetreten seien, Störungen, welche man in allen anderen Ländern gleichfalls nur durch allmälige Verminderung des uneinlösbaren Creditpapiers zu heilen trachtete. Für gewöhnliche Verhältnisse dürfe der Verkehr auch künftig in seinen gesunden Ansprüchen die der Bank statuarisch gestattete Notencirculation kaum überschreiten; unvorhergesehene Fälle könnten allerdings nicht im Voraus in Rechnung gezogen werden und für sie käme der Schlusssatz des §. 14 in Anwendung, welcher bestimme, dass im Falle einer erfahrungsmässigen Unzulänglichkeit der blos bankmässig bedeckten Noten die Nationalbank berechtigt sei ihre diesfalls thatsächlich begründeten Anträge der gesetzlichen Entscheidung zu unterziehen. Die grosse Verantwortung, welche die Bankverwaltung getragen hätte, wenn selbst innerhalb der statutenmässigen Grenze des Notenumlaufs die Baareinlösung der Noten unterbrochen würde, lege ihr die Verpflichtung auf, sich in genügender Entfernung von der äussersten Grenze des Notenumlaufes zu halten und ein ganz verlässlicher Massstab für den Notenbetrag, welchen der Verkehr willig aufnehme und festhalte, werde sich in beruhigter Zeit erst bei offenen Münzkassen an der Hand der Erfahrung finden lassen.

Neben dieser Darlegung kam die Bankdirektion in ihrem Berichte auf einen Gegenstand zu sprechen, welcher mit der Frage der Notencirculation in Oesterreich heute noch wie damals auf das innigste zusammenhängt und auf welchen auch wir im weiteren Verlaufe noch zurückzukommen haben werden, auf das Giro- und Clearingwesen. Was der Bericht darüber enthielt war ein Tadel, der an seiner Berechtigung leider auch heute noch nichts verloren hat. Die Bankdirektion betonte, dass sie schon im November 1864 eine Reform des Girogeschäftes der Nationalbank habe eintreten lassen, dass sie sich bereit erklärt habe, Wechsel und Effecten darunter auch Cheks auf andere Creditinstitute provisionsfrei in laufende Rechnung zu übernehmen und dagegen die Giroguthaben auch gegen Cheks auszubezahlen, und sie fügte dem wörtlich bei: „Wenn dessen ungeachtet unser eigenes Girogeschäft fast gar nicht, jenes der anderen Creditinstitute aber noch immer nicht in vollkommen genügendem Umfange benützt wird, so ist dies um so lebhafter zu bedauern, weil es zeigt, dass trotz häufiger Klagen über Geld-

mangel, doch eine Einrichtung noch wenig beachtet wird, welche geeignet wäre, bei ausgiebiger Benützung ein wesentliches Ersparniss
der Zahlungsmittel zu erzielen". Der Satz könnte
heute geschrieben sein, die Mahnung, damals schon eine zu-
treffende, ist leider bis heute noch eine berechtigte und zeit-
gemässe geblieben.

III.

Das Kriegs-Jahr 1866 und der Bruch der Bankacte.

Wir stehen vor dem Jahre der Katastrophe, vor dem
Kriegsjahre 1866. Mit ehernem Tritte wie über so viele andere
mächtige Interessen schritt der Krieg auch über die österr.
Bankacte hinweg, grausam alle Vorbereitungen zerstörend,
welche auf Grund dieser Bankacte zur Besserung des Geldwesens in Oesterreich getroffen waren — ein neuer Wendepunkt in der österrreichischen Bankpolitik, eine Wendung der
traurigsten Art. Schon im März, unter dem Eindrucke der ersten
kriegerischen Constellation, beschäftigte sich die Oeffentlichkeit
nicht bloss in sondern auch ausserhalb Oesterreichs mit der
Frage, welche angesichts der finanziellen Calamitäten, mit
denen das Regime der Verfassungssistirung ohnehin permanent
zu ringen hatte, nur um so näher gelegt war: Auf welchem
Wege die österreichische Regierung die zur Kriegführung erforderlichen Mittel wol beschaffen werde? Emission von Staatspapiergeld — das war damals schon die allgemeine Ver-
muthung. Die Einen wünschten und befürworteten, die Anderen,
und sie waren leider in der Minderzahl, fürchteten und be-
kämpften sie; die Einen sprachen von Staatspapiergeld mit,
die anderen von solchem ohne Zwangscours; die Einen redeten
von verzinslichen, die Anderen von unverzinslichen Staatsnoten,
die Einen sprachen von Schonung, die Anderen von Beseitigung
der Bankacte und unter dem Eindruck dieser Gerüchte, deren

Erfüllung sich von Tag zu Tag wahrscheinlicher gestaltete, erhöhte sich das Silberagio in kühnen Sprüngen und drängte das Publicum sich in die Wechselstuben, um für seine Noten Metall zu kaufen.

Unter dem Eindrucke dieser Gerüchte, zu welchen das Weitere hinzu getreten war, dass die Finanzverwaltung die Nationalbank zur sofortigen Einziehung der Banknoten zu 1 u. 5 Gulden zu verhalten vorhabe, um auf diese Weise Raum für die neue Staatsnoten-Emission zu schaffen, richtete die Bankdirektion am 19. April 1866 an den Finanzminister des Sistirungsregimes, Grafen L a r i s c h, eine Note, deren Zweck in erster Reihe die Wahrung des Rechtsstandpunkts, in weiterer Reihe aber die Meinungsäusserung über eine Angelegenheit war, welche für die Nationalbank als Vermittlerin des Geldverkehrs von doppelter Bedeutung sein musste. Man habe, führte die Bankdirektion in dieser Note aus, es ihr zu oft zum Vorwurf gemacht, dass sie in kritischen Situationen nicht freimüthiger ihre Auffassung zur Geltung gebracht habe, als dass sie heute noch vor der freimüthigen Erörterung des Staatspapiergeldprojektes zurücktreten sollte. In erster Linie stehe die Angelegenheit der sofortigen Einziehung der Banknoten zu 1 u. 5 fl., welche unter Hinweisung auf § 9 des Uebereinkommens vom Jahre 1863 erfolgen solle. Nach diesem § 9 bleibe die Nationalbank, wenn auch nur „ermächtigt", Noten zu 1 u. 5 fl. in Umlauf zu halten und ausdrücklich sei dort bestimmt, dass die nach dem 31. Dezember 1866 noch im Umlauf befindlichen Noten unter 10 fl. hinsichtlich ihrer Bedeckung den Bestimmungen des §. 14 der Statuten unterliegen sollen. Der Fall sei also ausdrücklich vorgesehen, dass selbst nach dem 31. Dezbr. 1866, also n a c h gegenseitiger Erfüllung aller Vertragsbestimmungen, noch Noten unter 10 fl. im Umlauf bleiben können. Es könne daher der Bank umsoweniger noch vor allseitiger und gänzlicher Erfüllung des Uebereinkommens die Einziehung der Noten zu 1 u. 5 fl. aufgetragen werden. Durch die Hinausgabe von Staatspapiergeld werde die Bankacte in vielen Punkten verletzt und die

Bankdirektion halte sich für berechtigt und verpflichtet, zur Wahrung aller vertragsmässigen und statutarischen Rechte der Bank ihre Ueberzeugung dahin auszusprechen, „dass die Bank vor Wiederaufnahme der Baarzahlungen gesetzlich nicht verhalten werden kann, die Banknoten zu 1 u. 5 fl. einzuziehen, dass das der Bank ausschliessend eingeräumte Recht zur Hinausgabe von Noten (§ 12 der Statuten) durch Ausgabe von Staatspapiergeld überhaupt verletzt würde, dass überdies und insbesondere durch Ausgabe von Staatspapiergeld mit Zwangscours der § 16 der Statuten, durch Ausgabe von Staatspapiergeld mit oder ohne Zwangscours, wenn der Bank vor Aufnahme der Baarzahlungen die Einziehung der 1- u. 5-fl.-Noten aufgetragen würde, auch noch weiter der § 28 der Statuten, somit in allen Fällen das Gesetz verletzt würde." Was die öffentlichen Interessen betreffe, so wären nicht bloss die unheilvollste Verwirrung im Geldwesen, sondern auch in dem Gesammtverkehr eine künstliche Steigerung aller Preise die unvermeidlichsten Folgen einer solchen Maassregel. Die Herstellung der Valuta bliebe auf unbestimmte Zukunft hinaus geschoben. Der öffentliche, wie der Privatkredit, die Stabilität des Credites, alles, was das Mark der Staaten bilde, wäre bis in den innersten Kern gelähmt. Die Ansprüche des vertrags-mässigen Rechts wie die allgemeinen Interessen, so schloss die Note der Bankdirection, rathen gleichmässig dazu „die Aus-gabe von Staatspapiergeld als das letzte und äusserste, wenn möglich um jeden Preis zu vermeidende Mittel zu betrachten."

Diese Note der Bankdirection blieb vorerst seitens der Regierung ohne jede Erwiederung.

Am 5. Mai 1866 erfüllte sich das Verhängniss. Die Re-gierung setzte sich in finanzielle Kriegsbereitschaft: Sie de-cretirte Staatspapiergeld — und die Bankacte war durchlöchert! „Um den Staat in die Lage zu setzen, den durch die äusseren Verwicklungen und Kriegsbedrohungen gesteigerten Anforderungen an die Finanzen in einer Weise Genüge zu leisten, dass einerseits den Völkern eine Ver-mehrung der Steuerlast nicht aufgebürdet werde, andererseits

die bisherigen mit grossen finanziellen und volkswirthschaftlichen Opfern erzielten Erfolge in Anbahnung einer festen
Landeswährung thunlichst erhalten bleiben", und unter Beziehung auf § 9 des Uebereinkommens vom Jahre 1863, sowie
auf Grund des Patentes vom 20. September 1865, durch welches
die österr. Verfassung sistirt worden war, wurden die Banknoten zu 1 u. 5 fl. als Staatsnoten erklärt, die Hinausgabe des weiteren Betrages bis zur Maximal-Gesammthöhe
von 150 Mill. fl. in Aussicht gestellt und die Nationalbank
verpflichtet, das Aequivalent für die vom Staate
übernommenen Noten demselben in Banknoten
höherer Appoints zu leisten. — In einem Commentare
zu diesem Gesetze, im officiellen Blatte der Regierung veröffentlicht, wurde gesagt, es sei diese Finanzmassregel einer
derjenigen Staatsacte, „welche ihre innere Berechtigung unmittelbar aus dem obersten Grundsatze der staatlichen Selbst-
erhaltung ableiten und geradezu als Postulate zwingender
Staatsnothwendigkeit erscheinen."

So waren denn die Opfer vergebliche, welche Oesterreich
seit 1863 dem Zwecke der Wiederherstellung seiner Valuta
gebracht hatte.   Das Land stand wiederum am Beginne einer
Zettelwirthschaftsperiode, deren Ende nicht abzusehen war.
Die Noten zu 1 u. 5 fl., bis dahin allerdings auch ein uneinlösliches, aber doch metallisch oder bankmässig bedecktes
Papiergeld, bestimmt, binnen Kurzem aus dem Verkehr zu
verschwinden und einem einlöslichen Platz zu machen, wurde
über Nacht zu einem für die Dauer uneinlöslichen, ganz und
gar unbedeckten Papiergeld erklärt. Zu der diesen Noten
aufgedruckten Lüge, dass die Bank dem Ueberbringer der
Noten klingende Münze ausbezahle, gesellte sich über Nacht
eine zweite Lüge, indem die Note die Nationalbank als Schuld-
nerin bezeichnete, während in Wirklichkeit der Staat zum
Schuldner geworden war.   Es konnte keinem Zweifel unterliegen, dass schon durch diese Massregel allein die Bankacte
verletzt war.

Doch nicht Alle in Oesterreich waren darüber im Klaren

oder besser nicht alle wollten darüber im Klaren sein. Besagte doch sogar der früher erwähnte amtliche Commentar zum Gesetze vom 5. Mai, dass der Staat durch das Bankprivilegium für die Dauer desselben sich nur hinsichtlich der Appoints zu 10 fl. und darüber seines Hoheitsrechtes zur Hinausgabe unverzinslichen Staatspapiergeldes begeben habe und dass es demselben jederzeit frei stehe, Noten unter 10 fl. hinauszugeben. Es stand indess diese Anschauung mit den Thatsachen, für welche die unwiderleglichsten Beweise Jedermann zugänglich waren, im offenbarsten Widerspruch. Keinem der Faktoren der Gesetzgebung, welche im Wege des Compromisses die Bankacte zu Stande gebracht hatten, war es darum zu thun gewesen, dem Staate das Recht zur Zettelausgabe zu reserviren, vielmehr war es ihnen ausdrücklich darum zu thun, die Ausübung eines solchen Rechtes für alle Folge unmöglich zu machen. Einer der Grundgedanken der Bankacte war das völlige Verschwinden aller Zettel unter 10 fl., da man von der gewiss begründeten Ansicht ausging, dass vor Allem der kleine Verkehr Silber aufnehmen müsse, dass dies aber auf die Dauer nicht möglich sei, solange derselbe mit Papier gesättigt bleibe. Völlig bezeichnend in dieser Richtung war wohl die Thatsache, dass schon die III. Section des Finanzausschusses des Abgeordnetenhauses seinerzeit den Antrag eines Mitgliedes, 50 Mill. in Staatsnoten auszugeben, rundweg ablehnte und dass dieser Antrag in Folge dessen gar nicht mehr vor das Abgeordnetenhaus gebracht wurde. Eine Schuld von über 137 Millionen verpflichtete man sich bis Ende 1866 zurückzuzahlen, mit dem Bewusstsein, dass die Beschaffung dieser Summe auf dem Wege des Credits dem Staate schwere Lasten auferlegen werde, und es wäre doch so einfach gewesen, der Bank wenigstens einen Theil ihrer Forderung mit Zwangscours-Staatsnoten zurückzuzahlen! Enthielt der Umstand, dass die Gesetzgebung dieses doch so nahe gelegene, ja sogar in Antrag gebrachte Mittel verschmähte, nicht die beste Widerlegung jener Behauptung von dem angeblich vorbehaltenen Rechte? In der That, es stand

schlimm um das staatliche Rechtsbewusstsein, als nach solcher
Verdrehung der Thatsachen gegriffen wurde.

Grundsätzlich war die Bankacte durch Verletzung des
§ 12 der Statuten bereits gebrochen. Sie war es aber auch
weiter durch Verletzung des § 16, welcher den Noten der
Bank die Begünstigung des Zwangscourses „ausschliesslich"
zusprach. Aber das war noch nicht Alles. Die Finanzverwaltung konnte sich darüber nicht täuschen, dass eine Summe
von 150 Mill. Noten sich nicht ohne Disagio im Umlauf erhalten könne, wenn die Bank nicht zur Annahme derselben
bei ihren Cassen angehalten werde. Die Verfügung in dieser
Richtung musste die nächste Folge sein. Die zweitnächste
Folge davon war aber die, dass fortan unter den Activen der
Bank uneinlösliches, unbedecktes Staatspapiergeld figurirte,
ganz entgegen dem die Notenbedeckung normirenden § 14
der Bankstatuten. Verletzt war auch der § 28 der Statuten,
der da lautet: „Sämmtliche Zahlungen an die Bank können
nur in Noten der Bank oder in einer gesetzlichen Münzsorte
geleistet werden." Wie man unter solchen Umständen noch
davon reden konnte, dass das neue Staatsnotengesetz die
Bestimmungen der Bankacte „thunlichst unberührt" lasse, das
musste völlig unbegreiflich erscheinen. Unter allen Umständen
musste man sich von diesem Augenblicke an jeder Hoffnung
auf eine Wiederaufnahme der Baarzahlungen in Oesterreich
entschlagen. Das Land war wiederum um eine Hoffnung
ärmer. Nur die Wiener Börse — eine heitere Episode in dem
Drama — hatte über die Sache ihre eigene Meinung. Uner-
forschlich, wie ihre Wege oft sind, begrüsste sie das Staatsnotengesetz mit einer ansehnlichen Hausse in Bankactien.
Wahrscheinlich erwarteten die klugen Financiers von der
Ausgabe von 150 Mill. Staatsnoten eine Steigerung des Geschäftserträgnisses der Bank. Für das Gesetz vom 5. Mai
1866 aber, welches nur der erste Schritt auf dem unheilvollen
Wege des Bankbruches und der abermaligen Zerrüttung des
Geldwesens im Lande war, lieferte ein Jahr später der eigentliche Schöpfer dieses Gesetzes selbst die zutreffendste Kritik.

Der später zum Finanzminister avancirte Sectionschef Freiherr
von Becke sagte in seinem Finanzexposé in der Sitzung des
Abgeordnetenhauses vom 13. Juli 1867 wörtlich: „Abgesehen
davon, dass für diese Vorgänge einige formelle, wenn auch
weither geholte Anhaltspunkte gefunden werden konnten,
empfahl sich die Modalität der Staatsnotenkreirung durch
ihre Einfachheit und leichte Durchführbarkeit." Das Abgeordnetenhaus begleitete diesen Act der Selbstverläugnung
mit protokollarisch constatirter Heiterkeit und angesichts des
seinerzeitigen officiellen Commentars zum Gesetze vom 5. Mai
war diese Heiterkeit auch sicherlich eine wohlberechtigte.

Die Direction der Nationalbank, von welcher wir erwähnten, dass sie bereits vor dem Erscheinen des Gesetzes
vom 5. Mai 1866 ihre Rechtsverwahrung gegen das Vorhaben
der Regierung eingebracht hatte, nahm diesem Gesetze gegenüber am 17. Mai 1866 Stellung. Sie erklärte der Finanzverwaltung in detaillirter Auseinandersetzung, dass sie, gestützt
auf die Bankacte, die vertragsmässig und entgeltlich erworbenen,
gesetzlich gewährleisteten Rechte und Ansprüche der Bankgesellschaft wahre und dass sie jetzt, wie für alle Zukunft, die
Folgerungen ablehne, welche von was immer für einer Seite
etwa daraus gezogen werden sollten, dass die Bankdirection,
indem sie diese Rechtsverwahrung einbringe, sich angesichts
der dem Reiche drohenden Kriegsgefahren gleichwohl der
ihr durch das Gesetz vom 5. Mai 1866 auferlegten Verpflichtung
unterziehe. Der Finanzminister seinerseits hatte sich anlässlich der Mittheilung dieses Gesetzes an die Bankdirection
dahin ausgesprochen, „dass sich infolge dieses Gesetzes die
Verhältnisse des Geldwesens in einer Weise ändern werden,
dass die Staatsverwaltung die Wiederaufnahme der Silberzahlungen der priv. österr. Nationalbank für das Jahr 1867
kaum in Aussicht nehmen kann", und er erklärte sich bereit,
über diesen Punkt jederzeit mit der Bankverwaltung in nähere
Verhandlung zu treten. Auf diese Bemerkung erwiederte die
Nationalbank, „dass die Bankdirection in dem Augenblicke, in
welchem einige der wesentlichen Punkte der Bankacte ausser

Kraft gesetzt worden sind, nur an der Auffassung festhalten kann, dass der seinerzeitigen Wiederaufnahme der Baarzahlungen die Behebung der in dem Gesetze vom 5. Mai 1866 enthaltenen Widersprüche mit der Bankacte und insofern die Wiedereinsetzung der Nationalbank in den früheren Stand vorauszugehen habe."

Das Gesetz vom 5. Mai 1866, sagten wir, sei nur der erste Schritt auf dem unheilvollen Wege des Bankbruches gewesen; aber die Verpflichtung der Bank zur Einhaltung der Bankacte stand in diesem Stadium seltsamer Weise noch aufrecht. Die Bankacte war factisch, aber noch nicht formell suspendirt. Der nächste Schritt auf demselben Wege erfolgte mit dem Gesetze vom 7. Juli 1866. Die österr. Heeresmacht war bei Königgrätz gebrochen, der Sieger zog gegen die Reichshauptstadt, welche von den Centralbehörden verlassen war. Der Staatsbedarf stieg mit jedem Tage und in demselben Verhältnisse stiegen auch die Verlegenheiten der Finanzverwaltung. Da wurde denn „zur Aufbringung der in der Kriegsbedrängniss erforderlichen Geldmittel und zur Sicherstellung der Fortführung des durch die feindliche Invasion gestörten Staatshaushaltes" durch das Gesetz vom 7. Juli 1866, dem Finanzminister ein Credit von 200 Mill. Gulden eröffnet und gleichzeitig decretirt, die Nationalbank habe die erforderlichen Geldmittel, bis die Umstände gestatten werden, ein Anlehen zu realisiren oder förmliche Staatsnoten auszugeben, nach Massgabe des Staatsbedarfs vorläufig bis zum Betrag von 60 Mill. Gulden in Banknoten gegen Ersatz der Fabricationskosten vorzuschiessen, welcher Vorschuss längstens in einem Jahre nach abgeschlossenem Frieden und zwar in den eigenen Noten der Bank zurückzuzahlen sei. Dieses Gesetz enthielt zugleich die Anordnung, dass insolange die Vorschüsse der Nationalbank nicht gänzlich an dieselbe zurückgezahlt sein werden, diejenigen Bestimmungen ihrer Statuten, mit welchen dieses Gesetz nicht im Einklange stehe, einschliesslich der Verpflichtung der Nationalbank zur Wiederaufnahme ihrer Baarzahlungen, suspendirt seien. Dieses Gesetz eröffnete aber zugleich in seinem ersten Artikel die trostlose Aussicht auf eine weitere Vermehrung des unfundirten staatlichen Zettelgeldes, denn dort wurde dem Finanzminister die Ermächtigung ertheilt, den ihm eröffneten Credit von 200 Mill. Gulden „entweder durch ein zu den bestmöglichen Bedingungen abzuschliessendes freiwilliges Anlehen oder durch eine Vermehrung der am 5. Mai 1866 creirten Staatsnoten oder durch eine Combination beider Maassnahmen zu beschaffen."

So hatte denn der Staat in Verlegenheit auf's Neue zur Notenpresse der Nationalbank seine Zuflucht genommen und war die Nationalbank auf's Neue die Magd der österreichischen Finanzkunst geworden. Die Bankacte war nunmehr auch faktisch suspendirt. Sie war es vor Allem in § 62 der Statuten, der da lautete: „Die Bank kann von der Finanzverwaltung eingereichte Wechsel statutenmässig (§ 21) escomptiren; ausserdem kann sie nur commissionsweise Geschäfte für Rechnung des Staates besorgen." Dieser Paragraph war der eigentliche Riegel, den das Abgeordnetenhaus einer Fortsetzung des unglücklichen Verhältnisses zwischen Staat und Bank von früherer Zeit vorgeschoben hatte, er untersagte die Ueberlassung der Notenpresse für die Zwecke des Staates. Ihm entgegen hatte das alte bedauerliche Verhältniss zwischen Staat und Bank sich nunmehr auf's Neue etablirt, und die Form, in der das geschah, war genau wie die anno 1859. Nur Ein Unterschied waltete ob: den damaligen Vorschuss verzinste man der Bank mit 2 %, den nunmehrigen verzinste man ihr gar nicht. Von den vierzehn Paragraphen des Uebereinkommens vom Jahre 1863 stand nach dem Gesetze vom 7. Juli 1866 kaum ein einziger mehr aufrecht. Auf die 137·6 Mill., welche der Staat Anfangs 1863 der Bank schuldete, war in diesem Stadium nur noch ein Rest von 46·9 Mill. zu tilgen und bevor dieser Rest zur Abwicklung gekommen, war der Staat nun neue 60 Mill. der Bank schuldig geworden. Auch der § 14 der Statuten, jener Paragraph, welcher das Noten-

8*

bedeckungsverhältniss normirte, war durch das Gesetz vom
6. Juli 1866 bereits alterirt. Der erste Bankausweis, nachdem
der 60-Mill.-Vorschuss an die Finanzverwaltung flüssig gemacht worden war, zeigte einen Notenumlauf der Bank von
373·$_{14}$ Mill., während die Bank nach § 14 ihrer Statuten in
diesem Stadium nur zur Ausgabe von 326·$_{20}$ Mill. Gulden
berechtigt gewesen wäre. Mit Rücksicht auf § 14 der Bankstatuten circulirten demnach um 46·$_{94}$ Mill. mehr als nach der
Bankacte gestattet war, zwischen dem Notenumlauf und dem
Metallschatz war das Verhältniss von 3:1 etablirt. In Banknoten und Staatsnoten zusammen circulirten nunmehr 523·$_{14}$ Mill.
eine Summe grösser als die, welche in dem kritischen Momente
des Jahres 1859 circulirte und damals notirte Silber 150,
während es jetzt allerdings doch nur 126 stand. Dass dieses
Gesetz vom 7. Juli 1866 wiederum nur als ein momentanes
Auskunftsmittel anzusehen war, darüber war alle Welt einig.
Die Bankdirection aber unterliess es nicht, „gegen den durch
das Gesetz vom 7. Juli 1866 zur Thatsache gewordenen neuerlichen und sehr empfindlichen Eingriff nicht nur in das Privilegium sondern auch in das Vermögen der Nationalbank"
am 8. Juli 1866 bei dem Gesammtministerium neuerlich eine
feierliche Rechtsverwahrung einzubringen, welcher, wie der
früheren Verwahrung, die bedeutungslose Ehre zu Theil wurde,
im Ministerrathe zu Protokoll genommen zu werden.

Zu einem weiteren Schritte auf dem nun einmal einge-
schlagenen Wege drängten die Friedenspräliminarien von
Nikolsburg und die darin stipulirte, an Preussen zu zahlende
Kriegskostenentschädigung. Der Baarerlag von 20 Mill.
Thaler war die Vorbedingung für die Räumung des österreichischen Gebietes, die Einstellung der feindlichen Requi-
sitionen musste durch die Truppenverpflegung auf österreichische Rechnung erkauft werden. Dreissig Mill. Silber
aber waren in ganz Oesterreich nur bei der Nationalbank zu
finden und man nahm sie daher dort, wo man sie fand, allerdings nicht mit Gewalt, sondern auf dem Umwege einer nicht
wenig kostspieligen finanziellen Transaction. Die Finanz-

verwaltung, von einer mit ihren bisherigen Acten gegen die
Bank nicht völlig harmonirenden Scheu geleitet, mochte die
Arbeit nicht allein thun; sie zog es vor, ein nahezu vierzig-
köpfiges Consortium von grossen und kleinen Geldleuten zu
Hebammendiensten bei diesem Geschäfte heranzuziehen und
ihnen dafür $\frac{3}{4}\,^{°}/_{°}$ Provision für je drei Monate zu bezahlen,
was mit Rücksicht auf die 18-monatliche Laufzeit der von
ihnen acceptirten und von der Bank escomptirten Wechsel
den anständigen Gewinn von $1\cdot_{35}$ Mill. in Silber für das Consortium ausmachte. Die Finanzverwaltung wollte die Bankacte respektiren, die nämliche Bankacte, in welcher bereits
kein Paragraph mehr neben dem andern stand, man wollte
die Unabhängigkeit der Bank nicht antasten, man wollte dem
Principe nicht zuwiderhandeln, dass die Bank mit dem Staate
keine Geschäfte machen solle. Welch ein Stück bitterer
Ironie, welch eine Widerlegung des Hansemann'schen Satzes,
dass in Geldsachen alle Gemüthlichkeit aufhöre! Die eigentliche Geldgeberin war nun einmal die Bank. In der Form wurde
ein statutenmässiger Vorgang beobachtet, aber der Metallschatz
der Bank verringerte sich doch um 30 Mill. Gulden Silber.
Die materielle Arbeit, mit der das Geschäft verbunden war,
vollbrachte nicht das Acceptationsconsortium, sondern es voll-
brachten sie jene Beamten der Nationalbank, welche von Wien
nach Komorn abreisten, um von dort, wo der Silberschatz der
Bank bekanntlich der Sicherheit wegen deponirt worden war,
die 30 Mill. in klingender Münze zu holen.

Die Beschaffung der 30 Mill. Silber war übrigens der
weitaus geringste Theil der finanziellen Aufgaben, welche der
nunmehr beendete unglückselige Krieg an die österreichische
Finanzwaltung herantreten liess. Die letzten der Bank auf Grund
des Gesetzes vom 7. Juli 1866 entnommenen 60 Mill. Banknoten waren aufgezehrt, die Staatscassen waren leer, die
Armee stand noch auf dem Kriegsfusse und nichts verrieth,
dass man sie reduciren werde. Aus aerarischen Lieferungs-
verträgen, bei deren Abschluss auf eine so rasche Beendigung
des Krieges nicht Bedacht genommen wurde, resultirten für

die Finanzverwaltung gewaltige Verbindlichkeiten. Die steuer-
fähigsten Kronländer der Monarchie standen zum Theil noch
unter der feindlichen Occupation, die Steuern flossen nur
spärlich oder gar nicht ein. Alle diese Faktoren zusammen
erklärten zur Genüge den vorhandenen grossen Geldbedarf
des Staates und die Nothwendigkeit zugleich, denselben auf
ausserordentlichem Wege zu decken. Aber wie? An der Börse
redete man viel von grossem Geldüberfluss, von Capitalien,
die nach entsprechender Anlage suchen, aber weder Graf
Larisch noch sein Adlatus Baron Becke vermochten die
Adresse dieser Capitalien ausfindig zu machen. Für sie, wie
für alle Nüchternen stand fest, dass die Begebung einer frei-
willigen Anleihe diesem gelähmten, ausgesogenen Oesterreich
ein Ding der Unmöglichkeit war. So nahm denn das Verhängniss noch weiter seinen Lauf. Man brauchte Geld, man
fand keines, also machte man Geld. Oesterreich's Californien
lag wieder einmal in der Papierfabrik von Schlöglmühl! Das
war das Gesetz vom 25. August 1866, jene bedeutsame,
schwerwiegende finanzielle Action, die heute noch nach mehr
als sechs Jahren mit ihren Aesten und Wurzeln in unser
wirthschaftliches Leben hineinragt, die Erbschaft von Königgrätz, die das Land nicht loswerden kann!

„Um die Finanzverwaltung in die Lage zu setzen, den
durch die Kriegsereignisse und ihre Nachwirkungen hervor-
gerufenen ausserordentlichen Geldbedarf zu beschaffen und
den Staatshaushalt inmitten der durch die andauernde Schmälerung der ordentlichen Staatseinnahmen verursachten, empfindlichen Störungen fortzuführen und um der früher im Drange
der Zeiten durch das Gebot zwingender Staatsnothwendigkeit
angewachsenen, in Werthzeichen bestehenden schwebenden
Schuld eine feste Norm und Abgrenzung zu geben" — also
lautete die Einleitung des aus 11 Artikeln bestehenden complicirten Gesetzes über die Ausgabe eigentlicher Staatsnoten.
Im Artikel 1 dieses Gesetzes wurde der Finanzminister ermächtigt, auf Rechnung des ihm mit dem Gesetze vom 7. Juli
1866 im Gesammtbetrage von 200 Mill. Gulden eröffneten und

im Betrage von 140 Mill. Gulden noch zur Verfügung stehenden
Credites einen Betrag von 50 Mill. Gulden durch die Emission
von 5% Staatsschuldverschreibungen zu den bestmöglichsten
Preisen zu beschaffen. Im Artikel 2 wurde angeordnet, dass
für den Rest des mit dem Gesetze vom 7. Juli 1866 eröffneten
Credites bis zum Betrage von 90 Mill. Gulden förmliche Staatsnoten zu 1 fl. und zu 5 fl. nach Bedarf
angefertigt und in Umlauf gesetzt werden sollen;
zugleich wurde der Finanzverwaltung das Recht vorbehalten,
das Aequivalent für den 60 Mill. Vorschuss von der Nationalbank durch die Emission von förmlichen Staatsnoten zu 1
und 5 fl. für den Fall und in dem Masse zu beschaffen, als
die Rückzahlung dieses Vorschusses ausschliesslich in Noten
der Bank nicht oder nur theilweise innerhalb eines Jahres
nach geschlossenem Frieden durch die laufenden Einnahmen
oder durch sonstige Operationen ermöglicht werden könnte.
Artikel 3 ordnete an, dass die kraft des Gesetzes vom
5. Mai 1866 als Staatsnoten erklärten Noten der österreichischen Nationalbank zu 1 und 5 fl. vom 1. Januar 1867 angefangen eingezogen und durch förmliche Staatsnoten in gleichen
Appoints ersetzt werden sollen. Artikel 4 ermächtigte den
Finanzminister für den Fall als eine Ueberfüllung des Verkehrs mit Staatsnoten zu 1 und 5 fl. eintreten sollte, statt
Noten dieser Kategorie auch Staatsnoten in Appoints zu
25 und 50 fl. innerhalb der vorgezeichneten Maximalgrenze
in Umlauf zu setzen. Artikel 5 verordnete für diese Staatsnoten nach jeder Richtung hin, also auch für die österreichische
Nationalbank, den Zwangscours. Artikel 6 regelte die
Emission der Partial-Hypothekar-Anweisungen (Salinenscheine)
in der Weise, dass der Stand dieser schwebenden Schuld mit
der Staatsnotenemission in einen bestimmten Connex gebracht
wurde, so dass für den Betrag, um welchen der Umlauf unter
das gesetzliche Maximum von 100 Mill. zurückgehen sollte,
die gleiche Summe in Staatsnoten über das Maximum der
Letzteren hinaus sollte ausgegeben werden dürfen; nach
diesem Artikel durften und dürfen daher auch heute noch,

wenn beispielsweise in Salinenscheinen 80 Mill. Gulden circuliren, 320 Mill. Staatsnoten in Umlauf sein, wenn 50 Mill.
Salinenscheine circuliren, 350 Mill. Staatsnoten in Umlauf gesetzt werden u. s. w., so dass Salinenscheine und Staatsnoten
zusammen an den Maximalbetrag von 400 Mill. Gulden gebunden waren und auch dermalen noch gebunden sind. Der
Artikel 8 endlich bezeichnete die Maximalgrenze der in
Werthzeichen bestehenden schwebenden Schuld, wie sie in
den vorausgegangenen Artikeln normirt wurde, im Falle der
Wiederherstellung eines gesicherten Friedenszustandes als
„unüberschreitbar" und ordnete an, dass in dieses Maximum
auch diejenigen Beträge einzubeziehen seien, welche der Staat
zur Linderung der Kriegscalamitäten oder zur Bekämpfung
des Nothstandes einzelner Ländertheile in der nächsten Uebergangsperiode in der Form von Vorschüssen oder Darlehen
an einzelne oder Corporationen in Staatsnoten zu verab-
reichen in die Lage kommen sollte. Dieser Artikel 8 enthielt aber weiter auch den denkwürdigen, für die heutige
Sachlage im höchsten Grade bezeichnenden Beisatz: „Die Bestimmungen über die successive Fundirung, beziehungsweise Tilgung der Staatsnoten werden mit einem
besonderen, ehe thunlichst zu erlassenden Gesetze
festgestellt werden".

Das war das „finanzielle Königgrätz", das ist die Genesis
des heutigen Staatsnotenumlaufes in Oesterreich. Damit war
die österreichische Bankacte vollends durchlöchert, es schwand
die letzte Illusion, die letzte Hoffnung auf Herbeiführung
einer geordneten Landeswährung. Wenn nachmals und bis
in unsere Tage herein die Behauptung aufgestellt und hundert-
mal wiederholt worden ist, die Emission der Staatsnoten im Jahre
1866 sei nicht bloss aus politisch-finanziellen Gründen nothwendig und unvermeidlich, sondern auch das Werk einer
voraussichtigen, zweckbewussten, staatlichen Finanzverwaltung,
eine vorbedachte Befriedigung der Bedürfnisse von Handel
und Verkehr gewesen, so sei, wiewohl dieser Gegenstand
uns im weiteren Verlaufe noch recht eingehend zu beschäf-

tigen haben wird,' an dieser Stelle schon auf Grund des skizzirten historischen Hergangs constatirt, dass der Ur-sprung der Staatsnotenemission vom Jahre 1866 mit dem Verkehre und seinen Bedürfnissen nichts zu schaffen hatte, und dass die damalige Gesetzgebung in keinem der mannigfachen Stadien auch nur mit Einem Satze den Glauben zu erzeugen und festzuhalten suchte, als sei diese weittragende Finanzmassregel durch die Bedürfnisse des Handels und Verkehrs erzeugt und herbeigeführt worden.

Die Bankdirektion ihrerseits sprach am 31. August 1866 der Finanzverwaltung gegenüber „das Bedauern aus, dass das Gesetz vom 25. August 1866 dem Bankinstitute abermals den wesentlichen Theil der Privilegial- und Vertragsrechte ent-zieht", sie wiederholte die Rechtsverwahrungen vom 17. Mai und 8. Juli 1866 auch bezüglich des Gesetzes vom 25. August 1866 und reihte hieran ausdrücklich den Vorbehalt, „dass die Nationalbank ihre Entschädigungsansprüche aus Anlass der eingetretenen theilweisen Aufhebung und fühlbaren Schmälerung der vertrags- und statutenmässigen Rechte der Bankgesellschaft demnächst eingehender ausführen werde". Damit war zu den vielen durch die finanziellen Acte hervor-gerufenen grossen Fragen, eine weitere, die Frage der Ent-schädigung der Nationalbank, hinzugetreten und diese Frage erhielt sich fortan auf der Tagesordnung.

Bevor wir unsere Darlegung der die Nationalbank be-treffenden Ereignisse des Jahres 1866 schliessen, haben wir noch die Wirkungen zu beleuchten, welche diese Ereignisse einerseits auf den allgemeinen Notenumlauf, anderer-seits auf die Situation der Nationalbank hervorbrachten. Die Wirkungen in Bezug auf den Geldumlauf, soweit sie das Jahr

1866 betreffen, ergeben sich aus folgender, zugleich die einzelnen Phasen der vollzogenen Operationen· wiederspiegelnder
Zusammenstellung:

	Banknoten-Umlauf	Staatsnoten-Umlauf	Gesammt-Noten Umlauf	Silberagio
December 1865	351,100.755	—	351,100.755	104·—
1866				
Januar	341,194.076	—	341,194.076	103·90
Februar .	331,244.740	—	331,244.740	101·75
März .	325,987.972	—	325,987.972	105·25
April .	337,923.886	—	337,923.886	106·75
Mai	267,822.565	116,633.378	384,455.943	125·—
Juni	286,195.025	126,796,828	412,991.853	128·50
Juli . .	361,770.471	140,935.321	502.705.792	128·50
August .	333,216.606	142.535.321	475.751.927	126·50
September . .	315.616.153	153,253.371	468.869.524	127·—
October . .	307.991.656	179,894.640	487.886.296	127·50
November . .	299.353.818	190.794.640	490.148.458	127·—
December . .	283.988.480	215.794.640	499.783.120	129·50

In dem Stande der O e s t e r r. N a t i o n a l b a n k aber,
von welcher die Regierung am Neujahrstage 1866 noch sagen
durfte, dass sie „zu den bestfundirten, durchaus consolidirten
Credit-Instituten Europas gehört", brachte der Verlauf des
Jahres 1866 Umwälzungen hervor, welche die folgende Zusammenstellung übersichtlich macht:

	Banknoten-Umlauf	Metallschatz	Schuld des Staates an die Bank	Escompte	Lombard
Ende Dezbr. 1865	351·1	121·5	65·8 [1])	106·8	43·2
1866					
Ende Januar .	341·1	123·4	63·4	98·9	40·8
„ Februar	331·2	125·5	47·0	104·8	41·6
„ März	325·9	125·6	47·0	100·7	42·0

1) Abgesehen von dem permanenten 80 Millionen-Darlehen.

	Banknoten-Umlauf	Metallschatz	Schuld des Staates an die Bank	Escompte	Lombard
Ende April	337·9	125·6	47·0	112·7	42·5
„ Mai .	267·8	125·7	46·8	103·1	40·9
„ Juni .	286·1	126·2	46·8	73·3	38·7
„ Juli . .	361·7	126·2	106·2	79·2	37·8
„ August .	333·2	108·5	105·4	54·2	35·6
„ September	315·6	99·1	100·8	46·8	34·2
„ October .	307·9	99·2	96·3	40·5	33·3
„ November	299·3	99·5	89·8	38·5	32·0
„ December	283·9	104·0	60·0	38·3	30·8

Zinsfuss der Oesterr. Nationalbank im Jahre 1866:

	Escompte	Lombard
bis 10. Dezember	5 °/o	5 1/2 °/o
vom 10. Dez. ab	4 und 5°/o [1])	5 1/2 °/o

Die vorstehenden zwei Tabellen veranschaulichen ziffermässig die Tragweite der Gewaltstreiche, von welchen die
Nationalbank im Jahre 1866 getroffen wurde. Von Staatswegen mit dem erforderlichen Circulationsmedium en masse
und ohne Rücksicht auf den jeweiligen Bedarf versorgt,
stiess der Verkehr den aequivalenten Betrag in Banknoten
zurück und die Nationalbank hatte in Folge dessen fast aufgehört der Regulator des heimischen Geldmarktes zu sein.
Ihr Notenumlauf hatte im Jahre 1866 um 67·11 Mill. abgenommen, obgleich sie dem Staate infolge des Gesetzes vom
7. Juli 1866 einen Vorschuss von 60 Mill. Gulden in Banknoten
verabfolgt hatte. In ihren zwei Hauptgeschäftszweigen ver-
zeichnete sie am Schlusse des Jahres 1866, nachdem der Staat
als concurrirender Zettelemittent sich neben sie gestellt
hatte, den auffallendsten Rückgang. Mit Ende des Jahres
1865 waren in diesen beiden Hauptgeschäftszweigen 150·1 Mill.

---

1) Der niedrigere Satz für Wien, Brünn, Lemberg, Pest, Prag, Reichenberg
und Triest, der höhere für die übrigen 13 Filialen.

Gulden engagirt, am Schlusse des Jahres 1866 war diese Ziffer auf 69.6 Mill. gesunken, hatte demnach um nicht weniger als 80 Mill. abgenommen. Bei einem Notenumlaufe von 283·9 Mill. ein Wechselportefeuille von 38·5 Mill., das erinnerte an die allerschlimmsten Tage österreichischer Bankpolitik, das zeigte deutlich, dass die Zeit wieder angebrochen war, in welcher die Bank weniger um des Verkehrs, als vielmehr um des Staates willen da war. Der Metallschatz der Bank war gleichzeitig, eine Folge des früher erwähnten 30 Millionen Silbervorschusses, von 121·5 Mill. Ende 1865, auf 104·2 Mill. Ende 1866 gesunken. Seine alte Schuld an die Bank, welche durch die Bankacte vom Jahre 1863 geregelt wurde, hatte der Staat Ende 1866 allerdings getilgt, dafür aber war der neue 60 Mill. Vorschuss aus den Julitagen 1866 hinzugekommen, so dass die Schuld des Staates an die Bank trotz der im Laufe des Jahres 1866 erfolgten Tilgungen am Schlusse dieses Jahres nahezu ebenso gross war, wie am Beginne desselben. Der Verpflichtung, die in ihrem Eigenthum befindlichen Effecten bis Ende Dezember 1866 zu veräussern, war die Bank stricte nachgekommen; sie hatte bereits Ende 1865 um 9·60 Mill. mehr an Effecten veräussert, als wozu sie vertragsmässig verpflichtet war, die Veräusserung des Restes im Belaufe von 3·00 Mill. erfolgte im Laufe des Jahres 1866. Aber die Bewegung des Notenumlaufes der Bank stand in Folge der gegen sie erlassenen Gesetze vom Jahre 1866 nicht mehr in Verbindung mit der Abwicklung des Uebereinkommens vom Jahre 1863, diese Bewegung zu leiten lag nicht mehr in den Händen der Nationalbank und da in ihrem Besitze auch Staatsnoten sich befanden, so war auch die statutenmässige Bedeckung des Notenumlaufes ausser Wirksamkeit gesetzt. Das war die Situation, in welcher das Jahr 1866 die österreichische Nationalbank zurückliess.

Die Ereignisse des Jahres 1866 hatten die Nationalbank schwer getroffen; wiewohl sie bemüht war, den ihr eingeräumten Geschäftskreis nach Thunlichkeit auszunützen, wiewohl sie im Laufe des Jahres 1866 damit begonnen hatte.

zwischen Wien und allen Filialen sowie zwischen allen Filialen
Bankanweisungen auszustellen und einzulösen, in Wien Platzwechsel auf die Filialen und in den Filialen solche Wechsel,
welche in Wien zahlbar waren, zu escomptiren, im Darlehns-
geschäfte voll eingezahlte Actien und Effecten von Prioritäts-
anleihen inländischer, mit Staatsgarantie ausgestatteter Industrieunternehmungen zu belehnen, wiewohl ferner im Monate
Dezember 1866 eine partielle Ermässigung des Zinsfusses der
Bank eingetreten war, erfuhr das Erträgniss der Nationalbank in Folge der durch den Staat geschaffenen Thatsachen
doch eine so beträchtliche Herabminderung, dass die Befürch-
tung nahe lag, es werde die Bank kaum in der Lage sein,
ihren Actionären eine 7 % Dividende zukommen zu lassen,
und es werde auf Grund des §. 4 des Uebereinkommens vom
Jahre 1863 der Staat das Fehlende zu ergänzen haben. Dazu
nun kam es allerdings nicht, einerseits sorgte der Geschäftsgewinn der Bank bei Realisirung des früher erwähnten 30 Mill.-
Vorschussgeschäftes, andererseits der nahe an 600000 Gulden
betragende Ersatz, welchen der Staat der Bank als Notenfabricationskosten zu bezahlen hatte, dafür, dass eine Ergänzung des laufenden Geschäftserträgnisses auf 7 % durch die
staatliche Finanzverwaltung nicht nothwendig war. Die Nationalbank wies für das Jahr 1866 im Ganzen ein Gesammt-
Erträgniss von 10,965.280 Gulden aus u. z. im Escompte-Geschäfte, einschliesslich des 30 Millionen-Vorschusses, 4,501.997
Gulden, im Leihgeschäfte 2,197.867 Gulden, im Hypothekar-
Creditgeschäfte 1,442.863 Gulden, Devisen- und andere Geschäfte 660.040 Gulden, Effectenzinsen 554.647 Gulden, Vergütung der Staatsverwaltung an Notenfabricationskosten
618.294 Gulden u. s. w. Nach Abzug der Auslagen mit 2,404.100
Gulden verblieb ein reines Jahreserträgniss von 8,561.180 Gulden, von welchem, nach Hinterlegung einer Quote von 762.170
Gulden in den Reservefond, an die Actionäre eine Gesammt-
Dividende von 52 Gulden per Actie vertheilt wurde, entsprechend einer Verzinsung des Actiencapitals mit 7·07 %.

In ihrem Jahresberichte an die Generalversammlung

am 16. Januar 1867, kam die Bankdirektion in ausführlicher
Weise auf den Wechsel zurück, welcher in dem Geschicke
der Bank eingetreten war, sowie auf die Umstände, welche
denselben herbeigeführt hatten. Die Bankdirektion exponirte
den Actionären den Verlauf der Begebenheiten, sowie die von
uns früher erwähnten, ihrerseits gegen die Massnahmen der
Regierung gethanen Schritte. Der Bankgesellschaft, so führte
sie in diesem Berichte aus, sei ein sehr wesentlicher Nachtheil zugefügt worden. Dieser Nachtheil liege darin, dass die
Bankgesellschaft in ihren auf Grund eines entgeltlichen Vertrages durch das Uebereinkommen und die Statuten vom
Jahre 1863 erworbenen Rechten verkürzt und beschädigt worden sei, dass ihr die Erfüllung der ihrerseits übernommenen
Verpflichtungen theilweise unmöglich gemacht wurde und
dass die Vortheile ihr entzogen wurden, welche sie daraus
zu erwarten berechtigt war, dass sie einen Theil ihrer Verpflichtungen bereits erfüllt hatte. Dieser Nachtheil liege
aber auch darin, dass die allgemeine Lage der Nationalbank
und das Ergebniss ihrer Geschäftsführung in Folge der durch
die Gesetze vom 5. Mai, 7. Juli und 25. August geschaffenen
Verhältnisse wesentlich gelitten hat. Allerdings sei in zweien
der erlassenen Gesetze auf das Gebot zwingender Staatsnothwendigkeit hingewiesen, und gewiss wolle sich auch kein
Actionär der Nationalbank den Opfern entziehen, welche selbst
in ihren materiellen Interessen alle Angehörigen des Staates
bringen mussten und noch bringen. Aber wenn die Staatsnothwendigkeit in dem Augenblicke höchster Gefahr auch
dringend gebot über das Recht der Nationalbank hinwegzu-
schreiten, so liege doch keine Nothwendigkeit vor, jetzt noch
auch das allgemeine Recht unbeachtet zu lassen, welches die
Actiengesellschaft der Nationalbank, wie jeder Staatsbürger
anrufen dürfe und diesem allgemeinen Rechte entsprechend
sichere das allg. bürgerl. Gesetzbuch, wenn ein Theil den
Vertrag nicht in der bedungenen Weise erfülle, dem anderen
Theile das Recht zu, die genaue Erfüllung des Vertrages
und Ersatz zu fordern.

Dieser Fall liege hier vor. Der Ersatz könnte auf zwei Wegen angestrebt werden. Entweder durch eine theilweise Rückzahlung des dem Staate als Entgelt für das Privilegium und für dessen Dauer überlassenen Darlehens oder durch eine entsprechende Verzinsung sowohl dieses Darlehens als auch jener 60 Mill. Gulden, welche die Bank dem Staate im Jahre 1866 gegen die Bestimmung der Statuten zu erfolgen hatte. Eine Schadloshaltung in der ersteren Form anzusprechen dürfte kaum zweckmässig sein. Abgesehen von anderen sehr wichtigen Gründen, welche sich dagegen geltend machen, könnte einem solchen Anspruche die Auffassung unterschoben werden, als würde besorgt, dass die gegenwärtigen Verhältnisse des Geldwesens während der ganzen Dauer des Bankprivilegiums bestehen werden. Es erübrige daher der Nationalbank nur ein Ersatzanspruch in der Verzinsung des dem Staate für das Privilegium überlassenen Darlehens von 80 Mill. Gulden, sowie des Vorschusses von 60 Mill. Im Sinne des auf Grund dieses Berichtes von der Bankdirektion gestellten Antrages beschloss die General-Versammlung, indem sie sich gleichzeitig mit den von der Bankdirektion eingebrachten Rechts-Verwahrungen vollkommen einverstanden erklärte, dass die Bankdirektion ermächtigt sei „mit der Staatsverwaltung über die Bemessung und Zahlung der zu fordernden Entschädigung in Verhandlung zu treten und auf Grund dieser Vereinbarung ein Uebereinkommen abzuschliessen, oder in dem unerwarteten Falle, dass ein solches Uebereinkommen nicht zu Stande komme, die im Interesse der Bankgesellschaft sonst nöthigen und zweckmässig erachteten Vorkehrungen zu treffen".

Mit diesem Beschlusse der Bankactionäre fand das Geschäftsjahr 1866 seinen Abschluss. Man könnte darüber streiten, ob die Bank-Verwaltung in ihrem Widerstande gegen die Acte der Regierung im Jahre 1866 auch in der Form das Aeusserste aufgeboten und gethan habe; in der Sache selbst aber — das unterliegt keinem Zweifel — hatte sie jenen

Acten gegenüber ihre Pflicht gethan. Sie liess es nicht auf
die Anwendung materieller Gewalt ankommen, sie wich schon
der moralischen Nöthigung, aber diese letztere hatte eben
schon ausreichend zwingenden Character und es hätte den
Verlauf der Dinge in keiner Weise geändert, wenn die Bankverwaltung, statt den Noten und Befehlen der Regierung, etwa
erst dem Eindringen bewaffneter Macht gewichen wäre. Was
die Bankverwaltung that, das geschah unter der Wucht einer
force majeure, gegen welche anzukämpfen in jedem Stadium
für sie unmöglich war. Eine die damalige Haltung der
Bankverwaltung rechtfertigende Kritik lieferte von seinem
Standpunkte aus ein halbes Jahr später der nämliche Mann,
welcher die Finanzmassregeln von 1866 in Scene setzte und
welcher als der eigentliche Schöpfer der Staatsnoten anzusehen ist, der Finanzminister Freiherr von Becke. In seinem
Finanzexposé in der Sitzung des Abgeordnetenhauses vom
13. Juli 1867 erklärte er: „Die Nationalbank wurde zu allen demjenigen, was sie zur Notenemission beitrug, genöthigt; sie
vollzog die ihr ertheilten Aufträge unter Protest mit feier-
licher Verwahrung ihrer Rechte, sie hat ihren legalen Standpunkt nie aufgegeben, sondern dem Nothrecht des Staates
ihr Vertragsrecht entgegengestellt, dann aber die Befehle,
wie ich rühmend hervorzuheben mich verpflichtet fühle, angesichts der dringenden Nothwendigkeit mit allem Aufge-
bote ihrer administrativen und technischen Kräfte so vollzogen, dass wenigstens die mit der Notenemission beabsichtigten Zwecke, die Herbeischaffung der Geldmittel für die
Reichsvertheidigung, erreicht werden konnten".

Der Geschichte des Jahres 1866 gehört endlich auch noch
ein Actenstück an, in welchem die staatsfinanziellen und
bankpolitischen Ereignisse dieses Jahres officiell zusammengefasst wurden und welches sich naturgemäss auch mit den
Consequenzen jener Ereignisse in Bezug auf die so gewalt-
sam veränderten Geldverhältnisse im Lande beschäftigte.
Es ist dies das Exposé des Finanzministers Grafen Larisch

vom 22. December 1866 zum Finanzgesetze für das Jahr 1867. Am Schlusse dieses Exposés fand sich die folgende, trotz der dazwischen liegenden sechs Jahre auch heute noch denkwürdige und höchst beachtenswerthe Stelle:

> „Dass in den currenten Einnahmen und Ausgaben ein dauerndes Gleichgewicht hergestellt werde, ist um so nothwendiger als dasselbe die Vorbedingung bildet, unter welcher die zweite grosse Aufgabe, die Fundirung der schwebenden Schuld unternommen werden kann, ohne welche die Lage der österreichischen Finanzen ganz abgesehen von der hohen Zins- und Steuerlast eine ungesicherte bleiben wird. Es kann nicht verhehlt werden, dass die Aufbringung des Staatsbedarfes für 1867 nur durch die Ausnützung des Notenemissionsbefugnisses bis zur Maximalgrenze ermöglicht worden ist und dass es nicht genüge, diese gesetzliche Grenze einzuhalten, sondern dass vielmehr alles aufgeboten werden müsse, die Umlaufsmenge der Werthzeichen allmälig zu vermindern und die erforderlichen Reductionsmassregeln in ein festes System zu bringen. Die Zurückführung des entwertheten Circulationsmediums auf eine unwandelbare Währung, der Uebergang von der Papier- zur Baargeldwirthschaft ist, wie eine lange Erfahrung lehrt, eine ebenso schwierige als tief in alle Verhältnisse eingreifende und die grössten finanziellen und wirthschaftlichen Opfer erheischende Aufgabe, für welche die Regierung zwar jetzt schon Vorbereitungen und Einleitungen trifft, die sie aber unter der Mitwirkung aller Factoren der Legislative ins Werk setzen zu können, lebhaft wünschen muss."

Das Regime der Verfassungssistirung trug sich demnach wenigstens zum Scheine und in der Theorie mit dem Gedanken, die Schäden der eingerissenen Zettelwirthschaft allmälig zu beseitigen und bezeichnete es als die Aufgabe der künftigen Gesetzgebung, die im Jahre 1866 geschaffene schwebende Schuld allmälig zu fundiren. Irgend eine Voreinleitung für diese grosse Action wirklich zu treffen, war den Männern dieses Regimes nicht mehr gegönnt und der aus diesem Regime hervorgegangene und in die nachmalige Aera der Wiederherstellung der Verfassung hinübergenommene Finanzminister Freiherr von Becke, hat sich, wie so vieler anderer schöner Dinge, die er zugesagt und in Aussicht gestellt hatte, auch dieses Gedankens bis zu seinem Tode nicht mehr erinnert. Als Reminiscenz aber und als ein Beitrag zur heutigen Auffassung jener grossen Aufgabe, verdient die angeführte Stelle

des Finanzexposés für 1867 immerhin registrirt zu werden,
zumal sie einen Beleg auch dafür liefert, dass die Schöpfer
der Staatsnoten-Emission selbst ihr Werk keineswegs als
mit den Bedürfnissen des Verkehrs im Einklange stehend
ansahen.

IV.

DAS JAHR DES AUSGLEICHS, 1867.

Dem Jahre 1867 gab der Ausgleich mit Ungarn die Signatur, es gehörte jener politischen und finanziellen Auseinandersetzung, aus welcher die österreichische Monarchie in
zwei paritätisch gestellte und gleichberechtigte Hälften getheilt hervorging. Schon am 21. Januar 1867 gab Graf Larisch
das Finanzportefeuille aus den Händen. Am 8. Febr. wurden
die Geschicke des Reichs und die Leitung des Ausgleichs
mit Ungarn den Händen des aus Sachsen nach Oesterreich
berufenen Freiherrn von Beust anvertraut, am 25. Februar
wurde das selbstständige ungarische Ministerium installirt und
am 9. März trat Freiherr von Becke, officiell zum Finanzminister des Ministeriums Beust ernannt, die Erbschaft des
Grafen Larisch an. Damit war zugleich die Aussicht auf den
Wiederzusammentritt des legalen Reichsrathes als Consequenz
der wiederhergestellten Verfassung nahe gerückt. Für die
österr. Nationalbank, nicht bloss für ihre Actionäre, sondern
auch für ihre Notengläubiger, war damit zugleich die Aufforderung gegeben, darüber zu wachen, dass bei dem auf
solche Weise angebahnten Ausgleiche keines jener vitalen
Interessen unbeachtet bleibe oder verkürzt werde, welche
in diesem Stadium der Bankfrage auf dem Spiele standen.
Die Pflicht, diese Interessen mit aller Energie zu wahren, lag
um so näher, als die Abneigung, welche in Ungarn gegen
die Bankacte vom Jahre 1862 und gegen die österreichische

9*

Nationalbank überhaupt bestand, für Niemand ein Geheimniss
war. Mit den ersten Ausgleichsschwalben schon schwirrten
Gerüchte durch die Luft, dass man sich in Ungarn der Anerkennung der Bankacte widersetzen werde und diese Gerüchte wurden durch den Umstand nicht wenig genährt, dass
das sogenannte „Elaborat der 67er Commission" des
Pester Unterhauses, welches Voraussetzung und Grundlage
der Ausgleichsverhandlungen bildete, über die Bankfrage, als
ob sie gar nicht existirt hätte, hinweggegangen war. Im
Alinea 68 dieses Elaborates fand sich lediglich eine einzige
Stelle, welche mit dieser Frage entfernt in Verbindung gebracht werden konnte; dort hiess es nämlich: „Bei Abschluss
des Zoll- und Handelsbundes wird es daher nöthig sein auch
über das Münzwesen und den Geldfuss im Wege besonderer
Verhandlung Verfügung zu treffen". Dunkel war der Rede
Sinn, nur schwer war daraus zu combiniren, welche Ausdehnung man in Pest diesen besonderen Verhandlungen über
„Münzwesen und Geldfuss" zu geben beabsichtigte, vielmehr
war damit die Besorgniss nahegelegt, dass man sich rücksichtlich der Haltung Ungarns zur schwebenden Bankfrage
des Schlimmsten zu versehen habe.

Trotz dieser bedenklichen Gestaltung der Dinge von
allem Anfang an unterliess es die Verwaltung der österr.
Nationalbank doch den Dingen gegenüber bei Zeiten Stellung
zu nehmen. Will man wahr und gerecht sein, so muss man
constatiren, dass die Bankdirektion in jenen Tagen ihre Aufgabe nicht gehörig erfasst hatte, und dass auf die Unter-
lassungssünden, welche von ihr damals begangen wurden, ein
grosser Theil des Ungemachs zurückzuführen ist, welches die
Nationalbank später getroffen hat. Für die Bankdirektion
stand in jenen Tagen eine secundäre Frage in erster Reihe:
Die Frage der Entschädigung für ihr verletztes
Privilegium. Das Recht der Bank auf Entschädigung
stand wohl ausser Frage, und gegen die zwischen ihren Vertretern und jenen der Finanzverwaltung eingeleiteten Verhandlungen über diese Entschädigungsansprüche konnte eine

Einwendung in der Sache nicht erhoben werden, wohl aber in der Form. Diese Frage gewann in dem Augenblicke einen anderen Charakter, in welchem der Wiederzusammentritt eines verfassungsmässigen Reichsraths nahe rückte. So lange der Zeitpunkt nicht abzusehen war, in welchem der von dem Sistirungsmäntelchen umhüllte Absolutismus seine gesetzgebende Gewalt wieder an das verfassungsmässige Organ übertragen werde, war die Entschädigungsfrage der Bank eine völlig isolirte, von den finanziellen Ereignissen der Sistirungsperiode immerhin trennbare, und sie konnte demgemäss auch abgesondert behandelt werden. Trat nun aber der Reichsrath wieder zusammen, dann bildete diese Frage eben nur ein Detail der grossen Bank- und Finanzfrage. Mit anderen Worten, das was die Bank in jenen Tagen anstrebte, entsprang einem an sich durchaus berechtigten, gleichwohl aber nur momentanen Interesse; über diesem Interesse aber stand ein höheres, dauerndes, das Interesse nämlich, die Bankacte zu saniren, ihren Rechtsbestand zu sichern und die zerrüttete Geldwirthschaft auf eine gesunde Grundlage zurückzuführen. Aber ganz und nur auf die Entschädigungsfrage sich zu werfen und alles Andere zu übersehen, das war ein Standpunkt, der nur dann der richtige gewesen wäre, wenn es im Interesse der Bank gelegen sein konnte, ihr Privilegium von dem damaligen Zustande des Geldwesens überdauern zu lassen. Ein solches Interesse aber hatte die Bank nicht und konnte sie nicht haben. Für die Bank durfte es demnach nicht eine Entschädigungsfrage allein geben, sondern sie musste bei Zeiten eine Lösung der grossen, der des Jahres 1862 analogen Bankfrage fordern. Das that sie aber leider nicht. Sie sah ruhig mit an, wie die Ausgleichsverhandlungen eingeleitet wurden, wie Ungarn seinen Landesfinanzminister bekam, wie allmälig abseits von ihr und über sie hinweg Thatsachen geschaffen wurden, sie sah alledem mit verschränkten Armen zu und dachte nur an ihre Entschädigungsansprüche. An wohlwollenden Mahnungen, welche die Bankdirektion auf diesen Fehler aufmerksam machten, fehlte es nicht ganz,

Der Autor dieses Buches selbst machte auf die Gefahren
dieser Haltung aufmerksam und es möge ihm gestattet sein,
hier anzuführen, dass ein Artikel aus seiner Feder in der
„Neuen freien Presse" vom 7. Februar 1867 die Fragen enthielt: „Wie wird Ungarns Landesfinanzminister sich zur
Bankfrage verhalten? Haben überhaupt die Verhandlungen,
welche der Ernennung des ungarischen Ministeriums vorausgingen, sich auch auf die Nationalbank erstreckt und war
das Privilegium der Nationalbank Gegenstand der Discussion?
Darüber sind wir heute noch völlig unaufgeklärt. Wir können
nur hoffen, es werde dem durch tausend Fäden mit dem
wirthschaftlichen Interesse aller Länder des Reichs verknüpf-
ten Institute sein Recht und sein Charakter unversehrt erhalten bleiben, aber das Eine ist uns schon heute klar, dass
diese Bankfrage unter den einzelnen Punkten unserer finanziellen Auseinandersetzung mit Ungarn keiner der allerletzten
sein darf". Leider aber war diese Frage nicht nur keine der
allerersten oder allerletzten, sondern sie kam, wie wir im
weiteren Verlaufe sehen werden, überhaupt gar nicht zur
Verhandlung. Sie wurde systematisch und bei vollem Bewusstsein bei Seite geschoben, officiell todtgeschwiegen.

Aus den Verhandlungen aber, welche im Laufe des
Monats März, das ganze Gebiet der finanziellen Auseinandersetzungen umfassend, zwischen dem Reichsfinanzministerium
und dem neuen ungarischen Landes-Finanzminister in Betreff
der Fortführung der Finanzverwaltung im dualistischen Sinne
für die Dauer der Verwaltungsperiode 1867 stattgefunden
hatten, ging Ende März 1867 ein Uebereinkommen hervor,
welches aus 22 Punkten bestehend, sich im Punkte 18 mit
der österreichischen Nationalbank in folgender Weise beschäftigte:

„Der königl. ungarische Landesfinanzminister wird die jetzt
bestehenden Rechtsverhältnisse der Nationalbank, bis die im
Sinne des landtäglichen Commissionsoperates diesfalls vertragsmässig festzustellenden Bestimmungen geregelt sein werden, weder auf administrativem noch
auf legislativem Wege beirren. Dagegen wird bis zu diesem Zeitpunkte
auch das Reichsfinanzministerium bei allfälligen, namentlich die Notenemission

berührenden Fragen das Einvernehmen mit dem k. ungarischen Landesfinanzminister pflegen".

Dieser zweideutigen, die Hauptfrage umgehenden und den Rechtsbestand der Nationalbank geradezu in Frage stellenden Abmachung gegenüber, verhielt sich die Bankdirektion völlig energielos. Ja diese Energielosigkeit und die einseitige Auffassung des Standpunkts, welcher seitens der Nationalbank zu vertreten war, potenzirten sich etliche Wochen später noch in bedeutendem Maasse. Nach einer am 2. Febr. 1867 stattgefundenen Vorbesprechung zwischen Organen des Finanzministeriums und der Bankverwaltung erklärte das Finanzministerium am 19. Februar 1867, dass es bezüglich der von der Direktion der Nationalbank erhobenen Entschädigungsansprüche sich veranlasst gesehen habe, über den Rechtsstandpunkt der Frage vorerst noch die niederösterreichische Finanzprocuratur zu vernehmen. Nach etwa drei Monaten, am 7. Mai 1867, wurde der Nationalbank vom Finanzminister Freiherrn von Becke mitgetheilt, dass der Standpunkt, welchen die k. k. Finanzprocuratur in der Frage über die Entschädigungsansprüche der Nationalbank einnahm, die Nothwendigkeit einer vorläufigen Vereinbarung mit dem Justizministerium herbeigeführt habe und an diese Mittheilung knüpfte der Finanzminister noch folgende bedeutsame Erklärung:

„So unausweichlich es für die Fortsetzung der Verhandlung erscheint, vor Allem die Rechtsfrage klar zu stellen, so bin ich doch andererseits weit entfernt, vom Standpunkt der Billigkeit die Nachtheile zu verkennen, welche aus den in der Kriegsepoche unter überwältigenden Verhältnissen erlassenen Gesetzen der Nationalbank, sowie allen übrigen Geldinstituten und dem gesammten Verkehrsleben erwachsen sind. In wie fern jedoch die Würdigung solcher Rücksichten ausserhalb der Grenze der administrativen Competenz liegt, ist die kais. Regierung bei dem von Sr. Majestät wieder ins Leben gerufenen, verfassungsmässigen Zustande an die Mitwirkung der gesetzlichen Vertretungskörper gebunden. Es muss daher bei dem Umstande, als die Angelegenheiten der priv. österreichischen Nationalbank offenbar zu den das gesammte Reich berührenden gemeinsamen Angelegenheiten gehören und die Behandlung dieser gemeinsamen Angelegenheiten von der Lösung der staatsrechtlichen Frage abhängt, das nähere Eingehen in

die vorliegenden Reclamationen, dem hoffentlich nahen Zeitpunkt vorbehalten
bleiben, wo diese Lösung stattgefunden haben wird."

Eine Folge dieser Episode war die Petition, welche
die österr. Nationalbank am 4. Juni 1867 an das inzwischen wieder zusammengetretene Abgeordnetenhaus des
Reichsraths richtete und welche mit der Bitte schloss, es
möge in Erwägung des Umstandes, dass die Bankacte, sowie
das von der Bank vertragsmässig erworbene Privilegialrecht
verletzt worden sind, dem Abgeordnetenhause gefallen „auf
die Wiedereinsetzung der Nationalbank in ihren früheren Stand
und auf die baldige Erzielung einer endgültigen Vereinbarung
bezüglich der von der Oesterr. Nationalbank anlässlich der
Verletzung des Bankprivilegiums erhobenen Entschädigungs-
Ansprüche hinzuwirken." Aus dieser Petition erst klang es
wie eine dunkle Ahnung heraus, dass der Rechtsbestand der
Nationalbank von irgend einer Seite in Frage gestellt werden
könnte und in der That war der Umstand, dass der Finanzminister selber in der eben angeführten Erklärung die Nationalbank in eine Linie mit „allen übrigen Geldinstituten" zu stellen
angezeigt fand, völlig ausreichend um diese Ahnung zu erzeugen. Gleichwohl nahm die Nationalbank auch in diesem
Stadium jene Position noch nicht ein, welche durch die Umstände geboten gewesen wäre. Wohl raffte sie sich in jener
Petition zu der im Contexte derselben so neben her angeführten Erinnerung auf, dass die Nationalbank ein mit Zustimmung aller Factoren der gesetzgebenden Gewalt und
mit der Sanction des Kaisers „für das ganze Reich" erlassenes
Privilegium und damit ein gesetzmässiges und durch entgeltlichen Vertrag erworbenes Recht besitze aber die Pointe der
Petition an das Abgeordnetenhaus lag doch wiederum lediglich in den schwebenden Entschädigungsansprüchen. Diese
Entschädigungsansprüche waren wiederum die Hauptsache,
der Kern der Bankfrage die Nebensache. Die Nationalbank
diplomatisirte, während ihre Gegner direkt auf ihr Ziel, auf
die Beseitigung der Bankacte hinarbeiteten. Diesen Gegnern
fehlte es nicht an Rührigkeit. Auf die Petition der National-

bank antworteten sie mit der Forderung nach einem offenen
Bankbruche. In einem Pester Blatte wurde bald nach Installirung der selbstständigen ungarischen Finanzverwaltung
darauf aufmerksam gemacht, man werde die Frage der Geld-
beschaffung für die ungarischen Landesfinanzen bald in ernste
Erwägung zu ziehen haben, und da werde man vor Allem
die grosse Frage entscheiden müssen, ob die „Wiener Bankacte" und das ausschliessliche Privilegium der Nationalbank,
unverzinsliches Papiergeld auszugeben, auch für Ungarn bindende Kraft habe. In Wien selbst richteten zwei Organe,
deren Beziehungen zum Finanzminister notorisch waren, schwe-
res Geschütz gegen die Nationalbank und ihre Petition. Das
eine Blatt meinte, von einem Rechtsschutze seitens des Reichsraths könne keine Rede mehr sein, denn die Faktoren, welche
die Bank geschaffen, hätten zu existiren aufgehört; das andere
verstieg sich gar zu dem Geständniss, die Einlösung des
Staatspapiergeldes zum Behufe der Reintegrirung des Na-
tionalbankprivilegiums sei weder zeitgemäss noch überhaupt
durchführbar und es müsse überhaupt ein allmäliger Uebergang von den verderblichen Fesseln künstlicher Centralisation
zum Systeme der Bankfreiheit angebahnt werden. Unter der
Aegide desselben Freiherrn von Becke also, welcher etliche
Wochen zuvor officiell die Bankfrage als „offenbar zu den
das gesammte Reich berührenden gemeinsamen Angelegenheiten gehörig" bezeichnet hatte, wurde nicht bloss der Bankbruch, sondern die völlige Incompetenz des Reichsraths ge-
predigt.

So nackt und rückhaltslos, wie in Folge jener Petition
der Nationalbank, war der Bankbruch bis dahin noch nicht
befürwortet, so frivol hatte man sich nie zuvor über bestehende Rechtsverhältnisse hinweggesetzt. Ueber die Petition
selbst, so lautete die Forderung, sei ohne Weiteres zur Tagesordnung überzugehen. Die das forderten, wollten nichts
geringeres, als die Aufrechthaltung der in Folge „höherer
Staatsnothwendigkeit" eingerissenen Zettelwirthschaft, wollten
nicht etwa Liquidation der Nationalbank in der Art, wie sie

eventuell vernünftigerweise in Aussicht genommen werden
konnte, sondern die Füllung der ungarischen Verkehrskanäle
mit dem in den Kellern der Bank befindlichen Silber. Was
sie wollten, das war auch nicht Wiederherstellung der Valuta,
sondern die Aufrechthaltung eines den ungarischen Export
begünstigenden, die übrigen Länder der Monarchie aber schä-
digenden Silberagios. — Und solchen Zielen sollte das Abgeordnetenhaus des Reichsraths Vorschub leisten, von ihm
begehrte man, dass es mit eigener Hand das Werk zerstöre,
welches es selber mitbegründet hatte, von ihm forderte man,
dass es der Bank den Garaus mache. Dem Abgeordnetenhause, welches geneigt gewesen wäre, diesen Intentionen der
Bankstürmer zu folgen, wäre die Competenz nicht abgesprochen worden; dem Abgeordnetenhause aber, welches anerkennen wollte, dass das Recht der Bank ein Recht sei so
gut wie jedes Andere im Lande, ein Recht überdiess, dessen
Bedeutung über die Frage einer Entschädigung weit hinaus
rage, ein solches Abgeordnetenhaus erklärte man für incompetent. In solcher Weise fasste man die Vereinbarung auf,
dass Ungarn „die jetzt bestehenden Rechtsverhältnisse der
Nationalbank respektiren" werde und unter solchen Auspicien
traten im Monate Juli die von dem Vertretungskörper der
beiden Reichshälften behufs Herbeiführung des Ausgleichs
entsendeten Deputationen zusammen, um ihrerseits das
Spiel der Zweideutigkeit und des Versteckens fortzusetzen,
welches vor ihnen von den beiden Finanzministern unter pas-
siver Assistenz der Vertreter der Nationalbank inaugurirt
worden war.

Die Ergebnisse der wochenlangen Verhandlungen der
beiden Ausgleichsdeputationen, deren nähere Auseinandersetzung dem Zwecke unserer Darlegungen hier ferne liegt,
waren bekanntlich das Product einer Zwangslage, in welche
die Vertretung der diesseitigen Reichshälfte versetzt worden
war. Die Vertreter Ungarns, selbstbewusst wie immer und
nur zu sehr den Gedanken festhaltend, dass ein Ausgleich
zu ihren Gunsten unter allen Umständen zu Stande kommen

müsse; ihnen gegenüber in dem Grafen Beust ein Mann, dem
jegliches Verständniss für die österr. Verhältnisse völlig man-
gelte und in dem Freiherrn von Becke ein Mann der rück-
sichtslosesten politischen wie finanziellen Frivolität; die Vertreter der diesseitigen Reichshälfte unter der Pression von
Oben energielos und mattherzig geworden, — das war die
Constellation, unter welcher der Ausgleich vom Jahre 1867
vollzogen wurde. Es passte ganz zu der über alle Massen
seltsamen Methode, welche bei Herbeiführung und Abschluss
dieses grossen Staatsactes befolgt wurde, dass man die Bankfrage, jene bedeutsame Frage, welche unter den Objecten des
Ausgleichs eine der allerersten hätte sein sollen, aus Furcht
dass an ihr das Zustandekommen des Ausgleichs scheitern
könnte, vollständig umging, so vollständig, dass nicht einmal
das aus den Verhandlungen der Ausgleichsdeputationen hervorgegangene Zoll- und Handelsbündniss zwischen den beiden Reichstheilen, geschweige denn das Gesetz über die
Staatsschuld oder jenes über die gemeinsamen Angelegenheiten auch nur mit einem Worte der Bankfrage gedacht
hätten. Auch in diesem Stadium hatte es an öffentlichen
Mahnungen nicht gefehlt und der Leser wolle es dem Autor
dieses Buches zu Gute halten, wenn er hier wiederum an eine
von ihm damals ausgegangene Mahnung erinnert. Anlässlich
des Zoll- und Handelsbündnisses mit Ungarn, am 19. October
1867 — die Berathungen der Ausgleichsdeputationen waren
eben beendet, die Ausgleichsverhandlungen im Plenum des
Abgeordnetenhauses hatten noch nicht begonnen und es war
noch Zeit die Bankfrage vor dem ihr zugedachten Schicksale
zu bewahren — brachte die „Neue freie Presse" aus seiner
Feder einen die Situation kennzeichnenden Artikel, in welchem
gesagt war: „Wichtiger noch ist eine zweite Angelegenheit,
nämlich die Frage der Valuta und die damit zusammenhängende Bankfrage. Die Ausgleichsvorlagen, welche vor
die beiderseitigen Vertretungen gebracht wurden, reden davon
mit keinem Worte und der Bündnissentwurf verschweigt die
Frage auch. Was also wird mit der Bankfrage? Wir be-

schränken uns vorläufig auf diese Anregung und wollen hier
nur constatirt haben, dass die beiderseitigen Finanzminister bis
zu dieser Stunde von den in dem Uebereinkommen vom 8. März
1867 vorgesehenen vertragsmässig festzustellenden Bestimmungen keine weitere Notiz genommen haben." Diese Mahnung wurde damals wohl gelesen, aber Niemand rührte sich;
man steckte allseitig den Kopf in den Sand und spielte die
Politik des Vogel Strauss. Als dann kurz darauf im Plenum
des Abgeordnetenhauses die Ausgleichsverhandlungen begannen, da mahnte der Autor dieses Buches neuerlich an die
Bankfrage („Neue freie Presse" vom 11. December 1867) mit
den Worten: „Und die Frage der Nationalbank endlich, die
doch mit der Staatsschuld weit inniger zusammenhängt als
die Eisenbahnen, hat die Deputation vollends ignorirt, und
das Merkwürdige dabei ist obendrein, dass die ungarische
Deputation gar nicht in die Lage kam sich ablehnend zu verhalten, weil die diesseitige Deputation die Frage gar
nicht vorgebracht hat, wie uns das beredte Schweigen
sowohl des Deputationsberichtes als des Berichtes des Aus-
gleichsausschusses in sehr belehrender Weise bestätigt . . ."
    Doch alle diese Mahnungen waren in den Wind geredet,
verfehlten ihre Adresse. In den letzten Tagen des Jahres
1867 wurde der Ausgleich perfect, der Dualismus etablirt, die
Bankfrage aber, so wie sie stand, blieb nicht bloss unerledigt,
sondern sogar unerwähnt, und als eine offene Frage, deren
Gefahr und Tragweite sich unablässig steigerte, wurde sie
aus dem Ausgleichsjahre 1867 in das folgende Jahr hinüber-
genommen.
    Ein Glück noch, dass wenigstens die Zettelgeldgelüste,
welche im Verlaufe der Deputationsverhandlungen, nicht etwa
bloss ausserhalb der Deputation, sondern innerhalb derselben
und sogar officiell von Seite des ungarischen Finanzministers,
Herrn v. Lonyay vorgebracht, zur Geltung zu kommen suchten, ihre Befriedigung nicht gefunden hatten. Viel hatte nicht
gefehlt und es wäre Ungarn zu Liebe in jenen Tagen eine
weitere Hinausgabe von Staatspapiergeld erfolgt. Es hatte

sich nämlich — der Vollständigkeit unserer Daten wegen dürfen wir diese Episode nicht übergehen — im Schoosse der Ausgleichsdeputationen ein heftiger Streit über die Frage, wie das Deficit für 1868 in den beiden Reichstheilen zu bedecken sei, erhoben. Ein Mitglied der diesseitigen Ausgleichsdeputation, der seither verstorbene Freiherr von Hock wusste damals darüber in der „Augsburger allgemeinen Zeitung" Folgendes zu erzählen: „Die österreichischen Abgeordneten machten die grosse Summe des bereits in Umlauf befindlichen Papiergeldes, seine nur durch die grossen Exporte des laufenden Jahres innerhalb gewisser Schranken sich haltende Entwerthung und die traurigen Folgen geltend, welche der Bruch des kaiserlichen Versprechens nach sich ziehen würde, dass das Staatspapiergeld die Summe von 400 Mill. Gulden, die bereits erreicht sei, nicht überschreiten werde. Auch hier waren die Ungarn vom Inhalt des Uebereinkommens nicht abzubringen; für 1866 sei für sie, besonders mit Rücksicht auf die Höhe der Beitragsquote für die Staatsschuld, ein Deficit unvermeidlich. Ein anderes Mittel zur Deckung desselben unter den gegenwärtigen Verhältnissen wüssten sie nicht. Ihr Land habe Mangel an Umlaufsmitteln, nur die Hoffnung auf deren Vermehrung werde dasselbe geneigt machen, die Lasten zu übernehmen, die ihm durch das ministerielle Uebereinkommen angesonnen werden." Ein Glück war es, wie gesagt, dass dieser Spuk vor dem Widerstande verschwand welcher sich in der diesseitigen Reichshälfte gegen die ungarischen Notenexpansionstendenzen erhoben hatte, ein Widerstand, welchem gegenüber Freiherr von Becke selber den Rückzug anzutreten angezeigt fand.

<hr />

Verlassen wir nun für eine Weile die Bankfrage in ihrer damaligen Gestalt, um uns im Detail den Verhältnissen zuzuwenden, in welche der Verlauf des Jahres 1867 die öster-

reichische Nationalbank versetzt hat, und um die im Jahre
1867 noch fortdauernden Wirkungen der Staatsnotenemission
des vorausgegangenen Jahres 1866 sowohl auf die Notenbewegung im Allgemeinen als speciell auf die Geschäftsbewegung der österreichischen Nationalbank näher in's
Auge zu fassen. Diese Wirkungen zunächst in Bezug auf
den Notenumlauf möchten in der folgenden Tabelle übersichtlich zum Ausdrucke kommen:

	Banknoten-Umlauf	Staats-noten Umlauf	Gesammt-Noten-Umlauf	Metall-schatz der Bank	Es-compte	Lom-bard	Silber-Agio
			In Millionen Gulden			für 100 fl.	
Ende Dezbr. 1866	283.98	215.79	499.77	104.00	38.88	30.84	129.1
1867							
Ende Januar	280.30	216.49	496.79	103.55	34.90	29.82	129.7
„ Februar	273.08	217.01	490.09	103.22	35.96	28.66	125.5
„ März	257.54	221.92	479.46	103.36	30.62	27.21	126.5
„ April	247.53	239.28	486.81	103.76	31.55	26.50	130.0
„ Mai	229.54	262.42	491.96	103.76	29.20	25.77	130.0
„ Juni	215.75	285.32	501.07	103.77	25.71	25.08	123.0
„ Juli	204.61	299.66	504.27	103.77	28.91	24.44	124.5
„ August	217.00	299.38	516.38	103.77	44.04	23.92	121.7
„ Septbr.	234.26	299.04	533.30	103.79	64.30	24.10	122.2
„ October	252.53	299.99	552.52	103.78	82.27	25.39	122.2
„ Novbr.	240.66	300.87	541.53	105.62	76.41	25.14	118.5
Dezbr.	247.02	301.13	548.15	108.34	77.09	25.01	119.5

Zinsfuss-Veränderungen der Nationalbank im Jahre 1867:

	Escompte	Lombard
Vom Beginn des Jahres	4 u. 5%	5⅓%
Vom 1. April 1867 ab	4 u. 4½	5 %
Vom 15. Juli 1867 ab	4 —	5 %

Es hatte demnach das Silberagio im Monate April seinen
höchsten Stand erreicht, während erst im Monate Dezember
die für die Staatsnoten vorgezeichnete Grenze von 300 Millionen überschritten wurde, und der Monat October war derjenige, in welchem der gesammte Umlauf an Noten Staats-

und Banknoten zusammen, den höchsten, bis dahin unge-
kannten Stand erreicht hatte. Dass mit der Zunahme der
Circulationsmittel nicht eine Steigerung des Agios Hand in
Hand ging, der Preis des Silbers sich vielmehr vom Monate
Mai angefangen bis zum Schlusse des Jahres nicht unerheb-
lich ermässigte, das hatte seinen Grund in dem ausserordentlichen Massenexport von Getreide in Folge des überaus gesegneten Erntejahres. Die amtliche Statistik beziffert den
Ausfuhrwerth an Feldfrüchten im Jahre 1867 auf über 92 Mill.
Gulden und diese Steigerung des Ausfuhrhandels, eine Steigerung, welche bis in das Jahr 1868 hinein derart fortdauerte,
dass Oesterreich-Ungarn nach der Ernte von 1867 aus dem
Verkaufe seiner Feldfrüchte und Mehle an das Ausland mehr
als 150 Mill. Gulden einnahm, war auch von einer Steigerung
der Ausfuhr in anderen Artikeln begleitet. Diese ausserordentlichen Exportverhältnisse verfehlten nicht ihre günstige
Wirkung auf den Stand der Valuta zu üben und in ihrem
Gefolge nahmen auch Handel und Industrie im Allgemeinen
einen ganz ausserordentlichen Aufschwung. Namentlich die
Eisenindustrie zog daraus gewaltigen Nutzen, der Bedarf in
dieser Branche reichte über die inländische Productionskraft
weit hinaus, aber auch in allen anderen Branchen entwickelte
sich ausserordentlich rege Geschäftsthätigkeit. Es fehlte natürlich, nebenbei bemerkt, nicht an Stimmen, welche diesen
Aufschwung auf den Stimulus zurückführten, welcher der allgemeinen Production durch die Massenvermehrung der Circulationsmittel versetzt worden war. Man schrieb die Wirkung,
die sich unläugbar geltend machte, einer falschen Ursache
zu; der allgemeine Aufschwung war nicht die Folge der be-
haupteten Befruchtung des Verkehrs durch den Staatsnoten-
regen, sondern es war die Folge ausschliesslich des reichen
Erntesegens im Jahre 1867.

Seltsam und auffallend genug machte gerade die österr.
Nationalbank im Jahre 1867 von diesem allgemeinen Aufschwung eine traurige Ausnahme. Wiewohl sie bestrebt war
ihren Geschäftskreis nach Thunlichkeit auszudehnen, wiewohl

die Dotationen der Filialen erhöht, die Credite der einzelnen
Firmen erweitert worden waren, wiewohl sie ihren Zinsfuss
ermässigt hatte, blieb ihr Geschäftsertrngniss im Jahre 1867
dennoch beträchtlich hinter der Ziffer zurück, die in früheren,
für die productiven Verhältnisse des Reichs weitaus ungünstige-
ren Jahren erreicht worden war. Die Erklärung für diese
Erscheinung war ausreichend gegeben. Hatte doch die
Staatsnotenemission sich, wie aus obiger Tabelle ersichtlich,
in den ersten sieben Monaten des Jahres 1867 in fast regelmässig steigender Progression um nahe 95 Mill. Fl. vermehrt,
hatte sich doch in Folge dessen der Notenumlauf der Nationalbank fast um die gleiche Ziffer vermindert, und war doch
der Stand des Escompte und Leihgeschäftes (schon Ende 1866
auf nicht ganz 70 Mill. herabgedrückt), abermals im Laufe
des Jahres 1867 um fast 19 Mill. Gulden reducirt. Eine Folge
dieser Gestaltung der Dinge war es, dass die N a t i o n a l -
b a n k   i m   J a h r e 1867 z u m   e r s t e n M a l e n i c h t i n d e r
L a g e w a r, a n i h r e A c t i o n a i r e e i n e 7°/₀ i g e D i v i -
d e n d e   z u r   V e r t h e i l u n g   z u   b r i n g e n, ohne eine Zuschusszahlung vom Staate auf Grund des Uebereinkommens
vom Jahre 1863 in Anspruch zu nehmen. Die Zuschussmillion
welche der Staat aus dem Titel der bedingten Verzinsung
des 80-Millionendarlehns zu zahlen verpflichtet war, wurde in
der That für die Nationalbank flüssig gemacht, und das Interesse dafür, dass diese Million im Jahre 1867 zum ersten
Male gezahlt wurde, erhöhte sich dadurch, dass einerseits
Freiherr von B e c k e, der d i e s s e i t i g e L a n d e s - und z u-
g l e i c h R e i c h s - F i n a n z m i n i s t e r e s g e w e s e n i s t, d e r s i e
a u s z a h l t e und dass andrerseits die Quelle, aus welcher diese
Million floss, keine andere war, als die bei dem Ausgleiche
zwischen den beiden Reichstheilen vorhanden gewesenen
A c t i v e n   d e r   C e n t r a l f i n a n z e n. Zu dieser Million hat
demnach — es ist von einigem Werth, diese Thatsache hier
zu konstatiren und wir werden darauf noch zurückkommen —
Ungarn seine Quote beigetragen, ohne dass gegen diese Thatsache von ungarischer Seite bis zu dieser Stunde jemals ein

Widerspruch erhoben worden wäre. Die Nationalbank aber war auch na ch Empfang der staatlichen Million als Pauschalverzinsung ihres Darlehens nicht in der Lage ihren Actionären ein 7°/₀ Erträgniss zuzuwenden. Ihr Gesammterträgniss im Jahre 1867 belief sich auf 8.091.695 Gulden, wozu das Escomptegeschäft 2.703.128 Gulden, das Leihgeschäft 1.474.092 Gulden, das Hypothekarkreditgeschäft 1.708.838 Gulden u. s. w. beigetragen hatten; nach Abzug der Auslagen im Betrage von 1.659.671 Gulden verblieb ein reines Erträgniss von 6.432.023 Gulden. An die Actionäre wurde, nachdem der Reservefond mit 689.642 Gulden dotirt worden war, einschliesslich der staatlichen Zuschussmillion, eine Summe von 7.207.976 Gulden vertheilt, somit 48 Gulden für jede einzelne Actie, entsprechend einem Erträgnisse des Bankfonds von 6.₅₃°/₀.

In dem Jahres-Berichte, welchen die Bankdirektion der Generalversammlung der Actionäre am 16. Januar 1868 erstattete, hielten sich die Klagen über die mageren Geschäftserträgnisse der Bank innerhalb bescheidener Grenzen. Desto ausführlicher aber verbreitete sich der Bericht nicht etwa über die Art und Weise, wie die Ausgleichsgesetzgebung des Jahres 1867 über die Situation der Nationalbank hinweggeschritten war, sondern vielmehr und fast ausschliesslich wieder über die Frage der von der Bank für die Verletzung ihres Privilegiums erhobenen Ersatzansprüche. Die Bankdirektion wies auf die früher erwähnte, an das Abgeordnetenhaus gerichtete Petition vom 4. Juni 1867 hin und betonte, wie die selbst unter den ganz ausnahmsweise günstigen Verhältnissen der zweiten Jahreshälfte aus den Rechnungsabschlüssen der Bank zu Tage tretenden Thatsachen neuerlich den Beweis liefern, dass alle Bemühungen der Nationalbank, ein entsprechendes Erträgniss zu erzielen, gelähmt seien, so lange der Nationalbank bei dem Staatsnotenumlauf von mehr als 300 Mill. Gulden dieselben Verpflichtungen auferlegt bleiben, welche sie in dem Vertrage übernommen, der ihr das ausschliessliche Recht der Notenemission einräumte. Gleichzeitig theilte die Bankdirektion den Actionären

den Verlauf jener Verhandlungen mit, welche, zwischen ihr
und der Finanzverwaltung gepflogen, sich um die Ergänzung
der Geschäftserträgnisse der Bank auf 7% drehten. Am
28. November 1867 habe sie dem kais. Finanzministerium mitgetheilt, dass selbst einschliesslich der vom Staate zu leistenden Pauschalzahlung von einer Million Gulden das Erträgniss
der Bank doch nicht mehr als 6 $\frac{1}{2}$ % betragen werde und
dasselbe daran erinnert, dass der Bank zwar allerdings nicht
unbedingt ein 7% Erträgniss sicher gestellt sei, dass aber bei
Formulirung der betreffenden Bestimmung des Uebereinkommens vom Jahre 1863 gewiss die Ansicht zu Grunde gelegen
habe, die Nationalbank werde zuzüglich jener Pauschalzahlung
von 1 Million voraussichtlich mindestens ein Jahreserträgniss
von 7% erzielen, dass daher nach dieser Richtung hin bezüglich der Entschädigungsansprüche der Bank, die bei Abschluss des Uebereinkommens vom Jahre 1863 in Aussicht
genommenen 7% Verzinsung des Aktienkapitals einen nicht
unbilligen Anhaltspunkt bieten würde. Damit jedoch selbst
im Falle einer Berücksichtigung dieser Betrachtungen und
ihrer Begründung der endgiltigen Entscheidung der Entschädigungsfrage nach keiner Richtung hin vorgegriffen werde,
habe die Bankdirection an das Finanzministerium die Bitte
gestellt, dass ihr gegen Ende Dezember erstens die als Pauschalsumme zu entrichtende Million Gulden und zweitens
als vorschussweise zu leistende Abschlagszahlung auf die der
Nationalbank zuzuerkennende Entschädigung jener Betrag
ausbezahlt werde, welcher ausser jener einen Million Gulden noch
erforderlich sei, um die an die Actionäre zu vertheilende Dividende auf 7% des Actienkapitals zu ergänzen, was beiläufig einen Betrag von 520.000 Gulden ausmachen dürfte. Der
Finanzminister habe am 6. Dezember 1867 darauf erwidert,
dass jene eine Million werde geleistet werden und dass „bezüglich der weiter angesprochenen Vorschusszahlung sich die
hoffentlich ehe thunlichste Eröffnung an die Bank vorbehalten
werde." Die Pauschalzahlung von einer Million sei geleistet

worden, eine weitere Mittheilung bezüglich der angesprochenen Vorschusszahlung aber sei nicht erfolgt.

Im Hinblick auf diese Sachlage wurde über Antrag der
Bankdirection von den Actionären folgender Beschluss gefasst: „Die Generalversammlung der priv. österr. Nationalbank
ermächtigt die Bankdirection und den Bankausschuss, mit
den h. Ministerien in Verhandlung zu treten, um nicht nur
über die Bemessung und Zahlung der von der Nationalbank
angesprochenen Entschädigung, sondern insbesondere a u c h
ü b e r d i e A e n d e r u n g d e s U e b e r e i n k o m m e n s u n d
d e r S t a t u t e n v o m J a h r e 1863 e i n e v o r l ä u f i g e V e r -
e i n b a r u n g z u e r w i r k e n. Indem sich die Generalversammlung die Zustimmung zur diesfalls erzielten Vereinbarung
Namens der Nationalbank vorbehält, vertagt sie sich bis auf
neuerliche Einberufung, welche jedoch längstens binnen 4 Monaten zu erfolgen hat." Das war Alles, was die Actionäre
der Nationalbank angesichts der im Jahre 1867 geschaffenen
Thatsachen zu sagen hatten.

Als dieses Jahr abgelaufen war, stand der Rechtsbestand
der Bankacte und des Privilegiums der Nationalbank für
Ungarn bereits ganz offen in Frage, war der Repudiation
jeder Theilnahme an der 80 Mill. Schuld von Seite Ungarns
Thür und Thor geöffnet, harrte selbst die Petition der Nationalbank an das Abgeordnetenhaus seit 7 Monaten der Erledigung, war mit einem Worte die Zukunft der Nationalbank
trauriger und ungewisser als sie je zuvor gewesen. Das
Jahr 1867 hat die „Bankfrage" in ihrer dermaligen Gestalt
geschaffen und von der Mitschuld an der weiteren Entwicklung, welche die Verhältnisse seit damals bis in diese Tage
herein genommen haben, ist keiner von den Factoren freizu-
sprechen, die damals zur unmittelbaren Theilnahme an der
Lösung dieser Frage berufen waren.

Zweites Buch.

Vom Ausgleiche bis zur Suspension der Bankacte.

(1868—1873.)

V.

Das Jahr 1868 und die Modification
der Bankacte.

Nach vollzogenem Ausgleich zwischen den beiden Hälften des Reichs, nach Etablirung der dualistischen Regierungsform trat als eine Consequenz dieser staatsrechtlichen Umgestaltung mit Neujahr 1868 in der österreichischen Hälfte der Monarchie, freudig und hoffnungsvoll begrüsst, ein selbstständiges Ministerium, das sogenannte „Bürgerministerium" in's Amt. Unter der Erbschaft, welche das vorausgegangene Regime des Provisoriums ihm zurückgelassen hatte, fand es ein wenig beneidenswerthes Inventarstück, die ungelöste Bankfrage in ihrer vollen Ausdehnung und Tragweite vor. Eine Regierung war da, für die Erledigung der Bankfrage aber fehlte gleichwohl ein in seiner Competenz allseitig unbestrittenes Forum. Der Reichsrath für sich wurde als solches Forum nicht angesehen und er selber schien sich in diesem Stadium noch nicht dafür zu halten. Beweis hiefür, dass er die Petition der Bank vom 4. Juni 1867, eben weil die Competenzfrage auch für ihn keine entschiedene war und er besorgen musste, dass ein einseitiger Beschluss von seiner Seite der principiellen Entscheidung präjudiciren könnte, bis zur Installation des selbstständigen Ministeriums für die diesseitigen Länder unerledigt gelassen hatte. Von seiner Seite war nichts geschehen, was den Charakter der Bankacte als ein für das ganze Reich erlassenes und demnach auch für Ungarn giltiges

Gesetz alteriren könnte. Die ungarische Legislative war offenbar das allein competente Forum auch nicht, ganz abgesehen davon, dass gerade um diese Zeit der Rechtsbestand der Bankacte in Ungarn von dort aus mit verstärkter Vehemenz bekämpft und negirt wurde. Waren es nun etwa die Delegationen? Sie noch am ehesten, denn damit wäre zum Mindesten der reichsgemeinsame Charakter der Bankacte anerkannt und gewahrt worden. Gesetzlich aber war auch das nirgends ausgesprochen und es war daher ganz natürlich, dass, nachdem weder die Competenz des Reichsraths und der diesseitigen Regierung, noch die Competenz des ungarischen Landtages und der ungarischen Regierung, noch auch die Competenz der aus diesen beiden Vertretungs-Körpern hervorgegangenen Delegationen und des Reichsministeriums völlig ausser Frage stand, die Direction der Nationalbank, als sie sich von der Generalversammlung der Aktionäre zur Verhandlung über ihre Entschädigungsansprüche und über die Wiedereinsetzung in ihren früheren Stand, eine Vollmacht hatte ertheilen lassen, sich einfach zur Verhandlung mit den „Ministerien" bevollmächtigen liess. War es das eine nicht, so war es vielleicht das andere und war es keines von den dreien für sich, so waren es vielleicht alle drei zusammen. Auf die Frage, mit wem unterhandelt werden solle, wusste eben Niemand eine präcise, unzweideutige Antwort zu geben. Andrerseits war aber durch den Beschluss, welchen die Generalversammlung vom 16. Januar 1868 in Bezug auf die Vollmacht der Bankdirection, in Unterhandlungen einzutreten, gefasst hatte, wenigstens ein Programm insoweit vorhanden, als man wusste, worüber unterhandelt werden solle. Denn im Gefolge dieser Bevollmächtigung bereitete die Bankdirection einen ausführlichen Vorschlag zu einer Vereinbarung vor, durch welchen die Entschädigungsansprüche der Bank im Zusammenhange mit einer Aenderung des Uebereinkommens und der Statuten vom Jahre 1863 beglichen werden sollten. Leider aber wurde hiebei der Schwerpunkt der auf solche Weise eingeleiteten Transaction wiederum wie bis dahin

immer auf die Entschädigungsfrage gelegt, statt endlich vor
Allem dafür zu sorgen, dass der unnatürliche Zustand beseitigt werde, in welchen das Centralzettelemissionsinstitut
und mit ihm das ganze Geldwesen des Reiches seit 1866 versetzt worden war.

Es war dies die unverzeihliche Fortsetzung des alten
Fehlers, der jetzt um so bedeutsamer wurde, als man in Ungarn,
gestützt darauf, dass bei der Neugestaltung der staatsrechtlichen Verhältnisse die Stellung der Nationalbank wie die
Bankfrage überhaupt in der unverantwortlichsten Weise umgangen und bei Seite geschoben worden waren, offener und
rückhaltsloser denn je zuvor mit selbstständigen Bankgelüsten
hervortrat. Ende Januar 1868, als die Delegationen der beiderseitigen Vertretungskörper zum ersten Male in Wien zusam-
mentraten, brachte ein ungarisches Blatt, der „Pester Lloyd“,
von welchem bekannt war, dass ihm die Intentionen der ungarischen Regierung nicht fremd seien, einen Artikel, worin
gesagt war: „........ Heute ist Ungarn den politischen
Kinderschuhen entwachsen; es sehnt sich nicht mehr nach
der so lange verkosteten Bevormundung der österr. Regierung
und der k. k. priv. österr. Nationalbank. Ungarn ist Gott sei
Dank mündig geworden und wird hoffentlich bald durch den
Mund seiner Vertreter den natürlichen und billigen Wunsch
äussern, sich sein Bankwesen selbst besorgen zu dürfen.
Warum sollte oder könnte Ungarn nicht seine eigene Nationalbank haben? Allerdings hätte der Staat im Falle der Liquidation der Nationalbank ihr unverzinsliches Guthaben von
80 Mill. Gulden zurückzuerstatten. Das kann jedoch kein
Hinderniss sein. Wenn man erst im gemeinsamen Ministerium
zur Erkenntniss gelangt, dass diese Operation der einzige
Weg zur Rettung ist, dann wird man auch den Modus finden,
diesen Verbindlichkeiten der Bank gegenüber nachkommen
zu können. Um den Preis der Bankfreiheit resp. einer ungarischen Nationalbank dürfte selbst Ungarn nicht abgeneigt

sein, hiezu hilfreiche Hand zu bieten. . . . . . ." [1]) Solcher
Situation gegenüber war es ein grosser Fehler, den Schwerpunkt der einzuleitenden Verhandlungen eben nur in der Entschädigungsfrage zu suchen. Dieses Recht der Bank auf
Entschädigung war ein durchaus begründetes und insofern
der Egoismus der Bankvertretung nicht bloss erklärlich, sondern auch berechtigt. Allein als Hauptzweck der Verhandlungen durfte diese Entschädigungsfrage nicht hingestellt
werden, in einem Augenblicke, da die Gegner der Bank und
der Bankacte es mit ihrem Rechtsbewusstsein vereinbarlich
fanden, einfach die Expropriation des Bankprivilegiums zu
verlangen und die Maassvollen unter ihnen, wenn sie auch
soweit nicht gingen, doch nach Mitteln und Wegen suchten,
um ohne viel Aufsehen und ohne viel Mühe die Thüren zu
sprengen, welche den Silberschatz der Bank versperrt hielten.
Von der Entschädigungsfrage mochte allenfalls die nächste
Dividende der Actionäre abhängen; von der anderweitigen
Unterhandlung aber hing die Zukunft der Bank selbst ab
und dieser Zukunft wurde, wie der weitere Verlauf der Ereignisse im Jahre 1868 zeigen wird, in bedenklichster und nach-
theiligster Weise präjudicirt.

Indessen war doch bald nach dem Amtsantritte des neuen
Ministeriums, dessen Finanzminister Dr. Brestel war, eine
Kundgebung der legislativen Factoren zum Mindesten diesseits der Leitha unvermeidlich geworden. Das Abgeordnetenhaus musste die Scheu überwinden, welche es bisher
der Bankfrage gegenüber bewahrt hatte, es musste endlich
an die Petition herantreten, welche die Bank am 4. Juni 1867
an dasselbe gerichtet hatte. Der Finanzausschuss des Ab-
geornetenhauses Berichterstatter Abgeordnete Winterstein)
referirte im Plenum des Abgeordnetenhauses in der 24. Sitzung
am 27. Februar 1868 über jene Petition. In dem Berichte

---

1) „Pester Lloyd" vom 30. Januar 1868. Es ist immerhin von einigem Werthe
bei diesem Anlasse die Thatsache festzuhalten, dass der Pester Lloyd in jenen
Tagen die Mitverpflichtung Ungarn's an der 80-Mill.-Schuld sowie die eventuelle
Theilnahme Ungarns an der Rückzahlung dieser Schuld anerkannt hat.

hiess es : Die privilegirte österreichische Nationalbank klage
über den Bruch des mit der Regierung im verfassungsmässigen
Wege abgeschlossenen Uebereinkommens (Bankacte) durch
die Staatsverwaltung und nehme die Vermittlung des hohen
Hauses sowohl für ihre Wiedereinsetzung in ihr früheres Recht
als auch wegen Erzielung einer endgiltigen Vereinbarung bezüglich einer billigen Entschädigung in Anspruch. Schon der
Umstand, dass das Interesse eines Institutes im Spiele sei,
dessen Bestand und Wirken mit den allgemeinen ökonomischen
und wirthschaftlichen Interessen des Staates zusammenhänge,
müsse dem hohen Hause diesen Gegenstand als einen wichtigen erscheinen lassen. Dass die Bankacte ein Uebereinkommen zwischen dem Staate und der Bank bilde, dass der
bedungenen Leistung die bedungene Gegenleistung gegenüber stehe, dass die Bankacte den Charakter eines entgeltlichen bilateralen Vertrages habe, könne wohl nicht bezweifelt
werden. Gegen dieses Recht der Bank verstossen die kaiserlichen Verordnungen vom 5. Mai, 7. Juli und 25. August 1866
ganz offenbar, doch glaube der Finanzausschuss, dass er einen
weitergehenden Ausspruch als den, dass er e i n e v o r h a n d e n e
R e c h t s v e r l e t z u n g an er ken n e, vor dem hohen Hause nicht
thun könne, weil die Entscheidung über den Schaden der
Nationalbank dem richterlichen Urtheile vorbehalten bleiben
müsste, falls die Nationalbank ihre Ansprüche gerichtlich
geltend machen würde. Der Finanzausschuss glaube jedoch
auch, dass zum Behufe der Austragung dieser Streitfrage
Verhandlungen stattfinden sollen und dies umsomehr, als
„diese Gelegenheit benutzt werden muss, um sich über die
von der Nationalbank verlangte Wiedereinsetzung in den
früheren Stand mit Hinblick auf den vorläufig unerlässlichen
Fortbestand des Staatsnotenumlaufes auseinanderzusetzen."
Der Finanzausschuss stellte den Antrag, das Haus möge beschliessen: „Die Petition der privilegirten österreichischen
Nationalbank werde dem Finanzministerium mit dem Ersuchen
überwiesen, sobald als thunlich mit den Vertretern der Nationalbank Verhandlungen zu eröffnen zu dem Zwecke: die

Beschwerde und Lage der Nationalbank zu prüfen, ein den
bestehenden Verhältnissen entsprechendes Uebereinkommen
zu verabreden und dieses der verfassungsmässigen Behandlung
zu unterbreiten."

Das Abgeordnetenhaus gefiel sich diesem Antrage gegenüber in übel angebrachter parlamentarischer Diplomatie.
Niemand erhob sich, Niemand fühlte das Bedürfniss, die Angelegenheit in Erörterung zu ziehen. Man schloss sich einfach
dem Antrage des Finanzausschusses an, nachdem der Finanzminister Dr. Brestel vorher seine Anschauung in der Sache
in folgender Weise geäussert hatte: Unzweifelhaft sei durch
die Emission der Staatsnoten der Geschäftsgewinn der Bank
wesentlich reducirt worden. Da aber eine gänzliche Einziehung
der Staatsnoten oder auch nur eine namhafte Verminderung
der im Umlauf befindlichen Menge derselben in der nächsten
Zeit nicht wohl durchführbar sei, so erachte es die Regierung
„in der Billigkeit gegründet", dass den Bankactionären in
einer den Staat nicht belastenden Weise eine Compensation
für den ihnen entgangenen Gewinn verschafft werde. Die
Regierung sei daher bereit, mit der Bank diesfalls in Unterhandlungen einzutreten. Sie müsse sich aber vorerst noch
mit dem ungarischen Ministerium in's Einvernehmen setzen, da einerseits über die Schuld des
Reichs pr. 80 Mill. Gulden an die Bank in dem
Uebereinkommen über die allgemeine Staatsschuld
noch keine Verfügung getroffen wurde, diese Frage
daher noch in der Schwebe sei und andrerseits die in
Betreff der Bank zu treffenden Maassregeln in einiger Wechsel-
beziehung mit der Frage wegen Regelung der Valuta
resp. der Fundirung der Staatsnoten stehen. Was die Regelung
der Valuta anbelange, so sei die Regierung der Ansicht, dass
wenn auch nicht die gänzliche Beseitigung des Deficits, doch
mindestens eine sehr beträchtliche Herabminderung desselben
die Vorbedingung jeder mit Aussicht auf Erfolg durchzu-
führenden Maassregel zur Regelung der Valuta sei. Auch
die Erfüllung dieser unerlässlichen Vorbedingung voraus-

gesetzt, bleibe die Frage wegen Regelung der Valuta bei
den vielen sich theilweise kreuzenden Interessen, welche dadurch berührt werden, sowie bei dem grossen Einflusse, den
sie auf die Production habe, eine der schwierigsten. Aus
diesem Grunde erscheine es der Regierung am zweckmässigsten, wenn in Betreff der Frage wegen Regelung der
Landeswährung und des damit im Zusammenhange
stehenden Bankwesens eine umfassende Enquête
veranstaltet würde, bei welcher nebst Sachverständigen
alle betheiligten Interessenten-Kreise vernommen werden
würden. Gegen den Antrag selbst, wie er dem Hause vorliege, werde von Seite der Regierung kein Anstand erhoben
und die Regierung sei bereit, mit der Bank in Unterhandlung
zu treten.

Die taktische Methode, die bedeutsame Frage auf solche
Weise zu lösen oder vielmehr sie nicht zu lösen, sondern ihr
auszuweichen, war eine durchaus verfehlte. Sie war es vor
Allem darum, weil nicht blos der Motivenbericht des Ausschusses, sondern selbst der möglichst nichtssagende Ausschuss-
antrag, welchen das Abgeordnetenhaus acceptirte, dennoch
der Competenzfrage bereits ganz offenbar präjudicirte. Das
Abgeordnetenhaus beschäftigte sich mit der Bankfrage, es
anerkannte seinerseits, dass eine Verletzung der Bankacte
stattgefunden habe, es anerkannte die Entschädigungsansprüche
der Bank im Principe als berechtigte und musste sich doch
sagen, dass ihm allein ein entscheidender Ausspruch darüber
in dem Momente nicht zustehe, in welchem der reichsgemeinsame Charakter der Bankacte und des Bankinstitutes jedem
Zweifel entrückt sein sollte. Der richtige Beschluss in diesem
Stadium wäre wohl der gewesen, der Regierung aus Anlass
der Petition der Nationalbank kategorisch die sofortige Eröffnung und schleunige Durchführung der Verhandlungen mit
Ungarn, mit anderen Worten die Reparirung des im Jahre
1867 von allen Seiten begangenen Fehlers der Ignorirung der
Bankfrage zur Pflicht zu machen. Das aber hat das Abgeordnetenhaus nicht gethan; es liess sich genug sein an einem

werthlosen Beschlusse, der mit Recht nicht geringem Hohne
von ungarischer Seite begegnete. Auf der anderen Seite
aber hatte die Erledigung der Bankpetition im Abgeordnetenhaus wenigstens die eine Folge, dass die Regierung durch
den Mund des Finanzministers zwar sich den Entschädigungsansprüchen der Bank gegenüber sehr reservirt verhielt, dafür
aber zum ersten Male officiell die Nothwendigkeit und Zweckmässigkeit der Wiederherstellung der Valuta anerkannte und
in dieser Beziehung Hoffnungen erweckte, welchen freilich die
erfüllenden Thaten leider nicht gefolgt sind. Dr. Brestel war
von richtiger Einsicht und Erkenntniss geleitet, als er in so
unzweideutiger Weise die Bankfrage ihres einseitigen Charakters
als Angelegenheit der Actionäre der Nationalbank entkleidete
und ihr die Bedeutung einer mit der grossen Valuta- und
staatsfinanziellen Frage auf das Innigste zusammenhängenden
Angelegenheit zuerkannte. Leider wurde diese schöne und
richtige Theorie von ihm und von der Regierung, der er angehörte, niemals in die Praxis übertragen.

In den Kreisen der Bankdirection wendete man sich
inzwischen mit seltenem Eifer, von dem nur zu wünschen gewesen wäre, dass man ihn von dem Vorwurf des Egoismus
ganz hätte freisprechen können, den Berathungen über die
der Regierung zu unterbreitenden Vorschläge zu einer Vereinbarung in Sachen der Entschädigungsansprüche der
Bank zu. Aus der Feder des Generalsecretärs der Nationalbank, v. Lucam, war schon Ende Januar 1868 eine als Manu-
script gedruckte, sehr eingehende und klare Darlegung über
die schwebende Streitfrage erschienen. [1] In dieser Denk-

---

1) „Vorschlag zu einer Vereinbarung bezüglich der Entschädigungsansprüche
der priv. österr. Nationalbank im Zusammenhange mit einer Aenderung des
Uebereinkommens und der Statuten vom Jahre 1863," Wien 1868. Aus der
Druckerei der priv. österr. Nationalbank.

schrift beschränkte sich der Autor, wie er in der Vorrede
bemerkte, darauf, Vorschläge zu machen, welche „unter
wünschenswerther und zulässiger Ausdehnung des Wirkungskreises der Nationalbank eine Verständigung in der Entschädigungsfrage anstreben, ohne die vielen Schwierigkeiten
des gegenwärtigen Augenblicks zu vermehren und ohne
künftigen etwa weiter gehenden Entschliessungen vorzugreifen
oder Hindernisse zu bereiten." Man müsse sich, so führte die
Denkschrift aus, vor Allem darüber klar werden, in welcher
Richtung und in welchem Umfange eine Entschädigung von
der Bank angesprochen und ihr gewährt werden könne. Eine
principielle Aenderung bezüglich der Banknotenbedeckung
sei derzeit weder räthlich noch nothwendig. Nicht räthlich,
weil eine solche Aenderung leicht Misstrauen erregen könnte
und Principienfragen in den Vordergrund drängen würde,
deren Lösung gerade jetzt am schwierigsten wäre; nicht
nöthig, weil dermalen und insolange sich überhaupt Staatsnoten in Umlauf befinden, die früher wohl geäusserte Sorge
wegen mangelnder Umlaufsmittel kaum auf der Tagesordnung
stehen dürfte. Als Punkte, welche einer Aenderung unterzogen werden könnten, stellen sich vielmehr jene Bestimmungen
dar, welche sich erstens auf das dem Staate überlassene
Darlehen nach Betrag und Verzinsung, zweitens auf das
Bankkapital und drittens endlich auf die Vorschriften der
Statuten über die Geschäftsführung, abgesehen von der Notenbedeckung beziehen. Was das Darlehen an den Staat betreffe, so verbleibe, da der Staat wohl nicht in der Lage sei,
eine theilweise Rückzahlung des 80-Mill.-Darlehens zu leisten,
nur eine Aenderung in Bezug auf die Verzinsung
dieses Darlehens zu erzielen. Wolle man diesfalls die
gerechtfertigten Ansprüche der Bank nicht unberücksichtigt
bei Seite setzen und doch andrerseits dem Staate jede Erhöhung des Erträgnisses der Bank durch Ermässigung seiner
Zinszahlung zu Gute kommen lassen, so könnte dies durch
eine, jedoch nur innerhalb der 7 % Verzinsung des Actienkapitals zu leistende 4 % Verzinsung des 80-Mill.-Darlehens

erzielt werden. Eine weitere zweckmässige Vorkehrung läge
in der Verminderung des Actienkapitals der Bank
unter gleichzeitiger Erweiterung ihrer Geschäftsbefugnisse, jedoch unter Aufrechterhaltung der für die Notenbedeckung bestehenden Normen. Das Capital der Nationalbank, man möge sich dasselbe als Garantie- oder als Betriebs-
fonds denken, sei ein zu grosses für ihren Wirkungskreis.
Die Bank finde für ihr Capital im Inlande keine genügende
Verwendung und müsse einen namhaften Theil desselben in
fremden Wechseln anlegen d. h. dem Auslande leihen, um
ihr Erträgniss einigermaassen aufzubessern. Für den Staat
würde eine Verminderung des Actiencapitals auch noch den
Vortheil haben, dass dadurch sein Beitrag zu den Erträgnissen
der Bank ein geringerer würde, das geringere Actiencapital
der Bank aber würde gleichwohl genügen, um bei einem
namhaften Staatsnotenumlauf selbst den grössten Ansprüchen
des Credits zu genügen. Gegen eine Verminderung des Actiencapitals der Bank werde vielleicht die Einwendung erhoben,
dass nach § 40 der Statuten der Hypotheken-Creditabtheilung
für die Verzinsung und Bezahlung des Pfandbriefcapitals
ausser den hypothecirten Capitalien auch das sonstige bewegliche und unbewegliche Vermögen der Bank hafte, dass
daher die in dem Actiencapital liegende secundäre Sicherstellung der Pfandbriefe nicht verringert werden sollte. Allein
auch im Hinblick auf das Hypothekar-Creditgeschäft erscheine
die Reduction des Actiencapitals in formeller wie in materieller
Beziehung vollkommen zulässig, da die hypothecirten Capitalien, welche für den Pfandbriefumlauf vorzugsweise haften,
laut Ausweis vom 31. December 1867 um 10 Mill. mehr betragen, als die dadurch sicher gestellten Pfandbriefe, da
weiters die Hypothekar-Creditabtheilung der Nationalbank
nur Darlehen, welche den Werth der Hypothek höchstens bis
zur Hälfte erschöpfen, gewähre, da überdies nach § 41 der
Statuten für die Hypothekar-Creditabtheilung die Gesammtsumme der wirklich hinausgegebenen Pfandbriefe niemals die
Summe der bestehenden Hypothekarforderungen überschreiten

dürfe. Demnach wäre der dem Hypothekargeschäft gewidmete Fond auf etwa 10 Mill. Gulden zu vermindern und könnte gleichzeitig die Haftung für die Pfandbriefe ausser den hypothecirten Capitalien auf den herabgeminderten Betrag dieses Fonds beschränkt werden.

Im Wesentlichen culminirten die in der Lucam'schen Denkschrift enthaltenen Vorschläge in folgenden Punkten:

1. Verminderung des Actiencapitals der Nationalbank von 110 auf 90 Mill. Gulden, unter entsprechender Aenderung der hiermit in Verbindung stehenden Bestimmungen der Statuten der Hypothekar - Creditabtheilung bezüglich ihres Fonds und dessen Haftung für die Pfandbriefe.

2. Verzinsung des dem Staate für die Dauer des Privilegiums überlassenen Darlehens von 80 Mill. mit 4%, insofern diese nach Hinterlegung in den Reservefond zur Ergänzung der an die Actionäre zu vertheilenden Gesammtdividende auf 7% nothwendig ist.

3. Einräumung des Rechtes an die Nationalbank, auch Wechsel mit zwei Unterschriften ohne ergänzende Beibringung eines Faustpfandes, dann Cassenanweisungen anderer Institute, sowie die zur Beleihung bei der Nationalbank geeigneten Effekten und Coupons, insofern solche längstens innerhalb drei Monaten zahlbar sind, zu escomptiren; ferner auch auf alle Pfandbriefe inländischer Hypothekar-Creditinstitute, dann auf Effekten von Landes- und Communalschulden, sowie auch auf alle volleingezahlten Actien von Industrieunternehmungen und deren Prioritäten Darlehen zu erfolgen, unter Beseitigung der beschränkenden Bestimmungen des Reglements über die Bemessung des Vorschusses und der Frist für Darlehen; weiters auch Gelder in laufender Rechnung zu verzinsen und Depositen gegen Verzinsung anzunehmen.

4. Herabminderung der nach § 10 der Statuten vom Jahre 1863 für den Reservefond bestimmten Quote von einem Viertheil auf ein Sechstheil.

Die Frage wegen nachträglicher Verzinsung des 60-Mill.-

Vorschusses vom 7. Juli 1866 sollte nach dem Lucam'schen Vorschlage einen abgesonderten Gegenstand der Verhandlung bilden.

Im Sinne des Beschlusses der Generalversammlung der Bankactionäre vom 16. Januar 1868 war inzwischen die Bankdirection vereint mit dem Bankausschusse an die Aufgabe herangetreten, für die Verhandlung mit der Regierung resp. mit den „Ministerien" eine Vorlage zu entwerfen. Ein Mitglied des Bankausschusses, Dr. v. Perger, stellte im Laufe dieser Berathungen den Antrag, die Verhandlungen auf der Grundlage zu eröffnen, dass das 80-Mill.-Darlehen zur Rückzahlung gelange, „um die Einziehung der im Umlauf befindlichen Banknoten und im Zusammenhange damit die Umbildung der Nationalbank von einer Notenbank in eine gewöhnliche Handelsgesellschaft zu ermöglichen", mit anderen Worten auf Grundlage einer Liquidirung der Bank. Alle anderen Mitglieder stimmten jedoch dafür, dass vorerst im Allgemeinen auf Grundlage der Denkschrift des Generalsecretärs v. Lucam eine Aenderung des Uebereinkommens und der Statuten vom Jahre 1863 anzustreben sei und in diesem Sinne wurde der Entwurf eines neuen Uebereinkommens zwischen Staat und Bank ausgearbeitet, welcher, von einer Note des Gouverneurs der Nationalbank, Ritter von Pipitz, begleitet, am 5. März 1868 an den Finanzminister Dr. Brestel gelangte.

Am Schlusse dieser Note betonte die Bankdirection, dass die Actionäre der Nationalbank, welche der Entscheidung über die schwebende wichtige Frage schon seit zwei Jahren entgegengesehen, eine thunlichste Beschleunigung dieser Verhandlung um so lebhafter wünschen müssen, „als die erforderliche Zustimmung der gesetzgebenden Gewalten zu der mit den hohen Ministerien erzielten Vereinbarung ohnehin noch längere Zeit in Anspruch nehmen dürfte" und als der Finanzminister von diesem Urgens keine Notiz nahm, richtete der Bankgouverneur am 4. April 1868 an denselben eine zweite Note, worin demselben in Erinnerung gebracht wurde, dass nach dem Beschlusse der Generalversammlung der Nationalbank die nächste

Generalversammlung längstens Mitte Mai laufenden Jahres einberufen werden müsse, sowie, dass es auch im Interesse des öffentlichen Credites liegen dürfte, dieser Generalversammlung schon
bestimmtere Aufschlüsse wenigstens über den erklärten Standpunkt der hohen Ministerien vorlegen zu können." Es spiegelte
sich, wie man sieht, in der Stylisirung ganz getreu die Unsicherheit der Bankverwaltung selbst in Betreff der Frage,
mit wem sie es eigentlich zu thun habe, ausreichend ab. Gesetzgebende Gewalten, hohe Ministerien, kaiserliche Regierung
— in solcher Weise wechselten die Titulaturen jener unbe-
kannten Instanz, deren Namen Niemand mit Sicherheit zu
nennen wusste.

Was nun aber die aus den Berathungen der Bankdirection
hervorgegangenen Vorschläge selbst anbelangt, so kamen
dieselben in zwei Actenstücken zum Ausdruck, von denen das
eine, aus sechs Paragraphen bestehend, betitelt war: „Uebereinkommen zwischen der Staatsverwaltung und der privilegirten österreichischen Nationalbank", während das Andere
als Beilage zum Uebereinkommen und auf Grund desselben,
die an den Statuten und Reglements vorzunehmenden Aenderungen darlegte. Beide Actenstücke hatten bereits Gesetzes-
form und einzelne Paragraphe waren von einer kurzen Moti-
virung als Randbemerkung begleitet. Die Basis der Vorschläge der Nationalbank war folgendermaassen beschaffen:

Im § 1 des Entwurfes eines Uebereinkommens wurde
vorgeschlagen, dass das 80-Mill.-Darlehen „vom 1 Januar 1808
angefangen bis zur vollen Reactivirung der im § 12, 16, 28 der
Statuten enthaltenen Privilegialrechte unbedingt mit 4 %
jährlich verzinst werden soll". Mit der vollen Reactivirung
sollte auch die bedingte Verzinsung bis zu einer Million im
Sinne des § 4 des Uebereinkommens vom Jahre 1863 wieder
in Kraft treten, mit anderen Worten, die Bank forderte
vom Staate, solange ihr Privilegium nicht gänzlich wieder-
hergestellt sei, die 4 % Verzinsung von 80 Mill., also

3,200,000 fl. jährlich!! Diese Forderung war eben so abnorm, wie von Vornherein völlig aussichtslos.

Im § 6 des Entwurfes wurde normirt, dass das Ueber-einkommen in Wirksamkeit treten soll, „wenn dasselbe für die im Reichsrathe vertretenen Königreiche und Länder und für die Länder der ungarischen Krone gesetz-liche Geltung erlangt haben wird".

Im Artikel 1 des Beilagegesetzes wurde in Abänderung des § 4 der bestehenden Statuten normirt: „der nach den Statuten vom Jahre 1863 in 110,250,000 fl. ö. W. bestehende auf 150,000 Actien eingezahlte Bankfond werde durch Rückzahlung von 135 fl. in Noten auf jede einzelne Actie auf 90 Mill. Gulden herabgemindert.

Ausserdem liefen die Aenderungen in den Statuten noch auf jene Vorschläge in Betreff der Erweiterung des Geschäfts-kreises hinaus, welche in der Lucam'schen Denkschrift pro-ponirt waren.

Zwischen dieser Denkschrift und den Beschlüssen der Bankdirection und des Bankausschusses bestand demnach ein sehr wesentlicher und für die letzteren nicht eben vortheil-hafter Unterschied, insofern nämlich die Lucam'sche Denk-schrift zwar auch eine 4 % Verzinsung des 80-Mill.-Darlehens jedoch in bedingter Weise d. h. insofern diese Verzinsung nach Hinterlegung in den Reservefond zur Ergänzung der 7 % Dividende nothwendig sein sollte, proponirt hatte, wäh-rend der neue Vorschlag der Bankdirection und des Bank-ausschusses eine unbedingte Verzinsung in der Höhe von 3,200,000 fl. und das selbst für den Fall in Anspruch nahm, wenn die Dividende die Höhe von 7 % auch übersteigen sollte. Ein anderer minder wesentlicher Unterschied bestand auch noch darin, dass die Lucam'sche Denkschrift die Jahres-quote für den Reservefond von einem Viertheil auf ein Sechs-theil herabmindern, während der neue Vorschlag diese Quote mit zehn vom Hundert des reinen Jahreserträgnisses bemessen wissen wollte.

Abseits von diesen Vorschlägen der Bankdirektion und ebenso von den Vorschlägen der Lucam'schen Denkschrift bewegte sich die Thätigkeit eines Comité's von Bankactionären, zusammengesetzt in einem bei dem kaiserl. Rathe Dr. Neumann abgehaltenen Meeting. Dieses Comité von Actionären stellte das folgende Programm auf, welches bald darauf auch dem Finanzminister überreicht wurde:

„Die unveränderliche Thatsache der Ausgabe und des fortdauernden Umlaufes von Staatsnoten erfordert eine Abänderung des bestehenden Uebereinkommens zwischen Staats-Verwaltung und Nationalbank und eine Revision der Statuten und des Reglements. Um die Liquidirung der Bank vermeidbar zu machen, müsste für den Bruch des Privilegiums angemessene Entschädigung verlangt werden. Deshalb ist bei den im Zuge befindlichen Verhandlungen Folgendes festzuhalten:

1. Der Bankfond ist auf 75 Mill. zu reduciren u. z. durch Hinausgabe von 235 Gulden in Noten auf jede Actie.

2. Die Staatsverwaltung gewährleistet für diesen Bankfond eine jährliche Gesammtdividende von 7 %.

3. In den Reservefond wird bloss ein Achttheil des Reinerträgnisses hinterlegt.

4. Der Bankleitung bleibt es überlassen, nach ihrem Ermessen alle im Börsen-Verkehr stehenden inländischen Werthpapiere zu belehnen.

5. Die Bankdirektion hat zu bestimmen, unter welchen Bedingungen der statuarische Metallfond bis zur Hälfte durch Belehnung von Gold- und Silberwerthen oder durch Escomptirung von Gold- und Silberdevisen oder Coupons fruchtbringend zu verwenden ist.

6. Die Bankleitung kann auch Wechselbriefe mit bloss zwei Wechselunterschriften in Escompte nehmen.

7. Die Bank hat das Recht Geld gegen verzinsliche Kassenanweisungen und in laufende Rechnung anzunehmen.

8. Für die Hypothekarabtheilung haften ausser dem ge-

sammten Vermögen der Bank die eingelösten Bankbriefe als Specialfond.

9. Für die durch Ausgabe von Staatsnoten seit 1866 bis zur Wirksamkeit des neuen Uebereinkommens der Bank verursachten Nachtheile ist ihr eine angemessene Entschädigung zu leisten.

Sollten diese Abänderungen nicht concedirt werden und von Seite der h. Regierung eine Liquidation in Antrag kommen, so wäre hierauf unter Aufrechthaltung der Entschädigungsansprüche einzugehen."

Bei Ueberreichung dieses Begehrens durch das Comité von Bankactionären erklärte der Finanzminister Dr. Brestel diesem Comité: Die Bankfrage sei schwierig, da sie Verhandlungen mit Ungarn bedinge und dazu sei Geduld nöthig. Von der begehrten 4°/₀ Verzinsung des 80 Mill. Darlehens könne im Ernste wohl nicht die Rede sein, dagegen könne die Bank auf die gewünschte Erweiterung ihrer statutenmässigen Wirksamkeit rechnen. Auch widerstrebe die Regierung keineswegs dem Vorhaben einer Reduction des Actienkapitals, doch hänge diese Frage mit der Valutafrage zusammen und dies bedinge wiederum Verhandlungen mit Ungarn, also gleichfalls eine sorgfältige Behandlung.

Im Sinne ihres Beschlusses vom 10. Jänner 1868 traten 4 Monate später am 10. Mai 1868 die Actionäre der Nationalbank wieder zusammen, um über das Ergebniss der eingeleiteten Verhandlungen zwischen der Bank und der diesseitigen Regierung unterrichtet zu werden. Der Gouverneur der Bank wusste den Actionären nicht mehr mitzutheilen, als dass er auf die beiden Noten, mit welchen die Vorschläge der Bankdirektion dem Finanzminister übermittelt wurden, bis zur Stunde eine schriftliche Erwiderung nicht erhalten habe. Die ganze Frage war nämlich innerhalb der abgelaufenen 4 Monate nicht um einen Schritt der Lösung näher geführt worden und die Bankdirektion vermochte den Actionären eben nicht mehr als dasjenige mitzutheilen, was sie selbst zur Lösung versucht hatte. Nebenbei sprach sich die Bankdirection in abfälliger Weise über die früher erwähnten Separatanträge eines Comité's von Bankactionären aus, der Versammlung deren Verwerfung empfehlend und sie zur Annahme der von der Bankdirection ausgegangenen, dem Finanzministerium unterbreiteten Vorschläge auffordernd. In Uebereinstimmung damit fassten die Actionäre folgenden Beschluss: „Die General-versammlung genehmigt alle bisher von der Direction im Vereine mit dem Ausschusse unternommenen Schritte und ermächtigt die Direktion auf Grund ihrer im Vereine mit dem Ausschuss entworfenen Vorlagen die Verhandlungen mit der Regierung fortzusetzen und darüber in einer ausserordentlichen oder der nächsten ordentlichen General-Versammlung Bericht zu erstatten." Praktisch konnte dieses Ergebniss der General-Versammlung nicht viel dazu beitragen, das erwünschte Ziel näher zu rücken. Die Actionäre der Bank verstärkten lediglich die moralische Position der Bankdirection gegenüber der Regierung. Bank-direction und Bankausschuss wussten nun, dass sie für ihre Vorschläge die Actionäre des Institutes hinter sich haben, selbst für die abnormen und von Vornherein aussichtslosen Zinsenansprüche; aber nichts berechtigte zur Annahme, dass das Votum der Actionäre auch als Pressionsmittel gegenüber der Regierung seine Wirkung thun werde. Der Stand der Frage war nach der Generalversammlung genau der nämliche wie vor derselben. Nach wie vor war zumal die politische Seite sowie die Competenzfrage in Bezug auf Ungarn eine völlig ungeklärte.

Den Intentionen der diesseitigen Regierung widersprach es nicht, die Bankfrage auf der Basis der von der Bankdi-rektion gemachten Vorschläge, abgesehen von der unannehm-baren Modalität der Verzinsung des 80 Mill. Darlehens, wenig-stens zum Theile einer Lösung zuzuführen, aber die ungarische

Regierung hielt eben, trotzdem sie die Anerkennung des Bank-privilegiums für Ungarn ablehnte, einen Zipfel des Knotens doch fest in ihrer Hand. Ungarns Bedarf an Noten war für den Moment gedeckt, so reichlich gedeckt, dass um diese Zeit be-reits eine wahnwitzige Gründungs- und Speculationswuth in die Halme schoss und für den ungarischen Finanzminister war damit die Möglichkeit gegeben, sein Versteckenspiel in der Bankfrage fortzusetzen[1]). Die Schädigung des Interesses der diesseitigen

[1]) Der dichte Schleier, welcher die auf die Modification der Bankacte bezüg-lichen Verhandlungen zwischen der öster. und der ungar. Regierung, resp. zwi-schen den beiden Finanzministern B r e s t e l und L o n y a y, umgab, wurde erst fünf Jahre später — in den ersten Märztagen 1873 — in höchst sonderbarer Weise gelüftet. Seines Postens als Ministerpräsident enthoben und einem gegen den ungar. Finanzminister v. Kerkapolyi gekehrten Rachegefühle folgend, brachte Graf Lonyay in seinem ungarischen Leibblatte „Reform" als Beitrag zur Ge-schichte der Bankfrage eine Reihe von Aktenstücken, dem Datum nach bis Ende Juli 1870 reichend, zur Publication, darunter auch den auf die Modification der Bankacte bezüglichen, höchst merkwürdigen Schriftenwechsel, aus welchem wir zur Ergänzung unserer Anführungen an dieser Stelle das Folgende reproduziren:

„Anfangs April 1868 theilte Finanzminister B r e s t e l dem ung. Finanzminister die Wünsche der Nationalbank unter gleichzeitiger Berufung auf die Uebereiu-kommen vom 8. März und 12. September 1867 mit, die Nothwendigkeit der Mo-dification der Bankacte damit motivirend, dass, als 1867 zwischen den im Reichs-rathe vertretenen Ländern und Ungarn eine Vereinbarung über die künftige Be-handlung der Angelegenheiten von gemeinsamem Interesse zu Stande gekommen, die F r a g e des B a n k d a r l e h n s von 80 M i l l i o n e n G u l d e n in der S c h w e b e b e l a s s e n worden, und dass zur Abänderung der Statuten und zur Herstellung eines neuen Uebereinkommens mit der Bank auch die Gutheis-sung der ungarischen Legislative darum nothwendig sei, weil das Notenemis-sionsrecht der privilegirten Nationalbank nach dem Uebereinkommen und den Statuten vom Jahre 1863 sich auf die g a n z e M o n a r c h i e erstrecke. Das Ver-langen der Bank bezüglich einer regelmässigen Verzinsung des Darlehens von 80 Millionen glaube er nicht gewähren zu dürfen; aber die Basirung des Bank-geschäftes auf breitere Grundlagen billige er, wogegen er betreffs der Reduction des Bankkapitals sich noch keine entschiedene Ansicht gebildet habe. Da übrigens die Bankfrage im engen Zusammenhange mit der Valutafrage stehe und eine ohne die andere endgültig nicht gelöst werden könne, so müsste nach seiner Ansicht die zu treffende Verfügung blos eine provisorische sein.

Am 8. April 1868 beantwortete L o n y a y diese Zumuthungen in einer ziem-lich energisch gehaltenen Note, worin er zunächst das Uebereinkommen vom 12. September 1867 in seiner Weise erläuterte, ferner das Verlangen der Bank in Betreff der Verzinsung des 80 Mill. Darlehens als unbegründet bezeichnete. Zugleich erklärte er

Länder lag offen zu Tage. Monat um Monat verging und mit jedem Monate wuchs die Wahrscheinlichkeit, dass die Bank angesichts der fortdauernden schlechten Geschäftserträgnisse, und da nichts geschah um ihre Situation zu verbessern, auch im laufenden Jahre wieder genöthigt sein werde, den Zuschuss des Staates behufs Ergänzung der Dividende in Anspruch zu nehmen, wie sie denselben im vorausgegangenen Jahre in Anspruch genommen und erhalten hatte. Die Frage lag nahe genug, wer diese Zuschussmillion diesmal bezahlen werde und das Interesse an der Beantwortung dieser Frage war kein blos momentanes, denn sie involvirte zugleich die Frage über die Anerkennung der Mitverpflichtung Ungarns an der 80 Mill. Schuld, für welche jene Zuschussmillion eben die bedingte Verzinsung bildete. Leider war der ebenso grundehrliche und charakterfeste, wie energielose Dr. Brestel der Mann nicht, der dem rücksichtslosen ungarischen Finanzminister Herrn v. Lonyay gewachsen gewesen wäre und so konnte es geschehen, dass zwischen ihm und seinem ungarischen Collegen in diesem Stadium der Sache Verhandlungen über die allfällige Zustimmung Ungarns zur Erweiterung des Geschäftskreises der Bank stattfanden, trotzdem Ungarn und seine Regierung sich der Anerkennung der Bankacte nach wie vor widersetzten, trotzdem man jenseits der Leitha aus

sich gegen eine Reduction des Stammkapitales der Bank, weil er die Aufrechthaltung des Zwangscourses der Noten der Bank in Ungarn in der Hoffnung versprochen habe, dass das Bankkapital nicht werde reduzirt werden.

In einer Zuschrift vom 16. April 1868 antwortet Dr. Brestel darauf, er sei bereit, bei der Bankdirection dahin zu wirken, dass sie von der Absicht, das Bankkapital zu reduziren, abgehe. Uebrigens bemerke er, falls die Nationalbank in Rücksichtnahme auf die Interessen Ungarns das Stammkapital im gegenwärtigen Betrage beizubehalten beschliessen sollte, so würde unbedingt die Nothwendigkeit der Zahlung des Zinsenpauschales von der Schuld von 80 Millionen eintreten; weshalb er es für angezeigt erachte an den kön. ung. Finanzminister die bestimmte Frage zu richten, in welchem Maasse die Länder der ungarischen Krone beitragen werden zu diesem Zinsenpauschale, dessen Kapital mit dem Jahresbeitrage für die Staatsschuld in keinem Zusammenhange stehe?

Auf diese letztere Frage gab Herr v. Lonyay zunächst eine gute Weile lang keine Antwort.

der Repudiation jeder Theilnahme an der 80 Mill. Schuld in
jenen Tagen gar kein Hehl mehr machte. Und jener Mann,
welcher der Haupturheber all dieses Bankunheils gewesen,
der Vater der Staatsnoten, der nunmehr auf dem Ruhekissen
eines Reichshauptcassiers als sogenannter Reichsfinanzminister
sanft hingestreckte Freiherr von Becke, er, dem die sträf-
liche Beiseiteschiebung der Bankfrage im Jahre 1867 in aller
erster Reihe zur Last fiel und dessen Pflicht es vor Allem
gewesen wäre, das Seinige dazu beizutragen, dass der Grundfehler von damals reparirt werde; er, der sich nicht wenig
darauf zu Gute that, dass man in Ungarn seine Verdienste
um den zu Stande gekommenen Ausgleich würdige, er gefiel
sich in einer Art „neutraler Stellung" und wies den Bankactionären gegenüber, die sich ihm vorgestellt hatten, um seine
Intervention anzurufen, auf seine Stellung als Reichsminister
hin, welche ihm keine unmittelbare Einflussnahme auf die
Lösung der Bankfrage gestatte und auf die Schwierigkeiten,
mit welchen die Lösung der Frage im Hinblick auf Ungarn
verknüpft sei. Das war die Situation in jenen Tagen: Diesseits
der Leitha ein Reichsrath, dem jede Kraft einer Initiative mangel-
te und ein Finanzminister, dessen Sachkenntniss, Ehrlichkeit und
Bescheidenheit leider nicht mit dem erforderlichen Ausmaasse
von Energie gepaart war; jenseits der Leitha ein schlauer
Finanzminister, der, wenn er nicht durch geheime Zusagen
nach Oben hin denn doch engagirt gewesen wäre, am Liebsten sofort eine selbstständige, ungarische Bank etablirt hätte
und ein Landtag, auf dessen wirthschaftlichem Programme
die Emancipation Ungarns von Wien überhaupt stand; über
beiden endlich zwei Delegationen welche die Bankfrage als
ausserhalb ihres Competenzkreises liegend auffassten und eine
Reichsregierung der „leichten Hand", Männer deren politische
Methode die Nonchalance war und die ihren Einfluss zu
Gunsten Ungarns auf Kosten der diesseitigen Länder geltend
zu machen gewohnt waren. Wie sollte unter solchen Verhältnissen die Bankfrage von der Stelle kommen!

Zur nicht geringen Ueberraschung auf allen Seiten trat

indess der Finanzminister Dr. Brestel wenige Tage nach jener Generalversammlung der Bankactionäre mit einer allerdings höchst seltsamen Action hervor. Er legte dem Abgeordnetenhause am 27. Mai 1868 einen etwa 30 Zeilen langen Gesetzentwurf vor, durch welchen die wirkliche Erledigung der Bankfrage aufs Neue verschoben und ein neues Provisorium etablirt wurde. „Gesetz, wodurch der Minister ermächtigt wird, die Statuten und das Reglement der privilegirten österreichischen Nationalbank provisorisch abzuändern" — das war der Titel des Gesetzes und sein Inhalt wörtlich folgender:

„Bis zum Zustandekommen eines die Verhältnisse der pr. österr. Nationalbank zu der Staatsverwaltung ergänzenden neuen Uebereinkommens ist das Ministerium ermächtigt, Aenderungen der Statuten und des Reglements, welche die Erleichterung der Bankgeschäfte bezwecken, falls solche von der Nationalbank nachgesucht werden, mit provisorischer Giltigkeit vorzunehmen. Diese Abänderungen dürfen betreffen:

1) Die Höhe der in den Reservefond zu hinterlegenden Quote und die Dividendenvertheilung.

2) Kauf und Verkauf von Edelmetallen und Wechseln auf auswärtige Plätze und Einbeziehung der letzteren in die Notenbedeckung.

3) Erweiterung des Commissionsgeschäftes.

4) Die Erweiterung des Darlehensgeschäftes und den Vorgang bei demselben.

5) Die Erweiterung des Escomptegeschäfts und den Vorgang bei demselben.

6) Die Erweiterung des Contocorrent- und Girogeschäftes.

7) Die Höhe des für das Hypothekargeschäft gewidmeten Fonds und die Erweiterung dieses Geschäftes."

Der Gesetzentwurf war wie für das Abgeordnetenhaus, so auch für die Bank selbst eine Ueberraschung. In der Sitzung des Abgeordnetenhauses vom 27. Mai begründete Dr. Brestel die von ihm eingebrachte Vorlage in kurzer Rede beiläufig also: Eine definitive Regelung der Bankfrage sei von mehrfachen Voraussetzungen abhängig, nämlich einerseits von der Frage, wie die Ordnung der Valutaverhältnisse sich gestalten solle und andrerseits von der Austragung der Verhältnisse mit Ungarn, speciell von der Frage, wie die Ungarn an der Schuld von 80 Mill. zu participiren haben und wie andrerseits die Ungarn sich auch zur Bei-

tragsleistung für die der Bank gebührende eventuelle Pauschalverzinsung von 1 Million herbeilassen werden. Gegenwärtig seien die Verhandlungen mit Ungarn noch nicht so
weit vorgeschritten, und überhaupt sei die ganze Sachlage
nicht darnach angethan, dass auch die Valutafrage definitiv
geregelt werden könne. Wohl aber sei nothwendig nach
anderer Richtung hin etwas vorzukehren. Der Staat sei verpflichtet der Bank eventuell eine Pauschalverzinsung von
1 Million jährlich zu bezahlen. In Folge der geänderten Verhältnisse und der Staatsnotenemission sei das Erträgniss der
Bank so sehr gesunken, dass, falls ihr keine Erweiterung ihres
Geschäftskreises neben anderweitigen Erleichterungen gewährt
werden, der Staat unbedingt den Zuschuss von einer
Million werde zahlen müssen. Bei der Lage der Staatsfinanzen sei es aber dringend geboten diese Gefahr nach Thunlichkeit zu vermeiden. Eine Modification der Statuten der
Bank habe nicht nur nicht die geringste Gefahr für die staatlichen Interessen, sondern sie sei geradezu direkt im Interesse
des Staates gelegen.

Zweck und Inhalt der eingebrachten Vorlage waren damit klar gestellt. Von den Propositionen, welche die Bankdirektion als ein geschlossenes Ganzes vorgelegt hatte, hatte
der Finanzminister jene herausgeschält, welche die Erleichterung und Erweiterung der Bankgeschäfte bezweckten; alles
Andere liess er unberücksichtigt. Der Gesetzentwurf redete
nicht ein Wort von der die Entschädigungsansprüche der
Bank involvirenden Proposition einer Verzinsung des 80 Mill.
Darlehens, nicht ein Wort von der Frage der Reduction des
Actiencapitals. Das verrieth deutlich, dass Dr. Brestel nicht
in der Lage war bei den Zugeständnissen an die Bank über
jene Grenzen hinaus zu gehen, ausserhalb welcher ein Widerspruch seitens des ungarischen Finanzministers zu besorgen
war [1]. Mit der Bankfrage, wie sie seit der Krisis des Jahres

---

[1] Die fünf Jahre später erfolgte Indiscretion des Grafen Lonyay hat den
Sachverhalt in dieser Beziehung vollkommen klargestellt, und evident dargethan,

1866 auf der Tagesordnung stand, hatte demnach dieser Gesetzentwurf nichts gemein und recht gut konnte man sich den Fall denken, dass jene Erleichterungen, welche der Finanz-

—

dass es dem Grafen Lonyay damals in der That gelungen war, trotz seiner Politik der Nichtanerkennung des Bankprivilegiums dem diesseitigen Finanzminister Dr. Brestel doch die Hände zu binden. Unter den von der Pester „Reform" am 4. und 5. März 1873 veröffentlichten Actenstücken finden sich auch die folgenden:

Finanzminister Dr. Brestel richtet, ohne noch im Besitze einer Antwort auf seine Note vom 16. April zu sein, gegen Ende Mai 1868 an den ung. Finanzminister eine neuerliche Note, worin er demselben zur Kenntniss bringt, er sei vom Kaiser ermächtigt worden, dem Reichsrathe einen Gesetzentwurf in Betreff der Abänderung der Bankstatuten vorzulegen. Diese Abänderungen sollen jedoch nur provisorische Geltung haben, da binnen Kurzem ein neues Uebereinkommen in Bezug auf die Bank nothwendig sein werde, zu dessen gesetzlicher Giltigkeit auch die Zustimmung der ung. Legislative erforderlich sein werde. Daher sei es nothwendig, dass einige die Nationalbank betreffende noch schwebende Fragen „je früher eine geeignete Lösung erhalten." Dazu gehöre vor Allem die 80 Mill. Schuld und sodann die Frage der Kapitalsreduction der Bank. Auch wenn das Kapital der Bank im Interesse Ungarns nicht reduzirt werde, dürfe Ungarn sich der Pflicht nicht entziehen, zu der daraus entstehenden Belastung des Staates proportionsmässig mitzuwirken. Demnach fordere er den kön. ung. Finanzminister auf, sich zu erklären, in welchem Maasse die Länder der ung. Krone für den Fall der Rückzahlung des 80 Mill. Darlehns zur Tilgung sowie auch zur Zahlung des Zinsenpauschales beitragen werden?

Auf diese gemüthliche Anfrage erwiederte Herr v. Lonyay in einer Note vom 25. Mai 1868 ganz kategorisch:

Das Privilegium der österr. Nationalbank kann Ungarn keinerlei Verpflichtung aufbürden, da dieses Privilegium ohne Einvernehmen und Zustimmung der ungarischen Legislative gegeben worden. Die ungarische Regierung hat, als sie bei ihrer Konstituirung das Versprechen gab, so lange das Privilegium der Nationalbank nicht abgelaufen sei, den Zwangscours der Banknoten in Ungarn aufrecht zu erhalten, dies darum gethan, weil sie für eine schwerere Verpflichtung nicht die Verantwortung vor der ungarischen Legislative übernehmen wollte. Auch dieses Versprechen war ein Wagniss von ihr; aber sie gab es in dem guten Glauben, dass die in Cirkulation befindlichen Banknoten gehörig bedeckt und garantirt seien und sein werden. Demnach ist die ungarische Regierung nur insoweit geneigt, den Zwangscours der Banknoten auch fernerhin aufrecht zu halten, als das Bankkapital nicht reduzirt wird; sie ist ferner nur insoweit geneigt, von ihrem Rechte, eine Zettelbank zu errichten, keinen Gebrauch zu machen, als die priv. österr. Nationalbank den Werthpapieren Ungarns eine gleiche Kreditvergünstigung wie den österreichischen Werthpapieren zukommen lassen und ihre Filialen in Ungarn gebührendermassen dotiren wird. Mit dem Vorschlage, an der 80 Mill. Schuld theilzunehmen, kann das ung. Ministe-

minister der Bank zugewendet wissen wollte, ihr auch dann hätten zugewendet werden können, wenn nicht Eine Staatsnote im Verkehre gewesen wäre. Dr. Brestel bekannte offen, dass der Gesetzentwurf lediglich dem Zweck habe zu verhüten, dass der Staat in die Lage komme, jenen Zuschuss von 1 Million leisten zu müssen, welchen er im Falle der nicht erreichten 7% Bankdividende zu leisten verpflichtet war. Einseitig wie dieser Gesichtspunkt war auch der Charakter der Vorlage. Sie wahrte ein Interesse, das zwar alle Beachtung forderte, das aber doch nebensächlich war, angesichts der grossen Interessen, die in der Bankfrage mitspielten. Sie schuf ein Provisorium statt des vorlängst spruchreif gewordenen Definitivum's und kein anderer Erklärungsgrund konnte dafür gefunden werden, als wiederum die Rücksicht auf Ungarn, die Furcht vor Ungarn. Das hiess zu den früheren grossen Fehlern einen neuen, nicht eben geringen hinzugesellen. Vom praktischen Standpunkte aus und lediglich das momentane Interesse der Staatsfinanzen oder das momentane Interesse der Bankactionäre ins Auge gefasst, war das Provisorium, welches durch diesen Gesetzentwurf etablirt werden sollte, allerdings kein unvortheilhaftes. Die in dem Gesetzentwurfe enthaltenen Erleichterungen für den Geschäftsbetrieb der Bank waren allerdings geeignet, die Ersparung der Zuschuss-Million herbeizuführen und um das Uebrige kümmert sich eben die Regierung nicht.

Den Actionären der Bank auf der anderen Seite eröffnete sich die Aussicht auf eine gesicherte 7% Dividende und sie konnten die dem Institute zugedachte Concession ganz wohl

---

rium nicht vor die Legislative Ungarns treten. Im Uebrigen kann die ung. Regierung, so lange in Ungarn ein Zwangscours der Banknoten besteht, zu einer Reduction des Bankfonds ihre Zustimmung nicht geben.

Die Folge dieser schier einem Verbote gleichkommenden Ablehnung seitens der ung. Regierung war nicht etwa sofortige energische Abwehr, sondern eben der Gesetzentwurf, welcher zwei Tage später im Reichsrathe eingebracht wurde. Fünf Jahre lang war es Geheimniss geblieben, dass die ung. Regierung schon im Mai 1868 in offiziellen Actenstücken solch eine Sprache geführt hatte!

als eine Abschlagszahlung auf ihre Forderung ansehen. Wie
aber stand es mit der Rechtsfrage, wie mit der staatsrechtlichen Seite der Bankfrage? Am Ende war es noch von se-
cundärem Belange, weil nicht direkt das allgemeine, sondern
zunächst nur das Interesse der Bankactionäre berührend, dass
die Entschädigungsansprüche der Bank mit keinem Worte
anerkannt wurden, dass für das Zustandekommen einer neuen
Vereinbarung zwischen Staat und Bank kein bestimmter Termin in Aussicht genommen war. Wie aber war Ungarns
Stellung zu dieser Vorlage beschaffen und in welche Situation
gerieth die Nationalbank als Reichszettelemissionsinstitut in
dem Augenblicke, in welchem die diesseitige Regierung mit
dem Reichsrath einseitig die Bankacte änderten? Der Autor
dieses Buches kann sich die Genugthuung nicht versagen
hier wiederum einmal Anschauungen zu reproduciren, welche
er der damals gegebenen Sachlage gegenüber, allerdings
ziemlich vereinzelt, vertrat. Aus Anlass der Brestel'schen Vorlage, die uns hier beschäftigt, schrieb er: „Ein paar simple
Fragen nur sind es, auf welche, nachdem der Ausgleich sie
leider offen gelassen hat, Herr von Lonyay und die ungarische Legislative nun endlich Antwort zu geben hätten: Ist
die Bank ein gemeinsames Institut oder ist sie es nicht? Das
ist die eine Frage. Sie kann kaum verneint werden und die
Geneigtheit sie zu verneinen scheint in diesem Augenblicke
auch nicht vorhanden zu sein. In welchem Maasse participirt
Ungarn an der 80 Mill. Schuld? Das ist die zweite Frage
und die bejahende Antwort auf die erste Frage vorausgesetzt ist auch die zweite bald zu erledigen; denn eine Basis
ist ja in dem Percentsatze von 30 zu 70 oder wenn man will
in dem Verhältnisse der Beitragsleistung Ungarns zur Staatsschuld gegeben. Was soll auch mit einer Weiterverschleppung
praktisch bezweckt werden? Früher oder später muss die
Frage ja doch ihre Lösung finden . . . . . Ob nun aber die
Bank die Abschlagszahlung annimmt oder nicht, in keinem
Falle kann der Gesetzentwurf des cisleithanischen Finanzministers ein vereinzelter sein, sondern ein ganz gleicher muss

naturgemäss durch Herrn von Lonyay der ungarischen Legislative vorgelegt werden. Nur dann, wenn die Nationalbank heute bereits ein cisleithanisches, kein gemeinsames
Zettelinstitut wäre, könnten die Regierung und der Reichsrath diesseits einseitig an die Abänderung der Bankstatuten
schreiten. Da dies aber nicht der Fall ist, so muss die Pro-
cedur jenseits genau die nämliche sein wie diesseits, sonst
sanctioniren wir indirect den specifisch cisleithanischen Charakter der Nationalbank"[1]).

Nicht bloss vereinzelt war diese Mahnung, auch unbeachtet blieb sie und, wie wir heute sagen dürfen, nicht eben zum
Vortheile der Nationalbank, nicht eben zu Gunsten der Interessen der diesseitigen Reichshälfte. Das Abgeordnetenhaus
acceptirte — wiederum ohne jede Debatte! — ohne dass es
auch nur durch den Bericht seines Finanzausschusses seinen
Standpunkt der Bankfrage gegenüber irgendwie präcisirt oder
gewahrt hätte, den vom Finanzminister eingebrachten Gesetzentwurf am 12. Juni 1868. Am 23. Juni schloss sich auch das
Herrenhaus dem Votum des Abgeordnetenhauses an, zwar
auch ohne jede Discussion, aber doch nicht ohne zum Mindesten in dem Berichte der Finanzcommission den Umstand zu
verzeichnen, dass der Finanzminister im Schoosse dieser Commission die „beruhigende und aufklärende Bemerkung ertheilte,
dass mit Rücksicht auf die Verhandlungen mit dem ungarischen Finanzminister ein Bedenken nicht Platz greifen könne,
als würden hiedurch die bestehenden Rechtsverhältnisse der
Bank irgendwie beirrt oder geändert." Seine Correspondenz
mit Herrn v. Lonyay hatte Dr. Brestel allerdings auch der Finanzcommission des Herrenhauses nicht mitgetheilt. Die drei Factoren der diesseitigen Gesetzgebung waren demnach über die der
Bank zu gewährenden Erleichterungen einig und es war nun
an der Bankdirection, sich Namens des Bankinstitutes darüber zu äussern. Im Schoosse der Bankdirektion fehlte es nicht
an Stimmen, welche die Meinung vertraten, dass die Bank

---

[1] Neue freie Presse vom 29. Mai 1868.

nichts an ihrer statutenmässigen Stellung verändern solle, bevor über die Entschädigungsfrage und über die Reactivirung der Rechte der Bank entschieden sei. Aber bevor noch die Nationalbank darüber schlüssig geworden war, ob sie auf Grund des von den beiden Häusern votirten Gesetzes das betreffende Ansuchen an die Regierung stellen solle oder nicht, wurde am 30. Juni 1868 das Gesetz selbst im Reichsgesetzblatte publicirt, genau so, wie es vom Reichsrathe beschlossen worden war. Ein neues Provisorium! Durch dasselbe gestattete die diesseitige Gesetzgebung auf eigene Faust der Nationalbank Abänderungen ihres Grundgesetzes, durch dasselbe wurde die Unklarheit der Stellung Ungarns zur Frage der Nationalbank in geradezu gefahrvoller Weise potenzirt.

Bankdirektion und Bankausschuss aber beantworteten das Gesetz vom 30. Juni in einer an das Finanzministerium gerichteten Note vom 15. Juli 1868, deren wesentlicher Inhalt in folgenden Sätzen zusammengefasst war:

1) Die Nationalbank spricht den dringenden Wunsch aus, dass das in dem Gesetz erwähnte definitive Uebereinkommen längstens binnen Jahresfrist zur verfassungsmässigen Behandlung gelange.

2) bezeichnet die Nationalbank, bevor sie in die näheren Verhandlungen eintritt, die Herabminderung des Actienkapitals als die unerlässliche Bedingung, ohne welche die nächstliegenden Zwecke der Finanzverwaltung sowohl als auch der Nationalbank nicht erreichbar wären, und endlich

3) erkennt es die Bank als ein Erforderniss, dass jede Vereinbarung auch für Ungarn gesetzliche Geltung erlange.

Von ungarischer Seite wurde indess jeder auch nur vorläufigen Vereinbarung in Betreff der Bank noch im September 1868 entschiedener Widerstand entgegengesetzt. Herr von Lonyay verweigerte speciell der Reduction des Aktienkapitals der Bank seine Zustimmung, und in dieser Verweigerung kam wieder einmal die rücksichtlich der Bank be-

standene Rechtsverwirrung drastisch zum Ausdruck. Nicht
blos in formeller, auch in sachlicher Beziehung war der ungarische Widerstand ein völlig unberechtigter. Herr von
Lonyay suchte ihn durch die Rücksicht auf den ungarischen
Geldbedarf zu motiviren. In der That war Ungarns Geldbedarf in jenen Tagen grösser noch als er sonst ohnehin schon
zu sein pflegte. Die neuen „Gründungen" waren wie Pilze nach
dem Regen aus dem Boden emporgeschossen, die massenhaft
emittirten neuen „Werthe" waren nicht classirt. Indess ganz
abgesehen davon, dass die Masse des umlaufenden Papiergeldes durch eine Hinausbezahlung von 35 Gulden auf jede
Actie eben nicht vermindert, sondern nur vermehrt werden
konnte, übersah man in Ungarn bei diesem Widerstande auch
den Unterschied, welcher zwischen dem Aktiencapitale einer
Bank und ihrem Notenumlaufe besteht. Jeder Bankausweis
lieferte dafür den Beleg, dass der effective Bedarf an Banknoten, Dank den im Umlauf befindlichen mehr als 300 Mill.
Staatsnoten, hinter dem Notenausgabsrechte der Bank beträchtlich zurückstand. Statutenmässig wäre die Bank bei-
spielweise Ende September berechtigt gewesen, 311.3 Mill.
Gulden in Umlauf zu erhalten, während die faktische Circulation nur 245.6 Mill. betrug, und wenn das Aktiencapital der
Bank damals schon statt 110 nur 90 Mill. betragen hätte, so
wäre der Notenbedarf noch immer nicht so gross gewesen,
um jene Summe zu absorbiren, zu deren Ausgabe die Bank
damals berechtigt war. Ueberdiess lieferten die Portefeuilles
der ungarischen Bankfilialen, lieferte die Thatsache, dass
diese Filialen über den effectiven Bedarf hinaus dotirt waren,
den ausreichenden Beleg dafür, dass jenes Motiv eben nur
zum Vorwande benützt wurde, für einen Widerstand, dem
andre Ursachen zu Grunde lagen.

Um sich mit der ungarischen Regierung auseinander zu
setzen und sie nachgiebiger zu stimmen, reiste der Finanzminister Dr. Brestel Anfangs Oktober 1808 nach Pest und
dort wurden unmittelbare Verhandlungen eingeleitet, deren
Ergebniss wiederum nicht etwa eine auch nur halbwegs be-

friedigende Lösung der Bankfrage, sondern abermals ein
Provisorium und die Erlangung des einzigen Zugeständnisses seitens der ungarischen Regierung war, dass sie den Widerstand gegen die Gewährung der Geschäftserleichterungen
für die Bank und gegen die Reduktion ihres Aktienkapitals
aufgebe. Mit anderen Worten, die ungarische Regierung erklärte, ruhig zusehen zu wollen, wie der Reichsrath einseitig
die Bankacte abändere. Die diesfälligen Abmachungen liefen
wenigstens nach ungarischer Auffassung darauf hinaus, dass
Ungarn zur Schuld des Staates an die Nationalbank nichts
beitragen werde, dass es eben so wenig an der subsidiären
bedingten Zinsengarantie Antheil nehme, dass also in beiden
Richtungen die diesseitigen Länder allein der Bank gegenüber verpflichtet seien. Die Abänderung der Bankacte, das
war der ungarische Standpunkt, gehöre in das Ressort
des Reichsraths, welcher jene Bankacte beschlossen habe.
Was den Geschäftsbetrieb der Nationalbank in den Ländern
der ungarischen Krone betreffe, so betrachte der ungarische
Finanzminister hiefür den Artikel 20 des Zoll- und Handelsbündnisses als maassgebend, in welchem ausgesprochen war,
dass die Creditinstitute des einen Staatgebiets, wenn sie ihren
Geschäftsbetrieb auch auf das andere Staatsgebiet ausdehnen
wollen, unter Vorweisung ihrer Statuten die Concession des
dortigen Ministeriums sich verschaffen müssen. Im Sinne
dieses Artikels wurde ungarischerseits der Nationalbank der
Geschäftsbetrieb in Ungarn gestattet, jedoch verlangt, dass
die Nationalbank überall, wo es die ungarische Regierung
aus commerziellen Rücksichten nöthig erachte, Filialen errichte und sowohl die bestehenden als auch die neu zu errichtenden Filialen in einer Höhe dotire, wie diese das Interesse des Handels und der Industrie erheische. Es wurde
ferner in jener Verhandlung ungarischerseits verlangt, dass
die Nationalbank künftighin alle ungarischen Staatspapiere,
die Papiere der durch Ungarn garantirten Unternehmungen
und verschiedene andere ungarische Effekten in der nämlichen

Höhe und zum selben Zinsfusse belehne, wie dies bei österreichischen Effekten der Fall ist.

Das Ergebniss dieser Verhandlungen wurde indess, damit das Versteckenspiel nicht gestört werde, keineswegs officiell publicirt. Finanzminister B r e s t e l beschränkte sich
darauf, am 10. October 1868 eine N o t e an d i e N a t i o n a l -
b a n k zu richten, die in ihren wesentlichen Punkten darauf
hinauslief:

1) Dass die diesseitige Regierung die A e n d e r u n g e n
der B a n k a c t e, wie dieselben in der Vorlage der Bankdirektion an die Generalversammlung enthalten waren, mit
provisorischer Giltigkeit genehmige.

2) Dass das Finanzministerium der Nationalbank eine
Pauschalirung der Gebühren im Darlehensgeschäfte in der
Art gestatte, dass vom 1. Juli 1868 angefangen innerhalb
14 Tagen nach dem Abschluss eines jeden halben Jahres an
die Stelle der monatlich unmittelbar zu entrichtenden Gebühr
eine Gebühr von 4% ohne Zuschlag von den Zinsen und Pro-
visionen, welche die Nationalbank für diese Vorschüsse in den
betreffenden Semestern bezogen hat, zu entrichten sei.

3) Dass der diesseitige Finanzminister dem Wunsche der
Nationalbank gemäss alsbald nach dem Zusammentritte des
Reichsraths im Monat Oktober 1868 eine Gesetzesvorlage
einbringen werde, um für die Anträge der Nationalbank bezüglich Aenderung der §§. 1. 40 und 41 der Statuten der Hy-
pothekarcreditabtheilung, sowie bezüglich der V e r m i n d e -
r u n g d e s A k t i e n c a p i t a l s d e r N a t i o n a l b a n k die Zustimmung der Gesetzgebung zu erwirken, und

4) dass der diesseitige Finanzminister sich verbindlich
mache, noch v o r E n d e d e s J a h r e s 1869 eine das Ver-
t r a g s v e r h ä l t n i s s z w i s c h e n d e r S t a a t s v e r w a l t u n g
u n d d e r N a t i o n a l b a n k n a c h a l l e n B e z i e h u n g e n m i t
E i n s c h l u s s d e s 80 M i l l. D a r l e h e n s r e g e l n d e G e -
s e t z e s v o r l a g e b e i d e m R e i c h s r a t h e e i n z u b r i n g e n.

Gleichzeitig theilte der Finanzminister mit, dass der ungarische Finanzminister „auf Grund eines im ungarischen

Ministerrathe gefassten Beschlusses erklärte, gegen die erwähnten Aenderungen der Statuten und des Reglements der
Bank und eben so auch gegen die Verminderung des Aktien-
capitals der Bank nichts einzuwenden". [1]

—

Nicht mehr und nicht weniger als eine neue glückliche
Aera war es, was in diesem Zeitpunkte für die schwerge-
prüfte österr. Nationalbank signalisirt wurde und die Actien
der Nationalbank stiegen in Folge dessen auf den Cours von
760—fünfunzwanzig Gulden über pari. Was war geschehen? Nun
das Orakel Lonyay hatte endlich geredet. Volle 20 Monate lang
liess er sich drängen und pressen ohne den Mund zu öffnen

---

1) Was es mit dieser Erklärung der ungarischen Regierung für ein Bewandtniss hatte, das ist gleichfalls durch die fünf Jahre später erfolgte Veröffentlichung
des damaligen Notenwechsels klar geworden. Während der Anwesenheit des
Finanzministers Brestel in Pest brachte Herr v. Lonyay die Angelegenheit vor
den ungarischen Ministerrath. In einer Note vom 6. October 1868 brachte
Herr v. Lonyay diess zur Kenntniss des diesseitigen Finanzministers, auf Grund
des Ministerraths-Beschlusses die Sachlage in folgender Weise zusammenfassend:
Die ungar. Regierung habe den Standpunkt des österr. Finanzministers sowohl bezüglich der 80 Mill. Schuld als auch bezüglich der eventuell zu zahlenden 1 Mill. Gulden „nicht für annehmbar gehalten". Was die in den Statuten
der Nationalbank vorzunehmenden Aenderungen betreffe, so sei das ungarische
Ministerium der Ansicht, dass, nachdem die letzten Statuten der Nationalbank
vom Reichsrathe festgestellt worden, die in denselben vorzunehmenden Aenderungen zum Wirkungskreise des Reichsrathes und des Wiener Ministeriums gehören und das ungarische Ministerium nur insoferne berühren,
als nach Punkt 20 des im G. At. 1867: 16 enthaltenen Zoll- und Handelsbündnisses „jedes Institut, das im Gebiete einer Hälfte der Monarchie
seinen Sitz hat, wenn es seine Thätigkeit auch auf das Gebiet der
anderen Hälfte ausdehnen will, dies bei Vorzeigung seiner Statuten und mit Bewilligung des Ministeriums der anderen Hälfte
thun kann." Mithin wünsche das ungar. Ministerium in Betreff jener Aenderungen keinerlei Bemerkung zu machen; ja dasselbe sei sogar der Ansicht, dass
es „zur Würdigung der Wichtigkeit der Bankangelegenheit in Ungarn nur von
guter Wirkung wäre", wenn die betreffenden Modificationen die Bank je eher in

und vom adriatischen Meere bis zum Bodzapass gab es keinen
Menschen, der da hätte sagen können, was Herr von Lonyay
eigentlich von der Bankfrage halte. Nun wusste man es,
Herr von Lonyay, und mit ihm der ungarische Ministerrath,
hatte den Moment endlich geeignet gefunden um zur brutalen Repudiation überzugehen. Er repudirte nicht bloss den
ungarischen Antheil an der 80 Mill.-Schuld, nicht bloss den
ungarischen Antheil an der bedingten Zinsengarantie für
diese Schuld, er entkleidete nicht nur die Bank ihres Reichs-
charakters und degradirte sie für das ungarische Territorium
zu einer simplen Erwerbsgesellschaft wie andere mehr, sondern er dictirte auch der diesseitigen Reichshälfte und der
Nationalbank geradezu seine Forderungen und Wünsche —

den Stand setzen würden, ihren Lombard auf ungar. Werthpapiere auszudehnen.
Er glaube auch, dass in Folge der Statuten-Modification die Nothwendigkeit der
Zahlung der einen Million als Zuschuss ganz wegfallen werde. Dem fügte der
ungar. Finanzminister zum Schlusse noch bei:

„Was endlich den Vorschlag betrifft, es möge der Nationalbank gestattat
werden, ihr Aktienkapital um 20—30 Millionen Gulden zu reduziren, respektive eine entsprechende Summe den Aktionären in Banknoten
auszuzahlen, so hat das ungarische Ministerium hierüber keine Bemerkung zu machen, jedoch ausdrücklich die Bedingung zu stellen, dass,
nachdem bis zur Herstellung der Valuta die Banknoten auch in Ungarn Zwangs-
curs haben, der gegenwärtig vorhandene Metallvorrath der Bank nicht
vermindert werde oder falls auch ein gewisser Theil desselben nutzbringend pla-
cirt würde, dies in solcher Weise zu geschehen habe, dass er je nach Bedarf
binnen kurzer Zeit wieder in einen Metallwerth umgewandelt werden könne.“

Hierauf übersandte Finanzminister Dr. Brestel in einer Zuschrift, datirt vom
15. Nov. 1868, den auf die Modifikation der Bankstatuten bezüglichen Gesetzentwurf mit der Verständigung, dass die priv. österr. Nationalbank dem ausgesprochenen Wunsche des k. u. Finanzministers gemäss bereit sei, nicht nur ungarische Staatspapiere, sondern auch die ungarischen Eisenbahnanlehen und die
Industrie-Werthpapiere im Lombardgeschäfte anzunehmen.

Der ungar. Ministerrath hatte demnach allerdings den früher von Herrn
v. Lonyay eingenommenen Standpunkt insoferne desavouirt, als er die Statuten-
Modification sammt der Capitalsreduction nicht weiter hinderte; den Standpunkt
des ungar. Finanzministers in Betreff des Rechtsbestandes des Bankprivilegiums
in Ungern aber hatte der ungar. Ministerrath ratifizirt und dem ungeachtet wurde
diesseits das Präjudiz einer einseitigen Abänderung der „für das ganze Reich
erlassenen Bankacte geschaffen.

und darob diesseits Selbstverläugnung bis zum Entzücken.
Alle Welt hatte dem schlauen ungarischen Finanzminister den
Coup so leicht gemacht, angefangen von Dr. Brestel bis hin-
unter zu den Hausseconsortien in Bankactien. Die Haussiers
konnte man noch verstehen. Was kümmerte es sie, dass die
österreichische Nationalbank nicht bloss Actionäre, sondern
auch Hundert-Tausende von Gläubigern hatte, deren Schuld-
forderung an die Bank an dem Tage einen ganz anderen
Charakter erhielt, an welchem die neue Aera der Bank besiegelt wurde! Sie rechneten ausschliesslich mit dem Faktor
der Jahresverzinsung, ihnen genügte es, dass die Bankactie
in Folge der Capitalsreduction und Geschäftserleichterungen
rentabler werden müsse; Schmälerung des Privilegiums, Ueber-
lastung der diesseitigen Reichshälfte, Zusammenhang mit der
Valutafrage, das waren für sie schlechterdings Nebensachen.
Schwerer zu begreifen war der Standpunkt der diesseitigen
Regierung und ihres Finanzministers, sowie jener der Nationalbank und ihrer Direktion, denn durch ihre Haltung, durch
die bewusste Selbsttäuschung welche sie practicirten, präju-
dicirten sie nicht bloss neuerlich in der unverantwortlichsten
Weise der Bankfrage in ihrer Totalität, sondern schufen auch
jene Situation der Verlegenheit welche bis zu dieser Stunde
noch andauert. Die Scheu vor einer selbstbewussten Geltend-
machung der Rechte der diesseitigen Länder ging so weit, dass
man sich in Beruhigungen hineinlog, von deren Haltlosigkeit man
nach allen vorhandenen Symptomen und Belegen auf allen Seiten
überzeugt sein musste. Glaubte man doch, und das war bezeichnend genug, der Zustimmung des ungarischen Reichstages
selbst zu dem gefahrvollen Zugeständnisse des ungarischen
Finanzministers desshalb entrathen zu können, weil, wie man
sich und Anderen einredete, das Bankprivilegium in Bezug
auf das Zettelwesen durch die Ausgleichsgesetze hinreichend
gedeckt sei und es daher angesichts des Einverständnisses
des ungarischen Finanzministers mit der Capitalsreduction und
den Geschäftserleichterungen für die Bank um so weniger

nöthig erscheine aus diesem Anlasse eine neue Sanction des
Bankprivilegiums zu begehren — als ob irgend Jemand in
diesem Stadium noch ein Recht gehabt hätte, daran zu zwei-
feln, welche Banktendenzen in Ungarn bestanden, als ob die
Ausgleichsgesetze überhaupt irgend etwas in Bezug auf die
Bankfrage bestimmt hätten. Mit einigem Rechte konnte anderthalb Jahre später im Schosse der vom ungarischen Reichstage entsendeten Enquétecommission für die Bankfrage der
Deputirte Zsedenyi dem als Experten anwesenden Generalsekretär der österreichischen Nationalbank gegenüber auf die
Thatsache hinweisen, dass im Jahre 1868 das Bankkapital reducirt worden sei „ohne dass man sich deshalb mit Ungarn
in's Einvernehmen gesetzt hätte" und von seinem Standpunkte
aus durfte er allerdings daraus den Beweis abzuleiten versuchen, dass Ungarn in keiner Beziehung zur Bank stehe!
In solcher Weise reiften später die Früchte, welche allen
Mahnungen und Warnungen zum Trotze, im Oktober 1868
von den massgebenden Factoren diesseits der Leitha gesäet
worden waren.

Der Tanz auf schiefer Ebene wurde nun unaufhaltsam
fortgesetzt. Am 20. Oktober 1868 brachte Finanzminister
Dr. Brestel im Abgeordnetenhause des Reichsraths
einen Gesetzentwurf ein, über Abänderung einiger
Bestimmungen in den Statuten der Nationalbank
und die Rede mit welcher er die Vorlage einbegleitete, darf
insofern als eine bedeutungsvolle bezeichnet und demgemäss
hier ausführlicher behandelt werden, als damit nicht bloss die
ungarische Seite der Bankfrage zum ersten Male vor das
diesseitige Forum gelangte, sondern auch rücksichtlich der
Frage der 80 Mill. Schuld und des Verhältnisses Ungarns
zu ihr in dieser Rede ein authentisches Materiale enthalten
ist, welches seither an Werth für die Beurtheilung dieser
Frage nur gewonnen hat.

Finanzminister Brestel begründete seine Vorlage in der
Sitzung des Abgeordnetenhauses vom 20. Oktober 1868 in
folgender Weise:

„.........Nachdem ich vom hohen Hause die Ermächtigung zur Aenderung der Statuten der Nationalbank erhalten, und nachdem die Bank neuerlich das Ansuchen wegen Reduction ihres Aktienkapitales gestellt hatte, so habe ich mich in dieser Beziehung neuerdings mit dem ungarischen Ministerium ins Einvernehmen gesetzt, die Nothwendigkeit einer Reduction des Aktienkapitales betont, und vor Allem darauf hingewiesen, dass die Sache auch für die ungarischen Länder von wesentlicher Bedeutung sei, da sie ja zur Bezahlung der Subvention von Einer Million mit verpflichtet sind, und daher wesentlich auch an der Erleichterung participiren würden, und dass die Anschauung, dass durch diese beantragte Reduction des Aktienkapitales das Interesse der Banknotenbesitzer gefährdet sei, unter den gegenwärtigen Verhältnissen als eine irrige angesehen werden müsste.

„Ich habe zu gleicher Zeit das ungarische Ministerium aufmerksam gemacht, dass es wünschenswerth und nothwendig sei, über die Frage wegen der seinerzeitigen Rückzahlung der 80 Millionen Gulden, über welche bei Abschluss des Uebereinkommens mit Ungarn keine Vereinbarung getroffen wurde, zu irgend einem Resultate zu kommen und sich hierüber zu verständigen, indem ich einerseits die Anschauung festhielt, dass die ungarische Regierung mit für diese 80 Millionen Gulden verpflichtet sei.

„Nach längerer Verhandlung hat nun das ungarische Ministerium einerseits erklärt, dass es gegen die Abänderung der Statuten in Hinsicht auf die Ausdehnung der Befugnisse der Bank keine Einwendung zu erheben habe dass es mit dieser Ausdehnung, in soweit es dazu nach §. 20 des Zoll- und Handelsvertrages für die in Ungarn bestehenden Filialen seine Zustimmung zu geben habe, einverstanden sei, und dass es auch nunmehr gegen die Reduction des Actiencapitales der Bank, unter der Voraussetzung, dass durch diese Reduction der Stand des Silberschatzes der Bank nicht alterirt werde, keine Einwendung erheben wolle, dass es aber, nachdem die Banknoten in Ungarn Zwangscours haben, jedenfalls darauf bestehen müsse, dass keine Alterirung der Silberbedeckung der Banknoten eintrete.

„Was aber die Frage der Beitragsleistung zu der Million, welche für das Jahr 1868, eventuell für die Zukunft nothwendig werden dürfte, und was ferner die Rückzahlung der 80 Millionen Gulden betrifft, so hat der ungarische Finanzminister seine Ansicht dahin ausgesprochen, dass die ungarischen Länder weder zur Mitzahlung der Million Subvention, noch zu einer Beitragsleistung zur Rückzahlung der 80 Millionen verpflichtet seien. (Rufe: Hört! Hört!)

„Bei dieser Behauptung stützt sich der ungarische Herr Finanzminister auf folgende Umstände, zu deren näherer Beleuchtung es am zweckmässigsten sein dürfte, dem hohen Hause den Wortlaut der betreffenden Note, welche der ungarische Herr Finanzminister an mich gerichtet hat, vorzulesen (liest):

„„Hinsichtlich der nach Ablauf des Bankprivilegiums eintretenden Rückzahlung des 80 Millionen betragenden zinsfreien Darlehens erlaube ich mir darauf aufmerksam zu machen, dass der von Ungarn zu übernehmende Beitrag zur Staatsschuld im Sinne des ersten Paragraphes des 16. Gesetzartikels vom Jahre 1867 von beiden Legislativen in gemeinsamem Einverständniss festgesetzt wurde und die zu derselben Zeit von den beiden Ministerien ausgesendete Commission sämmtliche Staatsschulden, in einen Ausweis zusammenfasste, wohin auch die fraglichen 80 Millionen gehören und dass im Sinne des 5. Paragraphes desselben Gesetzartikels Ungarn nur die Mithaftung für 312 Millionen Gulden in Staatsnoten und Münzscheinen übernommen hat. Das ungarische Ministerium ist daher nicht in der Lage, den Standpunkt, sei es hinsichtlich des zinsfreien Vorschusses, sei es in Betreff der eventuellen Pauschalzahlung von jährlich Einer Million von der cisleithanischen Regierung, einzunehmen, wobei ich nur bemerke, dass diese Frage vor Ablauf des Bankprivilegiums und Herstellung der Valuta nicht zu den dringenden gehört."'

„Die diesseitige Regierung muss natürlich an ihrem Standpunkte festhalten. Was die Argumentation, welche von Seite des ungarischen Ministeriums vorgebracht wurde, betrifft, so ist allerdings das Factische, worauf sich dasselbe beruft, richtig: In demjenigen Verzeichnisse, welches zwischen den beiden Regierungen unter Intervention der Staatsschulden-Controlscommission aufgenommen, commissionell unterfertigt und nach welchem der Antheil der Länder der ungarischen Krone berechnet wurde, erscheint allerdings einerseits der Betrag der 80 Millionen Gulden als eine Schuld an die Bank, während andererseits der Betrag von Einer Million Gulden, weil er als ein eventueller angesehen wurde, in dieses Verzeichniss nicht aufgenommen ist. Es ist daher dasjenige thatsächliche Verhältniss, auf welches sich die ungarische Regierung beruft, allerdings richtig. Nach meiner Anschauung folgt aber daraus nicht das, was die ungarische Regierung daraus ableiten will, und zwar schon aus dem Grunde nicht, weil in Betreff der Staatsschuld, die in Staatsnoten und Münzscheinen besteht, blos die solidarische Haftung beider Theile ausgesprochen wurde, eine Theilung aber dieser Schuld, d. i. die Bestimmung eines Verhältnisses, in welchem die diesseitigen Länder und die Länder der ungarischen Krone zur Fundirung derselben seinerzeit beizutragen haben werden, durchaus nicht verabredet wurde, die Frage nach dieser Richtung daher eine vollständig offene ist.

„Es ist auch in der Deputation die Frage der 80 Millionen nicht in Anregung gebracht worden, weil man sie eben mit der Frage wegen der Fundirung der Staatsnoten in innigem Zusammenhange stehend hielt.

„Wenn man daher auch die Argumentation des ungarischen Ministeriums als richtig zugeben wollte, dass die 80 Millionen die diesseitigen Länder zu treffen hätten, so würde ja die Vertheilung der übrigen Papiergeldschuld — denn die 80 Millionen sind ihrer Natur nach auch nur Papiergeld — auch auf diese Verpflichtung der diesseitigen Länder Rücksicht zu nehmen und die Vertheilung der Staatsnotenschuld in einem eben diesem Verhältnisse entsprechenden Masse vorzunehmen sein.

„Es ist daher die Frage in dieser Beziehung, wie ich glaube, als eine völlig intacte anzusehen und dass ihre Lösung jedenfalls, wenn auch in späterer Zeit erfolgen müsse, hat indirect der ungarische Minister in seiner Note selbst zugegeben, indem er ausdrücklich nur darauf hinwies, dass diese Frage keine brennende sei und erst dann zum Austrage zu kommen habe, wenn die Frage, wegen Regulirung der Staatsnotenschuld zur Lösung gelange.

„Die Regierung war nun der Ansicht, dass die Nichtaustragung dieser Frage durchaus kein Hinderniss dagegen bilden könne, dass dasjenige geschehe, was in jeder Beziehung als zweckmässig erkannt und auch von der ungarischen Regierung zugestanden wurde.

„Die Regierung würde sicher schon gemäss der erhaltenen Ermächtigung die Erweiterung der Geschäftsbefugnisse der Bank bewilligt haben, wenn die Bankdirection, obgleich die Zustimmung des ungarischen Ministers in der Beziehung erfolgt war, nicht dennoch geglaubt hätte, vorerst eine Generalversammlung einberufen zu müssen, wodurch sich in Folge des für die Ausschreibung derselben nothwendigen Termins die Sache etwas verzögert hat.

„Sowie aber die Generalversammlung der Bank abgehalten sein wird, wird die Regierung gemäss der ihr durch das Gesetz vom Juni ertheilten Ermächtigung unbedingt die angesuchte Erweiterung ihrer Befugnisse zugestehen.

„Was jedoch die Reduction des Actienkapitales betrifft, so bedarf es dazu der Zustimmung des hohen Reichsrathes, und die Regierung hat sich daher entschlossen, heute das betreffende Gesetz einzubringen; wobei sie sich auf diejenige Reductionssumme beschränkt hat, die von Seite der Bank selbst als wünschenswerth bezeichnet wurde, nämlich auf die Reduction des Kapitales um 20 Millionen Gulden.

„Die Regierung würde ihrerseits keinen Anstand genommen haben, in dieser Reduction auch um einen allerdings nicht sehr beträchtlichen Betrag weiter zu gehen; sie glaubte aber, dass die Höhe der Summe blos dem Ermessen der Nationalbank anheimzugeben sei, und in soferne von derselben keine grössere Reduction in Anspruch genommen werde, auch ihrerseits auf keine weitere Reduction den Antrag stellen zu sollen.

„Zu hoffen ist, ja man kann, wenn die Bankleitung eine zweckmässige ist, mit Zuversicht erwarten, dass mit dieser Statutenerweiterung und mit der Reduction des Aktienkapitales um 20 Millionen die Frage wegen der Subvention von Einer Million verschwinden, d. h. die Bank in Hinkunft stets in der Lage sein werde, das 7percentige Erträgniss ihrer Actien ohne Zuschuss von Seite des Staates zu erzielen."

Der Gesetzentwurf wurde dem Finanzausschusse des Abgeordnetenhauses zur Vorberathung überwiesen.

Inzwischen war am 12. October die Einberufung der Generalversammlung der Actionäre der Nationalbank auf den 27. October erfolgt. Bevor wir aber dem Verlaufe dieser Generalversammlung uns zuwenden, wollen wir hier um die Auspicien zu kennzeichnen, unter welchen die Actionäre der Nationalbank in bedauerlicher Harmonie mit der Regierung ihrerseits an die einseitige bedenkliche Abänderung der Bankacte herantraten, von den höchst bedeutamen ungarischen Kundgebungen, welche in dieselbe Zeit fallen, hier Notiz

nehmen, denn nichts vermag die Kurzsichtigkeit, welche bei
der Action vom October 1868 obwaltete, drastischer zu illustriren als der Nachweis, dass in jenen Tagen von ungarischer
Seite alles Mögliche geschehen ist, um einerseits über die
letzten Ziele der ungarischen Bankpolitik keinen Zweifel übrig
zu lassen und andrerseits den diesseitigen Interessenten an
der Bankfrage in unzweideutiger Weise zu Gemüthe zu führen,
dass Ungarn gerade zu dem Gegentheile dessen entschlossen
sei, was man diesseits von ihm noch zu hoffen, oder zu erwarten vorgab. Die eine dieser Kundgebungen datirt vom
22. Oktober und war enthalten im „Pesti Naplo", dem hervorragendsten Organe der ungarischen Regierungspartei,
welches über die Intentionen der ungarischen Regierung wohl
Bescheid wusste. Dieses Blatt constatirte angesichts der oben
erwähnten Rede des Finanzministers Brestel, dass Herrn von
Lonyays Erklärung „keine andere Deutung zulasse, als die
definitive Ablehnung der Bankschuld sowie jedes Pauschal-
jahresbeitrages." Noch weitaus deutlicher aber lauteten in
Betreff der Bankfrage die Auslassungen des officiellen Or-
ganes der ungarischen Regierung selbst. Das amtliche
Blatt der ungarischen Regierung brachte am 20. Oktober 1868, also am Vorabende der Generalversammlung der
Bankactionäre und gewissermassen zur Vorfeier derselben, die
folgende kategorische Erklärung:

„Hazank und Hon (zwei ungarische Blätter) besprechen die Rede, welche
der österreichische Finanzminister am 20. d. M. über die Wiener Nationalbank
gehalten und ziehen den Schluss daraus, dass der ungarische Finanzminister in
Oesterreich Hoffnung gemacht habe, Ungarn werde seine übernommene und
nach dem Gesetze nicht übersteigbare Staatsschuld vermehren. Gegen diese
irrige Auslegung verwahrt sich das königl. ungarische Finanzministerium und erklärt zugleich, dass seinerseits das Verlangen des österreichischen Finanzministers, auch der ungarische Staat möge an der Schuld von
80 Mill. und 1 Mill. Unterstützung, welche die Wiener Regierung der Bank
schuldet, participiren, entschieden zurückgewiesen wurde. Der Thatbestand ist
folgender: Ungarns Belastung hinsichtlich der Staatsschuld ist von zweierlei
Art. Die Eine besteht nach Gesetzartikel XV. von 1867 §. 1 u. 2 in einer bestimmten jährlichen Rente, welche nach dem Wortlaute des Gesetzes eine fixe
ist und keiner weiteren Aenderung unterliegt; die Andere besteht nach demselben Gesetzartikel §. 5 in der mit Oesterreich gemeinschaftlichen Haftung für

die in Banknoten und Einlösungsscheinen bestehende und 312 Mill. betragende schwebende Staatsschuld. Die Vermehrung oder Fundirung, kurz eine Aenderung der letzteren kann nur mit Zustimmung der beiden Ministerien und mit Genehmigung beider Legislativen geschehen.

Mitten in dieser Sachlage tauchte die vorliegende Frage in der Weise auf, dass nämlich Brestel, indem er mehrere die Bank betreffende Wünsche als: Abänderung ihrer Statuten, Reducirung des Actienkapitals zur Sprache brachte, das Verlangen stellte, die ungarische Regierung möge einen Theil von der 1 Mill. Staatsbeitrag, welchen die österr. Regierung der Bank als Entschädigung bewilligte und ausserdem einen Theil jener Schuld von 80 Mill. übernehmen, welche die österr. Regierung bei Ablauf des Bankprivilegiums zurückzuzahlen gehalten ist. Dieses Verlangen suchte Herr Minister Brestel damit zu bringen, dass die schwebende Schuld von 312 Mill. die in Staatsnoten besteht und für die auch der ungarische Staat die Garantie übernommen, mit dieser Schuld von 80 Mill. in engem Zusammenhange steht.

Hinsichtlich der unter unseren gegenwärtigen Verhältnissen beinahe unmöglichen Fundirung der schwebenden Schuld von 312 Mill. erklärte der ungarische Finanzminister, dass dieselbe vor Ablauf des Bankprivilegiums nicht zu den dringenden Fragen gehöre. Das ist der Passus, den einige Blätter missverständlich dahin ausgelegt haben, als würde der ungarische Finanzminister damit die Schuld von 80 Mill. und den Staatsbeitrag von einer Mill. gemeint haben — was aber nicht wahr ist.

Zur Beruhigung des Publicums wiederholt das ungarische Finanzministerium (!), dass es die Uebernahme der 80 Mill. Schuld und des Staatsbeitrages von 1 Mill. entschieden zurückgewiesen habe und zurückweist (!) und dass es die Fundirung der schwebenden Schuld von 312 Mill. bis zum Ablauf des Bankprivilegiums umsoweniger zu den dringenden Fragen zählen kann, weil in unserer gegenwärtigen Finanzlage dem Lande mehr eine Last als ein Vortheil daraus entstehen würde."

Das war doch wohl deutlich genug geredet und nicht etwa eine Zeitung ohne Glaubwürdigkeit, sondern die ungarische Regierung, der ungarische Finanzminister selbst war es, der so redete. Mochte man sich nun auch mit solch' einer brutalen Repudiation befreunden — mochte man auch zugestehen, dass die 80 Mill.-Schuld ausschliesslich die Schuld der diesseitigen Länder und die Bank nichts Anderes sei, als ein cisleithanisches Institut, in Ungarn nur tolerirt, wie irgend eine andere Erwerbsgesellschaft gnädigst zugelassen, so musste doch, all das einmal als Thatsache acceptirt, diese Thatsache auch ihre Logik haben und diese Logik, hätte man meinen sollen, fordere, dass den diesseitigen Ländern dann in Betreff der Bank die volle, uneingeschränkte Autonomie überlassen bleibe. Wie kam Herr von Lonyay, diese Thatsache vorausgesetzt, dazu und was gab ihm das Recht, vorzuschreiben, welches Verhältniss der Notenbedeckung bei der „Wiener Nationalbank" zu bestehen, auf welcher Höhe der Metallschatz dieser Wiener Nationalbank zu halten sei? Lag da nicht aller Grund vor zur Besorgniss, dass Herr von Lonyay ein nächstes Mal mit demselben Rechte oder vielmehr Unrechte fordern werde, die Bank solle jede ihrer Noten Gulden für Gulden metallisch bedeckt halten, oder diese oder jene vitale Bestimmung der Bankstatuten sei, das sie für Ungarn nicht passe, zu ändern? Unterstand die Nationalbank der beiderseitigen Gesetzgebung und Administration, dann war sie eben ein gemeinsames Institut und dann musste daraus auch die materielle Mitverpflichtung Ungarns der Bank gegenüber folgen oder sie unterstand nur der diesseitigen Gesetzgebung und Administration, dann war jede Verfügung oder Einrede von Seite des ungarischen Finanzministers eine durchaus unberechtigte. Der Nationalbank, als Actieninstitut betrachtet, konnte solch ein Toleranzverhältniss allenfalls passen, nicht ebenso aber den Notengläubigern der Bank und den Staatsfinanzen der diesseitigen Länder. Ueberdies lag nicht bloss die offene Zurückweisung Ungarns in Betreff der 80 Mill.-Schuld vor, sondern auch das noch war Thatsache, dass Ungarn sich das Recht arrogirte, den diesseitigen Ländern die Anbahnung einer Wiederherstellung der Landeswährung zu verbieten oder doch unmöglich zu machen. Dass Herr von Lonyay die 80 Mill.-Frage, wie aus seiner Zuschrift sowohl, als auch aus seiner Erklärung im ungarischen Amtsblatte hervorging, für keine dringende hielt, war am Ende ganz erklärlich. Das ist bei Schuldnern Regel, dass sie die Abzahlung nicht für dringend halten, zumal dann, wenn sie die Absicht haben, überhaupt nicht zu zahlen. Konnten und durften aber die maassgebenden Factoren diesseits der Leitha damit einverstanden sein, dass man jenseits der Leitha alles daran setzte, die Regelung der Valuta vor Ablauf des Bankprivilegiums zu hintertreiben? War die

Bankacte im Jahre 1863 nicht zu dem Zwecke geschaffen worden, um mit ihr die Valuta in Ordnung zu bringen? Waren diesen Zwecken nicht in den Jahren 1863 – 1866 kolossale Opfer gebracht worden? Die Nachgiebigkeit gegenüber den ungarischen Forderungen in diesem Stadium und die gleichzeitige ruhige Entgegennahme der ungarischen Repudiationserklärungen ohne energischen Protest, das war die Etablirung eines Zustandes wirthschaftlicher Vasallenschaft der diesseitigen Länder gegenüber den jenseitigen und in diesen Zustand versetzten sich in erster Reihe, noch bevor der Reichsrath sein Votum abgegeben hatte, vor Allem die Nationalbank und ihre Actionäre selbst.

In ihrer Generalversammlung vom 27. October 1868 erhielten die Actionäre der Bank officiell Kenntniss von den zwischen der Bankdirection und der diesseitigen Regierung eingeleiteten und durchgeführten Verhandlungen und wurde ihnen von der Bankdirection der Antrag vorgelegt, es seien die vom Bankausschuss und der Bankdirection auf Grund des Gesetzes vom 30. Juni 1868 bereits erwirkten Aenderungen der Bankstatuten (Geschäftserleichterungen) zu genehmigen, sowie die vom Bankausschusse und der Bankdirection mit dem Ministerium getroffenen Vereinbarungen über die Aenderung des §. 4 der Statuten vom Jahre 1863 und der §§. 1, 40 und 41 der Statuten für die Hypothekar-Creditabtheilung (Capitalsreduction) genehmigend zur Kenntniss zu nehmen. Die Genehmigung erfolgte nicht ohne vereinzelten Widerstand, aber sie erfolgte doch. Aus der Mitte der Actionäre erhob der kaiserliche Rath Dr. Neumann seine warnende Stimme gegen das „leichtsinnige Aufgeben von Rechten" und er kennzeichnete die Situation mit den drastischen Worten: „Niemand weiss, wie das Ende sein wird. Wir tanzen einen Eiertanz, heute nehmen wir das, morgen jenes an, ohne das Ende zu kennen." Wurde indess die von ihm beantragte „Verwahrung gegen die Entlassung der transleithanischen Reichshälfte aus der Mithaftung für das dem österreichischen Gesammtstaate von der Nationalbank geleistete Darlehen

von 80 Mill. Gulden" von der Versammlung der Actionäre
auch nicht genehm befunden, so wurde doch wenigstens
seitens der Versammlung eine Art von schüchterner Erklärung
abgegeben, die da lautete: „Durch die Genehmigung der
Anträge der Bankdirection werde den Ansprüchen
der Nationalbank auf die Gemeinsamkeit des Schuldverhältnisses beider Reichstheile bezüglich des
Darlehens von 80 Mill. Gulden in keiner Weise präjudicirt." Die Erklärung dafür, dass die Generalversammlung
der Bankactionäre sich mit dieser schüchternen und möglichst
wenig sagenden Erklärung begnügte, konnte in den Worten
gefunden werden, mit welchen der Bankgouverneur unbe-
greiflicher Weise in die damalige Verhandlung eingriff, in den
für die schiefe Auffassung der Sachlage seitens der Bank
bezeichnenden Worten, „dass das, was in den Zeitungen von
dieser oder jener Erklärung mitgetheilt werde, auf das „politische Feld" zu beziehen sei, aber mit der geschäftlichen
Seite, mit welcher die Versammlung sich heute beschäftige,
nichts zu thun habe". Der einseitige Standpunkt, welchen die
Nationalbank selbst in der Bankfrage einnahm, war damit
ausreichend genug erwiesen. Mit dieser einseitigen Auffassung
harmonirte es vollkommen, dass die Börse in dieser Zeit den
Cours der Bankactien trotz der notorisch schlechten Ergebnisse des laufenden Geschäftsjahres der Bank auf einen Cours
von 800 empor schnellte.

Der Abmachung zwischen der Nationalbank und der
diesseitigen Regierung, so weit sie die mit den Geschäftserleichterungen zusammenhängenden Abänderungen
der Bankstatuten betraf, folgte am 31. October im Reichsgesetzblatte die Publication eines Erlasses des Finanzministeriums vom 30. October als Ausführung des Gesetzes vom 30. Juni 1868. Im Anhange dieses Buches finden
die Leser den Wortlaut dieses Erlasses, welcher sich als erste
stückweise Abänderung der Bankacte darstellt. Einige Tage
später publicirte die Nationalbank die Modalitäten für den
künftigen Vorgang in ihrem Belehnungsgeschäfte auf Grund

der abgeänderten Statuten. Als Norm in Bezug auf die Höhe
der Belehnung wurde festgesetzt, dass auf die österreichischen
und ungarischen Staatspapiere, dann Effekten von Landes-
und Gemeinde-Schulden und für Pfandbriefe und Prioritäten
80 %, auf Actien von Eisenbahn- und Dampfschiff-Unter-
nehmungen 75 %, auf alle anderen Industriepapiere 70 % des
Courswerthes dargeliehen werden sollen. Die kürzeste Be-
lehnungsfrist wurde auf acht Tage herabgesetzt, die höchste
blieb neunzig Tage. Mit dieser Abmachung zwischen der
Nationalbank und der diesseitigen Regierung war die eine
Hälfte der Entschädigungsfrage erledigt, die andere Hälfte
harrte vorerst noch der parlamentarischen Entscheidung.

Inzwischen hatte der Finanzausschuss des Abgeordnetenhauses seine Berathungen über die Bankvorlage des
Finanzministers vom 20. October beendet und am 3. November
1868 trat derselbe vor das Plenum des Abgeordnetenhauses
mit dem Antrage: Es sei dem von der Regierung vorgelegten Gesetzentwurf die verfassungsmässige Genehmigung
zu ertheilen — und mit einem darauf bezüglichen Berichte, in
welchem, nach einer Darlegung der Entstehungsursachen dieser
Vorlage, folgendes gesagt wurde:

„Bei allen Maassregeln, welche das h. Haus in Betreff der Nationalbank be-
schliesst, muss auch das Verhältniss und müssen die Beziehungen zu Ungarn
ins Auge gefasst werden. Der Finanzausschuss findet es daher ganz correct,
dass das ungar. Ministerium um die Zustimmung zur Reduction des Bankkapitals angegangen wurde; nach den von Sr. Excellenz dem Herrn Finanzminister
dem hohen Hause gemachten Mittheilungen hat das ungarische Ministerium die
Zustimmung unter der Voraussetzung ertheilt, dass die Rückzahlung des Theil-
betrages an die Actionäre in Banknoten erfolge und der Silberschatz der Bank
nicht alterirt werde.

„Bei dieser Stelle des Berichtes glaubt der Finanzausschuss die Frage der
Mitverpflichtung der Länder der ungarischen Krone für die
Forderung der Nationalbank besprechen zu müssen. Die Frage der
Schuld des Staates an die Nationalbank wurde bei den Deputa-
tionsverhandlungen im vorigen Jahre nicht in den Kreis de
Berathungen gezogen und es ist weder hinsichtlich des Kapitals pr. 80
Mill. noch hinsichtlich der eventuellen Subvention von 1 Mill. Gulden jährlich
ein Uebereinkommen getroffen worden.

„Diese Fragen sind also in Wahrheit nicht entschieden und die Mitver-
pflichtung Ungarns ist zweifellos. Der Herr Finanzminister hat die
abweichende Ansicht seines ungarischen Collegen dem hohen Hause mitgetheilt.
Dieser irrigen Ansicht muss mit Entschiedenheit entgegen getreten werden.
Wenn man sich darauf beruft, dass Ungarn durch den Beitrag, den es zu den
Zinsen der Staatsschuld und zur Amortisation übernommen hat, sich auch in
Betreff der Kapitalsschuld von 80 Mill. mit abgefunden hat und wenn man
zur Begründung dessen sich darauf beruft, dass die Schuld des Staates in
jenem Verzeichniss mit aufgeführt sei, welches von beiden Regierungen
seinerzeit commissionell zu dem Zwecke angefertigt wurde, um den Gesammt-
betrag der Zinsen der Staatsschuld und den sonach von Ungarn zu leistenden
fixen Betrag festzustellen, so kann dies um so weniger als richtig angesehen werden, als ja das Verzeichniss nur zu dem Zwecke, um das
jährliche Zinsenerforderniss festzustellen, angefertigt wurde. Die Schuld von
80 Mill. an die Bank ist in erster Linie als eine unverzinsliche anzusehen und
als solche erscheint sie auch in dem Verzeichniss, weil der zu leistende Betrag
von einer Million nur ein eventueller ist. Also auch nicht bezüglich der Beitragsleistung zur eventuellen Zahlung der einen Million kann die ungarische
Argumentation als richtig zugelassen werden, zumal diese eine Million vollständig den Charakter eines Garantiebeitrages hat und daher auch füglich unter einen Beitrag zur Zinsenzahlung nicht subsummirt werden kann.

„Diese letztere Frage wegen der jährlichen Subvention wird voraussichtlich
bei Annahme der neuen Regierungsvorlage entfallen; was jedoch die Schuld
von 80 Mill. Gulden betrifft, bleibt es Aufgabe der Regierung, mit allem
Nachdruck auf der erlassenen Forderung zur Beitragsleistung
der Länder der ungarischen Krone zu bestehen und diese Angelegenheit sobald als möglich und nicht erst in dem Zeitpunkte, wo es sich um die
Festsetzung der Bestimmung über die Fundirung der gemeinsamen schwebenden Schuld handeln wird, auszutragen.“

Dieser Bericht entsprach wohl dem, was in der Frage zu
sagen war, aber es fehlte ihm die Pointe; es war eben nur
ein parlamentarisches Actenstück, dessen Bestimmung nach
Genehmigung des Gesetzentwurfes damit erfüllt war, dass
man dasselbe in das Archiv des Hauses hinterlegte. Des
Abgeordnetenhauses unverkennbare Pflicht aber wäre es gewesen, etwas mehr zu thun, seinen Standpunkt kräftiger zu
präcisiren und demselben vor Allem zum Mindesten in einer
unzweideutigen Resolution Ausdruck zu geben. Das geschah
indess leider nicht, das System bewusster Unterlassungssün-
den wurde consequent fortgesetzt, man fand nach wie vor
die präjudizvolle Behandlung der Frage am bequemsten,

man versuchte wiederum den Hieben von jenseits der Leitha
auszuweichen, statt diese Hiebe zu pariren. Das Abgeordnetenhaus schloss die Augen, schloss den Mund und erledigte die Bankfrage in der betreffenden Sitzung, ohne dass
man sich dessen recht versah, in der Zeit von kaum 5 Minuten. Niemand wollte hören, Niemand wollte gehört sein.
Was wochenlang Gegenstand der öffentlichen Discussion gewesen, das hatte die Weisheit des Abgeordnetenhauses in
5 Minuten erfasst und wäre ihm damals ein Gesetzentwurf
vorgelegen, etwa des Inhalts, es sei der Silberschatz der
Bank nach Ofen zu transportiren, so wäre von Seite des Abgeordnetenhauses darüber wahrscheinlich auch kein Wort
verloren worden. „Die Bankfrage", so urtheilte damals der
Autor dieses Buches über die betreffende Sitzung des Abgeordnetenhauses (Neue freie Presse vom 4. November 1868)
„hat ihr neuestes Stadium zurückgelegt und wenn das Abgeordnetenhaus, wie wir glauben, heute dem Interesse der diesseiti-
tigen Länder viel vergeben hat, so werden nachträgliche
Klagen daran nichts ändern. Das Eine nur wollen wir noch
constatirt haben, dass es an Warnungen und Mahnungen für
das Abgeordnetenhaus nicht gefehlt hat und dass künftige
Conflicte, die aus der Bankfrage noch resultiren mögen, vor
Allem auf die Unselbstständigkeit und volkswirthschaftliche
Mangelhaftigkeit unseres Abgeordnetenhauses zurückzuführen
sein werden."

Der Gesetzentwurf wurde, wie gesagt, ohne jede Debatte
vom Abgeordnetenhause genehmigt und wenige Tage darauf
schloss das Herrenhaus sich dem Votum an; die Capitalsreduction der Nationalbank war Gesetz, einseitig erlassen von
der Gesetzgebung der diesseitigen Reichshälfte. Ein Streiflicht auf die Tragweite dieser präjudizvollen Action fiel
gleich darauf von ungarischer Seite her. „Naplo", das Organ
der Deakpartei, liess sich am 4. November 1868 also vernehmen: „Die Wiener Nationalbank betrachtet auch Ungarn als
Schuldner hinsichtlich der 80 Mill., welche sie Oesterreich

13*

geliehen. Die brüderliche Billigkeit hätte es geboten, dass der Reichsrath gegen diese Voraussetzung, die wir alle Zeit als falsch bezeichnen müssen, sich aussprechen werde. Anstatt dessen wollen das Ministerium und die Reichsrathscommission erklären, dass die Schuld auch für uns verpflichtend sei. Dagegen müssen wir uns verwahren und zwar auf das Entschiedenste verwahren. Wir wiederholen es, wir haben so viel übernommen, dass wir nicht mehr ertragen können. Der Reichstag hat die Zinsenzahlung votirt und Ungarn zahlt die Zinsen, die es übernommen, aber Ungarn kann in keinerlei Kapitalszahlung, die über diese Grenze hinausgeht, einwilligen. Das zu fordern wäre ein Missbrauch unserer Güte.(!)" Man sieht hieraus, dass der zwischen den beiden Reichshälften in Bezug auf die Nationalbank heute noch schwebende Process damals schon Phasen und Episoden der absonderlichsten Art aufzuweisen hatte, und dass damals schon die Veranlassung, den Process zu forciren in geradezu zwingender Weise gegeben war. Als ob indess mit den einseitigen Abmachungen zwischen der Bank und der diesseitigen Regierung ein ewiger Frieden geschlossen worden wäre, erfolgte die Publication des Gesetzes vom 13. November 1868, dessen Wortlaut im Anhange dieses Buches zu finden ist und dieser Publication schloss sich unmittelbar eine Kundmachung der Bankdirektion vom 15. November 1868 an, die da lautete: „Auf Grund des Gesetzes vom 13. November 1868 wird der Fond der privilegirten österreichischen Nationalbank um 20¹⁄₄ Mill., von 110⁷⁄₄ auf 90 Mill fl. vermindert". Diese Verminderung erfolgte durch Rückzahlung von 135 fl. in Banknoten auf jede einzelne Bankactie. Die Börse feierte das Ereigniss mit einer neuen Hausse in Bankactien, welche am Tage der Publication des Gesetzes den Cours von 825 für 735 erreichten und der erste nach Publication des Gesetzes veröffentlichte Monatsausweis der Nationalbank wies als natürliche Folge sehr beträchtliche Veränderungen auf. In diesem Ausweise figurirte das Bankkapital bereits mit der Ziffer von nur 90 Mill. Gulden. Eine

weitere Neuerung in diesem Ausweise war die mit 9,157,234 fl.
aufgeführte Post börsenmässig angekaufter Pfandbriefe der
Nationalbank. In den Wochenausweisen waren bisher bei
der Banknotenbedeckung nur jene 8 Mill. Pfandbriefe aufgeführt worden, welche dem Unterschiede zwischen dem Pfandbriefumlauf und der Gesammtsumme der Hypothekardarlehen
entsprachen. In Folge der Capitalrückzahlung und der damit
verbundenen Notenvermehrung musste nun die Bank auch
ausserdem die börsenmässig angekauften Pfandbriefe mit $^2/_3$
des Nennwerthes in die Notenbedeckung einbeziehen. Das
Escomptegeschäft hatte nach diesen Ausweisen eine Höhe von
87·82 Mill., das Lombardgeschäft eine Höhe von 20·00 Mill.
Gegen den Ausweis des Vormonats wies das Escomptegeschäft
eine Abnahme um 13·50 Mill. auf, ein Beweis für den damals
bestandenen, durch die Kapitalsrückzahlung der Bank noch
gesteigerten Geldüberfluss.

Unsere Aufmerksamkeit hat sich nunmehr, nachdem wir
die Ereignisse des Jahres 1868 in einer ihrer Bedeutung entsprechenden Ausführlichkeit dargelegt haben, den Ziffern zuzuwenden, welche sich auf die Bewegung des Noten-Um-
laufs einerseits, sowie auf die Geschäftsgebarung der
Nationalbank im Jahre 1868 beziehen, umsomehr als, wie
wir sehen werden, trotz des zwischen Staat und Bank scheinbar hergestellten Einverständnisses und Friedens gegen Schluss
des Jahres 1868 ein neuer Conflict sich entwickelte, welcher,
bis zu dieser Stunde noch ungelöst, Gegenstand eines vor
den Gerichten anhängigen Rechtsstreites bildet. Folgende
Tabelle mag die betreffenden Ziffern veranschaulichen:

	Banknoten-Umlauf	Staats-noten-Umlauf	Gesammt-noten-Umlauf	Metall-schatz der Bank	Escompte	Lombard	Silber-agio	Cours der Bankactien
			In Millionen Gulden				für 100 fl.	fl.
Ende Dez. 1867	247·82	301·13	548·15	108·0	77·09	25·01	119·5	680
1868:								
Ende Jan.	238·62	298·47	537·09	109·2	65·77	24·37	118·7	677
„ Febr.	241·05	293·23	534·88	111·3	69·46	24·73	114·7	708
März	239·18	287·64	526·82	111·3	67·99	24·47	112·7	704
„ April	241·39	290·27	531·66	111·3	69·94	24·32	114·5	692
Mai	232·28	299·83	532·11	111·3	56·52	23·29	114·3	705
„ Juni	233·22	299·57	532·79	111·3	61·99	22·42	113·1	737
„ Juli	239·27	298·98	538·25	111·3	66·34	21·40	111·2	734
„ Aug.	237·17	298·15	535·32	111·3	66·66	21·2c	112·5	725
„ Sept.	248·39	299·90	548·20	111·3	80·09	21·07	113·3	716
„ Oct.	266·72	299·19	565·89	110·8	101·38	21·13	114·0	808
„ Nov.	269·86	302·21	572·07	110·6	87·82	26·00	116·4	680*
„ Dez.	276·18	298·33	574·51	108·6	81·05	37·78	117·5	677

Zinsfuss-Veränderungen im Jahre 1868:

	Escompte	Lombard
Bis 8. November 1868 . . . .,	4 %	5 %
Vom 9. „ „ ab	4 %	4½ %.

Der Notenumlauf der Bank am Schlusse des Jahres 1868
wies demnach, verglichen mit dem Ausweise von Ende 1867,
allerdings eine Zunahme um 29·16 Mill. auf, doch war diese
Vermehrung vorwiegend durch die in Banknoten erfolgte
theilweise Rückzahlung des Bankfonds herbeigeführt. Das
Wechselportefeuille, welches im Laufe des Jahres bis September
eine fast regelmässige Abnahme gezeigt hatte, schloss Ende
1868 mit dem bescheidenen Plus von 4·86 Mill. Gulden, das
Leihgeschäft allein zeigte, Dank den eingetretenen Geschäftserleichterungen, einen beträchtlicheren Zuwachs um 12·77 Mill.
Ihre Jahresbilanz schloss die Nationalbank mit einem reinen

---

* Nach erfolgter Reduction des Actiencapitals durch Hinausbezahlung von
135 fl. in Banknoten auf jede Actie.

Jahresertägnisse von 7,027,037 fl.. wozu das Escomptegeschäft 3.174,817 fl., das Leihgeschäft 1.256,091 fl.. das Hypothekar-Creditgeschäft 1,773,180 fl., das Devisen- und verschiedene andere Geschäfte 1,082,747 fl. beigetragen hatten. Die an die Actionäre zu vertheilende 7 °/₀ Dividende Zinsen und Superdividende betrug

vom Kapital von 110 ¹/₄ Mill. für die Zeit vom
1. Januar bis 15. November 1868 . . . . fl. 6,752,812
vom Kapital von 90 Mill. für die Zeit vom
16. November bis 31. December 1868 . . . fl. 787,500

zusammen fl. 7,540,312

hiervon wurden durch die eigenen Geschäfte
der Bank erzielt . . . . fl. 6,870,903

es fehlten daher noch fl. 669,409.

welche die Staatsverwaltung nach § 4 des Uebereinkommens vom Jahre 1863 an die Nationalbank zu bezahlen hatte, in welchem Falle (nach Dotirung des Reservefonds mit fl. 164,109) dann auf jede Actie ein Gesammtertägniss von 50 fl. 20 xr. entfallen wäre. Das Jahr 1868 war, wie hier ersichtlich. ein höchst ungünstiges für die Geschäftserträgnisse der National-bank und in dieser Beziehung dem vorausgegangenen Jahre 1867 völlig analog. Das zur Vertheilung an die Actionäre verfügbar gewesene Reinerträgniss würde noch schmäler ausgefallen sein, wenn die Bankdirection jenen Betrag an Edelmetallen und fremden Wechseln. welchen die National-bank über den Metall- und Devisenstand von Ende 1862 und beziehungsweise 1866 hinaus bis Ende 1868 erworben hatte, nicht veräussert und das hieraus sich ergebende Erträgniss nicht unter die gewöhnlichen Erträgnisse des Jahres 1868 siehe oben) eingestellt hätte. Trotzdem aber war, wie erwähnt, die Nationalbank Ende 1868 wiederum in die Nothwen-digkeit versetzt, die Zuschusszahlung von Seite des Staates in Anspruch zu nehmen. Wo aber war der Staat. welcher diese Zahlung zu leisten verpflichtet war? In der Thatsache, dass auf diese Frage Niemand positiv Be-scheid wusste. kam die Sühne zum Ausdruck für den grossen

Fehler, welcher in der Behandlung der Bankfrage namentlich
Ungarn gegenüber von allen Seiten begangen worden war.
Die Bilanz, mit welcher die österreichische Nationalbank
das Geschäftsjahr 1808 abschloss, versetzte den Finanzminister
Dr. Brestel in arge Verlegenheit. Als es nämlich klar wurde,
dass das Geschäftserträgniss der Bank die Möglichkeit der
Vertheilung einer Dividende von 7 % an die Actionäre nicht
gewähre, richtete er vorerst eine Note an die Bank, in
welcher er dieselbe aufforderte, ihre Bilanz für 1868 derart
einzurichten, dass die Staatsverwaltung jeder Zuschussleistung
enthoben sei, da er sonst bemüssigt wäre, die Bank
in Betreff der auf Ungarn entfallenden Quote des
Zuschusses an die ungarische Finanzverwaltung zu
verweisen. Das führte zu Besprechungen zwischen dem Finanzminister und der Bankdirection, welche deutlich herausstellten,
dass die Regierung einen hohen Werth darauf legte, von
Seite der Bank gar keinen Anspruch auf einen Zuschuss gestellt zu sehen, damit der Präjudicirung einer als offen ange-
sehenen, principiellen Frage vorgebeugt werde. In diesen
Besprechungen, Anfangs December, erklärten sich die Mitglieder der Bankdirection allerdings bereit, Alles zu vermeiden,
wodurch im Augenblicke Schwierigkeiten hervorgerufen werden könnten; doch verhehlten sie dem Finanzminister die
Thatsache nicht, dass die Bank zur Ergänzung der Dividende
bemüssigt sein werde, vertragsmässig eine volle Million anzusprechen; sie fügten jedoch bei, dass es möglich wäre, die
Zahlung des Staates ausnahmsweise von einer runden Million
auf nahe 100,000 fl. herabzumindern, wenn, wozu sie sich bereit erklärten, der Ertrag ihrer Devisenoperationen sowie die
empfangenen Prägekosten in die Bilanz eingestellt würden.
Sie erklärten, dass in diesem Falle den Actionären der Antrag
gestellt würde, sich für 1868 mit einer Verzinsung von $6\frac{1}{2}$ %
zu begnügen. Dem Finanzminister war damit nicht geholfen,
denn für ihn war der entscheidende Punkt eben der, dass er
mit Rücksicht auf Ungarn eine Zahlung an die Bank überhaupt nicht leisten mochte. Um dieser Situation der Ver-

legenheit zu entrinnen, verfiel die diesseitige Regierung auf
eine Idee, deren Ausführung einer offenbaren Rechtsverletzung,
der offenbaren Nichterfüllung einer rechtlich eingegangenen
Verpflichtung gleichkam. In einer Zuschrift vom 23. Dezember
1868 erklärte Finanzminister Dr. Brestel der Nationalbank,
dass in Folge der Mitte November begonnenen Reduction
des Bankfonds auch die stipulirte eventuelle Zahlung der
Pauschalsumme von 1 Mill. Gulden für die Schuld des Staates
an die Bank von der Letzteren nunmehr nur dann werde angesprochen werden können, wenn das als Dividende unter
die Actionäre zu vertheilende Jahreserträgniss 7 °₀ von 90
Mill. d. i. 6,300.000 fl. nicht erreichen sollte. Als Motiv hierfür wurde angegeben, dass das Kapital der Bank am 31. December 1868 bei Abschluss der Jahresbilanz mit 90 Mill. fl. in
den Büchern der Bank erscheine. Da notorisch bis 15. November das Bankkapital 110¹/₁₄ Mill. fl. betrug, so kam diese
Declaration der Regierung dem Versuche gleich, einem Gesetze und einem Vertrage rückwirkende Kraft beizulegen.

Mit Recht verwahrte sich die Bankdirection in einer
Note vom 29. Dezember 1868 gegen diesen Act offenbaren
Unrechts. Die Bankdirection exponirte in dieser Note den
richtigen Sachverhalt, constatirte den „höchst peinlichen Eindruck", welchen die entgegengesetzte Auffassung der Regierung
in den Kreisen der Nationalbank hervorgerufen habe und
nachdem sie gegen jede Verletzung oder Umgehung des der
Nationalbank vertragsmässig durch § 1 des Uebereinkommens
vom Jahre 1863 eingeräumten Rechtes feierliche Verwahrung
eingelegt hatte, erklärte die Bankdirection, dass sie gleichwol
weit davon entfernt sei, der kaiserlichen Regierung Schwierigkeiten bereiten zu wollen, welche vermieden werden könnten.
Mit Rücksicht darauf habe die Bankdirection den Gewinn aus
ihren Metall- und Devisenoperationen, sowie die vom Staate
erhaltenen Prägekosten, zusammen beiläufig einen Betrag von
725.000 fl. in die Bilanz eingestellt. Sollte indess, so hiess es
in der Note, die kaiserliche Regierung die Zahlung der

Pauschalsumme ablehnen, so werde diese Summe zwar als
eine unberichtigt gebliebene Forderung der Nationalbank an
den Staat abgesondert verrechnet, an die Actionäre aber
nur das zur Vertheilung gebracht werden, was an Erträgniss
wirklich eingegangen sei. In diesem Falle werde die Bankdirection der Generalversammlung erklären und deren Zustimmung verlangen, dass zur Durchsetzung der von der
Nationalbank vertragsmässig erworbenen Rechte alle gesetzlichen Mittel zu ergreifen seien. Von den Beweggründen,
welche für den Finanzminister der diesseitigen Regierung
maassgebend waren, als er auf das absonderliche Auskunftsmittel verfiel, seiner Zahlungsverpflichtung durch eigenmächtige
Construction der Bankbilanz zu entgehen, sprach die Note
der Bankdirection mit keinem Worte. Sie adressirte einfach
ihren Protest an die diesseitige Regierung, sie reclamirte von
dieser allein die Zahlung einer Schuld, welche offenbar eine
Reichsschuld und nicht etwa eine Schuld der diesseitigen
Länder allein war und entzog sich auf diese Weise einer
Verlegenheit, an deren Herbeiführung sie selbst keineswegs
ganz unschuldig war.

Sachlich war dieser Protest ein wohl begründeter und das
Recht der Bank stand ausser Frage. Formell aber war die
Note der Bankdirection vom 29. Dezember 1868 eine nicht
ausreichend begründete. Beide Theile, Regierung wie
Nationalbank, büssten die Sünden ihrer Bankpolitik namentlich Ungarn gegenüber. Für die Bank bestand die Busse
darin, dass ihre Actionäre ihren Gewinn geschmälert sahen,
der Regierung aber war eine noch weit schlimmere Busse
dadurch auferlegt, dass sie sich zu einem Gewaltacte
solcher Art gedrängt sah. Die Sachlage, soweit sie die
Regierung betraf, erinnerte lebhaft an die Verse, in welchen
der deutsche Aristophanes das bekannte edle Polenpaar
feierte: Und da keiner wollte leiden, dass der andre für
ihn zahle, zahlte keiner von den Beiden . . . . Statt
aber der Sache zum Mindesten eine harmlosere Wendung zu

geben und der Bank zu erklären, dass man zwar die Berechtigung ihres Anspruches anerkenne, die Abrechnung aber
bis zur Austragung der Streitfrage mit Ungarn suspendiren
müsse, that die diesseitige Regierung der Bankacte Gewalt
an, decretirte sie, sie sei der Bank überhaupt nichts schuldig.

In der ordentlichen Generalversammlung der Bankactionäre vom 16. Januar 1869 kam diese Streitfrage zur
Verhandlung. Dort wurde, als es sich um Genehmigung der
Bilanz für 1868 handelte, der Antrag gestellt, es sei die Post
„Börsenmässig angekaufte Pfandbriefe der Nationalbank"
nach dem Börsenwerthe vom 31. Dezember 1868 und nicht
nach dem Ankaufspreise in das Activum einzustellen, der
hieraus sich ergebende Mehrbetrag von 365,405 fl. aber auf
das Gewinn-Conto zu setzen und von der vom Staate zu bezahlenden Pauschalsumme in Abzug zu bringen, wonach sich
die vom Staate zu leistende Zahlung nur noch mit 340,543 fl.
zu beziffern hätte; demgemäss sei auch die Dividende der
Bankactien für das Jahr 1868 mit 47 fl. 90 xr., somit jene des
2. Semesters 1868 mit 27 fl. 98 xr., statt mit 25 fl. 80 xr. festzusetzen. Dieser Antrag war ein neuerliches Auskunftsmittel,
erfunden und gestellt im Sinne der Regierung, aber auch dieses
Auskunftsmittel reichte nicht aus, den schwebenden Conflict
zu beseitigen. Die Staatsverwaltung war damit der Verpflichtung, eine Zahlung überhaupt zu leisten, eben auch nicht
enthoben. Entgegen der Anschauung der Bankdirection,
welche dessen Ablehnung empfahl, nahm die Generalversammlung der Actionäre den Antrag, sowie er gestellt wurde,
an und an die Genehmigung der Bilanz und Ertheilung des
Absolutoriums knüpfte die Generalversammlung auf Antrag
der Bankdirection folgenden Beschluss: „Sollte die kaiserliche
Regierung die Zahlung der für das Jahr 1868 vertragsmässig
an die Nationalbank zu entrichtenden Pauschalsumme ablehnen, so wird letztere zwar als eine unberichtigt gebliebene
Forderung der Nationalbank an den Staat auf neue Rechnung

übertragen, an die Actionäre aber kommt nur der den heute
gefassten Beschlüssen entsprechende Betrag zur Vertheilung.
In diesem Falle sollen zur Durchführung der vertragsmässigen Rechte der Nationalbank alle gesetzlichen Mittel ergriffen werden." Die Geschichte
der Nationalbank, eine Geschichte des Missbrauches und der
schnödesten Rechtseingriffe, war damit um ein Kapitel bereichert, der Rechtsstaat aber als Geklagter vor das Forum
seiner eigenen Gerichte geladen.

Auf Grund des erwähnten Beschlusses der Generalversammlung in Bezug auf die Einstellung der Pfandbriefe zum
Börsencourse vom 31. December 1868 gestaltete sich denn
auch der Rechnungsabschluss und die Verwendung der
Erträgnisse in anderer Weise. Es bezifferten sich in Folge
dessen die Jahreserträgnisse mit zusammen 9,145,994 fl. Nach
Abzug sämmtlicher Auslagen mit 1,753,551 fl. und der 5 %
Zinsen des Bankfonds in der Weise wie früher angegeben
berechnet, mit 5,385,937 fl. und nach Dotirung des Reservefonds mit 200,650 fl. blieb zur Vertheilung als Superdividende
verfügbar eine Summe von 1,813,831 fl. Die an die Actionäre
zu vertheilende 7 % Dividende (Zinsen und Superdividende)
betrug 7,540,312 fl., während durch die eigenen Geschäfte der Bank
zuzüglich des Werthunterschieds bei den börsenmässig angekauften Pfandbriefen nur 7,199,768 fl. erzielt waren. Es fehlten daher
noch 340,543 fl., welche die Staatsverwaltung zur Ergänzung
auf 7 % zu bezahlen hatte. Nachdem die Zahlung dieser
Pauschalsumme Seitens der Staatsverwaltung nicht geleistet
wurde, so wurde dieselbe als eine unberichtigt gebliebene
Forderung der Nationalbank an den Staat auf neue Rechnung übertragen und es kam demgemäss an die Actionäre
im Sinne des Beschlusses der Generalversammlung nur ein
Betrag von 47 fl. 90 xr. pr. Actie, entsprechend einer Verzinsung des Actiencapitals mit 6,51 %, für das Geschäftsjahr
1868 zur Vertheilung.

Die Generalversammlung vom 16. Januar 1869 aber war wiederum nicht der Ausgangspunkt einer principiellen Lösung, sondern nur eine weitere Episode in der neueren Jammergeschichte der Nationalbank, deren Beginn in die Mitte des Jahres 1866 hineinreichte, deren Verlauf mit der Geschichte des österreichisch-ungarischen Ausgleichs zusammenfiel und deren Ende nach wie vor nicht abzusehen war.

Das Jahr 1869 und die Speculationskrise.

„Es ist ja, als ob das Wiener Granitpflaster Gold ausschwitzte und sämmtliche Oesterreicher mit vereinzelten Ausnahmen Millionäre würden", also kennzeichnete ein Londoner Correspondent die eigenartige Bewegung, welche das Jahr 1869 in Oesterreich vorfand und die Worte traten in Bezug auf Ungarn in gleicher Weise zu. Im Jahre 1868 nahm jene Aera der Ueberspeculation, der Massengründungen und der Agiomacherei, welche von den Epigonen der Pereire's und Langrand's in Scene gesetzt, mit etlichen nicht eben sanften Unterbrechungen bis in diese Tage hinein fortdauerte, ihren Anfang. Es bleibt einem späteren Abschnitte dieses Buches vorbehalten, diese Bewegung in weiterem Umfange ins Auge zu fassen. Insoweit aber die Darstellung der Verhältnisse der österreichischen Nationalbank im Jahre 1869 es erfordert, soll hier zur Kennzeichnung jener Bewegung einiges vorausgeschickt werden.

Die politischen wie die wirthschaftlichen Ergebnisse des Jahres 1867 hatten unverkennbar die Vorbedingungen für einen regen Aufschwung des Handels und der Production wie auch des Unternehmungsgeistes geschaffen. So ungerecht der

Ausgleich zwischen den beiden Hälften der österreich-ungarischen Monarchie auch war, so hatte er in seinen Consequenzen doch erheblich zur politischen Consolidirung der Monarchie beigetragen und der gewaltige Export an Brodstoffen
nach dem Auslande hatte fremdes Kapital ins Land gebracht,
dessen befruchtende Wirkungen nicht ausblieben. Dabei gestaltete sich die Lage der Staatsfinanzen günstiger, man stand
zum ersten Male vor der erfreulichen Aussicht, nicht, wie bis
dahin, den Abgang im Staatshaushalte durch neue Anlehen
decken, neue Schulden auf die alten häufen zu müssen, und an
der gesteigerten Productions- und Consumtionskraft profitir-
ten die staatlichen Steuereingänge. Mit einem Worte, das
Jahr 1808 war ein gar treffliches Geschäftsjahr und die Erscheinung war eine ganz natürliche, dass, zumal unter der
Gunst einer im Allgemeinen friedlichen Weltlage, nicht bloss
die bereits bestandenen Werthe in Oesterreich-Ungarn gewan-
nen, sondern auch noch ein mächtiger Anreiz zur Schaffung
neuer Werthe sich einstellte, und dass mit Macht daran gegangen wurde, wirthschaftlich einzuholen, was unter der Un-
gunst der Verhältnisse in den vorausgegangenen Jahren versäumt worden war.

Leider nahm diese an sich durchaus berechtigte und Anfangs auf gesunder Basis ruhende Bewegung alsbald einen
über alle Maassen excessiven Charakter an. Ganz besonders
in Ungarn entwickelte sich schon im Laufe des Jahres 1808
ein alle Schranken der Vernunft überspringender, alle Gesetze der Volkswirthschaft verhöhnender Gründungsfanatis-
mus der absonderlichsten Art. Als sollte auf dem Gebiete
der Industrie wie des Bank-, Versicherungs- und Communi-
cationswesens mit Einem gewaltigen Rucke Alles durch das
eben erst selbständig gewordene Ungarn eingeholt werden,
was dort vordem verabsäumt worden war, verging fast keine
Woche, in der nicht eine Reihe neuer Actienunternehmungen
ins Leben gerufen worden wäre und die Gründungsphantasie

wart sich gleich vom Beginn an selbst auf solche Gebiete,
auf denen bis dahin das Associationswesen auf dem europäischen Continente kaum noch zur Anwendung gekommen war.
Halbdutzendweise entstanden Dampfmühlen auf Actien, Ver-
sicherungsbanken auf Actien, Brennereien auf Actien, Braue-
reien auf Actien, Hotels auf Actien und schon im Mai 1868
war man im Zempliner Comitate bei einer „Wein-Creditbank"
und in Pest selbst bei einer „Borsten-Vieh-, Marstall- und
Vorschuss-Actiengesellschaft" angelangt. Woher das Kapital für alle diese Unternehmungen kommen sollte, daran dass
das Land selbst über dieses Kapital nicht verfügte, dachte
man nicht. Von Ungarn aus verpflanzte sich diese Gründungswuth alsbald auch nach Wien, welches etliche Monate
lang zaghaft zugesehen hatte und nun begann der heillose Wett-
kampf. Da wie dort setzten sich alle Tage ein paar Gründungs-
speculanten zusammen, ersannen eine „Idee", erfanden dafür
eine Firma, erwarben dafür eine Concession, zeigten an, dass
die Actien, noch bevor sie existirten, auch schon genommen
seien, machten am nächsten Tage an der Börse, wo die Actien gar nicht zu haben waren, ein Agio, forcirten dieses Agio
von Tag zu Tag, realisirten dann die Actien mit Agio durch
ein sogenanntes Syndicat, lösten dann dieses Syndicat auf
und vertheilten dann zum Schlusse das erzielte Agio unter
einander, nicht ohne vorher dadurch, dass sie sich selbst als
Verwaltungsräthe mit entsprechenden Tantièmen einsetzten,
ihren Löffel auch für die Folge in die Suppe gesteckt zu
haben. Das Jahr 1850 war in neuer und verstärkter Auflage
wiedergekehrt, doch mit Einem Unterschiede. Auf die Emis-
sionen des Jahres 1850 waren im Ganzen etwas über 149 Mill.
eingezahlt worden, im Jahre 1868 aber betrugen die Einzahlungen nahe an 200 Mill. Gulden. Damals war es eine Sel-
tenheit, wenn Concessionäre ihre Unternehmungen mit einem
Gewinne realisirten, jetzt erzielten die Gründer Agiogewinne
von 12—15 und noch mehr Percent. Immer mehr beschleu-
nigte sich das Tempo, in welchem die Neugründungen vor

sich gingen. In Wien allein entstanden in den ersten drei
Monaten des Jahres 1869 nicht weniger als 32 neue Unternehmungen, welche sich den 25 vom Jahre 1868 friedlich an-
reihten und so wählerisch und lüstern wurde der Gaumen der
Speculanten, so gewaltig die Habsucht der Gründer, dass
ihnen der Profit aus der Gründung neuer Eisenbahnen nicht
mehr genügte, dass sie fast ausschliesslich nur noch das Ter-
rain der Gründung von Banken und Industrieunternehmungen,
das der Agiomacherei weitaus günstiger war, cultivirten. Mit
der Zahl der Gründer und der Gründungsobjekte wuchs auch
die Zahl der Speculanten und sie wuchs allmälig geradezu ins
Grenzenlose. Alle Welt spielte, alle Welt wollte gewinnen,
wollte rasch reich werden. Die Börse wurde trotz zeitweili-
ger Erschütterungen und allen öffentlichen Warnungen zum
Trotze allgemach zum Brennpunkt des öffentlichen Lebens,
vom Taumel, der von ihr ausging, blieb kaum Eine Schichte
der Gesellschaft bis hinab zu dem Bureaubediensteten der
Banken und den Eckenstehern auf den Strassen unberührt.

Das war keine Zeit, die da günstig hätte sein können
zur Erörterung und Behandlung einer so tief ernsten Frage,
wie es die Bankfrage damals schon war. Wer hätte vollends
inmitten von Zuständen, wie wir sie eben flüchtig andeuteten,
mit einigem Erfolge und ohne verhöhnt zu werden, daran
denken können, eine Regelung des zerrütteten Geldwesens
im Lande zu fordern, auf eine solche Regelung hinzuarbeiten.
War doch das aller Welt klar, dass eine solche Action dem
Gebäude des Schwindels den Zusammensturz gebracht hätte,
fühlte doch alle Welt, dass Zustände dieser Art eben nur
aus einem zerrütteten Geldwesen, aus einer schwankenden
Landeswährung und einem über alle Maassen variablen Zinsfuss herauswachsen konnten! So ruhte denn die Bankfrage
während des ersten Halbjahres 1869 vollständig, es war von
ihr auf keiner Seite die Rede.

Erst Anfangs Juli 1869, als trotz der colossalen Julicou-
pon-Eingänge eine Knappheit der Geldes fühlbar wurde, fing
man an, zur Aufmerksamkeit durch den veröffentlichten Se-

mestralausweis der Nationalbank angeregt, stutzig zu werden
und zumal der Ausweis über den Stand der Bank gab ernsten Bedenken Raum. Der Wochenausweis der Nationalbank
vom 7. Juli zeigte einen Banknotenumlauf von 305·, Mill. gegenüber einem Metallschatz von 108·₅ Mill. Innerhalb ihrer
Statuten und ohne Versilberung ihres Devisenbesitzes vermochte die Bank in dieser Situation dem Markte nur mehr
die geringe Summe von 2·₀ Mill. Gulden in Noten zuzuführen.
Mit anderen Worten, die Notenreserve der Bank war auf
2·₀ Mill. Gulden herabgesunken und nur dann, wenn die Bank
entschlossen war, mit ihrem Devisenvorrath aufzuräumen,
konnte sie noch weitere 11·₀ Mill. Noten ausgeben. Wollte
sie das nicht und gebot ihr die Vorsicht auf eine stärkere
Notenreserve Bedacht zu nehmen, dann war für sie der Moment gekommen, den fortschreitend steigenden Geldansprü-
chen der Speculation durch eine Erhöhung des Zinsfusses
entgegenzuwirken. Für die Speculation war der Moment gekommen, sich mit dieser Eventualität vertraut zu machen und
mit ihr zu rechnen. Es war der Nationalbank in Folge der
Gesetze vom Juni und November 1868 möglich gewesen, der Speculation grossen Vorschub zu leisten und sie hat ihn in der That
auch geleistet. Musste sie sich doch etliche Wochen später, als
die unabwendbar gewordene Krisis thatsächlich eingetreten
war, den Vorwurf gefallen lassen, dass sie es gewesen sei,
welche die Speculation durch zu freigiebige Notenausgabe
ermuntert und gefördert habe. In keinem Falle lag eine
Veranlassung vor, der Nationalbank in den fast 8 Monaten,
welche seit Erweiterung ihres Geschäftskreises verflossen
waren, einen Vorwurf in der Richtung zu machen, dass sie
etwa Restrictionen vorgenommen habe. Nunmehr aber war
für jeden Einsichtigen die Grenze erreicht; sie zu überschreiten wäre unter den gegebenen Verhältnissen ein Act der
Verwegenheit gewesen, welcher einer Zettelbank von vornherein verwehrt ist, und die Nationalbank hätte ihre alten
Traditionen der Vorsicht verläugnen müssen, um der nimmersatten Speculation weiter noch wie bis dahin zu Willen zu sein.

Ueber Mangel an Circulationsmitteln konnte bei einiger
Objektivität der Beurtheilung Niemand sich beklagen. Von
532·⅞ Mill. Mitte 1868 hatte der gesammte Notenumlauf, Staats-
und Banknoten zusammen sich Mitte 1869 auf 612·¼ Mill. Gulden, demnach um nicht weniger als 80 Mill. erhöht und innerhalb der ersten 6 Monate des Jahres 1869 allein hatte diese
Zunahme 44 Mill. Gulden betragen. Dieses Plus an Circulationsmitteln hatte ausschliesslich die Nationalbank geliefert.
Die Valuta aber hatte gleichzeitig trotz aller Betheiligung
des Auslandes an den neuen Werthschöpfungen in Oesterreich-Ungarn innerhalb des nämlichen Jahres eine Verschlechterung um reichlich 9 % erfahren. Bei unverkennbar steigender Prosperität des Landes, der früheren Concurrenz des jederzeit geldbedürftigen Staatsschatzes auf dem Geldmarkte
entledigt, nach zwei gesegneten Erntejahren mit der Aussicht
auf ein drittes, notirte man Anfangs Juli 1869 ein Silberagio
von über 22 %! Mochte auch der so ernsten Verschlechterung der Valuta der übermässig gesteigerte, den legitimen
Bedarf übersteigende Notenumlauf nicht eben ausschliesslich
zu Grunde liegen, so konnte doch der Zusammenhang der
beiden Erscheinungen unmöglich geläugnet werden. Zu deutlich sprach aus den Ziffern des Bankausweises die Thatsache,
dass die Vermehrung des zur Hälfte ohnehin jeder Fundirung
entbehrenden Circulationsmediums nicht etwa eine natürliche
Lücke im allgemeinen Verkehrsbecken ausfüllte, sondern dass
die Speculation mit ihr operirte und unter den Consequenzen
dieser Thatsache machte sich neben dem Uebel der fortschreitenden Valutaentwerthung auch eine fortschreitende
Steigerung aller Lebensmittelpreise trotz der guten Ernten
bemerkbar. Daneben hatten sich die Geschäftsergebnisse der
Nationalbank trotzdem seit dem Inslebentreten der ihr gewährten Geschäftserleichterungen sowie ihrer Capitalsreduction mehr als ein halbes Jahr verstrichen war, keineswegs all
zu günstig gestaltet. Nur bei dem Darlehensgeschäfte waren
die concedirten Erleichterungen von vortheilhaftem Einflusse,
die beiden anderen Hauptgeschäftszweige wiesen trotz der

14*

Neuerungen Rückgänge auf. Im Ganzen wurde für das erste Semester 150.000 Gulden mehr als im Vorjahre zur Vertheilung gebracht und wurde der Coupon mit 1 Gulden mehr als im Vorjahre bedacht. Die vertheilten 21 Gulden entsprachen genau der 7°/₀ Verzinsung des reducirten Actiencapitals, so dass für das erste Semester eine Zuschussleistung von Staatswegen nicht erforderlich war. Der Charakter der Halbjahrsbilanz liess sich dahin praecisiren, dass die Folgen der Geschäftserleichterungen allein, trotz dem Taumel, in welchem sich alle Welt ausserhalb der Nationalbank befand, nicht einmal die Vertheilung einer 7°/₀Dividende für das erste Semester ermöglicht hätten, wenn nicht gleichzeitig das Actiencapital um 20¹/₄ Mill. reducirt worden wäre.

Es war unter den gegebenen Verhältnissen ein Act berechtigter Vorsicht, dass die Direction der Nationalbank Ende Juli 1869 ihren Zinsfuss im Lombardgeschäft von 4¹/₂ auf 5°/₀ erhöhte und auf diese Weise den Versuch machte, der Zunahme des Notenumlaufes durch Eindämmung des Lombardgeschäfts entgegenzuwirken. Die Bankdirection trug dem Umstande Rechnung, dass seit Ende Oktober 1868 das Escomptegeschäft wohl um nicht ganz 19 Mill. abgenommen, das Lombardgeschäft dagegen um mehr als 40 Mill. zugenommen hatte und dass die Notenreserve von 7 Mill. weitaus nicht genügte, um den, den Filialen bereits eingeräumten, wenn auch momentan nicht voll benützten Dotationen im Falle hervortretender Ansprüche genügen zu können. Es musste dieser Umstand umsomehr beachtet werden, als in den Herbstmonaten, wie alljährlich, grössere Anforderungen im Escomptegeschält zu gewärtigen waren. Die Nationalbank hatte nur die Wahl, entweder durch Begebung von Devisen ihren Metallschatz zu vermehren und auf Grund dieser Vermehrung neue Noten auszugeben oder durch Erhöhung ihres Zinsfusses eine Stärkung der Notenreserve herbeizuführen. Nun war es aber die Speculation auf dem Effektenmarkte ausschliesslich, welche die Steigerung des Notenumlaufs herbeigeführt hatte und nichts wäre ungerechtfertigter gewesen, als wenn auf Kosten anderer Zweige der legitimen wirthschaftlichen Thätigkeit dieser Speculation neue Nahrung zugeführt worden wäre. Die Mahnung, welche in dieser Massregel · der Bankdirection gelegen war, ging indess an der Börse wirkungslos vorüber, man beurtheilte sie abfällig und setzte das Treiben fort. Das führte zu weiteren Massregeln, vor Allem zu umfassenden Kündigungen im Report seitens der Bank und zu einer Einschränkung des Belehnungsmaximums im Lombardgeschäft.

Auch diese Massnahmen reichten nicht aus und die Bankdirection sah sich am 26. August zum Schutze ihrer Notenreserve genöthigt, den Zinsfuss für Platzwechsel und Rimessen um 1% auf 5% im Escompte von Domicilen und ebenso im Lombard auf $5\frac{1}{2}\%$ zu erhöhen. Diese Massnahmen kamen nicht unerwartet und nach Lage der Dinge konnte kein Einsichtiger ihnen die Billigung versagen. Die Ueberspeculation hatte allen Warnungen und Mahnungen zum Trotze ihre Orgien fortgesetzt. Mit Engagements überladen, gegen eine Geldklemme ankämpfend, welche nicht etwa auf einen Mangel an Noten, sondern auf eine colossale Ueberladung mit unanbringlichen Werthen zurückzuführen war, von den Bankinstituten, welche das Treiben bis dahin poussirt hatten plötzlich im Stiche gelassen, durch ihre eigene bedrohliche Lage und zu allem Ueberfluss auch noch durch beunruhigende Nachrichten politischer Natur aus Paris geängstigt, wurde die Speculation angesichts der Massregeln der Nationalbank allgemach einiger Selbsterkenntniss zugänglich, aber mit dem Beginn dieser Selbsterkenntniss war auch jene in den Annalen des Börsenspiels für alle Zeiten denkwürdige Krisis inaugurirt, welche im Monate September 1869 so grosse Verheerungen anrichtete und eine Situation völliger Erschöpfung herbeiführte.

Die eingetretene Krisis und ihre verheerenden Wirkungen wurden naturgemäss dort am fühlbarsten, wo am stärksten und mit der geringsten Berechtigung gesündigt worden war, nämlich in Ungarn. Statt aber sich selbst anzuklagen, schob man dort alle Schuld auf Wien und die Wiener Nationalbank und die nächste Folge davon war die, dass mit Einem Male nachdem man fast 9 Monate lang von ihr nicht geredet hatte, die Bankfrage leibhaftig wieder dastand, von Ungarn in seiner Weise auf die Tagesordnung gesetzt. Nichts hatte sich geändert, kein neuer Zwischenfall war eingetreten, die Frage der 80 Mill. Schuld schwebte nach wie vor in der Luft, die Nationalbank wusste nach wie vor nicht, was in Bezug auf Ungarn für sie Rechtens sei, lediglich die Thatsache des Bestandes einer Speculationskrise, die man fälschlich für eine Geldkrise ausgab, stand fest; für die ungarische Bankpolitik aber genügte das um ohne weitere Anhaltspunkte als eben jene, welche durch diese Krisis gegeben waren, die Discussion über die Bankfrage in ihrem Sinne in Fluss zu bringen. Das waren noch die Gemässigten, die da verlangten, dass die dualistische Staatsverfassung auf die Nationalbank übertragen, dass das Bankinstitut in zwei Theile gesondert, dass der Baarschatz getheilt und in Pest eine gesonderte selbstständige Bankdirection installirt werde. Radicaler als sie gingen Andere vor, unter ihnen der aus Paris nach Pest übersiedelte Publicist und Autor des Buches „Die Freiheit der Banken" Hr. J. E. Horn; von dieser Seite wurde ganz kategorisch die Errichtung einer selbstständigen ungarischen Zettelbank gefordert, natürlich unter Hinwegsetzung über die einer solchen Action als Hinderniss entgegenstehenden Kleinigkeiten, als da waren: die übernommene Verpflichtung der ungarischen Regierungsmänner in Betreff der Respectirung des Bankprivilegiums bis zu dessen Ablauf, die Gemeinsamkeit nicht bloss der 80 Mill.-schuld an die Bank, sondern auch der schwebenden Staatsschuld von nahe an 400 Mill., mit welch' letzterer doch irgend etwas geschehen musste, bevor an eine selbstständige ungarische Bank im Ernste auch nur gedacht werden konnte. Aus der publicistischen Discussion entwickelte sich alsbald eine ziemlich intensive Agitation, deren Verlauf unter Anderem zu dem interessanten, von einem Organe der Deákpartei ausgegangenen Bekenntnisse führte, (Pester Lloyd vom 15. September 1869), dass gleichzeitig mit der Frage der Einsetzung eines unabhängigen ungarischen Ministeriums am Anfange des Jahres 1867 die Frage der Nationalbank zwischen den damals designirten Mitgliedern der beiderseitigen Regierungen zur Sprache gekommen und der Beschluss gefasst worden sei, dass das Bankprivilegium, wenn dasselbe auch für Ungarn nicht verbindlich sei, doch für so lange respectirt werden solle als die Staatsnotenfrage und die damit zusammenhängende Frage des Zwangscourses nicht in entsprechender Weise gelöst werden könnten. Dieses Bekenntniss, für diesseits der Leitha keineswegs eine Neuigkeit, wurde jenseits der Leitha gleichwohl als eine „Enthüllung" hingestellt und aufgefasst, ohne dass man sich indess durch sie in der Fortsetzung der gegen die Bank einmal begonnenen Agitation hätte beirren lassen. In ihrem weiteren Verlauf führte diese Agitation zur Veranstaltung einer Art von Berathung über die bestehende Geldcalamität und über die Mittel, durch welche ihr abzuhelfen wäre. Mit diesen Berathungen, an welchen die Pester Financiers und Vertreter der dortigen Bankinstitute Theil nahmen und mit welchen in der ungarischen Presse mitunter geradezu lächerliche Projecte, theilweise auf Staatshilfe reflectirend, parallel liefen, resultirte schliesslich nichts weiter als ein wol gemeinter Appell an die Pest-Ofner Handelskammer, sie möge trachten Abhilfe zu schaffen.

Die Handelskammer von Pest-Ofen, stimulirt obendrein durch die von den Bankfilialplätzen in Ungarn mit Macht erhobene Forderung nach Dotationserhöhungen seitens der Bank, liess sich das nicht zweimal sagen, überlegte nicht lange und richtete am 27. September an die ungarische Regierung ein Memorandum, welches sich natürlich zu einer förmlichen Anklage gegen die Nationalbank zuspitzte. Die österr. Nationalbank, so führte das Memorandum aus, sei Schuld an den precären Geldverhältnissen in Ungarn, denn sie habe die cisleithanischen Provinzen auf Kosten Ungarns bevorzugt. Eine eigentliche Krise, so führte das Memorandum weiter aus,

existire nicht, der vaterländische Handel, die Industrie seien
gesund, aber der Geldmangel lege dem Verkehr ganz unge-
heure Hindernisse in den Weg und dieser Geldmangel habe
lediglich darin seinen Grund, dass die österr. Nationalbank
den Bedürfnissen und berechtigten Ansprüchen Ungarns nicht
gerecht werde und vor allem Anderen für Wien sorge. Die
Regierung, das war die Pointe des Memorandums, möge daher mit Entschiedenheit darauf bestehen, dass die Dotation
der ungarischen Bankfilialen im entsprechenden Umfange erhöht werde, selber aber „von ihren disponiblen Geldern mindestens eine Summe von 3 Mill. deponiren" um mit Hilfe
dieser Reserve für den Fall der äussersten Noth einer drohenden Krisis rasch begegnen zu können. Das war so recht
ungarische Wirthschaftspolitik. Man läugnete, dass eine Krisis
existire, bat aber doch gleichzeitig um 3 Mill. Regierungs-
gelder, um der Krisis Einhalt zu thun. Der damalige ungarische Handelsminister, als ihm eine Deputation der Pest-
Ofener Handelskammer dieses Memorandum überreichte, war
so freundlich die Bitte um 3 Mill. Staatsgelder „eine sehr
glückliche Idee" zu nennen, für welche seitens der Regierung
ohnehin schon Manches geschehen sei, betonte indess gleichzeitig, dass kein Grund vorhanden sei, der Nationalbank gegenüber eine feindselige Haltung einzunehmen, was nicht hindere,
von ihr zu fordern, dass sie für Ungarn mehr thue, als sie
bisher gethan.

Eingehender als die ungarische Regierung beschäftigte
sich die Direction der österreich. Nationalbank mit
diesem absonderlichen Memorandum der Pest-Ofner Handelskammer, indem sie auf dasselbe nicht blos mit einer ausführlichen, am 22. October 1869 veröffentlichten Berichtigung
antwortete, sondern überdiess auch sich veranlasst fand, in
einer Note an den ungar. Finanzminister Hrn. von
Lonyay, welche das Datum vom 21. October 1869 trug, die
Verhältnisse ausführlich zu erörtern, welche zwischen Ungarn
und der österr. Nationalbank bestanden.

In der Antwort der Nationalbank auf das Memorandum der Handelskammer von Pest-Ofen wurde
zunächst betont, dass diese Corporation für ihre Behauptungen
den ziffermässigen Beweis anzutreten unterlassen habe und
unter Berufung auf die regelmässig veröffentlichten Monats-
ausweise der Bank wurde in dieser Antwort constatirt, dass
von dem Escompteportefeuille der Nationalbank am 30. September 1869 pr. 102·5 Mill. 55·9 % auf Wien, 21·8 % auf die
anderenösterreichischen Bankplätze und 22·3 °/o auf die ungarischen Bankplätze entfielen und dass an der Gesammt-
steigerung des Escompteportefeuilles der Bank mit 20·5 Mill.
während der abgelaufenen 9 Monate des Jahres 1869
Wien mit 9 Mill. oder 43·3 °/o, die anderen österreichischen
Bankplätze mit 3·8 Mill. oder 18·3 °/o, die ungar. Bankplätze
aber mit 7·2 Mill. oder 37·o °/o Theil genommen haben. Das
Escompteportefeuille in Pest betrage reichlich 34 % des
Wiener Portefeuilles und um 4½ Mill. Guld. mehr als jenes
der Filialen von Brünn, Olmütz, Prag, Reichenberg u. Troppau
zusammengenommen, welche letzteren die gewiss gewerbethätigen und industriereichen Länder Böhmen, Mähren und
Schlesien vertreten. Das Darlehensgeschäft der Bank habe
in den ersten 9 Monaten des Jahres 1869 in Wien um 0·6 Mill.
abgenommen, dagegen in den österr. Filialen um 5·8 und in den
ungarischen um 2·3 Mill. zugenommen. Das Hypothekarcreditge-
schäft der Bank am 30. September 1869 weise im Ganzen 65·6 Mill.
fl. auf und davon entfielen nicht weniger als 37 Mill., also 56·4 °/o
auf Ungarn. Solche Ziffern, hiess es in der Antwort der
Bank, sprechen nicht für eine Begünstigung Oesterreichs zum
Nachtheile Ungarns und zwar um soweniger wenn man be-
denkt, dass sowohl im Escompte als auch im Darlehensgeschäfte der Nationalbank in Wien sich nicht unbedeutende
Posten für ungarische Rechnung befinden. Die österreichische
Nationalbank habe sich dadurch, dass sie, wie die Pest-Ofner
Handelskammer hervorhebe, nur aus Opportunitätsgründen in
Ungarn noch für einige Zeit respectirt werde, nicht abhalten
lassen, den Wünschen Ungarns möglichst zu entsprechen

„Wenn aber", so schloss die Antwort der Bank, „von der Nationalbank eine noch reichlichere Berücksichtigung ungarischer Ansprüche verlangt und dabei betont wird, dass eine die Interessen nicht etwa der österr. Nationalbank allein, sondern auch die Interessen Oesterreichs nahe berührende Frage noch immer ihrer Entscheidung harrt, so wäre dies nur ein neuerlicher Beweis, wie wenig billig, wie wenig im gegenseitigen Interesse es gelegen ist, dieser selbst nach Ansicht ungarischer Stimmen schon zu lange hinausgeschobenen Interessenfrage noch weiter aus dem Wege gehen zu wollen."

Die Note des Bankgouverneurs an den ungarischen Finanzminister aber, als Antwort auf dessen Zuschrift vom 13. Oktober, worin das dringende Ersuchen ausgesprochen wurde, dass die Dotation der ungarischen Bankfilialen mit der grössten Beschleunigung erhöht werde, diese Note der Bank, ihrem Tenor nach mit der wünschenswerthesten Deutlichkeit abgefasst, entsprach einer Obliegenheit, welcher die Bank im Jahre 1868 aus dem Wege gegangen war und damit, dass die Veranlassung zu einer solchen Note für die Bankdirection im October 1869 gegeben war, war zur Genüge bewiesen, dass seitens der Nationalbank bis dahin, nicht eben zu ihrem Vortheile, mancherlei Ungarn gegenüber versäumt oder vielmehr absichtlich übersehen worden war. Die Bankdirection berief sich in dieser Note auf eine Mittheilung des österreichischen Finanzministers, wornach die ungarische Regierung sich im Ministerrathe verpflichtet habe „für die Dauer des Bankprivilegiums den Zwangscours aufrecht zu erhalten und keine Zettelbank zu genehmigen, wenn die Bank die Ansprüche des kaufmännischen Credites befriedigen und ungarische Effecten beleihen wolle"; — und fuhr dann fort:

„ . . . . . . „War diese Anerkennung des Bankprivilegiums eine bedingte und beschränkte und wurde sie durch die spätere Erklärung Ungarns, dass es von seinem Rechte der Notenausgabe nur für jetzt keinen Gebrauch machen wolle, noch weiter abgeschwächt, so muss insbesondere hervorgehoben werden, dass diese Vereinbarungen ohne Wissen der Nationalbank getroffen wurden, dass sie hievon erst nachträglich durch mündliche Mittheilung Kenntniss erhielt, während gleichwohl auf dieselben Vereinbarungen Forderungen gegründet werden, zu deren Erfüllung die Nationalbank für verpflichtet gehalten wird. . . . . . Wenn nun trotz wiederholt bethätigter Bereitwilligkeit der Nationalbank, die auf gesunder Grundlage beruhenden Zustände des ungar-Verkehrs nach Thunlichkeit zu unterstützen, von dort zwar neue Ansprüche erhoben werden, aber doch gleichzeitig betont wird, dass die Nationalbank in Ungarn nur aus Opportunitätsgründen nur auf einige Zeit noch auf Duldung rechnen kann, so werden der Nationalbank dadurch Schwierigkeiten geschaffen, deren Lösung nicht in ihrer Hand liegt. Die Nationalbank ist nicht berufen, die Meinungsverschiedenheit zu erörtern, welche heute noch zwischen den Regierungen Ungarns und Oesterreichs obschwebt. Die Nationalbank kann nur daran festhalten, dass ihre gesetz- und vertragsmässig erworbenen Rechte durch spätere ohne Zustimmung der Nationalbank erfolgte Acte weder geändert noch geschmälert werden können und müsste unter allen Umständen gegen eine solche Aenderung oder Schmälerung Verwahrung einlegen. Die Nationalbank kann auch nicht den gesetzlichen Factoren vorgreifen, welche zu entscheiden haben, wann und auf welche Weise die Ordnung der Staatsnoten huld vorzunehmen sei. Aber der Erkenntniss kann sich die Nationalbank nicht verschliessen, dass die Verweigerung der gesetzlich anerkannten, von ihr vertragsmässig erworbenen Rechte ihre Thätigkeit in Ungarn beeinträchtigen könnte. . . . . ."

Von einer Antwort des ungarischen Finanzministers auf diese Note der Bank ist nichts bekannt geworden. Indirect aber wurde bald darauf eine Art Antwort ertheilt, als die Bankfrage, angeregt durch Interpellationen und Anträge seitens der Linken im ungarischen Unterhause zum Gegenstande einer parlamentarischen Verhandlung gemacht wurde. In Beantwortung von Interpellationen der Deputirten J r a n y i und J o k a i, welche von der Regierung forderten, dass sie in der Bankfrage sofort legislatorische Verfügungen in Vorschlag bringe, gab der ungarische Finanzminister Hr. von L o n y a y am 4. November 1869 im ungarischen Abgeordnetenhause zum ersten Male ein Exposé über die Bankfrage. Nachdem er möglichst oberflächlich und ohne den Kern der Frage zu berühren, von der Schwierigkeit einer Lösung der Bankfrage gesprochen und sich für seine Person, als „Privatmann", nicht als ungarischer Finanzminister, für das Princip der Bankfreiheit innerhalb gesetzlicher Schranken erklärt hatte, legte er dem Hause einen B e s c h l u s s e n t w u r f vor, nach welchem der Reichstag eine p a r l a m e n t a r i s c h e F a c h k o m m i s s i o n

zu entsenden hätte „damit dieselbe nach Anhörung der hervorragenden Männer im Finanz-, Handels- und Gewerbefache,
mit Rücksicht auf die gegenwärtige Valuta, auf die faktischen
Verhältnisse und die jetzige Geldkrisis, sowie deren Ursachen
ein Gutachten darüber abgebe, welche legislatorischen Verfügungen in der Zettelbankfrage zu treffen seien, damit unter
Sicherung der normalen Geldcirculation der vaterländische
Kredit auf vollständig feste Grundlagen basirt werde."

Ueber diesen Beschlussentwurf verhandelte das Abgeordnetenhaus in seiner Sitzung vom 8. November; es verhandelte
indess nicht über diesen Beschlussentwurf und über die Bankfrage allein, sondern es verband damit auch die Angelegenheit der bestehenden Krisis, welche von der ungarischen
Regierung selbst in total falscher Auffassung der Dinge als
eine Geldkrisis bezeichnet worden war. In dieser Verhandlung skizzirte Hr. von Lonyay nach pharisäischem Ausdrucke
des Bedauerns darüber, dass seinerzeit die Deputationen eine
Lösung der Bankfrage nicht herbeigeführt haben, die verschiedenen Stadien dieser Frage in seiner Weise, betonte aufs
Neue, dass die ungarische Regierung die rechtliche Giltigkeit
des Bankprivilegiums für Ungarn keineswegs anerkannt, sondern nur erklärt habe, dass sie die Noten der Bank bei den
ungarischen Staatskassen annehmen und deren Zwangscours
aufrecht erhalten wolle, wenn die Bank ihren Geschäftskreis
in Ungarn entsprechend erweitere und den Ansprüchen der
ungarischen Filialen genüge, constatirte aber gleichzeitig,
dass die Nationalbank diesen an sie gestellten Anforderungen stets nach Möglichkeit zu entsprechen
gesucht habe. Der Escomptecredit allein habe sich seit
dem Inslebentreten des ungarischen Ministeriums, also seit
Anfang 1867, nahezu vervierfacht und auch in den anderen
Geschäftszweigen seien ohne Preisgebung des Rechtsstandpunktes für Ungarn sehr erhebliche Leistungen seitens der
Nationalbank erzielt worden. Hr. von Lonyay war auch gerecht genug, das gegenüber der Agitation in den ungarischen
Journalen bezeichnende Factum zu constatiren, dass bei den

ungarischen Filialen 4 Mill., für den Wechselescompte bestimmt, unbenützt seien. Im Ganzen aber sprach Hr. von Lonyay an diesem Tage viel mehr über Krisis und Schwindel als über die eigentliche Bankfrage und seinem Beispiele folgten in dieser Verhandlung fast alle Redner des Unterhauses, so dass wir uns einer Reproduction der zweitägigen parlamentarischen Verhandlung an dieser Stelle füglich entheben und uns darauf beschränken können als Ergebniss dieser Verhandlung die Einleitung einer parlamentarischen Bankenquête im Sinne des von der Regierung vorgelegten Beschlussentwurfes zu verzeichnen.

Das Ergebniss der ganzen, mit so grossem Eifer in Scene gesetzten und von allen Seiten weidlich genährten Pester Hetze gegen die Nationalbank, war also eine bequeme Vertagung. Die Einsetzung einer parlamentarischen Bankenquêtecommission war ein parlamentarisches Manöver und nichts weiter, dazu bestimmt aus der selbst geschaffenen Situation der Verlegenheit dadurch relativ bequem hinauszugelangen, dass man vorläufig Alles beim Alten liess. Klar ging aus der parlamentarischen Verhandlung allerdings soviel hervor, dass die Ungarn ohne weiteres bereit wären, eine nationale ungarische Zettelbank zu etabliren, wenn nicht der Bestand der gemeinsamen schwebenden Staatsschuld, die Staatsnoten und deren Zwangscours unvereinbarlich wären mit der Solvenz einer ungarischen Zettelbank. Man erkannte in Pest, wenn man auch nicht aufrichtig genug war es einzugestehen, dass der Etablirung einer ungarischen Zettelbank die Ertheilung des Zwangscourses für deren Noten unmittelbar auf dem Fusse folgen müsste, dass aber jener Zwangscours voraussichtlich in Oesterreich kaum respectirt werden dürfte, wenn anders eine befriedigende Auseinandersetzung rücksichtlich der schwebenden Bankfragen nicht vorausging. Es gab damals schon in Ungarn Niemanden der nicht eine selbstständige ungarische Zettelbank gewünscht hätte; aber die meisten sahen doch ein, dass das vorerst ein frommer Wunsch bleiben müsse, dass man die Wiener Nationalbank vorerst

nicht entbehren könne und dazu, von der Nationalbank die
grösstmöglichsten Concessionen zu erwirken, dazu hielt man
die Ruthe der Nichtanerkennung des Bankprivilegiums in
Ungarn für wirksam genug.

Den Erwartungen, welche man in Pest an die gegen die
Bank in Scene gesetzte Hetze geknüpft hatte, entsprach jenes
Ergebniss nicht. Die Bank verblieb nach wie vor in Ungarn,
da man sie eben brauchte und nicht entbehren konnte, ohne
sich einer dualistischen Transformation unterziehen zu müssen,
ja sie zog aus der gegen sie eingeleiteten Agitation als Vortheil das officielle Zugeständniss, dass die gegen sie gerichteten Klagen unbegründete seien, dass sie den an sie gelangten gerechten Anforderungen entsprochen habe. Das
Spectakel war wieder einmal beendet, die Bankfrage selbst
aber in Betreff Ungarns nach wie vor schwebend geblieben.
Nur das Materiale zur Bankfrage hatte sich wieder einmal
um ein Erkleckliches vermehrt.

In den ungarischen Journalen, welche sich, nachdem die
Enquête beschlossen war, der Erörterung der Bankfrage mit
Eifer zuwendeten, machte sich eine beträchtliche Abkühlung
bemerkbar und sie trat namentlich in den Spalten des der
Regierungspartei angehörenden „Pester Lloyd" auffallend
hervor. Nie vorher und leider auch seitdem nicht wieder
wurde in einem ungarischen Organe eine so nüchterne, den
gegebenen Thatsachen Rechnung tragende Sprache geführt,
als der Pester Lloyd sie damals führte. Als Schlussfolgerung
aus einer längeren Artikelreihe stellte dieses Blatt am 17. December 1869 die folgenden Sätze auf, mit denen auch diesseits der Leitha im Ganzen und Grossen Jedermann einverstanden sein konnte:

1) Die auch in Ungarn jüngst zum Ausbruch gekommene
Krisis wurde durch Ueberstürzung der Speculation hervor-
gerufen und wäre durch das Bestehen einer oder mehrerer
Notenbanken nicht verhindert worden

2) Die Errichtung einer oder mehrerer ungarischer Notenbanken könnte dermalen für sich allein den ungarischen

Credit nicht auf wenigstens relativ feste Grundlagen basiren, indem dieses Ziel nur unter dem Schutze einer aufgeklärten und wirksamen Gesetzgebung durch die anhaltende sowie fortgesetzte Entwicklung des Ackerbaues, der Industrie und des Handels erreicht werden kann.

3) Die Errichtung einer oder mehrerer ungarischer Notenbanken ist überhaupt nicht vor Herstellung der Valuta und diese letztere nur dann möglich, wenn sie in Oesterreich und Ungarn gemeinschaftlich und gleichzeitig vorgenommen wird.

4) Wenn nun Ungarn dermalen nicht in der Lage ist, für sich allein oder selbst gemeinschaftlich mit Oesterreich sofort mit der Herstellung der Valuta zu beginnen und daher dermalen darauf verzichten muss, eine ungarische Notenbank oder deren mehrere zu gründen, so liegt es im Interesse Ungarns ohne Aufschub solche legislatorische Verfügungen zu treffen, welche nach allen Richtungen hin geeignet sind, den Ländern der ungarischen Krone jene Vortheile einer geregelten Geldcirculation möglichst zu sichern, welche augenblicklich zu bieten nur die in Ungarn bereits factisch bestehende österreichische Nationalbank im Stande ist.

5) Der ungarische Reichstag möge daher gegen die früher erwähnten Concessionen seitens der österr. Nationalbank das Privilegium der letzteren für dessen in Oesterreich giltige Dauer, d. i. bis letzten Dezember 1876 auch in Ungarn gesetzlich anerkennen und gleichzeitig im Interesse des guten Einvernehmens mit Oesterreich über jenen Betrag hinaus, welchen Ungarn bereits an der Staatsschuld übernommen hat, auch einen näher zu bestimmenden Theil an der Schuld des Staates an die österr. Nationalbank behufs deren bedingter Verzinsung und seinerzeitigen Rückzahlung übernehmen.

Hätte der ungarische Reichstag damals diesen Sätzen gemäss gehandelt, dann stünde die Bankfrage heute anders als sie thatsächlich steht. Leider hat das citirte ungarische Blatt selbst sich in der Folgezeit der damals von ihm aufgestellten Sätze kaum mehr erinnert und schon mit Rücksicht darauf allein schien es uns zweckmässig, jene Sätze, in der That ein gesundes Bankprogramm und für Ungarn das einzig mögliche, hier zu registriren.

— —

Wir wenden uns nunmehr, wie wir dies bei jedem der vorausgegangenen Jahre gethan haben, den Ziffern der Notenbewegung im Allgemeinen sowie der Geschäftsergebnisse der Nationalbank im Jahre 1869 zu und schicken zunächst die folgende Tabelle voraus.

Ende	Bank-Noten-Umlauf	Staats-Noten-Umlauf	Gesammt-noten-Umlauf	Metall-schatz der Bank	Es-compte	Lom-bard	Silber-Agio	Cours d. Bank-Action
	In Millionen Gulden							für 100 fl.
Dezember 1868	$276'_{18}$	$298'_{33}$	$574'_{51}$	$108'_6$	$81'_{95}$	$37'_{78}$	$117'_5$	677
1869 ·								
Ende Januar .	$277'_{23}$	$299'_{11}$	$576'_{64}$	$108'_6$	$7\,4'_{90}$	$43'_{32}$	$119'_0$	678
„ Februar	$284'_{04}$	$300'_{01}$	$584'_{09}$	$108'_6$	$71'_{23}$	$52'_{78}$	$120'_5$	732
„ März	$286'_{54}$	$300'_{13}$	$586'_{67}$	$108'_7$	$71'_{89}$	$55'_{19}$	$124'_5$	729
„ April .	$294'_{88}$	$299'_{67}$	$594'_{55}$	$108'_7$	$73'_{70}$	$63'_{75}$	$120'_5$	726
„ Mai . .	$288'_{11}$	$300'_{30}$	$588'_{41}$	$108'_5$	$71'_{18}$	$58'_{80}$	$121'_7$	749
„ Juni .	$291'_{90}$	$306'_{26}$	$598'_{20}$	$108'_8$	$77'_{13}$	$62'_{17}$	$121'_7$	747
Juli . .	$300'_{35}$	$306'_{12}$	$606'_{47}$	$109'_2$	$82'_{05}$	$61'_{33}$	$121'_5$	758
August	$300'_{84}$	$307'_{02}$	$607'_{86}$	$111'_2$	$96'_{85}$	$47'_{60}$	$120'_3$	750
„ Septbr. .	$308'_{08}$	$306'_{70}$	$614'_{78}$	$124'_0$	$102'_{51}$	$45'_{31}$	$120'_0$	712
„ October	$306'_{05}$	$310'_{73}$	$617'_{08}$	$126'_3$	$103'_{83}$	$47'_{45}$	$121'_7$	708
„ Novbr. .	$290'_{22}$	$311'_{88}$	$602'_{11}$	$124'_1$	$90'_{62}$	$42'_{08}$	$123'_2$	725
„ Dezbr. .	$282'_{00}$	$315'_{06}$	$598'_{76}$	$116'_0$	$87'_{53}$	$42'_{03}$	$120'_7$	742

Zinsfuss-Veränderungen im Jahre 1869.

	Escompte	Lombard
Bis 28. Juli . .	4%	4½%
Vom 29. Juli ab .	4%	5%
Vom 27. August ab .	5%	5½%

Beträchtliche Veränderungen in der Notenbewegung waren demnach im Jahre 1869 allerdings vor sich gegangen, aber aus den betreffenden Ziffern der obigen Tabelle möchte die gewaltige Ueberspeculation, welche das Jahr 1869 kennzeichnete, gleichwohl kaum ersichtlich werden. Der Gesammtnotenumlauf hatte, wie die Tabelle zeigt, im September und Oktober seinen Höhepunkt erreicht, um dann gegen Schluss des Jahres nicht unbeträchtlich zu sinken, und an dieser Bewegung participirte, wie klar ersichtlich ist, die Ausgabe von Staatsnoten, vorerst allerdings in geringerem, gegen Schluss des Jahres hin aber in weit höherem Maasse als jene der Banknoten. Es geschieht nicht ganz ohne Zweck, wenn wir dieses Moment betonen, denn in ihm liegt zugleich eine Widerlegung des zur Zeit der Krisis im Jahre 1869 gegen die Bankverwaltung erhobenen Vorwurfes, dass sie zuerst durch Ausdehnung ihrer Geschäfte die Ueberstürzung der Speculation gefördert, nachher aber durch Beschränkung insbesondere ihres Lombardgeschäftes die Krisis verursacht oder doch mindestens verschärft habe. Im Leihgeschäfte allerdings mag die Bankverwaltung in den Monaten April bis Juni, den sonst von ihr festgehaltenen Normen entgegen, nicht eben strenge genug vorgegangen sein und der Vorwurf, dass um diese Zeit das Leihgeschäft auf Kosten des Wechselportefeuilles begünstigt worden sei, mag nicht ganz unberechtigt gewesen sein; aber von einer bewussten Aufmunterung der Speculation Seitens der Bankverwaltung durch zu weit getriebene Notenexpansion in den Monaten vor der Krisis kann wohl kaum die Rede sein.

Ganz begreiflich, dass auch die Bankdirection selbst sich mit diesem Vorwurfe beschäftigte, dass sie ihn in ihrem Berichte an die Generalversammlung der Actionäre vom 19. Januar 1870 zu widerlegen bemüht war und dass sie in diesem Berichte darauf hinwies, wie ihre Warnungen an die Speculation, zumal die Erhöhungen des Zinsfusses in den Monaten Juli und August, von derselben überhört und in ihrer Bedeutung unterschätzt wurden, und wie es allerdings Pflicht

der Bankverwaltung gewesen sei, auf der einen Seite dem
Verkehr ohne Gefährdung der Sicherheit der Bank ausreichende Mittel zur Verfügung zu stellen, auf der andern Seite
aber zu verhüten, dass die Reserven der Bank in gefahr-
drohender Weise erschöpft werden. Im Uebrigen sprechen
die Ziffern der erzielten Jahreserträgnisse der Bank ausreichend dafür, dass dieselbe in der Ausdehnung ihrer Ge-
Geschäfte das Maass der Vorsicht keineswegs überschritten
hatte. Wäre die Bank in jenem Jahre der allgemeinen Strömung willig gefolgt und hätte sie weniger die Sicherheit
ihrer Noten und mehr das Interesse ihrer Actionäre im Auge
gehabt, dann hätte die Bilanz des Jahres 1869 wohl mit anderen Resultaten geschlossen, als es der Fall war. Im Jahre
1869 brachte das Escomptegeschäft der Bank ein Erträgniss von
3.633.703 Gulden, das Leihgeschäft 2.308.954 Gulden, das Hypothekargeschäft 1.528.253 Gulden, das Devisen- und verschiedene andere Geschäfte 899.693 Gulden u. s. w. und das Gesammterträgniss belief sich auf 9.554.268 Gulden. Nach Abzug
sämmtlicher Auslagen verblieb ein reines Erträgniss von
7.572.009 Gulden, von welchen nach Dotirung des Reservefonds mit 307.200 Gulden eine Summe von 7.279.577 Gulden
an Zinsen und Superdividende an die Actionäre vertheilt
wurde, entsprechend einem Erträgnisse von 48 fl. 50 xr., also
einer Verzinsung mit $8{\cdot}_{08}^0/_0$ für jede einzelne Actie. Es
verdient dabei hervorgehoben zu werden, weil darin eine
weitere Widerlegung der früher erwähnten gegen die Bankverwaltung von Seite der Speculation erhobenen Anklage gelegen ist, dass das zweite Semester des Jahres 1869 an jenem
Erträgnisse einen weitaus grösseren Antheil hatte, als das
erste Semester, während doch jene Anklage ganz vorzugsweise die Haltung der Bank im ersten Semester zum Ausgangspunkt hatte und mit Rücksicht auf die bereits im Monat August vorbereitet gewesene Krisis auch keinen andern
Ausgangspunkt haben konnte. Um die angeführten Daten
und die Illustration obiger Tabelle zu ergänzen, sei hier noch
beigefügt, dass der Notenumlauf der Bank am Schlusse des

Jahres 1869 gegenüber dem Ausweise von Ende 1868 eine Vermehrung um nur 7.51 Mill. aufwies, dass die Zunahme im Escomptegeschäft im Vergleiche mit dem Stande von Ende 1868 5.58 jene des Leihgeschäftes 4.24 Mill. Gulden betrug, während gleichzeitig der Pfandbriefumlauf der Bank eine Abnahme um 1.24 Mill. Gulden erfahren hatte.

Noch zwei Angelegenheiten, welche die Generalversammlung der Bankactionäre für 1868 unerledigt oder zweifelhaft zurückgelassen hatte, kamen in der Generalversammlung für 1869 zur Sprache: Die Verhandlungen mit der kais. Regierung bezüglich der für 1868 zu leistenden bedingten Verzinsung des 80 Mill. Darlehens, also die fraglich gebliebene d. h. vom Finanzminister nicht berichtigte Zahlung des Betrages von 340.543 Gulden; ferner die vom Finanzminister der Nationalbank am 10. Oktober 1868 ertheilte Zusicherung, dass er noch vor Ende 1869 eine das Vertragsverhältniss zwischen Staat und Bank nach allen Beziehungen mit Einschluss des 80 Mill. Darlehens regelnde Gesetzesvorlage beim Reichsrath einbringen werde. In Betreff der ersteren Angelegenheit hatte der Finanzminister Dr. Brestel der Bankdirektion am 11. April 1869 eröffnet, dass der Ministerrath dem von der Bank gegen die Entscheidung des Finanzministers am 29. Dezember 1868 eingebrachten Rekurse keine Folge gegeben habe und eine Berechtigung der Bank, für das im Laufe des Jahres rückgezahlte Aktienkapital eine Superdividende in Anspruch zu nehmen, nicht anerkannt habe, dass also mit dem Anspruch auf eine Superdividende für das rückgezahlte Actiencapital mit Rücksicht auf den wirklich erzielten Jahresgewinn auch die Anforderung auf einen Staatszuschuss entfalle. Die Bankdirection theilte nun den Actionären mit, dass sie über den streitigen Gegenstand das Gutachten mehrerer angesehener Rechtsgelehrten eingeholt habe,

15*

welches Gutachten dahin lautete, „dass die Nationalbank sowohl nach den Statuten als auch nach den allgemein gültigen Gesetzen Ende des Jahres 1868 vollkommen berechtigt war, wie sie es gethan, in den durch §. 4 des Uebereinkommens vom Jahre 1863 bezeichneten Grenzen von der Staatsverwaltung die Zahlung der bedingten Pauschalverzinsung des Darlehens von 80 Mill. Gulden anzusprechen." Was die andere Angelegenheit betrifft, so wurde den Actionären mitgetheilt, die Bankdirection habe, als das Jahr 1869 verstrichen war, ohne dass die von der Regierung zugesicherte Vorlage im Reichsrathe eingebracht worden wäre, sich am 23. Dezember 1869 mit dem dringenden Ersuchen an den Finanzminister gewendet, der Nationalbank baldmöglichst zu eröffnen, ob er in der Lage sei, die in Rede stehende Regierungsvorlage im Reichsrathe zu einem Zeitpunkte einzubringen, der eine Beschlussfassung hierüber noch in dieser Session gestatte. Darauf habe der Finanzminister Dr. Brestel am 11. Januar 1870 folgendes erwiedert:

„Das Ministerium der im Reichsrathe vertretenen Königreiche und Länder steht mit der königl. ungarischen Regierung seit längerer Zeit in Verhandlung, um die einer späteren Zeit vorbehalten gebliebene Frage wegen Antheilnahme am 80 Mill. Darlehen der Bank und der hierfür stipulirten Pauschalverzinsung zur Austragung zu bringen. Das königl. ungar. Ministerium wünscht bekanntlich noch den Ausspruch einer parlamentarischen Enquête hierüber (?) zu vernehmen.

So lange jene Verhandlungen noch schweben, bin ich nicht in der Lage eine das Verhältniss zwischen Staatsverwaltung und Nationalbank nach allen Beziehungen regelnde Gesetzesvorlage beim Reichsrathe einzubringen. Die Regierung wird bemüht sein, einen möglichst baldigen Abschluss jener Verhandlungen zu erwirken."

Im Hinblick auf diese Eröffnung des Finanzministers — welche übrigens den Thatsachen insofern nicht entsprach, als die in Pest eingesetzte Enquête notorisch einen ganz andern Zweck und eine ganz andere Bestimmung hatte, als die, welche Dr. Brestel in dieser Note ihr zuschrieb — fasste die Generalversammlung der Bankactionäre am 19. Januar 1870 den Beschluss, die Bankdirection sei ermächtigt und beauftragt, „gemeinschaftlich mit dem Bankausschusse den Zeit-

punkt zu bestimmen, in welchem zur Durchsetzung der Zahlung der für das Jahr 1868 von der Staatsverwaltung an die
Nationalbank zu entrichtenden Pauschalsumme die gerichtlichen Schritte einzuleiten sind."

Das Jahr 1869 schloss demnach inmitten einer kaum noch
völlig überwundenen Speculationskrise mit einer Bankenquête
in Pest und der Einleitung eines Processes der Bank gegen
das österreichische Finanzministerium in Wien. Im Uebrigen
blieb die Bankfrage offen und streitig, wie sie es bis dahin
gewesen.

VII.

DAS JAHR 1870 UND DIE UNGARISCHE BANKENQUÊTE.

Für den Geldmarkt im Allgemeinen wie für die Börse speciell begann das Jahr 1870 unter nicht eben glücklichen Auspicien. Der excessiven Ueberspeculation des vorausgegangenen Jahres war eine Reaction gefolgt, welche sich in das Jahr 1870 hinein verpflanzte. Alle Anstrengungen waren darauf gerichtet, die Nachwirkungen der überstandenen Krisis zu mildern, der Geldbedarf verminderte sich, der Gründungseifer zeigte sich ein wenig abgekühlt. Etliche Unterbrechungen abgerechnet, welche durch Operationen diverser Haussesyndicate zu dem Zwecke in Scene gesetzt worden waren, um das alte Treiben fortzusetzen, war der Zustand der Börse im Allgemeinen der der Stagnation; nur ab und zu versetzten etliche Bankinstitute, deren Hauptgeschäftszweig eben das Börsespiel war, dem in Reconvalescenz befindlichen Geldmarkte einen künstlichen Stimulus und mit Rücksicht auf die vorbereitete Inscenirung des grossen Türkenloosschwindels fehlte es nicht an Versuchen, ja wurden geradezu Opfer gebracht, um auf künstlichem Wege die Börse in gute Laune zu versetzen. Im Allgemeinen aber blieb der Grundzug des Marktes ein verdüsterter, zumal die politische Lage im Innern, vorerst durch eine partielle, später durch eine vollständige Ministerkrisis, welche Anfangs April zu einer Entlassung des geschwächten Bürgerministeriums geführt hatte, ins

Schwanken gebracht, dem Unternehmungsgeiste und dem Aufschwunge der allgemeinen Geschäftsthätigkeit keinen Anreiz zu bieten vermochte. Die Speculation, als sie Miene machte, sich von Neuem rege zu entfalten, befand sich ehe es noch recht dazu kam, um die Mitte des Jahres 1870 dem grossen deutsch-französischen Conflicte gegenüber welcher ihr mit Macht sofortiges Halt gebot.

Eine unmittelbare Veranlassung durch den Geldmarkt selbst war zu neuerlicher Erörterung der Bankfrage nicht gegeben, zumal, wie erwähnt, in den ersten drei Monaten des Jahres 1870 der allgemeine Geldbedarf sich verminderte und die Hauptgeschäftszweige der Nationalbank sich im Rückgange befanden. Gleichwohl trat der Conflict, welcher gegen Ende 1869 mit der Einsetzung der ungarischen Bankenquéte eine Art von Vertagung erfahren hatte, gleich mit Anfang des Jahres 1870 in acuter Form hervor und gewann derselbe allmälig schroffere Formen denn je zuvor. Speciell die Nationalbank begann sich Ungarn gegenüber auf Kriegsfuss zu stellen. Sie, die zwei Jahre lang diplomatisirt und sich so benommen hatte, als sei der Streit zwischen den beiden Reichshälften um die Bankfrage für sie ein secundärer, ein ihr unmittelbares Interesse kaum berührender, sie, die allen gut gemeinten Warnungen und Abmahnungen entgegen noch im Oktober 1869 in ihrer Note an den ungarischen Finanzminister ihre Stellung dahin präcisiren zu sollen glaubte, dass sie nicht berufen sei, „die Meinungsverschiedenheit zu erörtern, welche heute noch zwischen den Regierungen Ungarns und Oesterreichs obschwebt", sie wurde bald genug in die Lage versetzt, sich um diese Meinungsverschiedenheit gar sehr kümmern zu müssen, sie musste endlich, nachdem sie zwei Jahre lang ruhig Gewehr bei Fuss dagestanden hatte, gleichfalls anfangen, sich Ungarn gegenüber zur Wehre zu setzen. Unmittelbare Veranlassung dazu gab ihr nicht etwa die ungarische Bankenquéte, welche Wochen lang Nichts von sich hören liess und erst am 23. Januar sich constituirt hatte, sondern die Provocation ging vom ungarischen Finanzminister

Herrn von Lonyay selbst aus. An dem Tage der Consti-
tuirung der Bankenquête fand Herr von Lonyay es angezeigt, dem Lande und der Enquêtecommission den Beweis zu
führen, dass rücksichtlich der Bank in Ungarn vollständig
tabula rasa bestehe und er that dies durch das folgende im
officiellen Amtsblatte der ungarischen Regierung publicirte, an die früher erwähnte Note des Bankgouverneurs vom
21. Oktober 1869 über den Rechtsbestand des Bankprivilegiums in Ungarn anknüpfende Communiqué:

„Die §§. 59—61 u. 66 des XII. Artikels der 67er Gesetze bestimmten
dass die beiden Ministerien unter Vorbehalt der Gutheissung der Landtage
über gewisse gemeinsame Fragen in wechselseitige Einvernehmung treten
sollen. In Folge dessen wurden am 12. September 1867 über mehrere Gegenstände Uebereinkommen zwischen den zwei Ministerien geschlossen, wobei auch die Bankangelegenheit zur Sprache kam. Diese Uebereinkommen würden jedoch nach der bei der Delegation erfolgten vertrauli-
chen Anfrage durch eine neue Vereinbarung vom 26. September abgeändert.
Diese neue Vereinbarung beseitigte sämmtliche Punkte des ersten Uberein-
kommens und wurde in derselben von drei Angelegenheiten Erwähnung gethan. Die Stellung der Bank wurde nicht berührt. Diese drei Angelegenhei
ten waren das Verhältniss der gemeinsamen Ausgaben, der jährliche Beitrag
zu der Staatsschuld und der Handelsvertrag.

„Es scheint somit, dass die Bankdirection auf das erstere Uebereinkommen
abzielt, das jedoch nur dann Bedeutung und Giltigkeit hätte haben können,
wenn es nicht durch die Vereinbarung vom 26. September abgeändert und wenn
es ausserdem noch durch die beiderseitigen Reichsvertretungen gutgeheissen
worden wäre. Dass übrigens der auf die Bank Bezug habende Theil des er-
stern Uebereinkommens durch die nachfolgende Vereinbarung seine Giltigkeit
einbüsste, beweist auch der Umstand, dass man dessen Inhalt gar nicht mitgetheilt hat, in Folge dessen die Bank auch zur Erfüllung der in derselben formulirten Bedingungen noch nicht aufgefordert worden ist und sie dieselben auch nicht als bindend anerkennt.

„Weiters zieht der Herr Bankgouverneur in seiner Note Folgerungen aus
dem im März 1867 zu Stande gekommenen Uebereinkommen .... Aus
der Natur der Sache resultirt, dass dieses Uebereinkommen nur als Richtschnur diente, ohne dass es zwischen den übereingekommenen Ministerien
ein Recht begründet hätte. Um so weniger konnte dasselbe für einen Dritten
die Quelle einer Rechtserwerbung bilden.

„Dieses Uebergangsübereinkommen enthielt nur die Bestimmung, dass das
ungarische Ministerium im Jahre 1867 die Rechtsverhältnisse der Bank insolange unberührt lasse, bis die Delegation im Auftrage der Gesetzgebung darüber bestimmt. Hieraus folgt nun, dass, falls der ungarische Reichstag es für gut hält, in dieser Angelegenheit etwas zu veranstal-
ten, dessen Hände nicht gebunden sind".

Das war klar gesprochen und stand immerhin im Widerspruche selbst mit den Anschauungen, welche Herr von Lonyay selbst in der parlamentarischen Debatte im Pester Unterhause im November 1869 entwickelt hatte. Die Nationalbank war in diesem officiellen Communiqué als in Ungarn völlig rechtlos hingestellt und gleichzeitig das wunderliche Dictum proclamirt, dass ein ministerielles Uebereinkommen lediglich eine Richtschnur, aber kein Recht bedinge. Seltsam genug wurde · gleichzeitig in diesem Communiqué vom 23. Januar 1870 darauf hingewiesen, dass „die Bank zur Erfüllung der in dem September-Uebereinkommen formulirten Bedingungen noch gar nicht aufgefordert worden sei", während alle Klagen gegen die Bank von ungarischer Seite in den Monaten vorher sich darauf stützten, dass die Bank diesen Bedingungen nicht· nachgekommen sei, ja die ganze Bankenquéte die angebliche Nichterfüllung dieser Bedingungen geradezu zum Ausgangspunkte hatte!

Solcher Situation gegenüber wurde denn auch die Bankdirection endlich neugierig und sie fühlte sich am 29. Januar 1870 gedrängt, den kaiserl. Finanzminister Dr. Brestel um Auskunft darüber zu ersuchen, „ob und welche Vereinbarungen in Betreff der Nationalbank zwischen Oesterreich und Ungarn getroffen worden sind?" Auf diese Anfrage antwortete Dr. Brestel am 7. März 1870 mit einer kurzen Note folgenden Inhalts:

„Eine die priv. österr. Nationalbank betreffende förmliche Vereinbarung ist in den „Stipulationen" enthalten, die zwischen dem k. k. Finanzministerium und dem k. ungar. Finanzministerium über die provisorische Versehung des Finanzdienstes unterm 8. März 1867 abgeschlossen wurde. In diesen Stipulationen (Punkt 18) verpflichtet sich der k. ung. Finanzminister, „die bestehenden Rechtsverhältnisse der Nationalbank, bis die im Sinne des landtäglichen Commissionsoperates diesfalls vertragsmässig festzustellenden Bestimmungen geregelt werden, weder auf administrativem noch auf legislativem Wege zu beirren."

„Im September 1867 wurden über die Behandlung der im Sinne des 12. Gesetzesartikels vom Jahre 1867 im gemeinschaftlichen Einvernehmen vorbehaltenen Gegenstände zwischen den beiderseitigen Ministerien wiederholt Berathungen gepflogen, über deren Ergebniss protokollarische Aufzeichnungen vorliegen Aus der Einsicht der Letzteren ist mir bekannt, dass das k. ung. Mini-

sterium sich verbindlich machte, insolange nicht im gemeinschaftlichen Einverständnisse neue gesetzliche Bestimmungen
über das Bank- und Zettelwesen getroffen sein würden, die Privilegialrechte der österr. Nationalbank in Ungarn unter der Bedingung zu wahren, dass die Nationalbank die dortlands für nöthig erachteten Filialen errichte, dieselben entsprechend dotire und Vorschüsse auf Effekten beider Reichshälften leiste.

Eine dem Sinne nach hiemit vollkommen übereinstimmende
Erklärung des k. ung. Finanzministers ist in einer unterm 8.
April 1868 an mich gerichteten Note enthalten."

Mit dieser Note des Finanzministers Dr. Brestel war die
Sache insofern klarer gestellt, als sie ein Factum anführte,
welches das officielle Communiqué des Herrn von Lonyay indirect verläugnet hatte und dieses Factum ist und bleibt, wie
so viele andere noch, bezeichnend für die Zweideutigkeit, welche damals von ungarischer Seite in der Bankfrage prakticirt wurde. Herr von Lonyay negirte, dass
irgend eine Abmachung oder Zusage seinerseits aufrecht
sei. Nun kam Dr. Brestel und behauptete, dass nicht
bloss jene „Stipulationen" vom September 1870 exsistent seien,
deren aufrechten Bestand Herr von Lonyay negirte, sondern
dass eine mit diesen Stipulationen vollkommen übereinstimmende Erklärung des Herrn von Lonyay selbst in einer Note
desselben vom 8. April 1868 enthalten sei! Wenn die Stipulationen von 1867 hinfällig waren, wie kam Herr von Lonyay
dazu, am 8. April 1868 ganz das Nämliche zu erklären, was
damals erklärt worden ist, und welches Ausmaass unglaub-
lichster Rücksichtslosigkeit gehörte dazu, diesem Faktum gegenüber jenes officielle Communiqué zu erlassen! Die Ver-
logenheit dieses Communiqué's wurde nur dadurch noch
überboten, dass in demselben behauptet wurde, dass die
Bank zur Erfüllung der in den Septemberstipulationen formulirten Bedingungen noch gar nicht aufgefordert worden
sei, während Herr von Lonyay selbst in seiner Zuschrift an
die Nationalbank vom 13. Oktober 1869 die Forderung der
Dotationserhöhung für die ungarischen Filialen ausdrücklich
„unter Berufung auf das zwischen den beiden Ministerien getroffene Uebereinkommen und die diesfälligen Zusicherungen

der Nationalbank" erhoben hatte. Von solcher Art war damals schon die Bankpolitik Ungarns, gegen solch eine Verhöhnung alles Rechts und aller Wahrheit hatte man damals schon anzukämpfen.

Mit den Consequenzen dieser Haltung Ungarns und dem durch diese Haltung hervorgerufenen Widerstande der Bank gegen die ungarischen Forderungen werden wir uns noch zu beschäftigen haben, wenden uns aber nun dem Verlaufe der mit so viel Eclat in Scene gesetzten ungarischen Bankenquête zu, welche unter dem Eindrucke der eben skizzirten Polemik ihren Anfang nahm.

— — —

Am 2. Februar 1870, fast drei Monate nach ihrer Einsetzung hielt die ungarische Bankenquétecommission ihre erste öffentliche Sitzung, in welcher als Basis der Verhandlungen folgende neun Fragen vorgelegt wurden:

„1) Welche waren die Ursachen der jüngsten finanziellen Krisis?

2) Welchen Einfluss übt die Nationalbank auf die national-ökonomischen Interessen Ungarns? Hat dieselbe irgend einen Einfluss auf die jüngste finanzielle Krisis geübt und wenn ja, wie war dieser Einfluss geartet?

3) Ist eine solche Krise überhaupt zu beseitigen und wenn ja, durch welche Mittel kann selbe beseitigt werden?

4) Inwiefern ist die Ansicht, dass die Errichtung einer oder mehrerer Zettelbanken finanziellen Krisen entgegenzuwirken geeignet ist, begründet?

5) Ist die Errichtung einer oder mehrerer Zettelbanken in Ungarn ohne die Herstellung des vollen Geldwerthes unserer Circulationsmittel (der Valuta) möglich?

6) Ist die sofortige Herstellung des vollen Werthes unserer Geldzeichen wünschenswerth und ist solche im bejahenden Falle überhaupt möglich?

7) Auf welche Art und durch welche Mittel wäre die Herstellung der Valuta zu ermöglichen?

8) Wenn die Herstellung der Valuta überhaupt nicht sofort zu ermöglichen ist, wie ist sie vorzubereiten?

9) Welche Massnahmen sind überhaupt nöthig, um Ungarn einen geregelten Geldverkehr zu sichern und den vaterländischen Credit in selbstständiger und solider Weise zu begründen?"

Man sieht es war nicht wenig, was man in Ungarn zu

wissen begehrte und die Zahl derjenigen war auch keine geringe, von denen man auf jene Frage Antwort haben wollte. Jene neun Fragepunkte wurden sämmtlichen Handelskammern Ungarns mit der Aufforderung übermittelt, Fachmänner zur Beurtheilung derselben vorzuschlagen. Ebenso wurden um Entsendung von Fachmännern zu den Berathungen der Enquéte angegangen: die Pester Börse, die Pester commerziellen Körperschaften, der Landesindustrieverein, die österr. Nationalbank, die Creditanstalt in Wien und etliche ungarische Bankinstitute. Ausserdem sollten Fachautoritäten aus den parlamentarischen, wissenschaftlichen und industriellen Kreisen während der Berathungen vernommen werden. Ueber diese Vorbereitungen gingen wieder etliche Wochen hin und erst am 24. März gelangte die Commission dazu, ihre zweite Sitzung zu halten. Von da ab bis gegen Ende Mai wurden dann etliche Sitzungen gehalten und dann verfiel die Enquétecommission, wie ein Pester Blatt sich ausdrückte, in den „Schlaf des Gerechten".

Der praktische Erfolg dieser ungarischen Bankenquéte möchte eine ausführliche Reproduction ihres Verlaufes im Detail in diesem Buche kaum rechtfertigen, wohl aber empfiehlt es sich im Interesse der Vollständigkeit und weil der Verlauf dieser Enquête denn doch manches Streiflicht auf die ungarische Bankpolitik wirft, von ihr im Allgemeinen und hier zunächst vom Verlaufe in den Monaten April und Mai 1871 in skizzirender Weise Notiz zu nehmen.

Eine der frühesten war die österreichische Creditanstalt mit ihrem Votum am Platze. Sie erklärte vor Allem rückhaltlos, dass der Gedanke, ein eigenes ungarisches Zettelbankwesen einzurichten, nur zum Schaden Ungarns durchgeführt werden könnte und sicherlich zum Nachtheile des Landes ausschlagen würde. In Betreff der Herstellung der Valuta betrachtete sie jeden Versuch zur sofortigen Beseitigung des Agio's als eine Calamität. Eine rasche Consolidirung der schwebenden Schuld könnte nur erfolgen, wenn der Staat für die aus dem Verkehr zu ziehenden Staatsnoten

neuerlich eine grosse Zinsenlast für eine Reihe von Jahren
auf sich nehme und dadurch wurde gerade der Zweck, von
dessen Erreichung das Verschwinden des Disagios am Meisten
abhänge, das Gleichgewicht zwischen Einnahmen und Ausgaben, vereitelt und so das Ziel durch das Mittel, dessen man
sich zu seiner Erreichung bedienen wollte, wieder in die Ferne
gerückt. Das Agio sei nicht mit einem Male, sondern nur
allmälig und zunächst durch Beförderung der volkswirthschaftlichen Thätigkeit, durch die Herbeiführung einer activen
Handelsbilanz u. s. w. herbeizuführen. Neue Gesichtspunkte
in der Bankfrage eröffnete dieses Votum des ersten Creditinstitutes der diesseitigen Reichshälfte eben nicht.

In der Sitzung der Enquêtecommission vom '28. März
wurde das Votum des Deputirten E d u a r d H o r n, Verfasser
des Buches „Ueber die Freiheit der Banken", welcher als
Repräsentant der am weitest gehenden ungarischen Bankpolitik anzusehen war, entgegengenommen. Er plaidirte mit
Hintansetzung seiner theoretischen Ueberzeugung für die
Etablirung einer selbstständigen ungarischen Nationalbank,
also eines Centralzettelemissionsinstitutes für Ungarn, war aber
gerecht genug, der österreichischen Nationalbank nachzusagen,
dass nicht sie, sondern die unehrliche Gründerei und die
mangelhafte Gesetzgebung Ungarns die eingetretene Krisis
herbeigeführt habe, dass die Nationalbank als Creditquelle für
Ungarn einen relativ guten Einfluss geübt habe, wenn sie
auch den Anforderungen Ungarns nicht in dem Ausmaasse
genügte, welches man von ihr zu fordern berechtigt war; dass
endlich die Nationalbank auch in ihrem Rechte gewesen sei,
in einer Zeit der allgemeinen Unsicherheit ihre Geschäfte einzuschränken, wenn ihr auch der Vorwurf nicht erspart werden
könne, dass sie durch eine allzu grosse Ausdehnung des
Leihgeschäftes zur Verschärfung der Krisis beigetragen habe.

Mitte April veröffentlichte das C o m i t é d e r P e s t e r
B ö r s e für die Bankenquête sein Votum. Dem Gedanken
nicht ganz unzugänglich, dass es mit Ungarn nicht zum Besten
stünde, wenn die Nationalbank ernstliche Miene machen möchte,

ihren Credit in Ungarn einzuschränken, rieth das Comité der
Börse dringend zu einem baldigen Uebereinkommen mit der
Bank, jedoch unter der Voraussetzung, dass diese für Ungarn
ein bestimmtes Quantum an Circulationsmitteln normire. Das
Börsencomité anerkannte, dass Ungarn und Oesterreich Ein
zusammenhängendes Wirthschaftsgebiet bilden, dass eine
Gleichartigkeit und Gemeinsamkeit in Bezug auf die circulirenden Tauschmittel wünschenswerth sei, zumal Gewohnheit
und Bedarf die österreichische Banknote in Ungarn vollständig
eingebürgert hätten und die Einführung eines neuen Circu-
lationsmittels eine Menge von Unzukömmlichkeiten im Gefolge
haben könnte, welche den Verkehr empfindlichst bedrücken
würden. Nur für den Fall, dass ein Uebereinkommen mit der
Bank nicht zu erzielen wäre, forderte die Pester Börse die
Etablirung einer selbstständigen ungarischen Bank. Die Frage
der 80-Mill.-Schuld wurde in diesem Votum nicht berührt.

Weitaus nüchterner und objectiver, ja der ganzen Strömung
jenseits der Leitha zuwiderlaufend, lautete das Votum, welches
Graf Johann Barkoczy im Vereine mit dem Grafen Edmund
Zichy Anfangs Mai der Enquétecommission erstatteten. Das
Votum war ein „weisser Rabe" und bekundete einen unter den
obwaltenden Umständen höchst anerkennenswerthen Mannesmuth. Weder bis dahin noch seither hatte in Ungarn Jemand
den Muth gefunden, in solcher Weise, wie es von den Beiden
damals geschehen, der Wahrheit und Gerechtigkeit die Ehre
zu geben. In dem Votum war die von Ungarn der Bank
gegenüber einzunehmende Haltung in folgender Weise angedeutet: „Man muss jetzt, nachdem man 51 Jahre hindurch
faktisch die Noten der Bank anerkannt hat, dieselben auch
legal anerkennen. Unter Regelung des Verhältnisses sind
zu verstehen: Anerkennung des Privilegiums bis 1877; Betheiligung an der 80-Mill.-Schuld in dem Verhältnisse von 30
zu 70; Bestätigung der 7 % Garantie des Erträgnisses. Dies
wären die Pflichten. Die Rechte wären folgende: Einflussnahme
auf die Creditgewährung Ungarn gegenüber in demselben
Verhältnisse und sodann in Betreff der Filialen eine wenn

nöthig eventuelle Vermehrung derselben. Ebenso auch eine in
Pest centralisirte Leitung sämmtlicher ungarischer Filialen. Der
Vicegouverneur für Ungarn wäre von der Bank zu ernennen
und mit Vertrauenspersonen zu umgeben, die theils von der Bank,
theils vom ungarischen Finanzminister zu wählen wären . . . . ."
Ueber die eventuelle Etablirung einer ungarischen Nationalbank sagte das Votum: „Es ist müssig, sich in Projecten-
macherei in Bezug auf eine ungarische Nationalbank einzu-
lassen, die Errichtung einer solchen auf einer soliden Basis
ohne totale Erschütterung aller bestehenden wirthschaftlichen
Interessen kann gar nicht concipirt werden. Die Herbeischaffung eines genügenden Metallschatzes durch Staatsmittel
würde jedenfalls nur verschiedene Agios herbeiführen und
Verwirrung in allen Richtungen verbreiten. Alle derlei Con-
ceptionen sind bei näherem Eingehen ganz unausführbar.
Nationale Finanzschwindeleien lassen sich nur bei
Revolutionen in Scene setzen, aber nicht bei auch nur
halbwegs geordneten Zuständen."

Ein ganz hervorragendes Interesse nahm das Votum in
Anspruch, welches am 20. Mai 1870 der Generalsecretär der
österreichischen Nationalbank, v. Lucam. im Schoosse der
Enquêtecommission in Pest persönlich abgab. Wiewol er dort
nicht officiell als Delegirter der Bank, sondern als Fachmann
erschien, war sein Votum doch als eine Kennzeichnung der
von der Leitung der österreichischen Nationalbank in allen
Richtungen befolgten Politik anzusehen. Gab schon dieser
Umstand allein der Einvernehmung des genannten Fachmannes
einen besonderen Werth, so wurde dieser noch in bedeutendem Maasse gesteigert durch die Klarheit und Vollständigkeit der von ihm entwickelten Anschauungen. Ein werth-
volleres Material als in diesem Lucam'schen Votum ist seit
Bestand der Bankacte von keinem Zweiten in Oesterreich
geliefert worden und dasselbe sollte von Jedermann gekannt
sein, der sich berufen fühlt, in der Bankfrage mitzusprechen.
Der Umfang dieses Votums gestattet uns an dieser Stelle
nicht die ausführliche Reproduction desselben, sondern wir

müssen uns darauf beschränken, seine Hauptmomente zu
skizziren. Die Frage vor Allem, welche die Ursachen der
finanziellen Krisis des Jahres 1869 gewesen seien, beantwortete Lucam dahin, dass er diese Krise für eine reine Speculationskrise halte, welche dadurch herbeigeführt wurde, dass
der Unternehmungsgeist nicht immer die rechten Ziele ver-
folgte und nicht das rechte Maass einhielt. In Betreff des
Einflusses der Nationalbank auf die national-ökonomischen Interessen Ungarns und auf die erwähnte Krisis
sprach sich Lucam dahin aus, dass die Bank auf die Entwicklung der Ueberspeculation keinen nachweisbaren Einfluss
geübt habe, dass später trotz und während ihrer abwehrenden
Haltung die Effektencourse ihren höchsten Stand erreichten,
dass die Krise vorzüglich in Folge politischer Ereignisse ein-
trat und dass die Nationalbank nur insofern auf dieselbe ihren
Einfluss nahm, als sie eine mildere Abwicklung ermöglichte.
Für die national-ökonomischen Interessen Ungarns aber sei
die Wirksamkeit der Bank vom ausgesprochensten Vortheile
gewesen; wenn diese Vortheile erst in neuerer Zeit reichlichere
geworden seien, so sei der Grund dafür darin zu suchen, dass
auch die wirthschaftliche Entwicklung Ungarns erst ganz
jungen Datums sei und dass die Nationalbank als Notenbank
vordem die Vorbedingungen des wirthschaftlichen Fortschritts
und eine Grundlage reichlicher Entwicklung dort nicht gefunden habe. Eine Beseitigung von Krisen d. i. ein Verhüten
derselben von Vornherein sei unmöglich, weil das einzige
Mittel dagegen im Maasshalten des Unternehmungsgeistes
liege und weil auf dieses Mittel insofern nicht gerechnet werden
könne, als das Jagen nach rasch erworbenem Reichthum
immer eine der Hauptleidenschaften der Menschen bilden
werde. Die Ansicht, dass Notenbanken Krisen entgegen-
wirken, sei unbedingt eine unrichtige; dagegen können grosse
und solid geleitete Notenbanken namentlich auch in Handels-
und Creditkrisen zu einer milderen Abwicklung wesentlich
beitragen, indem ihre Kraft und ihr Credit die Wiederkehr
des Vertrauens erleichtern. Bei der Frage, ob die Errichtung

einer oder mehrerer Zettelbanken in Ungarn ohne
Herstellung der Valuta möglich sei, schickte Lucam eine
Präcisirung seines Standpunktes in der Frage der 80-Mill.-
Schuld voraus. Für die Nationalbank, erklärte er, habe die
zwischen Oesterreich und Ungarn diesfalls noch schwebende
Meinungsverschiedenheit bezüglich der 80 Mill. nicht jene
Bedeutung, welche ihr von mehreren Seiten zugeschrieben
werde; wohl sei das Reich, für welches anno 1862 die Bankacte erlassen wurde, heute eine aus zwei Staaten bestehende
Monarchie, aber es werde doch Niemand sagen wollen, dass
das heutige Oesterreich die volle Erfüllung aller Verpflichtungen
aus dieser Schuld aus dem Grunde ablehnen werde, weil
Ungarn sich weigere, daran Theil zu nehmen! Gleichwol
glaube er, dass in Oesterreich Regierung und Reichsrath zu
einer Transaction mit Ungarn in Betreff der Bank ihre Zustimmung nicht ertheilen werden, bevor nicht die Frage wegen
der 80 Mill. in befriedigender Weise entschieden sei. Was die
Errichtung von Notenbanken in Ungarn vor Herstellung der Valuta anbelange, so könne die Möglichkeit
nicht in Abrede gestellt werden, aber so gegründete Notenbanken würden den dabei beabsichtigten Zweck nicht nur
nicht erreichen, sondern das Land direct und indirect nur
schädigen. Die Beantwortung der Fragen 6, 7 u. 8 durch
Lucam gestaltete sich zu einem wol durchdachten, rückhalts-
losen Plaidoyer für die Wiederherstellung der Valuta
gemeinsam durch beide Reichshälften, in ihrem weiteren Verlaufe aber zu einer geradezu niederschlagenden Kritik der
im Verlaufe der Expertise von anderer Seite vorgebrachten
Projekte zur Gründung einer selbstständigen ungarischen
Notenbank mit sofort einlösbaren Noten. Wenn Ungarn, sagte
Lucam, eine Notenbank überhaupt errichten könne und wolle,
so sollte dies nur eine Bank mit sofort einlösbaren Noten sein.
Die Möglichkeit der Aufbringung eines Capitals von etwa
20—30 Mill. für eine ungarische Bank sei nicht ausgeschlossen,
das sei Sache des Credits oder der Speculation; in jedem
Falle dürfte dieses Capital dem Lande höher zu stehen kommen,

als eine Antheilnahme an der bedingten Verzinsung und
Rückzahlung der 80-Mill.-Schuld. Aber eine Bank mit so-
fortiger Baarzahlung dürfte bei solchem Capital, wenn sie vorsichtig sein wolle, kaum im Stande sein, auch nur dem gesunden Bedarf Ungarns zu genügen. Sei nun nach seiner
Ansicht Ungarn nicht im Stande, heute schon und für sich
allein die Valuta herzustellen und eine Bank mit einlösbaren
Noten zu errichten, so sei doch die Herstellung der Valuta
für Ungarn und Oesterreich eine der wichtigsten Aufgaben,
die am zweckmässigsten von beiden Seiten gleichzeitig und
gemeinschaftlich gelöst würde; eine wesentliche Bedingung
dafür sei die Einziehung der Staatsnoten und als erste Vorbereitung für die Action wären in Ungarn sowohl als auch in
Oesterreich parlamentarische Commissionen einzusetzen, welche
sich darüber auszusprechen hätten, unter welchen Modalitäten
und in welchen Fristen mit Berücksichtigung aller maassgebenden Interessen mit der Einziehung der Staatsnoten
begonnen werden könnte. Auf die letzte Frage endlich,
welche Maassnahmen überhaupt nöthig seien, um Ungarn einen
geregelten Geldverkehr zu sichern und seinen Credit in selbstständiger und solider Weise zu begründen, antwortete Lucam
mit der Erklärung, dass der diesfalls zu erreichende Zweck
am sichersten durch die österreichische Nationalbank erfüllt
werden könne. Was aber die Beziehungen der Nationalbank zu Ungarn anbelange, so sei die Bank bereit,
etwaige Wünsche Ungarns unbefangen und im Sinne kaufmännischer Geschäftsführung zu erwägen. Es werde keinen
unüberwindlichen Schwierigkeiten begegnen, wenn es sich
darum handeln sollte, eine Vereinbarung über die Ungarn zur
Verfügung zu stellenden Geldmittel zu Stande zu bringen.
Vor der Commission sei als Maassstab die Ziffer von 30 %/₀ des
Capitals angedeutet worden, allein die ungarischen Dotationen
übersteigen heute schon dieses Ausmaass. Grössere Schwierigkeiten bieten jene Wünsche, welche sich auf die Verwaltung
des ungarischen Bankgeschäftes beziehen. Möglich immerhin,
dass der Direction in Pest ein in mancher Beziehung er-

weiterer Wirkungskreis eingeräumt werden könne, auf den
zunächst im Interesse der Sicherheit gebotenen Einfluss aber
werde die Bankdirection in Wien nicht verzichten können
und das Gleiche gelte von der Bestimmung des Zinsfusses,
von der Wahl der zur Beleihung zulässigen Effekten, von
dem Maassstabe ihrer Beleihung und von dem Verhältnisse
des Leihgeschäftes zu dem Escomptegeschäft überhaupt. Das
seien Competenzfragen von wesentlicher Bedeutung. Die von
Einigen begehrte Einflussnahme der ungarischen Regierung
auf die Nationalbank könne nur in einem Aufsichtsrechte bestehen und die Nationalbank, welche sich nach schweren
Kämpfen und nicht ohne Opfer von jeder Beeinflussung der
österreichischen Regierung freigemacht habe, werde unter gar
keinen Umständen sich in Ungarn neue Fesseln anlegen lassen.
Demgemäss würden auch alle Fragen, welche die geschäftlichen Beziehungen der Nationalbank zu Ungarn betreffen, nur
in einer freien Vereinbarung der ungarischen Regierung mit der
Nationalbank ihre Lösung finden können und von dem Geiste
der Billigkeit geleitet, dürften diese Verhandlungen bei gegen-
seitigem Entgegenkommen wol zu einem befriedigenden Ergebnisse führen. Der Eindruck dieses Lucam'schen Votums
war in ungarischen Kreisen ein so mächtiger, dass eines der
Pester Blätter Selbstverläugnung genug besass, zu bekennen,
es wirke geradezu „erdrückend und beschämend", wenn man
eine Parallele ziehe zwischen den Ausführungen des Generalsecretärs der Nationalbank und dem „Geschwätz, so da unsere
Bankdirectoren und kaufmännischen Intelligenzen zum Er-
götzen eines lachlustigen Publicums zum Besten gaben", und
man müsse sich eines Kaufmannsstandes schämen, „in dessen
Schooss auch nicht ein Einziger zu finden sei, der von den
Staatsgrundgesetzen und Verhältnissen seines Vaterlandes
auch nur einen Theil dessen verstand, was der Generalsecretär
der Nationalbank so spielend herzuerzählen wusste".

Gegen Ende Mai 1867 wurde die Enquête, wie bereits
erwähnt, vertagt. Ein Ergebniss vermochte sie nicht aufzuweisen, ja nicht einmal die Anbahnung einer Verständigung

16*

war ihr gelungen. Lag schon darin allein für die Nationalbank die Aufforderung, ihren Standpunkt kräftiger als bis
dahin zu kennzeichnen und ihrerseits Ungarn gegenüber eine
Politik der Ablehnung der dortigen Forderungen zu inauguriren,
so ergab sich im weiteren Verlaufe des Jahres wiederholt der
Anlass, diese Ablehnung in allmälig immer schärfer hervortretender Weise zu markiren. Zunächst wurden die sich
häufenden Ansuchen ungarischer Firmen um neue
Creditgewährungen dahin beantwortet, dass die Nationalbank, insolange die schwebende Ungewissheit fortdauere, auf
solche Ansuchen nicht eingehen könne und in gleicher Weise
wurde auf eine Petition der Arader Handelskammer um Errichtung einer Filiale seitens der Nationalbank in einer an
die ungarische Regierung gerichteten Zuschrift ablehnend geantwortet, gleichzeitig jedoch die Hoffnung ausgesprochen,
eine baldige Regelung des Verhältnisses der Nationalbank
zu Ungarn werde es möglich machen auf die gerechten Wünsche
der ungarischen Regierung einzugehen. Als bald darauf der
ungarische Finanzminister von der Bank forderte, sie möchte
die Loose des eben neu emittirten ungarischen Prämienan-
lehens zur Beleihung bei der Nationalbank zulassen, wies die
Direction der Nationalbank in ihrer Antwortsnote an die
ungarische Regierung zunächst auf den Umstand hin, dass
die Erörterung der Bankfrage in Ungarn noch immer zu
keinem thatsächlichen Ergebnisse geführt habe, dass sie demgemäss ihre Thätigkeit in Ungarn vorerst nicht weiter ausdehnen könne, dass sie aber bereit sei, jene Effecten, jedoch
nur bei den ungarischen Bankkassen und nur innerhalb der
für die letzteren bereits zugestandenen Dotationen, zur Beleihung zuzulassen. Und wiederum kam die Nationalbank in
die Lage, der ungarischen Regierung gegenüber eine ablehnende Haltung einzunehmen, als nach Ausbruch des deutsch-
französischen Krieges sich die Nothwendigkeit einer ausge-
dehnteren Notenausgabe seitens der Bank heraus-
gestellt und diesfalls die Statuten der Nationalbank im Sinne
einer Einrechnung der Devisen in die metallische Bedeckung

des Notenumlaufes eine Abänderung erfahren sollten. An
die durch den österreichischen Finanzminister eingeholte Zustimmung des ungarischen Finanzministeriums zu dieser
Massregel knüpfte der ungarische Finanzminister — als solcher
fungirte nicht mehr Graf Lonyay, welcher auf den bequemen
Posten des Reichsfinanzministers berufen wurde und Herrn von
Kerkapolyi zum Nachfolger erhalten hatte — die Forderung, dass die Nationalbank nicht nur von der eventuellen
von ihr in Aussicht gestellten Beschränkung der Dotationen
der ungarischen Filialen absehe, sondern sich auch verpflichte
den ungarischen Filialen in demselben Verhältnisse reichlichere
Mittel zur Verfügung zu stellen, als auf Grund der Einrechnung der Devisen in die metallische Bedeckung des Notenumlaufes dieser letztere durch die Geschäfte der österreichischen
Bankkassen eine Steigerung erfahre. Diesen Forderungen
gegenüber lehnte die Bankdirection es ab, bezüglich des Umfanges der Bankgeschäfte in Ungarn eine Verpflichtung zu
übernehmen, welche einer Beschränkung ihrer statutenmässigen
Rechte gleich käme, erklärte sich aber bereit eine Verminderung der Dotationen der ungarischen Filialen unter der Bedingung und bis dahin nicht eintreten zu lassen, dass der
ungarische Finanzminister die Verpflichtung übernehme, „die
Bankfrage in ihrem ganzen Umfange in der bevorstehenden
Wintersession des ungarischen Reichstages zur Entscheidung
zu bringen". Gedrängt von den schwierigen Geldverhältnissen,
welche damals in Ungarn mehr noch als in der diesseitigen
Reichshälfte bestanden, bequemte sich der ungarische Finanzminister dazu auf die Forderung der Nationalbank einzugehen
und in einer Note vom 28. Juli 1870 an den diesseitigen
Finanzminister erklärte er sich bereit, die Bankfrage in
der nächsten Wintersession auf die Tagesordnung der ungarischen Reichsvertretung zu bringen.
Bekräftigt wurde diese schriftliche Zusage durch eine mündliche Erklärung, welche Hr. von Kerkapolyi im ungarischen
Abgeordnetenhause selbst im gleichen Sinne abgab. Eingehalten aber wurde diese Zusage eben so wenig wie so manche

andere. Das Jahr 1870 lief ab, ohne dass das Verhältniss zwischen Ungarn und der Nationalbank eine Aenderung zum Besseren erfahren hätte.

Ihre Bilanz für das 1. Semester 1870 schloss die österr. Nationalbank mit guten Erfolgen ab. Wohl hatte sich in den ersten 3 Monaten des Jahres ein allmäliger Rückgang in Hauptgeschäftszweigen gezeigt, aber in den 3 letzten Monaten des Halbjahrs war der Geschäftsverkehr ein regerer geworden und zumal die Wirkungen des erhöhten Bankzinsfusses kamen in einem erhöhten Ertrage zum Ausdrucke. Der Ausweis über den Stand der Bank am Schlusse des ersten Semesters aber gab zu begründeten Bedenken Veranlassung. Der Notenumlauf hatte sich um nahe 13 Mill. Gulden gesteigert, im Centrale Wien war das Portefeuille um 12·8 Mill., der Lombard um 6·7 Mill. gestiegen, während die Escompte in allen Filialen zusammen nur um 2·4 Mill. gestiegen, der Lombard sogar um etwas zurückgegangen war. Das deutete im Zusammenhange mit der um diese Zeit an der Börse hervorgetretenen Geldklemme ausreichend an, dass die erhöhte Inanspruchnahme der Mittel der Bank auf abnorme Speculationsverhältnisse zurückzuführen sei und auch die Thatsache wurde beobachtet, dass keine geringe Ziffer der Steigerung des Wiener Escompte auf ungarische Rechnung fiel, da ein Theil der ungarischen Kreditbedürftigen in Erwartung einer grösseren Exportbewegung den Credit in den ungarischen Filialen gewissermassen als Reserve behandelte und seine Wechsel durch Vermittler in Wien zur Einreichung brachte.

Diesen Erscheinungen, welche mit einer neuerlichen Entfaltung der grossen Effektenspeculation nach längerer unfreiwilliger Zurückhaltung zusammen fielen, folgte fast unmittelbar der Ausbruch des deutsch-französichen Conflictes. Durch ihn veranlasst wurde der arg unterwühlte Wiener Effectenmarkt und die furchtbar überladene Speculation von einer Deroute heimgesucht, welche selbst jene des Herbstes 1869 noch übertraf. Alle Effekten verloren an ihren Coursen, es fehlte nicht an Insolvenzen, das Misstrauen drängte die ruhigen Effectenbesitzer wie die Speculanten zu massenhaften Realisirungen. Eine Hilfe von Aussen hatte der bedrängte Platz auch jetzt nicht zu erwarten. Dank der Isolirung, in welche er durch die leidigen Valuta-Verhältnisse Oesterreich-Ungarns versetzt war. Dazu kam, dass das Ausland, gleichfalls von einer Krisis bedroht, die früher gekauften österr. Effekten in Massen auf den Wiener Geldplatz warf und der Rückschlag dieser Operationen wurde auch bald in jenen Kreisen empfunden die der Speculation ferne standen. Allmälig stellten Banken und Banquiers die Escomptirung von Wechseln ein, die Besorgniss vor weiteren Verwicklungen veranlasste diejenigen, welche über Capitalien verfügten, dieselben zurückzuhalten und so trat bei einem Gesammtnotenumlauf von mehr als 600 Mill. die Thatsache einer schweren, allenthalben fühlbaren, nicht auf die Speculationskreise allein beschränkten Geldklemme ein. In wenigen Momenten vordem und seither war wie in diesem der Ruf nach Hilfe ein berechtigter, der Mangel an Circulationsmitteln fühlbarer.

Die Nationalbank, auf welche alle Blicke gerichtet waren, sah sich innerhalb ihrer Statuten an der Grenze ihrer Wirksamkeit angelangt. Ihr Escompte- und Leihgeschäft war binnen wenigen Wochen um mehr als 36 Mill. gestiegen. Am 19. Juli betrug ihr Metallschatz 114·6 Mill., gestattete sonach auf Grund des §. 14 der Statuten einen Notenumlauf von 314·6, der effective Umlauf an Banknoten belief sich aber an diesem Tage auf 305·5, so dass die absolute Notenreserve, über welche die Bank verfügte, auf etwas über 9 Mill. Gulden herabgeschmolzen war und dieser Summe standen die den Filialen der Bank in Oesterreich-Ungarn eingeräumten und noch nicht benutzten Dotationen von zusammen 26½ Mill. Gulden gegenüber, Ansprüche, welche unter den obwaltenden Umständen jeden Tag an die Bank herantreten konnten. Für den Abschluss des Monats war unter solchen Verhältnissen das Schlimmste zu besorgen. In dieser Situation konnten nur noch die im Besitze der Bank befindlichen Devisen im Belaufe von beiläufig 33 Mill. Gulden die Grundlage für

eine Operation bieten. Eine Realisirung derselben inmitten
der Kriegsverwickelungen, welche die Versendung von Werth-
effecten fast zur Unmöglichkeit machten, war geradezu ausgeschlossen, auf dieses Mittel einer Verstärkung ihrer Notenreserve musste die Nationalbank verzichten. Nur Ein Weg
blieb offen und er wurde von der Bankdirection, unterstützt
durch den einstimmigen Wunsch der zur Vertretung der
Interessen des Handels und der Industrie berufenen Corporationen auch eingeschlagen.

Die Bankdirection wendete sich nämlich am 21. Juli an
das Finanzministerium mit dem Antrag, es möge ihr vorbehaltlich der späteren Genehmigung durch den Reichsrath
ausnahmsweise die Ermächtigung ertheilt werden, während
der Dauer dieser Verhältnisse die Devisen ihres Portefeuilles in die metallische Bedeckung des Notenumlaufs einrechnen zu dürfen. Die Regierung konnte
sich der Ueberzeugung nicht verschliessen, dass es im öffentlichen Interesse dringend geboten sei, diesem Antrage Folge
zu geben und in der That erfolgte am 26. Juli 1870 eine kais.
Verordnung in diesem Sinne und der Reichsrath, wie wir
gleich hier anführen wollen, ertheilte dieser Massregel später
ihre Berechtigung anerkennend, seine Zustimmung [1]). Mit
dieser Massregel aber war eine Erhöhung des Zinsfusses sowohl im Escompte wie im Lombard um 1 % Hand in Hand
gegangen, eine Verfügung, deren Nothwendigkeit schon durch
die gleichzeitige Erhöhung des Zinsfusses aller deutschen
Banken geboten war; der Zinsfuss der Nationalbank vor dieser
Erhöhung war niedriger als der der deutschen Banken und
es musste dafür gesorgt werden, dass nicht von dort das
wenige in Oesterreich vorhandene Metall von da abgezogen
und nach dem Auslande geleitet werde. Ungeachtet dieser
Zinsfusserhöhung aber wurde der Zweck jener Massregeln
in Betreff der Devisen der Nationalbank ziemlich vollständig

---

1) Erst mit der Verordnung des Gesammtministeriums vom 11. März 1871
wurde die Massregel wieder ausser Kraft gesetzt.

erreicht. In Folge dieser Massregel trat in der That eine
Beruhigung ein, zumal die Speculationskreise sich durch die
Widerwärtigkeiten der letzten Wochen einigermassen ermüdet
zeigten. Der Monatsausweis der Bank für August zeigte
bereits wieder eine günstige Physiognomie, die Notenreserve
der Bank erreichte Ende August wiederum eine Höhe von
31,8 Mill. und die Nationalbank war vorsichtig genug, dem
Drängen nach einer Herabsetzung des Zinsfusses mit Rücksicht sowohl auf die Bedürfnisse des legitimen Handels wie
auf die möglichen Ansprüche der Filialen zu widerstehen
In diesen Tagen hatte die Nationalbank ihre Aufgabe unläugbar mit richtigem Verständniss erfasst und erfüllt, zum
ersten Male trat die Erscheinung auf, dass das Vorgehen
der Bank auch jene Kreise befriedigte, welche sonst und in
der Regel ihre Gegnerschaft wider die Bank nicht rücksichtslos genug documentiren konnten.

Gegen Schluss des Jahres 1870 spielte sich in Betreff der
80 Mill. Schuld des Staates an die Bank eine ebenso
interessante wie lehrreiche und für den Bankstreit zwischen
den beiden Reichshälften höchst bezeichnende Episode ab,
welcher wir an dieser Stelle, damit die Geschichte des Streites
über die 80 Mill. Schuld keine Lücke aufweise, unsere Aufmerksamkeit zuwenden müssen; doch erfordert der etwas
verwickelte Sachverhalt, dass wir bei der Darstellung desselben etwas weiter ausgreifen. Bei Abschluss des finanziellen
Ausgleiches im Jahre 1867 in dem Berichte der seinerzeitigen
reichsräthlichen Ausgleichsdeputation wurde ausdrücklich bemerkt „es sei die allgemeine Schuld keineswegs als eine
Schuld der diesseitigen Länder anerkannt worden" und dass
„wenn es sich seinerzeit um die Errichtung der Verwaltung
der allgemeinen Staatsschuld handeln wird, im Interesse der
diesseitigen Länder dafür werde Sorge getragen werden
müssen, dass alles vermieden werde, wodurch es das Ansehen

gewinnen könnte, als wäre die allgemeine Staatsschuld eine
Schuld der diesseitigen Länder." Dem entsprechend wurde
auch später zwischen den beiderseitigen Landesfinanzministern
eine Vereinbarung getroffen, durch welche die Staatsschuld
der Verwaltung des Reichsfinanzministeriums überantwortet
wurde. Seitens des ungarischen Reichstages wurde aber diese
Vereinbarung nicht genehmigt, angeblich weil durch die Ausgleichsgesetze die Verwaltung der Staatsschuld nicht als eine
gemeinsame Angelegenheit normirt worden sei. Nach Ablehnung der Vereinbarung durch den ungarischen Reichstag
zeigte man sich diesseits, wie dies in der Regel der Fall war,
nachgiebig bis zur Selbstverläugnung; dem Reichsrath wurde
ein Gesetzentwurf vorgelegt, durch welchen die allgemeine
Staatsschuld der Verwaltung des diesseitigen
Finanzministeriums überwiesen wurde und am 13. April
1870 erfolgte die Publication des diesbezüglichen Gesetzes.
Das war von Vornherein ein arger Fehler, weil durch diese
Action der allgemeinen Staatsschuld bis zu einem gewissen
Grade immerhin der Character einer lediglich die diesseitigen
Länder verpflichtenden Schuld verliehen wurde, aber dieser
Fehler hatte in seinem Gefolge auch noch eben jene Ver-
wicklung in Betreff der 80 Mill. Schuld.

Auf Grund jener Verfügung in Betreff der Verwaltung
der Staatsschuld wurde nämlich von ungarischer Seite mittelst
einer Art bureaukratischen Handstreichs der Versuch gemacht,
der Repudiation Ungarns in Betreff der 80 Mill. Schuld gewissermassen einen legalen Character zu verleihen. Das kam
so: In den amtlichen Ausweisen über den Stand der Staatsschuld, durch die reichsräthliche Staatsschulden-Controlscommission veröffentlicht, wurde seit Abschluss des Ausgleiches
mit Ungarn hinsichtlich der 80 Mill. Schuld an die Bank allerdings die Vorsicht beobachtet, dass dort, wo unter der consolidirten Staatsschuld (Post No. 48) die 80 Mill. Schuld aufgeführt wurde, regelmässig der Beisatz erschien: „Die Beitragsquote der ungarischen Länder zur Zahlung dieser Kapitals-
und Zinsenschuld wird seinerzeit zum Austrag gebracht

werden." Das bildete so eine Art permanenter Verwahrung gegen den ungarischen Standpunkt in dieser Angelegenheit. Die Bankschuld selbst war seit dem Ausgleiche beim Rechnungsdepartement für die gemeinsamen Finanzangelegenheiten vorgeschrieben und neben diesem Rechnungsdepartement bestand dort auch noch das Rechnungsdepartement für die allgemeine Staatsschuld. In den Büchern, welche das Rechnungsdepartement für die gemeinsamen Angelegenheiten übernommen hatte, war die 80 Mill. Schuld in Vorschreibung. Am 7. December 1869 — an der Spitze des Reichsfinanzministeriums stand damals noch Freiherr von Becke, indess nur nominell, da für ihn während seiner Krankheit der Reichskanzler Graf Beust die Geschäfte führte — beliebte es nun dem damaligen Sectionschef des Reichsfinanzministeriums, dem aus Pest auf diesen Posten nach Wien berufenen Herrn Weninger. dem Rechnungsdepartement für die Staatsschuld, welches damals noch provisorisch dem Reichsfinanzministerium unterstand, den Befehl zu ertheilen, vom Januar 1870 an unter Anderem auch das Bankdarlehen von 80 Mill. in seine Verrechnung zu übernehmen. Damit sollte in aller Stille die Uebertragung der Schuld aus dem gemeinsamen auf das Schuldenconto der diesseitigen Länder bewerkstelligt werden, ein nichts weniger als loyaler Streich, welcher das ungarische Rechtsgefühl nicht weiter berührte. Die Staatsschulden-Controlscommission des Reichsraths indess, als sie davon Kenntniss erlangte, erklärte sich gegen die beabsichtigte Uebertragung der Vorschreibung und Verrechnung des Bankdarlehens und wendete sich diesfalls am 19. December 1869 an das cisleithanische Ministerium mit der Mittheilung, dass es diesen Vorgang deshalb für unzulässig erachte, „weil diese Schuld keineswegs die im Reichsrathe vertretenen Königreiche und Länder allein belasten könne und wegen der Rückzahlung, sowie allfälligen Verzinsung noch Verhandlungen mit den Ländern der k. ungar. Krone gepflogen werden müssen." Das cisleithanische Finanzministerium eröffnete in Folge dessen am 11. Januar 1870 dem Reichs-

finanzministerium, dass die Schuld des Staates an die Bank
weder zur fundirten noch zur nicht gemeinsamen schwebenden Schuld zähle, sowie dass diese ganze Angelegenheit noch
den Gegenstand eines besonderen Uebereinkommens mit den
Ländern der ungarischen Krone zu bilden habe, daran das
Ersuchen knüpfend, die Vorschreibung der Bankschuld bei
dem gemeinsamen Rechnungsdepartement zu belassen. Darauf erwiderte das Reichsfinanzministerium, dass die
Bankschuld vom gemeinsamen Rechnungsdepartement niemals
als gemeinsame Schuld in Evidenz gestellt worden sei und
es sich daher auch nicht darum handle, eine schon vollzogene
Evidenzhaltung aufzulassen; die Vorschreibung in den neuen
Büchern des gemeinsamen Rechnungsdepartements lehnte
das Reichsfinanzministerium einfach ab. Eben der Umstand,
so erklärte das Reichsfinanzministerium, dass über diesen
Gegenstand ein Uebereinkommen erst zu treffen sei, rechtfertige den Vorgang dieses Ministeriums, welchem das Recht
nicht zustehe über eine noch offene Frage in bestimmter
Richtung administrativ zu entscheiden. Durch die angeordnete Vorschreibung bei dem Rechnungsdepartement der
Staatsschuldencassa sei übrigens kein Präjudiz geschaffen
worden, „indem diese hochwichtige Frage eben nur
durch einen Act der beiderseitigen Legislativen
nicht aber durch eine interne administrative Verfügung ihre Erledigung finden kann." Die diesfällige
Zuschrift des Reichsfinanzministeriums datirte vom 21. Januar
1871. Bald nachher trat bekanntlich diesseits der Leitha ein
Ministerwechsel ein. Das reconstruirte Bürgerministerium
machte einem Ministerium Potocki Platz. Freiherr von
Holzgethan, Dr. Brestels Nachfolger im diesseitigen Finanzministerium, kam erst am 9. Juni 1870 dazu dem Reichsfinanzministerium zu erwidern, dass es sich darum handle einen im
Bereiche des Reichsfinanzministeriums überkommenen faktischen Zustand bis zur definitiven Regelung fortbestehen zu
lassen, dass sonst ein bedenkliches Präjudiz geschaffen würde,
wenn aus keinem anderen Anlasse als wegen Erfolglassung

einer neuen Casseinstruction die Vorschreibung über eine schwebende Schuld von 80 Mill. dem Rechnungsdepartement für das Creditwesen und die Staatsschuldencasse übertragen würde.

An die Spitze des Reichsfinanzministeriums war inzwischen der frühere ungarische Finanzminister Hr. von Lonyay getreten und dieser fand natürlich den Standpunkt, den sein Vorgänger Becke durch Sectionschef Weninger im ungarischen Interesse eingenommen hatte, vollkommen entsprechend. Am 26. Juni 1870 beantwortete er die Note des diesseitigen Finanzministeriums mit der Eröffnung, dass diese Note ihn nicht zu bestimmen vermöge, von der bisherigen Anschauung des Reichsfinanzministeriums abzugehen und er fügte bei: „Die Bankschuld ist als ein Theil der gemeinsamen Staatsschuld in Vorschreibung, kann somit nicht in den Büchern des Reichsfinanzministeriums, welche nur die legal gemeinsame Gebarung aufnehmen, erscheinen." Inzwischen aber war, wie früher bereits erwähnt und trotz dieser Sachlage, das im Reichsrathe ohne Debatte zu Stande gekommene Gesetz vom 13. April 1870 erlassen worden, welches die Verwaltung der allgemeinen Staatsschuld dem diesseitigen Finanzministerium überwies und so war auch die Uebertragung der Verrechnung und Verbuchung der 80 Mill. Schuld an das dem diesseitigen Finanzministerium unterstehende Rechnungsdepartement für die Staatsschuldencasse zur Thatsache geworden, ein Act sträflicher Nachlässigkeit, welcher sich würdig den grossen Fehlern anreihte, welche in der Behandlung der ganzen Bankfrage bis dahin begangen worden waren.

Dem Abgeordnetenhause des Reichsraths wurde dieser Sachverhalt in dem Ende November 1870 zur Publication gelangten Jahresbericht der Staatsschuldencontrolscommission dargelegt und zwar wie es in diesem Berichte hiess, zu dem Zwecke, damit diese Uebertragung „nicht als ein Präjudiz seinerzeit zur Geltung gebracht werden könne." Bald darauf aber kam die Angelegenheit in der reichsräthlichen Delegation in

P e s t, angeregt durch eine Interpellation des Abgeordneten
W o l f r u m zur Sprache. Reichskanzler Graf B e u s t, in Beantwortung dieser Interpellation gab ein langes Exposé, in
welchem dargelegt wurde, dass Baron Becke auf Antrag
Weningers die Umschreibung angeordnet habe, mit dem Bei-
fügen, d a s s m i t d i e s e r U m s c h r e i b u n g k e i n e r l e i P r ä-
j u d i z g e s c h a f f e n w o r d e n s e i. Herr v o n L o n y a y
welcher in der betreffenden Sitzung neben dem Grafen B e u s t
sass, nickte zu dieser Erklärung zustimmend mit dem Kopfe,
trotz seiner Note vom 21. Januar 1871. Faktisch aber war in
diesem Stadium die Bankschuld nirgends rechtlich verbucht;
aus den Büchern der gemeinsamen Schuld war sie gelöscht
und in den Büchern des Rechnungsdepartements für die
Staatsschuldencasse figurirte sie widerrechtlich und unter
allerhand Vorbehalt und Verwahrungen.

War auf solche Weise der Conflikt in Betreff der 80 Mill.-
Schuld am Schlusse des Jahres 1870 in noch weit verschärf-
terer Form ungelöst zurückgeblieben, so war es nur eine
natürliche Folge dieses Umstandes, dass auch die mit der
Hauptfrage zusammenhängende Nebenfrage der a u s d e m
J a h r e 1868 u n b e r i c h t i g t z u r ü c k g e b l i e b e n e n Pau-
s c h a l v e r z i n s u n g d i e s e r 80 Mill. S c h u l d am Schlusse des
Jahres 1870 ihren Charakter in keiner Weise geändert
hatte. In ihrem Jahresberichte an die Generalversammlung
der Actionäre für 1870 erklärte die Bankdirection mit Bezug
auf den Beschluss der Generalversammlung vom 19. Januar
1870. dass sie es bisher unterlassen habe, dem Bankausschusse
die sofortige Ueberreichung der Klage gegen das Aerar
vorzuschlagen, weil die Verhandlungen mit Ungarn im Jahre
1870 in keinem Stadium als völlig abgebrochen betrachtet
werden konnten, weil es ferner nicht im Interesse der Nationalbank gelegen wäre, gegen die österreichische Regierung
in demselben Augenblicke klagbar aufzutreten, in welchem
die österreichische Regierung sowie die Nationalbank darauf
hingewiesen seien, Ungarn gegenüber gemeinschaftlich die
Lösung einer weitaus wichtigeren Frage zu erwirken und .

weil endlich die Verjährung der betreffenden Rechtsansprüche
der Nationalbank frühestens Ende Dezember 1871 eintrete, so
dass die Bank bis dahin noch Zeit genug habe, mit der Klage
vor den Gerichten vorzugehen.

Wenden wir uns nun der Notenbewegung und den Ge-
schäftsergebnissen der Nationalbank im Jahre 1870 zu.
Ueber die Bewegung der Umlaufsmittel sowie über die Veränderungen in den Hauptgeschäftszweigen der Bank und in
dem Stand der Valuta giebt folgende Tabelle Aufschluss:

	Banknoten-Umlauf	Staats-noten Umlauf	Gesammt-Noten-Umlauf	Metall-schatz der Bank	Es-compte	Lom-bard	Silber-Agio	Cours der Bank-actien.
			In Millionen Gulden				für 100 fl.	
Ende Dezbr.								
1869	283·69	315·06	598·70	116·9	87·53	42·03	120·7	742
1870:								
Ende Januar	277·09	317·52	594·61	116·7	76·70	40·51	120·9	725
„ Februar	265·03	314·07	579·11	116·7	65·93	39·08	121·5	727
„ März	260·78	311·19	571·97	113·9	63·44	39·25	121·1	726
„ April	260·97	310·60	571·58	113·9	67·22	37·88	120·8	714
„ Mai	266·88	313·78	580·66	113·0	71·23	38·13	120·2	720
„ Juni	278·49	315·03	593·53	112·6	86·51	44·77	117·7	721
„ Juli	304·38	321·32	625·71	115·0	106·68	45·80	131·0	645
„ August	315·75	331·49	647·24	115·1	114·98	45·80	124·0	687
„ Septbr.	301·93	337·87	639·80	114·1	100·14	44·27	122·2	714
„ October	306·13	343·72	649·85	115·1	108·91	43·53	120·7	715
„ Novbr.	301·88	346·13	648·01	114·8	107·99	42·06	122·0	717
„ Dezbr.	296·89	352·11	649·00	114·3	109·69	41·25	121·7	729

Zinsfuss-Veränderungen im Jahre 1870:

	Escompte	Lombard
Bis 21. Juli	5 %	5½ %
Vom 22. Juli ab	6 —	6½ %

Die Masse der circulirenden Geldzeichen hatte demnach
im Vergleiche mit dem Jahresschlusse 1869 am Schlusse des
Jahres 1870 eine Vermehrung um $50._{24}$ Mill. erfahren und an
dieser Vermehrung participirte der Banknotenumlauf mit
$13._{19}$ Mill., während der Rest mit $37._{05}$ Mill. auf den Staatsnotenumlauf entfiel. Der Banknotenumlauf zeigte Ende März
seinen niedrigsten, Ende August seinen höchsten Stand, der
Staatsnotenumlauf aber nahm von Monat zu Monat constant
zu, nachdem die Finanzverwaltung ohne Rücksicht auf den
Zusammenhang zwischen einer solchen Finanzpolitik und dem
Stande der Valuta die in die Staatskassen zurückfliessenden
Salinenscheine jeweilig durch Ausgabe neuer Staatsnoten er-
setzt hatte. Ende des Monates Januar 1870 befanden sich
noch Salinenscheine im Belaufe von $90._{37}$ Mill. Gulden, Ende
April sogar noch im Belaufe von $97._{08}$ Mill. Gulden, also fast
die Gesammtsumme dieses Theiles der schwebenden Staats-
schuld, in Circulation. Von da ab jedoch nahm diese Circulation —
allerdings bei einem permanenten Zinsfusse von nur $4\,^{1}/_{2}\,^{0}|_{0}$, dessen
Aufrechthaltung geradezu einer künstlichen Aufmunterung der
Effecten-Speculation gleichkam, — in folgender Weise ab: Ende
Mai $94._{53}$, Ende Juni $93._{29}$, Ende Juli $87._{01}$, Ende August $76._{30}$,
Ende September $70._{48}$, Ende October $64._{64}$, Ende November
$62._{23}$, Ende Dezember $59._{88}$ Mill. Gulden. In der Zunahme
des Staatsnoten-Umlaufs, wie er aus obiger Tabelle ersichtlich wird, spiegelt sich die Consequenz dieser allseitig verurtheilten, gleichwohl aber von Herrn v. Holzgethan störrisch
aufrecht erhaltenen Politik ab. Die unmittelbare Wirkung
dieser ansehnlichen Vermehrung der Circulationsmittel auf
den Stand der Valuta war indess keine allzu beträchtliche,
die Verschlechterung der letzteren betrug kaum $1\,^{0}|_{0}$ am
Schlusse des Jahres, während um die Mitte desselben, allerdings hauptsächlich in Folge des ausgebrochenen deutsch-
französischen Krieges, gegen Ende Juli das Silberagio $133._{50}$
notirte, demnach um nicht weniger als $13\,^{0}/_{0}$ höher war, als
mit Schluss 1869. Die Notenbewegung im Jahre 1870 war dem-

nach eine weit intensivere als in dem vorausgegangenen Jahre
und eine Veranlassung, sich über Mangel an Circulationsmitteln zu beklagen, war für den legitimen Verkehr in keiner
Weise gegeben.

Die Bilanz, mit welcher die Nationalbank das Jahr
1870 abschloss, trug in vielen Stücken einen weitaus erfreu-
licheren Charakter als die Bilanzen der unmittelbar vorausgegangenen Jahre und die Geschäftsergebnisse kamen den Actionären in erhöhtem Ausmaasse zu Statten. Im Vergleiche
mit dem Stande der Bank Ende 1869 hatte der Metallschatz
um 2.$_{53}$ Mill. abgenommen, während der Vorrath an Devisen um
fast die ganz gleiche Summe sich vermehrt hatte; neben
einem, wie bereits erwähnt, um 13.$_{19}$ Mill. erhöhten Banknotenumlauf, dessen Gesammtsumme pr. 296.$_{89}$ Mill. am Jahresschlusse
nach §. 14 der Statuten eine Bedeckung in der Höhe von
307.$_{78}$ gegenüberstand, zeigte das Escomptegeschäft eine
Zunahme um 22.$_{15}$, das Leihgeschäft dagegen eine Abnahme um 0.$_{77}$ Mill., während gleichzeitig das Hypothekarkreditgeschäft eine Verminderung um 1.$_{90}$ Mill. zeigte.
An den Erträgnissen der Nationalbank für 1870 pr.
11.028.592 Gulden participirte das Escomptegeschäft mit
5.037.442, das Leihgeschäft mit 2.482.419, das Hypothekarkreditgeschäft mit 1.340.886, das Devisen- und verschiedene
andere Geschäfte mit 1.025.640 Gulden u. s. w. Nach Abzug
der Auslagen in der Höhe von 2.782.404 Gulden verblieb ein
reines Jahreserträgniss von 8.246.187 Gulden, von welchem
nach Dotirung des Reservefondes mit 374.618 Gulden an Zinsen und Superdividende eine Summe von 7.876.145 Gulden
vertheilt wurde, entsprechend einem Erträgnisse von 52 Gulden 50 Xr., also einer 8.$_{75}$ percentigen Verzinsung für jede
einzelne Actie. Seit dem Jahre 1857 war eine Dividende in
dieser Höhe an die Actionäre der Bank nicht vertheilt worden.
Der Reservefond der Bank zeigte am Schlusse des Jahres
1870 eine Höhe von 15.494.284 Gulden.

Was sonst noch mit der grossen Bankfrage zusammen-
hing, zeigte, als das Jahr 1870 zurückgelegt war, eine durchaus unerfreuliche, ja mitunter geradezu bedenkliche Physiognomie. Die früher begangenen Fehler waren nicht nur nicht
verbessert und gesühnt, sondern noch geschärft und vermehrt
worden.

VIII.

Das Jahr 1871; Krise und Umlaufsmittel.

Der Anfang des Jahres 1871 fand den Geld- und Effectenmarkt in Oesterreich-Ungarn in vollster Apathie. Einigermassen gewitzigt durch die trüben Erfahrungen, welche sie gemacht und die herben Verluste, welche die Krisis in dem vorausgegangenen Kriegsjahre ihr beigebracht hatte, bequemte sich die Speculation zu unfreiwilliger Vorsicht; Geschäftslosigkeit war die Signatur der Börse. Das Anlagekapital zeigte sich zurückhaltend, ein wenig erschreckt durch den Umstand, dass eine nicht geringe Anzahl von Actiengesellschaften ausser Stande war den Januarcoupon ordnungsmässig einzulösen und dass eine ganze Reihe von im Laufe der Jahre 1869 und 1870 neu gegründeten Banken nach langem Sträuben in den sauren Apfel der Liquidation oder Fusion zu beissen gezwungen war. Mit dieser Geschäftslosigkeit stand es vollkommen im Einklange, dass die Hauptgeschäftszweige der Nationalbank in den ersten Monaten des Jahres rapide Abnahmen erfuhren, zumal der Finanzminister des am Ruder befindlichen Ministeriums Potocki, welches übrigens um diese Zeit bereits der Agonie verfallen war und dessen Situation das unmittelbare Bevorstehen eines politischen Systemwechsels ahnen liess, es für eine kluge Finanzpolitik gehalten hatte, durch fortgesetzte Aufrechthaltung eines niederen Zinsfusses für die Salinenscheine das Rückströmen der

17*

letzteren und den Ersatz derselben durch Ausgabe des entsprechenden Aequivalentes an Staatsnoten von Monat zuMonat
zu steigern. Mit dieser nichtsweniger als erfreulichen Situation
ging eine systematische Verzettelung der grossen Bankfrage
und aller mit ihr zusammenhängenden Angelegenheiten Hand
in Hand. Die beiderseitigen Regierungen fanden es nach
wie vor in arger Kurzsichtigkeit mit dem wirthschaftlichen
Interesse vereinbar, das alte Spiel fortzusetzen. Diesseits der
Leitha fehlte es dem Ministerium der misslungenen Aus-
gleichsversuche, welches jedes politischen Halts entbehrte,
begreiflicherweise Ungarn gegenüber an jedem energischen
Willen und jenseits der Leitha hatte man es glücklich dahin
gebracht, die Welt durch das Possenspiel der Bankenquête
sanft einzulullen. Die günstige Gelegenheit, welche bei Ausbruch der wirthschaftlichen Krise in Ungarn einem energischen Vorgehen in der Bankfrage von diesseits nicht unwesentliche Erfolge in Aussicht gestellt hatte, war verabsäumt
worden. Hätte man um jene Zeit Ungarn gegenüber Ernst
gezeigt und empfindliche Restriktionen dort wirklich eintreten
lassen, statt mit denselben nur zu drohen, dann wäre bei der
Unmöglichkeit für Ungarn, in solcher Situation ein selbstständiges Geldwesen zu etabliren, manche gewichtige Concession
nicht unschwer zu erzwingen gewesen. Statt dessen aber
hielt man die offenbare Komödie mit der Bankenquête bereits für ein Zugeständniss, für eine Bethätigung der Geneigtheit auf ungarischer Seite in Verhandlungen einzutreten,
während es ausserhalb der Kreise der Regierung und der
Nationalbank aller Welt klar war, dass mit dieser Enquéte
eine bedenkliche Verzettelung und nichts weiter erreicht
war.

Unmittelbar aus dem Jahre 1870 ragte die Frage der
80 Mill. Schuld in das Jahr 1871 hinein und die legislativen
Körperschaften kamen in Folge der am Schlusse des vorigen
Kapitels geschilderten Sachlage (siehe Seite 249) in die Lage,
darüber wieder einmal eine Meinung aussprechen zu müssen.

Vor Allem raffte die Delegation des Reichsraths das bischen Energie, über welches sie verfügte, zusammen, um die eventuellen Folgen der auf dem Wege eines geheimen bureaukratischen Staatsstreichs in Frage gestellten Mitverpflichtung Ungarns an dieser Schuld des Staates abzuwehren. In Erledigung der an die gemeinsame Regierung schon im December 1870 gerichteten Interpellation und des diesfalls vom gemeinsamen Ministerium gegebenen Exposé's zur Beantwortung der Frage, wie es komme, dass die Schuld des Staates an die Bank vom Reichsfinanzministerium auf die Bücher der im Reichsrathe vertretenen Königreiche und Länder übertragen wurde, ermannte sich die ·reichsräthliche Delegation am 4. Februar 1871 zu folgendem Beschlusse:

„1) Die Erklärung des gemeinsamen Ministeriums, dass durch die am 7. December 1867 von dem k. k. Reichsfinanzministerium getroffene, lediglich administrative Verfügung betreffend die Uebertragung der Bankschuld von 80 Mill. Gulden in die Bücher der Staatsschuldenkasse kein Präjudiz geschaffen werden konnte, wird zur Kenntniss genommen und die Delegation erklärt auch ihrerseits, dass ein solcher administrativer Act ein Präjudiz nicht schaffen kann.

2) Die Motive, welche das gemeinsame Ministerium für sein Vorgehen anführt, konnten wohl die Nichtaufnahme der Schuld von 80 Mill. an die Nationalbank in ein neu anzulegendes Buch der Reichscentralcasse, keineswegs aber deren Uebertragung in die Bücher der Staatsschuldenkasse rechtfertigen".

Auch die ungarische Delegation beschäftigte sich ein wenig mit dieser Frage, freilich in ihrer Weise. Ihr Beschluss ging dahin, dass „die Nichteintragung dieser Schuld in das gemeinsame Schuldenhauptbuch vollkommen motivirt sei". Aeusserlich war dieser Beschluss nicht incorrect, insofern als die 80 Mill. Schuld formell allerdings noch nicht als eine gemeinsame erklärt worden war, also in die Bücher der gemeinsamen Staatsschuld auch nicht wohl übertragen werden konnte. Was aber mit dieser 80 Mill. Schuld überhaupt zu geschehen habe, darüber hüllte sich die ungarische Delegation nach wie vor in ein bedenkliches Schweigen.

Auch der österreichiche Reichsrath fand in Erledigung des ihm von seiner Controlscommission für die Staats-

schuld im November 1870 erstatteten Berichtes (siehe Seite 253)
allerdings viel später, nämlich am 3. Juli 1871 — und wir
constatiren diese Thatsache um des Zusammenhangs willen
schon an dieser Stelle — Gelegenheit, der Frage der 80 Mill.
Schuld wieder einmal zu gedenken. Seiner alten Taktik getreu, fand es das Abgeordnetenhaus wiederum nicht räthlich in eine sachliche Discussion der Streitfrage einzutreten,
sondern beschränkte sich darauf, als Resolution zu beschliessen:

„1) Die Regierung wird aufgefordert, mit der k. ung. Regierung in Verhandlung zu treten, damit das Verhältniss der im Reichsrath vertretenen Königreiche und Länder und das Verhältniss der Länder der ungarischen Krone
zur Schuld des Staates von 80 Mill. Gulden an die Nationalbank einer Lösung
durch die beiderseitigen Legislativen zugeführt werde.

2) Durch die lediglich mittelst einer administrativen Verfügung des gemeinsamen Ministeriums der Finanzen bewirkte Uebertragung der 80 Mill.
Schuld aus den Büchern der Centralfinanzverwaltung in die Bücher des Rechnungsdepartements für die Staatsschuldencasse ist ein Präjudiz nicht geschaffen
worden, kann auch ein solches nicht geschaffen werden, wie diess auch in dem
der hohen Delegation des Reichsraths mitgetheilten Exposé vom Herrn Reichskanzler und dem Herrn Reichs-Finanzminister erklärt und anerkannt wurde".

Der so citirte Reichsfinanzminister war kein anderer, als
Herr v. Lonyay, der nämliche Herr v. Lonyay, der vorher
zu wiederholten Malen erklärt hatte, die 80 Mill. Schuld sei
keine gemeinsame und Ungarns Mitverpflichtung zur Zahlung
derselben völlig ausgeschlossen. Das Abgeordnetenhaus des
Reichsraths aber hätte zur Geschichte des Bankstreites mit
Ungarn keine drastischere Illustration liefern können, als es
durch jene Resolution geschehen ist, in welcher vierthalb
Jahre nach vollzogenem Ausgleiche mit Ungarn, an die Regierung die Aufforderung gerichtet wurde, die 80 Mill. Schuld
einer Lösung zuzuführen Einen praktischen Erfolg von dieser Resolution versprach sich das Abgeordnetenhaus sicherlich auch jetzt nicht. Einigermassen werthvoller aber war immerhin eine Aenderung, welche in Folge des nunmehr in Betreff
der 80 Mill. Schuld schärfer zugespitzten Conflictes die Staatsschuldencontrols-Commission des Reichsraths officiell in ihrem
Semestralausweise über den Stand der Staatsschuld vorge-

nommen hatte. In dem Ausweise, welcher in dem Neujahrs-
blatte der amtlichen Wiener Zeitung zur Publication gelangte,
war die frühere Anmerkung bei der Post-Nummer „80 Mill. Schuld
an die Bank", welche bis dahin einfach gelautet hatte: „Die
Beitragsquote der ungarischen Länder zur Zahlung dieser
Kapitals- und Zinsenschuld wird seinerzeit zum Austrag gebracht werden", nunmehr durch den kräftigeren Vorbehalt
ersetzt worden: „Die Beitragsquote der ungarischen Länder
zur Zahlung dieser gemeinsamen Kapitals- und Zinsenschuld
muss erst zum Austrag gebracht werden. Diese Schuld,
welche nicht zur consolidirten, sondern ihrem Ursprunge und
Charakter nach zur gemeinsamen schwebenden Schuld gehört,
ist lediglich der Evidenz wegen hier angeführt".

Was es mit der mit so viel Ostentation in Scene gesetzten ungarischen Bankenquête für eine Bewandtniss
habe, was sie thue, was sie plane, darüber wusste bei Beginn
des Jahres 1871, ein volles Jahr nach ihrer Einsetzung, Niemand Aufschluss zu geben. In Ungarn selbst fing man an
neugierig zu werden und der Abgeordnete Horn gab dieser
Neugierde in einer an den ungarischen Finanzminister in der
Sitzung des Unterhauses vom 21. Januar gerichteten Interpellation Ausdruck. Diese Interpellation, den Standpunkt der
Linken des ungarischen Unterhauses zur Bankfrage kenn-
zeichnend, lautete also:

„Ist die Behauptung der Wiener Nationalbank richtig, dass die ungarische
Regierung im Jahre 1867 sich verpflichtete, das Privilegium der Bank, so lange
in Ungarn nicht ein neues Bankgesetz geschaffen wird, aufrecht zu halten?
Ist es wahr, dass die Bank, obwohl sie faktisch ein Monopol in Ungarn ge-
niesst, im verflossenen Jahre als Zwangsmassregel gegen Ungarn die Vermehrung der Dotation ihrer Filialen in Ungarn, ebenso die Belehnung ungarischer
Lose verweigert hat, wodurch die Bank die Anerkennung ihres Monopols erzwingen will? Ist es wahr, dass in Folge dieses Druckes der Finanzminister
versprochen habe, noch im Laufe der heurigen Wintersession einen auf die
Bankfrage bezüglichen Gesetzentwurf einzubringen und steht hiemit vielleicht

jene Langsamkeit im Zusammenhange, welcher zu Folge die Verhandlungen der Bankenquêtecommission noch immer nicht beendet sind und ihr Bericht noch immer nicht dem Hause zur Berathung vorgelegt wurde? Was beabsichtigt die Regierung diesen feindseligen Drohungen gegenüber zu thun, falls, wie es wahrscheinlich ist, der Reichstag den eben erwähnten, die Wiener Nationalbank begünstigenden Gesetzentwurf nicht verhandeln oder ablehnen wird?"

Das war so ein kleiner parlamentarischer Schwank, wie er von der Linken des ungarischen Unterhauses damals wie jetzt auch in wichtigen Fragen aufgeführt zu werden pflegte. Mit Ausnahme der letzteren Frage war die Linke wie die Rechte des Unterhauses vollkommen in der Lage, sich diese Interpellation selbst zu beantworten, aber wie alle Welt spielte aush sie ein wenig Versteckens, nebenbei auch wohl von der Absicht getragen, die Verlegenheiten des Finanzministers Kerkapolyi in der Bankfrage noch um Einiges zu vermehren. Zum Theile wurde die Interpellation durch die Bankenquête-Commission selbst beantwortet, allerdings erst vierthalb Monate später! Anfangs Mai 1871 wurde nämlich das Elaborat der Bankenquête-Commission endlich der Publication übergeben, fast anderthalb Jahre nach ihrer Einsetzung. Der sehr umfangreiche Bericht enthielt vor Allem das Bekenntniss, dass Ungarn sich nicht mit der Hoffnung schmeicheln könne, mittelst legislatorischer Maassnahmen seinen Creditverhältnissen sofort selbstständige feste Grundlagen zu geben und dass man sich vorerst damit begnügen müsse, die Sicherung des ordnungsmässigen Geldverkehrs zu bewirken. Dazu, meinte die Commission, sei vor Allem die Wiederherstellung des vollen Metallwerthes der Circulationsmittel nothwendig, aber diese Wiederherstellung habe grosse Schwierigkeiten zu überwinden, denn vor Allem sei dazu nöthig eine Regelung der schwebenden Staatsschuld im Einvernehmen mit dem Reichsrathe, und eine Vereinbarung hierüber könne nur entweder die Umwandlung der schwebenden Schuld in eine consolidirte oder die allmälige Einlösung der Staatsnoten im Auge haben. Die Umwandlung in eine consolidirte Schuld würde den Staatsschatz so sehr belasten, dass dieselbe unter den gegenwärtigen Finanzverhältnissen kaum erträglich wäre, während die Einlösung der Staatsnoten Baarmittel voraussetze, über welche Ungarn leider nicht verfüge. Eine Lösung auf dieser Basis würde vor allem Anderen noch eine bedeutende Besserung der allgemeinen politischen Lage, des Geldmarktes und der finanziellen Verhältnisse in Oesterreich wie in Ungarn voraussetzen, sowie auch die österreichische Nationalbank zur Einlösung ihrer Noten verhalten werden müsste. Nun sei es zwar die Meinung der Commission, dass „die Privilegien der österr. Nationalbank in den ungarischen Ländern keine Rechtskraft besitzen", allein — wir citiren hier wörtlich aus dem Commissionsberichte —

„Da wir unser Gutachten der erhaltenen Weisung gemäss mit Rücksichtnahme auf die faktischen Verhältnisse formuliren müssen, so konnten wir jenen Zusammenhang nicht ignoriren, welcher zwischen den gemeinsamen Staatsnoten und den Banknoten besteht; wir konnten nicht ignoriren, dass neben jenen auch in den ungarischen Kronländern bloss die Noten der österr. Nationalbank in Umlauf sind, wir konnten nicht ignoriren, dass zur Zeit die österr. Nationalbank thatsächlich den Geldverkehr auch in unserem Vaterlande regelt und dass schon aus diesem Grunde, aber auch wegen des Verhältnisses, in welchem unser Platz zu den Plätzen der übrigen Länder Seiner Majestät und in welchem die gemeinsamen Staatsnoten zu den Banknoten stehen, es zu wünschen wäre, dass die Frage der Valutaregelung zusammen und auf einmal hier und dort gelöst werde."

Darauf hin bezeichnete der Bericht die Consolidirung oder Einlösung der Staatsnoten und das Aufhören des Zwangscourses der Banknoten als jene Bedingungen, die es möglich machen, dem ungarischen Credit nicht nur eine selbstständige, sondern auch solide Grundlage zu geben, weil sobald dies geschehe, es möglich wäre, das Metallgeld in Umlauf zu bringen und eine selbstständige ungarische Zettelbank oder mehrere derselben, die jederzeit ihre Noten mit Metallgeld einzulösen im Stande sein würden, zu errichten. Die Commission verkannte indess nicht, dass der Uebergang auch wenn die erwähnten Vorbedingungen verwirklicht wären, mannigfache Schwierigkeiten haben würde, weil es nicht genüge dass Metallgeld in Umlauf zu bringen, sondern es auch darauf ankomme, dasselbe im Umlauf zu erhalten. In jedem Falle sei zur Vorbereitung einer endlichen Regelung der Valuta vor Allem Anderen eine Uebereinkunft Oesterreichs und Ungarns über die gemeinsame schwebende Staatsschuld erforderlich.

Um der kritischen Situation abzuhelfen, in welche Ungarn durch die Haltung der Nationalbank versetzt sei, gäbe es, so führte der Bericht der Commission aus, zwei Wege. Der eine wäre der Abschluss eines Uebereinkommens mit der Nationalbank, wodurch das Privilegium dieser Bank bis Ende 1876, wo es auch für Oesterreich ablaufe, anerkannt und, unter Vorbehalt des erforderlichen Einflusses zur Wahrung der ungarischen Interessen, die Befriedigung des Creditbedarfes in Ungarn gesichert würde. Der andere Weg wäre die sofortige Errichtung einer selbstständigen ungarischen Zettelbank und zwar wenn es nicht anders möglich wäre, auf derselben Basis, auf welcher gegenwärtig die österreichische Nationalbank fusse, d. h. mit Gewährung des Zwangscourses für ihre Noten! Einzelne Stimmen hätten die sofortige Errichtung einer ungarischen Zettelbank gewünscht, allein die überwiegende Mehrzahl der Experten und die Handelskammern insgesammt seien der Ansicht, dass die Gründung der ungarischen Zettelbank erst nach Ablauf des Privilegiums der österr. Nationalbank erfolgen könne und dass bis dahin die Regelung der Valutafrage und die Begründung des ungar. Credites auf selbstständiger, Grundlage durch anderweitige legislatorische Maasregeln vorzubereiten sei, für die Zwischenzeit aber d. h. bis Ende 1876, empfehle sich ein Arrangement mit der Bank. Dieses Arrangement wurde in dem Commissionsbericht in folgender Weise vorgeschlagen:

„Unserer Ansicht nach wäre der Finanzminister anzuweisen, ein solches Uebereinkommen mit der österr. Nationalbank

und — insofern hierdurch zugleich eine Revision des Bank-
gesetzes nothwendig würde — auch mit der Regierung der
im Reichsrathe vertretenen Länder zu schliessen; vorausgesetzt, dass dieses Uebereinkommen unserem Vaterlande so
viel Einfluss sichert, als zur Wahrung unserer Interessen
unbedingt nothwendig ist, sowie in der weiteren Voraussetzung, dass dadurch die Befriedigung des Creditbedarfes
der Länder der ungarischen Krone im gebührenden Masse
gesichert wird, würde unseres Erachtens gar kein Hinderniss
dagegen obwalten, unsererseits wieder das Privilegium der
österreichischen Nationalbank bis Ende 1876, bis wohin es
auch in den übrigen Ländern Seiner Majestät fortbesteht,
gesetzlich anzuerkennen. Sollte aber ein solches Uebereinkommen mit der österr. Nationalbank nicht zu Stande kommen
können oder sollten drückende Bedingungen oder vom Standpunkt des Rechts und der Billigkeit nicht zu rechtfertigende Forderungen gestellt werden, dann wird es Pflicht der Gesetzgebung sein — ohne die Regelung der Valuta und die oben
bezeichnete natürliche Entwickelung abzuwarten — die Interessen unseres Handels und unserer aufblühenden Industrie,
sowie die immer umfassender werdenden Ansprüche unseres
vaterländischen Credites selbst mit bedeutenden Opfern zu
schützen und die normale Geldcirculation für die Länder der
ungarischen Krone, wenn es nicht anders sein kann, auch
durch sofortige Errichtung einer selbstständigen ungarischen
Zettelbank zu sichern. Dass die Errichtung solch' einer Zettelbank auch unter den bestehenden Verhältnissen möglich sei
darin stimmen sämmtliche Experten, sowie alle unsere Han-
dels- und Gewerbekammern überein. Es ist dies übrigens
auch durch den Bestand der österr. Nationalbank erwiesen
und was vom nationalökonomischen Standpunkt aus allenfalls
auch anfechtbar sein mag, das kann als ein durch den Drang
der Umstände gebotenes Vertheidigungsmittel zum Schutze
der materiellen Interessen einer Nation nothwendig, ja sogar
nützlich sein."

Zu dem Geräusche, mit welchem die ungarische Bank-

enquête in Scene gesetzt worden war, stand der prac-
tische Werth dieses Elaborats, einer Frucht anderthalb-
jähriger Verhandlungen, in auffallend schlechtem Verhältnisse.
Um zu diesem Ergebnisse zu gelangen, dazu hätte es weder
eines so lärmenden Apparats noch auch eines so langen Zeitraumes bedurft. Die Bankfrage in ihrer Totalität hatte auch
nach Publication dieses Elaborats ihre unveränderte Gestalt,
sie war nicht um eines Haares Breite durch dasselbe von der
Stelle gerückt worden; das Resultat der Enquête war eben
nichts weiter als eine Station mehr auf dem heillosen Wege
systematischer Verschleppung. Ja, die letztere wurde im
weiteren Verlaufe seitens der ungarischen Regierung wie von
Seite des Abgeordnetenhauses officiell als die weiter noch
einzuhaltende Politik proclamirt. Am 5. Juni 1871 beantwortete nämlich Finanzminister Kerkapolyi die früher erwähnte
Interpellation des Abgeordneten Horn vom 21. Januar in
folgender Weise: Die Regierung habe keine bindende
Verpflichtung übernommen, das Bankprivilegium
in Ungarn aufrecht zu erhalten (!), doch habe sie das
Versprechen gegeben, dass der status quo bis zur Entscheidung der Bankfrage durch die Legislative aufrecht erhalten werden wird; Verweigerungen von Dotationserhöhungen
ungar. Bankfilialen seien allerdings vorgekommen und die
Bank habe dies mit dem Umstande motivirt, dass sie nicht
wisse, in welcher Richtung die Bankfrage in Ungarn entschieden werden wird und ob sie nicht eventuell genöthigt
sein dürfte, ihre Bankgeschäfte in Ungarn ganz aufzugeben. Bis zur Entscheidung dieser Frage in der einen
oder anderen Weise wolle die Bank einfach den status quo
aufrecht erhalten. Die Entscheidung der Bankfrage durch
den Reichstag habe bisher nicht erfolgen können, weil die
Enquêtecommission soeben erst ihren Bericht eingebracht
habe. Er, der Finanzminister werde übrigens die Bankfrage
„auch während der Sommerferien energisch betreiben, so dass
sie im Herbste zur Entscheidung gelangen könne". Dem
entsprechend überreichte er den Entwurf eines Beschlusses

durch welchen das Haus erklären sollte, dass die Bankfrage „in einer der ersten Herbstsitzungen (1871) in Berathung gezogen werden soll." Das ungarische Abgeordnetenhaus acceptirte einhellig diesen Beschlussentwurf in seiner Sitzung vom 6. Juni 1871. Aber das so öffentlich von Seite der beiden Faktoren abgegebene Versprechen wurde ebensowenig eingehalten und erfüllt, wie die vom ungar. Finanzminister allein im Juli 1870 gegebene Zusage. Das ungarische Abgeordnetenhaus vertagte sich am 11. Juni 1871 und das Jahr 1871 verstrich ohne dass Regierung und Reichstag sich ihrer Zusagen und ihrer Versprechungen weiter erinnert hätten. Es dürfte zweckmässig sein, diese Thatsachen allseitig im Auge zu behalten und namentlich diejenigen, welche die Hauptschuld an dem heute noch schwebenden Conflicte ausschliesslich auf die Schultern der Nationalbank wälzen möchten, sollten Gerechtigkeitsliebe genug besitzen, von dieser Thatsache wiederholt gegebener und niemals eingehaltener ungarischer Zusagen nicht völlig abzusehen.

So wie die ungarische Legislative entzog sich übrigens auch die österreichische im weiteren Verlaufe des Jahres 1871 jedweder Behandlung der Bankfrage; doch war diese letztere Erscheinung eine minder auffallende, da das am Ruder befindliche Ministerium Hohenwart inmitten der heillosen politischen Wirren, welche es im Lande angezettelt hatte, naturgemäss weder die Musse fand, noch auch die Lust verspürte, sich mit der Bankfrage irgendwie zu befassen. Fortan und bis zum Ablauf des Jahres 1871 war die Bankfrage wiederum kalt gestellt.

Statt der politischen trat nun aber im zweiten Semester des Jahres 1871 die wirthschaftliche Seite der österr. Bankfrage in ganz eigenthümlicher Gestalt· in den Vordergrund. Eine von langer Hand vorbereitete, durch eine maasslose, allen Gesetzen des wirthschaftlichen Lebens hohnsprechende Ueberspeculation hatte im Sommer des Jahres 1871 auf dem österr. Geldmarkte einen Nothstand etablirt, in dessen Gefolge die alten Klagen über die ablehnende Haltung der Nationalbank, über den Mangel an Circulationsmitteln wieder auftauchten und die Gegner der Bankacte fanden wieder einmal den Zeitpunkt geeignet, die alte Forderung nach Suspension der Bankacte auf's Neue zu erheben. Mit Rücksicht darauf liegt hier die Aufgabe vor uns, die Situation zu kennzeichnen, in welche die Nationalbank im 2. Semester des Jahres 1871 versetzt war und welche in ihrem Verlauf zu einer Abänderung des die Bedeckungsnormen für den Notenumlauf der Bank betreffenden §. 14 der Bankstatuten geführt hat.   •

Die zwei ersten Monate des Jahres 1871 waren von einer erheblichen Abnahme im Escompte- und Darlehensgeschäfte der Nationalbank begleitet. Um mehr als 38 Mill. Gulden waren diese beiden Geschäftszweige bis Ende Februar 1871 gesunken, die Notenreserve der Bank betrug, ohne Einrechnung der Devisen im Portefeuille, am 16. Febr. 1871 48·4 Mill. und die Bankdirection mit dem Bankauschusse konnten am 18. Febr. 1871 den Zinsfuss im Escompte von 6 auf 5, im Darlehen von 6½ auf 6% ermässigen. Solch eine Sachlage war ein natürlicher Sporn für die alle Zeit sprungfertige Speculation, zumal, seltsam genug, die nahe gerückte Milliardenwanderung aus Frankreich nach Deutschland als ein Stimulus sich dazu gesellte. Gleichwohl legte die Speculation sich in dieser Periode noch einige Mässigung auf, die Gründungswuth hatte ein wenig nachgelassen. Vom Ende Februar bis Anfang Mai steigerten sich indess Escompte und Lombard der Nationalbank um nahezu 26 Mill., reducirten sich dann wieder bis in die zweite Hälfte des Juni um 11 $\frac{1}{2}$ Mill., um von da ab in auffallender Progression wieder zuzunehmen. Im Juli war das alte Gründungsfieber mit neuer Macht wieder ausgebrochen. Der Monatsausweis der Bank für Juli trug eine höchst ungünstige Physiognomie, die Notenreserve der Bank war auf 24 Mill. gesunkn. Die Speculation setzte ihre Orgien fort, eine neue Gründung löste die andere ab, man etablirte ohne Unterlass neue Banken, während gleichzeitig bereits bestehende sich als lebensunfähig erwiesen hatten und zur Liquidation gezwungen waren. Die Haussepartei indess liess sich durch nichts entmuthigen, die Wiener Börse trotz ihrer Isolirung rechnete auf den in Deutschland bestehenden Geldüberfluss. In dem Maasse aber, in welchem die Versorgung der massenhaft erzeugten Effecten sich schwieriger gestaltete und die Speculation sich in Folge ihres excessiven Treibens einer immer intensiver auftretenden G el d k l e m m e gegenüber befand, steigerten sich auch die Anklagen gegen die Nationalbank und wurde das Thema· der „Geldnoth" in allen Tonarten varirt.

Keine Klage konnte in dieser Periode ungerechtfertigter sein als eben diese. Nicht weniger als 682·$_{80}$ Mill. betrug Ende September 1871 der gesammte Umlauf an Papier und Geldzeichen und daran participirte die Nationalbank mit 319·$_{60}$, der Staat mit 363·$_{20}$ Mill. War auch die Bank mit Rücksicht auf die ihr vorgezeichneten Grenzen in Betreff ihrer Notenausgabe zur Vorsicht verhalten, so hatte auf der anderen Seite der Staat dadurch, dass er die rückströmenden Salinenscheine durch Staatsnoten ersetzte, der jederzeit geldbedürftigen Speculation wacker unter die Arme gegriffen. Ende Januar 1870 hatte der Umlauf der Hypothekaranweisungen noch 90·$_{37}$ Mill. betragen, Ende September 1871, 20 Monate später, war er auf 48·$_{79}$ Mill. gesunken, für die Differenz von 41·$_{58}$ Mill. waren innerhalb dieses Zeitraumes neue Staatsnoten in Umlauf gekommen; der legitime Handel und die reelle Industrie hatten thatsächlich keinen über die gegebene Summe hinausreichenden Bedarf, wohl aber fühlte die illegitime Speculation sich äusserst fühlbar beengt, die spielenden, gründenden, emittirenden Banken in grosser Zahl brauchten allerdings mehr Geld d. h. mehr Banknoten. Die Effecten-Schränke dieser Banken waren vollgepfropft mit Werthen die nicht an Mann zu bringen waren und die ihnen obliegenden Verpflichtungen, erwachsend aus ihrer Eigenschaft als Geldbeschaffungsmaschinen drückten um so schwerer, als sie das ihnen in welcher Form immer zugeflossene Geld zu Zwecken des Spieles und um die Hausse künstlich zu erhalten und zu fördern, an der Börse engagirt hatten. Der Ueberspeculation der Börse und der Banken, dem Jagen nach grossem Gewinn und nach Geschäften um jeden Preis verdankte die unläugbar vorhandene Geldklemme ihre Entstehung, nicht aber einem, thatsächlich nicht vorhandenen Mangel an Circulationsmitteln.

Die Nationalbank war inmitten der gegen sie gerichteten Anklagen gedrängt, ihre am 6. Septbr. auf kaum 20 Mill. reducirte Notenreserve zu schützen und sie that dies durch die am 9. Septbr. 1871 verfügte Erhöhung des Zinsfusses um je 1%, also im Escompte von 5 auf 6, im Darlehen von 6 auf 7%; mit dieser Massregel aber ging eine fortgesetzte Stärkung des Metallschatzes der Bank durch Realisirung der in ihrem Portefeuille befindlichen Devisen Hand in Hand, die Bankausweise zeigten stetig eine Zunahme des Notenumlaufes und der letztere zeigte Ende October 1871 die Höhe von 331·82 Mill., eine Höhe, welche er seit August 1866, also seit Emission der Staatsnoten, nicht wieder erreicht hatte. Nichts ist geeigneter die Haltlosigkeit der in jenen Tagen gegen die Bank gerichteten Angriffe zu erweisen und die Grundlosigkeit der gegen die Bankacte neuerlich gerichteten Angriffe zu erhärten, als die folgende Zusammenstellung der wichtigsten Ziffern der Bankausweise, während der in Rede stehenden kritischen Periode des Jahres 1871:

Stand der Bank am 1871:	Noten-Umlauf	Metall-schatz	Silber-Wechsel	Es-compte	Lom-bard	Noten-Reserve
	In Millionen Gulden					
31. August	301·5	126·5	22·4	114·4	38·4	25·0
6. Septbr.	306·9	126·0	22·9	116·9	39·1	19·7
13. „	315·2	129·5	21·0	122·7	40·0	14·3
20. „	318·4	130·8	20·0	125·0	40·2	12·4
27. „	322·8	133·7	15·7	130·9	40·0	10·9
30. „	319·6	135·5	14·7	128·1	39·9	15·9
4. October	323·7	135·7	14·2	131·2	39·8	12·0
11. „	326·1	140·0	11·6	133·5	40·2	13·9
18. „	326·8	141·8	10·3	135·5	40·1	15·0
25. „	327·5	141·8	10·0	136·7	39·5	14·3
31. „	331·8	143·5	9·7	140·6	39·2	11·7
8. Novbr.	334·2	144·9	9·0	141·5	38·8	10·7
15. „	334·7	145·7	7·8	142·3	38·1	11·0

Die Nationalbank hatte demnach innerhalb dieses dritthalb monatlichen Zeitraumes ihren Metallschatz durch Realisirung ihrer Devisen bis auf 7·8 Mill. so erheblich gestärkt, dass sie ihre Notenausgabe um mehr als 33 Mill. steigern konnte. Dass sie diese Summe nicht dem angesichts der so sehr geschwächten Notenreserve nur um so bedenklicheren Lombardgeschäfte, sondern vielmehr dem Escomptegeschäfte zuwendete, dafür verdiente sie wohl auch keinen Tadel. Freilich war der praktische Effekt dieses Unterschieds nicht zu verspüren, denn leider wanderten auch die im Escomptegeschäft hinausgegebenen Noten notorisch sofort an die Börse, welche nicht mehr für die Spieler von Profession allein, sondern leider auch für die Kreise des Handels und der Industrie zum Tummelplatze geworden war.

Ungeachtet der von der Nationalbank, wie aus den eben angeführten Ziffern hervorgeht, dem Verkehr in ausgiebiger Weise zugewendeten Hilfe gestaltete sich die Situation Anfang October immer schwieriger. Nicht nur dass der Börsenzinsfuss im Reportgeschäft die unglaubliche Höhe von 80 % erreicht hatte, was übrigens die Speculation nicht hinderte ihre

Position aufrecht zu halten, rückte, und das fiel weit schwerer
ins Gewicht, die Gefahr nahe, dass aus der lokalen Speculationskrise sich eine Creditkrise für die der Börse fern stehenden geschäftlichen und industriellen Kreise entwickeln könnte.
Es wimmelte in diesen Tagen von Vorschlägen zur Abhilfe,
von Vorschlägen mitunter absonderlichster Art, unter welchen
die Vermehrung des Staatsnotenumlaufs, welche, nebenbei
bemerkt, schon wegen der Abwesenheit des Reichsraths unausführbar war, wiederum eine Hauptrolle spielte. Die Banken wussten nichts Besseres zu thun, als an die Staatshilfe
zu recurriren und in der That stellte ihnen der Finanzminister
Holzgethan eine Summe von 8 Mill., welche er zur Bezahlung
des Novembercoupons angesammelt hatte, zur Verfügung.
Inmitten dieser Calamität wendete man sich an die Nationalbank mit dem Anliegen, sie möchte E d e l m e t a l l b e l e h n e n d. h.
gegen späteren Wiederverkauf Edelmetall ankaufen und für
die dadurch gebotene Deckung Noten emittiren. Die Bankdirection kam am 7. October diesem Ansuchen entgegen, indem sie beschloss eine Belehnung von Gold und Silber in
der Weise einzuführen, dass von der Bank solche Metallposten
im Verhältnisse von $^3/_4$ Silber und $^1/_4$ Gold, nicht unter Be-
trägen von 40 Tausend Gulden, auf nicht mehr und nicht
weniger als 3 Monate gekauft und rückverkauft werden sollen.
Die Provision, welche sich die Bank dafür ausbedungen hatte,
entsprach einem 4 % Zinsfuss. Eine gleichzeitig mit dieser
Massregel im Schoosse der Bankdirection gegebene Anregung,
den Zinsfuss zu dem Zwecke zu erhöhen, damit Niemand darüber im Zweifel bleibe, wie die Nationalbank die gegebenen
Verhältnisse auffasse, wurde nicht weiter verfolgt. Die von
der Regierung gebotene Hilfe, sowie die eben erwähnte
Maassregel der Nationalbank führten sofort an der Geldbörse
eine sehr wesentliche Erholung herbei, die allseitige Nieder-
geschlagenheit machte sofort nicht bloss berechtigten, sondern
ganz übertriebenen Hoffnungen Platz.

In der Form jedoch, in welcher die Nationalbank auf das
Geschäft der Metallbelehnung innerhalb der Grenzen des

§. 14 der Bankstatuten ($\frac{3}{4}$ in Silber, $\frac{1}{4}$ in Gold) eingehen konnte, war die Maassregel von Vornherein eine sehr beschränkte und in Anbetracht dieses Umstandes wendeten sich die hervorragenden Bankinstitute des Wiener Platzes gewissermassen im Namen des gesammten Handelsstandes am 8. October 1871 an das Finanzministerium mit dem Ansuchen, es möchte eine entsprechende Abänderung des §. 14 der Bankstatuten hinsichtlich des das Verhältniss zwischen Gold und Silber im Baarschatze der Nationalbank betreffenden Punktes vorgenommen werden. Einen Tag später, am 9. October 1871, holte der Finanzminister die Meinung der Bankdirection über jenes Begehren ein und am 12. October gab die Direction der Nationalbank ihrer Ansicht in folgender Weise Ausdruck: Die Bankdirection erkenne, auch abgesehen von der unmittelbaren Veranlassung, welche die vorliegende Eingabe der hervorragenden Bankinstitute hervorgerufen habe, dass eine Abänderung des § 14 der Statuten der Nationalbank schon aus allgemeinen Gründen geboten erscheine. Die Bestimmung dieses §. 14 habe eigentlich keinen wesentlichen praktischen Werth, denn es sei kaum zu besorgen, dass eine baarzahlende Bank einen unverhältnissmässigen Theil ihres Metallschatzes in einem anderen Metalle als dem der gesetzlichen Münze des Landes anlegen oder gar dauernd halten werde. In den Jahren 1860—1862 gelegentlich der Erörterung der neuen Bankstatuten habe man diese Beschränkung allenfalls noch gelten lassen können, damals sei auch in Oesterreich die Münzconvention vom Jahre 1857 noch in Kraft gewesen, deren Grundgedanke die Festhaltung der reinen Silberwährung gewesen sei. Derzeit sei die Richtung der Münzpolitik der Monarchie eine ganz entgegengesetzte. Schon im Prager Friedensvertrage vom Jahre 1866 sei die Aufhebung des Münzvertrages von 1857 für Oesterreich vorgesehen und durch den Vertrag vom 13. Juni 1867 sei Oesterreich aus dem deutschen Münzverbande ausgeschieden; das Gesetz vom 9. März 1870 über die Einführung neuer Geldmünzen zu 8 und 4 fl. berufe sich ausdrücklich auf

18*

die in Aussicht genommene Goldwährung. Die Auflassung
der in Rede stehenden Bestimmung könne ohne Gefahr
geschehen, weil sie bis zur Aufnahme der Baarzahlungen
offenbar von gar keiner wesentlichen Bedeutung sei. Geraume
Zeit v o r Aufnahme der Baarzahlungen aber werde zunächst
zu entscheiden sein, in welcher Metallwährung dieselbe zu
geschehen habe und da werde es auch an der Zeit sein, die
diesfalls erforderlichen Bestimmungen zu treffen. In jedem
Falle werde die heute geltende Bestimmung des § 14 beseitigt
werden müssen und das Gold, in dessen Besitze die Bank
sich dann befinden werde, könne nur zur Erleichterung der
Durchführung dienen. Sei man nun darüber einig, dass diese
Beschränkung schon jetzt beseitigt werden könne, dann sei
eine Aenderung sowohl des zweiten als auch des vierten
Alineas des §. 14 der Bankstatuten nothwendig und sei es
auch kaum zulässig, überhaupt ein bestimmtes Verhältniss
zwischen Gold und Silber im Metallschatz der Bank ziffermässig festzusetzen. In diesem Sinne wäre § 14 dahin abzuändern, dass das zweite Alinea zu lauten hätte:

> „Es muss jedoch jedenfalls jener Betrag, um welchen die Summe der um-
> laufenden Noten 200 Mill. Gulden übersteigt, in Silber- oder Goldmünze oder
> in Barren vorhanden sein."

Hatte nun auch die Frage der Abänderung des §. 14 vorerst noch das parlamentarische Stadium zu durchlaufen, so
konnte doch, nachdem ein Widerspruch dagegen von keiner
Seite erhoben wurde oder erhoben werden konnte, die Abänderung des §. 14 in dem angeführten Sinne als Thatsache
anticipirt werden, zum Mindesten insoweit es sich um den
beruhigenden Effekt dieser Maassregel handelte. Allein noch
bevor die Sache recht durchgesprochen war, fehlte für die
beabsichtigte Maassregel auch schon wieder jede unmittelbare
Veranlassung. Schon am 6. October zeigte sich an der Börse
das Geld für Prolongationen „ungemein flüssig". Die Spieler
fühlten sich zur Abwechslung wieder einmal nicht im Mindesten
beengt. In der That wurde von der eben erst innerhalb der
Grenzen des §. 14 der Bankstatuten eingeführten Goldbe-

lehnung nur ein sehr bescheidener Gebrauch gemacht.
Am 14. October belief sich die ganze Summe, auf welche
die Metallbelehnung sich erstreckte, auf etwas über
4 Mill. fl. und dieses Maximum wurde auch weiter nicht überschritten. Die Metallbelehnung hatte ungefähr dieselbe Summe
erreicht, wie im Jahre 1869, als von der gleichen Erleichterung
Gebrauch gemacht wurde. Vorwiegend waren es Banken
und Banquiers, welche von der Belehnung Gebrauch machten,
die industrielle und die Geschäftswelt hielten sich fern. Zur
Erklärung dieses Umstandes wurde allerdings von den Betheiligten behauptet, der Zinsfuss von 4 % pr. annum ver-
hindere eine ausgiebige Benützung der Goldbelehnung, da das
Gold mit Rücksicht auf die Zinsen, welche man dem auswärtigen Darleiher der Goldspecies bezahle, sich auf 8 % und
darüber stelle. Die solch eine Einwendung erhoben, vergassen
aber ganz, dass sie damit das Hauptargument für die Metallbelehnung, welches in der Discussion über dieselbe stets in's
Vordertreffen gestellt worden war, preisgaben.

So oft die Forderung der Metallbelehnung erhoben wurde,
ward diese damit motivirt, dass eine Menge Goldes im Lande
sei und dass man dieses Baargeld, weil es den Charakter der
„Waare" habe, nicht benutzen, sondern inmitten der allgemeinen
Calamität unverwendet liegen lassen müsse. Von diesem
Standpunkte aus war auch das Verlangen ein gerechtfertigtes,
dass derjenige, welcher Gold besitze, auf dasselbe Noten erhalte. Einem solchen reellen Besitzer von Gold kam auch der
4 % Zinsfuss der Bank nichts weniger als theuer, im Gegentheile war dieser Zinsfuss um 3 % billiger als derjenige, welcher
zu bezahlen gewesen wäre, wenn die Bankstatuten erlaubt
haben würden, Gold wirklich zu lombardiren, weil die Bank
dann berechtigt gewesen wäre, genau den Zinsfuss zu verlangen, welchen sie für andere Pfandobjecte forderte. In dem
Momente aber, da man behauptete, dass man, um Gold bei
der Bank mit Noten belehnen zu lassen, dasselbe erst aus
dem Auslande borgen müsse, gestand man auch zu, dass
das Hauptargument für die Goldbelehnung eigentlich nicht

existirte, dass es sich vielmehr darum handle. den Credit der
Bankhäuser im Auslande zu benützen, um dadurch die Notencirculation in Oesterreich - Ungarn zu vermehren. Diejenigen,
welche den 4 %igen Zinsfuss der Bank billigten, wollten eben
nicht, dass in Oesterreich eine Speculation sich herausbilde,
welche vom Auslande grosse Summen gemünzten Geldes
hereinzieht, dieses in der Nationalbank für einen geringeren
Zinsfuss belehnen lässt und auf solche Weise das doppelte
Uebel einer Speculation auf die Verschlechterung der Landeswährung und der Schaffung von Geldzeichen, die nicht auf
einer wirklichen Vermehrung des Nationalvermögens beruhen,
verursacht. Auch von einem anderen Gesichtspunkte aus
betrachtet, stellte sich die Zumuthung, dass die Bank den
Zinsfuss im Metallbelehnungsgeschäfte bis auf Null reducire.
d. h. ihre Noten gegen Gold ohne jede Entschädigung hinaus-
geben soll, als eine Naivetät dar, gegen welche sich schwer
streiten liess. Die Bank, wie sie bestand und heute noch
besteht, war und ist eine Actiengesellschaft mit dem Rechte,
aus dem ihr verliehenen Monopol der Notenemission einen
mit den allgemeinen Verhältnissen verträglichen Nutzen zu
ziehen. Handelte es sich um die Beurtheilung des Ausmaasses
dieser Entschädigung, so konnte man das Interesse der Bankactionäre immerhin bei Seite setzen und dennoch den Gesichtspunkt nicht aus dem Auge verlieren, dass es sich nicht darum
handeln könne, auf dem Umwege der sogenannten Geldbe-
lehnung die Quantität der umlaufenden Circulationsmittel in's
Unbeschränkte zu vermehren und dass die Maassregel überhaupt lediglich auf den Charakter einer aushilfsweisen Dazwischenkunft zu Gunsten des Verkehrs, zumal angesichts der
zusammengeschmolzenen Notenreserve, Anspruch hatte.

Wiewohl nun die Situation inzwischen einen anderen
Charakter gewonnen hatte und gegen den Jahresschluss hin
fortgesetzte Hausse und intensive Geldnoth bunt mit-
einander abwechselten, so dass beispielsweise am 20. November
Geld wiederum sehr flüssig war und die Hausse auf allen

Seiten in Blüthe stand, während am 28. Dezember die Geldnoth heftig wieder da war und der Report an der Börse eine
Höhe von 50—60 °/₀ aufwies, erhielt sich die Angelegenheit
der Abänderung des §. 14 behufs der Erleichterung des Me-
tallbelehnungsgeschäftes doch permanent auf der Tagesordnung. Aber die definitive Erledigung der Angelegenheit
konnte nicht von Statten gehen und das hatte doppelten
Grund. Einmal war der Reichsrath nicht versammelt und die
Aussicht nicht vorhanden, ihn in nächster Zeit versammelt zu
sehen, während gleichzeitig der Finanzminister v. Holzgethan
inmitten der politischen Krise, welche den Bestand des
Regimes Hohenwart, dem er angehörte, in Frage gestellt
hatte, doch billig Anstand nahm, die Maassregel in Abwesenheit des Reichsraths im Verordnungswege zu verfügen. Aber
auch die ungarische Regierung trug zur Verzettelung auch
dieser Angelegenheit das Ihrige bei. Es bedurfte eines
längeren und lebhaften Meinungsaustausches zwischen dem
diesseitigen und ungarischen Finanzminister, bevor der Letztere
sich seinerseits mit der Maassregel einverstanden erklärte.
Derselbe hatte an diese Zustimmung die Bedingung geknüpft,
dass die Goldbelehnung nicht bloss in Pest, sondern auch bei
allen Filialen der Nationalbank in Ungarn erfolge und erst.
nachdem die Bank sich diesem Ansinnen widersetzt hatte,
wurde dieses Ansinnen des ungarischen Finanzministers dahin
modificirt, dass die Goldbelehnung ausser in Pest auch noch
bei der Filiale in Temesvar eingeführt werde. Schliesslich
wurde die Zustimmung des ungarischen Finanzministers erreicht, aber es trat in diesem Falle, wie so oft schon vorher.
wieder einmal die Anomalie hervor, dass in Bezug auf die
Nationalbank keine Maassregel verfügt werden konnte, ohne
dass Ungarns Finanzminister um seine Zustimmung angegangen
wurde, obgleich Ungarn den rechtlichen Bestand der Bankacte in Ungarn nach wie vor negirte. Es traten da wieder
einmal die Consequenzen des absonderlichen Toleranzverhält-
nisses zu Tage. zu welchem die Nationalbank in Ungarn
herabgedrückt worden war.

Im Uebrigen verstrich das Jahr 1871, ohne dass diese Frage der Abänderung des §. 14 der Bankstatuten ihre Erledigung gefunden hätte. Allerdings hatte die Maassregel in Folge der geänderten Sachlage und da von der Metallbelehnung bei der Bank selbst innerhalb der Grenzen des §. 14 der Bankstatuten ein ausgiebiger Gebrauch nicht gemacht wurde oder besser aus den angeführten Gründen nicht gemacht werden konnte, viel von ihrer Dringlichkeit verloren. Erst Anfangs 1872 kam die Angelegenheit diesseits vor das parlamentarische Forum und ihre schliessliche Erledigung wird uns in dem folgenden Abschnitte noch beschäftigen. Hier sei nur noch, da es zur Beleuchtung der Verhältnisse, unter welchen die Frage der Metallbelehnung und der Ausdehnung der Notenausgabe seitens der Bank auf die Tagesordnung gelangte und auf derselben sich erhielt, beigefügt, dass der Erhöhung des Bankzinsfusses vom 9. September am 10. November eine weitere Erhöhung um je $\frac{1}{2}$ % gefolgt war, dass indess die Bankdirection am 15. December, nachdem die Bankausweise eine constante Abnahme des Notenumlaufes der Bank gezeigt hatten, in der Lage war, mit einer Herabsetzung des Zinsfusses um je $\frac{1}{2}$ % vorzugehen und dass das Jahr 1871 mit einem Zinsfuss von 6 % im Escompte und von 7 % im Darlehensgeschäfte schloss. In keinem der vorausgegangenen Jahre seit 1819 hatte der Zinsfuss der Bank in dem Maasse variirt, wie im Jahre 1871, in dessen Verlaufe er, wie wir gesehen haben, einer viermaligen Veränderung unterzogen worden war.

Nunmehr bei der Darstellung der Notenbewegung, des Standes der Circulationsmittel u. s. w. angelangt, setzen wir das zugleich die Geschäftsbewegung der Nationalbank in ihren Hauptgeschäftszweigen sowie die Valuta-schwankungen des Jahres 1871 umfassende Tableau hierher:

	Bank-noten-Umlauf	Staats-noten-Umlauf	Gesammt-noten Umlauf	Metall-schatz der Bank	Es-compte	Lom-bard	Silber-Agio	Cours der Bank-actien
			In Millionen Gulden				für 100 fl. fl.	
Ende Dezbr. 1870	$296 \cdot_{80}$	$352 \cdot_{11}$	$649 \cdot_{00}$	$114 \cdot_3$	$109 \cdot_{69}$	$41 \cdot_{25}$	$121 \cdot_7$	729
1871:								
Ende Januar	$290 \cdot_{73}$	$354 \cdot_{53}$	$645 \cdot_{27}$	$114 \cdot_5$	$97 \cdot_{81}$	$38 \cdot_{45}$	$121 \cdot_0$	724
„ Februar	$269 \cdot_{52}$	$355 \cdot_{01}$	$624 \cdot_{54}$	$115 \cdot_3$	$75 \cdot_{79}$	$36 \cdot_{93}$	$122 \cdot_0$	723
„ März	$267 \cdot_{88}$	$356 \cdot_{17}$	$624 \cdot_{06}$	$116 \cdot_7$	$82 \cdot_{05}$	$35 \cdot_{97}$	$122 \cdot_6$	726
„ April	$279 \cdot_{71}$	$356 \cdot_{29}$	$636 \cdot_{00}$	$116 \cdot_9$	$95 \cdot_{42}$	$38 \cdot_{15}$	$122 \cdot_0$	749
„ Mai	$275 \cdot_{29}$	$359 \cdot_{04}$	$634 \cdot_{33}$	$119 \cdot_4$	$90 \cdot_{85}$	$35 \cdot_{89}$	$122 \cdot_2$	787
„ Juni	$282 \cdot_{06}$	$359 \cdot_{53}$	$641 \cdot_{59}$	$120 \cdot_7$	$99 \cdot_{24}$	$39 \cdot_{04}$	$121 \cdot_5$	782
„ Juli	$294 \cdot_{78}$	$360 \cdot_{28}$	$655 \cdot_{06}$	$123 \cdot_0$	$107 \cdot_{75}$	$37 \cdot_{43}$	$121 \cdot_5$	768
„ August	$301 \cdot_{54}$	$360 \cdot_{57}$	$662 \cdot_{12}$	$126 \cdot_5$	$111 \cdot_{43}$	$38 \cdot_{40}$	$119 \cdot_8$	767
„ September	$319 \cdot_{60}$	$363 \cdot_{20}$	$682 \cdot_{80}$	$135 \cdot_5$	$128 \cdot_{19}$	$39 \cdot_{92}$	$117 \cdot_7$	759
„ October	$331 \cdot_{82}$	$365 \cdot_{92}$	$697 \cdot_{74}$	$143 \cdot_5$	$140 \cdot_{68}$	$39 \cdot_{29}$	$117 \cdot_5$	781
„ November	$322 \cdot_{33}$	$369 \cdot_{92}$	$692 \cdot_{25}$	$146 \cdot_7$	$135 \cdot_{29}$	$35 \cdot_{35}$	$116 \cdot_5$	814
„ December	$317 \cdot_{33}$	$373 \cdot_{00}$	$690 \cdot_{03}$	$143 \cdot_4$	$136 \cdot_{98}$	$33 \cdot_{30}$	$114 \cdot_7$	814

Zinsfuss-Veränderungen im Jahre 1871:

	Escompte	Lombard
Bis 17. Februar	6 %	6½ %
Vom 18. Februar ab	5	6
Vom 9. September ab	6	7
Vom 10. November ab	6½	7½
Vom 15. December ab	6	7

Der Gesammtumlauf an Circulationsmitteln hatte demnach bei Ablauf des Jahres 1871, verglichen mit dem Stande bei Beginn dieses Jahres wiederum eine beträchtliche Vermehrung, im Ganzen um $41 \cdot_{93}$ Mill. erfahren. Daran participirte der unbedeckte Noten ausgebende Staat mit $21 \cdot_{49}$ Mill., als Folge des fortgesetzten Rückströmens der Hypothekaranweisungen, welchem eine verkehrte Zinsfusspolitik Seitens der Regierung nicht nur keinen Einhalt that, welches vielmehr Seitens der Regierung in offener Weise und allen Gegenvorstellungen zum Trotze beharrlich begünstigt worden war. Ende Januar 1871

befanden sich noch an Salinenscheinen $57._{46}$ Mill. in Umlauf,
doch binnen Jahresfrist waren dieselben von dieser Höhe auf
$38._{30}$ Mill. fl. Ende Dezember 1871 herabgesunken. Die Nationalbank participirte an der Vermehrung des gesammten Notenumlaufes am Schlusse des Jahres 1871 mit $20._{44}$ Mill. Die Zunahme des Staatsnotenumlaufes war im Laufe des Jahres eine
constante und ununterbrochene, während der Banknotenumlauf
Ende März 1871 seinen niedrigsten, Ende October seinen höchsten
Stand erreicht hatte. Auffallend genug war mit dieser Vermehrung der Circulationsmittel nicht eine Verschlechterung,
sondern eine ganz erhebliche Besserung des Standes der
Valuta Hand in Hand gegangen, welche am Schlusse des
Jahres nicht weniger als 7 % betrug.

Der auf den 18. Januar 1872 einberufenen Generalversammlung der Actionäre der Nationalbank legte
die Bankdirection eine Bilanz vor, welche weitaus günstiger
war, als jene der unmittelbar vorausgegangenen Jahre. Die
Rechnungsabschlüsse zeigten vor Allem eine Zunahme des
Metallschatzes um $25._{27}$ Mill. und fast genau um denselben Betrag
hatte der Vorrath an in Metall zahlbaren Wechseln abgenommen. Die Summe des belehnten d. h. gegen Rückverkauf
gekauften Metalls betrug Ende 1870, in dem Metallschatz inbegriffen, $3._{89}$ Mill. und der Rechnungsabschluss constatirte
das zur Ergänzung der von uns dargelegten Verhältnisse in
Betreff der Metallbelehnung bezeichnende Faktum. dass der
höchste Betrag des gegen Rückverkauf gekauften Metalls
am 4. November sich mit $4._{44}$ Mill. bezifferte. Im Ganzen betrug der Metallschatz mit Ausschluss des belehnten Metalls,
aber mit Hinzurechnung der in Metall zahlbaren Wechsel Ende
1871 $147._{38}$ Mill. Der Zunahme des Banknotenumlaufes um
$20._{44}$ Mill. haben wir bereits gedacht; dieselbe wurde ausschliesslich durch die Zunahme des Escomptegeschäfts herbeigeführt.

Der gesammte Umlauf an Banknoten Ende 1871 im Betrage von $317._{83}$ Mill. war nach § 14 der Bankstatuten mit
einer Summe von $328._{52}$ bedeckt. Das Escompteportefeuille
zeigte Ende 1871 im Vergleiche mit dem Stande von 1870 eine

Zunahme um 27·₂₈, das Leihgeschäft dagegen eine Abnahme um 7·₈₆ Mill. fl. Zu den Erträgnissen der Nationalbank im Jahre 1871 im Gesammtbetrage von 11,613,413 fl. trug das Escomptegeschäft 5,966,181 fl., das Leihgeschäft 2,437,518 fl., das Hypothekar-Creditgeschäft 1,372,057 fl., das Devisen- und andere Geschäfte 722,791 fl., u. s. w. bei. Nach Abzug der Auslagen in der Höhe von 2,437,417 fl. verblieb ein reines Jahreserträgniss von 9,175,996 fl., von welchem, nach Dotirung des Reservefonds mit 467,599 fl., an die Actionäre an Zinsen und Superdividende eine Summe von 8,709,542 fl., d. i. 58 fl. für jede Actie zur Vertheilung gelangte, entsprechend einer Verzinsung des Nominalcapitals mit 9·₀₆ %. Seit dem Jahre 1855 war eine Dividende in solcher Höhe nicht mehr zur Vertheilung gelangt.

In dem Berichte an die Actionäre, mit welchem die Bankdirection die Vorlage der Rechnungsabschlüsse begleitete, kamen ausser der gegebenen Sachlage in Bezug auf das Verhältniss der Bank zu Ungarn noch zwei Angelegenheiten zur Sprache: die Erweiterung des Saldosaales der Nationalbank und der von der Bank gegen den Staat eingeleitete Process bezüglich des aus der Pauschalverzinsung für das 80-Mill.-Darlehen aus demJahre 1868 rückständig gebliebenen Betrages. In erster Beziehung theilte die Bankdirection mit, dass auf Anregung der Nationalbank die im Saldosaale vertretenen Creditinstitute übereingekommen seien, den Kreis der saldirenden Institute zu erweitern und die Geschäftsführung zeitgemäss zu ändern. Die Bankdirection fügte dem bei, dass die durch diese Maassregel beabsichtigte Ersparniss von Umlaufsmitteln nur dann möglichst ausgiebig werde erreicht werden können, wenn sich mehr Platzfirmen als bisher in ihrem eigenen Interesse eine laufende Rechnung bei einem saldirenden Institute eröffnen lassen werden. Angesichts der permanenten Klagen über Geldnoth war die Initiative der Nationalbank eine äusserst lobenswerthe; leider aber fielen ihre Bestrebungen nicht auf fruchtbaren Boden. Es wurde über die Zweckmässigkeit eines ausgedehnten, gut organisir-

ten Ausgleichswesens viel geschrieben und gesprochen. Man
erinnerte sich dieser Obliegenheit, zumal an Tagen, an welchen
die Geldklemme recht fühlbar wurde, aber die praktische
Durchführung der Massregel begegnete nach wie vor der
bedauerlichsten Indolenz auf allen Seiten. Die Spieler und
Speculanten von Profession bekundeten für eine solche Einrichtung naturgemäss von Haus aus keinen empfänglichen
Sinn und die Kreise der Industrie und des Handels waren
eben, mindestens zum grossen Theile, Spieler und Speculanten
geworden.

Was den Process der Bank gegen den Staat betrifft, so war die Bankdirection in der Lage, den Actionären
mitzutheilen, dass sie am 26. Juli 1871 die Klage gegen den
Staat beim Landesgerichte in Wien eingebracht habe. Diese
Klage wurde durch Anordnung einer Tagsatzung für den
14. August 1871 aufrecht erledigt und der Rekurs, welchen
die k.k. Finanzprokuratur gegen diese Erledigung an das
Oberlandesgericht ergriff, wurde abgewiesen. Dem ausserordentlichen Revisionsrekurse der Finanzprokuratur gegen
diesen Bescheid der beiden unteren Instanzen wurde vom
obersten Gerichtshofe keine Folge gegeben. Auch mit ihrer
Einwendung des ungehörigen Gerichtsstandes vermochte die
Finanzprokuratur in Vertretung des Aerars einen Erfolg nicht
zu erzielen. Die Chancen in diesem Processe standen demnach Ende 1871 bereits vollständig zu Gunsten der Nationalbank.

IX.

DAS JAHR 1872 UND DIE UNGARISCHE BANKPOLITIK.

Vom Beginn des Jahres 1872 datirt eine belangreiche Wendung in der seit fünf Jahren schwebenden österreichisch-ungarischen Bankfrage, eine Wendung, welche von da ab in ihrem weiteren Verlaufe zu einer geradezu acuten Gestaltung der grossen Angelegenheit führte. Das gilt nicht von der wirthschaftlichen Seite der Bankfrage, wohl aber von ihrer politischen und staatsrechtlichen. Nach der wirthschaftlichen Seite hin konnte man vielmehr eine Abnahme selbst jenes Interesses, welches bis dahin der Bankfrage zugewendet worden war, wahrnehmen und die Erscheinung war am Ende auch eine ganz erklärliche. Das Jahr begann mit einer gewaltigen Hausse auf dem Effektenmarkt und schloss ebenso. Dazwischen lagen freilich kritische Perioden, Stadien der Abspannung, Tage der Geldnoth, immense Schwierigkeiten im Börsenverkehr, unfreiwillige Besitzwechsel und wie sie sonst noch heissen mögen, diese Kennzeichen einer maasslos überstürzenden Speculationsperiode. Im Ganzen aber war eben doch die viel gerühmte und viel ausgenützte „Epoche" innerhalb des Jahres 1872 zur vollsten Entfaltung gelangt, die grosse Milliarden-Wanderung aus Frankreich nach Deutschland hatte das ihrige dazu beigetragen, um das Jahr 1872 als Speculationsjahr zu einem für alle Folge denkwürdigen zu

gestalten. Inmitten einer solchen Situation war ein Interesse
für die wirthschaftlichen Details der Bankfrage naturgemäss
um so weniger vorhanden, als das Börsenspiel immer weitere
Kreise erfasst und Allem zuvor die öffentliche Aufmerksamkeit absorbirt hatte. Wer sollte sich auch in einer Zeit, in
welcher der letzte Börsencoulissier mit Milliarden rechnete,
auf Milliarden speculirte, von den Milliarden eine Quote des
grossen wirthschaftlichen Effekts auch für sich erhoffte, wer
sollte in solch' einer Zeit sich auch darum bekümmern, ob die
Nationalbank um 2 oder 3 Mill. mehr oder weniger Gold belehne, resp. um 2 oder 3 Mill. Noten mehr oder weniger aus-
gebe, ob die Nationalbank ihren Zinsfuss erhöhe oder er-
mässige und was sonst dergleichen Kleinigkeiten mehr sind.
Obendrein waren ja die Speculanten darüber einig, dass diese
Nationalbank ein unverbesserliches Institut sei, das darauf
ausgehe, Geldnoth und Krisen um jeden Preis zu erzeugen
und da fast Alles speculirte, so kümmerten sich eben nur die
Wenigsten um die internen Verhältnisse der Bank, um die
wirthschaftliche Seite der Bankfrage.

Um so acuter trat aber eben die politische Seite der
Bankfrage hervor, nicht diesseits, wohl aber jenseits der
Leitha. Der eigentliche Bankstreit zwischen Oesterreich und
Ungarn, und einen solchen bildete die politische Seite der
Bankfrage, kam so recht und ganz mit Anfang des Jahres
1872 zum Ausbruch und in der Form, in welcher er um diese
Zeit auftrat, hat er sich bis zum heutigen Tage erhalten.
Bis Ende 1871 wurde geplänkelt, seit 1872 wird gefochten,
allerdings nicht mit gleichen Waffen, und wenn heute vor
unseren Augen unverkennbar der Grund zu einer selbstständigen Gestaltung des ungarischen Bankwesens gelegt wird,
so haben diejenigen, deren Aufgabe es war, die einzelnen
Stadien dieses Kampfes mit ihrer Aufmerksamkeit zu begleiten, keinen Grund, sich darüber zu beklagen, dass ihnen damit eine Ueberraschung bereitet werde. Was heute in Ungarn in der Richtung einer Emancipation des ungarischen
Geld- und Bankwesens von der diesseitigen Reichshälfte ge-

schieht, wurde seit Beginn 1872, also von langer Hand vorbereitet, und für Niemanden bedurfte es eines besonderen Scharfsinns, um damals schon den Plan dieser Losreissung Ungarns aus dem gemeinsamen Verbande auf dem Gebiete des Bank- und Zettelwesens klar und deutlich erkennen zu lassen. Bis 'Ende 1871 wurde von ungarischer Seite die Bankfrage systematisch verzettelt und verschleppt. Seit Anfang 1872 bis zum heutigen Tage wurde sie seitens der ungarischen Regierung kaum einen Moment lang aus dem Auge gelassen und es hat sich in Folge dessen innerhalb des Jahres 1872 in Bezug auf die politische Seite der Bankfrage, also in Bezug auf den Bankstreit mit Ungarn, ein Material angesammelt, welches an Ausdehnung das der vorausgegangenen Jahre weitaus übertrifft und auch uns hier zu einer besonderen Ausführlichkeit nöthigt.

Als den Ausgangspunkt der von ungarischer Seite mit Beginn des Jahres 1872 eingeleiteten Action dürfte man wohl die Erklärung anzusehen haben, welche der Gouverneur der österreichischen Nationalbank in der Generalversammlung der Bankactionäre im Januar 1872 Namens der Bankverwaltung abzugeben sich gedrängt gesehen hatte. In dem Jahresberichte für 1871 brachte die Bankdirection der Generalversammlung die Thatsache in Erinnerung, dass die Nationalbank sich im Sommer 1870 bereit erklärt habe, eine Verminderung der Dotationen der ungarischen Filialen unter der Bedingung vorerst und bis dahin nicht eintreten zu lassen, dass der ungarische Finanzminister die Verpflichtung übernimmt, die Bankfrage in ihrem ganzen Umfange in der damals bevorstehenden Wintersession des ungarischen Reichstags zur Entscheidung zu bringen; sie rief weiter in das Gedächtniss der Actionäre zurück, dass der ungarische Finanzminister sich in seiner Note vom 28. Juli 1870 bereit erklärt habe, die Bankfrage in der nächstfolgenden Wintersession auf die Tagesordnung der ungarischen Reichsvertretung zu bringen, dass Ungarns Finanzminister sich im gleichen Sinne im ungarischen Reichstage ausgesprochen, dass er jedoch diese Zusage nicht erfüllt habe.

„Die Nationalbank", so lautete die Erklärung in dem Jahresberichte, „ist der von ihr übernommenen Verpflichtung nachgekommen. Da die zugesicherte Gegenleistung weit über die
hiefür festgesetzte Frist hinaus zu unserem lebhaften Bedauern
noch heute auf sich warten lässt, so kann sich die Nationalbank an ihre frühere bedingte Zusage nicht
mehr gebunden erachten".

Mit dieser Erklärung, trotzdem sie nicht nur der Wahrheit bis auf den letzten Buchstaben entsprach, sondern geradezu in der denkbar schonendsten Form den offenkundigen
und unläugbaren Wortbruch der ungarischen Regierung eben
nur schüchtern angedeutet hatte, war gleichwol das Signal zu
einer mächtigen Agitation in der Bankfrage für die
ungarischen Politiker und Patrioten gegeben. In der Sitzung
des ungarischen Abgeordnetenhauses vom 20. Januar
1872 mahnte der Romanschriftsteller und Nationalökonom
Jokai von der Linken die ungarische Regierung in Bezug
auf die Bankfrage an ihre „patriotische Pflicht". Unter Hinweisung auf die „brüske Offenheit" der Nationalbankdirection,
sowie darauf, dass der ungarische Finanzminister von Seite
des ungarischen Reichstages „weder gebeten noch ermächtigt" worden sei, der Bank irgend welche Dienste zu versprechen, richtete er an den ungarischen Finanzminister die
Interpellation: „Welcher Art sind jene Versprechungen, die
der Herr Minister der Nationalbank machte? Gedenkt der
Herr Minister jener unwürdigen Stellung, in der sich Ungarn
zu der Nationalbank befindet, ein Ende zu machen? Wann
und auf welche Weise gedenkt der Herr Minister das zu
thun?"

In Beantwortung dieser Interpellation erklärte Finanzminister Kerkapolyi, er habe der Bankdirection lediglich
versprochen, den Reichstag zu „bitten", er möge die Bankfrage auf die Tagesordnung setzen und bei dieser Gelegenheit Klarheit in die Situation betreffs der Nationalbank
bringen; diesem Versprechen getreu, sei er wiederholt im
Hause auf diesen Gegenstand zurückgekommen, allein das

Haus habe eben nicht die Zeit gefunden, sich dieser Frage zuzuwenden; er könne das Haus heute nur von Neuem bitten, den Gegenstand auf die Tagesordnung zu bringen und sofort auszusprechen, dass der Bericht der Bankenquête nach Votirung des Jahresbudgets und des Rekrutirungsgesetzes zur Verhandlung gelangen solle. Das Unterhaus kam diesem Ansinnen des Finanzministers entgegen und beschloss, wie er gewünscht. Von da ab kam die Bankfrage thatsächlich mächtig in Fluss. Am 9. Februar beschäftigte sich mit ihr die Déak-partei in einer Conferenz, in welcher der ungarische Finanzminister eine den Standpunkt der ungarischen Regierung in der Bankfrage kennzeichnende und zugleich die Mitverpflichtung Ungarns in Betreff der 80 Mill. Schuld an die Bank zurückweisende Auseinandersetzung gab. Völlig neue Gesichtspunkte und Argumente wurden hiebei seitens der ungarischen Regierung zur Unterstützung der Repudiation angeführt. Die 80 Mill.-Schuld, so behauptete der Finanzminister Kerkapolyi, sei im Jahre 1867 in jener „Liste", in welcher die gesammten Staatsschulden specificirt waren, in die Rubrik der unverzinslichen Schulden ausdrücklich aufgenommen worden, sei daher in dem von Ungarn zugesagten Pauschalbetrage für Verzinsung der Staatsschuld mit inbegriffen. Ungarn habe nur für Eine Gattung unverzinslicher Schulden eine Ausnahme zugestanden und dies dann auch in einem besonderen Gesetze geregelt, nämlich für die durch die Staatsnoten repräsentirte schwebende Schuld, welche somit die einzige sei, welche ausser der Pauschalleistung von Ungarn separat und solidarisch mitgarantirt worden sei. Bezüglich der Nationalbank seien im Jahre 1867 zwei Uebereinkommen getroffen worden. Das erste sei von der Voraussetzung ausgegangen, die Deputation würde sich auch mit der Bankfrage beschäftigen und verlor daher, als diese Deputation die erwähnte Frage abseits liess, jede Bedeutung. Es kam dann in Vöslau ein zweites Uebereinkommen zu Stande, worin die ungarische Regierung sich verpflichtete, eine Aenderung des faktisch bestehenden

Verhältnisses weder auf administrativem noch auf legislativem Wege zu veranlassen. Dass die ungarische Regierung den Reichstag verhindern werde, seinerseits in dieser Frage eine Initiative zu ergreifen, sei nicht versprochen worden, weil die ungarische Regierung etwas Aehnliches überhaupt nicht versprechen konnte, allein auch das eben erwähnte Zugeständniss der ungarischen Regierung sei an Bedingungen geknüpft worden, welche freilich von der Nationalbank hinterher bestritten wurden, da dieses Institut bei Abschluss jenes Uebereinkommens nicht beigezogen worden war. Daraus folge aber nur, dass wenn die Nationalbank sich an jene Bedingungen nicht halten zu müssen glaube, auch die daran geknüpfte Zusage der ungarischen Regierung ihre bindende Kraft verloren habe. In jüngster Zeit habe die Erklärung des Bankgouverneurs den Standpunkt der Bankfrage wesentlich verändert und so wie die Nationalbank sich von jeder Verpflichtung frei erkläre, so halte sich auch die ungarische Regierung ihrer früheren, an — nicht erfüllte — Bedingungen geknüpften Zusagen vollständig enthoben, rechtlich habe also der Reichstag, wie die Regierung heute vollkommen freie Hand (!) und es könne jetzt nur noch das Interesse des Landes maassgebend sein. Was dieses Interesse erheische, das finde er, der Finanzminister, in dem Elaborate der Enquêtecommission zwar im Allgemeinen ganz richtig angedeutet, allein er wünsche, dass die Forderungen näher präcisirt werden. Das sei das Erste, worüber die Partei sich auszusprechen habe und er könne nur noch beifügen, dass, wenn die Nationalbank diesen Forderungen gerecht zu werden geneigt sei, er diese jeder anderen Combination vorziehen werde, ohne indess einen Pact mit der Nationalbank für die einzig mögliche Lösung zu halten.

Der Conferenz, in welcher diese Erklärung abgegeben wurde, wohnte auch der Ministerpräsident Graf Lonyay bei, welcher sich mit den Auseinandersetzungen seines Collegen vom Finanzministerium „vom Anfang bis zum Ende unbedingt einverstanden erklärte". Zu gleicher Zeit fanden

Berathungen zwischen dem ungarischen Finanzminister und
einer von der Deakpartei eigens zu diesem Zwecke gewählten Commission zu dem Zwecke statt, um den gegen die Nationalbank einzuleitenden Feldzug im Detail zu berathen und
die Verhandlungen im Plenum des ungarischen Unterhauses
vorzubereiten. Dieser Feldzug ging jenseits der Leitha in
Scene mit dem vollen Accord nationaler Leidenschaft, während diesseits der Leitha Niemand sich rührte. Jenseits wurde
die völlige Emancipation Ungarns auf dem Gebiete der Bankpolitik offen vorbereitet, während diesseits der Leitha Regierung und Parlament sich vollständig passiv verhielten und
Niemand auch nur den Versuch machte, die Cirkel zu stören,
welche Ungarn für sich abzumessen begann. Für den Bankverkehr Ungarns sollte Pest der Centralpunkt werden, eine
völlig unabhängige, selbstständige Bankdirection, ausschliessliche Beaufsichtigung durch die ungarische Regierung und
Gesetzgebung, einseitige Vereinbarung mit der Nationalbank
ohne Einvernehmung der diesseitigen Reichshälfte, wenn die
Nationalbank dazu bereit wäre, Fixirung eines Notenminimums für Ungarn ohne ein Notenmaximum, Hinwegsetzung
über alles Bestehende und Gründung einer selbstständigen
ungarischen Nationalbank trotz der 80-Mill.-Schuld, trotz
Staatsnoten und Valutaentwerthung — das beiläufig waren
die Grundzüge des in jenen Berathungen vereinbarten Planes. Und auf welchem Wege man dazu gelangen wollte!
Rechtlich, so hatte Herr von Kerkapolyi es erklärt, habe der
ungarische Reichstag wie die ungarische Regierung in der
Bankfrage vollkommen freie Hand! Entsprach das der Wahrheit? Mit Nichten. Ein unerhörtes Stück Tartufferie war es,
wenn auch der Ministerpräsident Graf Lonyay sich mit dieser Behauptung einverstanden erklärte. Er musste ja wissen,
dass er nicht bloss das provisorische Uebereinkommen vom
März 1867, sondern auch zwei weitere Uebereinkommen vom
12. und vom 26. September 1867 unterzeichnet hatte, welche
dieser Behauptung schnurstracks widersprachen. In dem ersten Uebereinkommen vom 12. September 1867 hatte das un-

garische Ministerium, das Ministerium des Ausgleichs, sich
verbindlich gemacht, die Privilegialrechte der österreichischen
Nationalbank in Ungarn „insolange nicht im gemeinschaftlichen Einverständnisse neue gesetzliche Bestimmungen über
das Bank- und Zettelwesen getroffen sein würden", unter der
Bedingung zu wahren, dass die Nationalbank in Ungarn die
dort für nöthig erachteten Filialen errichte, dieselben entsprechend dotire und Vorschüsse auf Effekten beider Reichshälften leiste — eine Verpflichtung, welche im zweiten Protokoll
vom 20. September 1867 durch die Clausel ausdrücklich gewahrt worden ist, dass alle durch das zweite Uebereinkommen nicht ausdrücklich geänderten Punkte der ersten Vereinbarung (und eine Aenderung des ersten Uebereinkommens
ist in Bezug auf die Nationalbank im zweiten Uebereinkommen eben nicht vereinbart worden) aufrecht bleiben sollen.
Unter diesen Protokollen stand allerdings der Name des im
Amte befindlichen ungarischen Finanzministers Kerkapolyi
nicht, wohl aber stand dort der Name des damaligen ungarischen Finanzministers, welcher jetzt Ungarns Premierminister war, der Name des Grafen Lonyay. Graf Lonyay hatte
demnach kein Recht dazu, mit der Behauptung einverstanden
zu sein, dass Ungarns Recht auf Etablirung eines selbstständigen Banksystems unanfechtbar sei; im Gegentheile seine
persönliche Ueberzeugung konnte und durfte nur die sein,
dass Ungarn das Privilegium der Nationalbank bis zu dessen
Ablauf zu respektiren habe. Ein Gleiches galt in Betreff der
80-Mill.-Schuld, über welche seinerzeit die Ausgleichsdeputation wie über die Bankfrage überhaupt stillschweigend hinweggegangen war und in Bezug auf welche von keinem der
Factoren diesseits der Leitha irgend etwas geschehen war,
was der Mitverpflichtung Ungarns an dieser Schuld hätte
präjudiciren können.

Mit dem so offen zu Tage getretenen Bestreben der ungarischen Bankpolitiker, ein selbstständiges ungarisches Bankwesen unter gleichzeitiger Repudiation der Theilnahme an
der 80-Mill.-Schuld zu etabliren oder doch vorzubereiten, ging

eine überaus seltsame Erscheinung Hand in Hand: Man begann plötzlich mit einem Eifer, der einigermassen verdächtig
erscheinen musste, für eine Regelung der Valutafrage
zu schwärmen. In Ungarn, dem Lande in dem man bisher gewohnt war, die zerrüttete Valuta als einen Segen anzusehen, eine Schwärmerei für Wiederherstellung der Valuta,
das war absonderlich genug. Man colportirte als Plan der
ungarischen Regierung, welchem die Deakpartei ihre Zustimmung gegeben habe, das Projekt, in allererster Reihe
die Valutafrage zu regeln und das künftige ungarische Bankwesen, welches selbstverständlich durchaus selbstständig gestaltet sein solle, auf vollkommen geregelter Valuta zu basiren. Verhandlungen mit dem österreichischen Finanzminister
sollten unverzüglich beginnen und rasch zu Ende geführt
werden. Doch sollte die Durchführung der Valutaregelung
erst für das Jahr 1877, nach Ablauf des Bankprivilegiums angesetzt werden, was weder ausschloss, dass schon bis dahin
vorbereitende Schritte geschehen, noch auch, dass unter Umständen der österreichischen Nationalbank hiebei eine bedeutende Rolle zufallen könne. Inzwischen sollte Ungarn sein
Bankwesen unabhängiger gestalten und der ungarische Finanzminister zuerst mit der Nationalbank selbst verhandeln,
dann aber, falls er die Nationalbank nicht genug gefügig finden sollte, sofort an die Gründung einer selbstständigen ungarischen Bank ohne Rücksicht auf das Privilegium der Nationalbank herantreten.

Die bald darauf folgenden Verhandlungen über die
Bankfrage im Plenum des ungarischen Unterhau-
ses bekräftigten im Ganzen nur zu sehr, dass dieser Plan in
der That bestand. Am 15. Februar 1872 gelangte die Bankfrage in ihrer acuten Form vor das ungarische Unterhaus,

welches ihr eine sechstägige Verhandlung widmete. Keine
frühere und keine spätere Manifestation von ungarischer Seite
in Bezug auf die Bankfrage hat über die Bestrebungen und
Anschauungen der ungarischen Bankpolitiker so viel Licht
verbreitet, wie diese sechstägige parlamentarische Verhandlung und es entspricht nur der Wichtigkeit derselben, wenn
wir ihr an dieser Stelle ausführlichere Beachtung schenken
und den Verlauf der Debatte in gedrängter Analyse zu skizziren versuchen. Wir schicken voraus, dass als Ergebniss
der Bankenquêtecommission dem ungarischen Unterhause der
folgende Beschlussentwurf vorgelegt wurde:

„Der Finanzminister werde angewiesen, dass er

1) sich mit dem Finanzminister der im Reichsrathe vertretenen Königreiche
und Länder in Beziehung setze, im Einvernehmen mit demselben einen Gesetzentwurf über die Art und Weise der Valutaregelung ausarbeite und denselben der Legislative vorlege;

2) dafür sorge, dass bis dahin, wo dies geschehen kann, der Banknotenverkehr ein solches Centralorgan im Lande gewinne, dessen Direction im Sinne
der seinerzeit durch die Gesetzgebung zu genehmigenden Statuten unter gesetzlicher Oberaufsicht und Controlle der ungarischen Regierung unabhängig vorgehen
und welches Organ über die zur Deckung der wirklichen Crediterfordernisse
der Länder der ungarischen Krone entsprechenden Summen verfügen soll".

und wenden uns nun der Skizzirung der sechstägigen Verhandlung, soweit dies zur Kennzeichnung des Standpunktes
der einzelnen Parteien für den Zweck unserer Darstellung
erspriesslich erscheint, zu, indem wir die bezeichnendsten und
zugleich hervorragendsten Reden hier excerpiren:

Abgeordneter Trefort als Berichterstatter der Commission): Die Stellung in der sich Ungarn der österreichischen Nationalbank gegenüber befinde,
sei eine Anomalie, die sich nicht vertheidigen, noch viel weniger aufrecht erhalten lasse (Beifall). Die österreichische Nationalbank sei das grösste und mit den
ausserordentlichsten Privilegien versehene Geldinstitut der österreichisch-ungarischen Monarchie, das allein den Geldmarkt beherrsche, auf das die Regierung
der im Reichsrath vertretenen Königreiche und Länder wesentlichen Einfluss übe,
während die ungarische Legislative auf dasselbe keinerlei, die ungarische Regierung aber nur einen indirect geringen Einfluss übe. Das sei eine bei dualistischer
Staatsform entschieden unhaltbare Anomalie (Zustimmung). Diese Lage müsse
geändert werden. Die Frage, ob es möglich und wenn möglich, ob es nothwendig sei, dass Ungarn jetzt schon an die Errichtung einer unabhängigen, selbstständigen Bank schreite, sei keine Rechtsfrage, da es keinem Zweifel unterliege,

dass Ungarn das Recht habe, entweder eine concessionirte Bank zu errichten, oder die Bankfreiheit zu proklamiren; sie sei auch keine staatsrechtliche Frage, weil dadurch der Ausgleich von 1867 nicht geändert werde (!); sie sei in ihrer concreten Form auch keine wirthschaftliche Frage, denn bei der Gemeinsamkeit des Zollgebietes könnte eine gemeinsame Bank, welche auf gesunder Basis ruhend unter der Controllirung der beiden Legislativen und Regierungen wirke, dem Lande ebenso sehr entsprechen, als eine eigene unabhängige Bank. Die Frage sei heute ausschliesslich eine Zweckmässigkeits- und Opportunitätsfrage und sie sei dahin zu stellen: Was ist in Bezug auf die Bankfrage in diesem Augenblicke räthlich und erspriesslich? In diesem Sinne habe die Bankenquéte die Frage aufgefasst. Die von ihr vernommenen Fachmänner hätten es für das zweckmässigste gehalten, dass mit der Nationalbank eine Einigung getroffen werde. Sollte jedoch eine solche Vereinbarung nicht möglich sein, dann müsse Ungarn an die Errichtung einer selbstständigen Notenbank schreiten, die aber dem ungarischen Credite eine sichere Basis zu verleihen nicht fähig sein werde, da ihre Noten ebenfalls des Zwangscourses nicht entrathen könnten und ebenso uneinlösbar wären, wie die jetzigen. Von diesen Gesichtspunkten seien die Anträge geleitet, welche die Commission dem Hause vorlege.

Abgeordneter Simonyi (von der Linken): Es sei demüthigend für das Staatsbewusstsein Ungarns, dass dieses grosse Land, welches seit 1867 wieder unter den europäischen Staaten figurire, keine eigene Bank habe, während der kleinste deutsche Staat seine eigene Bank besitze. Der gegenwärtige Moment sei der allergünstigste für Creirung einer selbststständigen Nationalbank, denn das Kapital hiezu könne man jetzt am billigsten bekommen.

Abgeordneter Koloman Ghyczy (Führer der Linken): Ausser einer Vereinbarung mit der österreichischen Nationalbank als modus vivendi bis zur Herstellung der Valuta gebe es auch noch andere Massregeln zum Schutze der materiellen und finanziellen Interessen des Landes. Das Wichtigste allerdings sei vor Allem die Wiederherstellung der Valuta. Eine passendere Gelegenheit zur Wiederherstellung der Valuta als eben jetzt sei nie vorhanden gewesen und auch nicht leicht zu erwarten. Ohne Herstellung der Valuta sei die Errichtung von Zettelbanken mit grossen Schwierigkeiten verbunden, wenn nicht gar unmöglich, aber nach Herstellung der Valuta stehe der Errichtung einer oder mehrerer solcher Banken nichts im Wege. Auf welche Weise man die Valuta herstellen müsse, oder herzustellen habe, das wäre nach den bestehenden Gesetzen durch gegenseitiges Uebereinkommen zwischen den beiden Staaten zu ordnen. Unter den verschiedenen Modalitäten wäre die vorherige Theilung der schwebenden Staatsschuld die zweckmässigste, so dass jeder der beiden Theile, seinen Interessen gemäss, frei seine Verfügungen treffen könnte. Uebrigens sei auch ein Uebereinkommen mit dem anderen Staate der Monarchie in Bezug auf die Wiederherstellung der Valuta möglich, und es dürften sich gegen das Abschliessen eines solchen Uebereinkommens, wenn sich die ungarische Regierung von ernster und aufrichtiger Absicht leiten lässt, bei der Legislative und der Regierung des anderen Staates der Monarchie schwerlich grosse Hindernisse ergeben. Mit Rücksicht darauf unterbreitete er dem Hause folgenden Beschlussantrag:

„Das Ministerium werde beauftragt, dass es betreffs der Feststellung der aus Staatsnoten bestehenden schwebenden Schuld oder betreffs der die Theilung derselben bezweckenden Verfügungen mit dem Ministerium der übrigen König-reiche und Länder Seiner Majestät im Sinne des §. 5 des XV. Gesetzesartikels vom Jahre 1867 ohne Verzug ein Uebereinkommen zu Stande bringe und noch im Laufe der gegenwärtigen Reichstagssession einen Gesetzentwurf einbringe in Betreff der Herstellung der Valuta und einer selbstständigen, ihre Noten für Metallgeld immer einlösenden und in allen jenen Gegenden des Landes, wo es die Interessen des Verkehrs erheischen, mit Filialen zu versehenden, in Pest derartig zu errichtenden Zettelbank, dass das Privilegium dieser Bank auf mög-lichst kurze Zeit beschränkt und nach Ablauf dieser Frist eine durch die Be-stimmungen des Gesetzes geregelte Bankfreiheit ins Leben trete."

Zur Begründung dieses Beschlussantrages führte der Redner weiter aus: Auch für die Zeit bis zur Herstellung der Valuta können abseits von der Natio-nalbank entsprechende Verfügungen getroffen werden. Diesfalls gebe es zwei Wege: Man könne ohne Schwierigkeit und Hindernisse eine Zettelbank errichten nach Art der österreichischen Nationalbank und deren Noten mit Zwangscours versehen. Das Recht dazu sei unzweifelhaft (!). Es frage sich nur, ob dieser Vorgang zweckentsprechend wäre und das letztere sei eben zu bezweifeln. Die ungarische Legislative könnte den Zwangscours nur innerhalb der Grenzen Un-garns aussprechen, ausserhalb der Grenzen Ungarns jedoch, in Oesterreich, könnte die Giltigkeit dieser Verfügung des Zwangscourses nicht gefordert werden. Wenn Ungarn nun eine solche Zwangscours-Notenbank errichte, so würden deren No-ten in den übrigen Ländern der Monarchie keinen Zwangscours besitzen. Was würde also geschehen? In Ungarn würde jeder die Noten annehmen und den Ansprüchen des inneren Verkehrs wäre genügt. Allein der ungarische Schuld-ner, der ungarische Fabrikant oder Kaufmann könnte seine Schul-den auf dem Wiener Geldmarkte mit solchen Noten nicht zahlen, könnte mit denselben in Wien entweder gar nicht oder nur unter sehr harten Bedingungen einkaufen und dieser Zustand wäre für Ungarns Industrie und Handel gewiss der schädlichste. Demnach würde die Errichtung einer Notenbank mit Zwangscours zwar den Anforderungen des inneren, aber nicht denen des äusseren Handels und Verkehrs entsprechen, ja sogar den letzteren bedeutend schädigen. Man müsse also zur Beseitigung die-Uebelstandes an ein solches Zahlungsmittel denken, welches nicht blos in Un-garn, sondern auch in anderen Ländern Credit finde. Metallgeld wäre ein sol-ches Zahlungsmittel, aber über Metall verfüge Ungarn nicht, wohl aber habe man ein Mittel ein Geld, welches als gesetzliches Zahlungsmittel diene; zwar nicht in der ganzen übrigen Welt, wohl aber in den übrigen Ländern der Monarchie Credit habe. Es sei dies die Staatsnote, welche, so lange sie von beiden Staaten der Monarchie garantirt werde, von Niemand in der Monarchie zurück-gewiesen werden könne. Darauf lasse sich folgender Plan basiren: Nur für den Fall, als die Valuta jetzt nicht hergestellt werden könne und nur für die Zeit bis die Valuta hergestellt werde, wäre eine Notenbank zu errichten, deren

Fond in einer genügend grossen Summe der in Umlauf befindlichen Staatsnoten bestünde! Auf dieser Grundlage könne die Bank
zwei bis drei Mal soviel Noten ausgeben, welche keinen Zwangscours geniessen,
wohl aber zu jeder Stunde gegen Staatsnoten einlösbar wären. Dieser Plan sei
nicht neu, denn nach solchem System bestehen in Amerika Hunderte von Banken, die ihre Noten nicht gegen Metall, sondern gegen Staatsnoten einlösen.
Die Noten einer solchen Bank würden sehr wahrscheinlich mit demselben Werthe
coursiren, wie die Staatsnoten (!) und nicht nur in Ungarn, sondern auch in
Oesterreich würde man sie annehmen. Sollte sie dennoch Jemand zurückweisen,
so sei das Remedium sehr einfach: Man löse die Noten gegen Staatsnoten ein
und dies könne selbst der gegen Ungarn noch so feindlich gesinnte österreichische
Staatsbürger nicht zurückweisen (Beifall links). Die Errichtung einer solchen Bank
würde Ungarn auch ohne Valutaherstellung von der „tyrannischen Herrschaft"
des Wiener Platzes befreien. Zur Errichtung einer solchen Bank bedürfe es
keiner legislatorischen Verfügung, dazu reiche die gesetzliche Macht der Regierung hin (!?). Für jene Bank, welche in dem Beschlussentwurfe beantragt sei,
sei allerdings ein Gesetz nothwendig, denn diese Bank wäre mit einem Privilegium, mit gewissen Vorrechten zu bekleiden.

Finanzminister Kerkapolyi: Seiner Ansicht nach habe der Beschlussantrag der Enquêtecommission alles vor Augen gehalten, was geeignet sei, dem
bestehenden Uebel den Garaus zu machen. Da die Valutaregelung nicht impro-
visirt werden könne, schon mit Rücksicht darauf, dass derselben die Einziehung
der Staatsnoten und somit eine Vereinbarung mit den übrigen Ländern der Monarchie vorausgehen müsste, so seien eben provisorische Verfügungen nothwendig.
Dazu bieten sich drei Modalitäten: Die eine wäre ein entsprechender Ausgleich mit der Nationalbank, durch welchen, wenn er sonst dem Zwecke
entspricht, jedem raschen Uebergang, jeder Erschütterung ausgewichen werden
könnte. Ein zweiter Modus wäre die Errichtung einer auf einem Metallfond zu basirenden Bank, deren Noten Zwangscours hätten; aber die
Schwierigkeiten, welche diesen Modalitäten gegenüberstehen, können eben von
keiner Seite geläugnet werden, nicht einmal von Seite der Linken. Es bliebe
daher bloss der dritte Modus, die Gründung einer Bank auf der Basis
von Staatsnoten. Das aber wäre ein ungeheuer kühnes Wagniss für eine
solche Bank, die Einlösungsverpflichtung für solche Noten zu übernehmen, deren
Summe auf 312 Mill. herabsinken könne. Metall zahlende Banken können in
schweren Zeiten sich helfen, da der Metallreichthum hinter ihnen stehe; bei einer
auf Staatsnoten basirenden Bank sei ein solcher Rückhalt nicht gegeben und
wenn er auch daraus den Schluss nicht ziehen wolle, dass die Errichtung einer
solchen Bank eine Unmöglichkeit sei, so müsse er doch behaupten, dass dieselbe
mit bedeutenden Fatalitäten und Schwierigkeiten zu kämpfen hätte. Frage man
nun, welche dieser drei Modalitäten die Regierung anzunehmen geneigt sei, so
antworte er darauf, dass die Regierung die Pflicht habe, ihre Wahl davon abhängig zu machen, was sich als erreichbar herausstelle und auf welchem Wege
das Meiste zu erreichen sei. Rückhaltlos aber müsse er jetzt schon behaupten,
dass ein Land, dessen Gebietsausdehnung, Volkszahl, Verkehrsverhältnisse, Creditbedürfnisse so beschaffen seien, wie die Un-

garns, ein selbstständiges Banksystem nicht entbehren könne (Beifall). Eben deshalb halte er es für seine Aufgabe, solche Vorbedingungen zu schaffen, unter welchen ein Banksystem auf gesunder Basis realisirwerden könne (Beifall), welches dann auch sofort zu realisiren wäre. Ungarns Recht hiezu habe Niemand in Zweifel gezogen (?!), obwohl Redner nicht läugnen könne, dass man auch damit ebenso daran sei, wie mit der Herstellung der Valuta. Auf diesem Felde verberge sich mehr als Eine Hypokrisie. Was seine persönliche Ueberzeugung betreffe, sage er rückhaltlos heraus, dass er dieses Recht für unanfechtbar halte. Es sei jedoch eine andere Frage, wozu Ungarn nach formellem Rechte berechtigt sei und wieder eine andere Frage, wofür die Vorbedingungen gegeben seien. Die Letzteren seien nach seinem Dafürhalten heute noch nicht vorhanden und darum könne ein gesundes, selbstständiges Banksystem heute noch nicht ins Werk gesetzt werden. Soviel sei gewiss: Ob Ungarn sich mit der Nationalbank ausgleiche, oder ob es eine besondere Bank errichte, die nicht zahlungsfähig sei, in jedem Falle werde der Zustand ein provisorischer sein u. z. bis zur Herstellung der Valuta. Die Regierung empfehle die Annahme des von der Enquêtecommission vorgelegten Beschlussantrages.

Abgeordneter Eduard Horn: Der Commissionsantrag sei nichtssagend, sei eine absichtlich hergestellte Ungewissheit, eine berechnete Zweideutigkeit. Er für seinen Theil könne den Kleinmuth, welcher da obwalte, nicht theilen. Ein Ausgleich mit der Wiener Nationalbank könne kein befriedigendes Resultat liefern und jedes Expediens, welches den Zwangscours aufrecht erhalte, wäre bedauerlich. Es bleibe nichts anderes übrig, als energisch erschöpfende Massregeln zu ergreifen, die Valuta herzustellen, das Credit- und Bankwesen Ungarns selbstständig zu gestalten. Allerdings hänge mit der ganzen Angelegenheit eine heikle Frage zusammen, aber er halte dafür, dass Offenheit hier wie überall am Besten wirke; er meine die 80-Mill.-Schuld. Eine rechtliche Verpflichtung für Ungarn existire betreffs dieser Schuld nicht, nichtsdestoweniger dürfte dieser Gegenstand einige Schwierigkeiten machen. Wenn man in Wien geneigt sei, in der Valutafrage mit Ungarn Hand in Hand zu gehen, werde man auch die 80-Mill.-Schuld in die Regelung mit einbezogen sehen wollen, wenn auch ohne alles Recht. Redner gestehe offen, dass die Regelung der Valuta und die hievon abhängige Selbstständigmachung des ungarischen Credit- und Geldwesens, so wichtig und dringlich seien, dass er, wenn es absolut sein müsse, auch die Uebernahme eines quotalen Theiles dieser Schuld nicht zurückweisen würde. Praktisch habe diese Frage übrigens die Bedeutung nicht, welche ihr vielfach beigelegt werde. Noch hätten bis zum Ablauf der Schuld fünf Jahre zu verstreichen. Ueberdiess schliesse die Selbstständigkeit des ungarischen Bankwesens den Fortbestand der Nationalbankfilialen in Ungarn nicht aus und wenn die Wiener Nationalbank vor Ablauf ihres Privilegiums die Erneuerung desselben verlangen werde, so werde sie für die Gewährung dieses Privilegiums die 80 Mill. gerne noch auf eine weitere Reihe von Jahren der Wiener Regierung belassen, respective den Quotaltheil Ungarns an dieser Schuld ebenfalls stunden, damit ihre Filialen in Ungarn geduldet werden. Ein ernstliches Hinderniss könne daraus nicht erwachsen.

Abgeordneter Dr. Max Falk (von der Rechten): Die Besorgniss, als könnte in Folge einer etwaigen provisorischen Vereinbarung mit der Nationalbank der gegenwärtige Zustand über das Jahr 1876 hinaus verlängert werden, sei eine unbegründete. Er halte den im Commissionsantrage enthaltenen Vorgang für den allein zweckentsprechenden und es sei ganz zweckmässig, zuvor die Forderungen zu formuliren, deren Gewährung Ungarn Noth thue, und dann die Unterhandlungen mit der Nationalbank, eventuell parallel mit diesen Verhandlungen auch solche mit einem anderen Consortium zu führen. Die Regelung der Valuta sei keineswegs zu vertagen, vielmehr sollte herzhaft an's Werk gegangen werden, aber ein Termin könne nicht festgesetzt werden. Bis zur Herstellung der Valuta werde keine Bank, die man errichten möchte, eine correkte sein. Dem Zwecke entsprechend, wenn auch vom Standpunkt der Wissenschaft incorrect wäre es noch, wenn eine ungarische Zettelbank mit wenigstens theilweiser Metalldeckung wie sie die Wiener Bank besitze, errichtet würde. Wenn dann im Reiche zwei solche Banken bestehen werden, deren Noten Zwangscours besässen und gegen Staatsnoten umgewechselt werden können, wenn die Deckung der beiden in Bezug auf das Materiale und das Verhältniss die gleiche sei, dann werde entweder keine oder nur eine verschwindend geringe Agiodifferenz zwischen beiden bestehen. Was die vom Abgeordneten Horn besprochene Frage der 80-Mill.-Schuld betreffe, so könne Redner vom Standpunkt seiner individuellen Ueberzeugung nur aussprechen, dass die 80-Mill.-Schuld mit der Bankangelegenheit in keinerlei engerer und unzertrennlicher Beziehung stehe. Die 80-Mill.-Schuld könne eine politische Frage sein, welche zwischen den beiden Theilen der Monarchie zu ordnen sei. Die Nationalbank habe einen Schuldner und dieser sei die österreichische Regierung respective Oesterreich (Zustimmung rechts). Ob und in welchem Maasse Ungarn an dieser Schuld participiren müsse, das gehöre nicht zur Bankfrage, das sei eine politische Frage (Beifall rechts). Es sei nicht rathsam und nicht opportun, jetzt von diesen Dingen zu sprechen, die noch nicht in Form einer Forderung vor die Legislative gekommen seien. Warum sollte diese sich jetzt schon darüber erklären, ob sie die Theilnahme an der 80-Mill.-Schuld acceptiren oder bestimmt zurückweisen werde, wenn bisher noch Niemand offiziell vom Reichstage diesbezüglich eine Erklärung verlangt habe? Am Besten sei es, die Frage der 80-Mill.-Schuld für jetzt ganz ausser Rechnung zu lassen und sich vorläufig auf die allgemeinen Grundsätze zu beschränken und deren Durchführung der Thatkraft und dem Eifer der Regierung zu überlassen.

Ministerpräsident Graf Lonyay: Er glaube, die Rechtsfrage sei im Reinen. Die Hände des Ministeriums seien nicht gebunden (!), die der Legislative aber noch weniger. Das Uebereinkommen zwischen den beiden Regierungen vom März 1867 sei eine provisorische Verfügung gewesen, deren Giltigkeit nicht länger währte, als bis zum Ende des Uebergangsjahres 1867. Die Regnicolardeputationen kamen im Sommer 1867 in Wien zusammen und gelangten hinsichtlich des Verhältnisses der Theilnahme an den Staatsschulden und gemeinsamen Auslagen und hinsichtlich des Handelsvertrages zur Einigung; die Bankfrage jedoch — wiewohl er (Redner) es damals für seine Pflicht erachtet habe, Vorschläge zur Valutaregelung und überhaupt zur Selbstständigmachung des Bankwesens zu machen — wurde von beiden Deputationen übergangen, und sei auch in dieser Frage der Art. XX des unter dem Namen Handelsvertrag bekannten

Gesetzesartikels XVI vom Jahre 1867 giltig *). Ein selbstständiges, auf fester Metallbasis beruhendes Banksystem werde nicht von der Linken allein gewünscht. Auch die Regierung und die rechte Seite des Hauses wünsche das Gleiche, aber die zweckmässigste Lösung werde nur dann zu erreichen sein, wenn die Regelung der Valuta erfolgt sein werde. Die Farben, mit denen man die Vortheile der Wiederherstellung der Valuta von der gegnerischen Seite geschildert habe, seien übrigens zu lebhafte gewesen. Auch er, Redner, werde es als seine Pflicht erkennen, zur Erreichung dieses Zieles Alles zu thun. Indess die Metallcirculation sei nicht die unentbehrliche Bedingung des billigen Zinsfusses und auch nicht die unbedingte Verursacherin desselben. Beweis hiefür die rumänischen Fürstenthümer und die Türkei (!). Auch sei der Vortheil des Staates bei den in Metallgeld zu leistenden Zahlungen in Bezug auf das Budget nur ein scheinbarer, in Wirklichkeit erziele der Staat diesfalls gar kein Ersparniss, denn die Regelung der Valuta und das Aufhören des Agios wirken auf die Steuerverhältnisse so, wie wenn die Steuer um den Agiodurchschnitt erhöht werden würde (!). Mit Herstellung der Valuta werden überhaupt nur alle jene gewinnen, die Kapitalien haben und deren Zinsen im Papiergeld erhalten, wogegen die Zahlungen des Staates dort, wo er nicht verpflichtet war, in Metallgeld zu zahlen, in dem Verhältnisse drückender werden, in welchem das einstige Agio zum Metallgeld stand und in das gleiche Verhältniss trete jeder Private, der Zahlungsverpflichtungen habe, die er in Papiergeld erfüllen könne. Es sei also unläugbar, dass, wenn es eine Frage gebe, bei welcher das Interesse des Landes besonders zu erwägen komme, dies gewiss die Art und Weise sei, wie die Valutafrage geregelt werden solle. Seine, des Redners, Ansicht sei es indess nicht, diese Frage ad graecas calendas zu vertagen; er wünsche nur, dass das Land nicht durch übers Knie gebrochene Experimente einer grossen Krise ausgesetzt werde. Nach dieser nicht eben sehr warmen und mit den Bestrebungen der Linken ziemlich scharf contrastirenden Befürwortung der Valutaregelung fuhr der Premierminister fort: Der dem Hause vorliegende Beschlussantrag der Commission enthalte zwar eine bedächtige Definition, enthalte aber den erschöpfenden Ausdruck der Forderung, dass der Banknotenverkehr des Landes ein selbstständiger und unabhängiger sei, zugleich aber dem Creditbedarf des Landes entspreche und in beiden Theilen der Monarchie einen gleichmässigen Annahmewerth besitze. Wenn dies im Sinne des Beschlussantrages erreichbar sei, dann liege dieser Weg im Interesse des Landes; denn wie immer die constitutionelle Selbstständigkeit Ungarns befestigt werden

---

*) Dieser Art. XX lautet: „Die Concessionirung von Credit- und Versicherungsanstalten bleibt jenem Ministerium vorbehalten, in dessen Ländergebiete die betreffende Gesellschaft ihren Sitz nimmt; wenn sie jedoch ihre Wirksamkeit auf das andere Ländergebiet ausdehnen will so hat sie unter Vorlegung ihrer Statuten die diessfällige Bewilligung bei dem dortigen Ministerium einzuholen."

Man braucht diese Bestimmung nur zu lesen, um sofort zu erkennen, dass sie auf die oesterreichische Nationalbank, deren faktische Wirksamkeit in Ungarn mehr als ein halbes Jahrhundert alt war, in keiner Weise passte. Soviel steht ganz ausser Zweifel, dass der eine Paciscent, die oesterreichische Legislative, keinen Augenblick lang im Jahre 1867 daran dachte dass irgend Jemandem später einmal der Gedanke kommen könnte, diesen Art. XX auf die oesterreichische Nationalbank anwenden zu wollen!

müsse, in den materiellen Angelegenheiten sei das Bündniss zwischen den beiden Theilen der Monarchie, die unter Einem Herrscher auf Grundlage des Handelsvertrages zu Einem Zollgebiete verbunden seien, ein so festes, dass der Wohlstand des einen Theiles zugleich den des anderen hebe und umgekehrt. Wenn dies aber auf dem Wege, den der Beschlussantrag vorzeichne, nicht zu bewerkstelligen wäre, dann werde die Regierung mit solchen Vorschlägen vor das Haus treten, die im Stande sein werden, die zwischen den beiden Theilen der Monarchie eventuell eintretenden Differenzen des Werthverkehrs thunlichst auszugleichen. Dies könne jedoch nicht durch eine auf Papier, sondern nur durch eine auf wahres Metallgeld basirte und bis zur Regelung der Valuta mit provisorischem Zwangscours versehene Bank erreicht werden (Zustimmung rechts). Redner schätze sich glücklich in seiner jetzigen Stellung einen so geehrten Collegen im Ministerium zu haben (auf den neben ihm sitzenden Kerkapolyi zeigend), der bei der Durchführung derartiger Geschäftsangelegenheiten mit dem gehörigen Erfolge zu wirken wisse und auch wirken werde (Beifall rechts).

Finanzminister Kerkapolyi: (Schlusswort vor der Abstimmung). Nach den hier zum Ausdruck gelangten An- und Absichten bestehe bezüglich dessen, was nach der Herstellung der Valuta zu geschehen hätte, zwischen der einen und anderen Partei kein Unterschied. Beide wollen ein solides, des Zwangscourses entrathendes Banksystem im Vaterlande einbürgern. Hier handle es sich nicht darum, was nach der Regelung der Valuta zu unternehmen sei, hier stehe blos das in Frage, was bis zur Regelung der Valuta zu geschehen habe, was die Gegenwart erheische. Um den Anforderungen der letzteren entsprechen zu können, bedürfe die Regierung dieses Antrages und wenn sie diesen Antrag für entsprechend halte und wenn sie erkläre, dass er dem angestrebten Zwecke genüge, so seien die weiteren Befürchtungen gewiss unbegründet.

Das Resultat der Abstimmung, welche dieser Debatte folgte, war die Annahme des von der Commission vorgelegten Beschlussantrages mit 180 gegen 124 Stimmen. Das Oberhaus des ungarischen Reichstages trat den gefassten Beschlüssen am 1. März 1871 bei.

Durch die hier skizzirte Verhandlung wurden die verschiedenen Standpunkte der ungarischen Bankpolitiker in der Bankfrage klar gekennzeichnet, klarer denn je zuvor. Was die Linke wollte oder zu wollen vorgab, das war die sofortige Regelung der Valuta und die unverweilte Herstellung einer ungarischen Nationalbank und sie war in ihrer Sehnsucht nach einer selbstständigen ungarischen Nationalbank wenigstens theilweise sogar soweit gegangen, eventuell die Erfüllung dieses ihres Wunsches mit der Uebernahme einer Quote von der 80-Mill.-Schuld zu bezahlen. Was die ungarische Regierung plante, das trat bei diesem Anlasse zum ersten Male

deutlich zu Tage. Zum ersten Male nahm sie officiell vor
aller Welt für sich die vollständigste Freiheit ihrer Entschliessungen in Bezug auf das Bankwesen in Anspruch. Um
die Pakte, die vorausgegangen waren, kümmerte sie sich
wenig. Sie proclamirte das Recht Ungarns auf eine vollständige Lostrennung von der österreichischen Nationalbank
und vom österreichischen Bank- und Geldwesen trotz der
Protokolle vom September 1867, welche gewissermaassen die
Voraussetzung der Installirung des selbstständigen ungarischen
Ministeriums gebildet hatten und welche allerdings nicht die
Unterschrift des gegenwärtigen ungarischen Finanzminister
Kerkapolyi, wohl aber die des damaligen Finanzministers
und nunmehrigen Ministerpräsidenten Graf Lonyay trugen.
Den Muth, auf die Intentionen der Linken des ungarischen
Unterhauses praktisch einzugehen, trotzdem sie principiell auf
demselben Boden zu stehen erklärte, besass die ungarische
Regierung in diesem Stadium noch nicht. Damals wäre ihr
das in Wien an maassgebender Stelle wahrscheinlich noch
sehr übel vermerkt worden. Sie zog es darum vor, sich auf
eine theoretische Zusage, die Notenausgabe und den Geldumlauf in später Zeit in eigene Hand zu nehmen, zu beschränken, zumal sie von der Drohung mit dieser Eventualität
eine mächtige Einwirkung auf die Entschliessungen der österreichischen Nationalbank erhoffte. Nebenher lief die Heuchelei
mit ernsten Absichten in Bezug auf eine Regelung der Valuta, mit Absichten, welche gerade dem Grafen Lonyay völlig
fern lagen, bequem mit. Insofern war man immerhin berechtigt, die Aeusserung des geradsinnigeren, ungarischen Finanzministers Kerkapolyi, dass sich in Bezug auf die Unanfecht-
barkeit des formellen Rechtes Ungarns zur Etablirung eines
selbstständigen Banksystems sowie auch in Bezug auf die
Herstellung der Valuta in Ungarn selbst „mehr als Eine Hypokrisie verberge", als zunächst auf den ungarischen Premierminister Graf Lonyay gemünzt, in jedem Falle als auf ihn
anwendbar und durchaus passend anzusehen und zu inter-
pretiren.

Resumirt man die Ergebnisse der im Obigen skizzirten Verhandlungen über die Bankfrage im ungarischen Unterhause, so ergibt sich als Pointe die Thatsache, dass die Vertretung Ungarns, nachdem sie volle vier Jahre lang die Bankfrage verzettelt und verschleppt hatte, nunmehr die Zeit zur Action im Sinne der Emancipation Ungarns von der andern Reichshälfte und der Repudiation aller damit im Zusammenhang stehenden Verpflichtungen Ungarns für gekommen hielt. Der Beschluss, wie ihn die beiden Häuser des ungarischen Reichstags nach Abschluss dieser Verhandlungen fassten, war eine Vollmacht für die ungarische Regierung, diese Action in Scene zu setzen und diese Action führte nach resultatlosen Verhandlungen mit der österreichischen Nationalbank, die uns sofort beschäftigen werden, schliesslich zu dem Projekte einer ungarischen „Escompte- und Handelsbank".

Die nächste Action der ungarischen Regierung auf Grund des einer Vollmacht für sie gleichkommenden Beschlusses des ungarischen Reichstages war die Einleitung directer Verhandlungen mit der österreichischen Nationalbank, Verhandlungen, welche sich bis gegen den Jahresschluss hin ausdehnten.

Schon am 4. März 1872 richtete der ungarische Finanzminister Kerkapolyi seine erste Note an die österreichische Nationalbank. In derselben theilte er ihr vorerst den Beschluss des ungarischen Reichstages mit und knüpfte daran die Einladung an die Nationalbank, sich darüber auszusprechen, in welcher Weise sie den in der Resolution angedeuteten Wünschen der ungarischen Legislative nach jeder Richtung hin entsprechen zu können vermeine.

Am 21. März 1872 beantwortete die Nationalbank diese Note: Die österreichische Nationalbank könne den von der

ungarischen Legislative ausgehenden und von der ungarischen
Regierung der Durchführung näher zu bringenden Gedanken
der Herstellung der Valuta in der Monarchie nur mit ihren
besten Wünschen begleiten und werde jeden Fortschritt auf
dieser Bahn mit lebhafter Freude begrüssen. Die österreichische Nationalbank, welche bereit gewesen sei, im Jahre
1866 die Baarzahlungen aufzunehmen, habe, selbst abgedrängt
von diesem Ziel, seither ihre Geschäfte stets so geführt, dass
sie jeden Augenblick dem Rufe, ihre Metallkassen
zu öffnen, Folge leisten könne, sobald nur erst
jene Hindernisse beseitigt seien, welche nicht sie
geschaffen habe und zu deren Beseitigung sie auch
Nichts beitragen könne. Was jenen Theil des Beschlusses
des ungarischen Reichstages betreffe, der von einem Centralorgan für den Banknotenverkehr in Ungarn und von der
Deckung des wirklichen Crediterfordernisses der Länder der
ungarischen Krone handle, so sei die Nationalbank, welche
den berechtigten Creditansprüchen Ungarns, soweit es die
allgemein gültigen Grundsätze einer Notenbank überhaupt
gestatten, reichliche Mittel zur Verfügung gestellt habe, gewiss auch gerne bereit, fördernd die Hand zu bieten zur Erzielung eines die Interessen der beiden Theile der Monarchie
befriedigenden Uebereinkommens. Da indess die Resolution
des ungarischen Reichstages nur im Allgemeinen Wünsche
andeute, wodurch der Nationalbank die Möglichkeit benommen
sei, über den eigentlichen Sinn derselben ganz klar zu werden,
so scheine es der Bankdirection für die Lösung der vorliegenden Frage am zweckmässigsten, wenn der ungarische Finanzminister die Punkte bestimmt bezeichnen wollte, auf welche
im Sinne der Resolution des Reichstages von der ungarischen
Regierung ein Werth gelegt werde.

Am 2. Juni 1872 kam der ungarische Finanzminister
von Kerkapolyi auf diese Note der Bank, dieselbe beant-
wortend, zurück. Er theilte vor Allem in dieser Note der
Nationalbank die folgenden durch den ungarischen Ministerrath entworfenen Grundzüge eines Uebereinkommens

mit der Bank mit: Die ungarische Regierung wäre erbötig,
die Anerkennung des Bankprivilegiums und der daraus fliessen-
den Rechte der Bank (das ausschliessliche Recht der Notenemission und deren Zwangscours) sowie der dermaligen
Statuten der Bank für die Länder der ungarischen Krone für
die Zeit bis Ende des Jahres 1876 bei dem ungarischen Reichstage zu erwirken. Dagegen hätte die österreichische Nationalbank für die Länder der ungarischen Krone, abgesehen von
der Dotation für Hypothekar-Darlehen, eine Gesammtdotation und zwar im Entgegenhalte zu den Dotationen ihrer
Anstalten in der anderen Reichshälfte in dem Verhältnisse des Beitrags der beiden Reichshälften zur
Deckung gemeinschaftlicher Staatsausgaben (32 : 68)
festzusetzen. Die ungarische Regierung halte dieses Verhältniss aus dem Grunde für motivirt und richtig, weil dasselbe
den praktischen Geldverkehrsverhältnissen der beiden Reichshälften so ziemlich entspreche und vom ungarischen Reichstage am ehesten acceptirt werden dürfte. Die Vertheilung
der Gesammtdotation an die einzelnen ungarischen Filialen
wäre einer Direction in Pest zu überlassen. Die Bank
hätte nämlich überdies für die Leitung ihrer Geschäfte in den
Ländern der ungarischen Krone eine eigene, nur von der
Generalversammlung der Actionäre abhängige Direction mit ähnlichem Wirkungskreis wie jener der Direction
in Wien in Pest zu errichten, welche ihre Wirksamkeit im
Sinne der gegenwärtigen Bankstatuten unter der gesetzlichen Oberaufsicht der ungarischen Regierung
auszuüben hätte. Mit Rücksicht darauf, dass das Bankprivilegium schon mit 1876 zu Ende gehe, spreche die ungarische
Regierung zugleich ihre Bereitwilligkeit aus, die Verhandlungen über die Stellung der österreichischen Nationalbank
nach Ablauf des jetzigen Privilegiums, welcher spätestens
im Jahre 1874 zu erfolgen habe, gleich nach Abschluss des in
Rede stehenden provisorischen Uebereinkommens im Einvernehmen mit der Regierung der jenseitigen Reichshälfte zu
beginnen. Wenn diese Verhandlungen zu einem befriedigen-

den Resultate führen sollten, dann könnte das jetzt zu schaffende Provisorium gleich aufhören und das Definitivum ins Leben treten.

In einer ausführlichen Note des Bankgouverneurs an den ungarischen Finanzminister vom 27. Juni 1872 wurde diese Note des ungarischen Finanzministers beantwortet. In dieser Antwort machte die Bankdirection geltend, dass wegen der schon im Jahre 1873 zu beginnenden Verhandlungen über die Erneuerung des Bankprivilegiums der Abschluss eines Provisoriums für die Zwischenzeit dermalen nicht opportun erscheinen möchte. Für eine selbstständige Direction in Pest sei innerhalb des gegenwärtigen Statuts schon formell kein Raum gegeben. Indem die Bankdirection darauf hinweise, wisse sie den Ernst des Augenblickes vollkommen zu würdigen. Schon vor mehr als vier Jahren sei öffentlich bekannt worden, dass es zwischen Oesterreich und Ungarn in der Bankfrage streitige Punkte gebe, in welchen die beiderseitigen Regierungen ganz entgegengesetzte Standpunkte einnehmen; von Zeit zu Zeit tauchten diese Fragen an entscheidender Stelle auf, um im günstigsten Falle in dem einen und dem andern Theile der Monarchie zu widersprechenden Erklärungen zu führen; eine Verständigung sei bisher nicht erzielt worden. Dadurch sei die Nationalbank, welcher in Ungarn selbst jede Berechtigung abgesprochen und deren Bestehen daselbst als thatsächlich, nicht als gesetzlich erklärt werde, genöthigt, auf das Recht hinzuweisen, ihre in diesem Staate verwendeten Mittel einzuziehen oder mindestens ihren Geschäftskreis dort nicht weiter auszudehnen. Bevor zwischen Oesterreich und Ungarn in den Alles beherrschenden Capitalfragen eine Verständigung erfolgt sei, könne die Nationalbank keine Verpflichtungen übernehmen, welche ihre Stellung in Oesterreich möglicherweise beeinträchtigen könnten. Was die Anwendung des Verhältnisses der beiderseitigen Quote für die gemeinsamen Ausgaben als Maassstab für die Bemessung der Bankdotationen in Ungarn betreffe, so sei die Uebertragung einer solchen für ganz andere Gebiete bestimmten Anordnung auf die Geschäftsführung der Bank kaum zulässig. Es wäre mit den grössten wirthschaftlichen Nachtheilen für das Reich verbunden, wenn namhafte für andere Theile der Monarchie dringend nöthige Summen in Ungarn unbenutzt liegen bleiben müssten und wenn eine Stärkung bedürftiger österreichischer Bankplätze in Folge der den ungarischen Bankplätzen zur Verfügung gestellten Mittel unmöglich wäre, wozu noch die daraus erwachsenden Schwierigkeiten in Bezug auf die bedingte Verzinsung des Darlehens von 80 Millionen kämen. Wenn ferner, wie voraus zu sehen, Ungarn für das definitive Uebereinkommen über 1876 hinaus noch weiter gehende Bedingungen stellen würde, welche Wirkung müsste dies auf die Verhandlungen der Bank mit der Regierung und dem Reichsrath in Oesterreich haben, Die Bank könne nicht in Ungarn Verpflichtungen übernehmen, welche ihre künftige Stellung in Oesterreich beeinträchtigen würden. Die Nationalbank schlage daher vor, der ungarische Finanzminister möge, von einem provisorischen Uebereinkommen Umgang nehmend, sofort mit dem österreichischen Finanzministerium, beziehungsweise mit der Nationalbank Verhandlungen eröffnen, welche die künftige Stellung der Nationalbank nach Ablauf des dermaligen Bankprivilegiums und in der ganzen österreichisch-ungarischen Monarchie zum Gegenstande haben.

Auf diese Ausführungen der Nationalbank antwortete Finanzminister Kerkapolyi in einer Note, welche das Datum des 20. Juli 1872 trug, also: Die ungarische Regierung verzichte darauf, die Gründe, weshalb die Bankdirection auf das beantragte Provisorium nicht eingehen zu können vermeinte, einer kritischen Besprechung zu unterziehen und erkläre sich bereit im Einverständnisse mit dem österreichischen Finanzminister die Verhandlungen über die definitive Lösung der Bankfrage sogleich zu beginnen. Da er, der ungar. Finanzminister, jedoch verpflichtet sei, die Interessen des ungarischen Handels auch während der Dauer der Verhand-

lungen sicher zu stellen, so müsse er sein Eintreten in diese
Verhandlungen an die unerlässliche Vorbedingung knüpfen
dass von Seite der Nationalbank die bindende Versicherung
abgegeben werde, auch bis zum Abschlusse dieser Verhandlungen in den Ländern der ungarischen Krone Filialen dann
und dort, wann und wo die ungarische Regierung es wünsche,
zu errichten und die Dotationen ihrer Filialen in Ungarn auf
Wunsch der Regierung eventuell bis zu der in der Note vom
2. Juni angedeuteten Maximalgrenze, nämlich in dem Verhältnisse von 32:68, die Dotation für den Hypothekarkredit nicht
mit eingerechnet, zu erhöhen.

Die Nationalbank antwortete hierauf mit einer Note
vom 30. Juli 1872: Sie sprach ihr Bedauern darüber aus, dass
schon der Beginn der Verhandlungen an Bedingungen geknüpft werde, die der Nationalbank grössere Pflichten als
das früher vorgeschlagene Provisorium auferlegen würde.
Wie könne sich die Nationalbank verpflichten, Filialen zu errichten, wann und wo es die k. ungar. Regierung wünsche,
während §. 3 der Bankstatuten diess von dem von der Staatsverwaltung im Einverständnisse mit der Bankdirection erkannten Erfordernisse abhängig mache? Wie könne die Nationalbank sich verpflichten Dotationen für neu zu errichtende
Filialen flüssig zu machen und die Dotationen der schon bestehenden Filialen ohne Rücksicht auf die verfügbaren eigenen
Mittel der Bank zu erhöhen, während §. 4 der Bankstatuten
dem Bankfond und §. 14 dem Notenumlauf bestimmte Grenzen
setzen? Nur durch eine möglichst baldige Vereinbarung über
die definitive Lösung der Bankfrage könne der Nationalbank
die Möglichkeit geboten werden, dem Geldbedürfnisse Ungarns
in sicherer und ausgiebiger Weise zu Hilfe zu kommen. Um
aber für die Zwischenzeit bis zur gesetzlichen Ordnung des
bisherigen Zustandes die Schwierigkeiten im Handel und
Verkehr Ungarns nach Kräften zu beseitigen, sei die Bankdirection bereit von dem Zeitpunkte an, in welchem die Grundzüge über die künftigen Verhältnisse der Bank in Oesterreich-
Ungarn in bindender Form festgestellt sein werden, die Do-

tationen der ungarischen Bankfilialen nicht nur nicht zu vermindern, sondern bei Bedarf und für die Dauer desselben insoweit zu erhöhen, als es die allgemeinen Verhältnisse der Nationalbank, die geschäftliche Lage des betreffenden Platzes und die Sicherheit des Bankvermögens gestatten.

In der relativen Raschheit, mit welcher dieser Schriftenwechsel bisher gepflogen wurde, trat nunmehr, offenbar veranlasst durch die entschieden ablehnende Haltung der Nationalbank in der letzterwähnten Note vom 30. Juli, eine Art Kunstpause ein. Die nächsten Wochen wurden fast ausschliesslich durch Journalpolemiken ausgefüllt. Ab und zu tauchten Gerüchte auf von Offerten, welche angeblich der ungarischen Regierung seitens ungarischer oder deutscher Geldleute, in Bezug auf die Beistellung von Kapitalien für die Gründung einer selbstständigen ungarischen Bank gemacht wurden, Gerüchte, welche jedesmal bald nach ihrem Auftauchen officiell dementirt wurden. Die ungarischen Journale füllten die Zeit aus mit Commentaren zu den seitens der ungarischen Regierung erhobenen Forderungen und mit der Registrirung von Klagen gegen die Nationalbank, die öffentlichen Organe diesseits replicirten, mit einem Worte die specifisch ungarische Bankfrage hielt sich mit grosser Zähigkeit auf der Tagesordnung.

In der Stille aber wurden Vorbereitungen getroffen für Verhandlungen zwischen den beiderseitigen Regierungen, welche am 14. Oktober 1872 auch wirklich ihren Anfang nahmen. Die Regierung der österreichisch-ungarischen Monarchie hatte um diese Zeit, in Folge der gerade stattgefundenen Session der Delegationen der beiderseitigen Vertretungskörper, zur Abwechslung ihren Schwerpunkt in Pest, wo auch der Kaiser sich aufhielt. Nach kurzen Vorverhandlungen, an welchen auch der Gouverneur der Nationalbank Freih. v. Pipitz und der Vicegouverneur Freih. v. Wodianer Theil nahmen, begannen, zum Theile im Beisein des Kaisers, Berathungen, an welchen Graf Andrassy als Chef der gemeinsamen Regierung, Ministerpräsident Graf

Lonyay und Finanzminister Kerkapolyi von der ungarischen, Ministerpräsident Fürst Auersperg und Finanzminister Baron de Pretis von der österreichischen Regierung sich betheiligten. Aus diesen Berathungen ging ein Protokoll hervor, welches von den sämmtlichen Theilnehmern an der Conferenz unterzeichnet wurde und dessen Schlussstellen, die gefassten Beschlüsse zusammenfassend, also lautete:

„Graf Lonyay schliesst sich der Meinung des ungarischen Finanzministers an, die auch von Seite des österreichischen Finanzministers acceptirt wurde, dass möglichst bald eine Commission entsendet werde, welche mit der Bank die Verhandlungen aufnehmen solle. Es ist aber hiebei eine unerlässliche Vorbedingung seitens der Nationalbank zu erfüllen, die nämlich, dass sie, bevor die erwählte Commission überhaupt zusammentrete, das seit 1869 bestehende Missverhältniss in Ungarn aufhebe und ihre dortigen Filialen nach der Proportion, welche im Jahre 1869 bestand, dotire und wenn auch nicht sogleich, so doch recht bald in der Proportion des Quotenbeitrages (32 : 68) die Dotation erhöhe. Denn nur auf diese Weise könnten die Gemüther beruhigt werden und die fortwährende Agitation für eine selbstständige ungarische Bank aufhören und hiedurch ermöglicht werden, dass die Vorschläge, welche die ungarische Regierung der Legislative machen würde, ohne grosse Schwierigkeit durchgeführt werden könnten.

Minister des Aeusseren Graf Andrassy fasste das Resultat der Verhandlungen in folgender Weise zusammen:

„Dass sofort in die möglichst zu beschleunigende Verhandlung über die definitive Gestaltung des Verhältnisses zu der Nationalbank nach Ablauf des gegenwärtigen Privilegiums eingetreten werde und dabei als unverrückbares Ziel festgestellt bleiben soll, dass die Einheit der Währung gesichert und Alles ausgeschlossen bleibe, wodurch eine ungleiche Bewerthung der in der Monarchie circulirenden Zahlungsmittel entstehen könnte; ferner

dass der k. k. Finanzminister seine Vermittlung dahin richte, dass ohne weitergehenden Vereinbarungen mit der Bank vorzugreifen, die den ungarischen Filialen zuzuwendenden Dotationen sofort in dem Maasse erhöht werden, welches nothwendig ist, damit das Verhältniss der Dotationen der ungarischen Filialen zu den inzwischen vermehrten Dotationen der Filialen in der andern Reichshälfte dasselbe werde, wie es Ende September 1869 bestanden hat; endlich

dass der k. ungarische Finanzminister nach Vornahme dieser Intervention von Seite des k. k. Finanzministers und Erfüllung der Vorbedingung sich sofort zur Absendung der in Rede stehenden Commission bereit erkläre."

Authentisches über diese Bankverhandlungen ist ausser dem eben citirten Protokoll der beiden Regierungen vom 24. October 1872 nicht zur Publication gelangt. Um so reich-

haltiger und zugleich verworrener lauteten die Mittheilungen
und Commentare, mit welchen die Journale, die ungarischen
voran, das Ergebniss der Verhandlungen begleiteten. Behauptet wurde, es sei nicht blos die principielle und wirthschaftliche Seite der Bankfrage neben der politischen, sondern
auch die Frage der 80 Mill.-Schuld wie jene der Regelung
der Valuta zur Sprache gekommen. Es sei, so wurde er-
zählt, die Frage Gegenstand eifriger Verhandlungen geworden, ob eine Trennung des Bankzettelwesens möglich sei
ohne die Grundlagen des Dualismus zu erschüttern und der
Personalunion die Wege zu ebnen. Die österreichischen Minister hätten auseinandergesetzt, dass mit der Errichtung
einer besonderen ungarischen Bank das Zoll- und Handelsbündniss erschüttert und die Aufstellung von Zollschranken
eine unabweisliche Folge sein würde. Die Argumente nach
dieser Richtung hin seien vom Kaiser vollkommen gebilligt
und von dem Wunsche begleitet worden, dass die bestehende
dualistische Staatsform nicht in Frage gestellt werde.

Ueber alle diese schönen Dinge jedoch enthielt das officielle Protokoll kein Wort. Es enthielt nichts über die von
ungarischer Seite gewünschte Theilung des Bankinstituts mit
einer selbstständigen Direction in Pest, aber es enthielt auch
nichts über die 80 Mill.-Schuld und nichts über die Valutafrage. Von einer Lösung der Bankfrage im grossen Style
oder auch nur von einer Beseitigung der dieser Lösung entgegenstehenden gewaltigen Schwierigkeiten war eben wiederum
nicht die Rede. Das ganze Ergebniss der Verhandlungen
lief lediglich auf eine Stärkung der ungarischen Position in
Bezug auf eine reichere Zuführung von Geldmitteln für Ungarn
seitens der Nationalbank hinaus, im Uebrigen wurde die
alte Taktik, den Details aus dem Wege zu gehen und ihre
Erledigung einem späteren Zeitpunkt vorzubehalten, officieller
denn je fortgesetzt. Selbst jene protokollarische Feststellung,
dass die Einheit der Währung gesichert bleiben solle, entbehrte jedes positiven Werthes; es war ein theoretisches Dictum in bureaukratischer Formulirung, ungefähr so als wenn

dekretirt worden wäre, dass die Steuereingänge in den
beiden Theilen der Monarchie gleich hoch, oder der Credit
der beiden Reichshälften ein gleicher sein solle.

Rücksichtlich des einzigen Punktes jedoch, welcher in
dem Protokolle einigermassen klar behandelt war, rücksichtlich der Frage der Dotirung der ungarischen Filialen
nämlich, entspann sich geradezu ein sehr hitziger Journalkampf.
Man stritt über eine Vereinbarung, unter welcher die Unterschriften kaum noch recht trocken geworden waren. Bei
stricter Auslegung des auf jenen der Mehrdotationen bezüglichen Punktes des Protokolles wäre die Nationalbank verhalten gewesen, eine Summe von 4·1 Mill. den ungar. Filialen
zuzuführen; die ungarischen Journale aber forderten, nicht
ohne Inspiration Seitens der ungar. Regierung, dass diese
Dotation sich auf mindestens 10 Mill. Gulden belaufe.

Inmitten dieses Journalkampfes wurde die Ende Juli ab-
gebrochene Correspondenz mit der Nationalbank wieder aufgenommen.

Gleich drei Tage nachdem das Ministerrathsprotokoll in
Pest zu Stande gekommen war, am 27. October 1872, richtete
der ungarische Finanzminister Kerkapolyi eine Note an
die Nationalbank, in welcher er unter Bezugnahme auf seine
Note vom 18. Juli darauf hinwies, dass er, dem Wunsche der
Bank nachgebend, nicht nur die mit dem beabsichtigten Provisorium verbundene sofortige Errichtung eines Direktoriums
für Ungarn fallen gelassen, sondern auch das Dotirungs-
verhältniss der ungarischen Filialen mit 32 % der
Gesammtdotation aller Bankkassen nicht mehr als fix und
invariabel, sondern nur mehr als eventuelles Maximum
hingestellt habe. Mit Rücksicht auf die zwischen den Regierungen der beiden Reichshälften soeben gepflogenen Besprechungen sei er auch in der Lage, der Nationalbank die
beruhigende Versicherung zu ertheilen, dass der Annahme
der von ihm gestellten Bedingungen für den Eintritt in die
Verhandlungen zur definitiven Lösung der Bankfrage seitens
der österreichischen Regierung keinerlei Schwierigkeiten oder

Bedenken werden in den Weg gelegt werden und dass zu Besòrgnissen, wie sie die Nationalbank diesfalls hegte, durchaus kein Grund vorliege. Auf etwaiges Ansuchen der Nationalbank werde dies von Seiten des österreichischen Finanzministers auch unmittelbar erklärt werden. Im Falle der Annahme dieser Vorschläge seitens der Nationalbank werde die ungarische Regierung zu den unter Betheiligung der Vertreter des österreichischen Finanzministeriums abzuhaltenden Conferenzen ungesäumt Vertreter der ungarischen Regierung entsenden.

Am 5. November 1872 erging im Zusammenhange damit an die Nationalbank eine Note des österreichischen Finanzministers Freiherrn de Pretis, in welcher ihr die vom Kaiser genehmigend zur Kenntniss genommene Vereinbarung der beiderseitigen Regierungen, nämlich das oben mitgetheilte Protokoll des Ministerraths, mitgetheilt und die Ansicht ausgesprochen wurde, dass damit für die weiteren hoffentlich allerseits befriedigenden Verhandlungen die nothwendige Grundlage gewonnen sei. Die Bankdirektion, so fügte der österr. Finanzminister bei, werde sich der Nothwendigkeit nicht verschliessen, nunmehr wieder jenen Standpunkt einzunehmen, auf welchem sie sich Ungarn gegenüber in früheren Zeiten und namentlich in den Jahren 1867—1869 befand, während welcher sie, den Anforderungen des ungar. Verkehrs im vollen Maasse entsprechend, die dortigen Dotationen vervierfacht habe. Das österreichische Finanzministerium gewärtige, dass die Nationalbank bereit sein werde, die von dem k. ungar. Finanzminister gewünschte successive Erhöhung der Dotationen der ungarischen Filialen baldigst einzuleiten und die eventuelle Aufstellung neuer als nothwendig erkannter Filialen nicht versagen.

Unmittelbar nach Einlangen dieser Note des österr. Finanzministers richtete die Bankdirektion am 7. November 1872 eine neue Note an den ungarischen Finanzminister: Die Bankdirektion wolle angesichts der einzuleitenden Conferenzen in Erörterungen über die Vergangenheit

nicht eingehen, vielmehr einen Beweis unbefangenen Ent-
gegenkommens dadurch geben, dass sie sich bereit erkläre
schon jetzt, noch vor Zusammentreten dieser Conferenzen, eine
ihren dermaligen Mitteln und den gegenwärtigen Verhältnissen
entsprechende Erhöhung der Dotationen den ungarischen
Filialen zuzuwenden. Die Bankdirektion sei bereit, vorerst
den ungarischen Filialen eine Mehrdotation von 3 Mill.
Gulden, wovon 2 Mill. auf Pest entfallen, zur Verfügung
zu stellen und in demselben Sinne werde die Bankdirection
bemüht sein im Laufe der Conferenzen die sachlich begründeten und gerechtfertigten Ansprüche des ungarischen Verkehrs nach Maassgabe ihrer verfügbaren Mittel und insoweit
es die geschäftliche Lage des betreffenden Platzes gestattet,
zu befriedigen. Eine Abschrift dieser Note übermittelte die
Bankdirektion gleichzeitig dem österreichischen Finanzminister.

Am 15. November 1872 beantwortete der ungarische Finanzminister Kerkapolyi diese Erklärung der Bank in
folgender Weise: Er bedaure, dass es der Nationalbank nicht
möglich schien, das Perzentualverhältniss in der Dotation der
ungarischen Filialen gegenüber der Dotation der Bankkassen
in der anderen Reichshälfte, welches zu Ende December 1869
bestand, herzustellen, wie dies im Ministerrathsprotokoll ausgesprochen sei und für dessen Durchführung sich verwenden
zu wollen, der k. k. österr. Finanzminister zugesagt habe.
Die ungarische Regierung verlange daher die sofortige Erhöhung der Dotation auf dieses Verhältniss und die Zuweisung eines Betrages speciell für die Filiale
in Temesvár und beziehe die successive Vermehrung nur auf
eine weitere Erhöhung bis zur Maximalgrenze von 32% der
Dotation sämmtlicher Bankkassen.

Im Zusammenhange mit dieser Note urgirte der österreichische Finanzminister de Pretis in einer Note vom
17. November die Erfüllung der ungarischen Forderung, indem er zugleich seine Befriedigung darüber aussprach, dass
die Nationalbank die Vereinbarung beider Regierungen ohne
Vorbehalt acceptirt habe. Die Nationalbank werde, wie er

nicht zweifle, den ihr mitgetheilten Voraussetzungen für den
Eintritt in die weiteren Verhandlungen im vollen Umfange
gerecht werden und er glaube auf die vollständige Zustimmung der Bankdirection in dieser Richtung um so gewisser
zählen zu können, als sie die schwerwiegende Verantwortung
kaum werde auf sich nehmen wollen, das Zustandekommen
einer für die Monarchie wie für die Interessen der Bankactionäre hochwichtigen Vereinbarung über die künftigen
Verhältnisse der Nationalbank vereitelt zu haben.

Darauf hin lehnte die Nationalbank mittelst Note vom
21. November, gerichtet an den k. k. österr. Finanzminister,
die Voraussetzung einer vorbehaltlosen Acceptation der ihr in
der Regierungsvereinbarung zugedachten Verpflichtungen
umsomehr ab, als die ihr vorliegenden Aeusserungen der
beiden Regierungen in der Auffassung jener Vereinbarung
wesentlich von einander abweichen. Um jedoch wenigstens
in der Vorfrage endlich festen Boden zu gewinnen, sprach
die Nationalbank ihre Bereitwilligkeit aus die Dotationen der
ungarischen Filialen noch um weitere 1½ Mill., im Ganzen
also um 4½ Mill. Gulden dann und unter der Voraussetzung zu erhöhen, dass der k. k. österr. Finanzminister die
Zusicherung ertheile, dass hierdurch die Bedingung erfüllt
sei, an welche das Zusammentreten der Conferenz in der
Bankfrage geknüpft wurde, sowie dass die Eröffnung dieser
Conferenzen nunmehr keinem Anstand unterliege.

Auf diese Erklärung antwortete der österreichische Finanzminister Freiherr de Pretis mit einer Note vom 23. November: Er nehme keinen Anstand auszusprechen, dass nach
seiner Ansicht durch die Erhöhung der ungarischen
Dotationen um weitere 1½ Millionen die Bedingung als erfüllt angesehen werden dürfe, an welche
das Zusammentreten der Conferenzen in der Bankfrage geknüpft sei.

Am 25. November constatirte die Nationalbank mittelst
Note an den ungarischen Finanzminister die Meinungsver-
schiedenheiten der beiden Ministerien und eröffnete dem

ungar. Finanzminister die auf Grund der Erklärung des
österreichischen Finanzministers erfolgende Erhöhung der
ungarischen Dotationen um weitere 1½ Mill., wovon 200,000 fl.
für die Filiale in Temesvar bestimmt seien. Indem die Nationalbank nunmehr Alles gethan habe, was geeignet sei,
auch nach Ansicht der österreichischen Regierung das Zusammentreten der in Aussicht gestellten Conferenz zu ermöglichen, glaube sie auf dieses Zusammentreten um so sicherer
rechnen zu können, als dadurch allein die Möglichkeit geboten
sei, weiteren Schwierigkeiten von Vornherein zu begegnen.

In einer Note vom 27. November giebt daraufhin der
ungarische Finanzminister Kerkapolyi seine Befriedigung
zu erkennen über die neuerliche Erhöhung der ungarischen
Dotationen; er könne jedoch nicht umhin, zu bemerken, dass
dadurch das Maass der von ihm beanspruchten, auch in dem
Ministerrathsprotokolle vom 24. October bezeichneten und —
insofern nicht mit Ausserachtlassung des übrigen Inhaltes
dieses Protokolles ausschliesslich der Wortlaut des Schluss-
resumé's beachtet wird — vom Ministerrathe offenbar auch ge-
billigten Erhöhung noch bei Weitem nicht erreicht sei. Er,
der ungar. Finanzminister habe diese Auffassung unter Einem
auch dem österr. Finanzminister mitgetheilt und er zweifle
nicht, dass derselbe darüber demnächst der Bankdirection
Mittheilung machen werde.

Angesichts solcher Meinungsverschiedenheit über die Auslegung der Ministerrathsbeschlüsse unter den Ministern selber,
deren Namen unter dem betreffenden Protokolle standen,
fand die Bankdirektion es am zweckmässigsten, die letzte
Note des ungarischen Finanzministers vorerst unbeantwortet
zu lassen und damit war die langwierige Correspondenz
zwischen ihr und den beiden Ministern abgebrochen, nicht
ohne dass der chaotische Streit über den Sinn und Tragweite des Ministerrathsprotokolles in den Journalen hartnäckig
weiter geführt worden wäre. Damit war auch die in Aussicht gestellte Einleitung von Conferenzen über die Bankfrage
vorläufig vertagt. In Ungarn hatte man das Allerwesentlichste

und Allernächste, die Erhöhung der Dotationen der ungarischen Filialen, erreicht; ganz erklärlich, dass man mit dem
Weiteren nunmehr keine allzugrosse Eile hatte und dass das
Jahr 1872 zu Ende ging, ohne dass die betreffenden commissarischen Verhandlungen ihren Anfang genommen hätten.

––––––––––

Während in Ungarn im Laufe des Jahres 1872 die Bankfrage sowie die mit ihr zusammenhängende Frage der
80 Mill.-Schuld und der Herstellung der Valuta fast unablässig erörtert worden war, während dort die Regierung sowohl wie die Legislative das Jahr 1872 für ihre Interessen
weidlich auszunutzen verstanden und man dort in Bezug auf
das, was man erreichen wollte um ein beträchtliches Stück
vorwärts gekommen war, wurde diesseits die alte Passivität
und Unentschlossenheit consequent festgehalten. Mit verschränkten Armen sah man ruhig mit an, wie die jenseitigen
Bankpolitiker selbstbewusst immer weiter avancirten und statt
der ungarischen Taktik Schritt für Schritt abwehrend zu
folgen, wartete man mit einer Resignation und Selbstverläugnung, welche den Ungarn gar trefflich zu Statten kam,
die weitere Entwickelung gefügig ab. Nur einmal ermannte
man sich zu einer sanften Kundgebung. Die Abgeordneten
Dumba, Herbst und Genossen erwarben sich das Verdienst
wenigstens die Frage der 80 Mill.-Schuld ein wenig vom
diesseitigen Standpunkt aus zu ventiliren. Freilich war die
Provocation dazu seitens der ungarischen Regierung selbst
ausgegangen. Die genannten Abgeordneten interpellirten in
der Sitzung des Abgeordnetenhauses vom 23. Februar 1872
den Finanzminister in folgender Weise:

„Der k. ungarische Finanzminister hat gelegentlich eines in der Conferenz
der Deakpartei des ungarischen Abgeordnetenhauses gegebenen Exposés über
die Bankfrage unter ausdrücklicher Zustimmung des Hrn. Ministerpräsidenten
des ungarischen Ministeriums die Erklärung abgegeben: die Schuld des Staates
an die Nationalbank von 80 Mill. sei seinerzeit in einer Liste der Staatsschulden

aufgenommen worden und somit in dem von Ungarn für die Verzinsung zugestandenen Pauschalbetrage inbegriffen; es sei daher Ungarn, da es nur für
eine Gattung unverzinslicher, nämlich für die durch Staatsnoten repräsentirte
Schuld eine spätere, durch ein besonderes Gesetz geregelte Ausnahme zugestanden habe, von jeder Verpflichtung rücksichtlich jener 80-Mill.-Schuld an die
Nationalbank befreit. Da nun im Gegentheile die diesseitigen Vertretungskörper
jederzeit an der Auffassung festgehalten und ihr auch wiederholt Ausdruck gegeben haben, dass die Schuld des Staates an die Nationalbank eine gemeinsame Schuld sei, rücksichtlich welcher seinerzeit bei Abschluss des Ausgleiches mit der jenseitigen Reichshälfte ein Abkommen nicht vereinbart wurde,
so erlauben sich die Gefertigten, an den Hrn. Finanzminister die Anfrage zu
stellen :

In welcher Weise gedenkt die Regierung die Rechte und Interessen der
diesseitigen Länder in dieser Angelegenheit Ungarn gegenüber zu wahren?"

Man hatte erwartet, Finanzminister d e P r e t i s, für welchen diese Angelegenheit keine fragliche sein konnte, werde
die Gelegenheit freudig ergreifen, um der ungarischen Provocation gegenüber durch sofortige Beantwortung dieser
Interpellation seine Pflicht zu thun. Das hätte indess der
diesseitigen Zauderpolitik und Muthlosigkeit in Bezug auf die
Bankfrage schlecht entsprochen und so liess sich denn Finanzminister de Pretis vorerst Zeit bis zum 22. März, an welchem
Tage der Reichsrath vertagt wurde und erst nach dessen
Wiederzusammentreten am 17. Juni 1872, also 4 Monate später,
fand er sich bewogen in Beantwortung der Dumba'schen
Interpellation in Bezug auf die 80 Mill. - Schuld folgende Er-
klärung abzugeben:

Das rechtliche Verhältniss der Nationalbank zur Staatsgewalt gründet sich
auf das von Seiner Majestät am 27. December 1862 mit der Giltigkeit für das
ganze Reich sanctionirte Gesetz.

Dieses Gesetz bildet die Grundlage für das Uebereinkommen mit der Nationalbank vom 6. 10. Januar 1863 und das B a n k d a r l e h e n von 80 Mill. Gulden,
welches daher seinem Ursprunge nach gleichmässig alle Theile
des Reichs belastet. Während über die Antheilnahme Ungarns an den
Lasten der übrigen Staatsschuld ein Uebereinkommen bereits getroffen wurde,
blieb die Frage wegen der Antheilnahme Ungarns an der 80-Mill.-Schuld bei
den Ausgleichsverhandlungen des Jahres 1867 nicht nur unberührt, sondern es
wurde wiederholt zwischen den beiden Regierungen ausdrücklich
abgemacht, dass die Regelung der bestehenden Rechtsverhältnisse zur Nationalbank, und somit selbstverständlich auch die
Frage über die 80-Mill.-Schuld, einer abgesonderten Vereinbarung vorbehalten bleiben sollte. Es ist hier zunächst auf den Ab-

schnitt 18 der zwischen dem k. und k. Finanzminister und dem k. ungarischen Finanzlandesminister am 8. März 1867 unterzeichneten, in dem Ministerrathe zu Wien am 8. März 1867 genehmigten Stipulationen hinzuweisen, welcher also lautet:

„Der k. ung. Landesfinanzminister wird die jetzt bestehenden Rechtsver-„hältnisse der Nationalbank, bis die im Sinne des landtäglichen Commissions-„operates diesfalls vertragsmässig festzustellenden Bedingungen geregelt sein „werden, weder auf administrativem noch auf legislativem Wege beirren. Da-„gegen wird bis zu diesem Zeitpunkte auch das Reichsfinanzministerium bei „allfälligen namentlich die Notenemission berührenden Fragen das Einvernehmen „mit dem k. ungar. Finanzlandesministerium pflegen."

In den Deputationsverhandlungen des Jahres 1867 wurde weder die Bank-frage noch die von dieser untrennbare 80-Mill.-Schuld in irgend einer Weise berührt; es wurde jedoch zwischen den Ministerien beider Theile das proto-kollarische Uebereinkommen dto. Vöslau 12. September 1867 ge-schlossen, welches den Zweck hatte, das Verhalten der beiderseitigen Re-gierungen zur Nationalbank für die Zwischenzeit d. h. insolange zu normiren, bis beide Reichstheile im gemeinschaftlichen Einverständnisse neue gesetzliche Bestimmungen über das Bank- und Zettelwesen der Monarchie getroffen haben würden.

Der Abschnitt 10 des Protokolles vom 12. September lautet:

„„Insolange als beide Reichstheile im gemeinschaftlichen Einverständnisse „nicht neue gesetzliche Bestimmungen über das Bank- und Zettelwesen der „österreichischen Monarchie getroffen haben werden, macht sich das k. „ung. Ministerium verbindlich, im Königreich Ungarn eine „Zettelbank nicht zuzulassen und den Banknoten der österreichischen „Nationalbank gleich den Staatsnoten in den ungarischen Ländern die Cir-„culation mit Zwangscours sowie die Annahme bei allen Staatskassen wie „bisher zuzugestehen, stellt hiebei jedoch die ausdrückliche Bedingung, dass „die Nationalbank verpflichtet werde, die vom ungarischen Ministerium für „nöthig erachteten Filialen zu errichten und dieselben den Bedürfnissen des „Handelsverkehrs entsprechend zu dotiren, dann dass ihre Statuten dahin „erweitert werden, dass dieselbe ermächtigt werde, auch Vorschüsse auf „Effekten der beiden Reichshälften, sowie auch auf andere solide, an der Börse „notirte Werthpapiere zu leisten.""

„Die in dieser Vereinbarung der Nationalbank gestellten Bedingungen sind, obgleich die Bank als Paciscent nicht theilnahm, dennoch in vollem Maasse erfüllt worden. Während am 30. März 1867 die Gesammtdotation der ungarischen Bankfilialen 6,930,000 fl. für den Escompte und 2,500,000 fl. für das Darlehensgeschäft, im Ganzen also fl. 9,430,000 betrug, ohne dass dieselbe je-doch bis dahin jemals ganz erschöpft worden wäre, belief sich die Gesammt-dotation am 31. December 1871 auf fl. 35.870,000, wovon fl. 28,670,600 für Escompte und fl. 7,200,000 für Darlehen.

„Von dem 62,967,000-fl.-Darlehen der Hypothekar-Creditabtheilung, welche Ende 1871 aushafteten, entfallen 35,600,000 fl., also mehr als 50 % auf Ungarn.

„Die seit dem Jahre 1867 eingetretenen Aenderungen der Statuten der Nationalbank, vermöge deren auch die Bankbelehnung auf ungarische Effekten ausgedehnt wurde, sind stets mit Zustimmung der ungarischen Regierung erfolgt. An dieser auf Dokumente und Thatsachen begründeten Sachlage, welche die vollständige Integrität des Verhältnisses der Nationalbank zur Staatsgewalt darlegt, kann natürlich der Umstand nichts ändern, dass in einem lediglich zur Constatirung der für das Jahr 1868 nothwendigen Zinsenerfordernisse der Staatsschuld aufgestellten Verzeichnisse auch zufällig der unverzinslichen Bankschuld Erwähnung geschieht, welche zu diesem Zinsenerfordernisse in gar keiner Beziehung steht.

„Demnach hält die k.k. Regierung an der Ueberzeugung unverbrüchlich fest, dass die 80-Mill.-Schuld an die Nationalbank, wofür die dargeliehenen Noten thatsächlich ebenso in Ungarn wie in den übrigen Theilen des österreich-ungarischen Reiches circuliren, auf Grund des noch heute unverändert zu Recht bestehenden Gesetzes vom 27. December 1862 und des Uebereinkommens mit der Nationalbank vom 6/10. Januar 1863 das gesammte Reich gleichmässig belastet, und von dieser Ueberzeugung wird die Regierung bei den Verhandlungen geleitet sein, welche, wenn nicht früher, spätestens im Jahre 1874 gepflogen werden müssen, um das Verhältniss zur Nationalbank zu regeln.

„Inzwischen sind mit der anderen Reichshälfte Verhandlungen eingeleitet worden, um dem hier angedeuteten Standpunkt Geltung zu verschaffen und diesem Umstande allein möge es zugeschrieben werden, wenn die Beantwortung der Interpellation nicht bereits früher erfolgt ist. Bisher ist es allerdings nicht gelungen, diese Verhandlungen einem erspriesslichen Ende zuzuführen, da die ungarische Regierung an ihrer abweichenden Ansicht festhält. Die Regierung glaubt aber den bevorstehenden Abschluss der Sitzungen des hohen Hauses nicht eintreten lassen zu können, ohne ihrer Anschauung Ausdruck gegeben zu haben."

Anknüpfend an diese Interpellationsbeantwortung fand im Abgeordnetenhause eine kurze Debatte statt, welche darum hier nicht ganz ohne Beachtung bleiben soll, weil es zwei Mitglieder der seinerzeitigen Ausgleichsdeputation vom Jahre 1867, also zwei Persönlichkeiten, welche das damalige Stadium der 80 Mill.-Schuld aus unmittelbarer Anschauung in competenter Weise beurtheilen durften, waren, welche für die Nichtigkeit des ungarischen Standpunktes in dieser Frage Zeugniss gaben. Hier eine kurze Skizze dieser Erklärungen:

Abgeordneter Dr. von Plener: Es sei unrichtig, dass irgend ein Verzeichniss vorliege, in welches die Schuld des Staates an die Nationalbank bei den Deputationsverhandlungen mit Ungarn aufgenommen worden sei. Ein solches Dokument sei nicht zu Stande gebracht worden. Demnach sei die Frage, übereinstimmend mit der vom Finanzminister gegebenen Darstellung, in jeder Beziehung als eine offene zu behandeln.

Abgeordneter Dr. Brestel: In den Deputationsverhandlungen sei die

Bankfrage überhaupt sowie auch die 80-Mill.-Schuld gar nicht zur Erörterung gekommen. Es existire kein Dokument, auch keine Correspondenz in dieser Angelegenheit. Die ganze gegnerische Argumentation basire auf einem speciellen Dokumente, allein auch auf dieses sei keine Berufung zulässig. Im Jahre 1868 musste die Summe der Staatsschulden festgestellt werden behufs Berechnung der Zinsen für beide Reichshälften. Es wurde einfach ein Exemplar des betreffenden Staatsvoranschlages für 1868 an die beiderseitigen Regierungen abgesendet behufs Redaction im Vereine mit der Staatsschulden-Controlscommission. In das diesfalls aufgestellte Verzeichniss sei allerdings die Bankschuld aufgenommen worden, da das ganze Verfahren keinen anderen Zweck hatte, als eben nur die Zinsen der Staatsschulden festzustellen. Die Anlegung dieses Verzeichnisses sei ganz nebensächlich und könne nicht als entscheidend angesehen werden; wenn man die strenge Auffassung der ungarischen Regierung acceptire, dann müsste man auch sagen, die Staatsschuld sei eine Notenschuld und Ungarn zur Zahlung der Hälfte der Notenschuld verpflichtet, da dieselbe eine solidarische sei, über welche ein Abkommen noch nicht getroffen wurde, eine Ansicht, welche Ungarn gewiss nicht zugestehen werde.

Abgeordneter Dumba erklärte sich von der Beantwortung der Interpellation befriedigt. Die Erklärungen der Regierungen sollten Anlass geben, auch die Lösung der anderen noch obschwebenden finanziellen Fragen zu versuchen; wenn man von Seite Ungarns mit Billigkeitsgefühl an die Lösung dieser Frage gehen werde, dann werde auch ein gerechter Modus für die Lösung gefunden werden.

Einen Einfluss auf die weitere Entwickelung der Frage der 80-Mill.-Schuld wie der Bankfrage überhaupt hatte diese Verhandlung in keiner Weise. Lediglich das Materiale zur Beurtheilung dieser Frage war in nicht ganz werthloser Weise vermehrt worden, einmal, wie erwähnt, durch die Erklärungen der beiden Deputationsmitglieder, dann durch den in der Interpellationsbeantwortung des Finanzministers zum ersten Male authentisch und vollständig veröffentlichten Wortlaut des Ministerrathsprotokolles vom 12. September 1867.

Der Vollständigkeit halber möge hier nicht unerwähnt bleiben, dass der Reichsrath auch noch in anderer Richtung im Laufe des Jahres 1872 Gelegenheit hatte, sich mit einer der Detailfragen in Bezug auf die Bankacte zu beschäftigen. Die Frage der Abänderung des §. 14 der Bankstatuten betreffend das Verhältniss zwischen Gold und Silber im Metallschatz der Bank, war aus dem Jahre 1871 unerledigt in das Jahr 1872 hinüber genommen worden und wiewol jene Bewegung, aus welcher der Gedanke einer Abänderung dieses Paragraphen der Bankstatuten herauswuchs, den Charakter

von damals inzwischen verloren hatte, so musste doch, da mit
der Einbringung der betreffenden Regierungsvorlage im Abgeordnetenhause die parlamentarische Verhandlung der Angelegenheit einmal eingeleitet war, die legislative Behandlung
derselben zu Ende geführt werden. In der Sitzung vom
23. Januar 1872 ertheilte das Abgeordnetenhaus der Regierungs-Vorlage wegen Abänderung jenes §. 14 seine Zustimmung, wornach die Beschränkung, dass zur Bedeckung
des 200 Mill. Gulden übersteigenden Notenumlaufes Gold anstatt des Silbers nur bis zur Höhe des vierten Theiles des
Metallvorraths verwendet werden könne, entfiel und statt dessen
bestimmt wurde, dass jener Betrag, um welchen die Summe
der umlaufenden Noten 200 Mill. Gulden übersteige, in Silber
oder Gold vorhanden sein müsse. Die Gelegenheit, an die
Erledigung dieser Angelegenheit eine Discussion von prin-
cipiellem Charakter zu knüpfen, liess das Abgeordnetenhaus
sich auch diesmal wieder entgehen, wiewohl nicht bloss die
momentane Stellung Ungarns zur Bankfrage dazu in aus-
reichendem Maasse provocirte, sondern auch die Lage des
heimischen Geldmarktes darauf Anspruch hatte, dass die
Legislative sich einmal mit ihr beschäftige. Der Anlass war
gegeben, einerseits dem Sturme, welcher Jahr aus Jahr
ein gegen die Bankacte, welche ja das Werk dieses Reichsrathes ist, tobte, ein wenig abwehrend entgegen zu treten
und andererseits gleichzeitig auch ein wenig Kritik zu üben
an den Auswüchsen der Alles beherrschenden und die wirthschaftlichen Grundlagen des Reiches unterwühlenden grossen
Speculationsbewegung, soweit sie mit der Bankacte in Zusammenhang zu bringen waren. Aber das Abgeordnetenhaus
zog es, wie gesagt, auch da wiederum vor, der Sache behut-
sam aus dem Wege zu gehen und nur der Abgeordnete der
Wiener Handelskammer, Dr. von Mayerhofer, fand sich bewogen, neben etlichen allgemeinen Betrachtungen über die
Licht- und Schattenseiten der Speculationsbewegung, auch
von der Stellung der Bank dieser Bewegung gegenüber zu
sprechen und bei diesem Anlasse wenigstens die Thatsache

zu constatiren, dass die Verwaltung der Nationalbank „ihren Verpflichtungen gegen das öffentliche Interesse jederzeit nachgekommen ist und das Privatinteresse der Actionäre demselben unterzuordnen verstanden hat". Das Herrenhaus trat in seiner Sitzung vom 4. März 1872 dem Beschlusse des Abgeordnetenhauses bei und am 30. März 1872 erfolgte im Reichsgesetzblatte die Publication des am 18. März 1872 vom Kaiser sanctionirten, den § 14 der Bankstatuten abändernden Gesetzes, welches indess seither einen Einfluss auf die Gestaltung der Geldverhältnisse in keiner Weise genommen hat.

———   ——

Der Charakter der Geschäftsbewegung und die Entwicklung der finanziellen Verhältnisse während des Jahres 1872 haben Anspruch auf ganz besondere Beachtung. Soweit hier speciell die Bewegung des heimischen Umlaufs an Circulationsmitteln und der Valuta in Betracht kommt, setzen wir vor Allem folgende, zugleich die Bewegung in den beiden Hauptgeschäftszweigen der Nationalbank veranschaulichende Zusammenstellung hieher:

	Banknoten-Umlauf	Staats. noten-Umlauf	Gesammt-Noten-Umlauf	Metall-schatz der Bank	Es-compte	Lom-bard	Silber-agio	Cours der Bankactien
1871:		In Millionen Gulden					für 100 fl.	fl.
Ende Dez.	317·33	373·60	690·93	139·6	136·98	33·39	114·75	814
1872:								
Ende Jan.	308·91	374·72	683·64	139·2	125·37	31·54	112·50	849
„ Febr.	297·04	376·33	673·37	133·0	112·30	28·75	110·75	845
„ März	294·92	376·75	671·07	121·1	114·24	29·52	108·50	839
„ April	300·73	377·44	678·18	123·0	119·52	31·12	110·35	838
„ Mai	293·05	378·41	672·07	120·0	125·88	29·63	110·50	834
„ Juni	294·50	376·86	671·36	119·8	134·80	29·77	108·75	860
„ Juli	303·17	375·77	678·95	124·5	133·50	29·70	108·25	849
„ Aug.	309·50	374·58	684·09	125·0	141·21	28·56	107·50	888
„ Sept.	318·10	375·00	693·17	133·0	152·97	29·57	107·85	875
„ Oct.	220·19	375·11	701·30	142·2	160·69	29·69	105·75	976
„ Nov.	322·45	374·43	696·88	142·2	158·71	29·48	108·00	976
„ Dez.	318·30	375·98	696·34	142·7	167·19	28·62	106·50	966

21*

Zinsfuss-Veränderungen im Jahre 1872:

	Escompte	Darlehen
Bis Ende Februar	6 %	7 %
Vom 1. März ab	5	6
Vom 5. Juli ab	6	7

bis zum Jahresschlusse.

In der grossen Epoche der internationalen Ueberspeculation, welche im Jahre 1868 ihren Anfang genommen hatte, spielte das Jahr 1872 eine für alle Zeiten denkwürdige Rolle. Statt der Reaction gegen die Ueberspannung der grossen Capitalskraft und des internationalen Creditwesens nach mehr als dreijährigem Taumel zu verfallen, empfing der grosse Geldmarkt durch die, im Gefolge der von Frankreich an Deutschland zu bezahlenden Kriegsentschädigung eingetretene gigantische Milliardenwanderung einen neuen Stimulus. Was an Ueberspeculation vorausgegangen war, wurde von da ab noch überboten und die 44 Milliarden, welche statt dreier auf das französische Anlehen vom Juli 1872 gezeichnet wurden, brachten eine derartige Verschiebung aller bis dahin bestandenen Anschauungen über die Natur grosser finanzieller Transactionen, eine solche Verwirrung der Begriffe in Betreff der Consequenzen dieser grossen Operation hervor, dass alles, was seitdem geschehen, schier als ein Wunder anzusehen ist, seltsam und unerklärlich wie Wunder überhaupt. Trotz seiner durch die leidigen Valutaverhältnisse erzeugten und in Permanenz erklärten Isolirtheit von den auswärtigen Geldplätzen glaubte der Geld-Markt in Oesterreich-Ungarn, glaubte vor Allem die durch die erzielten Erfolge geradezu tollkühn gewordene Speculation einen ansehnlichen Theil der Wirkungen jener grossen Geldwanderung für sich erwarten, ja sogar vorweg durch Schöpfungen neuer Werthe ins Maasslose hinein, sowie durch rapide Höherbewerthung der bereits früher auf den Markt gelangten Effekten für sich escomptiren zu dürfen. Mit den Erscheinungen, welche in diesem Stadium zu Tage traten, mit den Orgien, welche die wahnwitzige, durch die pestartige Verbreitung der Spielwuth bis in die untersten

Schichten der Bevölkerung unterstützte und genährte Agiotage um diese Zeit feierte, werden wir uns in einem folgenden Bande detaillirter noch zu beschäftigen haben. Nur das noch sei, weil es mit dem, was wir über die Geschäftsergebnisse der Nationalbank in diesem Jahre zu sagen haben werden, innig zusammenhängt, an dieser Stelle schon verzeichnet, dass mit der maasslosen Ueberstürzung im „Gründen" und Agiotiren auf dem österreichisch - ungarischen Wirthschaftsgebiete ein totales Stocken jeder industriellen Thätigkeit, ein langsames aber sicheres und fortschreitendes Erlahmen der Handels-thätigkeit, neben einer rapiden Steigerung der Preise aller Lebensbedürfnisse, Hand in Hand ging und dass die kurz-sichtige Verkennung der wirklichen Quellen des Volkswohl-standes, die Glücksjagd des Capitals zum nicht geringen Theile auf Kosten der Arbeit, von socialen Verhältnissen begleitet war, welche die Börse so ziemlich zum Brennpunkt des öffent-lichen Lebens und Interesses gestaltet, das Spiel gewisser-massen zum wirthschaftlichen Staatsprincipe erhoben hatte.

An den reichen Gewinnen, welche übrigens diese Ver-hältnisse des Jahres 1872 den Erwerbsgesellschaften brachten, participirte die österreichische Nationalbank in ganz erkleck-licher Weise. Zum ersten Male seit dem Jahre 1855 erzielte die Nationalbank ein Erträgniss, welches eine 10 °/₀ Verzinsung des eingezahlten Capitals überschritt. Die Bewegung im Es-compte- und Leihgeschäft der Bank hatte sich im Jahre 1872 überaus lebhaft gestaltet; während diese beiden Geschäfte zu-sammengenommen im Jahre 1871 nur während zweier Wochen des November die höchste Ziffer von 180 ¹/₂ Mill. erreicht hatten, waren dieselben im Jahre 1872 schon Ende September bei der Gesammtziffer von 182 ¹/₂ Mill. fl. angelangt und über-schritten am 29. October die Ziffer von 192 ¹/₂ Mill. Ohne vom 5. Juli 1872 ab weiter zu einer Erhöhung des Zinsfusses schreiten zu müssen, konnte die Bank dem Geldmarkte reich-liche Mittel zur Verfügung stellen, vor Allem dadurch, dass sie auf dem Wege der Realisirung ihres Devisenbesitzes ihre verfügbaren Mittel um nahe 30 Mill. fl. vermehrte. Eine weitere

Stärkung ihrer Mittel verschaffte sich die Bank durch Veräusserung der ihrem Reservefond gehörenden 15 Mill. fl.
Prioritäten der Theissbahngesellschaft. Im Ganzen war der
Notenumlauf der Bank im Jahre 1872, verglichen mit dem
vorausgegangenen Jahre nur um 1 Mill. gestiegen, während
die Zunahme des gesammten Notenumlaufes, Bank- und
Staatsnoten zusammen, am Schlusse des Jahres 1872 nicht
ganz 5½ Mill. fl. betrug. Mit dieser nicht sehr erheblichen
Steigerung des Gesammtumlaufes an Circulationsmitteln, welche
zudem in keiner Weise dem legitimen Handel und der Industrie
die eines Mehr an Circulationsmitteln bei dem vollständigen
Darniederliegen beider gar nicht bedurften, sondern eben
wiederum nur dem Effektenhandel an der Börse zugeführt
worden war, ging eine sehr erhebliche Besserung im Stande
der Valuta, eine Besserung um mehr als 8 % Hand in Hand.

Den Rechnungsabschlüssen, welche der am 18. Januar
1873 zusammengetretenen Generalversammlung der Bankactionäre vorgelegt wurden, wohnte aus mehrfachen Gründen
ein besonderes Interesse inne. Der Metallschatz wurde in
einer Höhe von fl. 142,933,328 angegeben, worunter eine Quote von
fl. 230,000 an gegen Rückverkauf gekauftem Metall sich befand.
Diese Metallbelehnung hatte im Jahre 1872 am 13. November ihren höchsten Stand mit fl. 4,708,000 erreicht und
sich am Jahresschlusse auf jene 230,000 fl. herabgemindert.
In der Zeit vom 15. März bis 23. September 1872 war eine
Metallbelehnung Seitens der Bank vom Verkehre überhaupt
nicht begehrt worden. Zur Kennzeichnung der Bewegung,
welche die Einführung der Metallbelehnung Seitens der Bank
veranlasst hatte, sind diese Daten von besonderem Werthe.
Mit den grossen Hoffnungen, welche man auf die Metallbelehnung als Mittel zur Abhilfe in der Geldnoth zu setzen vorgab, harmonirte es schlecht, dass der Wiener Platz inmitten
überaus theurer Geldverhältnisse, als für erste Accepte ein
Zinsfuss von 10 % gern bewilligt wurde, nicht mehr als 4.7 Mill.
an Metall aufbringen und der Belehnung Seitens der Bank
zuführen konnte. Angesichts eines Gesammtnotenumlaufes

von nahe an 700 Mill. fl. und gegenüber einem regelmässigen
Stande im Escompteportefeuille zwischen 160—170 Mill. fl. war
der bescheidene Gebrauch, welcher von der Metallbelehnung
gemacht wurde, einerseits ein keineswegs werthloses Argument
gegen den Missbrauch, welcher mit dem Schlagworte „Metallbelehnung" lange Zeit hindurch getrieben worden war, andrerseits aber allerdings eine ganz erklärliche Erscheinung, wenn
man darauf Rücksicht nimmt, dass Metall in Oesterreich-Ungarn
eben nur eine Waare bildet und dass der von der Bank in
diesem Geschäftszweige begehrte Zinsfuss von 4 % als Er-
munterung für das, was man eigentlich damit bezweckte, als Er-
munterung nämlich für Valutaspeculation und künstliche Geldmacherei nicht wohl dienen konnte. Der Devisenbesitz der
Bank, von dem wir oben bemerkten, dass seine Realisirung
seitens der Bankverwaltung wesentlich zur Herbeischaffung
der Geldmittel diente, schloss Ende 1872 in einer Höhe von
fl. 4,747,448, er hatte am 31. März 1872 seinen höchsten Stand
mit 34·30 Mill., am 30. November 1872 seinen niedrigsten Stand
mit 4·73 erreicht. Das Escomptegeschäft der Bank hatte, wie
obige Tabelle zeigt, Ende 1872 gegen Ende 1871 um 30·21 Mill.
zugenommen, während das Leihgeschäft in der gleichen Periode
um 4·76 abgenommen hatte. Im Hypothekar-Creditgeschäft
ergab sich im Jahre 1872 eine Abnahme um 2·45 Mill.

Die Gesammterträgnisse der Bank im Jahre 1872
erreichten die Summe von 12,904,354 fl.; daran participirte das
Escomptegeschäft mit 7,843,350, das Leihgeschäft mit 2,093,306,
das Hypothekar-Creditgeschäft mit 1,127,176, das Devisen- und
verschiedene andere Geschäfte mit 408.075 fl., die Erträgnisse
des Reservefondes mit 979,521 fl. u. s. w. Nach Abzug der
Auslagen in der Höhe von 2,634,193 verblieb ein reines Jahreserträgniss von 10,270,160 fl., von welchem nach Dotirung des
Reservefondes mit 577,016 fl. an die Actionäre an Zinsen und
Superdividende eine Summe von 9,762,687 fl. d. i. 64 fl. 68 xr. für
jede Actie zur Vertheilung gelangte, entsprechend einer Verzinsung des eingezahlten Capitals mit 10·76 %. Wie bereits
erwähnt, war eine Dividende in dieser Höhe an die Actionäre

der Bank seit 1855 nicht mehr zur Vertheilung gelangt. Neben der aussergewöhnlichen Ausdehnung des Escomptegeschäftes hatte an diesem Erfolge wohl auch der während der ganzen zweiten Hälfte des Jahres 1872 aufrecht erhaltene erhöhte Zinsfuss der Bank seinen Theil. Der Reservefond der Bank, welchem ausser dem erwähnten statutenmässigen Antheile am Reinerträgnisse auch noch Beträge an verjährten und behobenen Zinsen und Dividenden zugewiesen wurden und welcher im Ganzen im Jahre 1872 mit einer Summe von 735,401 fl. dotirt worden war, hatte Ende 1872 die Höhe von 16,519,523 fl. erreicht. Nachdem auf Grund der Bankacte die Dotirung des Reservefonds nur insolange fortzusetzen ist, bis derselbe die Höhe von 18 Mill. fl. erreicht hat, so erscheint der Zeitpunkt bereits sehr nahe gerückt, in welchem die Dotirung des Reservefondes aus den Jahreserträgnissen aufhören und im Zusammenhange damit die Reinerträgnisse ungeschmälert an die Actionäre werden zur Vertheilung gebracht werden können.

Der Generalversammlung der Bankactionäre am 18. Januar 1873 wurden ausser den auf die geschäftliche Gebahrung des Instituts bezüglichen Mittheilungen auch noch andere Mittheilungen wesentlicher Natur gemacht. Aus dem Berichte der Bankdirection erfuhr sie zunächst, dass der Saldosaal der Nationalbank eine wichtige Umbildung und Erweiterung erfahren habe durch den am 4. März 1872 ins Leben getretenen „Wiener Saldirungsverein". Die Bankdirection sprach neuerlich bei diesem Anlasse ihre Ueberzeugung aus, dass auch diese neue Form der Ausgleichung gegenseitiger Forderungen die dabei beabsichtigte Ersparniss von Umlaufsmitteln erst dann in reichlicherem Maasse erzielen werde, wenn sich mehr Platzfirmen als bisher in ihrem eigenen Interesse bei einem dem Saldirungsverein angehörenden und das Girogeschäft betreibenden Institute eine laufende Rechnung eröffnen lassen werden; der Saldirungsverein, so erklärte die Bankdirection, könne nur das Mittel zu einer gemeinnützigen Reform in unserem Geldwesen bieten, von der ausgiebigen Benutzung dieses Mittels durch die Geschäftswelt hänge es

zunächst ab, ob es möglich sein werde, die angestrebte Besserung
in grösserem Umfange als bisher zu erzielen. Die Actionäre
der Bank erfuhren aus dem Berichte der Bankdirection auch
ferner, dass am 16. Januar 1872 in Bezug auf den von der
Nationalbank gegen die Staatsverwaltung eingeleiteten Process in Betreff der aus dem Jahre 1868 schwebenden
Forderung ein Urtheil des Wiener Landesgerichts ergangen
sei, welches die von der Finanzprokuratur Namens der Staatsverwaltung erhobene Einwendung des ungehörigen Gerichtsstandes abwies und das Aerar zur Bezahlung der Kosten
dieses Incidenzstreites an die österreichische Nationalbank
verurtheilte. Damit war der Process in der Hauptsache in
Fluss gebracht worden, ein positives Ergebniss jedoch vorerst
noch nicht erzielt worden.

Ziemlich ausführlich verbreitete sich die Bankdirection in
ihrem Jahresberichte über die Ergebnisse der jüngsten Verhandlungen, welche das Verhältniss der Bank zu Ungarn
betreffen. Die Bankdirection bezog sich dabei auf den zugleich mit der Tagesordnung für die Generalversammlung
veröffentlichten Schriftenwechsel zwischen ihr und den
beiden Regierungen (Siehe Seite 303) und indem sie speciell
darauf hinwies, dass der k. ungarische Finanzminister nachträglich die in Ofen am 24. October 1872 getroffenen Ministerial-
vereinbarungen wesentlich anders ausgelegt habe als der
österreichische Finanzminister, betonte sie, dass unter diesen
Umständen der Nationalbank nichts erübrige, als vorerst die
Austragung dieser Meinungsverschiedenheit abzuwarten.
Den Rechten der Nationalbank sowie ihrer Stellung in den
Verhandlungen der nächsten Zukunft sei durch die bisher
gemachten Zugeständnisse nichts vergeben worden. Die
Nationalbank selbst werde übrigens bald Anlass haben, wesent-
lichen Fragen von einer anderen Seite her näher zu treten:
Nach § 40 der Statuten hat „die Generalversammlung drei
Jahre vor Ablauf des Bankprivilegiums in Berathung zu
ziehen und zu beschliessen, ob und allenfalls mit welchen
Abänderungen die Erneuerung dieses Privilegiums nachzu-

suchen ist". Nach § 13 des Uebereinkommens vom Jahre 1863
sei ferner „das Ansuchen um weitere Verlängerung des Privilegiums und der Vorrechte der Nationalbank wenigstens
zwei Jahre vor Ablauf des Privilegiums zu stellen". Nun
dauere das gegenwärtige Privilegium bis zum letzten December 1876: Nach dem strengen Wortlaute dieser Bestimmungen hätte daher die Generalversammlung Ende December 1873 über die Erneuerung und etwaige Aenderung
des Privilegiums zu berathen und zu beschliessen und wäre
das Ansuchen um weitere Verlängerung dieses Privilegiums
spätestens Ende December 1874 zu stellen. Dadurch werde
die Einberufung einer ausserordentlichen Generalversammlung
allenfalls in einem der letzten Monate des Jahres 1873 nöthig,
da die nächste Jahresversammlung erst im Januar 1874, also
nach dem durch § 40 der Statuten festgesetzten Termine
stattfinde. Die Berathung und Beschlussfassung der einzuberufenden ausserordentlichen Generalversammlung des Jahres
1873 würde indess nach Ansicht der Bankdirection wesentlich
erleichtert, wenn die in erster Linie zu stellenden Anträge
dem Bankausschusse oder einem Comité der Generalversammlung zur Mitberathung vorgelegt werden würden und ebenso
wären etwaige Aenderungsvorschläge der kaiserlichen Regierung zu behandeln, insofern dieselben rechtzeitig an die
Nationalbank gelangen sollten. All das sei erforderlich auch
ohne Rücksicht auf die Verhandlungen mit Ungarn. Indem
die Bankdirection es der Entscheidung der Generalversammlung überliess, ob sie dieses Mandat dem Bankausschusse
oder einem Sondercomité übertragen wolle, stellte sie den
Antrag: „Der Bankausschuss (eventuell ein Comité der Generalversammlung) hat gemeinschaftlich mit der Bankdirection zu
berathen, ob und unter welchen Bedingungen die
Verlängerung des Privilegiums anzusuchen ist; das
Ergebniss dieser Berathung ist der Beschlussfassung der Generalversammlung der Nationalbank zu unterziehen." Die Generalversammlung der
Actionäre beschloss vorerst, „dass sie den eben vernommenen

Bericht der Direction über das Verhältniss der Nationalbank
zu Ungarn zur Kenntniss nehme und dem Gouverneur wie
der Direction den Dank und die Anerkennung für die bisherigen, zur Wahrung der Rechte und Interessen der Nationalbank unternommenen Schritte ausspreche" und erklärte sich
weiter dafür, dass der Bankausschuss mit dem Mandate der
Mitwirkung bei den Berathungen über die Verlängerung des
Privilegiums betraut werden solle. Ein Widerspruch gegen
die Haltung, welche die Bankdirection in Bezug auf die Bankfrage und speciell Ungarn gegenüber bisher eingenommen
hatte, erhob sich von keiner Seite. Die moralische Stärkung,
deren die Bankverwaltung für die Folge allenfalls bedurfte,
war ihr durch das Votum der Actionäre ausreichend zu Theil
geworden. Der Anschauung aller Theilhaber der Bankgesellschaft gab in dieser Generalversammlung wohl jener Actionär
Ausdruck, welcher sich der Worte bediente: „Eine friedliche
Lösung der Bankfrage liegt wohl im Wunsche Aller, aber
diese Lösung darf nicht auf Kosten Oesterreichs allein erfolgen."

X.

DAS ERSTE SEMESTER DES JAHRES 1873

UND DIE SUSPENSION DER BANKACTE.

Mit Ablauf des Jahres 1872 hatte auch das ereignissreiche Decennium des Bestandes der Bankacte seinen Abschluss gefunden. Dem Verlaufe der österreichisch-ungarischen Bankfrage bis dahin zu folgen, war die Absicht des Autors und der Zweck der vorausgegangenen Abschnitte dieses Buches. Innerhalb der seither verflossenen Monate des Jahres 1873 hat sich indess das historische Material durch neue bedeutungsvolle Ereignisse derart bereichert, dass eine Ergänzung der vorausgegangenen Darstellung nicht umgangen werden kann. Das Projekt der Gründung einer „Ungarischen Escompte- und Handelsbank" zunächst, dann aber und ganz besonders der mit der Macht eines Elementar-Ereignisses plötzlich erfolgte Zusammensturz des grossen Speculations-Kartenhauses, welches fünf Jahre lang aller gesunden Vernunft kühn getrotzt hatte. sie beide haben um so mehr vollen Anspruch auf kritisch-historische Würdigung, als sie unsere Darstellung nicht bloss in äusserlich effektvoller Weise abzuschliessen geeignet sind, sondern auch eine nur zu drastische Rechtfertigung jenes Standpunktes enthalten, von welchem die Ausführungen dieses Buches ausgehen.

Unter dem Eindrucke des von uns in dem unmittelbar vorausgegangenen Abschnitte dargelegten, gegen Mitte Januar 1873 in die Oeffentlichkeit gelangten Schriftenwechsels zwischen der österreichischen Nationalbank und den Finanzministern Ungarns und Oesterreichs, einem Eindrucke, welcher jenseits der Leitha ein ebenso nachhaltiger und ungünstiger war, als er der diesseitigen Bankpolitik fördernde Unterstützung gebracht hatte, begannen in der zweiten Hälfte des Januar 1873 in Wien die lange vorbereiteten, stets von Neuem verschobenen in jenem Notenwechsel oft erwähnten „commissarischen Verhandlungen" zwischen Vertretern der beiden Regierungen, Verhandlungen, welche in dem Ofener Ministerrathsprotokolle vom October 1872 ihren Ausgangspunkt haben sollten. Wenige Wochen vorher war Graf Lonyay, nachdem zwischen ihm und der Linken des ungarischen Unterhauses ein parlamentarischer Skandal ohne Gleichen sich abgespielt hatte, seiner Stellung als ungarischer Ministerpräsident zu allseitiger Genugthuung enthoben und an seiner Statt der Handelsminister v. Szlavy auf diesen Posten berufen worden, der ungarische Finanzminister Herr v. Kerkapolyi demnach jenes Widerparts voll Zweideutigkeit und Unverlässlichkeit, welcher ihm im Schoosse des ungarischen Kabinets selbst bis dahin so viel Verlegenheiten bereitet, ihm die Wege so oft gekreuzt hatte, entledigt worden. Graf Lonyay, der bis dahin so überaus mächtige und einflussreiche Staatsmann, dessen Wirksamkeit nicht bloss für Ungarn, sondern auch für Oesterreich eine so verhängnissvolle gewesen, war nunmehr freilich nicht mehr in der Lage, auf den weiteren Verlauf der Bankfrage irgend einen Einfluss nehmen zu können, aber sein Rücktritt hatte die Sache in keiner Weise verändert oder verbessert. Jene commissarischen Verhandlungen in Wien wären, auch wenn Graf Lonyay noch an der Spitze der ungarischen Regierungsgeschäfte gestanden hätte, kaum anders geführt worden, als sie nach seinem Rücktritte thatsächlich geführt worden sind. Ueber ihren Verlauf ist bis zu diesem Augenblicke nichts Authentisches veröffentlicht worden, das „unverbrüchliche

Stillschweigen", das Amtsgeheimniss, welches jene Verhandlungen umgab, dauert auch jetzt noch fort. Man erging sich in Bezug auf diese Verhandlungen in den mannigfachsten Vermuthungen, bis endlich gegen Ende Februar 1873 der Schleier ein wenig gelüftet wurde und man wenigstens zur Kenntniss der Thatsache gelangte, dass die Herren Commissäre, ohne sich geeinigt, ohne etwas zu Stande gebracht zu haben, auseinander gegangen waren. Erst Ende Februar erfuhr man aus einem Pester Blatte, dass die Commissäre der beiden Regierungen hauptsächlich darüber in Streit gerathen seien, ob auf Grund des Ofner Ministerrathsprotokolls vom 24. October 1872, welches die Gleichbewerthung der in beiden Hälften der Monarchie circulirenden Geldzeichen als „Princip" aussprach (siehe Seite 310), nur eine und dieselbe Bank für beide Gebiete zulässig sei oder ob jenes Princip auch mit zwei verschiedenen Banken gewahrt werden könne. Man erfuhr, dass Finanzminister Kerkapolyi die letztere Ansicht, Finanzminister Depretis die erstere Ansicht vertreten und verfochten habe, respective durch die betreffenden Commissäre habe vertreten lassen. Für die Stimmung, welche die beiderseitigen Regierungsvertreter aus diesen Verhandlungen mitgenommen haben mochten, aber auch für den Werth, welcher der Ofener Vereinbarung vom October 1872 innewohnte, erschien die Aeusserung jenes den ungarischen Regierungskreisen nicht fern stehenden Pester Blattes bezeichnend genug, welches am 28. Februar 1873 erklärte: „Das Ofener Protokoll ist kein Dogma; lassen sich diese Forderungen im Wege einer Transaction mit der Nationalbank verwirklichen, dann ziehen wir diese Lösung jeder anderen vor; ist das nicht zu erreichen, dann schreiten wir zu einer Trennung des Bankwesens."

Aber ehe noch die Discussion über den dogmatischen Charakter der officiellen Vereinbarung vom October 1872 so recht in Fluss gekommen war, ja inmitten der scheinbar noch schwebenden oder doch zum Mindesten noch nicht abgebrochenen Verhandlungen zwischen der ungarischen Regierung und der Nationalbank tauchte mit einem Male leibhaftig das

Projekt einer selbstständigen ungarischen Bank auf, einer „Ungarischen Escompte- und Handelsbank" mit riesigem Actienkapitale und aussergewöhnlichen Befugnissen. Aeusserlich konnte es sogar scheinen, als habe man es nicht mehr mit einem blossen Projekte, sondern bereits mit einer ziemlich fertigen Thatsache zu thun. Telegramme aus Pest brachten am 16. März die Meldung, die ungarische Regierung sei auf dem Sprunge, unter Intervention des „Wiener Bankvereines" eine ungarische Bank zu gründen, gewissermaassen als Stütze und Reserve für den Fall, dass die Verhandlungen mit der Nationalbank scheitern sollten. Darob diesseits der Leitha, nicht in Bankkreisen allein, vorerst allgemeines Erstaunen und im Gefolge nicht geringe Entrüstung. Letztere wurde dadurch noch genährt, dass ein Wiener Bankinstitut es war, welches zur Realisirung dieses auf die Schädigung der diesseitigen Interessen berechneten Projektes hilfreiche Hand bot und dass an der Spitze dieses Wiener Instituts kein geringerer als der Präsident des österreichischen Abgeordnetenhauses stand. Unter dem Eindrucke dieser Entrüstung wurden die Leiter des Wiener Bankvereines eine Weile stutzig und liessen durch die öffentlichen Blätter erklären, es habe das Projekt zwar bestanden, doch seien die Verhandlungen darüber mit der ungarischen Regierung definitiv abgebrochen worden. Das geschah am 20. März; aber schon am 25. wurde bekannt, dass der Vertrag zwischen der ungarischen Regierung und dem Bankverein denn doch perfekt geworden sei, der Wiener Bankverein hatte sich inzwischen die Sache anders überlegt. Mittlerweile hatte Finanzminister Kerkapolyi von dem Könige von Ungarn die Ermächtigung zur Einbringung einer auf die Gründung einer ungarischen Escompte- und Handelsbank bezüglichen Gesetzesvorlage im ungarischen Reichstage erlangt, ohne Rücksicht darauf, dass die Grundzüge dieser Vorlage unter allen Umständen im Widerspruch standen mit der Bankacte vom Jahre 1862, welche der Kaiser von Oesterreich zugleich als König von Ungarn im Jahre 1863 sanktionirt hatte. Von der diesseitigen Regierung oder doch wenigstens vom

Finanzminister de Pretis ging die Sage, dass ihm diese ungarische Action nicht eben ganz genehm gewesen sei; Freiherr de Pretis soll sogar einen Augenblick lang den unerhörten Versuch gemacht haben, ob dieses ungarischen Staatsstreiches ein klein wenig Lärm zu schlagen. Thatsächlich wurden auch der ungarische Premier wie der ungarische Finanzminister aus Pest nach Wien berufen, wo unter unmittelbarer Theilnahme des Kaisers Berathungen stattfanden, deren Ergebniss die Aufrechthaltung der durch die ungarische Regierung geschaffenen Sachlage, die Einbringung der betreffenden Gesetzesvorlage im ungarischen Unterhause war. Ungarn behielt wieder einmal Recht — Dank der von der Zustimmung der dortigen Legislative getragenen, über alle Hindernisse und Rechtsbedenken hinwegsetzenden, die Schwächen der diesseitigen Reichshälfte schlau in Rechnung ziehenden Rücksichtslosigkeit seiner Staatsmänner.

Durch das Gesetz, betreffend die Begünstigungen für die unter dem Titel: *„Magyar leszámitoló és kereskedelmi bank"* (Ungarische Escompte- und Handelsbank) zu errichtende Actien-Gesellschaft ist die ungarische Regierung ermächtigt, „die Errichtung eines zur Förderung des vaterländischen Gewerbes und Handels zu gründenden und zugleich mit den bei der ordentlichen Staatskassengebarung vorkommenden Bankgeschäften zu betrauenden und nur mit einem diesem Zwecke entsprechenden Geschäftskreise zu bekleidenden Geldinstitutes" zu concessioniren. Die neue Bank ist eine Actiengesellschaft, deren Actien *au porteur* lauten. Ihr Actiencapital beträgt 25 Millionen Gulden, auf 50 Millionen erhöhbar. Sie hat das Recht zu emittiren: Kassenanweisungen à *vista* zahlbar, bis zur Höhe des eingezahlten Stammcapitals gegen Deckung durch Wechsel, Werthpapiere, Baargeld oder Metall, auf Beträge von nicht unter 50 fl., ferner Kassenscheine bis zur doppelten Höhe des Stammcapitals, also bis zur Höhe von 50 Millionen, welche an eine bestimmte Aufkündigungsfrist oder an einen vorher bestimmten Fälligkeitstermin gebunden sind und für welche nur die in laufende

Rechnung übernommenen Gelder als Deckung dienen können. Beide Kategorien sind verzinslich, doch ist das Verzinsungsperzent nicht weiter präcisirt. Die Kassenanweisungen sollen auf Ersuchen und zu Lasten der Bank bei den zu diesem Zwecke zu designirenden ungarischen Staatskassen gegen Baargeld (d. h. gegen Staats- oder Banknoten) eingewechselt werden können. Der neuen Bank werden alle jene Rechte und Begünstigungen garantirt, welche in Zukunft an Depositenbanken sollten gewährt werden. Die Ueberschüsse der ordentlichen Staatskassengebarung sind gegen ausreichende, in den Statuten näher normirte Deckung bei der neuen Bank fruchtbringend anzulegen, so dass das neue Institut den Charakter eines Bankiers der ungarischen Regierung hat. Ausserdem erfreut sich die neue Bank noch einer Reihe ausnahmsweiser Begünstigungen civilrechtlicher Natur.

Eine Zettelbank im eigentlichen Sinne des Wortes ist die ungarische Escompte- und Handelsbank, wie man sieht, nicht; aber sie ist doch andererseits weitaus mehr und etwas Anderes als eine simple Erwerbsgesellschaft auf Action. Nicht darum, weil sie sich gewisser Exemtionen und Privilegien erfreut, unterscheidet sie sich von anderen ähnlichen Instituten, nicht darin, dass sie Staatsbankier werden soll, liegt ihre ausnahmsweise Bedeutung. Selbst jener Punkt, welcher vielseitig als der beachtenswertheste hervorgehoben wurde, die für ungarische Verhältnisse ganz ausserordentliche Höhe des Stammcapitals, erscheint als ein nebensächlicher. Vielmehr dürfte in dem, der neuen Bank eingeräumten Rechte zur Emission von Kassenanweisungen und von Kassenscheinen der eigentliche Schwerpunkt der ganzen Action zu finden sein. Was man eine Banknote oder was man Papiergeld nennt, wird allerdings keine von den beiden Kategorien sein. Ganz abgesehen davon, dass das Gesetz, wie es das parlamentarische Stadium verlassen 'hat, die neue Bank ausdrücklich den Depositenbanken an die Seite setzt und durch diese Abweichung von der ursprünglichen Regierungs-Vorlage der neuen Bank der Charakter einer Zettelbank von vorneherein benommen

worden ist, fällt hier auch die Verzinslichkeit der betreffenden
Anweisungen und Scheine ins Gewicht. Darüber indess, dass
die neue Bank mehr ist, als eine simple Escompte- oder De-
positenbank und dass ihr die Mission zufällt, neue Umlaufsmittel zu schaffen, welche bis dahin nicht bestanden haben,
kann ein Zweifel kaum irgendwo obwalten. In ganz ausgesprochener Weise gilt das von den Kassenanweisungen, welche
die neue Bank bis zur Höhe von 25 Millionen Gulden soll
ausgeben dürfen. Das Recht, verzinsliche Kassenscheine
auszugeben, welche an bestimmte Kündigungs- oder Fällig-
keitstermine gebunden sind, besitzen und üben am Ende noch
viele andere Creditinstitute diesseits wie jenseits der Leitha.
Das Recht aber, auf Wechsel, Effekten u. s. w. à *vista* zahlbare Cassenanweisungen auszugeben, welche obendrein bei
Staatskassen eingewechselt werden können, besitzt kein anderes
Credit-Institut und jede auf solche Weise in den Verkehr
gelangende ungarische Kassenanweisung kömmt einem neuen
Tauschmittel gleich. Kommen auf solche Weise 25 Millionen
ungarische Kassenanweisungen in Verkehr, so würden dieselben zwar nicht die Funktion zu üben vermögen, wie etwa
25 Millionen neuer Noten, die Gesammtsumme der Umlaufsmittel im österreichisch-ungarischen Verkehrsgebiete aber
wird gleichwohl um 25 Mill. vermehrt sein. Das wird selbst
dann der Fall sein, wenn nicht Eine solche ungarische Kassenanweisung den Weg über die Leitha herüber finden sollte,
und entspricht die ungarische Kassenanweisung einem effektiven
reellen Bedürfnisse, dann verdrängt sie den aequivalenten Betrag, welcher an ihrer Statt an Noten ausgegeben werden
sollte oder könnte. Mit den 25 Millionen ungarischer, à *vista*
zahlbarer Cassenanweisungen ist demnach ein neues Geld-
surrogat geschaffen, welches bis dahin nicht existirt hat. Ob
damit die Bankacte dem Buchstaben nach verletzt sei, darüber
mag, wer Lust hat, streiten; darüber aber, dass sie dem Sinne
und dem Geiste nach damit verletzt sei, kann ein Streit im
Ernste wohl kaum geführt werden. Allerdings nur nach
unseren, nicht nach den ungarischen Begriffen vom Rechts-

bestande der Bankacte, denn Ungarn, für welches die Bankacte rechtlich angeblich nicht existirt, kann dieselbe logischer-
weise auch nicht verletzen, sondern übt angeblich nur sein
Recht aus, wenn es sich durch das Privilegium der Nationalbank nicht weiter anfechten lässt.

Freilich handelt es sich dabei nicht um das Privilegialrecht der Nationalbank allein, sondern ein kleinwenig auch
um die immerhin nicht ganz zu übersehende Rückwirkung
auf die gemeinsame Valuta. Wenn zu dem vorhandenen
Quantum an uneinlösbaren Umlaufsmitteln ein neues beträchtliches Quantum hinzutritt, welches, wenn auch in beschränk-
terer Weise, die Function von Papiergeld zu spielen berufen
ist — und von den 25 Millionen Kassenanweisungen gilt
diess ganz entschieden, — dann ist auch seine Rückwirkung
auf die gemeinsame Valuta keine andere als die einer Vermehrung des circulirenden Papiergeldes. Man würde darüber
in Ungarn kaum einen Augenblick lang im Unklaren sein
und sicherlich ganz entschieden dagegen Front machen, wenn
es etwa der diesseitigen Legislative einfiele, 25 oder 50 Millionen solcher Kassenanweisungen auszugeben. Kein Zweifel,
die diesseitigen Länder würden von drüben aus sofort darüber
belehrt werden, dass zwischen einer solchen Action und den
Bestimmungen des Gesetzes über die gemeinsame schwebende
Staatsschuld ein Zusammenhang bestehe, über welchen kein
Theil einseitig sich hinwegsetzen dürfe. Da aber Ungarn es
ist, welches diese Action in Scene setzen will, so wird von
diesem Zusammenhange mit der Valuta kaum geredet, geschweige denn, dass dieser Zusammenhang ausreichend wäre,
um jene Action hintanzuhalten. Was den diesseitigen Ländern verwehrt wäre, das ist, wenn es sich um Ungarn handelt, eben recht und billig. Wagt der Finanzminister der
diesseitigen Länder eine bescheidene Einrede, dann ist er für
Ungarn ein „finanzieller Windischgrätz", der beseitigt werden
müsse, und es wird unter Intervention des magyarischen Ministers der auswärtigen Angelegenheiten an den gemeinsamen
Monarchen apellirt, welcher als König von Ungarn entschei-

det. Erfolgt diese Entscheidung nicht rasch genug oder
nimmt die österr. Publicistik sich die Freiheit, das Vorgehen
jenseits der Leitha ungehörig zu finden, dann droht ein Wortführer der ungar. Linken im offenen Parlamente mit der Aufhebung des Zoll- und Handelsbündnisses, unter Umständen
sogar mit der Verweigerung der Quote zur Bestreitung der
gemeinsamen Angelegenheiten und des Beitrages zur Verzinsung der Staatsschuld, wie diess Herr Koloman Tisza in
der Sitzung des ungar. Unterhauses vom 24. März 1873 gethan! Die staatsrechtliche Terminologie in Oesterreich-Ungarn
nennt das Parität im Dualismus und die Vertretung der diessseitigen, siebzig Perzent der gemeinsamen Lasten tragenden
Reichshälfte sagt dazu — Amen!

Auf solche Weise ist die ungar. Escompte- und Handelsbank zur Welt gekommen; ein illegitimer Sprössling, ein
Bankbastard, der auch das nicht ist, was sein Name besagt.
Diejenigen, die ihn in die Welt gesetzt haben, waren dabei,
wie sie ganz offen einbekannten, von dem Gedanken geleitet,
dass durch dieses neue Institut zunächst dem durch die spröde
österr. Nationalbank nicht befriedigten Creditbedürfnisse
Ungarns Genüge geschehen, dass mit demselben aber zugleich
auch gewissermassen der Kern geschaffen werden solle, an
welchen im gegebenen Momente, das heisst mit Ablauf der
Privilegiums der österr. Nationalbank, ein selbstständiges
ungarisches Zettelbanksystem sich ansetzen soll. Ein wirk-
sames Pressionsmittel gegenüber der österr. Nationalbank wie
gegenüber der diessseitigen Reichshälfte zu sein, das war die
nächste Bestimmung der neuen Schöpfung, durch welche
factisch die bankpolitische Emanzipation Ungarns eingeleitet
werden sollte, und die ganze Art der Inscenirung, die Be-
siegung des anfänglich so kraftvoll aufgetretenen Widerstandes der diessseitigen Reichshälfte, die Raschheit der an-
fänglichen parlamentarischen Behandlung im Pester Unterhause, all das kam thatsächlich einem nicht unbedeutenden
Erfolge der ungar. Regierungspolitik gleich, zumal die zunächst
dabei interessirte österr. Nationalbank nicht bloss von jeder

Repressiv-Massregel, sondern selbst von jeder formellen Protestation abzusehen für gut befunden hatte. Wenn jener nicht unbedeutende Erfolg der ungar. Regierung gleichwohl nur ein momentaner war und sich seither, lange bevor der Gesetzentwurf über die neue Bank das letzte parlamentarische Stadium der Berathung im ungar. Oberhause passirt hatte, gar wesentlich abgeschwächt hat, so war das nur zum geringen Theile die Schuld der ungar. Regierung. Allerdings scheint sie, und mit ihr auch der einsichtigere Theil der öffentl. Meinung in Ungarn, seither zur Erkenntniss gekommen zu sein, dass man die Tragweite der ganzen Action und die Pressionskraft derselben ursprünglich denn doch einigermassen überschätzt, dass Ungarn durch diese Action seine Abhängigkeit von der österr. Nationalbank keineswegs beseitigt habe und dass sich am Ende vielleicht gar der, einem Fiasco der neuen Bankschöpfung gleichkommende Mangel eines wirklichen, reellen und dauernden, durch die österr. Nationalbank nicht befriedigten Creditbedarfs in Ungarn herausstellen könnte. Auf diese allmälig erwachte Erkenntniss mag es auch immerhin zurückgeführt werden, wenn das Tempo der Activirung der neuen, so hoch gepriesenen ungar. Rettungsbank sich von dem Momente an, in welchem jeder Widerstand gegen dieselbe beseitigt war, so auffallend verlangsamt hat, dass sie von der Anfangs Mai 1873 hereingebrochenen, verheerenden Speculationskrise überholt wurde. Ganz vorzugsweise ist es denn auch diese Katastrophe, welche den ursprünglichen Erfolg der ungar. Politik in dieser Angelegenheit so gewaltig reducirt, ja man könnte sagen der ganzen Action einen so problematischen Character verliehen hat. Zum Mindesten sieht man eben jetzt, in den letzten Maitagen des Jahres 1873, inmitten der immer weiter greifenden Verwüstung des Effectenmarktes, die ungar. Regierung nicht etwa, wie man nach dem Vorausgegangenen meinen sollte, schleunigst und um jeden Preis die neue Rettungsbank etabliren, sondern man sieht sie und mit ihr den ungar. Handelsstand bei der österr. Nationalbank Hilfe suchen, die Dotationserhöhung der Bankfilialen in Ungarn erbitten, man sieht sie die Belohnung einfordern für ihre freundnachbarliche Zustimmung zur Suspension der in Ungarn angeblich rechtsunwirksamen Bankacte! Immerhin möglich, dass der Wechselbalg einer ungar. Landesbank in den nächsten Monaten denn doch wenigstens versuchsweise auf die Beine gestellt wird; derzeit aber und angesichts der wohl für längere Zeit hinaus nicht zu überwindenden Consequenzen der Katastrophe, welche über das österr.-ungar. Wirthschaftsgebiet hereingebrochen ist, hat es deutlich den Anschein, als sollte Ungarn und Oesterreich mit ihm von dem unter Donner und Blitz erschienenen ungarischen Landesbank-Projecte zunächst noch verschont bleiben. Es wird eben nichts so heiss gegessen als es in Ungarn gekocht wird und gewisse Wunder vermag selbst der specielle magyarische Herrgott nicht zu vollbringen. Solch' ein Wunder aber wäre unter den durch den grossen Börsensturz erzeugten Verhältnissen die Gründung einer Bank in Pest mit einem Stammkapitale von 25 Millionen und jenes Wiener Bankinstitut, welchem die Ehre zugedacht war, die neue ungar. Landesbank aus der Taufe zu heben, hat in ähnlichen Fällen seinen Vortheil immer noch zu gut verstanden, als dass es sich jetzt, da die Aussicht auf den erwarteten Gründungsgewinn vorerst entschwunden, lediglich um des im Courszettel nicht notirten, moralischen Erfolges Willen zu jener. unter Umständen vielleicht gar kostspieligen Hilfeleistung sollte herbeilassen wollen. Zudem ist in der zweckmässigsten Weise dafür gesorgt worden, dass es dem Pathen Wiener Bankverein an einer passenden Ausrede nicht fehle. Das ungar. Abgeordnetenhaus bestand trotz dem Widerstreben Seitens des Oberhauses auf der Forderung, dass die Bücher, Rechnungen u. s. w. der neuen Escompte- und Handelsbank in magyarischer Sprache geführt werden sollen, diese Abänderung des betreffenden Gesetzes aber verstösst gegen die zwischen der ungar. Regierung und dem Wiener Bankverein vereinbarte, der Einbringung des Gesetzentwurfes vorausgegangene Abmachung und bietet nun dem

Wiener Bankvereine willkommenen Anhaltspunkt, um in jedem beliebigen Augenblicke die frühere Convention desavouiren zu können. Böse Zungen wollen übrigens auch wissen, es sei selbst in parlamentarischen Kreisen Ungarns jegliches leidenschaftliche Interesse für das Zustandekommen der famosen Surrogat-Bank geschwunden, seit der edle Deputirte Madarasz es durchsetzte, dass in das betreffende Gesetz die Bestimmung aufgenommen wurde, es sei das Amt eines Verwaltungsrathes bei der neuen Bank unvereinbar mit dem Deputirtenmandate!

Vorerst also scheint die ungar. Pressionsbank bis auf Weiteres, wie man zu sagen pflegt, kalt gestellt zu sein. Wenn auf solche Weise ein Strich quer durch die ungar. Rechnung gemacht worden ist, so haben das wieder einmal die Verhältnisse, nicht die Energie und das Selbstbewusstsein der diesseitigen Länder bewirkt. Es wäre in jedem Falle gut und erspriesslich, wenn jeder der beiden Theile der Monarchie die für ihn sich ergebende Moral ziehen wollte aus der Geschichte von der projectirten, aber nicht zu Stande gekommenen ungarischen Escompte- und Handelsbank.

—

Nach einer Periode wahnwitziger Ueberspeculation, welche fast ein halbes Decennium hindurch gedauert hatte, wurde die Wiener Börse oder vielmehr der österreichisch-ungarische Geld- und Effectenmarkt mit dem Eintritt des Wonnemonates 1873 von der Katastrophe ereilt, welche schon lange vorher von allen Nüchternen vorausgesehen worden war. Das mit elementarer Gewalt hereinbrechende Ereigniss, die Tage der grausamen Abrechnung fielen zusammen mit dem Zeitpunkte der Eröffnung der Wiener Welt-Ausstellung. Seit vielen Monaten hatte man diesem grossartigen internationalen Schauspiele mit den ausserordentlichsten Hoffnungen und Erwartungen entgegengesehen. Eine neue Epoche wirthschaftlicher Blüthe infolge grosser Kapitaleinwanderung hatte

man erwartet; nun das grandiose Schauspiel beginnen sollte,
brach das luftige Kartenhaus, welches die Börsenspeculation
aufgethürmt hatte, elendiglich zusammen. Nicht nur die arg
übertriebenen Hoffnungen, denen man sich hingegeben hatte,
wurden vernichtet, sondern es war mit rapider Schnelligkeit
eine Sündfluth hereingebrochen, welche jeglichen Besitz
fortzuschwemmen drohte. Streng genommen liess schon
der Monat April ahnen, dass Schlimmes im Anzuge sei.
An der Börse bröckelten die Course stossweisse ab, die
Speculation war completer Muthlosigkeit schon um diese
Zeit anheimgefallen. Die Katastrophe selbst aber trat in
den ersten Maitagen ein und mit ihrem Eintritt war auf
dem Wiener Effectenmarkt sofort auch ein in den Annalen
der Börsenspeculation aller Zeiten beispielloses Chaos in
Permanenz erklärt. Es wird unsere Aufgabe sein, in dem
zweiten Bande dieses Werkes der Geschichte dieser gewaltigen Krisis, ihrem Entstehen und ihrem Verlauf nach im
Detail zu folgen. An dieser Stelle soll lediglich das verzeichnet werden, was auf die folgenschwere Massregel der Suspension der Bankacte unmittelbar Bezug hat, mit ihr unmittelbar zusammenhängt.

In den Tagen des 8. und 9. Mai 1873 stand die Wiener
Börse förmlich unter der Herrschaft des Schreckens. Die
tumultuarischen Scenen, die sich da abspielten, hatten schier
revolutionären Character, die leidenschaftlichen Wuthaus-
brüche der Betroffenen spotten aller Beschreibung. Die Signatur dieser Tage war die rapide, unaufhaltsame Entwerthung
der überwiegenden Mehrzahl der an der Wiener Börse notirten Effecten, eine Entwerthung schier ins Bodenlose. Die
Coursverluste, welche diese Effecten in den wenigen Tagen
vom 1. bis zum 9. Mai erlitten, beliefen sich bereits auf nicht
weniger als ⁴⁄₁ Milliarde Gulden. Halt- und zügellos geworden, hatte die Börse sich um diese Zeit der laufenden Verbindlichkeiten entschlagen; man zählte innerhalb 3 Tagen an
der Börse nicht weniger als 150 Insolvenzen, allerdings zumeist kleiner Speculanten, und am 8. Mai übte die Wiener

Börse einen traurigen Act bedenklichster Selbsthülfe, indem sie sich gewissermassen selbst sistirte. So gross indess auch die allgemeine Verwirrung und die furchtbare durch eine Anzahl von Selbstmorden ruinirter Speculanten noch gesteigerte Verzweiflung waren, so litt die Thatsache doch keinen Zweifel, dass die Katastrophe vorerst ausschliesslich nur die Börse und die mit ihr im Zusammenhange stehenden Kreise, erfasst hatte. Von einer allgemeinen wirthschaftlichen Calamität zu sprechen, dazu hatte man nach Lage der Dinge noch gar kein Recht, und zumal die Thatsache, von keiner Seite negirt, stand fest, dass man in keiner Weise gegen einen Zustand der Geldnoth anzukämpfen hatte. Die Börse freilich war total ausser Rand und Band gerathen, und da nur zu weit ausgedehnte Kreise der Bevölkerung ihre Interessen und ihr Schicksal durch eine sinnlose Betheiligung an der Börsespeculation mit der Börse verknüpft hatten, so war die Erscheinung keine auffallende, das jenes Schauspiel sich wiederholte, welches in solchen Fällen immer noch zur Aufführung gelangte, das Schauspiel eines Appells an die Staatshilfe. Am 9. Mai war es, als dieser Ruf vorerst in der Form einer Forderung nach Suspension der Bankacte zum ersten Male laut wurde. Eines der meistverbreiteten Wiener Journale, das „Neue Wiener Tagblatt“ war es, welches zuerst davon sprach, und diese erste Anregung fiel auf empfänglichen Boden. Schon am 12. Mai das Chaos an der Börse hatte sich inzwischen allerdings weiter potenzirt, ausserhalb derselben aber hatte kein Symptom sich geltend gemacht, aus welchem man hätte schliessen können, dass auch die der Börse fernstehenden Kreise, dass die weitaus überwiegende Masse der Nichtspeculanten in das Chaos mit hineingezogen sei konnte das nämliche Blatt den Verzagenden und Verzweifelnden die Botschaft bringen, dass die Hilfe nahe sei. Der Pression nachgebend, welche die Vertreter nicht blos der kleinen, sondern auch der grossen Banken in jeder Weise und von den öffentlichen Organen unterstützt, auf sie übte; der Anschauung Raum gebend, dass es in einem solchen Momente Pflicht der Regierung sei, irgend etwas zu thun; nach Besprechungen und Berathungen, an welchen ausser den Mitgliedern der Regierung allerdings fast ausschliesslich nur solche Elemente theilnahmen, welche bei der Katastrophe unmittelbar betheiligt waren, und nachdem diese Besprechungen und Berathungen, wie unter diesen Umständen nicht anders erwartet werden konnte, zu der Erkenntniss der „Nothwendigkeit" geführt hatten „neue Geldquellen zu eröffnen", — gelangte die Regierung zu dem bedeutsamen Entschlusse, die Bankacte zu suspendiren. Der Ministerrath fasste den darauf bezüglichen Entschluss unter dem unmittelbaren Eindrucke einer Art von Expertise, an welcher ausser den Vertretern hervorragender Bankinstitute auch Repräsentanten der österreichischen Nationalbank theilgenommen hatten, welche letzteren die in Rede stehende Massregel zwar nicht wie die Anderen als unfehlbares Rettungsmittel erklärt, gleichwohl aber der Ansicht Ausdruck gegeben hatten, dass sie nach Lage der Dinge die Verantwortlichkeit nicht auf sich nehmen möchten, von der Suspendirung der Bankacte abgerathen zu haben.

Am 11. Mai wurde von der diesseitigen Regierung der Beschluss gefasst, die Bankacte zu suspendiren. Doch da war vorher noch eine andere Frage ins Klare zu bringen Da bekanntlich, trotzdem die Bankacte in Ungarn des Rechtsbestandes angeblich entbehrt, trotzdem die österreichische Nationalbank in Ungarn, nur wie irgend ein anderes der vielen Creditinstitute gnädig tolerirt wird, die Praxis gleichwohl sich herausgebildet hatte, in Allem und Jedem, was die österreichische Nationalbank angeht, die Wohlmeinung Ungarns und die Zustimmung seiner Regierung einzuholen, so konnte die diesseitige Regierung nicht auf eigene Faust hin mit der Suspension der Bankacte vorgehen. Freih. de Pretis, der diesseitige Finanzminister, war genöthigt, sich vorher mit seinem ungarischen Collegen auseinanderzusetzen, ihn für die beabsichtigte Maassregel zu gewinnen. Mit einer Eile und einem Eifer, die vollständig auch dann ausgereicht und entsprochen hätten, wenn nicht die Wiener Börse als solche, sondern die ganze österreichisch-ungarische Monarchie dem Chaos verfallen gewesen wäre, sendete Freiherr de Pretis einen seiner Secretäre nach Pest, mit der Mission, die Zustimmung der ungarischen Regierung zu der beabsichtigten Maassregel zu erwirken. Die ungarische Regierung, verständnissvoll entgegenkommend, wie selten vorher, folgte vorerst dem Beispiel der österreichischen Regierung und arrangirte in aller Schnelligkeit gleichfalls eine Art von Expertise, zu welcher sie nicht bloss die Repräsentanten der Pester Banken und der dortigen Speculationskreise, sondern auch mehrere Vertrauensmänner der parlamentarischen Regierungspartei zuzog. Dieser Versammlung setzte der ungarische Finanzminister am 12. Mai die Lage der Dinge auseinander, indem er in grossen Zügen ein Bild des trostlosen Zustandes entwarf, in welchem der „Wiener Geldmarkt" sich seit einigen Tagen befinde; das Uebel, meinte er, steigere sich sozusagen von Stunde zu Stunde, und der österreichische Ministerrath habe vorbehaltlich der Zustimmung der ungarischen Regierung den Beschluss gefasst, die Bankacte zu suspendiren, d. h. in jenem Punkte ausser Wirksamkeit zu setzen, welcher den nicht durch Metall bedeckten Theil des Notenumlaufs mit 200 Millionen Gulden bemesse. Die ungarische Regierung habe sich nun darüber zu äussern. Zur Orientirung der Anwesenden bemerkte Hr. v. Kerkapolyi, dass die gesetzliche Basis für eine diesfällige Aeusserung der ungarischen Regierung in jenem Artikel 20 des Zoll- und Handelbündnisses vom Jahre 1867 zu suchen sei, nach welchem jede der beiden Regierungen ermächtigt sei, über die Zulassung von Bank- und Creditinstituten auf ihrem Gebiete nach eigenem Ermessen zu entscheiden, daher jede derselben auch im Falle einer Statutenänderung eines solchen Institutes über ihre ferneren Beziehungen zu demselben einen Beschluss zu fassen Berechtigung habe. Die ungarische Regierung habe eben diesen Standpunkt bereits bei einem früheren, ähnlichen Anlass eingenommen, als nämlich im Jahre 1868 ihre Zustimmung

zur Reduction des Bankcapitals verlangt wurde, und an diesem
Standpunkte gedenke sie auch jetzt festzuhalten. Die Theilnehmer an der Expertise, denen das auseinandergesetzt wurde,
gingen in ihren Aeusserungen zumeist von der eben keinen
grossen Scharfblick verrathenden Anschauung aus, dass die
in Scene zu setzende Action zunächst und in der Hauptsache
nur für den Wiener Geldmarkt berechnet sei, während der
ungleich weniger ins Mitleid gezogene ungarische Markt
solcher Hilfe vorerst noch entbehren könnte; folgerichtig
unterliessen sie nicht, indem sie dem Standpunkt des Finanzministers in Bezug auf die staatsrechtliche Seite der Angelegenheit sich anschlossen, auf der anderen Seite doch die Forderung in den Vordergrund zu stellen, dass die ungarische
Regierung an ihre Zustimmung zur Suspension der Bankacte
die Forderung zu knüpfen habe, es sei von den infolge dieser
Maassregel flüssig werdenden neuen Geldmitteln dem ungarischen Verkehr der ihm „verhältnissmässig zukommende Antheil" seitens der Nationalbank zuzuwenden.

Wenige Stunden nach dieser Berathung befand sich der
österreichische Finanzminister im Besitze der zustimmenden
Erklärung seines ungarischen Collegen. Herr v. Kerkapolyi
gab in der diesfälligen Antwortsnote der mit der Auffassung
der Situation seitens der österreichischen Regierung überein-
stimmenden Anschauung der ungarischen Regierung Ausdruck,
erklärte sich Namens der ungarischen Regierung bereit, „zu
allen jenen Maassregeln hilfreiche Hand zu bieten, welche
geeignet sind, der schweren Krise Einhalt zu thun, deren
Entwicklung Ungarn — wenn gleich nicht in erster Linie
daran betheiligt — doch in dem lebhaften Bewusstsein der
zwischen beiden Staatsgebieten der Monarchie bestehenden
Interessensolidarität mit inniger Theilnahme begleitet", und
knüpfte daran die folgende Erklärung: „Ich nehme somit auch
keinen Anstand, Namens der k. ungarischen Regierung im
Sinne des Art. 20 des Zoll- und Handelsbündnisses zu erklären, dass dieselbe in einer Suspension der erwähnten Bestimmung der Bankacte seitens der k.k. Regierung durchaus

keinen Grund erblicken würde, in dem zwischen Ungarn und
der Nationalbank thatsächlich bestehenden Verhältnisse irgend
eine Aenderung eintreten zu lassen. Selbstverständlich kann
die k. ungarische Regierung eine solche Erklärung nur unter
der Voraussetzung abgeben, dass die Erkenntniss der Interessensolidarität eine gegenseitige ist und dass somit dafür
gesorgt werden wird, auch dem ungarischen Geldmarkt seinen
verhältnissmässigen Antheil an der Wohlthat der in Aussicht
genommenen Maassregel ungeschmälert zuzuführen."

Gewissermaassen als Commentar zu dieser Note und zur
Kennzeichnung des ungarischen Standpunktes erfolgte in
einem der ungarischen Regierung nahestehenden Pester Blatte,
unmittelbar nachdem diese Antwort nach Wien abgegangen
war, ein Communiqué, in welchem dargelegt wurde, die ungarische Regierung halte es für selbstverständlich, dass Ungarn
an der zu erwartenden Mehrausgabe von Noten in jenem
Verhältnisse partizipiren werde, welches seiner Beitragsleistung
zu dem Aufwande für die gemeinsamen Angelegenheiten entspreche; allein nicht darauf werde von Seite der ungarischen
Regierung das Hauptgewicht gelegt, denn diese Hilfe wäre
nur eine vorübergehende; vielmehr wünsche die ungarische
Regierung für den ungarischen Verkehr dauernde Hilfe und
sie sei daher neuerdings auf den Standpunkt des Ofener
Protokolls vom Jahre 1872 zurückgekehrt, in welchem festgestellt wurde, dass für die Dotation der ungarischen Filialen der
österreichischen Nationalbank jenes Verhältniss maassgebend
sei, welches im September 1869 zwischen den ungarischen
Dotationen und dem Escompte- und Lombardgeschäft der
Nationalbankfilialen jenseits der Leitha bestanden habe, was
mit einer Erhöhung der Dotation für die Pester Filiale um
mehr als 9 Millionen fl. gleichbedeutend sei. Die Nationalbank
jedoch habe sich nicht an jenes Protokoll gehalten, und statt
der erwarteten 9 bis 10 Millionen seien den verschiedenen
Filialen bisher nur etwa 4½ Millionen zugeführt worden. Nun
sei der ungarische Finanzminister auf sein früheres Begehren
zurückgekommen und seine Forderung bezwecke eine

authentische Interpretation jenes Ofener Protocolls im ungarischen Sinne, wodurch die Dotationserhöhung der ungarischen Filialen statt der Form einer vorübergehenden Aushilfe den Charakter einer dauernden Erhöhung erlangen würde. Trotz dieser Interpretation fühlte die Linke des ungarischen Unterhauses das Bedürfniss, sich mit der Angelegenheit parlamentarisch zu beschäftigen. Wenige Stunden, nachdem die zustimmende Erklärung des ungarischen Finanzministers nach Wien abgegangen war, brachte der Deputirte Iranyi in der Sitzung des Unterhauses vom 13. Mai eine Interpellation ein, welche sich in der Frage an den ungarischen Finanzminister zuspitzte, welche Entscheidung er getroffen und was er dem österreichischen Ministerium auf dessen Ansinnen geantwortet habe? In Beantwortung dieser Interpellation setzte der ungarische Finanzminister Kerkapolyi die Gesichtspunkte auseinander, von welchen seine zustimmende Antwort geleitet war und die Linke knüpfte an diese Interpellationsbeantwortung eine nicht eben sehr gehaltvolle Debatte, welcher die Majorität des Hauses dadurch ein Ende machte, dass sie mit 108 gegen 100 Stimmen in derselben Sitzung die Antwort des Finanzministers bezüglich der von ihm ertheilten Zustimmung zur Suspension der Bankacte einfach zur Kenntniss nahm. Ungeachtet ihrer Gehaltlosigkeit förderte diese Debatte im ungarischen Unterhause gleichwohl zwei Momente zu Tage, die es verdienen, hier registrirt zu werden: Der Wortführer der ungarischen Linken, Iranyi, traf das Richtige, als er in seiner Erwiderung auf die Erklärungen des ungarischen Finanzministers, diesen letztern darauf aufmerksam machen zu sollen glaubte, dass der vielbezogene Artikel 20 des Zoll- und Handelsbündnisses eigentlich mit der österreichischen Nationalbank nichts zu thun habe. Bei diesem Art. 20, meinte er, handle es sich „um einfache Erwerbsgesellschaften und keinesfalls um die Nationalbank, um eine Anstalt, welche einen so grossen Einfluss auf die volkswirthschaftlichen und Verkehrsangelegenheiten des Landes habe". Es gibt also, auch in Ungarn, Personen, die der von uns an

verschiedenen Stellen unserer historischen Darstellung des
Bankstreites hervorgehobenen Auffassung beipflichten, dass
es ein ganz willkürliches Vorgehen sei, die Bankfrage, wie
sie zwischen Oesterreich und Ungarn schwebt, unter den Ge-
sichtswinkel des Artikel 20 des Zoll- und Handelsbündnisses
zu bringen, bei dessen Abfassung im Jahre 1867 an jede andere
Erwerbsgesellschaft, nur nicht an die österreichische Nationalbank gedacht wurde. Als zweites Moment wäre ferner hervorzuheben, dass die Linke des ungarischen Unterhauses,
welche die Debatte provozirt hatte, sich auf den mit den Thatsachen vorerst noch keineswegs im Widerspruch befindlich
gewesenen Standpunkt stellte, dass es sich nicht um eine
Handelskrisis, sondern um eine simple Börsenkrise handle,
und dass es demnach „nicht in der Ordnung sei, wenn die
Regierung sich in die Sache mische".

Dem Eifer, welchen der österreichische Finanzminister der
nun einmal beschlossenen Maassregel einer Suspension der
Bankacte widmete, entsprach es vollkommen, dass er keinen
Anlass oder keine Muse fand, den Standpunkt des ungarischen
Finanzministers in Bezug auf die Anwendung des Art. 20
des Zoll- und Handelsbündnisses abzuwehren, mit der praktischen Inscenesetzung der bedeutsamen Maassregel aber nicht
weiter zögerte. Unmittelbar nach Empfang der zustimmenden Erklärung der ungarischen Regierung richtete Freiherr
De Pretis an den Gouverneur der österreichischen
Nationalbank eine Note, deren Wortlaut wir hier umsomehr folgen lassen müssen, als sie mit zu den wesentlichsten
Anhaltspunkten bei Beurtheilung jener Haltung gehört, welche
von der österreichischen Regierung, speziell vom österreichischen Finanzminister vor, während und nach der Krisis vom
Mai 1873 eingenommen wurde. Diese Note, datirt vom
13. Mai 1873, lautete:

„Es ist Eurer Excellenz wohl bekannt, dass die Regierung der gegenwärtigen anormalen Lage des Geldmarktes ihre volle Aufmerksamkeit zugewendet hat und darauf bedacht war, im Falle des wirklichen Bedürfnisses die
erforderlichen ausserordentlichen Mittel zu ergreifen, damit die herrschende
Krisis, welche bisher ausschliesslich auf die Kreise der Börse

beschränkt blieb, sich nicht bis zu einer nachhaltigen Gefährdung des Handels und der Industrie steigere.

„Um die nunmehr drohend gewordene Gefahr abzuwenden, haben Se. k. und k. apostolische Majestät auf den mit Zustimmung der königlich ungarischen Regierung gestellten Antrag des Ministerrathes die aus der Beilage ersichtliche allerhöchste Verordnung zu erlassen geruht, mittelst welcher die löbliche Nationalbank ermächtigt wird, Wechsel zu escomptiren oder Effekten statutenmässig zu belehnen, ohne hinsichtlich der dafür ausgegebenen Notensummen an den im zweiten Absatze des §. 14 des Gesetzes vom 18. März 1872 festgesetzten Betrag gebunden zu sein.

„Indem ich mich beehre, Eure Excellenz hievon in Kenntniss zu setzen, muss ich ausdrücklich betonen, dass die Absicht der Regierung lediglich dahin gerichtet ist, durch diese ausserordentliche und selbstverständlich nur auf die Dauer der äussersten Nothwendigkeit beschränkte Maassregel der Erschütterung des Vertrauens in den zahlungs- und creditfähigen Kreisen vorzubeugen und grössere Calamitäten abzuwenden.

„Ich darf mich wohl der sichern Erwartung hingeben, dass die löbliche Nationalbank von dem ihr hiemit eingeräumten Rechte nur insoweit Gebrauch machen wird, als es nothwendig ist, ernstern Verwicklungen vorzubeugen."

Pretis m. p."

Es dürfte nicht von Ueberfluss sein, an dieser Stelle schon darauf aufmerksam zu machen, dass, wie aus dem Wortlaut dieser Antwort klar hervorgeht, nicht die österreichische Nationalbank es war, welche die Suspendirung der Bankacte angeregt oder gefordert hatte, dass nicht von der österreichischen Nationalbank die Initiative zu dieser bedeutsamen Maassregel ergriffen worden ist, sondern dass der Ministerrath es war, von welchem die unmittelbare Initiative ausging, und dass es eine Art zarter Octroyirung war, mit welcher die österreichische Nationalbank da bedacht wurde, eine Octroyirung freilich, die des drakonischen Charakters entbehrte, nachdem die Verwaltung der österreichischen Nationalbank in keinem Stadium Miene gemacht hatte, sich ihr auch nur zum Scheine zu widersetzen.

In der amtlichen Wiener Zeitung vom 14. Mai 1873 erschien, von dem Gesammtministerium contrasignirt, jene kaiserliche Verordnung, welche, das Datum vom 13. Mai tragend, in die Bankacte vom Jahre 1862/3 wieder einmal Bresche schoss. Hier ihr Wortlaut:

„Kaiserliche Verordnung vom 13. Mai 1873, wodurch mit Beziehung auf §. 14 des Grundgesetzes über die Reichsvertretung vom 24. December 1867 (R.-G.-Bl. Nr. 141) der §. 14 der Statuten der privil. Oesterreichischen Nationalbank (R.-G.-Bl. Nr. 31 vom Jahre 1872) abgeändert wird.

„Die Nationalbank wird ermächtigt, statutengemäss Wechsel zu escomptiren oder Effekten statutengemäss zu belehnen, ohne hinsichtlich der dafür ausgegebenen Notensummen an den im Absatze 2 des § 14 der Bankstatuten (Gesetz vom 18. März 1872, R.-G.-Bl. Nr. 31) festgesetzten Betrag gebunden zu sein.

„Diese Verordnung tritt mit dem Tage der Kundmachung in Wirksamkeit.

„Mit dem Vollzuge derselben ist der Finanzminister beauftragt. Wien, am 13. Mai 1873.

Franz Josef *m. p.*

Auersperg *m. p.*   Lasser *m. p.*   Banhans *m. p.*   Stremayr *m. p.*
Glaser *m. p.*   Unger *m. p.*   Chlumecky *m. p.*   Pretis *m. p.*
Horst *m. p.*   Ziemialkowski *m. p.*“

Zwei Tage später, am 16. Mai 1873, richtete Freiherr de Pretis an den ungarischen Finanzminister eine Note als Antwort auf jene, mit welcher die ungarische Regierung ihre Zustimmung zur Suspension der Bankacte erklärt hatte. In dieser Antwortnote, welcher eine authentische Abschrift der Verordnung vom 13. Mai, sowie der obigen aus diesem Anlass an den Bankgouverneur ergangenen Zuschrift beigelegt wurde, sprach der österreichische Finanzminister seinem ungarischen Collegen verbindlichsten Dank aus für die Bereitwilligkeit, mit welcher die k. ungarische Regierung der zeitweiligen Suspension der Bankacte entgegenkam, betonte neuerdings, dass die Absicht der österreichischen Regierung lediglich dahin gerichtet sei, „durch die selbstverständlich nur für die Dauer der äussersten Nothwendigkeit beschränkte Maassregel der Erschütterung des Vertrauens in den zahlungs- und creditfähigen Kreisen vorzubeugen und grosse Calamitäten abzuwenden", die Erwartung beifügend, „dass die Nationalbank von dem ausnahmsweise eingeräumten Rechte nur insoweit Gebrauch machen werde, als es nothwendig ist. ernsteren

Verwicklungen die Spitze abzubrechen", und auf die seitens
der ungarischen Regierung an ihre Zustimmung geknüpften
Forderungen und Bedingungen zurückkommend, fuhr Baron
de Pretis in seiner Antwortsnote also fort:

„..... Ich habe weiters die Ehre, Ew. Excellenz in Kenntniss zu setzen,
dass ich nicht verfehlte, unmittelbar nach Erhalt der erwähnten schätzbaren
Note vom 12. d., mittelst des abschriftlich beiliegenden Schreibens bei der
Nationalbank dafür einzutreten, damit auch dem ungarischen Handelsstande,
insoweit es der Schutz seiner berechtigten Interessen gebietet, in Anwendung
der mit der kaiserlichen Verordnung vom 13. Mai 1873 ertheilten Ermächtigung,
Geldmittel in entsprechendem Verhältnisse und nach denselben Grundsätzen
zugeführt werden, nach welchen dem österreichischen Geldmarkte im gegenwärtigen Zeitpunkte ausserordentliche Hilfe seitens der Nationalbank geleistet
wird.

„Ich glaube Ew. Excellenz über den erzielten vollen Erfolg dieses Schrittes
nicht besser als durch Mittheilung einer Abschrift einer Note unterrichten zu
können, welche ich soeben von dem Herrn Bankgouverneur erhalten habe. Aus derselben werden nämlich Ew. Excellenz entnehmen, dass die Bankdirection auf
die Zeit der Giltigkeit der kaiserlichen Verordnung vom 13. Mai 1873 bereit
ist, nicht nur in Wien, sondern auch bei allen ihren Filialen, die ungarischen
mit eingeschlossen, alle gesunden Bedürfnisse des Handels und der Industrie
gegen entsprechende Sicherheiten nach Thunlichkeit zu befriedigen, sowie insbesondere, dass der Bankfiliale in Pest sofort der Betrag von 4 Millionen
Gulden, vorläufig auf die Dauer von drei Monaten, zur Verfügung gestellt
wurde."

Dies der historische Hergang der Suspension der Bankacte. Vom Standpunkt des österreichischen Verfassungs-
rechtes war er in der einen Beziehung ein vollständig correcter:
Der § 14 des Grundgesetzes über die Reichsvertretung, auf
Grund dessen die Maassregel verfügt wurde, räumte der Regierung die Befugniss zu dieser Verfügung insofern vollständig ein, als der Reichsrath um diese Zeit eben nicht versammelt war. Ob auch das andere Erforderniss, wie es jener
§ 14 voraussetzt, das Erforderniss „dringender Nothwendigkeit"
überhaupt und namentlich schon am 13. Mai vorhanden, respective erfüllt war, darüber freilich sind die Meinungen heute,
wenn auch vorerst allerdings in sehr ungleicher Weise, getheilt. Ist die übereinstimmende Zustimmung der betheiligten
Kreise, die Billigung fast aller publicistischen Organe, das
zustimmende Votum fast aller kaufmännischer und industrieller

Corporationen — und es muss gerechter Weise constatirt werden, dass die Regierung diese Zustimmungen und Billigungen auf ihrer Seite hatte — ausreichend, um jenes Erforderniss der dringenden Nothwendigkeit als erfüllt anzusehen, dann hat die Regierung, auch nach dieser Richtung hin correct gehandelt. Die Reichsvertretung aber wird darüber gleichwohl erst noch endgiltig zu entscheiden haben und ausserhalb der Reichsvertretung werden Wissenschaft und Erfahrung sich ihre Zustimmung zu dieser bedeutsamen Maassregel und die sachliche Beurtheilung derselben an der Hand der Geschichte vorausgegangener Krisen wohl auch für den Fall noch vorbehalten dürfen, als selbst die Reichsvertretung mit ihrer vollen Zustimmung und Billigung nicht zögern sollte. Von dieser Freiheit der Beurtheilung wird auch der Autor dieses Buches im folgenden Bande in bescheidener, aber rückhaltsloser und, wie hier sofort bemerkt werden soll, in einer von jenen Zustimmungen und Billigungen völlig abweichenden Weise Gebrauch machen. Die nun folgenden Ausführungen an dieser Stelle mögen einerseits dazu dienen, die Tragweite der verfügten Maassregel zu kennzeichnen, andrerseits den materiellen Effect zu beleuchten, welchen diese Maassregel herbeigeführt hat und die Veränderungen zu registriren, welche sie für den Stand der österreichischen Nationalbank im Gefolge hatte.

Die Suspension des § 14 der Bankstatuten bedeutete die Enthebung der Verwaltung der österreichischen Nationalbank von der Verpflichtung, dafür zu sorgen, dass jener Betrag, um welchen die Summe der umlaufenden Noten 200 Millionen übersteigt, in gesetzlicher Silbermünze oder Silberbarren oder in Gold vorhanden sei. Der Verwaltung der österreichischen Nationalbank war es damit anheimgegeben, nicht blos Banknoten ohne Grenze nach eigenem Dafürhalten im Escompte-

und Lombardgeschäft hinauszugeben, ohne dass für diese
Noten eine andere als die bankmässige Bedeckung vorhanden
zu sein brauchte, sondern es wurde ihr auch weiter noch
durch diese Maassregel anheimgegeben, eventuell den vorhandenen Baarschatz auch noch zu vermindern. Eine Sistirung
der Wirksamkeit der Bankacte in solcher Ausdehnung war
bis dahin und seit dem Bestande der Bankacte noch nicht
vorgekommen. Diese Sistirung unterschied sich auch gar
wesentlich von der im Jahre 1870 verfügten Maassregel, welche
der Nationalbank gestattete, die damals in ihrem Besitze befindlich gewesenen Metallwechsel in der beiläufigen Höhe von
33 Millionen Gulden in die metallische Notenbedeckung einzubeziehen, demnach ihre Notenausgabe um diesen Betrag zu
vergrössern, denn damals war lediglich die strikte Forderung
nach Bedeckung durch Metall durch die Zulassung einer
Bedeckung durch Anweisungen auf Metall substituirt worden,
während jetzt die Ermächtigung der Nationalbank dahin ging,
Noten ohne jede metallische, lediglich gegen bankmässige
Deckung auszugeben. Auch war damals jene Substituirung
eine durch die Höhe des vorhandenen Devisenvorrathes beschränkte, während nach der Verordnung vom 13. Mai 1873
die Ermächtigung der Nationalbank zur Notenexpansion eine
völlig illimitirte war.

Selbst diejenigen, welche der Maassregel im Ganzen wie
im Detail zustimmten, und auf den Effekt derselben über-
grosse Hoffnungen setzten, verkannten die Tragweite der
Maassregel keineswegs; ja die meisten der Korporationen und
publizistischen Organe verbanden mit ihrer Zustimmung zu
dieser Maassregel doch fast durchgehends auch den Ausdruck
des Bedauerns darüber, dass sie nothwendig geworden. Ganz
natürlich; denn war in dem Momente, in welchem die Bankverwaltung von dem ihr eingeräumten Ueberemissionsrechte
praktischen Gebrauch zu machen anfing, auch das keineswegs
feststehend, dass im Gefolge dieser Action eine weitere Verschlechterung der Valuta nothwendig erfolgen müsse, so war
doch die Möglichkeit, dass diese Consequenz sich geltend

machen könne, und im Fall eines sehr weit ausgedehnten
Gebrauchs wahrscheinlich auch eintreten würde, für Niemanden zweifelhaft. Unter diesen Umständen hing Alles von
der Verwaltung der Nationalbank, von ihrem Vorgehen und
davon ab, ob sie sich dazu hergeben werde, den ungemessenen
wahnwitzigen Forderungen einer weitverzweigten, verzweifelnden Speculantenclique zu Willen zu sein, oder ob sie von
der ihr gewordenen Ermächtigung lediglich zu dem Zwecke
Gebrauch machen werde, um die legitimen Kreise des Handels
und der Industrie vor der allmälig fast epidemisch um sich
greifenden Creditlosigkeit und damit vor dem unvermeidlichen
Zusammensturz zu bewahren. Die Leitung der Nationalbank
wählte den letzteren Weg, nicht ohne dafür fast unausgesetzt
den schwersten Anklagen seitens der rathlosen und von allen
Seiten verlassenen Speculation ausgesetzt zu sein. Sie liess
sich im wohlverstandenen Interesse der Allgemeinheit dazu
nicht missbrauchen, die abgestorbenen Speculantengruppen zu
galvanisiren, sie fühlte sich nicht berufen, den morschen Bau
der maasslosen Ueberspeculation zu stützen oder gar neu auf-
zubauen, sondern sie erkannte ihre Aufgabe darin, den soliden
Firmen Hilfe zu bringen und diese Hilfe nicht etwa auf das
Centrum des Reiches zu beschränken, sondern ganz vorzugsweise auch auf die Provinzen auszudehnen.

Jegliche Art von drastischen Pressionsmitteln war der
Bank gegenüber in Anwendung gebracht worden, um sie
dahin zu bringen, dass sie mit Hilfe ihrer Notenpresse der
dem Marasmus verfallenen Börse wieder auf die Beine helfe.
Man appellirte an die Regierung, von ihr verlangend, dass sie
die Bankverwaltung zum Aufgeben ihrer Bankpolitik bestimme, man appellirte an die Aktionäre der Bank, denen
man vorstellte, wie die Bankverwaltung ihr Interesse schädige,
indem sie die Möglichkeit einer unbegrenzten Notenausgabe
nur in sehr beschränktem Maasse ausnütze. Alle diese Forderungen und Pressionen kamen aus jenen Kreisen, welche
noch in dem alten, durch die Thatsachen grausam zerstörten
Wahne befallen waren, dass das wirthschaftliche Staats-

interesse in dem Börsentreiben culminire, aus jenen Kreisen, die da der hereingebrochenen Katastrophe gegenüber kein anderes Mittel in Anwendung zu bringen gewusst hatten, als die Sistirung des Börse-Verkehrs, die offene Proklamirung der Nichteinhaltung der an der Börse eingegangenen Verbindlichkeiten, die zwangsweise Anwendung von Compensationscoursen u. s. w. Soweit ging in den ersten Junitagen, also bereits ziemlich lange nach Ausbruch der Krisis, die Projektenmacherei, bei welcher der Nationalbank gewissermaassen eine Führerrolle zugedacht wurde, dass man bei dem Vorschlage anlangte, es mögen die grösseren Banken unter Solidarhaftung ein Syndikat mit einem Fond von 50 Millionen fl., welchen natürlich die Notenpresse der Nationalbank herbeizuschaffen gehabt hätte, bilden, mit der Aufgabe, den fortgesetzten Börseexekutionen Einhalt zu thun, die bei den alten wie bei den jungen Banken, namentlich aber bei den letzteren angehäuften, nothleidenden, ja zum grossen Theile fast werthlos gewordenen Effectendépots für gemeinsame Rechnung und Gefahr zu übernehmen und so lange zu behalten, bis ein Wechsel der Verhältnisse es ermöglicht, sie zu besseren Coursen wieder auf den Markt zu bringen. Durch solch ein Mittel sollte die fehlende Nachfrage auf künstliche Weise erzeugt werden, auf solche Weise glaubte man, das herbeiführen zu können, was dem Markte fehlte: Credit und dessen Vorbedingung, Vertrauen. Die Nationalbank aber fühlte den Beruf nicht in sich, ihre Notenpressen in solcher Weise ausschliesslich für Börsenzwecke und obendrein mit der sicheren Aussicht, dass jede solche Massregel nicht nur erfolglos bleiben, sondern auch dem berechtigten Anspruch auf Hilfe erhebenden legitimen Handel die Mittel vorweg entziehen müsste, in Bewegung zu setzen, und wie sehr diese Anschauung sachlich begründet war, das zeigte sich ausreichend, als gleichwol die Wiener Banken auf eigene Faust die Bildung eines solchen Aushilfsfondes bis zum Belaufe von 20 Millionen Gulden zum Zwecke der „Wiederbelebung des Geschäftes" durch Wiederaufnahme des vollständig abgestorbenen „Kostgeschäftes" versuchten. Die Situation des Speculationsmarktes wurde durch diese Methode nicht im Allermindesten verbessert, Niemandem war durch sie geholfen, nicht einmal eine halbwegs ansehnliche Kursbesserung vermochte man auf diese Weise zu erzielen und der seltsame Apparat wurde zerlegt, noch ehe er recht zu funktioniren begonnen hatte. Ganz natürlich, was hätte auch, von allem Anderen abgesehen, ein solcher Fond in immerhin beschränkter Ausdehnung leisten können, in einer Periode, in welcher die Entwerthung der Effekten bereits nach Hunderten von Millionen berechnet wurde, und welche Summe hätte die Nationalbank an Noten emittiren müssen, um auf solchem Wege, ganz abgesehen von der Gefahr unvermeidlicher materieller Verluste, auch nur vorübergehend der in vielen Fällen nur zu sehr begründeten Entwerthung Einhalt zu thun. Es passte ganz zu der abstrusen Auffassung der wirthschaftlichen Funktion eines Centralzettelemissionsinstituts, wie sie in den betreffenden Kreisen seit jeher vorherrschte, dass man der Nationalbank die Mission vindizirte, dem natürlichen Verlauf des Prozesses selbst auf Kosten der Allgemeinheit Einhalt zu thun, und dass man darüber den Gesichtspunkt mehr denn je aus dem Auge verlor, dass man es mit einer Bank zu thun habe, deren Noten den Zwangskurs geniessen und von Jedermann im Lande in Zahlung genommen werden müssen, dass also Jedermann als Notengläubiger dieser Bank berechtigt wäre, gegen eine die Integrität des Zettelinstituts bedrohende und ihren soliden Stand beeinträchtigende Notenüberemission für illegitime Zwecke Einspruch zu erheben. Die Bankverwaltung aber durfte diese Gesichtspunkte nicht aus dem Auge verlieren, ihre Aufgabe konnte nur dahin gerichtet sein, jene Mittel in Anwendung zu bringen, welche geeignet waren, ein Uebergreifen der Krisis und eine Fortpflanzung derselben von dem Effektenmarkte auf die Kreise des legitimen Handels und der Produktion zu verhüten. Den letzteren musste, zumal die Gefahr, dass aus der Speculationskrisis eine Handelskrisis sich entwickeln könne, Tag für Tag nicht eben zur

Verminderung der herrschenden Angst in der drastischsten
Weise ausgemalt wurde, eventuell Hilfe gebracht werden;
die anderen. welche Hilfe für sich gerade am ungestümsten
forderten, waren in keiner Weise berechtigt, denselben Anspruch zu erheben.

An Maassregeln aber, welche von dem Gesichtspunkte
rationeller Bankpolitik geleitet waren, liess es die Nationalbank nicht fehlen. Eine der ersten dieser Maassregeln war
der Anfangs Juni von der Bankdirection gefasste Beschluss,
gegen Silber und Gold Banknoten zinsfrei in der Weise auszugeben, dass lediglich für die Ueberzählung der einzelnen
Metallposten eine Manipulationsgebühr zu berechnen sei, also
die zinsfreie Metallbelehnung. Der Beschluss lautete
dahin, dass die Nationalbank Silbermünzen und Silberbarren,
sowie Goldmünzen gegen Noten unter der Bedingung des
Rückkaufs kaufe u. z. mit $\frac{1}{4}\%$ unter Pari gegen Rückkauf
in einem Monat, mit $\frac{1}{2}\%$ unter Pari gegen Rückkauf in
2—3 Monaten. Dieser Beschluss kam einer Verzichtleistung
auf jenes Benefiz gleich, welches sich die Bank ausbedungen
hatte, als sie im J. 1871 die Metallbelehnung gegen eine Provision von 4% eingeführt hatte. Hält man ihn dem damaligen
Vorgehen der Bank und den Argumenten, welche damals
für die Berechtigung des 4% Zinsfusses, wie wir glauben,
mit gutem Grunde geltend gemacht wurden. entgegen — wir
verweisen diesfalls auf unsere Ausführungen auf S. 277 dieses
Buches — dann machte sich die Bankverwaltung in der That
einer gewissen Inconsequenz schuldig. Auch damals wurde
diese Maassregel inmitten einer Krisis und zu dem Zwecke
eingeführt, um Jenen Erleichterung zu bringen, welche über
Metallbestände verfügten. Mag nun aber auch diese Inconsequenz von der Bankverwaltung unleugbar begangen worden sein, so war es doch eine solche, welche dem Markte zu
statten kam, oder doch mindestens zu statten kommen konnte.
Ausweise darüber, innerhalb welcher Grenzen von der zinsfreien Metallbelehnung Gebrauch gemacht wurde, liegen zur
Stunde allerdings noch nicht vor; die Bankausweise aber, so-

weit sie indirect ein Urtheil in dieser Richtung ermöglichen, berechtigen mit Rücksicht darauf, dass die belehnten Metallposten in die metallische Bedeckung einbezogen erscheinen, immerhin zu der Annahme, dass von jener Maassregel auch jetzt wiederum, trotz der zinsfreien Belehnung, ein ausgiebiger Gebrauch nicht gemacht wurde, und aus den von uns an oben citirter Stelle angeführten Gründen auch jetzt wiederum wohl nicht gemacht werden konnte. Der Metallschatz der Bank hat seit Einführung der zinsfreien Metallbelehnung um kaum 1½ Millionen zugenommen, die Summe des zur Belehnung gebrachten Edelmetalls kann demnach auch diese Summe nicht wohl überschritten haben.

Weitaus wichtiger, einschneidender und erfolgreicher als diese Maassregel war die wohlthätige und als solche selbst von den Gegnern der Bank anerkannte Rolle, welche die Bankverwaltung in dem um Mitte Juni unter ihren Auspicien etablirten „Wiener Aushilfscomité" übernahm. Die Gründung dieses Aushilfscomités inmitten andauernder Deroutirung des Effectenmarkts und der Gefahr einer Verbreitung der Krisis auf die Kreise des Handels und der Industrie erfolgte durch 8 grössere Bankinstitute, welche sich zu diesem Zwecke mit der österreichischen Nationalbank vereinigt hatten, und die Behauptung kann keinem Widerspruch begegnen, dass es mittelbar die österreichische Nationalbank und unmittelbar ihr Generalsecretär, v. Lucam, gewesen ist, welchem dieses Comité von Vornherein die Signatur einer rationellen, vertrauenerweckenden Institution verdankte. In dem Programme, mit welchem das Aushilfscomité am 17. Juni vor die Oeffentlichkeit trat, und welches aus der Feder des genannten Vertreters der Nationalbank floss, wurde es als die Aufgabe des Comités bezeichnet „Maassregeln zu ergreifen, welche geeignet sind, dem Gewerbe, der Industrie, dem Handel und dem Geldmarkte überhaupt die augenblicklich dringend nöthige Hilfe zu bieten und dadurch jene ruhige Besonnenheit zu kräftigen, die jedem Sturme männlich die Stirne bietet." Das Comité erklärte, dass es während der Dauer der aus-

nahmsweisen Verhältnisse durch zwei vornehmlich das Escomptgeschäft cultivirende Wiener Bankinstitute Wechsel
escomptiren, durch ein anderes der verbündeten Institute
Waaren belehnen, wieder durch ein anderes hervorragendes
Creditinsitut gegen anderweitige Sicherheiten ausserordentliche
Credite ertheilen werde, aber auch dem Effectenmarkt durch
„zweckmässige Mittel" eine thunliche Erleichterung zu gewähren suchen werde. Zur Ausführung dieser Aufgabe wurde
vom Comité im Einvernehmen mit der Nationalbank ein entsprechender Betriebsfond gebildet, dessen Verwaltung unter
Theilnahme der Nationalbank als Mitglied des Comités nach
bestimmten Grundsätzen zu erfolgen habe. Gleichzeitig ent-
schied sich das Comité dafür, dass durch freiwillige Betheiligung von Firmen ohne Unterschied des Geschäftes ein
Sicherstellungsfond gebildet werden solle, dazu bestimmt,
etwaige Verluste zu decken. Die diese Institution bildenden
Bankinstitute eröffneten die Beiträge zum Sicherstellungsfond
mit einer Summe von 2·⁴ Millionen. Die Nationalbank gesellte
sich mit 1 Million zu ihnen. Die allmälig eingelaufenen Beiträge steigerten die Höhe dieses Sicherstellungsfondes auf
nahe 8 Millionen Gulden.

Die auf die Thätigkeit dieses Aushilfscomités bezüglichen
Details, insoweit sie Episoden bilden in dem Verlauf der
grossen Speculationskrisis, namentlich die Details in Betreff
der Modalitäten, unter welchen es operirte und der Erfolge
welche es erzielte, werden uns später noch zu beschäftigen
haben; hier, wo es sich uns vornehmlich um die ergänzende
Darstellung der die österreichische Nationalbank betreffenden
Verhältnisse der jüngsten ereignissreichen Zeit handelt, wollen
wir uns darauf beschränken, zu constatiren, dass die 1 Million,
mit welcher die Nationalbank dem Sicherstellungsfond bei-
getreten war, das Allergeringste von den Verdiensten darstellt, welche sie sich in der kritischen Epoche am Schlusse
des zweiten Semesters 1873 selbst nach dem Zeugniss ihrer
systematischen Gegner erworben hat. Vor allem war selbstverständlich sie es, welche dem Aushilfscomité die für seine

Operationen erforderlichen Mittel beistellte, sie war es auch, welche die Thätigkeit des Comités in eine feste Organisation brachte, indem sie die Creditgewährung in Wien centralisirte, die Creditbenutzung in den Provinzen aber durch geeignete Vorschläge und Instructionen gleichzeitig zweckmässig decentralisirte. Auch jene Erleichterungen, welche die Nationalbank innerhalb ihrer Statuten und ihres Reglements unmittelbar zu leisten ausser Stande war, konnte sie gewähren und gewährte sie auch thatsächlich mittelbar, indem sie beispielsweise die Geldmittel zur Verfügung stellte, durch welche das Comité in die Lage gesetzt war, auch Rimessen mit 4—6 monatlicher Verfallszeit zu escomptiren. Nach dem Muster der in Wien eingesetzten Hilfsinstitution wurde auch dem Creditbedürfnisse in den Provinzen durch Einsetzung analoger Hilfscomités auf der Basis analoger Sicherstellungsfonds Rechnung getragen.

Indess mehr noch als für die von ihr geleistete und ziffermässig nachweisbare materielle Hilfe hat die Nationalbank Anspruch auf Anerkennung dafür, dass sie diese Hilfe gewissermaassen in ein System brachte und von diesem Systeme nicht abliess, trotzdem ihr die Festhaltung an demselben keineswegs leicht gemacht worden war. Wir denken hierbei nicht an die Bestimmungen des Reglements, nach welchem das Comité operirte, zumal einzelne dieser Bestimmungen in Wirklichkeit keineswegs über jede Anfechtung erhaben waren. So mochte beispielsweise die Festsetzung eines Zinsfusses von 10°/₀ im Belehnungsgeschäft immerhin begründeter Einwendung begegnen, in einem Zeitpunkt, da die Bankverwaltung selbst in ihrem Belehnungsgeschäfte trotz suspendirter Bankacte einen Zinsfuss von nur 6°/₀ aufrecht zu erhalten für zweckmässig befunden hatte. Indem wir von einem verdienstlichen systematischen Vorgehen sprechen, denken wir vielmehr daran, dass, Dank dem Einfluss, welchen der Vertreter der Nationalbank im Aushilfscomité sich durch seine energische ausdauernde Thätigkeit von Vornherein zu sichern verstanden hatte, die Hilfsinstitutionen dem Character eines höheren Börsen-

comptoirs von Anbeginn an entrückt und die Intervention
dieses Hilfscomités darauf beschränkt blieb, dem Handel und
der Industrie Hilfe zu gewähren und zu verhindern, dass das
Misstrauen und die absolute Creditlosigkeit aus den Kreisen
der Börse und des Effectenmarktes überhaupt nach den anderweitigen Gebieten des staatlichen Wirthschaftslebens aus-
greife.

Ist den Mittheilungen zu glauben, welche ab und zu in
Bezug auf die Intentionen der Repräsentanten gewisser Bankinstitute in dem Aushilfscomité in die Oeffentlichkeit kamen,
dann hat es selbst im Schoosse dieses Aushilfscomités an
Solchen nicht gefehlt, welche die von der Nationalbank flüssig
gemachten Geldmittel am liebsten dem „Kostgeschäfte" an
der Börse zugeführt oder direkt zum Ankauf von im Cours
tief gesunkenen Effecten verwendet hätten. Ausserhalb des
Comités, in den Kreisen der Börsencoulisse und ihrer Ver-
zweigungen, wurden Forderungen in dieser Richtung geradezu
in der ungestümsten Weise erhoben und wie vordem im
Grossen die Nationalbank, so war jetzt im Kleinen das Aushilfscomité die Zielscheibe mitunter cynischer Angriffe. Allen
diesen Anklagen und Angriffen zum Trotze blieb der eingesetzten Hilfsinstitution jener Character gewahrt, der allein
ihr Existenzberechtigung zu verleihen im Stande war, der
Character einer Institution, welche in keiner Weise berufen
war, den natürlichen Verlauf des Reactionsprozesses aufzu-
halten, deren Aufgabe vielmehr lediglich darin erkannt und
gefunden werden konnte, jenen Firmen und Instituten sowohl
im Centrum des Reiches, wie in den Provinzen, welche noch
aufrecht standen, und überhaupt noch einige Sicherheit zu
bieten im Stande waren, davor zu bewahren, dass sie unver-
schuldet in den Wirbel mit hineingerissen werden. Das war ein
rationelles System, das waren Gesichtspunkte, welche die
Praxis früherer Krisen als zweckmässig erwiesen und welche
die Wissenschaft approbirt hat.

Wenn man es auch nicht geradezu zu den Verdiensten
zählen mag, welche die Bank sich in dieser Zeit erworben

hat, so wird man es doch immerhin als eine beachtenswerthe
Rücksichtsnahme auf die schwere Noth dieser Zeit ansehen
dürfen, dass die Bankverwaltung es vor und nach Suspendirung der Bankacte wohl mit vollem Bewusstsein verabsäumt hat, von dem ihrem freien Ermessen anheimgegebenen
Rechte einer Erhöhung des Zinsfusses Gebrauch zu
machen. Es ist das, wie bekannt, eben nicht Art und Ge-
pflogenheit grosser Centralbanken, auf die Vortheile zu verzichten, welche in der jeweiligen Zinsfusserhöhung vor und
während kritischer Epochen für sie gelegen ist und beispielsweise von der Bank von England weiss man, dass sie gegenüber der wachsenden Nachfrage nach Umlaufsmitteln schon
in den allerersten Stadien der Krisen von 1847, 1857 und 1866
und bevor noch die Bankacte dort suspendirt worden war,
wenn auch sicherlich nicht lediglich um des höheren Gewinnes
willen, den Zinsfuss fortwährend steigerte. Das Jahr 1847
hatte bei der Bank von England mit einem Zinsfuss von 3 %
begonnen, allmälig aber war er bis auf 8 % gesteigert worden;
Anfangs 1857 betrug der Zinsfuss der Bank von England 6 %,
am 9. November 1857 aber war er in stetiger Steigerung bei
einer Höhe von 10 % angelangt, also noch vor der am 12. November '1857 verfügten Suspension der Bankacte; im Jahre
1866 endlich, in welchem am 12. Mai die englische Bankacte
zum dritten Male suspendirt worden war, war der Zinsfuss
der englischen Bank von 6 %, welche Höhe er am 3. Mai erreicht hatte, auf 10 % am 10. Mai, dem Tage vor der Suspension der Bankacte, gestiegen. Patterson, der Autor der Schrift
„Der Krieg der Banken", der in diesen Zinsfusserhöhungen
bei ausgebrochenen Krisen Acte der Feindseligkeit gegen
den Verkehr erblickt, und die grossen Centralbanken um
dieses Vorgehens willen sehr herbe, zuletzt wieder in einem Vortrage in der statistischen Gesellschaft in London im Jahre 1871
getadelt hat, müsste einige Genugthuung finden in dem Vorgang, den die österreichische Nationalbank während der Krisis
im Jahre 1873 eingehalten hat, und die dem englischen Unterhause eben jetzt vorliegende Bill über eine Abänderung der

englischen Bankacte von 1844, welche eine Suspension der
Bankacte erst dann zulassen will, wenn der Bankzinsfuss eine
Höhe von 12 % erreicht hat, wäre mit der Zinsfusspolitik,
welche die österreichische Nationalbank während der Krisis
1873 befolgt hat, auch nicht in Einklang zu bringen. Allerdings hätte, wie die Dinge liegen, eine Zinsfusserhöhung im
englischen Style bei der österreichischen Nationalbank die
Bedeutung nicht, welche sie in England jeweilig hat, denn die
österreichische Nationalbank ist eben keine baarzahlende Bank,
die Reserven wie die englische Bank zu schützen hat, und
ihr fällt leider vorerst auch nicht die Aufgabe zu, durch eine
Steigerung des Zinsfusses Metall von aussen an sich zu ziehen;
der Vortheil aber, welcher mit jeder Zinsfusserhöhung für
die betreffende Notenbank verbunden ist, trifft bei der österreichischen Nationalbank gerade ebenso zu wie bei der Bank
von England, und die Nationalbank, indem sie in solcher
Weise auf einen Vortheil verzichtete, den sie mit Recht hätte
in Anspruch nehmen können, hat dadurch ganz entschieden
einen Act der Rücksichtsnahme und der Billigkeit geübt, vornehmlich den Kreisen des Handels und der Industrie gegenüber,
welche in Folge davon auch jener Entwerthung der Waaren-
preise entgingen, welche mit einer ausgiebigen Erhöhung des
Zinsfusses seitens centraler Notenbanken in der Regel verbunden ist. Unter gewissen Umständen, wenn eben die Lage
der Nationalbank eine minder abnorme wäre, als sie thatsächlich ist, möchte die Beurtheilung dieser Zinspolitik der österreichischen Nationalbank vielleicht, ja wahrscheinlich eben
nicht unbedingter Zustimmung sich zu erfreuen haben, und
man hätte vor Allem ein Recht gehabt zu verlangen, dass
die Wirkung eines höheren Bankzinses sich erprobe, bevor
zu dem drastischen Mittel einer Suspension der Bankacte
überhaupt gegriffen werde; aber die Lage der österreichischen
Nationalbank ist eben keine normale, bei ihr treffen jene Gesichtspunkte, von welchen die jeweiligen Variationen des
englischen Bankzinsfusses in kritischen Perioden geleitet sind,
vorerst eben nicht zu, und so kömmt denn die Zinsfusspolitik,

welche die Bank während der Krisis von 1873 eingehalten hat, lediglich vom Standpunkte der Zweckmässigkeit zu beurtheilen, welcher Standpunkt eben mit dem zusammenfällt, was wir hier als eine verdienstliche Rücksichtnahme auf die durch die Speculationskrisis gefährdeten, zum Theile sogar wirklich in Mitleidenschaft gezogenen Kreise des Handels und der Industrie bezeichneten. In keinem Falle waren es diesmal unedle oder egoistische Beweggründe, wie man sie der Politik der österreichischen Nationalbank nachzusagen gewohnt war, welche diese Zinsfusspolitik dictirten. Für das Bankinstitut selbst und seine Actionäre wäre die gerade entgegengesetzte jedenfalls die vortheilhaftere gewesen.

Einen ziffermässigen Ueberblick über die Leistungen der österreichischen Nationalbank während der kritischen Epoche, mit welcher das erste Semester 1873 abschloss, werden wir gewinnen, wenn wir entsprechend dem in den vorausgegangenen Abschnitten für jedes einzelne Jahr aufgestellten Tableau auch hier wieder eine analoge, auf das erste Semester des Jahres 1873 bezügliche, die Notenbewegung überhaupt, sowie die Bewegung in den Hauptgeschäftszweigen der Bank darstellende Tabelle hiehersetzen:

Banknoten-Umlauf	Staats-noten Umlauf	Gesammt-Noten-Umlauf	Metall-schatz der Bank	Es-compte	Lom-bard	Silber-Agio für 100 fl.	Cours der Bank-actien. fl.
			In Millionen Gulden				

Ende Dezbr.

	Banknoten-Umlauf	Staats-noten Umlauf	Gesammt-Noten-Umlauf	Metall-schatz der Bank	Es-compte	Lom-bard	Silber-Agio	Cours
1872	$318\cdot_{30}$	$375\cdot_{98}$	$696\cdot_{31}$	$142\cdot_{7}$	$167\cdot_{10}$	$28\cdot_{02}$	$106\cdot_{50}$	966
1873:								
Ende Januar	$320\cdot_{93}$	$376\cdot_{10}$	$697\cdot_{09}$	$112\cdot_{7}$	$168\cdot_{77}$	$28\cdot_{01}$	$107\cdot_{50}$	961
„ Februar	$301\cdot_{14}$	$376\cdot_{90}$	$678._{04}$	$142\cdot_{1}$	$150\cdot_{43}$	$27\cdot_{0}$	$108\cdot_{00}$	984
„ März	$298\cdot_{07}$	$377\cdot_{27}$	$675\cdot_{94}$	$112\cdot_{0}$	$153\cdot_{87}$	$26\cdot_{37}$	$107\cdot_{75}$	949
„ April	$315\cdot_{61}$	$378\cdot_{43}$	$694\cdot_{03}$	$142\cdot_{7}$	$161\cdot_{15}$	$28\cdot_{92}$	$107\cdot_{75}$	917
„ Mai	$340\cdot_{08}$	$378._{64}$	$719\cdot_{32}$	$143\cdot_{1}$	$184\cdot_{05}$	$13\cdot_{05}$	$109\cdot_{50}$	962
„ Juni	$338._{57}$	$376\cdot_{88}$	$715\cdot_{45}$	$144\cdot_{4}$	$180\cdot_{37}$	$46\cdot_{11}$	$108\cdot_{75}$	982

Zinsfuss-Veränderungen im ersten Semester 1873:

	Escompte	Lombard
Vom Jahresbeginne bis 20. März . . .	6%	7%
Vom 21. März ab	5%	6%

Aus diesen Ziffern ergiebt sich zunächst, dass bei einer
Steigerung des Umlaufs an Staatsnoten, welche kaum die
Höhe von 1 Million Fl. erreichte, am Schlusse des 1. Semesters
1873 der Banknotenumlauf im Vergleich mit dem Stande am
Jahresschlusse 1872 eine Zunahme um $20^{.}_{21}$ Millionen erfahren
hatte, und dass der Gesammtnotenumlauf Ende Mai 1873 die
höchste bis dahin je gekannte Ziffer von $719^{.}_{32}$ Millionen auf-
wies. Eine weitere Vergleichung des Standes von Ende Juni
1873 mit jenem von Ende Dezember 1872 zeigt, dass das
Escomptgeschäft innerhalb dieser Zeit eine Zunahme um
$13^{.}_{18}$ Millionen, das Leihgeschäft sogar eine Zunahme um
$17^{.}_{10}$ Millionen erfahren hatte. Zumal die Ziffern des Escompte
und Lombard am Schlusse der Monate Mai und Juni im Entgegenhalte zu den entsprechenden Ziffern am Schluss des
Monates April veranschaulichen die materielle Leistung der
Nationalbank während der kritischen Wochen der genannten
2 Monate. Wenn bei dieser Vergleichung unter Einem auch
die auffallende Erscheinung zu Tage tritt, dass die Zunahme,
welche Escompte und Lombard Ende Juni 1873 zusammen auf-
wiesen, beträchtlich mehr ausmacht, als jene Summe, um
welche der Banknotenumlauf innerhalb derselben Zeit sich
vermehrt hat, so liegt die Erklärung dafür zunächst in dem
Umstande, dass eine Reihe der grösseren Bankinstitute während der Krisis beträchtliche Summen in Banknoten als Reserve bei der Nationalbank auf Giroconto erlegt hatten, und
dass die Nationalbank diese Notenbeträge, welche zeitweilig
eine Höhe von nahe 15 Millionen Gulden erreichten, in ihre
regelmässigen Geschäfte wieder zur Verausgabung gebracht hat.

Einen noch genaueren und mit Rücksicht auf die am
13 Mai erfolgte Suspension der Bankacte auch sonst noch
höchst lehrreichen Ueberblick über die Gestion der Nationalbank, über die Bewegung des Banknoten-Um-
laufs, sowie der einzelnen Geschäftszweige der Bank und
ihrer Notenreserve vermag uns eine Zusammenstellung der
einzelnen Wochenausweise während des mit 30. Juni 1873 ab-

schliessenden dreimonatlichen Zeitraumes zu gewähren, eine Zusammenstellung, wie wir sie hier folgen lassen:

	Noten-Umlauf	Metall-schatz	Devisen	Es-compte	Dar-lehen	Fällige Passiva	Noten-Reserve	Zins-fuss
31. März	298·0	142·6	4·8	153·8	26·3	11·4	44·0	5°/o
9. April .	313·1	142·7	4·7	160·5	27·1	—	29·6	—
16. „	313·9	142·7	4·8	159·9	27·2	—	28·8	—
23. „	311·4	142·5	4·0	160·7	27·1	—	31·0	—
30. „	315·6	142·7	4·7	161·1	28·9	2·8	27·1	—
7. Mai	321·2	143·1	4·3	167·0	27·9	—	21·9	—
14. „	329·8	143·1	4·3	173·5	32·4	—	13·3	—
21. „	344·5	143·1	4·3	187·4	38·8	—	1·4	—
28. „	342·5	143·1	4·3	187·7	42·4	—	0·5	—
31. „	340·6	143·1	4·3	184·9	43·0	13·9	2·5	—
4. Juni	342·3	143·1	4·3	185·5	44·5	—	0·8	—
11. „	335·8	143·3	4·3	182·4	44·0	—	7·5	—
18. „	333·7	143·3	4·3	180·2	45·5	—	9·5	—
25. „	334·2	143·3	4·2	181·1	45·0	—	9·1	—
30. „ . . .	338·5	144·1	5·8	180·3	46·1	24·4	5·8	—

Wir erinnern diesen Ziffern gegenüber vor Allem daran, dass, da die Suspension der Bankacte am 14. Mai zur Publication gelangte, der Wochenausweis vom 21. Mai der erste war, in welchem die Wirkung dieser Maassregel zu Tage treten konnte. Die beiden Wochen, welche mit dem 21. und 28. Mai abschlossen, waren demnach diejenigen, in welchen der Notenumlauf und mit ihm auch das Portefeuille der Bank den höchsten Stand erreicht hatten, von welchem Zeitpunkt an sie, wenn auch nicht gerade sehr beträchtlich, in Abnahme waren, während das Leihgeschäft von dem Moment des Ausbruchs der Krisis bis zum Schluss des Semesters unaufhaltsam in stetiger Progression zunahm.

Ein darüber hinausreichendes Interesse knüpft sich aber an jene Ziffern dieser Zusammenstellung, welche den Stand der Notenreserve in den einzelnen Wochen seit der Suspension der Bankacte darstellen. Wie diese Ziffern in obiger Zusammenstellung aufeinanderfolgen, könnten sie, für sich allein

betrachtet, zu der Annahme führen, als hätte es überhaupt
keinen Moment gegeben, in welchem nicht innerhalb der
durch die Bankstatuten vorgezeichneten Notenbedeckung eine
Reserve vorhanden gewesen wäre. Diese Annahme wäre
nun allerdings eine irrige. Thatsächlich kam, wenn man die
Ziffern der Bankausweise, wie dies bis dahin auch jederzeit
geschehen ist und anders gar nicht geschehen kann, auch
weiter vom Standpunkt des §. 14 der Bankstatuten beurtheilt,
der Effect der Suspensation der Bankacte nur Einmal und
zwar in dem Wochenausweis vom 21. Mai ziffermässig zum
Ausdruck. Dieser Ausweis zeigte bei einem Metallschatz von
143'₁ Millionen einen Notenumlauf von 344'₅ Millionen; an
diesem Tag war demnach die Bedeckungsnorm, wie der §. 14
der Bankstatuten sie vorgezeichnet hatte, alterirt, mit anderen
Worten, es waren um 1'₁ Millionen mehr Noten im Umlauf,
als bei Einhaltung des §. 14 der Bankstatuten hätten im Umlauf sein können. Keiner der seither publicirten, bis Ende
Juni reichenden Wochenausweise trug weiter diese Physiognomie; mit andern Worten, es war von da ab bis zum 30. Juni
die Bedeckungsnorm des §. 14 der Bankstatuten factisch eingehalten. Es folgt daraus keineswegs, wie man etwa glauben
könnte, dass die Nationalbank von dem ihr durch die k. Verordnung vom 13. Mai ertheilten Rechte der Mehremission
über die Grenzen des §. 14 der Bankstatuten hinaus keinen
oder etwa nur einmal und zwar in der Woche, welche mit
dem 21. Mai abschloss, Gebrauch gemacht habe. Soweit, als
die Nationalbank ging, soweit, ihre Notenreserve bis fast auf
Null zu reduziren, konnte sie eben nur darum gehen, weil
ihr das Recht der Ueberemission ertheilt worden war und
sie in jedem beliebigen Augenblicke von diesem Rechte Gebrauch machen konnte. Das ist, vom Standpunkte desjenigen
beurtheilt, der die Bankausweise vor sich hat und sie dem
§. 14 der Bankstatuten entgegenhält, der wirkliche Effect der
Maassregel vom 13. Mai. Der Auffassung aber, dass dem
durch die Bankausweise jeweilig constatirten Notenumlaufe
der variable Stand der stets fälligen Passiva, sowie die

Summe der offenen, d. h. unbenützten Dotationen hinzuzurechnen, und erst dieser, als eventueller in Betracht kommende, nicht aber der factische, durch die Bankausweise constatirte Notenumlauf als Grundlage bei Beurtheilung des Effectes der Suspension der Bankacte in Anwendung zu kommen habe [1]), vermöchten wir uns nicht anzuschliessen. Ein „eventueller" Notenumlauf kann nicht wohl etwas anderes sein als eine Sache des Kalküls der Bankverwaltung und diese handelt von ihrem Standpunkt aus ganz correct, wenn sie bei ihrer Notenausgabe ihre schwebenden. jederzeit fälligen Verbindlichkeiten, sowie die Möglichkeit einer Inanspruchnahme bis dahin unbenützter Dotationen im Auge behält; ausserhalb der Bankverwaltung können lediglich die jeweiligen Bankausweise, kann auch nur die Summe der factisch hinausgegebenen Noten als für die Beurtheilung maassgebend erscheinen. Diese Verschiedenheit der Auffassung lässt sich beiläufig dahin präzisiren, dass die Bankverwaltung neben dem wirklichen Notenumlauf auch mit jenen Summen rechnet, welche möglicher Weise hätten zur Ausgabe gebracht werden müssen, während uns die richtige Anschauung die zu sein scheint, dass es sich lediglich um jene Notensummen handeln könne, welche factisch zur Ausgabe gelangten und innerhalb der Grenze des §. 14 nicht hätten hinausgegeben werden können. Ist diese letztere Anschauung, wie wir glauben, die richtigere — wohlgemerkt, nicht für die Beurtheilung dessen, was die Bank für das Creditbedürfniss in Oesterreich-Ungarn innerhalb der betreffenden Zeit geleistet hat, sondern für die Beurtheilung des Umfanges, in welchem die Suspension der Bankacte thatsächlich zur Geltung gekommen ist — dann können wir nicht anders, als die für die Beurtheilung der k. Verordnung vom 13. Mai höchst wichtige, von uns bei anderer Gelegenheit noch näher zu beleuchtende Thatsache constatiren, dass bis 30. Juni

---

[1]) Vergl. Nro. 60 der namentlich in Sachen der Nationalbank wohlorientirten, gehaltvollen Wochenschrift „Der Tresor" (Jahrgang 1873).

nur um 1,4 Millionen fl. Noten mehr in den Verkehr
gelangt sind, als ohne jene Verordnung in den Verkehr hätten gelangen können, und dass auch dieser
Effect auf die dem Erscheinen der Verordnung vom 13. Mai
unmittelbar gefolgte Woche beschränkt blieb, seither aber
und bis zum Schluss des Semesters nicht wieder hervorge-
treten ist.

Die gesteigerte Thätigkeit, welche die Nationalbank im
ersten Semester des Jahres 1873 entwickeln zu können in der
Lage war, kam allerdings auch dem Institute und seinen
Actionären zu statten. Die Nationalbank schloss ihre Bilanz
für das 1. Semester 1873 mit einem Erträgniss von 6,455.153 fl.,
welches Erträgniss jenes der analogen Periode des Vorjahres
um mehr als 1 Million Gulden überstieg, und die Bankverwaltung konnte am 1. Juli den Semestralcoupon der Bankactien mit einem Betrage von 30 fl. per Actie, entsprechend
einer 10°/₀ Verzinsung des Actiencapitals einlösen und überdies, ausser einer Quote für den Reservefond in der Höhe
von 281.823 fl., noch einen Gewinnrest von nahe 300.000 fl.
auf das zweite Semester des laufenden Geschäftsjahres übertragen.   Inmitten einer Situation allgemeiner Muthlosigkeit
und allseitigen Misscredites stand die österreichische Nationalbank als ein Creditinstitut da, materiell ertragsfähiger und
ertragsreicher, als sie seit einem Decennium gewesen; ungleich wichtiger und bedeutsamer aber als diese ihre materiell
günstige Position hatte sich die moralische Position gestaltet,
welche ihr von allen Seiten zuerkannt wurde, als das erste
Semester des Jahres 1873 zu Ende ging. Die an der nächsten
wirthschaftlichen Zukunft Oesterreichs schier verzweifeln
mochten, klammerten sich, Vertrauen gewinnend, an den Gedanken, dass ein Land nicht am Ende seiner öconomischen
Entwickelung stehen könne, in welchem inmitten einer Krise, wie
die, die es eben durchzumachen hat, ein Centralcreditinstitut
wie die österreichische Nationalbank dasteht, fester und con-
solidirter, denn je vorher.

Mit dem Ausbruch und dem Verlauf der Krisis im ersten Semester 1873 steht der bedeutsame Wechsel im Zusammenhang, welcher sich in dem Verhältnisse Ungarns und seiner Regierung zur österreichischen Nationalbank vollzogen hat. Bei Ausbruch der Krisis hatte man sich in Ungarn dem Wahn hingegeben, als würde das Land, wenn auch nicht von der Katastrophe völlig verschont, doch nicht unmittelbar in dieselbe hineingezogen werden. Bald genug wurde dieser Wahn zerstört, die Krisis verpflanzte sich auf ungarisches Gebiet, in ihrem Gefolge griffen, nachhaltiger noch als in den diesseitigen Ländern, allmählig Misstrauen und Creditlosigkeit Platz. In dieser Situation, deren bedenklicher Charakter durch gleichzeitig aufgetretene Meldungen über den ungünstigen Stand der zu erwartenden Ernte nur noch verschärft wurde, wurde die Nationalbank für Ungarn geradezu Retterin in der Noth. Die ungarischen Regierungsmänner, bis dahin scheu jeder unmittelbaren Verständigung mit der Verwaltung der österreichischen Nationalbank ausweichend, setzten sich nunmehr unmittelbar mit derselben in Verkehr und die Verwaltung der Nationalbank kam, wie selbst ungarische Stimmen rückhaltslos constatirten, den an sie gerichteten Wünschen bereitwilligst entgegen. Die Nationalbank lieferte von da ab thatsächlich den Beweis, dass sie geneigt sei, den berechtigten Creditansprüchen Ungarns Genüge zu thun und vor allem Anderen dafür zu sorgen, dass jene Dispositionen, welche ihr durch die Suspension der Bankacte ermöglicht worden waren, auch dem Handel und der Industrie Ungarns zu Gute kommen. Wie sehr Ungarn in dieser Zeit auf die Thätigkeit der Nationalbank daselbst und auf deren Unterstützung angewiesen war, das kam in der seit der wiedererlangten staatlichen Selbstständigkeit nicht mehr vorgekommenen Erscheinung zum Ausdruck, dass aus allen Theilen Ungarns, aus grossen Städten und kleinen Orten Deputationen nach Wien kamen, welche nicht blos die Hilfe der Nationalbank unmittelbar erbaten, sondern zum nicht geringen Aergerniss der Chauvinisten

auf der Linken des ungarischen Unterhauses sogar beim
österreichischen Finanzminister vorsprachen, um dessen befür-
wortende Intervention bei der Bankverwaltung zu erwirken.
Zum ersten Male, seitdem zwischen Oesterreich und Ungarn
der Bankstreit schwebte, bekannte man auf diese Weise
durch unzweideutige Thatsachen, dass Ungarn die Nationalbank brauche, dass es sie nicht entbehren könne. Alle Contro-
versen über den Rechtsbestand der Bankacte in Ungarn
schienen mit einem Male vergessen. Man redete von der
Nationalbank und mit ihr, als wäre niemals versucht worden,
ihr Privilegium für Ungarn anzufechten, man erinnerte sich
auch nicht mehr des jahrelang gehegten und gepflegten Pro-
jectes einer selbstständigen ungarischen Zettelbank, man war
froh, dass die österreichische Nationalbank auch in Ungarn
fungirte und freute sich, dass sie sich diesen Functionen nicht
nur nicht entzog, sondern ihnen auch eine ganz ansehnliche
Ausdehnung gab — mit einem Worte, die Noth hatte Ungarn
mit einem Male gelehrt, alte Vorurtheile zu überwinden und
auch der österreichischen Nationalbank gegenüber Gerechtigkeit walten zu lassen.

In der That hatte man in Ungarn allen Grund mit der
Thätigkeit zufrieden zu sein, welche die österreichische
Nationalbank während der kritischen · Periode am Schluss des
ersten Semesters 1873 daselbst entwickelte. Die Ausweise
über den Gesammtumsatz der Bank im Escompte-
und Darlehensgeschäft vom 1. Januar bis 24. Juni 1873
zeigen folgende Ziffern:

a) Im Escompte: Mill. fl.

 Gesammt-Escompte der Bank bis 24. Juni , 426·68

 Davon beim Centrale Wien .   226·33

  bei den gesammten Filialen .   200·35

  bei den ungarischen Filialen allein   76·65

  bei der Pester Filiale allein . . . . 64·37

b) Im Lombard:

Gesammt-Lombard der Bank bis 24. Juni	63·72
Davon beim Centrale Wien . .	26·30
bei den gesammten Filialen	37·42
bei den ungarischen Filialen allein	19·56
bei der Pester Filiale allein	17·28

Es betrug demnach der Antheil der ungarischen Filialen an dem Umsatze bei allen Filialen zusammen (abgesehen vom Centrale Wien) am 24. Juni 1873: Im Escompte 38 %, im Darlehensgeschäfte 52 %.

Eine damit im Einklange stehende Nachweisung ergibt sich aus folgender Vergleichung des Standes des Escompte- und Darlehensgeschäftes:

a) Escompte:

	Millionen Gulden.	
	Stand Ende Januar 1873	Stand am 24. Juni 1873
Gesammt-Escompte	168·77	181·81
Davon im Centrale Wien .	105·95	110·32
bei den ungarischen Filialen .	27·82	33·10
bei der Pester Filiale allein	23·60	28·26

b) Lombard:

Gesammt-Lombard	28·61	45·63
Davon im Centrale Wien .	8·56	21·44
bei den ungarischen Filialen .	7·47	9·38
bei der Pester Filiale allein . .	4·99	6·37

Als Beweismittel noch werthvoller ist die folgende vergleichende Zusammenstellung des Standes der Dotationen der ungarischen Filialen:

Dotationen
am 24. Juni 1873.

		Escompte	Darlehen
		Gulden	
Agram:	. ,		600,000.
Debreczin:	Allgemeine Dotation	1,000,000.	350,000.
	Separat-Credit für ein		
	Indust.-Etabliss.	100,000.	
Fiume:	Allgemeine Dotation	1,650,000.	150,000.
	Separat-Credit für ein		
	Indust.-Etabliss.	100,000.	
Hermannstadt:	Allgemeine Dotation	410,000.	300,000.
Kaschau:	. . . . . .		600,000.
	Separat-Credit für ein		
	Credit-Institut		100,000.
Kronstadt:	Allgemeine Dotation	979,000.	200,000.
Pest:	Allgemeine Dotation	19.875,000.	5,000,000.
	Cumulativ.-Dotat. für		
	Escpt. u. Darlehen	6,000,000.	
	Separ.-Cred. f. versch.		
	Pester Cred.-Instit.	6,100,000.	
	Separ.-Dot. f. Arader		
	Credit-Institute	450,000.	
	Separ.-Dot. f. Essegger		
	Credit-Institute	300,000.	
Temesvár:	Allgemeine Dotation	2.287,000.	600,000.
	Separ.-Cred. f. versch.		
	Credit-Institute	470,000.	300.000.
		39,721,000.	8,200,060.

Vergleicht man damit den Stand der
Dotationen pr. Ende März 1873 mit   32,170,000.   7,900,000.
so ergibt sich als Vermehrung bis
zum 24. Juni . . . .   7,551,000.   300,000.

Mit den Daten, welche wir hier angeführt, sind im Uebrigen
da sie eben nur bis zum 24. Juni 1873 reichen, die erhöhten
Leistungen der österreichischen Nationalbank für Ungarn

keineswegs erschöpft; seither ist nicht bloss eine weitere
Gewährung von Specialcrediten für einzelne ungarische Institute erfolgt, sondern die Nationalbank hat dem in Pest
nach Muster des Wiener Aushilfscomité's gebildeten Ungarischen Aushilfscomité Geldmittel ausserdem in einer Höhe von
6 Millionen Gulden zur Verfügung gestellt.

Der so eingetretene, beiden Theilen günstige Wechsel in
dem Verhältnisse Ungarns zur österreichischen Nationalbank
hat seine Wirkung nicht verfehlt und zumal die ungarische
Regierung vermochte sich dem Eindruck dieser Veränderung
nicht zu entziehen. Thatsächlich hat die Bankfrage und mit
ihr der Bankstreit zwischen Oesterreich und Ungarn dermalen
infolge jenes Wechsels den Character der Leidenschaftlichkeit
verloren, hüben wie drüben hat in dieser Richtung eine ruhigere
Auffassung der Dinge Platz gegriffen und mit grösserer
Wahrscheinlichkeit denn je zuvor darf man jetzt von der
Eventualität eines friedlichen Ausgleichs in Bezug auf den
Bankstreit und einer friedlichen Lösung der Bankfrage überhaupt sprechen.

In deutlicher Weise kam dieser günstige Wechsel der
Dinge in der Erklärung zum Ausdrucke, mit welcher der
ungarische Finanzminister v. Kerkapolyi eine an ihn in der
Sitzung des ungarischen Unterhauses vom 6. Juni 1873 gerichtete Interpellation beantwortete. In dieser Interpellation
war die Forderung erhoben worden, dass der ungarische
Finanzminister die Nationalbank verständigen möge, dass es,
falls sie ihr Privilegium in Ungarn noch ferner ausüben wolle,
ihre Pflicht sei, Ungarn einen Credit einzuräumen, der sich
zu dem den österreichischen Ländern gewährten Credite wie
30 zu 70 verhalte und wurde der Finanzminister weiter gefragt, ob er für den Fall, als die Nationalbank auf diese
Forderung nicht eingehen sollte, mit der sofortigen Errichtung
einer ungarischen Nationalbank oder mit Ausgabe von Staatsnoten vorzugehen gedenke? In Beantwortung dieser von der

Linken des ungarischen Unterhauses ausgegangenen, unter
den obwaltenden Verhältnissen geradezu thörichten und gerade
darum mit der Gesammtpolitik dieser Partei allerdings harmonirenden Interpellation erklärte der ungarische Finanzminister, dass allerdings später, wenn es sich um die definitive
Regelung der Bankfrage handeln werde, für die Bemessung·
des ungarischen Antheils an dem von der Nationalbank zu
gewährenden Crediten die im Quotenverhältnisse ausgedrückte
finanzielle Leistungsfähigkeit der beiden Reichstheile einen
passenden Maassstab werde abgeben können. Das sei aber
Sache der Zukunft und vorläufig wäre es gefährlich, den
Missbrauch des Credits durch eine willkürliche Erweiterung
desselben zu befördern. Uebrigens habe die Nationalbank in
liberalster Weise den Forderungen Ungarns genügt und seit
Ausbruch der Krisis habe sie die im ungarischen Escompte-
und Darlehengeschäfte verwendeten Gelder um mehr als
30 % vermehrt. Es sei also zu den in jener Interpellation erhobenen Forderungen durchaus kein Anlass vorhanden. Dem
in der Interpellation erwähnten Mittel einer Emission von ungarischen Staatsnoten gegenüber, so erklärte der ungarische
Finanzminister weiter, sei vor Allem zu bedenken, dass dieses
Mittel schlimmere Folgen nach sich ziehen könne, als jenes
Uebel, gegen welches es in Anwendung gebracht werden
solle. Zudem sei auch eine einseitige Ausgabe von Staatsnoten durch die Ausgleichsgesetze ausgeschlossen. Ohne jede
Gegenbemerkung wurde diese Erklärung vom ungarischen
Unterhause zur Kenntniss genommen. Wenige Monate vorher
hätte Ungarn's Finanzminister es kaum über sich gebracht,
der Nationalbank gegenüber solch eine Sprache der Unbe-
fangenheit und der Gerechtigkeit zu führen und noch weniger
hätte er in Ungarn innerhalb des Parlaments und ausserhalb
desselben für solche Worte der Nüchternheit und Wahrheit
auf Zustimmung und Billigung rechnen können.

Hoffen wir, dass dieser für alle Theile vortheilhafte Um-
schwung nicht in nächster Zeit einer neuen Phase jenes un-

heilvollen Kampfes weichen werde, welcher zur offenbaren
Schädigung der Interessen Aller nun schon bald sechs Jahre lang
währt. Definitive Verhandlungen zwischen den Regierungen
der beiden Reichshälften in Bezug auf die Bankfrage sollen
demnächst beginnen. Möge der Geist der Zusammengehörig-
keit und das Gefühl des Rechts sie begleiten, auf dass der
für die Monarchie so bedeutungsvollen Bankfrage eine gedeihliche Lösung werde und vor Allem der unselige Bankstreit
sein Ende finde!

Drittes Buch.

Der Bankstreit in Oesterreich-Ungarn.

XI.

ZUR KRITIK DES OESTERREICHISCH-UNGARISCHEN BANKSTREITES.

„Nicht Banken nach amerikanischem Muster, nicht endloses
Papiergeld, nicht einmal mehr als wir gegenwärtig haben, will ich
befürworten, sondern das Vorhandene auf die möglichst solide
Grundlage gestellt; besseres Papiergeld, welches gegen Schwankungen
gesichert, und, durch Einrichtungen, die eine möglichst rasche und
befruchtende Circulation ermöglichen, unterstützt und gefördert wird
— das ist es, was ich wünsche.‟

> Graf Emil Desewffy: Ueber die schwebenden österr. Finanz-
> fragen, 1856.

I.

DIE BANKACTE IN UNGARN.

Angelegenheiten staatswirthschaftlicher und finanzieller
Natur, wenn sie in anderen Ländern auf die Tagesordnung
gelangen, erfahren dort, zumal dann, wenn sie Jahre hindurch
in der Schwebe waren, jene streng sachliche, wissenschaftliche,
dem politischen Parteigetriebe möglichst entrückte Behandlung, welche sie, wenn ihre Lösung eine gedeihliche sein soll,
unbedingt fordern. Die Einen erörtern sie vom Standpunkte
der Theorie, die Anderen vom Standpunkte der Praxis, Politik
aber und Staatsrecht spielen nur selten mit hinein, werden
zum Mindesten nicht in erster Reihe in Betracht gezogen.
Die Erörterung und Behandlung der Bankfrage, wie sie beispielsweise gegenwärtig im deutschen Reiche auf der Tagesordnung steht, giebt uns dafür einen zeitgemässen Beleg.
Ihr Zusammenhang mit der grossartigen Neugestaltung
Deutschlands auch auf politischem Gebiete kann von Niemand
verkannt werden. der das deutsche Geld- und Zettelwesen,
wie es das neue Reich vorgefunden hat, nur einigermaassen

kennt. Gleichwohl verliert dort die Discussion der Bankfrage, sowohl in den dazu berufenen Körperschaften, wie in der Publicistik, kaum einen Augenblick lang ihren streng sachlichen Character, gleichwohl dienen dort politische Rücksichten höchstens als Argumente, selten als Motive, niemals als Ausgangspunkte oder Voraussetzungen. Ganz anders liegen leider auch in dieser Richtung die Dinge in Oesterreich. Wie jede andere Frage, die mit dem politischen Staatswesen irgend welchen Berührungspunkt hat, so trägt auch die Bankfrage, wie sie derzeit auf unserer Tagesordnung steht, ein ganz eigenartiges, specifisch österreichisches Gepräge und in der Geschichte dieser Frage, wie in dem Stadium, in welchem sie sich heute befindet, spiegelt sich getreu das Missgeschick dieser Monarchie ab, in der jedwede öffentliche Angelegenheit von Vornherein dazu verurtheilt ist, Objekt eines politischen Kampfes zu werden. Die anerkanntesten Autoritäten auf dem Gebiete der Bankpolitik kämen in Verlegenheit, wenn sie über die österreichisch-ungarische Bankpolitik von heute und über das, was auf diesem Gebiete demnächst zu thun wäre, ein objektives, fachmännisches Gutachten abgeben sollten. Kein Zweifel, sie müssten sich für diesen Fall incompetent erklären, denn unsere Bankfrage ist nicht das, was man gewöhnlich darunter versteht, eine Frage der Bankpolitik, wie die übrige Welt sie kennt, sondern sie ist Allem zuvor eine specifische Frage österreichisch-ungarischer Politik und österreichisch-ungarischen Staatsrechts. Auf Schritt und Tritt möchte jeder Fachmann da auf Schwierigkeiten und Hindernisse stossen, wie sie ihm in keinem anderen Lande der Welt entgegentreten dürften und er müsste wohl zu dem Bekenntnisse gelangen, dass die Lehre von dem Bankwesen auf das, was in Oesterreich-Ungarn vor Allem Anderen nothwendig erscheine, eben nicht eingerichtet sei. Riethe uns der Mann beispielsweise die Etablirung oder Aufrechterhaltung eines einzigen Centralzettelemissions-Institutes für die ganze österreichisch-ungarische Monarchie, die ja doch Ein grosses Verkehrsgebiet bilde, dann müsste man ihn darauf verweisen,

dass dieses Verkehrsgebiet mit den seit Jahren immer ausgesprochener hervortretenden Tendenzen selbstständiger ungarischer Bankpolitik zu rechnen habe. Riethe uns der Mann
allem Anderen zuvor unsere Landeswährung zu ordnen und
zu stabilisiren, dann müsste man ihn darauf verweisen, dass
das bei uns weder eine streng wissenschaftliche noch eine
streng finanzielle Frage sei, vielmehr ein Problem zum guten
Theile politischen Characters, da ja einer Lösung dieses
Problems eine Auseinandersetzung zwischen beiden Hälften
der Monarchie in Bezug auf die grosse Schuld des Staates
an die Bank und, was noch wichtiger ist, in Bezug auf die
schwebende gemeinsame Staatsschuld vorausgehen müsste.

Schwieriger und bedenklicher, als sonst irgendwo in der
übrigen Welt, stellt sich demnach die Lösung der Bankfrage
bei uns in Oesterreich dar, und derjenige, der sich mit ihr zu
beschäftigen versucht, kann besseres nicht thun, als damit
beginnen, die politische Seite der österreichisch-ungarischen
Bankfrage zuvor von der wirthschaftlichen Seite derselben
zu trennen, die österreichisch-ungarische Bankfrage zunächst
das Sieb der politischen Auseinandersetzung passiren zu
lassen. Dem Versuche in dieser Richtung seien die folgenden
Ausführungen gewidmet.

Allem zuvor gilt es sich der Frage zuzuwenden, wie es
denn um die Vorgeschichte der Behauptung stehe, dass die
Bankacte vom Jahre 1862 des Rechtsbestandes in
Ungarn entbehre. Dieser mangelnde Rechtsbestand gilt
seit Jahren in Ungarn als Dogma. Auf politischem Gebiete
giebt es aber keine Dogmen, sondern nur ein gesetzliches
Recht, oder ein Recht der Thatsachen. Nun mag die Thatsache immerhin eine unbestreitbare sein, dass das geschriebene
ungarische Recht ein Gesetz in Bezug auf die österreichische
Nationalbank nicht kennt. Was aber war in jenem Staats-
gebiete, welches heute den Titel österreichisch-ungarische
Monarchie führt, Rechtens, bevor die Bankacte vom Jahre
1862/3 erlassen wurde? Es bestand dazumal der Absolutismus,
und sein Erbe trat der Reichsrath an, welchem auf Grund

des Oktoberdiploms und der Februar-Verfassung die Rolle
eines Vertretungskörpers für das g a n z e Staatsgebiet übertragen worden war. Dieser Reichsrath, der Erbe des Absolutismus, welcher bis dahin bestanden hatte, schuf im Vereine
mit jenem Factor der Gesetzgebung, mit dem Kaiser von
Oesterreich, welcher damals schon wie heute faktisch König
von Ungarn war, die Bankacte vom Jahre 1862. Aber, heisst
es von drüben her, die ungarische Legislative habe dabei
nicht mitgewirkt, und ohne ihre Zustimmung konnte für Ungarn Bindendes nicht geschaffen werden. Stellt man die
Sache so, wird der Rechtsbestand alles dessen, was vor
dem im Jahre 1867 geschlossenen Ausgleiche von Wien aus
für und in Ungarn geschehen ist, negirt, hat gewissermaassen
die Rechtsgeschichte Ungarns in Bezug auf die Gesammt-
monarchie im Jahre 1849 aufgehört, um erst im Mai 1867 wieder anzufangen, dann hat es immerhin ein ganz besonderes
Interesse, sich ein wenig nach den Consequenzen umzusehen,
welche eine solche Rechtsauffassung für Ungarn selbst unter
Umständen haben könnte. Vor allem Anderen müsste Ungarn sich beeilen, all die Eisenbahnen' in einer Ausdehnung
von beiläufig 295 Meilen, welche v o r 1867 in Ungarn gebaut
worden sind, mit möglichster Beschleunigung aus dem Lande
zu schaffen, denn auch bei dem Baue dieser Eisenbahnen hat
eine ungarische Legislative auf Grund der ungarischen Verfassung nicht mitgewirkt; ja es hätte auf Grund dieser Rechtsauffassung alles, was in den Ländern der ungarischen Krone
ohne Mitwirkung der ungarischen Legislative geschaffen worden ist, so rasch wie möglich beseitigt und der Vergessen-
heit anheim gegeben werden müssen. Derlei ist indess, wie
männiglich bekannt, nicht geschehen. Ungarn erfreut sich
heute noch des Besitzes all der Eisenbahnen, all der Strassen,
all der öffentlichen Bauten u. s. w., welche in der Zeit bis
1867 hergestellt worden sind; ja der ungarische Reichstag
hat, nachdem die ungarische Verfassung wieder hergestellt
war, keine der vielen Gelegenheiten wahrgenommen, um dagegen zu protestiren, dass der österreichische Reichsrath es

gewesen ist, welcher im Jahre 1864 aus den Mitteln der diesseitigen Länder für Ungarn ein Nothstandsdarlehen in der
Höhe von 25 Millionen fl. flüssig gemacht hat. Man hört sogar Interpellationen aus der ungarischen Delegationsstube,
welche, wie die Interpellation in Betreff einer Zahlung der
Südbahn an die diesseitige Finanzverwaltung, in Verträgen
ihren Ausgangspunkt haben, welche viel älteren Datums sind,
als die Wiederherstellung der verfassungsmässigen Selbstständigkeit Ungarns. Ja man könnte sogar vielleicht noch
viel weiter gehen und die Frage aufwerfen, welchen Antheil
denn Ungarn an den Centralactiven, welche das Ausgleichs-
Jahr 1867 vorfand, habe, nachdem ja doch die Centralactiven,
wie historisch weiter gar nicht festgestellt zu werden braucht,
nicht aus der Zeit vor 1849 herrühren? Der Einwand der
mangelnden Zustimmung der ungarischen Legislative kann
doch unmöglich so gemeint sein, dass Ungarn ihn dort erheben kann, wo es ihm gerade passt, dagegen ihn fallen lassen
kann, dort wo sein materieller Vortheil damit verknüpft ist.

Handelt es sich nun um die österreichische Nationalbank
und um den Rechtsbestand der Bankacte, dann steht vollends
die vielsagende und schwerwiegende Thatsache unanfechtbar
da, dass die ungarische Gesetzgebung auch mit dem Bankprivilegium, resp. den Bankstatuten vom Jahre 1841, deren
Fortsetzung das Privilegium vom Jahre 1862/3 war, nichts zu
thun hatte, dass die Nationalbank als „Oesterreichische
Nationalbank" faktisch seit 56 Jahren in Ungarn functionirt,
dass die Noten dieser Nationalbank in Ungarn unangefochten,
zu jeder Zeit als gesetzliches Zahlungsmittel gegolten haben,
und bis zu dieser Stunde noch gelten. Wenn die Bankacte
vom Jahre 1862 in Wirklichkeit jedes Rechtsbestandes in Ungarn so ganz bar gewesen und heute noch ist, dann darf
man wohl fragen, mit welchem Rechte die Noten dieser Bank
in Ungarn circuliren, mit welchem Rechte sie dort den
Zwangscours nicht etwa blos bis 1867 genossen haben, sondern seitdem auch weiter noch geniessen? Bei irgend einem

Anlasse, oder, wenn ein solcher Anlass fehlte, aus freiem An-
triebe zur Wahrung dieses angeblichen Rechtsstandpunktes
hätte die ungarische Legislative oder hätten doch mindestens
die ungarischen Gerichte die Gelegenheit wahrnehmen sollen,
diesem Rechtsstandpunkt auch formell Ausdruck zu geben.
Das ist indess bis heute noch nicht geschehen. Keine einzige
Erklärung der ungarischen Legislative in der Richtung, dass
das Bankprivilegium in Ungarn rechtsunwirksam sei, liegt bis
zu dieser Stunde vor und was die ungarischen Gerichte betrifft, so hat zwar in jüngster Zeit erst die ungarische Curie
als Cassationshof anlässlich eines gemeinrechtlichen Falles
erkannt, dass, da die Bankstatuten in Ungarn keine gesetzliche Geltung hätten, die Nationalbank gleich jedem anderen
Geldinstitute zu behandeln sei, fast zu derselben Zeit aber hat
ein anderes ungarisches Gericht, die Concurs- und
Wechselabtheilung der Pester königlichen Tafel
in einem Concursprocesse den Ausspruch gethan,
die Rechtsgiltigkeit der Statuten der Nationalbank erstrecke sich allerdings auch auf Ungarn.
Analog der letzterwähnten Anschauung der Pester königlichen
Tafel war übrigens auch die Anschauung, welche das seither
aufgelöste Wechselgericht im Jahre 1870 leitete. Zu allem
Ueberflusse darf man sich übrigens in dieser Richtung auch
noch auf die Darlegung eines sicherlich nicht zu Gunsten der
Nationalbank aussagenden Zeugen berufen, auf eine Mittheilung des „Pesti Naplo", des Organs der Deakpartei. In
diesem Blatte wurde im Januar 1873, also vor Kurzem erst,
zugestanden, dass die Frage wegen des Rechtsbestandes der
Bankstatuten in Ungarn keineswegs als eine abgeschlossene
angesehen werden könne. Der Concursrichter in Ungarn, so
führte dieses Blatt aus, sei noch immer verpflichtet, nach den
früheren Gesetzen und Verordnungen vorzugehen; unter den
letzteren befinden sich nun auch mehrere Hofkanzleiver-
ordnungen, welche das ungarische Justizministerium gleich
nach seiner Errichtung bis auf weitere Verfügung ausdrücklich in Kraft beliess, welche Verordnungen, da sie noch

nicht aufgehoben wurden, auch jetzt noch bindend seien. Dies gelte auch, so führte das gewiss vertrauenswürdige ungarische Parteiorgan aus, von jenen zwei Verordnungen der ungarischen Hofkanzlei vom 19. Februar und 13. März 1863, in welchen entschieden ausgesprochen wurde, dass die Geltung der Statuten der österreichischen Nationalbank sich auch auf Ungarn erstrecke. Um aus diesem Wirrwarr herauszukommen, meinte das erwähnte Parteiorgan, müsse man in Ungarn endlich codificiren. Sehr richtig, aber die Schlussfolgerung daraus dürfte vielleicht keine ganz ungerechtfertigte sein, dass diese Thatsache, sowie die einander widersprechenden Urtheile zweier ungarischer Instanzen für alles Andere eher als dafür sprechen, dass die Frage der Rechtsunwirksamkeit der Bankstatuten in Ungarn etwa eine über jeden Zweifel erhabene sei.

Indess überlassen wir es den Rechtsgelehrten den hier gegebenen Daten in ihrer Weise weiter zu folgen, zumal die Erörterung des Kapitels der Rechtscontinuität und ihrer Unterbrechungen nach ungarischen Begriffen auf Wege führt, die abseits liegen von dem Zwecke unserer Darstellung. Nehmen wir vielmehr für eine Weile an, der Rechtsbestand der Bankacte in Bezug auf Ungarn sei wirklich kein feststehender und klar ausgesprochener, so ist der nächste Gedanke, der sich uns aufdrängen muss, der, dass diese mangelnde Klarheit eben nur daher rühre, dass diese Frage bei Abschluss des Ausgleiches im Jahre 1867 eine offene geblieben ist. Einen anderen Standpunkt als diesen können, dürfen und werden die diesseitigen Länder in Bezug auf die Bankfrage auch niemals einnehmen. Jener Ausgleich von 1867 hatte eben das Verhältniss und die Beziehungen der beiden Reichshälften zu einander nach allen Richtungen hin zum Gegenstande, die Regelung in Bezug auf die Staatsschuld gerade so gut wie die Vereinbarung in Bezug auf das Steuerwesen, die Frage der Handelspolitik so gut wie das Rechtsverhältniss in Bezug auf die Eisenbahnen u. s. w. Wer ver-

möchte nun wohl zu behaupten, dass just das Gebiet des
Bank- und Zettelwesens und eben nur dieses Gebiet von den
Objecten jenes Ausgleiches ausgeschlossen gewesen sei und
welche Gründe sollten, ganz abgesehen von den dagegen
sprechenden, unleugbaren Thatsachen, dafür vorhanden gewesen sein, dass, nachdem man sich in Bezug auf alle andern
Punkte damals auseinandergesetzt hat, gerade die Bank- und
Zettelfrage als einer solchen Auseinandersetzung nicht bedürftig oder derselben von vornherein entrückt sollte angesehen
worden sein? In Wahrheit liegen die Beweise in Fülle dafür
vor, dass die Bankfrage von den Objekten des Ausgleiches
eben nicht ausgeschlossen war und dass man den Erörterungen und der Beschlussfassung über diese Frage, zurück-
schreckend vor den mit ihr verbundenen Schwierigkeiten,
lediglich aus dem Wege gegangen war, ihre Lösung einem
späteren, allerdings nicht näher präcisirten Zeitpunkt vorbe-
haltend.

Dass die auf die Bankverhältnisse in den beiden Reichstheilen bezüglichen Angelegenheiten vor Abschluss des Ausgleichspactes auch nach ungarischer Auffassung keineswegs
bereits definitiv festgestellt waren, dafür lieferte schon die für
das Uebergangsjahr 1867 im Monate März 1867 zwischen den
Finanzverwaltungen der beiden Reichshälften gewissermaassen
zur Inauguration des dualistischen Finanzwesens getroffene
Vereinbarung einen ausreichenden Beleg. Im Punkte 18 dieser
Vereinbarung verpflichtete sich der ungarische Landesfinanzminister, später Ministerpräsident Ungarns, Graf Lonyay,
sicherlich nicht ohne sich diesfalls vorher der Zustimmung der
politischen Partei, aus der er hervorgegangen, versichert
zu haben, er werde „die jetzt bestehenden Rechtsverhältnisse
der Nationalbank bis die im Sinne des landtäglichen Commissionsoperates diesfalls vertragsmässig festzustellenden Bestimmungen geregelt sein werden, weder auf administrativem
noch auf legislativem Wege beirren." Die Bestimmungen in
Bezug auf die Nationalbank waren demnach in diesem Stadium ganz offenbar erst „vertragsmässig festzustellen". Zu

dieser vertragsmässigen Feststellung indess kam es nicht, die
Ausgleichsdeputationen, welche im Sommer 1867 tagten, zogen
die Bankfrage gar nicht in den Kreis ihrer Erörterung und
die beiderseitigen Legislativen, welche die Vorschläge der
Ausgleichsdeputation vor Schluss des Jahres 1867 zu ratifi-
ciren hatten, befassten sich mit dieser Frage auch nicht. Die
letztere Thatsache darf wohl als officiell feststehend und
eines Nachweises weiter nicht bedürftig angesehen werden,
und in ersterer Beziehung könnten wir, wiewohl es an Gewährs-
männern dafür nicht fehlt, einen competenteren Gewährsmann
doch wohl nicht anführen als den damaligen ungarischen Finanzminister, späteren ungarischen Ministerpräsidenten Graf
L o n y a y selber, welcher in seiner Rede im ungarischen
Unterhause vom 21. Februar 1872 ausdrücklich erklärte: „Die
Bankfrage wurde von beiden Deputationen ü b e r g a n g e n.“
Nicht anders als Graf Lonyay selber dachte über diesen Punkt
ein zweiter competenter Gewährsmann, der seither verstorbene
Finanzminister Freiherr von B e c k e, der Mann, welcher im
Vereine mit dem Grafen Lonyay die Voreinleitungen für den
später vollzogenen Ausgleich getroffen und die Basis für
denselben vorbereitet hatte. Freiherr von Becke war es,
welcher in einer Note an die Bankdirection, mit welcher die
von der letzteren erhobenen Entschädigungsansprüche
beantwortet wurden — die Note trug das Datum vom
7. Mai 1867, datirt also aus der Zeit v o r dem Zusammen-
tritt der Ausgleichsdeputation — wörtlich erklärte: „. . . . . Es
muss bei dem Umstande als die Angelegenheiten der
pr. österreichischen Nationalbank o f f e n b a r z u d e n d a s g e-
s a m m t e R e i c h b e r ü h r e n d e n g e m e i n s a m e n A n g e-
l e g e n h e i t e n g e h ö r e n und die Behandlung dieser gemeinsamen Angelegenheiten von der Lösung der staatsrechtlichen
Frage abhängt, das nähere Eingehen in die vorliegende Reclamation u. s. w.“ Auch für den Mann, welchem nächst dem
Grafen Lonyay die Hauptschuld oder, wenn man will, das
Hauptverdienst an den Ausgleichsstipulationen von 1867 un-
bestritten gebührt, stand es also fest, dass die Bankfrage

damals eine offene war und auch darüber bestand für ihn kein Zweifel, dass die Nationalbank keineswegs ein ausschliesslich cisleithanisches Institut, dass die darauf bezüglichen Angelegenheiten vielmehr „gemeinsame, das ganze Reich berührende" seien.

Werthvoller aber als all das ist für die Beurtheilung dieses Rechtsverhältnisses jenes lang geheim gehaltene und erst später veröffentlichte, protocollarische Uebereinkommen dto. Vöslau, 12. September 1867, welches die Unterschrift beider ebengenannten Personen, des Freiherrn von Becke und des Grafen Lonyay trägt. In diesem Uebereinkommen, dessen Wortlaut an einer früheren Stelle dieses Buches abgedruckt erscheint (Siehe Seite 319), ein Uebereinkommen, in welchem das k. ungarische Ministerium, also nicht etwa bloss der ungarische Finanzminister für seine Person, sich ausdrücklich verbindlich machte „im Königreiche Ungarn eine Zettelbank nicht zuzulassen", stehen ausdrücklich im Abschnitte 10 die Worte: „in solange als beide Reichstheile im gemeinschaftlichen Einverständnisse nicht neue gesetzliche Bestimmungen über das Bank- und Zettelwesen der österreichischen Monarchie getroffen haben werden ..." Diese Worte, ganz abgesehen vorläufig von dem Werthe dieses Protocolles für die Beurtheilung des angeblich „unanfechtbar" dastehenden Rechtes Ungarns zur Etablirung einer selbstständigen Zettelbank, dürfen doch wohl, und darum zunächst handelt es sich uns hier, als ein weiteres und keineswegs secundäres Beweisstück dafür angesehen werden, dass die Bankfrage damals in der That als eine offene angesehen und behandelt wurde, als eine Frage obendrein, welche sich unter allen Umständen einer einseitigen Lösung durch den einen oder anderen der Reichstheile entziehe und nur „in gemeinschaftlichem Einverständnisse" und durch „gesetzliche Bestimmungen" gelöst werden könne. Einer weiteren Vermehrung all dieser Belege, um zu beweisen, dass die Bankfrage im Jahre 1867 eine offene geblieben sei, bedarf es wohl nicht.

Darf nun aber der Beweis dafür als erbracht angesehen werden, dann folgt daraus mit logischer Nothwendigkeit, dass jene Auseinandersetzung, die da hätte stattfinden sollen, bis zur Stunde aber nicht stattgefunden hat, nunmehr zu erfolgen habe. Wie und auf welcher Basis, das ist die nächste Frage. Auf den Standpunkt aber, dass diese Auseinandersetzung, weil man es in Ungarn so will, gegenstandlos geworden sei, auf den Standpunkt, dass, nachdem es bisher zu Vereinbarungen in Bezug auf die Bankfrage nicht gekommen ist, jener famose Artikel 20 des Zoll- und Handelsbündnisses vom Jahre 1867, bei dessen Abfassung und gesetzlicher Feststellung weder diesseits noch jenseits der Leitha irgend Jemand an die österreichische Nationalbank oder gar an das Zettelbankwesen gedacht hat, nunmehr als diese Bankfrage abschliessend und zugleich den Rechtsbestand der Bankstatuten in Ungarn beseitigend anzusehen sei, auf diesen Standpunkt können und werden die diesseitigen Länder sich nie und nimmer begeben. In Bezug auf die Bankfrage hat nach mehr' als fünfjähriger sträflicher Verschleppung die Auseinandersetzung zwischen den beiden Reichstheilen jetzt erst stattzufinden. Der jenseitigen Reichshälfte bleibt es unbenommen, eine neue Vereinbarung von Bedingungen abhängig zu machen, wie sie ihr eben passen mögen, von Bedingungen noch so weit gehender Natur; doch kann bei Aufstellung dieser Bedingungen, wie bei Berathung über eine neue Vereinbarung überhaupt bei dem heutigen Stande der Dinge und bei dem Umstande, als die Frage des Rechtsstandes der jetzigen Bankstatuten in Ungarn von der Frage der Erneuerung des Ende 1876 ablaufenden Bankprivilegiums überhaupt überholt worden ist, lediglich der mit Ende 1876 beginnende Zeitpunkt ins Auge gefasst werden. Die Politik, heute abermals über ein Provisorium zu berathen und nach langen Berathungen zu beschliessen, welches binnen Kurzem unter allen Umständen durch eine neue definitive Vereinbarung ersetzt werden müsste, wäre geradezu eine verkehrte und an der Etablirung eines solchen Provisoriums hätte wohl keiner der beiden Reichstheile heute ein Interesse. Die Vereinbarung eines Definitivums aber hat Voraussetzungen von der weittragendsten Bedeutung, Voraussetzungen, welche in dem zwischen Oesterreich und Ungarn schwebenden Bankstreite eine bedeutsame Rolle zum Theile schon bis jetzt gespielt haben, eine weit bedeutsamere aber unter allen Umständen demnächst noch zu spielen berufen sein werden. Diese Voraussetzungen, sie fallen zusammen mit der Lösung der Frage der 80-Mill.-Schuld, wie mit der Auseinandersetzung in Betreff der für die Frage der Regelung der Valuta so überaus wichtigen Angelegenheit der gemeinsamen schwebenden Staatsschuld. Diesen beiden Angelegenheiten haben wir nun eine etwas eingehendere Aufmerksamkeit zuzuwenden.

2.

DIE 80-MILLIONEN-SCHULD AN DIE BANK
UND DIE SCHWEBENDE STAATSSCHULD.

Wenn wir von der Frage der 80 Millionen-Schuld sprechen, so dürfen wir hier auf Grund der vorausgegangenen historischen Darstellung die Entstehungsgeschichte dieser Schuld als eine bekannte voraussetzen, zum Mindesten dürfen wir, da diese Angelegenheit in ihrem historischen Verlaufe eine so ausführliche Behandlung erfahren hat, den Leser auf bereits Gesagtes verweisen. Gleichwohl erscheint uns ein gewisses Zusammenfassen des auf diese Angelegenheit bezüglichen Materiales zur Erleichterung ihrer Beurtheilung zweckentsprechend.

„Von der mit dem heutigen Tage bestehenden Gesammtforderung der Bank an den Staat ..... wird ein Betrag von 80 Millionen Gulden ö. W. ausgeschieden und dem Staate von der Bank als ein Darlehen überlassen, für welches der Staat vom ersten Tage des Jahres 1863 an eine jährliche Pauschalsumme

von 1 Million Gulden insofern entrichtet, als u. s. w." Also
lautet §. 4 des Uebereinkommens zwischen der Staatsverwaltung und der Bank vom 3. Jänner 1863, welches einen inte-
grirenden Bestandtheil der Bankacte bildet. Das ist das
Wichtigste in Bezug auf die Entstehungsgeschichte der
80 Millionen-Schuld und nebenbei darf auch wohl der Annahme Ausdruck gegeben werden, dass diese Schuld von
80 Millionen in keinem Falle vom Staate etwa ausschliesslich
für Zwecke der diesseitigen Reichshälfte verwendet worden
ist. Dieser Verwendung lässt sich wohl nicht genau nach-
gehen, aber unter allen Umständen darf behauptet werden
dass die jenseitige Reichshälfte an ihr gerade so participirt
hat, wie die diesseitige. Wie die Bankfrage überhaupt, so
blieb speciell auch die Frage der 80-Millionen-Schuld nicht
bloss in den Vorverhandlungen für den Ausgleich, sondern
auch bei Abschluss des Ausgleichpactes selbst völlig unberücksichtigt, wie die Bankfrage überhaupt, so wurde speciell
auch die Frage der 80-Millionen-Schuld „übergangen".
Der damals begangene Fehler rächte sich bald. Es dauerte
nicht lange und in Ungarn erhoben sich Stimmen mitunter
in halbofficiellen Organen, welche, schüchtern vorerst und
dann immer lauter, Ungarns Mitverpflichtung an dieser Schuld
negirten. Kategorisch und unzweideutig aber proclamirte die
ungarische Regierung durch den Mund des Finanzministers
v. Kerkapolyi erst in der Sitzung des Deákclubs vom
9. Februar 1872 die offene Repudiation dieser Mitverpflichtung.
Die 80-Millionen-Schuld, so declarirte Ungarns Finanzminister,
sei im Jahre 1867 in jene Liste aufgenommen worden, in
welcher die gesammten Staatsschulden specificirt waren, sie
komme dort unter der Rubrik der unverzinslichen Schulden
ausdrücklich vor, sei daher in dem für Ungarn zugesagten
Pauschalbetrage für die Verzinsung der Staatsschuld mit inbegriffen. Ungarn habe nur für Eine Gattung unverzinslicher
Schulden eine Ausnahme zugestanden und diese dann auch
in einem besonderen Gesetze geregelt, nämlich für die durch
die Staatsnoten repräsentirte schwebende Schuld, welche so-

mit die einzige sei, die ausser der Pauschalleistung von Ungarn separat und solidarisch mitgarantirt worden sei.

Diese Erklärungen des ungarischen Finanzministers, diese offene Repudiation begleitete das intime Organ der Deák-partei bald darauf mit den seltsamsten Erläuterungen. Die ungarische Regierung, so bekam man in diesem Blatte zu lesen, könne es nicht gelten lassen, dass, wie diesseits behauptet wird, bei Gelegenheit der Ausgleichsverhandlungen die 80-Millionen-Schuld eine offene Frage geblieben sei. Die ungarischen Ausgleichsgesetze wissen nichts davon, dass die 80-Millionen-Schuld in Schwebe gelassen worden sei. Der 15. Gesetzesartikel von 1867 specificire jene Arten von Staatsschulden, auf welche sich die von Ungarn übernommene Zinsensumme nicht beziehe und dort sei mit keinem Worte der Bankschuld erwähnt. Ueberdies sei die 80 Millionen-Schuld in jener „amtlichen Urkunde" ausdrücklich angeführt, welche, von „Delegirten beider Ministerien" unterschrieben, noch vor der Verhandlung des Gesetzentwurfes über die Staatsschuld unter die Mitglieder der ungarischen Legislative vertheilt worden sei und diese amtliche Urkunde habe bei den Verhandlungen des Reichstages als Grundlage gedient, sei auch der „österreichischen Gesetzgebung vorgezeigt worden".

Welch' eine Begriffsverwirrung! Die ungarischen Ausgleichsgesetze erwähnen mit keinem Worte der Bankschuld, natürlich eben so wenig die diesseitigen Ausgleichsgesetze, welche mit jenen übereinstimmen und daraus soll folgen, dass die Frage nicht in der Schwebe geblieben, sondern dass sie gelöst worden sei, gelöst im Sinne der Nichtverpflichtung Ungarns! Aus der angeführten Thatsache, sollte man meinen, folge das gerade Gegentheil. Nur dann, wenn die beiderseitigen Ausgleichsgesetze eine positive, unzweideutige Bestimmung über die 80 Millionen-Schuld enthalten würden, könnte von einer erfolgten Lösung dieser Frage die Rede sein. In der Thatsache, dass der Schuld in diesem Ausgleichsgesetze nicht erwähnt wird, liegt wohl ein ausreichendes Argument nicht für, sondern gegen die ungarische Auffassung.

Indess ein noch beweiskräftigeres Argument ergiebt sich aus der folgenden Betrachtung: Die österreichische Staatsschuld bestand und besteht aus 2 Hauptkategorien, aus der consolidirten und der schwebenden Schuld. Eine andere Eintheilung als diese hat keiner der officiellen Staatsschuldenausweise je gekannt, noch auch kennt sie ein einziger Ausweis seit dem Bestande des Pactes mit Ungarn. Nun ist es aber doch wohl klar und vom ungarischen Finanzminister selbst auch gar nicht bestritten worden, dass die Pauschalzahlung Ungarns sich lediglich auf die consolidirte Staatsschuld bezieht und nicht minder klar ist doch wohl für Jeden, welcher von der 80-Millionen-Schuld etwas weiss, dass diese ihrer ganzen Entstehung und Natur nach eben keinen Theil der consolidirten, sondern nur der schwebenden Staatsschuld bilden kann. Diese 80 Millionen-Schuld, welche ein rückzahlbares Darlehen der Bank an den Staat repräsentirt, war und ist so recht eigentlich der Typus einer Schuld, welche schwebt und schweben bleibt, so lange sie eben nicht rückgezahlt wird. Bezieht sich nun Ungarns Beitragsleistung lediglich auf die consolidirte Staatsschuld und bildet das 80-Millionen-Darlehen keinen Theil dieser Schuldkategorie, dann kann Ungarn sich auch bezüglich seiner Mitverpflichtung an diesem 80-Millionen-Darlehen nicht ausgeglichen haben, dann kann dieses 80-Millionen-Darlehen keinen Theil jener Schuld bilden, rücksichtlich welcher Ungarn sich durch die Leistung einer jährlichen Pauschalzahlung mit der diesseitigen Reichshälfte abgefunden hat. Zudem liess und lässt sich das 80-Millionen-Darlehen mit Rücksicht auf die für dasselbe nur bedingt ausgesprochene Verzinslichkeit unangefochten weder in die Kategorie der festen verzinslichen, noch auch in die Kategorie der unverzinslichen Staatsschuld einbeziehen. Für die Jahre 1867 und 1868 beispielsweise fiel dem Staate die Verpflichtung, die bedingt eingegangene Verzinsung thatsächlich zu leisten, zu, während er seitdem nicht wieder in die Lage gekommen ist, eine solche bedingte Zinsenzahlung für das 80-Millionen-Darlehen leisten zu müssen. Keine

andere Schuldkategorie der consolidirten oder der schwebenden Staatsschuld theilt diese Eigenschaft mit dem 80 Millionen-Darlehen und schon mit Rücksicht darauf konnte im
Jahre 1867 diese Schuldpost in keine der beiden Schuld-
kategorien einbezogen werden.

Aber freilich die ungarische Repudiation reitet seit
2. Februar 1872 auf einem ganz eigenartigen Steckenpferde
einher, das man vordem weder zu sehen noch zu hören bekommen hatte. Man hat dort die kindische Entdeckung gemacht, dass eine Liste, in welcher die einzelnen Posten der
Staatsschuld aneinander gereiht sind, im Jahre 1867 verfasst
worden sei, legt dieser Liste ohne weiteres den Charakter
eines „amtlichen Documentes" bei und hält dieses Document
der diesseitigen Reichshälfte fast mit derselben Zähigkeit
und Hartnäckigkeit entgegen, mit welcher ihr seinerzeit die
Gesetzesartikel des Jahres 1848 entgegen gehalten wurden.
Nun das famose Document, an dessen Existenz man sich im
Februar 1872, mehr als vier Jahre nach vollzogenem Ausgleiche
zum ersten Male erinnert hat, existirt wirklich. Schade nur,
dass diesem Documente nicht mehr Beweiskraft innewohnt,
als etlichen Dutzenden anderer Documente ganz gleichen
Ursprungs, so beispielsweise einer Serie von Documenten über
Ungarns Steuerrückstände, über die Steuerleistungen der
diesseitigen Länder und über jene der Länder der ungarischen
Krone, über das vorhandene Staatseigenthum u. s. w. Alle
diese Documente wurden unter den Auspicien des nämlichen
Mannes zusammengestellt und von dem nämlichen Manne den
Deputationen vorgelegt, welcher auch jene famose „Liste"
über die Staatsschuld, welche plötzlich für Ungarn ein beweis-
kräftiges Document geworden ist, veranlasst und vorgelegt
hat; — es war weiland Baron Becke, der Mann der leichten
Hand. Wenn Alles heute Rechtskraft besässe und Beweis-
document sein könnte, was dieser Mann während seiner Amts-
thätigkeit concipirt und vorgelegt hat, wer weiss, ob dann
nicht der ganze ungarische Ausgleich mit Allem, was drum
und dran hängt, hinfällig würde!

Beruft man sich in Ungarn darauf, dass einzelne Redner der ungarischen Legislative im Laufe der Debatte über den Ausgleich sich auf diese Liste bezogen und dass diese Liste auch der österreichischen Gesetzgebung „vorgezeigt" worden sei, so ist solch ein Argument nicht bloss kindisch an sich, sondern dasselbe widerspricht auch vollständig der Wahrheit. Das Vorzeigen eines Dokumentes, über welches ein parlamentarischer Beschluss niemals gefasst, eine gesetzliche Bestimmung niemals normirt worden ist, ist eben mit Nichten eine Rechtsquelle, aus welcher eine Verpflichtung oder Nichtverpflichtung hervorgehen könnte. Zudem steht die Thatsache fest, dass in den Verhandlungen über die Ausgleichsgesetze im ungarischen Reichstage kein einziger von den damaligen Rednern der Bankschuld auch nur mit einem Worte gedacht hat, und dass, was noch viel wichtiger ist, in der diesseitigen Legislative nicht nur die Bankfrage gleichfalls vollständig ausser Verhandlung blieb, sondern auch kein Mensch auf jene Liste sich berufen hat, am allerwenigsten aber auf Grund dieser Liste irgend ein Beschluss gefasst worden ist.

Wie sieht nun aber jene Liste, das famose „amtliche Dokument", welches für Ungarn soviel Beweiskraft hat, eigentlich aus und welchen Character besitzt es? Mit Rücksicht darauf, dass man von ungarischer Seite diesem Schriftstück eine so entscheidende Rolle zuerkannt hat, setzen wir vor Allem eine authentische Skizze des in unseren Händen befindlichen Documentes hieher:

Das Document trägt folgenden die ganze erste Blattseite einnehmenden Titel:

Voranschlag 1868.

Zinsen der Staatsschuld

Erforderniss.

Capitel ..., Titel 1 bis 6.

Der Umfang dieses Documentes beträgt neunzehn Seiten, Tabellen sammt Text, streng analog den Staatsschuldenaus-

weisen, wie die Staatsschulden-Controlscommission sie periodisch
veröffentlicht. Auf Seite 12 ist da zu lesen:

	Capitalien-stand mit Ende Juni 1867.	Zuwachs	Abfall	Capitalien-stand mit Ende Dez. 1867	Hievon an jährl. Zinsen
2. In Oesterr. Währung					
a. Ohne Verloosung					
1. An die Nationalbank für das Darlehen auf die Dauer des Bankprivilegiums	80,000,000			80,000,000	

Auf Seite 19, der letzten Seite des Ausweises, liest man
am Schlusse:

Dieser Voranschlag wurde von den Gefertigten eingehend geprüft und
richtig befunden.

Wien am 14. November 1867.

Für das königl. ungar. Landesfinanzministerium:	Für das k. k. Finanzministerium:	
Vincenz Weninger, kön. ung. Ministerialrath.	Carl v. Schwabe, k. k. Minist.-Secretär.	Franz Langhammer, k. k. Rechnungsrath, Secretär der Commission zur Controle der Staatsschuld.
Ludwig Kindermann, kön. ung. Rechnungsrath.	Franz Palfy, k. k. Finanzrath.	
	Heinrich Auerhammer, k. k. Rechnungsrath.	

Aus diesen Anführungen ergeben sich vor Allem die
folgenden, höchst werthvollen Folgerungen:

Erstens: Der Ausweis, um den es sich handelt und welcher
als Beweis dafür angeführt wird, dass die Frage der 80-Mill.-
Schuld definitiv geregelt worden sei, bezeichnet sich selber
lediglich als „Voranschlag", zu dessen Prüfung diejenigen
berufen wurden, deren Namen er trägt.

Zweitens: Der Ausweis, der nach ungarischer Auffassung
beweisen soll, dass die Frage der 80-Mill.-Schuld in den Deputationsverhandlungen keineswegs in der Schwebe geblieben,
sondern dass über dieselbe durch diesen Ausweis definitiv
entschieden worden sei, trägt das Datum vom 14. November 1867. Nun wurden aber die Verhandlungen der
Ausgleichsdeputationen im Monate September 1867 geführt und
am 20. September 1867 genehmigten und unterzeichneten
die beiderseitigen Ausgleichsdeputationen das Schlussprotocoll.

Der famose Ausweis ist demnach viel jüngeren
Datums als das Schlussprotocoll der Ausgleichsdeputationen und wenn es demnach mit natürlichen Dingen
zugegangen ist, so kann dieser Ausweis den beiden Ausgleichsdeputationen unmöglich vorgelegen sein und können
dieselben auf Grund dieses Ausweises weder einen
positiven Beschluss gefasst, noch auch stillschweigend eine Vereinbarung getroffen haben.
Daraus allein schon geht wohl zur Genüge hervor, dass dieser
Ausweis niemals berufen sein konnte, in der Frage der 80-
Mill.-Schuld irgend eine Rolle zu spielen.

Drittens: Der famose Ausweis trägt nicht etwa die
Unterschrift eines bevollmächtigten Ministers, sondern er trägt
lediglich die Unterschrift von sechs Administrativbe-
amten, deren Mission lediglich eine rechnungsmässige
Prüfung der zum Zwecke der Feststellung des jährlichen Zinsenerfordernisses angefertigten Liste
war. Alle Achtung vor der rechnungsmässigen Tüchtigkeit
jener Beamten; aber bekannt ist davon nichts, dass einer jener
Herren oder alle zusammen berufen gewesen wären, über
die 80-Mill.-Schuld eine Verfügung zu treffen. Zwei jener
Beamten waren Beamte der Staatsschulden-Controlscommission;
aber es ist davon Nichts bekannt geworden, dass auch nur
diese Commission für die Controle der Staatsschuld, geschweige
denn die diesseitige Reichsvertretung in die Lage gekommen
wäre, die ziffermässige Zusammenstellung seitens der genannten Beamten gut zu heissen, und doch müsste diese Controlscommission in die Lage gekommen sein, diesen Ausweis mit
ihrer Unterschrift zu versehen, wenn er irgend amtlichen
Character haben sollte, nicht nur darum, weil ihr eben die
Controle über die gesammte Staatsschuld, zu welcher ja auch
die 80-Mill.-Schuld gehört, zustand, sondern weil ihr ganz
speciell im §. 12 des Uebereinkommens vom Jahre 1863 die
Controle über die Erfüllung der aus diesem Uebereinkommen
sowohl der Finanzverwaltung wie der Nationalbank obliegenden
Verpflichtungen — und zu diesen Verpflichtungen gehört ja doch

auch dies Schuldverhältniss in Betreff der 80 Millionen — ausdrücklich zugewiesen ist. Für die Beamten, deren Namen unter jenem Ausweise stehen, mag es sehr schmeichelhaft sein, dass das Königreich Ungarn ihrer Unterschrift eine solche Wichtigkeit beilegt, die diesseitige Reichshälfte aber kann ihrer Unterschrift in keinem Falle die gleiche Werthschätzung entgegenbringen.

Haben wir mit diesen Nachweisungen, wie wir glauben, den unumstösslichen Beweis geliefert, dass von den Ausgleichsdeputationen im Jahre 1867 und von den Legislativen der beiden Reichshälften eine Bestimmung in Bezug auf die 80-Mill.-Schuld nicht getroffen wurde; haben wir erwiesen, dass die „Liste", welcher von ungarischer Seite eine so ausserordentliche Beweiskraft vindicirt wird, nicht mehr werth ist, als irgend ein anderes Stück bedruckten Papiers und folgt aus alledem, dass bei Abschluss des Ausgleichspactes mit Ungarn im Jahre 1867 die Frage der 80-Mill.-Schuld eine offene geblieben ist; steht ferner die Thatsache fest, dass von Seite der diesseitigen Reichshälfte nichts geschehen ist, was Ungarn zur Annahme berechtigen könnte, als habe die diesseitige Reichshälfte auf die Mitverpflichtung Ungarns in Betreff der 80-Mill.-Schuld Verzicht geleistet, so werden wir nun zu erweisen haben, dass nicht nur eine solche Verzichtleistung nicht erfolgt ist, sondern dass die berufenen Factoren der diesseitigen Länder sowie auch Personen, welche bei dem Zustandekommen des Ausgleichspactes unmittelbar mitwirkten, den Standpunkt, dass die Mitverpflichtung Ungarns aufrecht sei, bei jedem Anlasse und wiederholt gewahrt haben. Der Nachweis in dieser Richtung ist bald geführt und wir haben uns diesfalls lediglich auf Thatsachen zu beziehen, welche in vorausgegangenen Abschnitten dieses Buches bereits verzeichnet sind.

Jene Regierung, welche diesseits der Leitha unmittelbar nach vollzogenem Ausgleich mit Ungarn und auf der Basis dieses Ausgleiches ins Amt trat, bezeichnete durch den Mund ihres Finanzministers Dr. Brestel schon in der Sitzung des

Abgeordnetenhauses vom 27. Mai 1868 die Regelung der Bankfrage als untrennbar verbunden „mit der Austragung der Verhältnisse mit Ungarn, speciell mit der Frage, wie die Ungarn an der Staatsschuld von 80 Millionen zu participiren haben" (siehe Seite 171) und noch viel werthvoller erscheint das Factum, dass derselbe Finanzminister Dr. Brestel am 20. October 1868, also 10 Monate nach vollzogenem Ausgleich, als es sich um den Gesetzentwurf wegen Abänderung einiger Bestimmungen der Statuten der Nationalbank handelte, im Abgeordnetenhause des Reichsraths die Frage in Betreff der 80-Mill.-Schuld als eine „vollständig offene" und „völlig intacte" bezeichnete (siehe Seite 186 : um so werthvoller, als Dr. Brestel seinerzeit Mitglied der diesseitigen Ausgleichsdeputation und demnach dazu vollkommen competent war, über diese Ange-legenheit Bescheid zu geben, zumal ihm, wie auch den Mit-gliedern der ungarischen Ausgleichsdeputation wohl bekannt ist, bei den finanziellen Ausgleichsverhandlungen eine ganz hervorragende Rolle zugefallen war. Dem Standpunkt, wel-chen die Regierung damals eingenommen hatte, wurde auch durch die Ministerien Potocki und Hohenwart, welche ihr folgten, nichts vergeben und die jetzt im Amte befindliche Regierung vollends hat sich in der Sitzung des Abgeordneten-hauses vom 17. Juni 1872 durch den Mund des Finanzministers de Pretis ganz ausdrücklich dahin erklärt siehe Seite 318), dass das Bankdarlehen von 80 Millionen „seinem Ursprung nach gleichmässig alle Theile des Reiches belastet", dass diese Frage bei den Ausgleichsverhandlungen des Jahres 1867 nicht unberührt geblieben sei, sondern dass wiederholt zwischen den beiden Regierungen sogar ausdrücklich abge-macht worden sei, dass die Regelung der bestehenden Rechts-verhältnisse zur Nationalbank und somit selbstverständlich auch die Frage der 80-Mill.-Schuld einer „abgesonderten Vereinbarung" vorbehalten bleiben sollte; sie erklärte auch an der Ueberzeugung unverbrüchlich festzuhalten, „dass die 80-Mill.-Schuld, für welche die dargeliehenen Noten thatsäch-lich ebenso in Ungarn wie in den übrigen Theilen des österreichisch-ungarischen Reiches circuliren, auf Grund des noch heute unverändert zu Recht bestehenden Gesetzes vom 27. December 1862 und des Uebereinkommens mit der Nationalbank vom 6. Januar 1863 'das gesammte Reich gleichmässig belaste."

Auch die Staatsschuldencontrols-Commission des Reichsraths, ohne deren Intervention ein Abkommen in Bezug auf das Schuldenverhältniss zwischen Staat und Bank in gar keinem Punkte ohne Gesetzesüberschreitung stattfinden konnte, hat den nämlichen Standpunkt gewahrt durch den Bericht, welchen sie im November 1870 (siehe Seite 253) an das Abgeordnetenhaus erstattete.

Das Abgeordnetenhaus des Reichsraths selbst hatte zweimal Anlass genommen, das Recht der diesseitigen Reichshälfte zu wahren: das erste Mal als ihm der Finanzausschuss, dessen Berichterstatter der Abgeordnete Winterstein war, als Mitglied der seinerzeitigen Ausgleichsdeputation gleichfalls ein berufener Gewährsmann, über den die Abänderung der Bankstatuten betreffenden Gesetzentwurf einen Bericht vorlegte, welchen es vollinhaltlich genehmigte, einen Bericht, in welchem (siehe Seite 193) ausdrücklich gesagt wurde: „Die Frage der Schuld des Staates an die Nationalbank wurde bei den Deputationsverhandlungen im vorigen Jahre nicht in den Kreis der Berathung gezogen; die Frage ist in Wahrheit nicht entschieden und die Mitverpflichtung Ungarns zweifellos", und es sei Aufgabe der Regierung „mit allem Nachdruck auf der rechtlichen Forderung der Beitragsleistung der Länder der ungarischen Krone zu bestehen"; das zweite Mal durch den über den früher erwähnten Bericht der reichsräthlichen Staatsschuldencontrols-Commission am 3. Juli 1871 gefassten Beschluss (siehe Seite 262).

Auch auf den von der Delegation des Reichsraths am 4. Februar 1871 (siehe Seite 201) gefassten Beschluss darf man sich berufen, um nachzuweisen, dass keine von den zur Abgabe eines Votums und zur Wahrung der Rechte der diesseitigen Länder berufenen Körperschaften oder Organen die Wahrung des diesseitigen Standpunktes in der 8o-Millionen-Frage übersehen hat.

Zu allem Ueberflusse liegt überdiess jenes, die Frage der 8o-Mill.-Schuld und ihrer seinerzeitigen Umschreibung aus den Büchern der Centralfinanzverwaltung in die des Rechnungsdepartements für die Staatsschuldencasse betreffende Exposé des damaligen Reichskanzlers Grafen B e u s t vor, dessen Pointe sich in dem Satze zuspitzte, dass die Frage der 8o-Mill.-Schuld „eben nur durch einen Act der beiderseitigen Legislativen, nicht aber durch interne administrative Verfügung ihre Erledigung finden könne", und zum weiteren Ueberflusse steht als ein Argument, welches eben nicht zu den allerletzten gehört, die Thatsache fest, dass Graf L o n y a y, der damalige gemeinsame Reichsfinanzminister, sich mit dieser Auffassung des gemeinsamen Ministeriums und der citirten Pointe jenes Exposés ausdrücklich vollkommen einverstanden erklärte.

Wohl zu beachten ist ferner das Factum, dass Freiherr von B e c k e, der seither verstorbene Reichsfinanzminister, dessen Werk der Ausgleich von 1867 in allererster Reihe war, Anfangs 1868 für das Jahr 1867 die p a u s c h a l w e i s e Verzinsung in der M a x i m a l s u m m e von 1 Million fl. an die österreichische Nationalbank flüssig gemacht hat. Dieses Factum bildet ein unbestreitbares Präjudiz, für sich allein geeignet die ungarische Auffassung völlig zu entkräften. Diese Pauschalzahlung im Betrage von 1 Million fl. wurde nicht etwa aus den Mitteln der diesseitigen-Reichshälfte, sondern a u s d e n A c t i v e n d e r g e m e i n s a m e n C e n t r a l f i n a n z e n e n t n o m m e n und diese Zahlung ist von ungarischer Seite bis zu dieser Stunde niemals beanstandet worden.

Resumiren wir: Eine positive Bestimmung in Bezug auf die 8o-Mill.-Schuld aus der Zeit w ä h r e n d der Ausgleichsverhandlungen oder aus der Zeit n a c h vollzogenem Ausgleiche liegt nicht vor. Die Regierungen, welche seit dem Ausgleiche diesseits der Leitha auf einander folgten, haben jederzeit den Standpunkt gewahrt. dass Ungarns Mitverpflichtung an der 80-Mill.-Schuld eine zweifellose sei, der Reichsrath und seine Delegation wie seine Staatsschuldencontrols-Commission haben das Gleiche gethan. Selbst jene Staatsfunctionäre, deren Werk das Zustandekommen des Ausgleichs von 1867 in erster Reihe war, haben einen anderen Standpunkt als diesen niemals eingenommen und es gilt dies nicht etwa blos vom Grafen Beust und Freiherrn von Becke, sondern ganz speciell auch vom früheren ungarischen Landesfinanzminister, späteren Reichsfinanzminister und ungarischen Ministerpräsidenten Grafen Lonyay. Kann es nach alledem noch einem Zweifel unterliegen, dass die Frage der 80-Mill.-Schuld in Wahrheit eine offene, dass sie eine solche sei, welche erst zu lösen ist? Und bedarf nach alledem der ungarische Standpunkt der willkürlichen Repudiation etwa noch einer weiteren Widerlegung? Wir meinen ein Streit in einer Angelegenheit, über welche die Acten und Thatsachen so offen und klar vorliegen, wäre in keinem anderen Lande der Welt denkbar. In Oesterreich-Ungarn freilich schwebt er nun schon seit Jahren!

Die Frage der 80 Millionen-Schuld ist also eine solche, welche erst zu lösen ist, die aber auch gebieterisch unter allen Umständen ihre Lösung fordert, mag es sich nun um ein Provisorium oder um ein Definitivum handeln. Diese Lösung ist um so nothwendiger, als der schwebende Streit nur zu viel schon zur Complication der Entscheidung in der Bankfrage überhaupt und zur gegenseitigen Verbitterung beigetragen hat. Die Nationalbank hat das Recht endlich zu erfahren, wer denn eigentlich ihr Schuldner sei, und auf der anderen Seite haben die Steuerzahler diesseits das Recht, sich dagegen zur Wehre zu setzen, dass man es versucht, ihnen eine Schuld ausschliesslich aufzubürden, welche nicht für sie allein contrahirt wurde und an welcher Ungarn participirt hat. Es geht auch nicht an, im Zusammenhange mit einer etwaigen Verlängerung des Privilegiums diese Frage etwa weiter noch zu vertagen und die Feststellung des Schuldverhältnisses etwa mit Rücksicht darauf zu verschieben, dass bei Verlängerung des Privilegiums und aus dem von der Bank zu leistenden Entgelt sich möglicherweise die Mittel für die bedingte Verzinsung des Schuldcapitals darbieten dürften, wie dies von etlichen ungarischen Blättern in Stunden seltener Nüchternheit als Auskunftsmittel angedeutet wurde. Dieses Auskunftsmittel mag eventuell später an die Reihe kommen, zuvörderst aber muss die Frage der Participation beider Reichshälften an der Capitalsschuld selbst, welche einmal ja doch zurückgezahlt werden muss, ins Reine gebracht werden und nach Lage der Dinge und im Hinblick auf die Erfahrungen der letzten Jahre erscheint diese Auseinandersetzung als eine solche, die jeder anderen Verhandlung oder Concession seitens der diesseitigen Reichshälfte unbedingt vorausgehen muss. Die Repudiation Ungarns — es hat einigen Werth, das zu betonen — ist bis zur Stunde noch keine gesetzlich ausgesprochene; an sie ist — wir berufen uns hiefür nebenbei auch auf die diesfälligen Auseinandersetzungen des ungarischen Deputirten Dr. Max Falk in der ungarischen Bankdebatte im Februar 1872 die Frage der 80-Millionen-Schuld eigentlich noch gar nicht herangetreten und noch braucht demnach die Hoffnung nicht völlig aufgegeben zu werden, dass sie Recht und Billigkeit an Stelle eines Gewaltstreiches werde treten lassen; für die Schlichtung des grossen Bankstreites zwischen den beiden Reichstheilen werden die Wege zum Theile wenigstens dann erst geebnet sein, wenn die Frage der 80-Millionen-Schuld ihre gerechte Lösung gefunden haben wird.

Anders als in Betreff der 80 Millionen-Schuld steht es um die Frage der in Staatsnoten bestehenden schwebenden Staatsschuld. Da heisst es vor Allem in §. 5 des Gesetzes vom 24. Dezember 1867 über die Beitragsleistung der Länder der ungarischen Krone zu den Lasten der allgemeinen Staatsschuld:

„Die in Staatsnoten und Münzscheinen bestehende schwebende Staatsschuld von zusammen 312 Millionen Gulden wird unter die solidarische Garantie beider Reichstheile gestellt.

„Da ferner die auf den Salinen Gmunden, Aussee und Hallein einverleibten Hypothekarscheine im Betrage von 100 Mill. fl., für deren Zinsen und Amortisation der Antheil Ungarns bereits unter den in den §§. 1 u. 2 festgesetzten fixen Jahresbeiträgen begriffen ist, mit dem Umfange der Staatsnoten in der Art in Verbindung gebracht sind, dass die Summe der Hypothekarscheine und der Staatsnoten zusammengenommen 400 Mill. Gulden nicht übersteigen darf, dabei aber innerhalb dieser Maximalgrenze die jeweilige Verminderung im Stande der Hypothekarscheine durch Staatsnoten in der Circulation zu ersetzen ist, so wird diese Garantie der beiden Reichstheile auch auf die aus diesem Verhältnisse hervorgehende eventuelle Vermehrung der Staatsnoten ausgedehnt.

„Jede anderweitige Vermehrung der in Staatsnoten oder Münzscheinen bestehenden schwebenden Staatsschuld sowie die Maassregeln zu ihrer künftigen Fundirung können nur im gegenseitigen Einvernehmen der beiden Ministerien und unter Genehmigung der beiden Legislativen (Reichsrath, Reichstag) stattfinden.“

Völlig klar freilich ist das Verhältniss auch da nicht und nachdem die Quotirung offen blieb, könnten die diesseitigen Länder, wenn sie die Taktik Ungarns in Betreff der 80 Millionen-Schuld in diesem Falle nachahmen wollten, sich auf jenen Standpunkt stellen, welchen Dr. Brestel am 17. Juni 1872 im Abgeordnetenhause des Reichsraths angedeutet hat, sie könnten verlangen, dass Ungarn etwa die Hälfte dieser schwebenden Staatsschuld zu übernehmen habe. Sicher aber ist hier zum Mindesten soviel, dass Ungarns Mitverpflichtung klar ausgesprochen ist, und dass auch die künftige Fundirung der Staatsnoten eine beide Reichshälften berührende Angelegenheit ist.

Um die Frage der Fundirung oder vielmehr vorher noch der Feststellung des Quotenverhältnisses, in welchem die beiden Reichstheile an dieser Schuld zu participiren haben, wird es sich nun handeln und diese Frage bildet die zweite von den Voraussetzungen einer gedeihlichen Lösung des grossen Bank-

streites. Von der Erfüllung dieser Voraussetzung hängt nicht
weniger als die Frage der Regelung der Valuta der
österreichisch-ungarischen Monarchie ab. Darf man auch
nur einen Theil dessen, was seit Anfang 1872 in Ungarn über
dieses Thema nicht bloss publicistisch, sondern auch parlamentarisch geredet und niedergeschrieben worden ist, für
wahr und aufrichtig halten, dann darf man auch sagen, dass
Ungarns Interesse an der Austragung dieser Frage um nicht
vieles geringer ist, als das der diesseitigen Länder. Mehr
noch; je ernster man in Ungarn die Eventualität einer selbstständigen Gestaltung des ungarischen Bankwesens ins Auge
fassen möchte — immer vorausgesetzt, dass man dabei an
eine solvente, baarzahlende, nicht an eine insolvente Zettelbank
denkt, deren entwerthete Noten nur auf Grund des Zwangscourses circuliren könnten — desto mehr Grund hat man
dort, diese Emancipation von der diesseitigen Reichshälfte vor
Allem durch eine Loslösung von der Solidarität in Betreff
der schwebenden Staatsschuld zu inauguriren, denn eine Herstellung der Valuta in Ungarn ohne diese Action ist ebenso
wenig möglich, ja noch viel weniger denkbar als eine
Herstellung der Valuta in den diesseitigen Ländern ohne
vorausgehende Einziehung des unfundirten staatlichen Zettelgeldes.

Wohl möglich, dass der ungarische Eifer für die Herstellung der Valuta, welcher dort mit Anfang des Jahres 1872
so urplötzlich erwacht ist, in dem Augenblicke erkalten, wenn
nicht gar völlig verschwinden wird, in welchem man sich
dort über die aus dieser Operation dem ohnehin nichts weniger
als üppigen ungarischen Staatsschatze erwachsenden Opfer
völlig klar geworden sein wird; wohl möglich, dass man dort
den seitherigen Eifer in dieser Richtung als eine Episode betrachten und sich neuerdings mit jener verkehrten Finanzpolitik identificiren wird, welche Graf Lonyay als Finanzminister Ungarns am 26. October 1868 im ungarischen Amtsblatte proclamirt hatte, wornach den Ländern der ungarischen
Krone aus der Herstellung der Valuta „mehr eine Last als

ein Vortheil entstehen würde". Die diesseitigen Länder aber,
die dem Zwecke der Herstellung der Valuta schon so gewaltige Opfer gebracht, dürfen und werden vor den neuerdings zu bringenden Opfern auch jetzt wiederum nicht zurückschrecken, ihre Politik wird darauf gerichtet sein müssen, um
jeden Preis Alles zu beseitigen, was der Erreichung dieses
die künftigen wirthschaftlichen Verhältnisse des Landes bestimmenden Zweckes hindernd im Wege steht. Im Programm
der diesseitigen Politik in Bezug auf Bank und Valuta muss
und wird demnach die Fundirung des staatlichen Zettelgeldes,
welches die Valuta zur permanenten Devalvation verurtheilt,
obenan stehen und die diesseitigen Länder werden Alles
daran setzen müssen, diese Frage in dem angedeuteten Sinne
mit Ungarn zur Austragung zu bringen. Es ist kaum denkbar, dass Ungarn sich auch diesen Auseinandersetzungen
sollte entziehen wollen und dass die diesseitige Reichshälfte
in Folge dessen verurtheilt bleiben könnte, nach wie vor die
Fesseln einer zerrütteten Valuta mit sich zu schleppen. Ein
Verhältniss der Abhängigkeit in solcher Ausartung käme
einer Botmässigkeit der jenseitigen Länder über die diesseitigen gleich, ein solches Verhältniss, träten seine Consequenzen
erst so scharf hervor, erschiene für die Dauer unvereinbarlich mit der im Jahre 1867 etablirten dualistischen Staatsform.

3.

TRENNUNG ODER VEREINBARUNG?

Selbstständige ungarische Zettelbank oder Vereinbarung
mit der österreichischen Nationalbank — so stand die Frage, bevor mit dem Projecte des Zwitters „Escompte und Handelsbank" in Ungarn ein Surrogat für die erstere und zugleich ein
Pressionsmittel gegen die letztere zu schaffen gesucht wurde. Im
Grunde genommen steht die Frage auch jetzt noch so und
beginnen erst wirkliche Verhandlungen, ist der Moment der

Entscheidung über die Privilegiumsverlängerung der österreichischen Nationalbank erst gekommen, dann wird die Frage äusserlich wenigstens erst recht so lauten. Was immer inzwischen in Ungarn über die Nothwendigkeit und Unerlässlichkeit einer selbstständigen ungarischen Zettelbank geredet und geschrieben werden mag, im gegebenen Augenblicke dürfte, zwar nicht die ungarische Linke, die bekanntlich mit der gesunden Vernunft mitunter auf etwas gespanntem Fusse steht, wohl aber die am Ruder befindliche Deákpartei, die Mitschöpferin des Paktes von 1867, vor der Tragweite eines solchen Beginnens doch zurückschrecken. In der That vereinigen sich Rücksichten hochpolitischer Natur, von welchen zum Mindesten die Deákpartei nicht ganz und gar absehen kann, mit wirthschaftlichen Argumenten von der grössten Tragweite, um jedem Unbefangenen die Ueberzeugung nahezulegen, dass die Vorbedingungen für eine selbstständige Bankpolitik im grossen Style in Ungarn derzeit noch nicht gegeben sind. Damit soll indess keineswegs behauptet werden, dass die Gründung einer selbstständigen ungarischen Zettelbank überhaupt und auch in späterer, günstigerer Zeit undurchführbar sei. Das Geschlecht der Gründer hat innerhalb der letzteren Jahre schon mit weitaus schlechterem Wasser gekocht als unter Umständen aus ungarischem Boden zu pumpen wäre. Eine zetteldruckende ungarische Nationalbank, abseits allerdings ebenso von der Vernunft wie von Recht und Vertrag, gewissermaassen eine Notenbank um jeden Preis, ist gar wohl denkbar. Was das für eine Bank, was das für Zettel wären, das freilich ist eine andere Frage, eine Frage, auf welche die Nüchterneren unter den ungarischen Bankpolitikern, wenn sie unter sich sind, die Antwort wohl selber ausreichend geben. Der Mühe, nachzuweisen, dass vor Herstellung der Valuta in Ungarn eine solvente, baarzahlende Bank nicht etablirt werden kann, hat uns die Debatte im ungarischen Unterhause vom Februar 1872 vollständig enthoben. Mit wenigen Ausnahmen waren alle Redner darin einig, dass von einer selbstständigen ungarischen Bank, welche die Einlösung ihrer Noten für die Dauer

verbürgen möchte, vor Herstellung der Valuta nicht die Rede
sein könne. Der ungarische Finanzminister selber war ein-
sichtig genug, dies zuzugestehen. Unter solchen Umständen,
überdies auch wohl aus politischen Gründen, darf man, ganz
abgesehen von dem lehrreichen Decorationswechsel allerjüng-
sten Datums, die Eventualität, dass jenseits der Leitha vor
Ablauf des Bankprivilegiums als Provisorium eine selbstständige Bank etablirt werden könnte, ausser Betracht lassen.

Mit dem Gedanken aber dürfte man sich allerdings
immerhin vertraut zu machen haben, dass Ungarn — wenn
die Spuren der jüngsten öconomischen Katastrophe verwischt
sein werden, wenn ferner politische Ereignisse nicht hindernd
dazwischen treten und wenn endlich auch eine Regelung der
Valuta bis dahin erfolgt sein sollte — nach Ablauf des Bankprivilegiums den Versuch wagen könnte, ein selbstständiges
Zettelbankwesen zu etabliren. Der Täuschung nun aber giebt
sich wohl auf dem ganzen „ungarischen Globus" kein ver-
nünftiger Mensch hin, dass diesen ungarischen Noten
diesseits der Leitha jemals der Zwangscours verliehen werden könnte. Das wird wohl die allernatür-
lichste und dabei allerbescheidenste Repression gegen Ungarns
Losreissung sein, dass die diesseitige Reichshälfte durch Verweigerung des Zwangscourses für die ungarischen Noten es
ablehnen wird, den Werth der letzteren erst zu schaffen oder
doch mindestens zu erhöhen. Dafür, dass sich in den diesseitigen Ländern unter anständigen Bedingungen für die
künftigen ungarischen Noten Nehmer finden — und auf diese
Nehmer speciell werden die ungarischen Noten in allererster
Reihe angewiesen sein — würde der selbstständige Grossstaat
Ungarn wohl selber sorgen müssen und diese Sorge würde
ihm ausschliesslich selbst auf die Gefahr hin überlassen sein,
dass er in voller Reciprocität den diesseitigen Ländern die
Sorge für den Werth der Noten der wie immer umgestalte-
ten österreichischen Nationalbank überlässt. Welche Tragweite die Consequenzen dieser Situation haben können und
wahrscheinlich haben würden, das hat Ungarn mit sich selber

abzumachen, umsomehr als man dort zu keiner Zeit sonderlich geneigt ist, auf den freundnachbarlichen Rath der diesseitigen Länder zu hören. Den emancipationslustigen ungarischen Bankpolitikern, und in Ungarn ist eben Jedermann Bankpolitiker, dem magyarischen Nationalstolz möchte man heute, geschehe es in welcher Tonart immer, wohl ganz erfolglos vorstellen, dass Ungarns wirthschaftliche Verhältnisse, seine jetzige Creditentwickelung und die momentane Höhe seines legitimen Creditbedarfes, seine ökonomische Abhängigkeit von der diesseitigen Reichshälfte, seine kaum keimende Industrie, sein bescheidener, obendrein fast durchaus nach Aussen gravitirender und namentlich fast gänzlich von der diesseitigen Reichshälfte abhängiger Handel u. s. w. vorerst kaum noch dazu angethan seien, um die bankpolitische Selbstständigkeit Ungarns zu rechtfertigen und deren Bestand für die Dauer zu gewährleisten. In Ungarn spielt der Chauvinismus eine dominirende Rolle und ihm verfallen auch die Regierungsmänner, wie dies Herr von Kerkapolyi in seiner Rede im ungarischen Unterhause im Februar 1872 sattsam bethätigt hat, indem er in einem Athemzuge die Zweckmässigkeit und Opportunität einer Vereinbarung mit der Nationalbank anerkannte, aber auch seine Ueberzeugung dahin aussprach, dass „ein Land, dessen Gebietsausdehnung, Volkszahl, Verkehrsverhältnisse und Creditbedürfnisse so beschaffen sind, wie die unsrigen, ein selbstständiges Banksystem nicht entbehren kann." Welche Stellung ist nun dieser Eventualität gegenüber den Ländern der diesseitigen Reichshälfte angewiesen?

Vorausgesetzt, dass die Frage der 80-Mill.-Schuld befriedigend gelöst, die Valuta hergestellt wird oder dass, wie die Linke des ungarischen Unterhauses es will oder doch im Februar 1872 zu wollen vorgab, die beiden Reichstheile zum Mindesten die vollständige Freiheit zur Herstellung der Valuta jeder für sich verlangt haben, dürfte diese Eventualität für die diesseitigen Länder der Schrecknisse kaum viele bieten. In diesem Stadium angelangt, würde zwar die Bank-

frage nicht aufhören, in erster Reihe eine wirthschaftliche zu
sein, überdiess aber möchte sie sich zu einer Frage der politischen Oportunität, vor Allem für die jenseitige Reichshälfte
gestalten. Die dann gegebene Sachlage wäre beiläufig die
folgende: Diesseits bestände dann, mag die Entscheidung über
die Verlängerung des Bankprivilegiums wie immer ausfallen,
eine wohlorganisirte, wohl accreditirte, mit einem reichen Metallschatz von nicht viel unter 150 Mill. versehene, dem Einflusse der Regierung unter allen Umständen entrückte, baarzahlende Centralzettelbank, deren Noten sich das grosse internationale Verkehrsgebiet bald erobern und, solange sie baar eingelöst werden, dasselbe auch behaupten werden. Ein sachlicher
Grund dafür, diese Noten unter pari zu bewerthen, dürfte,
immer unter den angeführten Voraussetzungen nicht vorhanden sein, zumal das interne Wirthschaftsgebiet, in dessen
Becken diese Noten ganz vorzugsweise zu circuliren berufen
sein werden, ein productives, auch industriell entwickeltes,
einen lebhaften Aussenhandel ausweisendes, in seiner wirthschaftlichen Entwickelung nicht eben ausschliesslich vom
jeweiligen Ernteerfolge abhängiges ist, ein Land obendrein,
das in staatsfinanzieller Beziehung vom Gleichgewichte in
seinem Haushalte nicht eben sehr weit mehr entfernt ist.
Jenseits der Leitha hingegen stünde man einem Bankexperi-
mente gegenüber, dessen praktische Erfolge erst eine längere
Reihe von Jahren hindurch sich zu erproben hätten, ehe die
mittelst dieses Experimentes in Verkehr gesetzten Noten im
Stande wären, sich ein über die Grenzen der Stefanskrone hinausreichendes Verkehrsgebiet zu erringen. Wohl möglich, dass Ungarn von heute über 20 Jahren, vielleicht schon nach Ablauf eines
Decenniums, wenn es seine heute noch eine progressive Verschlechterung zeigenden staatsfinanziellen Verhältnisse gebes-
sert und consolidirt, seine Industrie entwickelt, sein Schienennetz
ausgebaut, eine unmittelbare und unabhängige Verbindung
mit dem Meere hergestellt, mit einem Worte die heute noch
fehlenden Grundlagen eines selbstständigen, wirthschaftlichen
Staatsgebietes herbeigeführt haben wird, dann auch im Stande

sein wird, ein selbstständiges Banksystem zu etabliren und zu entwickeln so gut wie irgend ein anderes Land der Welt. Heute aber sind diese Vorbedingungen vorerst noch nicht gegeben. Das Ungarn von heute ist ein Land vor Allem, dessen ganze Staats- und Volkswirthschaft abhängig ist vom jeweiligen Ertrage seines Bodens. Was das bedeutet, das hat Ungarn in den ersten sechziger Jahren schaudernd selbst erfahren, und heuer gerade war es neuerdings nahe daran, mit der für Ungarn geradezu entsetzlichen Eventualität einer Missernte rechnen zu müssen. Zwei oder drei Jahre des Misswachses — und nach sechs theils reich gesegneten, theils nicht gerade üblen Erntejahren ist diese Eventualität wohl sehr ins Auge zu fassen — reichen vollkommen aus, um die wirthschaftliche Thätigkeit, welche dort in anderen Zweigen der Production einen Rückhalt nicht findet, vollständig lahm zu legen. Eine selbständige Zettelbank kann dann allerdings dazu dienen, ihre Notenpressen für Rechnung des in Folge unausbleiblicher, stets wachsender Steuerrückstände immer mehr geldbedürftigen Staatsschatzes arbeiten zu lassen, ihre legitime Geschäftsthätigkeit in Ungarn aber wäre dann besten Falls nicht viel grösser als etwa die der Pester Filiale der Nationalbank vor 1800.

Aber selbst eine fortgesetzte Gunst der Verhältnisse für das agricole Ungarn vorausgesetzt, würden die Noten einer selbstständigen ungarischen Zettelbank vorerst noch und schon von Hause aus gegen ein Misstrauen anzukämpfen haben, vollkommen ausreichend, um ihnen, auch wenn die Gesetzgebung der diesseitigen Länder von Repressionsmaassregeln absehen möchte, nicht bloss das internationale, sondern auch das Gebiet der diesseitigen Länder zu verschliessen. Wie man ausserhalb Ungarns das heutige Ungarn kennt und beurtheilt, ist die Thatsache eine ebenso schwerwiegende als für Ungarn höchst bedenkliche, dass die Rechtssicherheit daselbst auch heute noch, gelinde gesagt, eine höchst mangelhafte ist; dass Ungarns Staatshaushalt sich immer mehr vom

Gleichgewichte entfernt [1]), dass die Bankpolitik seiner Regierungsmänner offenbar die Tendenz einer Verquickung des Zettelbankwesens mit den wechselnden Staatsbedürfnissen verfolgt und auf diese Weise die Gefahr eines Missbrauches der nationalen Notenbank für solche illegitime Zwecke eine sehr nahe liegende ist. Das sind keineswegs günstige Auspicien für die Etablirung eines selbstständigen Bankwesens und solche Zustände haben in keinem der Länder bestanden, auf deren Beispiel und Vorbild man sich in der Unterhaus-Debatte im Februar 1872 berief, um Ungarns Anspruch auf ein selbstständiges Zettelbankwesen sachlich zu begründen. In einem Lande, welches, wie Ungarn, den Uebergang von der Naturalwirthschaft zur Geldwirthschaft heute noch nicht völlig überwunden hat, in einem Lande, wo die von der Gunst der Elemente abhängige Urproduction heute noch fast ausschliesslich bestimmend ist für das öconomische Gemeinwohl, in einem Lande, wo man kaum noch recht begonnen hat, die schaffende Volkskraft zu entfesseln, in einem solchen Lande ist ein finanzielles Kunststück wie die Etablirung einer nationalen Zettelbank, möchte es noch so sehr von patriotischen Gesichtspunkten dictirt sein, keine staatsmännische That, sondern lediglich ein verfrühtes Experiment. Was Ungarn Noth thut, das ist nicht eine oder mehrere selbstständige nationale Zettelbanken, sondern die Einwanderung und Festhaltung fremder Capitalien, welche die Production

---

1) Das Gesammt-Erforderniss des ungar. Staatshaushalts zeigt folgende Progression: 1870: 192·₃₃ Mill. fl., 1871: 260·₆₀ Mill. fl., 1872: 296·₉₉ Mill. fl (nach den bezüglichen Finanzgesetzen) 1873: 251·₂₇ Mill. fl., 1874: 253·₃₃ Mill. fl. (nach den Voranschlägen). Die Abgänge in den einzelnen Jahren seit 1870 zeigen folgende Ergebnisse: 1870: 8·₂₂ Mill. fl., 1871: 18·₃₄ Mill. fl., 1872: 44·₀₃ Mill. fl., (nach den Finanzgesetzen) 1873: 40·₃₂ Mill. fl., 1874: 38·₃₃ Mill. fl. (nach den Voranschlägen). Dabei ist festzuhalten, dass die Abnahme der Erfordernissziffer seit 1872 keineswegs etwa in einem reduzirten Staatsbedarfe, sondern lediglich in einer veränderten Rechnungsweise ihren Grund hat, demnach nur eine scheinbare ist; ferner dass die für 1873 und 1874 präliminirten Abgänge, da sie auf der Voraussetzung fictiver Steuergänge basiren, in Wirklichkeit die präliminirte Höhe übertreffen dürften.

befruchten und die reichen Volkskräfte entfesseln. Eine selbstständige Zettelbank aber schafft noch keine Capitalien, sondern lediglich Tauschmittel, das heisst sie druckt Noten, und
je mehr Noten sie druckt, desto weniger kommen die Capitalien ins Land, desto weiter entfernt sie sich und das Land
von dem Zwecke, dem sie zu dienen bestimmt ist. Das sind
alte Wahrheiten, denen Ungarn sich ebenso wenig entziehen
kann wie irgend ein anderes Land. Die ungebildete Masse
des Volkes mag sich dem Wahne hingeben, dass eine selbstständige ungarische Zettelbank, die für Jedermann „Geld"
schaffen könne, das beste Instrument sei, um dem allseitigen
Creditbedürfnisse entgegen zu kommen, auch dem Bedürfnisse
Jener, welche keinen Credit verdienen; Aufgabe der Staatsmänner und parlamentarischen Politiker in Ungarn aber wäre
es, diesem Wahne entgegen zu wirken, vor Allem aber in
ihrer eigenen Mitte den Gedanken abzuwehren, dass ein selbstständiges Bankwesen und die Lostrennung von der gemeinsamen Bankpolitik mit der diesseitigen Reichshälfte das un-
fehlbare Rezept sei für die Heilung der öconomischen Schmer-
zen, an denen Ungarn heute noch laborirt.

Verhehlen lässt sich bei einiger Objectivität nicht, dass
es diesseits der Leitha an Stimmen nicht fehlt, welche die
eventuelle Gründung eines selbstständigen ungarischen Zettelbankwesens und die Trennung der beiden Reichshälften auf
dem Gebiete der Bankpolitik als eine wirthschaftliche Calamität auch für die diesseitigen Länder betrachten und welche
der Anschauung Ausdruck geben, dass allerdings in erster
Reihe Ungarn selber, ihm zunächst aber jedenfalls auch die
diesseitigen Länder darunter zu leiden haben würden. Man
weiss in Ungarn ganz wohl, dass diese Anschauung in den
diesseitigen Ländern theilweise existirt, aber man scheint dort
mitunter das Gewicht dieser Stimmen und die Berechtigung
dieser Anschauung weit über Gebühr in Anschlag zu bringen.
Die Frage, um welche es sich, sind die beiden Reichstheile
einmal in das Stadium der Separation gedrängt, zunächst
handelt, ist die, welcher von den beiden Reichstheilen ist in

höherem Maasse auf den anderen angewiesen? Ist in
Betreff der Credit-, sowie der Productions- und Absatzver-
hältnisse Oesterreich mehr von Ungarn oder Ungarn mehr
von Oesterreich abhängig? Diese Frage aber scheint uns wohl
von vornherein beantwortet zu sein. Vor Allem, meinen wir,
hat Ungarn allen Grund, zu verhüten, dass ihm sein Credit
in den diesseitigen Ländern unterbunden werde. Hat schon
die staatliche Finanzpolitik Ungarns, hat schon sogar der ge-
schickte Graf Lonyay in fühlbarster Weise erfahren, wie sehr
Ungarn Grund habe, mit dem Capital der diesseitigen Reichshälfte und speciell mit jenem des Wiener Platzes auf gutem
Fusse zu stehen, so dürfte vollends der ungarische Handels-
und Gewerbestand alle Ursache haben zu verhüten, dass
Oesterreich in Bezug auf den Credit für Ungarn zum Auslande werde. Wenn die diesseitigen Länder Capitalien werben, so werben sie sie indirect auch für Ungarn, welches derselben gar sehr bedarf; das ändert sich aber mit einem
Schlage, sobald Ungarn für Oesterreich lediglich ein Nachbargebiet wird und nichts weiter. Die Verkehrs- und Credit-
beziehungen, welche sich in den letzten Decennien zwischen
den beiden Reichstheilen entwickelt haben, lassen sich nicht
ohne die allerfühlbarsten Rückschläge für den gesammten
ungarischen Verkehr hinwegwischen, in jedem Falle aber
würden die diesseitigen Länder den immerhin tief eingreifenden
Wechsel leichter und rascher verschmerzen und überwinden
als die jenseitigen. Ungarn ist in keiner Weise wirthschaftlich eine Rücklehne für Oesterreich, wohl aber ist Oesterreich
ganz offenbar ein Rückhalt für Ungarn und zwar ein solcher,
wie Ungarn einen zweiten nicht hat und mit Rücksicht auf
seine geographische Lage zunächst auf lange Zeit hinaus gar
nicht finden kann. In schlechten Jahren, wenn von einem
Export seiner Bodenproducte keine Rede ist, wenn sein
Handel stockt, kann es der Unterstützung der diesseitigen
Länder gar nicht entrathen, und kommen gute Jahre, in denen
es andere Länder mit dem Ueberflusse seiner Brodstoffe und
sonstigen Landesproducte zu versorgen vermag, dann sind

es die diesseitigen Länder, an die es sie abgiebt. Wer darüber
in authentischer Weise belehrt sein will, der kann sich diese
Belehrung aus der verdienstvollen statistischen Arbeit holen,
welche unter dem Titel „Beiträge zur Geschichte der Preise
ungarischer Landesproducte im 19. Jahrhundert", als von der
Pest-Ofener Handels- und Gewerbekammer ausgestelltes Object auf der Wiener Welt-Ausstellung figurirt. Ungarische
Autoren, also unbefangene Gewährsmänner, sind es, welche
in dieser umfangreichen Arbeit den Beweis erbringen, dass
die diesseitigen Länder heute noch wie vordem die eigentlichen Abnehmer der Landesproducte Ungarns sind und dass
die Einnahmen Ungarns für seine Exportartikel hauptsächlich
aus dem Consumtionsgebiete der diesseitigen Länder fliessen.
Wird aber die Separation Ungarns zur Thatsache, dann stehen
die diesseitigen Länder, wenn sie dazu gedrängt würden, vermöge ihrer geographischen Lage an Ungarns Grenzen als Zoll-
wächter, denen es unter Umständen anheim gegeben ist, das
Gebiet der Stefanskrone in empfindlicher Weise darüber zu
belehren, was es heisst, Ländergebiete mittelst kurzsichtiger
Gewaltacte zu trennen, welche das gegenseitige wirthschaftliche Interesse und eine alte geschichtliche Tradition zusam-
mengefügt hat. Die Länder diesseits der Leitha, welche
Oesterreich bilden, sind ein Productions- und Consumtions-
gebiet, welches vermöge seiner Ausdehnung, wie vermöge
der wirthschaftlichen Fortschritte, welche es aufweist, überdies auch vermöge seiner unmittelbaren Anlehnung an das
grosse Wirthschaftsgebiet des deutschen Reiches unter Umständen sich selber genügen kann. Mögen auch da und dort
einzelne Zweige des diesseitigen Handels und namentlich der
industriellen Production, dazu gedrängt werden, ihren geschäftlichen Combinationen in Folge eines solchen Wechsels
eine andere Richtung zu geben, im Grossen und Ganzen
werden die diesseitigen Länder doch die Consequenzen dieses
Wechsels relativ leicht und ohne empfindliche Schädigung
für die Dauer überwinden. Die Länder der Stefanskrone dagegen bilden in keiner Weise ein Gebiet, welches vermöge

seiner wirthschaftlichen Voraussetzungen sich selber genügen könnte, ohne auf das Nachbargebiet angewiesen zu sein. Ungarns Selbstständigkeit ist kaum ein halbes Decennium alt und soviel auch innerhalb dieser Frist früher Versäumtes nachgeholt worden sein mag, wie gross auch der seine Kräfte notorisch oft übersteigende Anlauf sein mag, welchen Ungarn seither genommen hat, abschliessen und sich selbst genügen kann es trotzdem nicht und sich mit Einem Schlage einen Ersatz dafür schaffen, was es an den diesseitigen Ländern verliert, kann es auch nicht. Entwickelt sich zwischen den beiden heute noch vereinigten Ländergebieten plötzlich ein Zollkrieg, welcher nicht bloss ihrer geschichtlichen und wirthschaftlichen Vergangenheit, sondern sogar, man möchte sagen, dem wirthschaftlichen und handelspolitischen Glaubensbekenntnisse unserer Zeit zuwider laufen möchte, dann kann es einem Zweifel nicht unterliegen, welcher der beiden kämpfenden Theile dabei zu Schaden kommen müsste.

Schlau berechnend und politisch thatsächlich weit ausblickend, wie es ungarische Art ist, stützt man sich dort allerdings darauf, dass die staatlichen Verhältnisse und die Natur des im Jahre 1867 abgeschlossenen und innerhalb weniger Jahre zu erneuernden staatsrechtlichen Pactes zwischen den beiden Reichstheilen ein Mittel sei, ausgiebig geeignet, um Ungarns Position der diesseitigen Reichshälfte gegenüber zu begünstigen. Man rechnet dort damit, dass Ungarn nöthigenfalls die Annahme ungarischer Banknoten in den diesseitigen Ländern und somit die Circulation dieser Noten auch ohne ausdrückliche Gewährung des Zwangscourses für dieselben dadurch erzwingen könne und werde, dass es seine Beiträge zur Verzinsung der Staatsschuld, sowie seine Quoten zur Bestreitung der gemeinsamen Ausgaben eben nur in ungarischen Banknoten leisten zu wollen oder leisten zu können erklären werde. In diesem Falle dürfte indess die ungarische Schlauheit sich denn doch ein wenig verrechnen. Werden die Dinge in solcher Weise auf die Spitze getrieben, gedenkt man ungarischerseits den diesseitigen Ländern auf solche Art eine

Zwangslage zu bereiten, schärfer und unerträglicher, als
selbst jene von 1867 gewesen ist, dann kann, ja muss geradezu das Blatt sich eines Tages wenden und die diesseitigen
Länder — und wohl gemerkt nicht die deutschen Länder
allein — würden dann dazu gedrängt werden, beiläufig also
zu raisonniren: Wir, die diesseitigen Länder, bilden eben
nicht die österreichisch-ungarische Monarchie. Von ungarischer Seite gerade sind wir im Laufe der letzten Jahre darüber ausreichend aufgeklärt und durch die Thatsachen belehrt
worden. Wohl tragen wir 70 % der materiellen Staatslasten
aber die politischen Rechte sind nicht in gleicher Weise vertheilt, im besten Falle, wenn überhaupt, ist unser Einfluss dem
der jenseitigen Reichshälfte gleich. Wie nun, sollte es uns,
der diesseitigen Reichshälfte, unter diesen Umständen zukommen, ein Obligo in der Ausdehnung zu übernehmen, als
ob wir allein eigentlich die Grossmacht Oesterreich-Ungarn
repräsentiren würden? Verkörpert sich denn etwa in uns
allein die Staatsidee der österreichisch-ungarischen Monarchie
und ist Ungarns Interesse an dem Fortbestande dieses Staats-
körpers mit jenen restlichen Attributen staatlicher Einheit,
welche ihm seit 1867 noch geblieben, ein minder legitimes
und in den Verhältnissen begründetes als das unsrige? Man
hat in Ungarn allen Grund, Raisonnements solcher Art nicht
zu provoziren, einen Gedankengang wie diesen, der so ge-
fahrvolle Perspectiven eröffnet, nicht zu erzeugen. Mit so
bescheidenen Erwartungen man vorerst auch dem nächsten
zum ersten Male direct gewählten österreichischen Reichs-
parlamente entgegen sehen mag — an ihm dürfte gleichwohl die bisher practicirte Methode, Zwangslagen für die
diesseitige Reichshälfte zu schaffen, intensiveren Widerstand
finden, als sie an dem bisherigen, indirect gewählten Reichsrathe, der im Grunde nur eine neue Auflage desjenigen war,
welcher den Ausgleich von 1867 schloss, gefunden hat. Aber
selbst dann, wenn dieser neugewählte Reichsrath ganz in die
Fusstapfen des bisherigen treten sollte und Ungarn wie bisher derjenige Theil bliebe, der immer Recht behält, selbst

dann möchte der Versuch, ungarischen Staats- oder Banknoten
den Umlauf in den diesseitigen Ländern auf dem oben angedeuteten Wege erzwingen zu wollen, fehlschlagen müssen.
Diese Prozedur — es bedarf keiner prophetischen Inspiration,
um das vorherzusehen — wäre lediglich das Vorspiel zu
dem Drama: Personal-Union! Den Pact von 1867 haben die
diesseitigen Länder Oesterreichs mit jenem Ungarn geschlossen, welches mit ihnen durch ein einheitliches Geldwesen zu
einem einheitlichen Wirthschaftsgebiete faktisch vereinigt war
und faktisch vereinigt blieb; mit dem Ungarn aber, das diese
Bande freventlich durchschneidet, sich in Bezug auf das
Geldwesen auf eigene Füsse stellt, den diesseitigen Ländern
aber die genossenschaftliche Theilnahme an einer national-
ungarischen Valuta-Misère octroyiren und sie die Consequenzen
dieser unausbleiblichen Misère mitzutragen förmlich zwingen
möchte, mit einem solchen Ungarn könnten die „übrigen
Länder Sr. Majestät" eine andere Gemeinsamkeit als die,
welche sich in der Person des Monarchen verkörpert, unmöglich pflegen und erhalten, denn jede Gemeinsamkeit, die dann
über dieses Maass hinausreichen möchte, käme einer directen
Schädigung der vitalsten Interessen der diesseitigen Länder,
einer tributären Unterordnung der diesseitigen Länder unter
die jenseitigen gleich und aller Patriotismus wie alle Politik
der Selbstverläugnung und der Opportunität vermöchten über
die Consequenzen einer solchen Situation nicht hinwegzu-
helfen. Der Partei der Linken des ungarischen Unterhauses,
welche die Personal-Union anstrebt, stünde eine solche Politik
auf dem Gebiete des Bank- und Geldwesens trefflich an, sie
handelt nur ganz consequent, wenn sie auf der Forderung
nach einem eigenen ungarischen Zettelwesen beharrt und ein
solches um jeden Preis etablirt sehen will; die vorderhand
doch noch maassgebende Déakpartei aber, die da anno 1867
genau wusste, was sie that und warum sie es that, würde
ihrem politischen Programm untreu werden, wenn sie in gleicher
Weise die letzten Bande der wirthschaftlichen Solidarität durch-
schneiden würde, welche das Jahr 1867 in richtiger Erkenntniss

der beiderseitigen Interessen noch intact gelassen hat und sie würde damit unter Einem auch ihrer politischen Existenzberechtigung als führende und regierende Partei verlustig gehen. Freilich gibt es in Ungarn Leute genug, die, weit entfernt, den Pakt von 1867 als einen Vortheil für das Land anzusehen, diesen Pakt vielmehr als einen solchen bezeichnen, der den „finanziellen Ruin" des Landes herbeiführe. Von den Bänken der Linken im ungarischen Unterhause ertönt diese Melodie bei jedem schicklichen und unschicklichen Anlasse, aber auch in den Reihen der Déakpartei thun Manche manchmal so, als glaubten sie wirklich daran, dass der Ausgleich von 1867 Ungarn empfindlich benachtheiligt habe. Die Frage liegt nahe genug und wäre eingehenderer Untersuchung werth, ob es denn überhaupt möglich war und heute noch möglich wäre, dass Ungarn — selbst dann, wenn es nicht fünfzig Perzent der Rechte und des politischen Einflusses, und bekanntlich sogar nicht selten noch ein gut Stück Einfluss darüber hinaus für sich in Anspruch nehmen würde -— an Beiträgen für den gemeinsamen Staatshaushalt noch weniger leiste als es dermalen leistet; mit andern Worten, ob es überhaupt eine Basis, ob es vernünftige Anhaltspunkte, raisonnable Motive dafür gibt, dass Ungarn die Prätension erheben könnte, noch weniger als dreissig Perzent zu den gemeinsamen Staatskosten beizutragen. Vielleicht gelingt es dem ungarischen Scharfsinne, einen halbwegs vernünftigen „Schlüssel" zu entdecken, bei dessen Anwendung Ungarn besser fährt — irgend ein solcher Maassstab muss ja doch zur Anwendung kommen, wenn anders nicht das allein als ein richtiger Maassstab angesehen werden soll, was Ungarn zahlen will. Wer die Geschichte des Ausgleichs von 1867 kennt, der weiss, dass es nicht der cisleithanische, sondern der transleithanische „Schlüssel" war, der zu den 30 % an Lasten bei 50 % und darüber an Rechten geführt hat, und der Welt den Beweis beizubringen, dass die Proportion 50 : 50 = 70 : 30 eine richtige sei, dürfte selbst dem gewiegtesten politischen Mathematiker Ungarns schwer fallen.

Gleichwohl können wir zugeben, dass Ungarn die Last

nicht leicht trägt, die es alljährlich als Beitrag zu den Kosten
des gemeinsamen Staatshaushaltes in sein Landesbudget einzustellen hat.   Das ist indess mit Nichten eine Consequenz
des Paktes von 1867, sondern eine Consequenz der ungarischen Politik seit jenem Pakte. Nicht die Summe, welche Ungarn
an das Reich alljährlich zahlt, hat das chronische Defizit in seinem
Haushalte erzeugt, sondern die magyarischen Grossstaatsge-
lüste haben es herbeigeführt.   Nicht die diesseitigen Länder,
nicht die Ausgleichsgesetze von 1867 haben Mitschuld an der
Entstehung und dem Wachsthume dieses Defizits, der ungarische Nationalstolz allein hat es herbeigeführt, dieser Nationalstolz, welcher eine grosse Honved-Armee organisirt und
erhält, ins Blaue hinein Eisenbahn-Garantien gewährt und den
Apparat seiner staatlichen Administration nach grossstaat-
lichen Dimensionen angelegt hat, all das in einem Lande,
dessen Steuerkraft bei vielfach mangelndem Steuerwillen eine
variable, von dem jeweiligen Ernteergebnisse abhängige ist.
Wenn der Pakt von 1867, insoweit er überhaupt einer perio-
dischen Aenderung unterliegt, modifizirt, selbst wenn er durch
die Personal-Union völlig beseitigt würde, so vermöchte das
die finanzielle Situation Ungarns nicht erheblich zu verbessern.
Ungarn würde dann für seine Landesvertheidigung wenn
nicht einen höheren, so doch mindestens denselben Aufwand
zu bestreiten haben, den es heute neben seiner kostspieligen
Honved-Armee im Wege der Beitragsleistung zum gemeinsamen Heereserfordernisse bestreitet, gleichzeitig aber — und
es ist das ein Punkt, der hier gar sehr in Betracht kommt —
würde ihm ein Benefiz entgehen, das sich seit 1867 immer
profitabler gestaltet hat. Wir meinen die gemeinsamen Zoll-
erträgnisse und die Art ihrer Verwendung. Auf Grund des
Gesetzes vom Jahre 1867 über die Bestreitung der gemeinsamen Ausgaben sind die Erträgnisse des Zollgefälles von dem
Gesammterfordernisse des gemeinsamen Staatshaushaltes als
Bedeckungspost vorweg in Abzug zu bringen und erst für
das dann noch verbleibende Erforderniss haben die beiden
Reichshälften im Verhältnisse von 70 : 30 aufzukommen.

Thatsächlich bilden nun aber die Zolleinnahmen in der Hauptsache eine Einnahme der diesseitigen Länder, Ungarns Antheil an denselben bildet einen ganz unverhältnissmässigen Bruchtheil[1]. Es lag, wiewohl mancherlei sich dagegen einwenden liesse, am Ende doch in der Natur der Sache, dass, nachdem die beiden Hälften Ein Zoll- und Handelsgebiet blieben, eine Unterscheidung in Bezug auf die Provenienz der Zolleinnahmen nicht gemacht wurde. In dem Augenblicke aber, in welchem die beiden Reichshälften aufhören, Ein Zoll- und Handelsgebiet zu bilden, lebt auch diese Unterscheidung naturgemäss auf und jede der beiden Hälften stellt dann die Zolleinnahmen als Bedeckungspost in das eigene Budget — die diesseitige Reichshälfte ist dann diejenige nicht, die dabei zu Schaden käme. Für 1871 beispielsweise berechnete sich der Werth dieses Präcipuums zu Gunsten Ungarns immerhin auf nahe sechs Millionen Gulden!

Es soll mit dieser Excursion auf ein der Bankpolitik ferner liegendes Gebiet nicht mehr bewiesen werden als das, dass man, näher besehen, in Ungarn immerhin einigen Grund hat sowohl die Grundzüge des Paktes von 1867 zu conserviren als auch die Inaugurirung des Systems der Personal-Union um seiner nicht bloss politischen, sondern auch materiellen Consequenzen willen zu vermeiden. Ist es richtig, dass

---

1) Nach den Handelsausweisen für 1871 stellte sich der Zoll-Ertrag der Waaren-Einfuhr also:

	Zolleinnahme	In Perzenten
Die diesseitigen Länder	20.98 Mill. fl.	87.24
Die Länder der ungar. Krone . . .	3.06 „ „	12.76
	24.04 Mill. fl.	100.00

Der Voranschlag des Zollgefälles für das Jahr 1872 lässt den Vortheil auf ungarischer Seite noch evidenter hervortreten und bildet zugleich eine lehrreiche Illustration zur Beurtheilung der wirthschaftlichen Bedeutung jeder der beiden Hälften für das Reich:

	Zolleinnahmen	Ausgaben an Restitutionen, Regiekosten u. s. w.	Ueberschuss	In Perzenten
Die diesseit. Länder . . .	17.34 Mill. fl.	6.40 Mill. fl.	10.94 Mill. fl.	92.4
Die Länder der ung. Krone	2.54 „ „	1.65 „ „	0.89 „ „	7.6
	19.88 Mill. fl.	8.05 Mill. fl.	11.83 Mill. fl.	100.0.

jeder Staatsstreich, jede Vergewaltigung, die auf dem Gebiete
des Geld- und Bankwesens von ungarischer Seite versucht
oder gar ausgeführt werden wollte, ein Schritt mehr wäre
auf dem Wege zur reinen Personal-Union, dann brauchen
wir uns, was immer Gegentheiliges in nächster Zeit noch gesprochen oder gedruckt zum Vorschein kommen sollte, der
Hoffnung keineswegs zu entschlagen, dass die gesunde Vernunft schliesslich doch den Sieg davon tragen werde über
bankpolitische Velleitäten. Noch hat die Deákpartei in Ungarn nicht abdicirt, und die öconomische wie die finanzielle
Entwickelung der Dinge in Ungarn hat innerhalb der letzt-
verflossenen Monate nicht eben dazu beigetragen, die magya-
risch-chauvinistische Position in der Bankfrage zu stärken.
Das sind Momente, geeignet, wenn auch nicht das Beste hoffen zu lassen, so doch das Schlimmste der Wahrscheinlichkeit zu entrücken.

Mit den bisherigen Ausführungen sind übrigens die Consequenzen, mit welchen Ungarn sich im Falle einer bankpolitischen Separation und der Gründung einer selbstständigen
ungarischen Zettelbank vertraut zu machen hätte, noch keineswegs völlig erschöpft. Zu den gewaltigen Schwierigkeiten,
welchen diese Action unter allen Umständen begegnen würde,
gesellt sich auch noch die gar nicht zu vermeidende und
nicht zu verhütende Uebermacht, welche die österreichische
Nationalbank schon in ihrer heutigen Gestalt, ganz gewiss
aber nach ihrer Umgestaltung vermöge ihres grossen Stamm-
fonds, ihres gewaltigen Metallstockes, ihrer Jahrzehnte alten
Vergangenheit u. s. w. in jeder Richtung, ganz besonders
aber in Ansehung des Zinsfusses, sowie auch durch die unver-
meidliche Hervorrufung von Parallelen in Bezug auf die rela-
tive Sicherheit des beiderseitigen Papiergeldes, gegenüber der
künftigen ungarischen Notenbank inne wohnen müsste und
würde — eine Uebermacht, welche unter Umständen sogar
die Disposition über den Hauptstock des Baarschatzes der
künftigen ungarischen Bank, vielleicht sogar die Entscheidung
über die Aufrechthaltung der Baarzahlungen Seitens dieser

ungarischen Bank bis zu einem gewissen Grade in die Hände der österreichischen Nationalbank legen würde[1]. Wer möchte unter all diesen Voraussetzungen eine Gewähr übernehmen für die Solvenz der künftigen ungarischen Nationalbank, wer möchte verbürgen wollen, dass die Geldzeichen dieser ungarischen Notenbank den Werth behalten, ja auch nur erlangen werden, der auf ihnen gedruckt zu lesen sein möchte? Oder glaubt man etwa, wie dies im Ofener Ministerrathsprotokoll vom 24. Oktober 1872 geschehen ist, im Wege ministerieller oder parlamentarischer Vereinbarung jene natürlich begründeten Gegensätze und Widersprüche dadurch lösen zu können, dass man schlechtweg die „Einheit der Währung" dekretirt? Ueber solche akademische Lehrmeinungen in Protokollsform setzen Handel und Verkehr, setzt speciell der internationale Verkehr sich rücksichtslos hinweg, wie er sich seiner Zeit über das famose fiscalische Kunststück einer „gleitenden Skala", durch welche die Valuta hergestellt werden sollte, hinweggesetzt hat. Wenn nun, um mit jenem Ofener Protokoll zu sprechen „alles ausgeschlossen werden soll, wodurch eine ungleiche Bewerthung der in der Monarchie circulirenden Zahlungsmittel entstehen könnte", dann muss nach Lage der Dinge derzeit allem zuvor damit begonnen werden, eine selbstständige ungarische Zettelbank überhaupt auszuschliessen.

Trüge gleichwohl, wie bisher noch immer, die ungarische Auffassung den Sieg davon, würde die österreichische Nationalbank aus Ungarn schliesslich doch hinausgedrängt und die Gemeinsamkeit des Geldwesens in der Monarchie zerrissen: mit einem Worte, sollte Ungarn trotz Allem seine eigene Zettelbank etabliren, dann würden von allen anderen Consequenzen abgesehen, die Zettel dieser Bank für die diesseitigen Länder unter allen Umständen lediglich eine Waare

---

[1] Im Jahre 1835 sammelte die *Société générale* in Belgien eine grosse Menge Noten der *Banque de Belgique* und präsentirte sie auf einmal, so dass letztere in Folge dessen für lange Zeit ihre Zahlungen einstellen musste. (Siehe Französische Bankenquête von 1865.)

sein, etwa wie die russischen Rubelscheine oder türkisches Papiergeld. Davon, dass ihnen im diesseitigen Gebiete das Privilegium des Zwangscourses eingeräumt werden sollte, kann wohl nie und nimmer die Rede sein, und fände sich selbst eine österreichische Regierung, die pflichtvergessen genug wäre, der Stefanskrone solche Satellitendienste zu leisten, so würde doch nimmer ein österreichischer Reichsrath sich finden können, der es wagen möchte, solch' einer Politik der Dienstbarkeit und Selbstverläugnung seine Zustimmung zu ertheilen.

Eine solche Situation übrigens wäre keineswegs etwas durchaus Neues. Die Geschichte des Jahres 1848 giebt einen Fingerzeig dafür, wessen Ungarn, wenn die Dinge erst soweit gediehen sind, unter Umständen sich zu versehen hätte, und wenn Herr Bela Lukacs es jüngst unternommen hat, aus der ungarischen Finanzgeschichte dieses Jahres auf Grund von zum Theile bisher ungedruckten Dokumenten die Episode von den „sogenannten magyarischen Noten" in historischem Gewande zum Besten zu geben, so hat er damit, gewiss ohne es zu wollen, dem Standpunkt der diesseitigen Länder einen anerkennenswerthen Dienst geleistet. In der That, jene Episode ist für unsere Tage erst recht eine überaus lehrreiche geworden. Kossuth hiess damals Ungarns Finanzminister. Wie jetzt Herr von Kerkapolyi, so hatte damals Kossuth allerhand Gravamina gegen die österreichische Nationalbank, welche er eines Tages dadurch erledigte, dass er die ungarische Commercialbank, bei welcher er 5 Mill. fl. Silber deponirte, zur Ausgabe von 12 ¹/₂ Mill. fl. ungarischer Zettel ermächtigte. Noch waren diese Zettel nicht recht in Verkehr gelangt, da erhielt Kossuth, „auf ein Circulationsverbot der ungarischen Noten in Oesterreich nicht vorbereitet", vom Potz-Neusiedler Filial-Dreissigstamt eine Verordnung der Wiener-Neustädter Kammerbezirks-Direction zugesendet, welche unter Berufung auf eine Weisung des österreichischen Finanzministers Krauss die Circulation der ungarischen 1 und 2 fl.-Noten verbot und nebenbei bemerkt, erging in Agram eine Kundmachung des

Banal-Locumtenenten, worin derselbe Jedermann ermahnte, „sich vor magyarischen Banknoten und anderen durch das magyarische Ministerium emittirten Papieren zu hüten“, da in Kroatien und Slavonien „blos die Wiener Banknoten und die übrigen Wiener Credit- und Staatspapiere Giltigkeit besitzen, die sogenannten magyarischen Banknoten aber in unserem Vaterlande überhaupt keinen Werthanspruch erheben können.“ Als Repressalie erliess Kossuth gleich nach Empfang jener Meldung aus Potz-Neusiedl — 10. August 1848 — eine Verordnung, durch welche er, unter Berufung auf das Verbot des österreichischen Finanzministeriums, welches ergangen sei, „ohne dass das ungarische Finanzministerium hiervon auch nur verständigt worden wäre“, ein Verbot der Annahme der von der österreichischen Nationalbank emittirten Noten zu 1 und 2 fl. bei den ungarischen Staatskassen aussprach. Darüber hinaus aber reichte Kossuth's Macht nicht. Alle sonstigen Noten der Nationalbank musste er nothwendig in Umlauf belassen. War die Maassregel schon mit Rücksicht darauf nicht mehr als ein Streich ins Wasser, so dokumentirte sich die Machtlosigkeit der ungarischen Regierung den so geschaffenen Verhältnissen gegenüber vollends dadurch, dass schon fünf Tage darauf die ungarische Commercialbank welche die neuen ungarischen Noten emittirt hatte, öffentlich bekannt gab, dass ihre Kassen bereit seien, die österreichischen 1 und 2 fl.-Banknoten entweder in ungarische oder in grössere österreichiche Banknoten umzuwechseln!! Kossuth's Bestreben ging nun dahin zu erwirken, dass das österreichische Verbot gegen die ungarischen Noten zurückgenommen werde, und er erklärte sich gnädigst bereit, dagegen sein Verbot gegen die Noten der Nationalbank zurückzunehmen. Der österreichische Finanzminister v. Krauss aber antwortete ihm in einer Note vom 28. August 1848, in welcher folgende historisch denkwürdige Sätze vorkamen:

„Es ist eine unzweifelhafte Thatsache, dass der ungarische Finanzminister von mir schon im Voraus davon in Kenntniss gesetzt war, dass ich mich nicht für berechtigt halten könne, dem von Seiner Majestät verliehenen Bankprivilegium entgegen zu handeln, indem ich die ungarischen Noten als ein Geldcirculationsmittel in Geltung liess. Als ich daher auf die Anfrage von zwei untergeordneten Amtsorganen antwortete, dass die Annahme ungarischer Noten mit dem Bankprivilegium unvereinbar sei, betrachtete ich es als durchaus überflüssig, den ungarischen Finanzminister hievon zu benachrichtigen. Eines Verbotes bedurfte es überhaupt gar nicht und es ist auch keine allgemeine, ein derartiges Verbot enthaltende Verordnung erlassen worden, da im Gegentheile dazu, dass diesem Papiergeld in Oesterreich ein Verkehrswerth beigelegt werden könne, eine besondere Concession erforderlich gewesen wäre; eine solche Concession aber hätte selbst dann, wenn das Bankprivilegium nicht existirt haben würde, von der ungarischen Regierung angesucht werden müssen. Wenn der ungarische Finanzminister es für überflüssig hielt, sich mit einem solchen Ersuchen an mich zu wenden, so durfte es ihn auch nicht überraschen, wenn dasjenige, um was er selber nicht gebeten, auch nicht geschehen ist. Von einer feindseligen Intention gegen die ungarischen Finanzen könnte am allerwenigsten die Rede sein, denn es ist selbstverständlich, dass das österreichische Ministerium das Einfliessen eines solchen Papiergeldes in die österreichischen Staatskassen nicht erlauben konnte, welches auf dem unter seiner Verwaltung stehenden Gebiete keine gesetzliche Circulation besitzt und im Sinne des Bankprivilegiums auch nicht besitzen kann. Dies ist der Grund, weshalb diese Noten auch dann von den österreichischen Staatskassen ausgeschlossen bleiben müssen, wenn der ungarische Finanzminister sein Verbot der österreichischen Banknoten weiter aufrecht erhält."[1])

Die Analogie zwischen damals und heute ist wohl eine im höchsten Grade frappante. Erwartet man etwa in Ungarn, dass Regierung und Reichsrath in Wien heute nicht einmal jenen Grad von Energie besitzen und bethätigen werden, welchen im August 1848 der österreichische Finanzminister Krauss an den Tag gelegt hat? Und ist man sich in Ungarn auch schon ganz klar in Betreff der Consequenzen, welche eine neue verstärkte Auflage des damaligen Kampfes jetzt in politischer und staatsrechtlicher Beziehung haben müsste?

— — —   —

4.

Die ungarischen Forderungen.

Noch stehen wir vorläufig, wie gesagt, vor der Alternative: Selbstständige ungarische Zettelbank oder Verein-

---

[1]) Verhandlungen der österreichischen Nationalbank und des ungarischen Finanzministers im Jahre 1848, mitgetheilt von Bela Lukacs im „Pester Lloyd" vom 6. April 1873.

barung mit der Nationalbank, wenn auch die schliessliche
Entscheidung weniger von den diesseitigen Ländern oder von
der österreichischen Nationalbank als vielmehr von Ungarn
selbst in erster Reihe abhängen mag. Für die Zeit vor Ablauf des Privilegiums fehlt der ungarischen Regierung wie
der ungarischen Legislative das Recht zur Etablirung einer
selbständigen Zettelbank; für die Zeit nach Ablauf des
jetzigen Bankprivilegiums aber hat Ungarn allerdings die
Wahl. Damit allein schon ist die Veranlassung gegeben, sich
auch mit der Möglichkeit einer Vereinbarung, welche noch
nicht definitiv und völlig ausgeschlossen erscheint, ein wenig
eingehender zu beschäftigen und demgemäss die Forderungen zu recapituliren und zu beleuchten, welche von
ungar. Seite der Nationalbank gegenüber erhoben worden sind. Diese Forderungen bewegten sich ursprünglich in ziemlich bescheidenen Grenzen. In jenem vom
Grafen Lonyay unterschriebenen protocollarischen Uebereinkommen zwischen den beiderseitigen Ministerien dto. 12. September 1867, in welchem das ungarische Ministerium sich verbindlich machte „im Königreiche Ungarn eine Zettelbank
nicht zuzulassen" wurde an diese Verbindlichkeit nur die eine
ausdrückliche Bedingung geknüpft. dass „die Nationalbank
verpflichtet werde, die vom ungarischen Ministerium für nöthig
erachteten Filialen zu errichten und dieselben den Bedürfnissen des Handels und Verkehrs entsprechend zu dotiren.
dann dass ihre Statuten dahin erweitert werden, dass dieselbe ermächtigt werde, auch Vorschüsse auf Effecten beider
Reichshälften, sowie auch auf andere solide, an der Börse notirte
Werthpapiere zu leisten." Graf Lonyay, der so gross ist
und immer grösser wird im — wie sagen wir doch nur um
glimpflich zu sein — Vergessen und Verdrehen, mag heute
mit noch so viel Aplomb die Giltigkeit dieses Uebereinkommens negiren, (und er that das bekanntlich schon im Januar
1870, trotz seiner eigenen Note an den diesseitigen Finanzminister Dr. Brestel vom 8. April 1868, siehe Seite 234),
seine bewusste Gedächtnissschwäche ändert nichts an der

Thatsache, dass in dem zweiten protocollarischen Uebereinkommen vom 26. September eine Clausel enthalten ist, wornach alle durch dieses zweite Uebereinkommen nicht ausdrücklich geänderten Punkte des ersten Uebereinkommens
vom 12. September — und von einer Aenderung des ersten
Uebereinkommens in Bezug auf die Nationalbank ist in dem
zweiten nichts enthalten — aufrecht bleiben sollen. Allgemach
aber wuchsen die ungarischen Forderungen immer mächtiger
an, bis sie bei dem in der Note des ungarischen Finanzministers v. Kerkapolyi an die Nationalbank vom 2. Juni
1872 gekennzeichneten Umfange angelangt waren: Selbstständige, nur von der Generalversammlung der Actionäre abhängige Direction in Pest; ähnlicher Wirkungskreis derselben
wie jener der Direction in Wien unter Oberaufsicht der ungarischen Regierung; Gesammtdotation für Ungarn, abgesehen
von der Dotation für Hypothekardarlehen, gegenüber der
anderen Reichshälfte im Verhältnisse von 32:68; Vertheilung
dieser Gesammtdotation auf die ungarischen Filialen durch
die Direction in Pest.

An noch weiter gehenden Forderungen hat es allerdings auch nicht gefehlt. Brachte doch der Monat October 1872 ein ungarisches Bankprogramm, in welchem nichts
Geringeres verlangt wurde, als: Erhöhung der Dotationen
der ungarischen Bankfilialen auf 75 Millionen Gulden, eine
Bankdirection für Ungarn, welche selbstständig den Zinsfuss
festsetzt und Credite bewilligt; Vermehrung der derzeit bestehenden 8 Filialen auf 15, endlich — man merke wohl! —
ein permanentes Darlehen der Bank an Ungarn in der Höhe
von 35 Millionen, wovon 15 Millionen auf Rechnung der
80-Mill.-Schuld gebracht würden. Mag dieses monströse Programm, welches schon um seines letzten Punktes willen sich
jeder ernsthaften Discussion von vorneherein entzieht, immerhin nicht ganz ohne alle Inspiration seitens der ungarischen
Regierung in die Welt gesetzt worden sein, einen officiellen
Character haben diese Forderungen doch nie erlangt und
man darf daher von ihnen in jedem Falle ebenso absehen, wie

von den mitunter geradezu naiven Vorschlägen, welche im Verlaufe der ungarischen Bankenquéte von ungarischen Experten vorgebracht wurden.

Fasst man die in officieller Form vorgebrachten Forderungen Ungarns gegenüber der Nationalbank ins Auge — wobei nicht zu übersehen, dass diese Forderungen als Vorbedingungen nicht etwa für die Anerkennung des jetzigen Bankprivilegiums in Ungarn, sondern sogar in ihrer Beschränkung auf eine Maximal-Dotation der ungarischen Filialen mit 32 °/₀ der Gesammt-Dotation aller Bankkassen als Vorbedingung für den Eintritt in Verhandlungen über die Verlängerung des Bankprivilegiums hingestellt worden sind — so lassen sich diese Forderungen in drei Kategorien theilen: Erstens Forderungen in Betreff der Ungarn zur Verfügung zu stellenden Geldmittel; zweitens Forderungen in Betreff der Vermehrung der Filialen; drittens endlich Forderungen in Bezug auf die künftige Verwaltung in Ungarn.

Zunächst darf wohl behauptet werden, dass eine eventuelle Vereinbarung in Bezug auf die zweite Kategorie, nämlich die Vermehrung der Filialen der Bank in Ungarn, unübersteiglichen Schwierigkeiten kaum begegnen dürfte. Das ist einer der Punkte, über die sich reden lässt und über welche auch die Nationalbank selbst, sei es aus freien Stücken sei es unter der Pression auch seitens der diesseitigen Gesetzgebung, schliesslich mit sich wird reden lassen müssen. Wohl ist die Anschauung eine ausreichend motivirte, dass die Gründung neuer Bankfilialen durch die geschäftliche Entwickelung der betreffenden Plätze gerechtfertigt sein solle; allein der General-Secretär der österreichischen Nationalbank selbst hat diese Angelegenheit in seinem Votum in der Pester Bank-Enquéte schon im Mai 1870 als eine solche bezeichnet, welche Sache der nähern Verhandlung sein werde. Der österreichischen Nationalbank, welche heute 24 Filialen hat, wird es übrigens in keinem Falle Eintrag thun, wenn sie deren Zahl überhaupt successive vermehren wird. Dass das ungarische Gebiet Raum für mehr als acht Filialen hat, dürfte kaum in

Abrede zu stellen sein. Die preussische Bank zählte 1870 nicht weniger als 130 Filialen; in Bezug auf die letzteren bemerkt Nasse in seiner Schrift über die preussische Bank: „In Folge der im ganzen Lande verbreiteten Zweiganstalten der Bank können in allen preussischen Städten, die nur einigermaassen eine gewerbliche Bedeutung haben, Wechsel auch auf kleinere Plätze des Landes zu dem jedesmaligen Bankdisconto discontirt werden" und er fügt bei, dass in andern Ländern, selbst in England, der Concentration des Wechsel- und Geldverkehrs in der Hauptstadt des Landes von Seite der Gewerbetreibenden in den Provinzen Opfer gebracht werden müssen, welche ihnen in Preussen erspart bleiben[1]). Die Bank von Frankreich zählte 1872 73 Filialen und seit 1848 sind nur wenige Jahre vergangen, in welchen nicht eine Vermehrung der bis dahin bestandenen Filialen eingetreten wäre; in dem Zeitraume von 1860—1872 sind nicht weniger als 27 neue Bankfilialen errichtet worden[2]).

Bei der Umgestaltung, welcher die österreichische Nationalbank anlässlich der Frage der Verlängerung ihres Privilegiums unter allen Umständen entgegengeht, wird auch in dieser Richtung eine den provinziellen Geschäftsverkehr in ausgedehnterem Maasse als bisher begünstigende Reform unumgänglich sein und wenn Ungarn auf diesem Gebiete sein Interesse wahren wird, so dürfte es, vorausgesetzt dass seine Wünsche den factisch gegebenen Verhältnissen entsprechen und nicht von Motiven dictirt sind, welche die nationale Eitelkeit zur Grundlage haben, dabei einer ausgiebigen Unterstützung auch diesseits der Leitha kaum entbehren. Schon die jetzigen Bankstatuten wahren der Regierung das Recht der Einflussnahme in Betreff der Errichtung von Filialen, die künftigen Bankstatuten werden in diesem Punkte auch noch weiter gehen müssen. Die Frage der Vermehrung der ungarischen Bankfilialen dürfte demnach in keinem Falle als eine

---

1) Siehe: Nasse, Die Preussische Bank, 1866.
2) Siehe: *Annuaire de l'économie politique*, par *Maurice Block*, 1871—1872.

solche anzusehen sein, die einer Vereinbarung hindernd im
Wege stehen möchte.

Minder leicht dürfte die Frage in Betreff der Geldmittel zu lösen sein, welche Ungarn von der Bank fordert.
Vor allem steht in dieser Richtung die Thatsache fest, dass
die von ungarischer Seite gegen die Nationalbank erhobenen
Anklagen durchaus übertrieben und zum grössten Theile unbegründet waren und heute noch sind. Ein besserer Gewährsmann hierfür dürfte kaum aufzutreiben sein, als Graf Melchior
Lonyay ist. Als ungarischer Finanzminister erklärte er in
der Sitzung des ungarischen Unterhauses vom 8. November
1869 (siehe Seite 220), dass die österreichische Nationalbank
den an sie in Bezug auf eine Erweiterung ihrer Geschäftsthätigkeit in Ungarn gestellten Anforderungen „stets nach
Möglichkeit zu entsprechen gesucht habe". Gegen Ende
1866, so führte er an, haben die Dotationen für den Wechselescompte in Pest 4½ Mill. betragen, jetzt betragen sie 23 ½ Mill.;
die Filialen in Debreczin, Fiume, Hermannstadt, Kronstadt
und Temesvár inclusive der Pester Filiale vor 1867 mit 7 Mill.
dotirt, hätten jetzt für sich allein 28 ½ Mill.; es habe sich
also der Escomptecredit allein nahezu vervierfacht und einschliesslich des Lombardgeschäftes betrage die Dotation der
ungarischen Filialen derzeit (November 1869) über 34 Millionen.
Es seien somit für Ungarn „sehr erhebliche Leistungen seitens
der Nationalbank erzielt worden", constatirte damals Graf
Melchior Lonyay. Fast zur selben Zeit constatirte die Nationalbank in der von ihr als Antwort auf das Memorandum
der Handelskammer von Pest-Ofen publicirten Denkschrift
(siehe Seite 217), dass vom Escompteportefeuille der Nationalbank am 30. September 1869 pr. 102·5 Mill., 55·9 % auf Wien,
21·52 % auf die anderen österreichischen Filialplätze, dagegen
22·3 % auf die ungarischen Bankplätze entfallen; dass das
Escompteportefeuille in Pest reichlich 34 % das Wiener Portefeuille und um 4½ Mill. mehr betragen als jenes der gewiss
gewerbethätigen und industriereichen Filialplätze von Brünn,
Olmütz, Prag, Reichenberg und Troppau zusammengenommen

betrage; dass das Darlehensgeschäft der Bank in den ersten
9 Monaten des Jahres 1869 in Wien um 0·6 Mill. abgenommen,
in den ungarischen Filialen dagegen um 2·3 Mill. zugenommen
habe; dass endlich vom Hypothekarcreditgeschäfte der Bank
nicht weniger als 56·4 % auf Ungarn entfallen. Auch seitens der
diesseitigen Regierung wurde officiell constatirt, dass die
Bank die in der Vereinbarung vom 12. September 1867 aufgestellten Bedingungen, obgleich sie an dieser Vereinbarung
als Paciscent nicht theilnahm, dennoch in vollem Maasse
erfüllt habe. Es geschah dies durch den Finanzminister
Freiherrn de Pretis in der Sitzung des Abgeordnetenhauses
vom 17. Juni 1872 (siehe Seite 319.)

Seit jener Zeit und bis zum heutigen Tage hat sich
dieses Verhältniss keineswegs zu Ungunsten Ungarns verändert. Den Beleg hiefür liefern ausreichend die Rechnungsabschlüsse der Bank seit 1870 und die folgenden theils diesen
Rechnungsabschlüssen, theils einer Zusammenstellung jüngsten
Datums entnommenen Ziffern beweisen zur Evidenz, dass die
Klagen über Restrictionen der Bank Ungarn gegenüber
auch für diese Zeit schlecht begründet waren, und dass die
Nationalbank speciell in der jüngsten kritischen Periode
Ungarn gegenüber voll und ganz ihre Schuldigkeit ge-
than hat:

Betrachten wir zunächst die Ziffern des

Cassen-Revirements

	Gesammt-Verkehr bei allen Bankcassen	Davon im Centrale Wien	In allen ung. Filialen	Pest allein
		Millionen Gulden		
1870 .	4730·98	3595·77	480·80	389·01
1871 .	5052·07	4268·55	633·89	536·65
1872 . .	7412·82	5867·10	640·91	534·40

An der Steigerung des Cassenrevirements der Bank haben demnach die sämmtlichen ungarischen Filialen, Pest oben
an, ansehnlichen Antheil gehabt; von einer Beeinträchtigung
des ungarischen Verkehrs seit 1870 kann also nicht die Rede
sein. Was Pest speciell betrifft, so steht es mit seinen Ziffern unter allen Filialen der Bank obenan und hat seinen

Platz unmittelbar nach dem Centrale Wien. Zudem kommt zu beachten, dass mit den für die ungarischen Filialen zusammen hier angeführten Ziffern das keineswegs erschöpft ist, was die Bank in diesen Jahren für Ungarn geleistet hat, dass vielmehr eine ganz beträchtliche Quote des Cassenrevirements im Centrale Wien auf geschäftliche Transactionen in und mit Ungarn zurückzuführen ist.

Einen weiteren Beleg bieten auch die folgenden Ziffern:

Escompte-Geschäft.

	Gesammt-Escompte der Bank	Davon entfällt auf alle Filialen zusammen	Auf Pest allein
		Millionen Gulden	
Im Jahre 1870 . . .	509·63	253·26	91·08
Im Jahre 1871	639·39	307·46	115·30
Im Jahre 1872	755·11	345·95	109·35
Vom 1. Januar bis 24. Juni 1873 .	426·68	200·35	64·37

Leih-Geschäft.

	Gesammt-Betrag der gewährten Darlehen	Davon entfällt auf alle Filialen der Bank zusammen	Auf Pest allein
		Millionen Gulden	
Im Jahre 1870 .	65·15	25·07	7·14
Im Jahre 1871 . . ,	111·33	71·31	47·23
Im Jahre 1872 . .	110·42	88·90	55·09
Vom 1. Januar bis 24. Juni 1873 .	03·72	37·42	17·28

Man kann diesen Ziffern gegenüber in Ungarn allenfalls an der Behauptung festhalten, dass die Bank für den ungarischen Verkehr noch mehr hätte thun können; die Behauptung aber, dass die Bank in den letzten Jahren für Ungarn immer weniger gethan habe, wird durch diese Ziffern genugsam widerlegt. Dem, was diese Ziffern beweisen, wäre auch noch beizufügen, dass, wie aus den Rechnungs-Abschlüssen der Bank hervorgeht, das gleiche, günstige Verhältniss sowohl in Betreff der bei der Bankkasse in Wien escomptirten an ungarischen Bankfilialplätzen zahlbaren Rimessen als auch in Betreff der von den ungarischen Bankfilialen escomptirten in Wien zahlbaren Rimessen obgewaltet hat. Die Filiale Pest speziell steht durchgehends unter allen Filialen der Bank diesseits und jenseits obenan.

Von ganz besonderem Werthe aber erscheint zur Illustrirung der von Ungarn gegen die Bank erhobenen Anklagen, zumal in Betreff der angeblichen Credit-Restrictionen in den letzten Jahren, eine Zusammenstellung der Dotationen der einzelnen Bankfilialen in Ungarn, abgesehen vom Hypothekar-Creditsgeschäfte, an welchem, wie an früherer Stelle bereits constatirt, Ungarn in beträchtlich höherem Maasse partizipirt, als die ganze diesseitige Reichshälfte:

A.
Im Escompte-Geschäfte:
Dotationen der ungarischen Bankfilialen
seit deren Gründung.

1) Pest.		Gulden
20. October	1851	2.000.000.
29. April	1853	2.500.000.
17. August	1854	2·600.000.
21. September	„	4.000.000.
13. Januar	1859	4.000.000.
12. Mai	„	4.500.000.
9. Juli	„	4.700.000.
25. „	1862	4.200.000.
14. Januar	1864	4.400.000.
9. Mai	1866	5.000.000.
11. November	„	4.400.000.
2. Mai	1867	5.400.000.
8. August	„	5.900.000.
17. August	„	8.000.000.
5. September	„	8.600.000.
10. October	„	10.100.000.

2. April	1868	11.100.000.
18. September	„	11.500.000.
1. October	„	12·000.000.
16. „	„	14.100.000.
17. „	„	15.100.000.
28. Januar	1869	16.400.000.
30. März	„	17.400.000.
22. April	„	18·400.000.
24. Mai	;,	18·900.000.
10. Juni	„	19.400.000.
5. October	„	23.575.000.
6. December	„	23.175.000.
16. November	1872	25.075.000.
25. „	„	25.975.000.
24. Juni	1873 [1] .	32.725.000.

2) Temesvár.

15. September	1856	500.000.
13. Januar	1859	500.000.
13. Mai	„	510.000.
12. Februar	1860	508.000.
12. August	„	500.000.
7. December	1861	400.000.
10. September	1863	500.000.
21. December	1866	430.000.
25. April	1867	510.000.
24. October	„	580.000.
12. März	1868	620.000.
1. October	„	720.000.
22 April	1869 . . .	1.020.000.
4. October	„ . . .	1.220.000.
5. „	„	2.089.000.
6. December	„ . .	2.307.000.

---

1) Bezüglich des Standes der Dotationen am 24. Juni 1873, also nach Ausbruch der grossen Krisis, siehe auch Seite 376.

25. November	1872	. . . . . .	2.407.000.
24. Juni	1873	. . . .	2.757.000.

3) Fiume.

21. Juli	1856	. . . .	500.000.
11. Januar	1858	. . . . . .	800.000.
13. „	1859	. . , ...	800.000.
31. December	1860	. . . .	700.000.
27. Juni	1861	. . . . . .	600.000.
30. December	1862	. . . .	500.000.
21. „	1867	. . . .	600.000.
2. Juni	1869	. . . .	900.000.
5. October	„	. . . .	931.000.
4. November	„	. . . . . .	1.100.000.
16. Juni	1871	, ... ,	1.200.000.
16. November	1872	. . . .	1.500.000.
24. Juni	1873	. . . .	1.750.000.

4) Kronstadt.

16. October	1854	. . . . . .	500.000.
12. November	1855	. . . . . .	750.000.
14. Mai	1856	. . . . .	1.000.000.
13. Januar	1859	. . . . . .	1.000.000.
2. „	1864	. . . . .	900.000.
6. November	1866	. . . . . .	1.000.000.
26. März	1867	. . . .	1.100.000.
10. September	1868	. . . . .	900.000.
5. October	1869	, ...	923.000.
6. December	„	. .	979.000,

5) Debreczin.

18. August	1856	. . . . . .	500.000.
13. Januar	1859	. . . . . .	500.000.
28. November	1867	. . . . . .	600.000.
5. October	1869	. . . . .	615.000.
6. December	„	. . . . . .	699.000.

16. November 1872 . . . . 899.000.
24. Juni 1873 . . . . 1.100.000.

6) Hermannstadt.

10. September 1868 . . . . 300.000.
5. October 1869 . . . . 306.000.
7. April 1870 . . . . 310.000
16. November 1872 . . . . 410.000.

B.

Im Darlehens-Geschäfte:

Dotationen der ungarischen Bankfilialen
seit deren Gründung.

1) Pest.

			Gulden
23. Juli	1854	. . . .	2.000.000.
24. März	1860	. . . .	1.000.000.
12. November	1868	. . . .	2.000.000.
22. Januar	1869	. . . .	2.500.000.
28. „	„	. . . .	2.800.000.
12. April	„	. . . , ...	3.300.000.
5. November	„	. . . .	4.500.000.
16. „	1872	. . . .	4.900.000.
25. „	„	. . . . . .	5.000.000.

2) Temesvár.

23. Juli	1854	. . . . .	500.000.
24. März	1860	. . . .	500.000.
18. September	1869	. . . .	700.000.
24. „	„	. . . .	850.000.
25. Februar	1870	. . . .	800.000.
25. November	1872	. . . .	900.000.

3) Kaschau.

23. Juli	1854	. . . . . .	100.000.
13. Mai	1856	. . . .	200.000.

24. März	1860		200.000.
4. August	1863	. . . . . .	300.000.
17. November	1868	. . . . . .	400.000.
2. „	1869	. . . . .	500.000.
16. „	1872	. . . .	700.000.

4) Agram.

23. Juli	1854	. . . . .	500.000.
24. März	1860	. . . .	100.000.
30. „	„	. . . .	200.000.
21. April	1864	. . . . . .	300.000.
2. November	1869	. . . .	350.000.
16. „	1872	. . . . .	450.000.
24. Juni	1873	. . . . . .	600.000.

5) Hermannstadt.

23. Juli	1854	. .	500.000.
24. März	1860	. . .	100.000.
26. October	„	. . . .	200.000.
25. „	1866	. . . .	300.000.

6) Debreczin.

4. December	1868		100.000.
2. November	1869	.	150.000.
16. „	1872	. .	250.000.
24. Juni	1873	.	350.000.

7) Kronstadt.

23. Juli	1854	.	500.000.
24. März	1860	. . .	100.000.
1. Februar	1869	. .	200.000.

8) Fiume.

19. November	1868		300.000.
12. August	1869	. .	200.000.
16. Juni	1871		100.000.
24. Juni	1873		150.000.

Es hat sich demnach die Dotation der Filiale Pest im Escompte-Geschäfte seit 1851 versechzehnfacht, seit 1867 nahezu versechsfacht, während die Dotation im Darlehensgeschäft sich dort seit 1869 verdoppelt hat. Der Pester Filiale zunächst hat die Filiale in Temesvar namentlich im Escompte-Geschäft sich· einer namhaften Steigerung der Dotation zu erfreuen gehabt und mit wenigen Ausnahmen, welche in den Verhältnissen des betreffenden Filialplatzes ihre Begründung finden dürften, zeigen auch die übrigen Filialen eine stetig zunehmende Kräftigung ihrer Mittel.

Vollends drastisch wird der eingetretene Wechsel durch folgende Gegenüberstellung illustrirt:

Es betrug die Gesammt-Dotation der Filialen Pest, Temesvar, Fiume, Kronstadt, Debreczin, Hermannstadt im Escompte-Geschäfte:

Ende 1866	$7 \cdot_{13}$ Millionen fl.
Ende März 1873 .	. $32 \cdot_{17}$ „ „
Am 24. Juni 1873[1])	. $39 \cdot_{72}$ „ „

während die Gesammt-Dotation der Filialen Pest, Temesvar, Kaschau, Agram, Hermannstadt, Kronstadt im Lombard-Geschäfte sich also stellte:

Ende 1866	$2 \cdot_{50}$ Millionen fl.
Ende März 1873	$7 \cdot_{90}$ „ „
Am 24. Juni 1873[1])	$8 \cdot_{20}$ „ „

Im Ganzen hatten demnach die Dotationen der ungarischen Filialen im Escompte- und im Darlehensgeschäfte am 24. Juni 1873 bereits die Höhe von $47 \cdot_{41}$ Millionen fl. erreicht. Wenn nun die ungarische Regierung anlässlich ihrer Zustimmung zur Suspension der Bankacte auf den Standpunkt des Ofener Protocolls vom October 1872, resp. auf das Dotations-

---

1) Die Differenz zwischen diesen Ziffern pr. 24. Juni 1873 und jenen pr. Ende März 1873 entspricht so ziemlich dem, was während der dazwischen liegenden kritischen Periode Seitens der Nationalbank für den Verkehr in Ungarn' an ausserordentlichen Dotationen geleistet worden ist; doch gelten diese Ziffern wie gesagt, nur für die Zeit bis 24. Juni 1873.

verhältniss zurückgekommen ist, wie es im September 1869
bestand — damals betrug die Gesammt-Dotation der ungarischen Filialen etwas über 34 Mill. fl. — so darf den angeführten Ziffern gegenüber constatirt werden, dass die Nationalbank die Wünsche Ungarns über die diesfalls begehrten
Grenzen hinaus erfüllt hat und dass auch der Streit über die
Interpretation jenes Ofener Protocolles derzeit gegenstandslos geworden ist.

Angesichts all dieser Ziffern und Daten dürfte es wohl
gestattet sein, die Anschauung zu vertreten, dass der reëlle,
legitime Bedarf des ungarischen Verkehrs an Geldzeichen —
wenn auch vielleicht ab und zu nicht ganz in dem dort ge-
wünschten vollen Umfange, weil unter Festhaltung des Princips, nur bankmässig Credit zu gewähren — Seitens der
österreichischen Nationalbank wohl befriedigt worden ist, wobei überdiess die Thatsache nicht ausser Betracht bleiben
kann, dass ja die Nationalbank im Gebiete der ungarisch-
österreichischen Monarchie nicht der alleinige Zettelemittent
ist, vielmehr der Staat dieses Geschäft reichlich zur Hälfte
mit ihr theilt. Trotz alledem bestand nun einmal in Ungarn
bis vor Kurzem noch in allen Kreisen und besteht dort in
vielen Kreisen selbst heute noch die Ueberzeugung, dass die
Nationalbank den dortigen Verkehr beeinträchtige und ver-
kürze und diese Ueberzeugung, welche schier ein Stück des
eben in gar keinem Punkte klar durchgedachten, wirthschaftlichen Programmes in Ungarn bildet, hat es mit sich gebracht,
dass man dort auf den absonderlichen Gedanken gekommen
ist, das Quotenverhältniss, in welchem die beiden Reichstheile
zur Bestreitung der gemeinsamen Staatsausgaben beitragen,
auf das Gebiet der Bankpolitik zu übertragen und als Maassstab für die Bemessung des Bankcredites in Ungarn zu pro-
clamiren. Der Gedanke an sich ist durchaus absurd und es
ist nicht abzusehen, welche wirthschaftlichen Argumente just
das Verhältniss von 32:68 und nicht etwa ein Verhältniss von
75:25 oder von 60:40 rechtfertigen sollen. Aber, wie gesagt,
der Gedanke, wenn auch schlecht geeignet der ungarischen

Bankpolitik ausserhalb der österreichisch-ungarischen Monarchie zu einem besonderen Ruhme zu verhelfen, besteht nun einmal und seine Ausführung wird in Ungarn als eines der sicheren Mittel betrachtet, um trotz des gegen die National-bank dort bestehenden Vorurtheiles die gesetzliche Anerken-nung eventuell Verlängerung des Bankprivilegiums in Ungarn durchzusetzen und den Ausschlag gebenden Theil des jetzt dort bestehenden Widerstandes gegen die Nationalbank zu brechen. Ist dem so, verpflichtet sich Ungarn noch weiter-gehende Ansprüche in dieser Richtung nicht zu erheben, wird ferner bei der Quotirung der Bedeutung und internatio-nalen Stellung des Wiener Platzes vorweg insoferne Rech-nung getragen, als sein effectiver Creditbedarf vor jeder Quotirung Befriedigung findet, und wird endlich jenes Quoten-verhältniss nur als ein maximales hingestellt und gefordert, innerhalb dessen die rationellen Grundsätze einer soliden, für die Solvenz der ausgegebenen Noten fürsorgenden Bankpolitik und die Rücksichtnahme auf den unter den einzelnen Ge-schäftsplätzen eines ausgedehnten Wirthschaftsgebietes je-weilig wechselnden Creditbedarf freien Spielraum finden, --- dann vermöchte man vielleicht, wenn sonst alle übrigen Punkte ins Reine gebracht werden können, in dieser vom Ge-biete des Staatsrechts auf das Gebiet der Bankpolitik über-tragenen Schrulle kaum ein absolutes Hinderniss gegen eine eventuelle Verständigung zu erblicken. Man wird es am Ende vollständig begreifen, wenn die Bankverwaltung und auch Stimmen ausserhalb derselben, sich heute noch diesem an sich allerdings völlig unwirthschaftlichen und auch unpracti-schen Auskunftsmittel gegenüber zur Wehre setzen. Ver-handlungen, welche zu einer Verständigung und Vereinbarung führen sollen, können begreiflicherweise nicht damit einge-leitet werden, dass der eine Theil in wichtigen Punkten sich sofort den Forderungen des Anderen anschliesst. Derjenige aber, der an solchen Verhandlungen zum Mindesten nicht unmittelbar Theil zu nehmen berufen ist, darf die Eventualität eines Zugeständnisses in dieser Richtung, selbst auf Kosten

seiner unbefangenen, fachmännischen Ueberzeugung, Rücksichten der Opportunität Rechnung tragend, allerdings ins
Auge fassen. Dieser politischen Opportunität hat die diesseitige Reichshälfte seit einem Decennium, namentlich aber
seit 1867, schon weit grössere Opfer gebracht, als sie in diesem
Punkte gefordert werden und angesichts des immer näher
rückenden Termines für die Aufnahme neuer Verhandlungen
mit Ungarn sowohl in Betreff der Beitragsleistung zu den
gemeinsamen Ausgaben, als auch in Bezug auf das Zoll- und
Handelsbündniss können wir nur wünschen, dass der diesseitigen Reichshälfte seinerzeit nicht eine noch grössere Selbstverläugnung zugemuthet werde, als dies in dem Punkte, der
uns hier beschäftigt, der Fall wäre.

Geradezu äusserst schwierig aber, ja im Augenblicke
schier unlösbar erscheint die Meinungsverschiedenheit in Betreff jener Forderungen Ungarns, welche sich auf die Frage
der künftigen Verwaltung der Nationalbank beziehen.
Was Ungarn in dieser Richtung verlangt, das ist die Uebertragung der dualistischen Staatsform auf das Gebiet des
Zettelbankwesens, ist nicht mehr und nicht weniger als eine
vollständige Zweitheilung der österreichischen Nationalbank.
Genau umschrieben und in präciser Fassung liegen die
Forderungen nach dieser Richtung noch nicht vor, indess genügt das, was in officieller Form darüber verlautbart wurde,
um klar erkennen zu lassen, dass die Durchführung dieses
Planes ein Ding der Unmöglichkeit ist. Man kann davon
ganz absehen, dass ein Experiment, wie es da geplant ist, die-
Spaltung einer Centralzettelbank in zwei selbstständige Zettelbanken, die gleichwohl nur Eine Zettelbank bilden und deren
Noten natürlich jederzeit gleich bewerthet sein sollen, in keinem
anderen Lande der Welt bisher auch nur ersonnen, geschweige
denn durchgeführt worden ist, wiewohl man glauben sollte,
dass gerade ein so häufigem Wechsel in wirthschaftlicher,
besonders aber in politischer Hinsicht unterworfenes Staatsgebiet, wie die österreichisch-ungarische Monarchie es ist, alle

Ursache hat, sich von solch einem Experimente fern zu halten[1]).

Rücken wir nun aber den Details der diesfalls erhobenen Forderungen etwas näher an den Leib, so begegnen wir vor allem Anderen einem Gedanken, gegen dessen Realisirung die diesseitigen Länder sich jederzeit und um jeden Preis aus Leibeskräften widersetzen müssten; das ist die geplante Einflussnahme der ungarischen Regierung auf die Nationalbank oder doch auf die künftige ungarische Hälfte derselben. Solch einem Gedanken können und werden die diesseitigen Länder niemals zugänglich sein, denn aus ihrem Gedächtnisse sind die Consequenzen und Ausartungen solch' einer wilden Ehe zwischen Staat und Bank noch nicht verschwunden. Wenn es schon im Jahre 1862 einer der leitenden und obersten Gesichtspunkte bei Abfassung der jetzt bestehenden Bankacte gewesen ist, einer Fortdauer oder Wiederholung dieses Verhältnisses vorzubeugen und ein Einmischungsrecht der Staatsverwaltung in die wirthschaftliche Gebarung des Bankinstitutes hintanzuhalten, so wird es jetzt, wenn es sich um die Verlängerung des Bankprivilegiums handelt, die unerlässliche Aufgabe der diesseitigen Vertretung sein, diesen Gesichtspunkt wo möglich schärfer noch als damals hervorzukehren und festzuhalten. Mehr als ein Aufsichtsrecht in Betreff der Einhaltung und Erfüllung der gesetzlichen Normen von Seite des Bankinstitutes kann und wird die Gesetzgebung der diesseitigen Länder der Staatsverwaltung niemals zuerkennen. In Ungarn aber besteht in diesem Punkte und nicht bloss in Regierungskreisen eine davon gründlich verschiedene Anschauung; dort denkt man sich unter dem Aufsichtsrecht der Regierung ein Interventionsrecht, welches unter Umständen die Handhabe giebt, um Staatsbedürfnisse mit Hilfe der

---

1) Ein ungarisches Blatt, der „Pester Lloyd", war es, welches im Jahre 1868 ein „dualistisch getheiltes Monopol", einen „prinzipiellen Bankdualismus" als „finanziellen Unsinn" erklärte. Gewiss ein unbefangenes Votum! (Siehe „Pester Lloyd" vom 11. October 1868.)

Notenpressen der Bank befriedigen, oder doch mindestens den
Bankcredit mit Hilfe von fictiven Geschäftswechseln, welche
eigentlich Regierungsverbindlichkeiten darstellen, für Staatszwecke in Anspruch nehmen zu können. Läge erst in Pest
die Leitung der Bankgeschäfte in den Händen einer selbstständigen Direction, welche lediglich der ungarischen Regierung untersteht, dann wäre, mögen die künftigen Bankstatuten
in dieser Beziehung noch so rigorose Normen aufstellen, jenem
unnatürlichen Verhältnisse und dem daraus resultirenden
wirthschaftlichen Missbrauche der Weg bequem geebnet. Die
schwer wiegenden Besorgnisse in dieser Richtung werden
durch die Thatsache nur zu sehr erzeugt und genährt, dass
in Ungarn nicht nur alle Fragen, auch jene streng wirthschaftlichen Characters, nicht bloss mit der Politik überhaupt sondern sogar mit der Stellung und den Interessen der politischen
Parteien verquickt werden, dass dort das Interesse der nationalen Politik der allmächtig gebietende, alle Schranken durch-
brechende, maassgebendste Factor ist. Es giebt in Ungarn
schon mit Rücksicht auf die consequent festgehaltene Riva-
lität mit der anderen Reichshälfte absolut keine Frage und
kein Gebiet, das sich der Beeinflussung durch die nationale
Politik entziehen möchte. Was aber soll aus unserem künftigen Zettelbankwesen werden, wenn auch dieses solcher Beeinflussung anheimfällt, wenn für die Geschäftsgebarung der
„unabhängigen, selbstständigen“ Bankdirection in Pest die
Anschauung der jeweiligen ungarischen Regierung, das Interesse der am Ruder befindlichen politischen Partei maassgebend sein möchte!

Freilich heisst es, die selbstständige ungarische Bankdirection soll denn doch nicht so ganz unabhängig sein, sie
solle vielmehr von der Generalversammlung der Actionäre der
Bank und nur von diesen d. h. nicht von der Bankdirection
in Wien abhängen. Aber wer vermöchte dieses Verhältniss der Abhängigkeit zu definiren, wie soll die Subordini-
rung der „selbstständigen“, ungarischen Bankdirection unter
die Generalversammlung der Actionäre realisirt werden? Man

scheint darüber in Ungarn selbst keine ganz klare Vorstellung zu haben. Allzu ernst scheint man dort das Abhängigkeitsverhältniss der selbstständigen Bankdirection selbst von der Generalversammlung der Actionäre nicht aufzufassen, da man sich doch wohl sagen muss, dass wenn die Ingerenz dieser Generalversammlung eine maassgebende und entscheidende wäre, dies unter Umständen die Aufhebung der Selbstständigkeit der ungarischen Bankdirection zur Folge haben könnte. Selbstständig und abhängig zugleich, darin liegt ein bisher nicht gelöster, auch kaum lösbarer Widerspruch, und käme es erst dazu, eine solche halb selbstständige, halb abhängige ungarische Bankdirection zu etabliren, dann wüsste man wahrscheinlich in Ungarn selber nicht, wie und von welcher Seite die Sache eigentlich anzufassen wäre.

Nehmen wir nun für eine Weile an, eine solche selbstständige ungarische Bankdirection bestände thatsächlich — und in Bezug auf die geschäftliche Verwaltung wäre sie wirklich selbstständig, da nach dieser Seite hin eine Abhängigkeit von der Generalversammlung der Actionäre practisch kaum gedacht werden kann — dann bedarf es eben keines grossen Ausmaasses von Pessimismus und noch weniger von Uebelwollen gegen Ungarn, um von Vornherein einzusehen, dass selbst die strengsten und noch so vorsichtig abgefassten Normen für die geschäftliche Verwaltung nicht ausreichen würden, um ebenso bedenkliche als weittragende und für die Dauer geradezu unerträgliche Consequenzen solch' eines getrennten Bankwesens hintanzuhalten. Zwischen den beiden selbstständigen Directionen in Wien und Pest würde sich dann ein Verhältniss etabliren ungefähr wie jenes, in welchem zwei, Ein Gefährte gleichzeitig dirigirende Rosselenker zu einander stehen, von denen der Eine ab und zu nach links, während der Andere regelmässig nach Rechts commandirt. Auf geradem Wege mag der Karren schlecht und recht allenfalls noch von der Stelle kommen, soll er aber einmal scharf um die Ecke biegen, dann Wehe dem ganzen Gespann!

Schon in der blossen Möglichkeit verschiedenartiger Grundsätze und einer verschiedenartigen Praxis in Bezug auf die Creditgewährung liegt der Keim nicht blos von Conflicten zwischen den beiden „selbstständigen" Directionen, sondern geradezu von Gefahren für das zweitheilige Bankinstitut selbst. Wechsel, welche bei der Wiener Bankdirection zurückgewiesen werden, könnten möglicherweise bei der Pester Direction Unterkunft erlangen, Darlehen, welche die Wiener Bankdirection verweigert, könnten von der Pester bewilligt werden und gegen eine auf solchem Wege entstandene Vermehrung der Noten der Bank, könnte die Wiener Direction sich nicht nur nicht zur Wehre setzen, sondern das Bankinstitut in seiner Totalität müsste, unter Umständen vielleicht auf Kosten seiner Sicherheit und seiner Solvenz, für diese einseitige Vermehrung der Circulationsmittel die Garantie tragen. Hiesse das nicht die Disposition über das Notenemissionsrecht des Bankinstitutes in die Hände eines Theiles desselben legen, und wie soll die eine' selbstständige Direction eine Mitverantwortlichkeit, welcher sie sich gar nicht entziehen kann, übernehmen für Actionen, auf welche sie einen Einfluss nicht üben kann, für eine Gebarung, die sich ihrer Einflussnahme entzieht! Kaum geringere Bedenken werden durch Betrachtungen in Betreff der künftigen Festsetzung des jeweiligen Bankzinsfusses erzeugt. Wenn jede der beiden Directionen selbstständig, wenn die eine von der Anderen völlig unabhängig ist, welche von den beiden soll das Recht zur Festsetzung dieses Zinsfusses haben? Die beiden selbstständigen Directionen wird man sagen, sollen sich von Fall mit einander zu Fall verständigen. Der Fall, dass sie sich verständigen, ist wohl denkbar, die Möglichkeit zum Mindesten nicht ausgeschlossen; aber auch die Möglichkeit, dass sie sich nicht verständigen können, ist gegeben und es kann dann wohl sich ereignen, dass beispielsweise in Pest, weniger aus wirthschaftlichen als aus Rücksichten patriotischer Fürsorge oder nationaler Selbstliebe, ein niedrigerer Zinsfuss festgesetzt wird, als hier in Wien und auf diese Weise nicht bloss eine Verdopplung der Zinsfussschwankungen eines und desselben Institutes Platz greift, sondern auch noch drüben der illegitimen Geldmacherei auf Kosten der diesseitigen Länder und der Sicherheit der Bank selbst eine freie Prämie ertheilt, ein offener Tummelplatz erschlossen wird. Wem soll unter solchen Verhältnissen die Sorge und die Verantwortlichkeit für die stete Aufrechthaltung der Baarzahlungen auferlegt werden, wer wird sich geneigt finden lassen, unter solchen Verhältnissen diese Verantwortlichkeit auf sich zu laden?

Mag man den Plan der dualistischen Gestaltung und Verwaltung der österreichischen Nationalbank wie immer wenden und drehen, er ist und bleibt mit den Vorbedingungen eines einheitlichen Zettelemissionsinstitutes wie mit der Forderung eines einheitlichen Geldwesens überhaupt unvereinbar. Ein solcher Dualismus kann nicht etablirt werden und würde er etablirt, so könnte er unmöglich von Dauer sein. Will demnach Ungarn um jeden Preis eine „selbstständige" Bank erringen, dann muss es eine solche auf geradem Wege etabliren, auf seine Kosten, auf seine Gefahr, mit seinen Mitteln, mit seinen Kräften. Ueber die Erweiterung des Wirkungskreises des mit der Verwaltung des ungarischen Geschäftes der Nationalbank betrauten Körpers, über ein gewisses Ausmaass von Autonomie, soweit vor Allem die Frage der jeweiligen Vermehrung oder Verminderung der Banknoten und das Recht der Festsetzung des jeweiligen Zinsfusses sowie des Verhältnisses der einzelnen Geschäftszweige der Bank zu einander davon nicht berührt wird, darüber lässt sich reden, darüber wird auch die Bankgesellschaft mit sich reden lassen müssen. Was Ungarn aber in Bezug auf die förmliche Zweitheilung des Bankinstitutes und seine dualistische Verwaltung fordert, das scheint uns einfach unerfüllbar weil es Unnatürliches, Unmögliches, Unhaltbares fordert. Besteht Ungarn auf dieser Forderung, dann dürfte die Divergenz in diesem einen Punkte vollkommen ausreichen, um eine Ver-

ständigung nicht bloss zwischen Ungarn und der Nationalbank, sondern auch zwischen Ungarn und den diesseitigen
Ländern zur Unmöglichkeit zu gestalten.

5.

Schluss.

Bevor das Jahr 1873 abläuft, muss in der schwebenden
Bankfrage wenigstens von Einer Seite ein wichtiger Schritt
zur Lösung unternommen werden. In Befolgung des § 40 der
Bankstatuten wird eine ausserordentliche Generalversammlung
der Actionäre der Nationalbank noch vor Ablauf des Jahres
1873 zu beschliessen haben, ob und allenfalls mit welchen Abänderungen die Erneuerung des jetzigen Bankprivilegiums
anzusuchen sei; die dieser Generalversammlung vorzulegenden
Anträge bilden derzeit den Gegenstand der Berathungen im
Schosse der Bankdirektion und des Bankausschusses. Wohl
bleibt der Nationalbank dann noch immer die Frist von fast
einem vollen Jahre dafür offen, ihr definitives Ansuchen um
Verlängerung des Privilegiums vor die Gesetzgebung zu bringen,
da nach § 13 des Uebereinkommens vom Jahre 1863 dieses
Ansuchen „wenigstens zwei Jahre vor Ablauf des Privilegiums"
zu stellen ist. Indess ist nicht anzunehmen, dass die Nationalbank damit knapp bis vor Ende 1874 warten werde, vielmehr
ist anzunehmen, dass sie, zumal im Hinblick auf ihre Erfahrungen im Jahre 1862 und in Berücksichtigung der heute noch
weitaus complicirteren Gestaltung der Bankfrage, sich mit ihrem
Ansuchen um Verlängerung des Privilegiums beeilen und dass
von ihrer Seite aus Alles geschehen werde, um die Herbeiführung einer Lösung zu beschleunigen. Damit wird auch
der diesseitigen Gesetzgebung die Möglichkeit benommen sein,
sich weiter noch der Lösung der Bankfrage zu entziehen.
Zumal das noch vor Ablauf des Jahres 1873 zusammentretende,
zum ersten Male aus directen Wahlen hervorgehende Ab-

geordnetenhaus des Reichsraths wird die Verhandlung über
die Bankfrage und die Beschlussfassung darüber als eine der
ersten und wichtigsten Aufgaben vorfinden und nächst der
Frage der Steuerreform wird es die Bankfrage sein, welche
der nächsten Reichstagssession die Signatur geben wird.

Unter solchen Verhältnissen wird auch die jenseitige Reichshälfte sie mag wollen oder nicht, in die Nothwendigkeit versetzt sein, endlich Farbe zu bekennen und zu entscheiden
welchen Weg Ungarns Bankpolitik einzuschlagen habe. Diesmal und in diesem Punkte wird eben ausnahmweise auch einmal für Ungarn eine Zwangslage geschaffen sein, welcher es
sich mit jedem Monat, der darüber hinweggeht, weniger wird
entziehen können. Diese Zwangslage, zunächst für die diesseitige
Reichshälfte erzeugt durch den immer näher rückenden Termin
des Ablaufes des Bankprivilegiums, dehnt sich eben, ohne dass
man es drüben verhindern kann, auch auf die jenseitige Reichshälfte aus. Die Lösung der Bankfrage muss aber spätestens
im Jahre 1874 erfolgen und erfolgt sie nicht mit Ungarn, so
würde sie eben ohne Ungarn erfolgen müssen.

Für welche Bankpolitik Ungarn sich entscheiden wird, ob
für eine Vereinbarung mit der Nationalbank respective mit
der diesseitigen Reichshälfte, ob für ein selbstständiges Bankwesen, das lässt sich heute im Voraus wohl kaum noch bestimmen. Die Chancen nach beiden Richtungen hin sind un-
berechenbare und sie heute zu beurtheilen, fällt um so schwerer
als mit dem Termin für den Ablauf des Bankprivilegiums
und der damit gegebenen Nothwendigkeit einer Lösung der
Bankfrage auch der Termin für den Ablauf des bekanntlich
auf 10 Jahre geschlossenen, das Quotenverhältniss bei Bestreitung der gemeinsamen Auslagen und das Zoll- und Handelsbündniss betreffenden Theiles des im Jahre 1867 geschlossenen Ausgleichspaktes immer näher rückt. Träfen überdiess
die Verhandlungen in letzterer Beziehung dem Zeitpunkte,
nach mit jenen Bankverhandlungen zusammen, dann möchten
die heute schon gegebenen Schwierigkeiten sich weiter noch
potenziren, so dass schon mit Rücksicht darauf heute jedwede

Prophezeiung als eine schlecht begründete erscheinen müsste.
Vor wenigen Monaten noch, zur Zeit als das Projekt der
Ungarischen Escompte- und Handelsbank auftauchte, hatte es
allerdings den Anschein, als steure Ungarn direct einem selbstständigen Bankwesen zu und mit diesem Projekte selbst
sollte gewissermaassen der Uebergang zu einer Separation
von der diessseitigen Reichshälfte inaugurirt werden. Seither
aber und innerhalb der jüngsten Zeit sind in Ungarn auf öconomischem und finanziellem Gebiete Erscheinungen zu Tage
getreten, welche, von uns an früherer Stelle bereits berührt und
mit der Speculationskrisis vom Mai 1873 zusammenhängend, neue
und günstige Chancen für eine friedliche Lösung und Vereinbarung in der Bankfrage eröffnet haben. Mit dem Zwecke,
welchen unsere Darlegungen verfolgen, steht es völlig im
Einklange, wenn wir bei diesen, innerhalb der letzten Zeit
in Ungarn auf öconomischem und finanziellem Gebiete zu Tage
getretenen Erscheinungen noch ein wenig verweilen. Es kann
diess nicht mit dem Gefühle schadenfroher Genugthuung,
vielmehr nur mit dem Gefühle der Theilnahme geschehen,
wie das Bewusstsein solidarischer Interessen es eingibt. So entschieden auch die Ausführungen dieses Buches Ungarn gegenüber
den Standpunkt festhalten und vertreten, den die Verfassungs-
partei in den diesseitigen Ländern allein einnehmen kann, Schel-
sucht, Missgunst oder die Lust an kleinlicher Nergelei haben
unsere Ausführungen in keinem Falle dictirt. Davon sind wir frei,
wenn wir als Thatsache hier constatiren zu dürfen glauben, dass
Ungarn in jüngster Zeit für alles Andere eher als dafür Proben
abgelegt hat, dass es reif und vorbereitet sei für die Etablirung eines selbstständigen Bank- und Zettelwesens.

Man darf vielleicht noch weiter gehen und, ohne mit den
Thatsachen in Widerspruch zu gerathen, die Behauptung
wagen, dass die österreichische Nationalbank ihre Existenzberechtigung eben in Ungarn — jene Existenzberechtigung
freilich, welche nicht auf Paragraphen fusst, sondern auf positive Leistungen sich stützt — zu keiner Zeit noch so voll
und ganz documentirt hat, wie innerhalb der jüngsten Zeit

seit Ausbruch der grossen Krise und in den Kreisen der ungarischen Politiker mag es derzeit manche geben, die, allerdings nur wenn sie vertraulich unter einander verhandeln, sich die Frage stellen und sofort in nüchterner Weise auch beantworten: wie es heute um Handel und Verkehr in Ungarn stünde, wenn es dort keine österreichische Nationalbank gäbe, ja selbst dann (und vielleicht dann erst recht), wenn an ihrer Statt eine nicht baarzahlende Landes-Zettelbank functioniren möchte? Das hätte hüben wie drüben inmitten der aus der grossen Speculationskrise herausgewachsenen Creditkrise, inmitten des über alle Maassen tief gewurzelten Misstrauens gerade noch gefehlt, dass es hüben oder drüben, namentlich aber drüben, auch noch ein allgemein verbreitetes Tauschmittel, ein Papiergeld gegeben hätte, welches, dem allgemeinen Misstrauen zum Opfer fallend, die Erschütterung bis in die kleinsten Verkehrskanäle und bis an die äusserste Peripherie hinaus fortgepflanzt hätte! Dass das österreichisch-ungarische Wirthschaftsgebiet vor einer solchen Katastrophe bewahrt blieb, welche, in ihren Consequenzen jene des grossen Börsensturzes hundertfach übertreffend, das Land auf lange Jahre hinaus dem Ruine preisgegeben hätte und für welche im Uebrigen gar viele Vorbedingungen thatsächlich gegeben waren — das ist, so seltsam das für viele Leser in Oesterreich-Ungarn auch klingen mag, ein Verdienst der von der österreichischen Nationalbank befolgten Politik und sicherlich auch gerade kein Klagemoment gegen jene Bankacte vom Jahre 1863, welche diese Politik theils vorzeichnete, theils ermöglichte. Inmitten der hoch und immer höher gehenden Wogen einer jammervollen Sündfluth stand diese Nationalbank ein Wall da, an dem die Fluthen des Misstrauens sich brachen. Diese österreichische Nationalbank, trotz ihrer eigenen, von Andern verschuldeten Insolvenz, zeigte sich gleichwohl, scheinbar ein Widerspruch und dennoch mit den Thatsachen im Einklange, wiederum als eines „der bestfundirten, durchaus consolidirten Credit-Institute Europas", wie die Schöpfer der Staatsnoten anno 1867 sie nannten; auf ihr ruhten trost-

voll die Blicke aller Verzweifelten wie aller Gleichmüthigen,
sie war inmitten des allseitigen Creditzusammenbruchs nicht
bloss die Retterin, sondern auch die einzig sichere Bewahrerin,
schier „die einzig Gesunde unter lauter Siechen".
Galt oder gilt das in Bezug auf Ungarn etwa weniger
als in Betreff der diessseitigen Länder? Noch gegen Mitte
Mai 1873, wenige Tage nach Ausbruch der Krise, konnte man
in Ungarn etwas voreilig den Versuch machen, in dieser Richtung zu unterscheiden. Mit der Zustimmung zur Suspension
der Bankacte glaubte man drüben den diessseitigen Ländern
ein Zugeständniss zu machen, an dessen Gewährung man
Forderungen und Bedingungen knüpfen zu dürfen sich für
berechtigt hielt und ein Pester Blatt, der Deákpartei nahe-
stehend, durfte noch am 13. Mai die Sätze niederschreiben;
„So acut wie in Oesterreich ist die Krise hierzulande freilich
nicht, Dank der gesunden Entwickelung unseres wirthschaftlichen Lebens . . . . Die Krise richtet hier keine so grossen
Verheerungen wie drüben an, weil in unserem nationalöcono-
mischen Haushalte derzeit viel weniger faul ist als in dem
österreichischen . . . . .", aber schon vierzehn Tage später
hatte die Situation sich beträchtlich geändert. Aus allen
Theilen Ungarns erscholl der Ruf nach Hilfe, nach Creditgewährungen, die ungarischen Bankfilialplätze petitionirten um
Dotations-Erhöhungen, ja diverse ungarische Städte schickten
— eine Erscheinung unerhört seit Ungarn seine Selbstständigkeit wieder erlangt hatte, — Deputationen nach Wien,
welche da bei der Nationalbank deren Hilfe und vom österreichischen Finanzministerium dessen Vermittlung bei der
österreichischen Nationalbank erbaten. Die Nationalbank war
da mit einem Male auch für Ungarn Retterin in der Noth
geworden, Niemandem fiel es in diesen Tagen der Noth ein,
etwa nach dem Rechtsbestande der Bankacte in Ungarn zu
fragen. Es hatte sich eben auch der nationalöconomische
Haushalt Ungarns rasch genug als „faul" erwiesen und kein
Zweifel kann darüber bestehen, dass wenn in diesen Tagen
etwa neben der österreichischen Nationalbank auch eine selb-

ständige ungarische Zettelbank in Ungarn bestanden hätte, jene
Rufe aus Ungarn nach Wien ebenso erschollen, jene Deputationen
nach Wien ebenso abgesendet worden wären. Wenn jemals
so haben in diesen Tagen die Thatsachen den Beweis dafür
erbracht, dass Oesterreich und Ungarn Theile Eines Verkehrs-
gebietes bilden, deren materielle Interessen auf das Innigste
mit einander verwachsen sind und dass jetzt wie vordem der
Schwerpunkt des ungarischen Credits in Wien liegt. Der so
erbrachte Beweis würde selbst dann nicht alterirt erscheinen,
wenn es wahr wäre, dass Ungarn nur mit hineingezogen worden
sei in die diessseitige Katastrophe, denn wollte man selbst
zugeben, dass die ungarische Volkswirthschaft die Vorbedingungen für eine Krise wie diese nicht in sich getragen habe,
dann läge darin eben nur ein Beweis mehr für die aller künstlichen Separation spottende Gemeinsamkeit der Vortheile
wie der Gefahren.

Insoferne hatte der kritische Verlauf der Dinge innerhalb
der Monate Mai und Juni des Jahres 1873 immerhin etwas
Gutes im Gefolge. Ungarn hat der Nationalbank bedurft und
die Nationalbank ist ihm entgegengekommen, indem sie ihm
beträchtliche Geldmittel zuführte, und innerhalb der ihr vorgezeichneten Grenzen bestrebt war, seinem Creditbedarfe zu
genügen. Das ist in jüngster Zeit von ungarischer Seite
selbst anerkannt worden. Gleichzeitig hat eine individuelle
Annäherung zwischen den ungarischen Staatsmännern und
den leitenden Persönlichkeiten der österreichischen Nationalbank Platz gegriffen, während auf der andern Seite alle Anzeichen darauf schliessen lassen und halbofficielle Kundgebungen
es betonen, dass die Wege der beiderseitigen Regierungen
auf dem Gebiete der Bankfrage bei Weitem nicht mehr so
divergirende seien wie sie es zur Zeit noch gewesen, als die
ungarische Escompte- und Handelsbank flügge werden sollte.
Zum ersten Male seit er in seiner jetzigen Gestalt schwebt,
zeigt der österreichisch-ungarische Bankstreit jetzt ein Stadium,
welches die Möglichkeit einer friedlichen Lösung in Aussicht
stellt.

Zu den angeführten Erscheinungen gesellen sich hoffnung-
erweckend auch noch andere Momente. Ungarns Finanzlage
ist, seitdem der Bankstreit schwebt keine bessere geworden.
Das Erforderniss seines Staatshaushalts steigt von Jahr zu
Jahr und mit ihm auch der alljährliche Abgang, welcher jeweilig auf dem Wege der Inanspruchnahme des öffentlichen
Credits seine Bedeckung findet, zumal die Steuerrückstände
sich häufen und die factischen Staatseinnahmen bei stetig
wachsender Ausgabenlast jedesmal hinter dem Präliminare
zurückbleiben. Im Juni 1873 an die Berathung des Bud-
gets für 1874, des siebenten Jahres der selbständigen Staats-
undFinanzverwaltung Ungarns, herantretend, mussten Regierung
und Unterhaus sich auf die Feststellung des Ausgaben-Etats
beschränken; für die Bedeckung der Ausgaben unter Einem
zu sorgen war man ausser Stande. Der Herbst-Session des
auf mehr als vier Monate vertagten Parlamentes blieb es
vorbehalten für diese Bedeckung Mittel und Wege ausfindig
zu machen. Gleichzeitig war Ungarns Finanzminister durch
den nichts weniger als neidenswerthen Stand des ungarischen
Staatsschatzes in die fatale Lage versetzt, behufs Bestreitung
laufender Staatsausgaben an den Credit des Auslandes appel-
liren zu müssen und die Art wie dieser Appell beantwortet
wurde — die Berliner Seehandlung gewährte dem ungarischen
Finanzminister ein Darlehen in der Höhe von 10 Mill., für welches
sie trotz speciellen Unterpfandes eine Verzinsung von $9^{1}\!/_{2}$ %
berechnete — war eben kein Beweis dafür, dass Ungarns
Credit im Auslande in den letzten Jahren erheblich gewonnen
habe. Dazu kommt, dass dem agricolen Ungarn für dieses
Jahr im besten Falle eine halbwegs gute Mittelernte in Aussicht steht und dass es auf einen reichen Export aus diesem
Grunde nicht zu rechnen hat, ganz abgesehen davon, dass
Nordamerika und Russland es in den letzten Jahren verstanden haben dem Export ungarischer Brodstoffe auf den europäischen Märkten einen ungeheuren Vorsprung abzugewinnen.
Das sind eben keine günstigen Auspicien für die Etablirung
eines selbständigen Zettelbankwesens, in solcher Situation

kann Ungarn der Wirksamkeit eines Creditinstitutes, wie es
die österreichische Nationalbank ist, weniger denn je entbehren,

Ist es richtig, dass in all den hier angeführten Momenten
ebenso viele Argumente gegen die im letzten Frühjahre noch
von ungarischer Seite befolgte Bankpolitik gelegen sind; ha-
sich auf solche Weise eine von der früheren gründlich vert
schiedene Sachlage herausgebildet und darf behauptet werden,
dass der immer näher rückende Termin für eine Auseinandersetzung zwischen den beiden Reichshälften in Bezug auf
die Bankfrage jenseits einer durch die jüngsten Thatsachen
geschaffenen, gar förderlichen Ernüchterung begegnen werde,
dann ist freilich damit leider auch eine Gefahr nahe gerückt,
mit der man sich beizeiten vertraut zu machen haben dürfte,
und der nicht zeitig genug begegnet werden kann. Um es
kurz und deutlich zu sagen: Die Gefahr liegt nahe und rückt,
wenn mancherlei Anzeichen nicht trügen, immer näher, dass
die beiderseitigen Regierungen, wenn sie erst darin einig sind
die Bankfrage nicht mehr als Trumpf gegen einander auszu-
spielen, sich weiter dahin einigen, die Bankfrage nicht zu
lösen, sondern das jetzige fatale Provisorium durch ein neues, noch
fataleres zu ersetzen, welches zu einer Verlängerung des jetzigen
Bankprivilegiums, vielleicht oder wahrscheinlich auch zu einer Anerkennung dieses Bankprivilegiums in Ungarn, gleichzeitig aber
auch zu einer Beiseiteschiebung der Frage der 80 Millionen-Schuld
und, was noch viel wichtiger, zu einer Beiseiteschiebung der grossen Valutafrage führen könnte. Das entspräche hüben wie drüben so ganz der bisherigen Politik der Halbheit, der kleinen Auskunftsmittel und der ewigen Provisorien, dass man, auch wenn
sonstige Anzeichen dafür fehlen möchten, im Hinblick darauf
allein schon gedrängt wäre sich mit dieser gefahrvollen Eventualität vertraut zu machen. Was wäre, hat Ungarn erst
seiner bankpolitischen Phantasien sich entäussert, auch be-
quemer, als einen Pakt zu schliessen, der das widerspruchs-
volle Dasein dieser österreichischen Nationalbank, dieses trefflich fundirten „durchaus consolidirten" und dennoch insolventen
Central-Zettelinstitutes auf etliche Jahre hinaus verlängert,

die Frage der 80-Millionen-Schuld, wie anno 1867, todtschweigt
und obendrein die Misère einer zerrütteten Landeswährung
weiter noch in Permanenz erklärt! Derlei, sollte man meinen,
sei unmöglich nach den gemachten, so theuer bezahlten Erfahrungen — aber umsonst nennt man dieses Oesterreich-
Ungarn nicht das „Reich der Unwahrscheinlichkeiten". Ein
Pakt wie jener erscheint keineswegs ausgeschlossen und je
grösseren Schwierigkeiten eine rationelle Lösung begegnet,
je grössere Opfer sie fordert, desto wahrscheinlicher wird er
leider. Wo gäbe es auch dagegen absoluten Schutz? Etwa
in dem wirthschaftlichen Programme, welches der österreichisch-ungarischen Monarchie die Wege weist? Man kennt
kein solches, es existirt auch nicht. Etwa in dem Selbstbewusstsein dieser österreichischen Nationalbank, die so hohes
Lehrgeld gezahlt, so grosse Busse getragen hat? Sie ist am
Ende eine Erwerbsgesellschaft, welcher die Verlängerung
ihres Privilegiums zunächst am Herzen liegt, ihre Actionäre
rechnen mit Dividenden, nicht mit wirthschaftspolitischen Principien. Etwa in dem Hochdrucke der öffentlichen Meinung,
in dem Erwachen der öffentlichen Moral, die sich dagegen
sträuben müssen, dass den arbeitenden, auf fixen Lohn gesetzten Klassen die materielle Existenz fortgesetzt vertheuert
werde und ein Zustand forterhalten bleibe, der Schwindel-
epochen gedeihen lässt und periodische Krisen in heilloser
Aufeinanderfolge herbeiführt? Auch sie gewähren leider keinen
ausreichenden Schutz gegen solch einen Pakt in einem Lande,
wo die systematische Pflege der dauernden öconomischen
Interessen durch eine systemlose, höherer Gesichtspunkte
entbehrende, über das Bedürfniss des Tages kaum hinaus-
reichende Wirthschaftspolitik verdrängt wird und wo ein
nur zu grosser Theil der Bevölkerung für den Wahn erzogen
worden ist und in dem Wahne lebt, dass man nach Belieben
aus Papier Geld machen und dass in der Aufrechthaltung
einer schwankenden Währung für das Land ein dauernder
Vortheil gelegen sein könne.

So sei denn die in der angedeuteten Eventualität eines

Opportunitätspaktes in der Bankfrage auf Kosten der Valutafrage liegende Gefahr für das Land dem nächsten, zum ersten
Male aus directen Wahlen hervorgehenden österreichischen
Reichsrathe hier beizeiten signalisirt. Unter den grossen öconomischen Reformaufgaben, die seiner harren, steht die Bankfrage in vorderster Reihe und ihm wird es anheimgegeben
sein, über die künftigen Geschicke des Landes in Bezug auf
das Geldwesen auf Jahre hinaus zu entscheiden. Es wird
gründlicher Untersuchungen, aber gewiss auch redlichen Ent-
gegenkommens und allseitiger Opfer bedürfen. Aber, um
Alles in der Welt, nur keine faulen Compromisse und vor
Allem kein Provisorium, das die Verleugnung der obersten
wirthschaftlichen Moral im Lande zum Staatsprinzipe erhebt!
Ein Pakt auf solcher Basis, ein neues Provisorium in der
Bankfrage ohne Lösung der Valutafrage wäre nicht bloss ein
wirthschaftliches Verbrechen, es wäre auch ein schwerer politischer Fehler. Daniel Webster wars, der da von der Papierwährung sagte, sie sei „die wirksamste Erfindung um des
reichen Mannes Feld zu düngen durch des armen Mannes
Schweiss". Man nennt das derzeit die sociale Seite der Bankfrage und eine solche hat die Bankfrage auch in Oesterreich-
Ungarn. Sollten die beiderseitigen Regierungen sie übersehen
wollen, dann wird es Sache der beiderseitigen Parlamente,
namentlich aber des österreichischen sein, ihr gebührend Rechnung zu tragen.

Anhang.

A.

Die Bankacte vom Jahre 1862|3.

I.

Gesetz vom 27. December 1862,

giltig für das ganze Reich,

in Betreff der Abschliessung eines Uebereinkommens mit der österreichischen Nationalbank.

Mit Bezugnahme auf Meine am 17. und 19. December 1861 den beiden Häusern Meines Reichsrathes eröffnete Entschliessung finde Ich mit Zustimmung derselben und beziehungsweise in Gemässheit des §. 13 des Grundgesetzes vom 26. Februar 1861 anzuordnen wie folgt:

Artikel 1.

Der Finanzminister wird ermächtigt, mit der österreichischen Nationalbank das beifolgende Uebereinkommen über die Verlängerung ihres Privilegiums, über neue Statuten und ein neues Reglement derselben, endlich über die Regelung des Schuldverhältnisses zwischen dem Staate und der Bank abzuschliessen.

Artikel II.

Wenn dieses Uebereinkommen abgeschlossen wird, so treten mit dem Tage der Kundmachung Meiner Genehmigung desselben die neuen Statuten und das neue Reglement in Wirksamkeit, vorbehaltlich jener Ausnahmen, welche in dem Uebereinkommen ausdrücklich festgesetzt sind.

Wien, am 27. December 1862.   Franz Joseph m. p.

Erzherzog Rainer m. p.   Plener m. p.   Auf Allerhöchste Anordnung:

Freiherr von Ransonnet m. p.

II.

Uebereinkommen

zwischen der Staatsverwaltung und der Bank.

§. 1. Es findet eine Regelung des Schuldverhältnisses zwischen dem Staate und der Bank Statt, welches sich auf die in den Büchern der Bank am 29. November 1862, wie nachfolgt, bezifferten Posten bezieht:

a) die fundirte Staatsschuld aus der Einlösung des Wiener - Währung - Papier-
Geldes im Restbetrage von . . . . 36.914.954'₉₄ fl.
b) die durch Staatsgüterlbedeckte Schuld im Restbetrage von 87,053.779'₃₀ „
c) die Vorschüsse auf das mit Allerhöchster Verordnung
vom 29. April 1859 verfügte Anlehen im Restbetrage von 77,800.000·— „
d) die Vorschüsse in Silber auf die L. St. 3 Millionen
der im Jahre 1859 in London emittirten Anleihe . . 20,000.000·— „

　　　　　　　　　　　　　　　　　zusammen . . 221,768.734·₂₄ „

§. 2.　Der Rest der aus der Einlösung des Wiener-Währung-Papiergeldes
herrührenden Schuld des Staates an die Bank (§. 1, a) wird vom Tage der Allerhöchsten Genehmigung des Uebereinkommens an gerechnet, mit zwei Percent verzinst und in vier gleichen Jahresraten, deren erste mit Ende December 1863,
die letzte aber mit Ende December 1866 fällig ist, an die Bank zurückgezahlt.
Der Finanzverwaltung steht jedoch frei, auch vor den Verfallstagen Theilzah-
lungen zu leisten, und es erlischt die Verzinsung des gezahlten Betrages mit dem
Tage, an welchem die Zahlung geleistet wurde.

§. 3.　Die dem Staate von der Bank im Jahre 1859 mit zwanzig Millionen
Gulden in Silber geleisteten unverzinslichen Vorschüsse (§. 1, d) zahlt die Finanzverwaltung in gesetzlicher Silbermünze oder mit in Silber oder Gold zahlbaren
Wechseln auf ausländische Plätze, zur Silberparität berechnet, so zurück, dass
die erste Hälfte längstens bis Ende December 1865, die zweite längstens bis Ende
December 1866 berichtigt ist.　Nach Maassgabe der geleisteten Zahlungen wird
der entsprechende Theil der L. St. Obligationen vom Jahre 1859 vom Pfande
frei und der Staatsverwaltung zurückgestellt.　Nachdem die Nationalbank diese
Vorschüsse von zusammen 20 Millionen Gulden Silber in effectiver Silbermünze
österr. Währung geleistet hat, so vergütet der Staat für jene Beträge, welche er
davon in Silbermünze des Zwanzigguldenfusses, in fremden Wechseln oder in
Barren zurückgezahlt hat, der Bank Ein Percent Prägekosten in Silber.

§. 4.　Von der mit heutigem Tage bestehenden Gesammtforderung der Bank
an den Staat, und zwar zunächst von dem Restbetrage der Vorschüsse auf das
mit Allerhöchster Verordnung vom 29. April 1859 verfügte Anlehen (§. 1, c),
dann, insoweit dieser Restbetrag hiezu nicht ausreicht, von der durch Staatsgüter
bedeckten Schuld (§. 1, b) wird ein Betrag von 80 Millionen Gulden österr.
Währung ausgeschieden und dem Staate von der Bank als ein Darlehen überlassen, für welches der Staat vom ersten Tage des Jahres 1863 an eine jährliche
Pauschalsumme von Einer Million Gulden in soferne entrichtet, als diess nach
vorläufiger Hinterlegung in den Reservefond (§§. 10 und 11 der Statuten) zur Ergänzung der unter die Actionäre zu vertheilenden Dividende (Zinsen sammt
Superdividende) auf 7 Percent nothwendig ist.　Für dieses Darlehen wird der
Bank eine am letzten December 1876, wenn, aber der im Schlusssatze des §. 13
vorgesehene Fall eintritt, am letzten December 1877 zahlbare Schuldverschrei-
bung übergeben, deren Form zwischen dem Finanzminister und der Bank vereinbart werden wird.　Durch obige Bestimmung in Betreff der Entrichtung einer
jährlichen Pauschalsumme von Seite des Staates an die Bank wird für die Staatsverwaltung kein Recht zu einer über die Anordnung des §. 58 der Statuten
hinausgehenden Einflussnahme auf die Geschäftsgebarung der Bank begründet.

§. 5. Die in Folge der Vereinbarung, welche auf Grund des Gesetzes vom 8. Juni 1862 zwischen der Finanzverwaltung und der Nationalbank stattgefunden hat, realisirten 83 Millionen Gulden von den bei der Nationalbank befindlichen 123 Millionen in Obligationen des Anlehens vom Jahre 1860 werden verwendet; mit 50 Millionen Gulden des Erlöses zu Staatszwecken, der Rest des Erlöses zu Rückzahlungen an die Bank. Von dem Erlöse der noch zu realisirenden 40 Millionen Gulden dieser Obligationen wird jeder einfliessende Theilbetrag im Verhältnisse von zwei Drittheilen an den Staat abgeführt. Ein Drittheil bleibt der Bank zur Abschreibung an der Schuld des Staates. Die Beträge, welche der Bank nach dem Tage der Allerhöchsten Genehmigung des gegenwärtigen Uebereinkommens aus dem Erlöse der Obligationen des Anlehens vom Jahre 1860 zufliessen, werden zur Abschreibung von der durch Staatsgüter bedeckten Schuld des Staates verwendet.

§. 6. Die nach Abrechnung der in den §§. 2, 3, 4 und 5 angeführten Posten verbleibende und durch Staatsgüter gedeckte Schuld des Staates an die Bank wird in keinem ihrer Bestandtheile verzinst. Für den Verkauf der der Bank überwiesenen Staatsgüter gilt das in seinem vollen Umfange rechtsverbindlich bleibende Uebereinkommen vom 18. October 1855 und namentlich die im §. 8 desselben der Bank eingeräumte Berechtigung zur baldthunlichsten Veräusserung der Güter. Zur beschleunigten Verwerthung der Staatsgüter kann auch eine Verpachtung, sowie eine Belastung derselben mittelst Pfandbriefe von der Staatsverwaltung im Einverständnisse mit der Bankdirection veranlasst werden. Soferne der Bank aus dem Ertrage und der Verwerthung der Staatsgüter in baarem Gelde oder in vor dem 1. Januar 1867 zahlbaren Kaufschillingsraten

bis Ende December 1863 nicht mindestens . $^1/_{10}$
„ „ „ 1864 „ „ . . $^1\,_{10}$
„ „ „ 1865 „ „ . . $^6/_{10}$

dieser Restschuld zugeflossen sind, wird die Finanzverwaltung den an diesen Theilbeträgen fehlenden Betrag am 14. Februar des nächstfolgenden Jahres ausbezahlen. Bis Ende December des Jahres 1866 muss diese Schuld vollständig getilgt sein.

§. 7. Die Nationalbank verpflichtet sich, die mit heutigem Tage in ihrem Eigenthume befindlichen Effekten innerhalb des Zeitraumes, und zwar in jedem Jahre nach dem Verhältnisse der in den §§. 2, 3, 5 und 6 bezeichneten Rückzahlungen des Staates an die Bank vollständig zu veräussern. Von dieser Verpflichtung sind die Effecten des Reservefondes, dann die vom 1. Januar 1863 bis 1. Januar 1872 rückzahlbaren Schuldverschreibungen der galizischen Carl Ludwig-Eisenbahn-Gesellschaft ausgenommen; jedoch können diese Schuldverschreibungen nicht im Sinne des §. 14 der Statuten zur Deckung von Noten dienen.

§. 8. Die durch die Rückzahlungen des Staates und durch die Veräusserung der Effecten der Bank eingehenden Beträge sind in der Weise zur allmäligen Verringerung des Notenumlaufes zu verwenden, dass bis Ende December 1866 die statutenmässige Bedeckung der Noten (§ 14 der Statuten) hergestellt ist.

§ 9. Die Nationalbank bleibt vorläufig ermächtigt, Noten zu 1 und zu 5 fl. im Umlaufe zu halten. Der Zeitpunkt für die Einziehung dieser Banknoten wird durch besondere Gesetze bestimmt werden. Wenn sich nach dem 31. December 1866 noch Noten unter 10 fl. im Umlaufe befinden, so unterliegen dieselben den Bestimmungen des §. 14 der Statuten.

§ 10. Die statutenmässige Belehnung von Gold und Silber kann erst nach Wiederaufnahme der Silberzahlungen stattfinden.

§. 11. Die Wiederaufnahme der Silberzahlungen der Bank hat im Jahre 1867 zu erfolgen. Die näheren Bestimmungen über den Zeitpunkt und die Modalitäten hiefür werden durch ein in der Reichsrathssession 1866 zu erlassendes Gesetz festgestellt werden.

§ 12. Die Erfüllung der aus dem gegenwärtigen Uebereinkommen der Finanzverwaltung und der österreichischen Nationalbank obliegenden Verpflichtungen wird unter die Controle jener Commission gestellt, welche vom Reichsrathe für die Controle der Staatsschuld bestellt wird.

§ 13. Das Ansuchen um weitere Verlängerung des Privilegiums und der Vorrechte der Nationalbank (§ 40 der Statuten) ist wenigstens zwei Jahre vor Ablauf des Privilegiums zu stellen. Erfolgt nach rechtzeitigem Anbringen dieses Gesuches die Entscheidung der Gesetzgebung über die Verlängerung oder Nichtverlängerung des Privilegiums nicht vor Ende des Jahres 1875, so ist das Privilegium, jedoch nur für die Dauer des Jahres 1877 als stillschweigend verlängert anzusehen.

§ 14. Dieses Uebereinkommen tritt erst dann in Wirksamkeit, wenn auch den neuen Statuten und dem neuen Reglement in der vereinbarten Form die Allerhöchste Genehmigung ertheilt sein wird.

Wien, am 3. Januar 1863.

Ignaz v. Plener,
k. k. Finanzminister.

Joseph Pipitz,
Bankgouverneur.

Z. C. Freiherr v. Popp,
Bankdirector.

Das vorstehende Uebereinkommen wurde mit der Allerhöchsten Entschliessung vom 6. Januar 1863 genehmigt.

Wien, am 10. Januar 1863.

Ignaz v. Plener,
k. k. Finanzminister.

III.
Statuten.

1. Von dem Privilegium der Nationalbank und von der Bankgesellschaft im Allgemeinen.

§ 1. Das mit dem Patente vom 1. Juli 1841 der Nationalbank gewährte Privilegium, welches bis letzten December 1866 dauern sollte, wird in Gemässheit gegenwärtiger Statuten abgeändert und verlängert und soll bis zum letzten December 1876 dauern.

§ 2. Die Nationalbank ist eine Actiengesellschaft; sie führt auch während der verlängerten Dauer ihres Privilegiums die Firma: „Privilegirte österreichische Nationalbank" und das Mittelschild des kaiserlichen Staatswappens mit dieser Umschrift in ihrem Siegel.

§ 3. Die Nationalbank hat ihren Sitz in Wien. Die Bank hat das Recht, auf anderen Plätzen der Monarchie Filial-Anstalten für einen oder mehrere Geschäftszweige zu errichten; sie ist verpflichtet, in Folge des im Einverständnisse mit der Bankdirection von der Staatsverwaltung erkannten Erfordernisses, Filialen für das Escompte-, Leih- und Anweisungsgeschäft zu errichten. Bestehende Filialanstalten können vor Ablauf der für die Dauer der Bankgesellschaft bestimmten Zeit nur mit Zustimmung der Finanzverwaltung aufgelöst werden.

II. Von dem Gesellschaftsfonde und den Rechtsverhältnissen der Actionäre.

§. 4. Das Bankvermögen besteht aus dem Bankfonde und dem Reservefonde. Der Bankfond hat in hundertzehn Millionen, zweihundert fünfzigtausend Gulden österreichischer Währung zu bestehen, welche auf hundert fünfzigtausend Actien eingezahlt sind. Eine Erhöhung oder Beschränkung dieses Fondes kann nur mit Zustimmung der Generalversammlung und Genehmigung der Gesetzgebung stattfinden.

§ 5. Den Actionären gebührt für jede Actie ein gleicher Antheil an dem gesammten Vermögen der Bank.

§ 6. Das gesammte Bankvermögen haftet für alle Verbindlichkeiten der Nationalbank.

§ 7. Die Gesammtheit der Actionäre bilden die Bankgesellschaft. Die Actien lauten auf Namen und werden in ein eigenes Actienbuch eingetragen. Die Actien sind untheilbar.

§ 8. Zur Umschreibung einer Actie wird deren Zurückstellung an die Bank und der Giro des letzten Besitzers erfordert.

§ 9. Wenn Actien in Folge einer amtlichen Verhandlung in oder ausser Streit an einen neuen Erwerber übergehen, so hat die zuständige Behörde auf der Actie selbst, jedoch für den ganzen Betrag die gerichtliche Uebergabe (Einantwortung) zu bestätigen und dem Eigenthümer die Actie auszufolgen, der sodann die Umschreibung auf die übliche Weise bewirken kann.

§ 10. Von dem Jahresertragnisse der Geschäfte und des Vermögens der Bank gebühren den Actionären nach Abzug aller Auslagen zunächst fünf vom Hundert des Bankfondes (§ 4). Von dem noch verbleibenden reinen Jahresertragnisse wird ein Viertheil in den Reservefond hinterlegt, die anderen drei Viertheile sind zur Superdividende bestimmt. Aus dem im ersten Semester erzielten reinen Erträgnisse, so weit es sich nach den vorausgegangenen Bestimmungen zur Vertheilung an die Actionäre eignet, werden im Juli eines jeden Jahres zwanzig Gulden oder nach dem Ermessen der Direction auch mehr für jede Actie an die Actionäre erfolgt. Der Rest der reinen Jahresertragnisse wird nach der im Januar des folgenden Jahres stattfindenden Generalversammlung hinausbezahlt. Genügen die reinen Jahresertragnisse nicht, um eine fünfpercentige Verzinsung des Bankfondes zu erzielen, so kann das Fehlende dem Reservefond entnommen werden, in solange derselbe hiedurch nicht unter zehn Perzent des Bankfondes herabsinkt.

§ 11. Der Reservefond wird abgesondert verrechnet und ist noch vor Ergänzung der fünfpercentigen Zinsen (§ 10) zur Deckung von Verlusten oder Ab-

schreibungen was immer für einer Art bestimmt. Hat der Reservefond nach
dem Course des Tages, an welchem, der Rechnungsabschluss der Bank stattfindet,
die Höhe von zwanzig Percent des eingezahlten Bankfondes erreicht, so sind ihm
aus dem reinen Jahreserträgnisse keine Zuflüsse zuzuweisen, so lange er auf dieser
Höhe verbleibt. Die Bankdirection und der Ausschuss entscheiden gemeinschaftlich, auf welche Art die jährlich in den Reservefond hinterlegte Summe fruchtbringend zu verwenden ist. Doch darf die Anlage nicht in Bankactien geschehen.

III. Von den Geschäften der Nationalbank.

§ 12. Die österreichische Nationalbank ist während der Dauer ihres Privilegiums ausschliesslich berechtigt, Anweisungen auf sich selbst, die unverzinslich
und dem Ueberbringer auf Verlangen zahlbar sind, anzufertigen und auszugeben.
Diese Anweisungen der österreichischen Nationalbank (Banknoten) dürfen auf
keinen niederen Betrag als 10 fl. lauten.

§ 13. Die österreichische Nationalbank ist verpflichtet, die von ihr ausge-
gegebenen Noten auf Verlangen der Inhaber bei ihrer Hauptcasse in Wien und
bei ihren Cassen an anderen von der Finanzverwaltung im Einvernehmen mit der
Direction zu bestimmenden Plätzen jederzeit nach ihrem vollen Nennwerthe gegen
gesetzliche Silbermünze einzulösen. Die Nichterfüllung dieser Verpflichtung hat,
ni soferne sie bei der Hauptcasse in Wien eintritt, ausser dem Falle einer im
gesetzlichen Wege verfügten zeitweiligen Einstellung der Noteneinlösung den
Verlust des Privilegiums zur Folge.

§ 14. Die Bankdirection hat für ein solches Verhältniss des Metallschatzes
zur Notenemission Sorge zu tragen, welches geeignet ist, die vollständige Erfüllung dieser Verpflichtung zu sichern. Es muss jedoch jedenfalls jener Betrag,
um welchen die Summe der umlaufenden Noten 200 Millionen übersteigt, in
gesetzlicher Silbermünze oder Silberbarren vorhanden sein. Ebenso muss jener
Betrag, um welchen die umlaufenden Noten den vorhandenen Baarvorrath übersteigen, mit statutenmässig escomptirten oder belichenen Effecten oder mit eingelösten verfallenen Coupons von Grundentlastungsobligationen bedeckt sein, dann
mit statutenmässig (§ 44 der Statuten für die Hypothekar-Creditabtheilung) eingelösten und zur Wiederveräusserung geeigneten Pfandbriefen der Bank, welche
letztere jedoch den Betrag von 20 Millionen Gulden nicht überschreiten dürfen,
und nur mit zwei Drittel des Nennwerthes zur Bedeckung dienen können. Bis
zur Höhe des vierten Theiles des Metallvorrathes kann Gold in Münze oder in
Barren anstatt des Silbers zur Bedeckung verwendet werden. Als im Umlaufe
befindlich sind die von der Nationalbank ausgegebenen und nicht an ihre Cassen
zurückgelangten Noten anzusehen. Der Betrag der im Umlaufe befindlichen
Noten und der Stand ihrer Bedeckung ist wöchentlich kundzumachen. Sollte die
Erfahrung darthun, dass der hier festgestellte Betrag der blos bankmässig bedeckten Noten unzulänglich sei, so ist die Nationalbank berechtigt, ihre diesfalls
zu stellenden, thatsächlich begründeten Anträge der Finanzverwaltung vorzulegen
und deren verfassungsmässige Behandlung anzusprechen.

§ 15. Die Bank ist verpflichtet, ihre Noten bei ihren Cassen gegen Noten
anderer Kategorien gemäss dem diesfälligen Verlangen der Partei umzuwechseln.

§ 16. Die Noten der österreichischen Nationalbank geniessen, unbeschadet der in der kaiserlichen Verordnung vom 7. Februar 1856 (R.-G.-Bl. Nr. 21) und in dem Patente vom 27. April 1858 (R.-G.-Bl. Nr. 63) enthaltenen Bestimmungen ausschliesslich die Begünstigung, dass sie bei allen in österreichischer Währung zu leistenden Zahlungen im ganzen Umfange der Monarchie, mit Ausnahme des lombardisch-venetianischen Königreiches, von Jedermann, sowie von allen öffentlichen Cassen nach ihrem vollen Nennwerthe angenommen werden müssen.

§ 17. Die Banknoten können nicht amortisirt werden.

§ 18. Bei dem Einziehen der einzelnen Gattungen oder einer ganzen Auflage von Banknoten, dann bei Erlöschung des der Bankgesellschaft gewährten Privilegiums hat die nach dem vollen Nennwerthe stattfindende Einlösung der im Umlaufe befindlichen Banknoten nach den von der Staatsverwaltung im Einvernehmen mit der Bank festzusetzenden Bestimmungen zu erfolgen.

§ 19. Sechs Jahre nach Ablauf der von der Bankdirection festgesetzten und öffentlich kundgemachten letzten Frist für die Einziehung einer einzelnen Gattung oder einer ganzen Auflage von Banknoten ist die Bank nicht mehr verpflichtet, die einberufenen Banknoten einzulösen oder umzuwechseln.

§ 20. Die österreichische Nationalbank führt ihre Rechnungen in österreichischer Währung; sie ist berechtigt: a) Wechsel, Effecten und Coupons zu escomptiren (§ 21), b) Darlehen gegen Handpfand zu erfolgen (§ 22), c) Depositen zur Verwahrung zu übernehmen (§ 24), d) Geld und Wechsel in laufende Rechnung zu übernehmen (Girogeschäft) (§ 25), e) Anweisungen auf ihre eigenen Cassen auszustellen (§ 26), f) commissionsweise Geschäfte für Rechnung des Staates zu besorgen (§ 62), g) verfallene Coupons von Grundentlastungs-Obligationen einzulösen, h) zur Aufrechthaltung eines entsprechenden Verhältnisses zwischen ihrem Metallschatze und dem Banknotenumlaufe Gold und Silber, gemünzt und ungemünzt, dann Wechsel auf auswärtige Plätze anzuschaffen und zu verkaufen, i) nach den durch die Allerhöchste Entschliessung vom 16. März 1856 genehmigten und durch den Finanzministerialerlass vom 20. März 1856 (Reichs-Gesetz-Blatt, Nr. 36) kundgemachten, mit gegenwärtigen Statuten im Anhange vereinigten Statuten und Reglement Hypothekardarlehen zu gewähren. Das Geschäftsjahr der Bank beginnt am 1. Januar und endet mit 31. December.

§ 21. Die Bank escomptirt gezogene und eigene Wechsel, welche auf österreichische Währung lauten: der Zahler mag am Orte der Escomptecasse wohnhaft sein oder den Wechsel dort nur zur Zahlung angewiesen haben. Die Bank kann in Wien auch Wechsel escomptiren, welche an Plätzen zahlbar sind, wo sich ein Bankfiliale befindet. Von den Filialen können auch Wechsel escomptirt werden, welche in Wien zahlbar sind. Die Bank kann ihre Filialen ermächtigen, Wechsel zu escomptiren, welche an Orten, wo Filialen bestehen, zahlbar sind. Die Bank wird von Zeit zu Zeit bestimmen, ob und welche Effecten der Schuld des Staates und der Länder (oder deren Coupons), in soferne selbe längstens innerhalb drei Monaten zahlbar sind, von ihr im Escompte übernommen werden. Die Bank ist nicht verpflichtet, eine Ursache der verweigerten Escomptirung anzugeben.

§ 22. Die Bank kann auf Gold, Silber, inländische Staatspapiere oder Grundentlastungs-Obligationen und die von ihrer Hypothekar-Abtheilung ausge-

gebenen Pfandbriefe, endlich nach Zulässigkeit ihrer Mittel auch auf voll eingezahlte Actien und Effecten von Prioritätsanlehen inländischer Industrieunternehmungen, deren Erträgniss durch eine Staatsgarantie gewährleistet ist, verzinsliche Darlehen erfolgen.

§ 23. Die Nationalbank wird von jeder, die Höhe des Zinsfusses beschränkenden gesetzlichen Verfügung losgezählt.

§ 24. Die Bank übernimmt nach den von ihr festzusetzenden Bestimmungen
Gold, Silber, dann Werthpapiere und Urkunden in Aufbewahrung.

§ 25. Im Girogeschäfte übernimmt die Bank Gelder, Wechsel und Effecten
ohne Verzinsung in laufender Rechnung, worüber nach Eingang durch Anweisung
(Cheque) und Abschreibung auf dem zu diesem Behufe eröffneten Folium verfügt
werden kann. Die Bankdirection kann die angesuchte Eröffnung eines Foliums
gewähren oder abweisen, ohne eine Ursache ihres Beschlusses anzugeben. Die
im Girogeschäfte an die Bank gelangenden Beträge darf dieselbe nur zur Hälfte
in ihren anderen Geschäften (Escomptiren von Wechseln, Beleihen von Hand-
pfändern u. s. f.) verwenden.

§ 26. Im Anweisungsgeschäfte werden für die von den Parteien erlegten
Gelder zwischen den dazu bestimmten Bankcassen oder von der Bankcentralcasse
in Wien auf sich selbst à vista oder nach einer festgesetzten Zeit zahlbare Anweisungen ausgestellt und eingelöst. Diese Anweisungen lauten auf den Namen
des Uebernehmers oder dessen Ordre. Die Bank haftet nicht für die Echtheit
des Giro oder des Acquit.

§ 27. Zur Amortisation von Bankanweisungen, dieselben mögen in Wien
oder von einer Bankfiliale ausgestellt sein, ist jenes Handelsgericht oder jener
handelsgerichtliche Senat berufen, in dessen Sprengel sich der Zahlungsort der
Bankanweisung befindet. Es wird hiebei nach den Vorschriften verfahren, welche
für die Amortisation von Wechseln bestehen. Die Amortisationsfrist von 45
Tagen hat bei den auf Sicht oder auf eine bestimmte Zeit nach Sicht lautenden
Anweisungen vom Tage der Kundmachung des Edictes, bei den übrigen aber
von dem Tage nach ihrer Verfallszeit zu laufen, wenn letztere nicht schon vor
der Entlassung des Edictes eingetreten ist.

§ 28. Sämmtliche Zahlungen an die Bank können nur in Noten der Bank
oder in einer gesetzlichen Münzsorte geleistet werden.

§ 29. Die Bank ist verpflichtet, gesetzliche Silbermünze oder Silberbarren
mit 15 fl. in Banknoten für das Münzpfund feinen Silbers bei ihrer Hauptcasse
in Wien auf Verlangen jederzeit einzulösen. Die Bank ist berechtigt, hiebei eine
Provision von ¼ Percent und überdies bei Silberbarren die für Guldenstücke
vom k. k. Hauptmünzamte jeweilig festgestellten Prägungskosten in Abzug zu
bringen. In allen anderen Fällen bestimmt die Bankdirection, ob und welche
Gebühren bei den verschiedenen Geschäften abgenommen werden.

§ 30. Die Nationalbank hat monatlich die Nachweisung ihres gesammten
Activ- und Passivstandes, halbjährig aber eine Uebersicht der Geschäftserträgnisse
durch die Wiener Zeitung öffentlich bekannt zu machen.

IV. Von der Repräsentation der Bankgesellschaft und von der Verwaltung des Bankfondes.

§ 31. Die Generalversammlung und die Direction repräsentiren die Bankgesellschaft; sie haben die ihnen zugewiesene Wirksamkeit nach Maassgabe der Statuten und des Reglements auszuüben.

§ 32. An dieser Repräsentation können nur jene Actionäre Theil nehmen, welche österreichische Unterthanen sind, in der freien Verwaltung ihres Vermögens stehen und die erforderliche Zahl von Actien besitzen. Insbesondere sind davon diejenigen ausgeschlossen, über deren Vermögen einmal der Concurs oder das Ausgleichsverfahren eröffnet worden ist und welche bei der darüber abgeführten gerichtlichen Untersuchung nicht schuldlos erkannt worden, oder welche durch die Gesetze für unfähig erklärt sind, vor Gericht ein gültiges Zeugniss abzulegen.

§ 33. Alle jene Actionäre, welche zur Zeit der Einberufung der Jahresversammlung zwanzig auf ihren Namen lautende und vor dem Juli desselben Jahres datirte Actien besitzen und diesen Besitz durch Hinterlegung oder Vinculirung der Actien im November vor der Jahresversammlung und acht Tage vor einer ausserordentlichen Versammlung nachgewiesen haben, sind, soweit ihnen die Bestimmungen des §. 32 nicht entgegenstehen, für die Dauer des mit jener Versammlung beginnenden Jahres Mitglieder der Generalversammlung.

§ 34. Die Generalversammlung wird durch die Anwesenheit von fünfzig Actionären beschlussfähig. Ist auf ergangene Berufung eine beschlussfähige Versammlung nicht zu Stande gekommen, so ist binnen acht Tagen eine neue Versammlung einzuberufen, welche ohne Rücksicht auf die Zahl der dabei erscheinenden Mitglieder beschlussfähig ist; in diesem Falle darf aber eine ausserordentliche Generalversammlung nur über Gegenstände Beschlüsse fassen, welche in der ursprünglichen Tagesordnung enthalten waren.

§ 35. Die Generalversammlung findet der Regel nach einmal des Jahres, im Monate Januar, in Wien Statt. Ist während des Jahres nach Vorschrift des Statuten eine ausserordentliche Generalversammlung erforderlich, so wird sie von der Direction ausserordentlich einberufen. Auch auf schriftliches Verlangen von vierzig Mitgliedern ist eine ausserordentliche Generalversammlung innerhalb sechzig Tagen einzuberufen. Die Einberufung der Generalversammlung erfolgt durch Kundmachung der Direction in der Wiener Zeitung, bei der gewöhnlichen Jahresversammlung vier Wochen und bei ausserordentlichen Versammlungen ach Tage vor der für die Deponirung der Actien festgesetzten Frist.

§ 36. Sechs Tage vor jeder Generalversammlung ist den Mitgliedern derselben die Tagesordnung bekannt zu geben.

§ 37. Jedes Mitglied der Generalversammlung kann nur in eigener Person und nicht durch einen Bevollmächtigten erscheinen, hat auch bei Berathungen und Entscheidungen ohne Rücksicht auf die grössere oder geringere Anzahl von Actien, die ihm gehören, und wenn es auch in mehreren Eigenschaften an den Verhandlungen Theil nehmen würde, nur Eine Stimme.

§ 38. Lauten jedoch Actien auf moralische Personen, auf Frauen oder auf mehrere Theilnehmer, so ist derjenige berechtigt, in der Generalversammlung zu erscheinen und das Stimmrecht auszuüben, welcher sich mit einer Vollmacht der Actieneigenthümer, soferne diese österreichische Unterthanen sind, ausweiset.

§ 39. Der Vorsitz bei der Generalversammlung gebührt dem Gouverneur der Bank oder in Verhinderung desselben einem seiner Stellvertreter. Der Vorsitzende hat der Generalversammlung sowohl die von der Bankdirection gestellten als auch die von den Mitgliedern der Generalversammlung eingebrachten Anträge vorzulegen, die Berathung zu leiten und nach absoluter Stimmenmehrheit (in soferne die Statuten diesfalls keine besondere Bestimmung enthalten) die Beschlüsse der Generalversammlung zusammen zu fassen. Der Vorsitzende hat nur bei Stimmengleichheit eine entscheidende Stimme.

§ 40. Die Generalversammlung hat:

1. Bei den jährlichen Versammlungen: a) die Mittheilung der Direction über die Gebarung des Bankinstitutes und den Bericht des Comité über die vorgenommene Prüfung der Rechnungsabschlüsse entgegen zu nehmen und zu beschliessen, ob die Rechnungen zu genehmigen und das Absolutorium zu ertheilen sei, b) aus ihrer Mitte die Directoren, sowie den Ausschuss (§ 41) nach absoluter Stimmenmehrheit zu wählen;

2. drei Jahre vor Ablauf des Bankprivilegiums in Berathung zu ziehen und zu beschliessen, ob und allenfalls mit welchen Abänderungen die Erneuerung dieses Privilegiums anzusuchen ist

§ 41. Der Ausschuss besteht aus zwölf Mitgliedern, welche für die Dauer Eines Jahres gewählt werden und nach Ablauf desselben unmittelbar wieder wählbar sind.

§ 42. Jedes Mitglied des Ausschusses hat bei Antritt seines Amtes und für die Dauer desselben zwanzig auf seinen Namen lautende unbelastete Bankactien bei der Bank zu hinterlegen und schriftlich die Angelobung zu leisten, dass es seinen Obliegenheiten gewissenhaft und eifrig nachkommen und über alle ihm in seiner Eigenschaft als Mitglied des Ausschusses bekannt werdenden Angelegenheiten Verschwiegenheit beobachten wird.

§ 43. Die Mitglieder des Ausschusses haben an allen Berathungen der Bankdirection über eine Veränderung des Zinsfusses mit entscheidender Stimme Theil zu nehmen.

§ 44. Der Ausschuss hat die halbjährig abgeschlossenen Bilanzen der Bank zu prüfen und der jährlichen Generalversammlung hierüber Bericht zu erstatten.

§ 45. Die Bankdirection besorgt die Verwaltung des Bankvermögens. Sie besteht aus dem Gouverneur, zwei Stellvertretern desselben und zwölf Directoren.

§ 46. Der Gouverneur wird von Seiner Majestät dem Kaiser ernannt. Er bezieht einen Jahresgehalt, der aus den Mitteln der Bank bestritten wird.

§ 47. Die beiden Stellvertreter des Gouverneurs werden von der Direction aus ihrer Mitte auf die Dauer von drei Jahren gewählt; ihre Bestätigung ist Seiner Majestät dem Kaiser vorbehalten und sie sind nach Ablauf dieser Zeit unmittelbar wieder wählbar.

§ 48. Die Bestätigung der von der Generalversammlung gewählten Directoren (§ 40) ist Seiner Majestät dem Kaiser vorbehalten.

§ 49. Das Amt der Directoren dauert durch drei Jahre. Jene, welche die Reihe zum Austritte trifft, können jedoch unmittelbar wieder gewählt werden.

§ 50. Jeder Stellvertreter des Gouverneurs und jeder Director hat bei Antritt seines Amtes und für die Dauer desselben fünf und zwanzig auf seinen Namen lautende unbelastete Actien bei der Bank zu hinterlegen.

§ 51. Die beiden Stellvertreter des Gouverneurs und die Directoren versehen ihre Aemter unentgeltlich.

§ 52. Der Gouverneur der Nationalbank, jeder Stellvertreter desselben und die Bankdirectoren werden bei dem Antritte ihrer Aemter feierlich angeloben, die Bankstatuten und das Reglement genau zu befolgen, das Wohl des Bankinstitutes nach Kräften zu befördern, sich eine redliche, eifrige und aufmerksame Verwaltung der Geschäfte der Bank und des Vermögens derselben bestens angelegen sein zu lassen und über die Verhandlungen der Bank Verschwiegenheit zu beobachten. Die Stellvertreter des Bankgouverneurs und die Bankdirectoren leisten diese Angelobung einzeln dem Bankgouverneur, bekräftigen selbe mit ihrem Handschlage und fertigen hierüber eine schriftliche Urkunde aus. Der Bankgouverneur hingegen hat die gleiche Angelobung nebst seinem Handschlage dem Chef der Finanzverwaltung zu leisten.

§ 53. Die Direction schliesst die Geschäfte der Bank unter der Firma: privilegirte österreichische Nationalbank" rechtsgiltig ab.

§ 54. Zur Beaufsichtigung der vorschriftsmässigen Verwaltung der Bank werden sich die Directoren nach der von dem Gouverneur zu treffenden Bestimmung in die einzelnen Hauptzweige der Geschäfte theilen. Die Direction setzt die besonderen Bestimmungen fest, nach welchen die Geschäfte der Filialen zu besorgen sind.

§ 55. Ein von der Bankdirection aus ihrer Mitte bestelltes Comité von drei Mitgliedern hat die genaue Befolgung der im § 14 ausgesprochenen Bestimmungen zu überwachen.

§ 56. Der Direction steht es zu, im Namen der Bank Beamte und Diener aufzunehmen oder zu entlassen; sie entscheidet über deren Bezüge und kann ihnen Belohnungen und Unterstützungen gewähren. Die Pensionen werden nach dem diesfalls bestehenden Normale bemessen.

§ 57. Der Gouverneur, dessen beide Stellvertreter, die Directoren und die Mitglieder des Ausschusses sind für die Beschlüsse, zu denen sie die Zustimmung gegeben haben, und in ihrem Wirkungskreise für eine redliche, aufmerksame und den Statuten entsprechende Geschäftsführung insbesondere dem Staate und der Bankgesellschaft verantwortlich.

V. Von den Verhältnissen der Nationalbank zur Staatsverwaltung.

§ 58. Die Staatsverwaltung ernennt einen Commissär (kaiserlichen Bankcommissär), welcher das Organ ist, durch welches sich die Staatsverwaltung die Ueberzeugung verschafft, dass die Bankgesellschaft sich den Statuten und dem Reglement gemäss benimmt. Auch ernennt die Staatsverwaltung einen Stellvertreter des Commissärs, welcher in dessen Verhinderung dessen Amt auszuüben hat.

§ 59. Dieser Commissär ist berechtigt, den Versammlungen, jedoch nur mit einer berathenden Stimme, beizuwohnen und alle Aufklärungen zu verlangen, welche zur Erfüllung seiner Aufgabe nothwendig sind.

§ 60. Wenn der kaiserliche Commissär eine von der Bankdirection oder der Generalversammlung beschlossene Maassregel mit den Statuten oder dem Reglement im Widerspruche findet, so hat er sich gegen die Ausführung derselben schriftlich oder zu Protocoll zu erklären und zu verlangen, dass hierüber mit der Finanzverwaltung vorläufig das Einvernehmen gepflogen werde. Diese Erklärung hat eine aufhaltende Wirkung. Ist in solchen oder anderen Fällen zwischen der Finanzverwaltung und der Bankdirection keine Verständigung zu erzielen, so hat die Bankdirection den Ausschuss zur Erwägung des Gegenstandes einzuberufen. Steht der bei dieser Berathung nach absoluter Stimmenmehrheit gefasste Beschluss oder ein Beschluss der Generalversammlung nicht im Einklange mit dem Ausspruche der Finanzverwaltung, so ist hierüber die Entscheidung des Gesammtministeriums einzuholen.

§ 61. Bei allen Gegenständen, welche der gesetzgebenden Gewalt vorbehalten sind und die Mitwirkung der Staatsverwaltung oder die besondere Entschliessung Seiner Majestät des Kaisers erfordern, hat sich die Bank durch ihre Direction an die Finanzverwaltung zu wenden.

§ 62. Die Bank kann von der Finanzverwaltung eingereichte Wechsel statutenmässig (§ 21) escomptiren. Ausserdem kann sie nur commissionsweise Geschäfte für Rechnung des Staates besorgen. Das aus der commissionsweisen Besorgung solcher Geschäfte sich ergebende Guthaben ist am Schlusse eines jeden Monates gegenseitig baar zu begleichen.

VI. Von den besonderen Vorrechten des Bankinstitutes.

§ 63. Das Vermögen der Bank und die Einkünfte, welche die Bankgesellschaft im statutenmässigen Wege bezieht, sind mit Ausnahme der Realitäten, der Effecten des Reservefondes und der von der Bank für die Actionäre zu entrichtenden Einkommensteuer für die Dividende steuerfrei.

§. 64. Alle Bücher und Vormerkungen der Bank, sowie alle im Namen der Bankgesellschaft in Ausübung ihrer statutenmässigen Geschäfte ausgefertigten Urkunden geniessen die Stempelfreiheit.

§ 65. Die Verfälschung (Nachmachung oder Abänderung) der von der privilegirten österreichischen Nationalbank ausgefertigten Noten, Actien und Schuldverschreibungen oder der dazu gehörigen Coupons und Talons wird als Verbrechen der Verfälschung öffentlicher Creditpapiere, die Nachmachung oder Verfälschung aller sonstigen von der Bank ausgestellten Urkunden aber, gleich der Nachmachung oder Verfälschung öffentlicher Urkunden nach dem Strafgesetze bestraft.

§ 66. Die Bank kann aus Wechselgeschäften nur bei dem k. k. Handelsgerichte in Wien, in allen anderen Rechtssachen nur bei dem k. k. Landesgerichte in Wien geklagt werden.

§ 67. Da die Bank auf die von ihr ausgegebenen Actien und die bei ihr erliegenden Gelder keine Verbote, Pränotationen oder Super-Pränotationen unmittelbar annimmt, so haben alle Parteien und Behörden sich ausschliessend an das competente Gericht zu wenden, wenn sie eine vorläufige Sicherheitsmaassregel erwirken wollen. Diese letztere kann aber nur darin bestehen, dass diese Behörde der Bank eröffne, mit einer Zahlung, Erfolglassung oder Umschreibung bis zum Ausgange des Streites inne zu halten. In diesem Falle ist die Bank berechtigt, während der Dauer des Rechtsstreites die fälligen Zinsen, Dividenden, Gelder und Effecten gerichtlich zu hinterlegen.

§ 68. Wenn nach Bestimmung des § 67 Actien oder andere der Bank anvertraute Capitalien und Effecten zu einer gerichtlichen Verwaltung und Obsorge gehören oder darauf eine Substitution oder andere Beschränkung vorgemerkt werden soll, so ist gleichfalls der Bank durch das competente Gericht das Gehörige zur Vormerkung in den Bankbüchern und wegen der Erfolglassung der Zinsen, Dividenden, Depositen u. s. w. genau mitzutheilen.

§ 69. Die Bank ertheilt über Actien und ihr anvertraute Effecten oder Pfänder nur deren Eigenthümern Auskünfte.

§ 70. Die Amortisation von Actien, Pfandbriefen und sonstigen Bankurkunden (mit Ausnahme der Bankanweisungen § 27) muss bei dem Landesgerichte in Wien nachgesucht werden. Dasselbe verfährt hiebei nach den für die Amortisation von Staatspapieren bestehenden Vorschriften.

§ 71. Unbehobene Dividenden verjähren zu Gunsten des Reservefondes drei Jahre nach dem letzten Tage des Monates, in welchem sie zur Zahlung fällig waren. In besonders rücksichtswürdigen Fällen kann die Bankdirection diesfalls Ausnahmen eintreten lassen.

§ 72. Die in der Girobank inliegenden Gelder können keinem vorläufigen Verbote unterworfen und erst nach bewirkter gerichtlicher Einantwortung ausgefolgt werden.

§ 73. Kein Anspruch eines Dritten kann die Bank in ihrer statutenmässigen Gebarung hindern oder ihr unbedingtes Vorzugsrecht zur Befriedigung ihrer eigenen Ansprüche an den in ihrem Besitze befindlichen Geldern und Effecten schmälern. Dieses Vorzugsrecht kommt der Bank nicht nur auf jene Gelder und Effecten, welche ihr von dem Schuldner zur Sicherheit für ihre Forderungen übergeben worden sind, sondern ohne Unterschied auf alles bewegliche Vermögen ihres Schuldners zu, in dessen Innehabung sie durch was immer für Geschäfte gelangt ist. Die Bank kann in der Ausübung dieses Vorzugsrechtes auf Gelder und Effecten, welche sie unter den ihr vorgeschriebenen Vorsichten als ein Vermögen ihres Schuldners übernommen hat, selbst durch Eigenthumsansprüche oder andere früher erworbene Rechte dritter Personen nicht gehindert werden, in soferne sie für die Nationalbank bei der Uebernahme nicht deutlich erkennbar waren. Die Bank hat endlich das Recht, nach Maass dieser Statuten und des Reglements sich selbst ohne gerichtliche Dazwischenkunft aus den obigen Mitteln zahlhaft zu machen und hat somit den Ausgang eines anhängigen Rechtsstreites zwischen dritten Personen nicht abzuwarten.

VII. Von der Auflösung der Bankgesellschaft.

§ 74. Wenn die Gesellschaft aufgelöst wird, so hat die Bankdirection, im Einvernehmen mit dem Ausschusse, das gesammte bewegliche und unbewegliche

Vermögen der Bank zu verwerthen und sämmtliche Verbindlichkeiten zu erfüllen. Der erübrigte Betrag wird unter die Gesellschaftsmitglieder nach Verhältniss der Actien vertheilt.

§ 75. Die Bankgesellschaft kann mit Genehmigung der gesetzgebenden Gewalt auch vor Erlöschung ihres Privilegiums aufgelöst werden. Das Begehren dazu kann jedoch nur mit wenigstens drei Viertheilen der anwesenden Stimmen in der Generalversammlung beschlossen werden. Von Seite der Bankdirection ist vier Wochen früher in der Wiener und in einer auswärtigen Zeitung zu verkündigen, dass die Frage über die Auflösung der Gesellschaft in der nächsten Generalversammlung verhandelt werden solle.

§ 76. Für alle Streitigkeiten zwischen der Generalversammlung, dem Ausschusse und der Direction, sowie für jene Streitigkeiten, welche anlässlich der Auflösung der Gesellschaft zwischen den Mitgliedern derselben entstehen, wird der oberste Gerichtshof als Schiedsgericht bestellt, gegen dessen Entscheidung keine Berufung stattfindet. Auf gleiche Weise sind auch die aus der im § 57 ausgesprochenen Verantwortlichkeit abzuleitenden Ansprüche geltend zu machen.

B.

Die Modification der Bankacte im Jahre 1868.

I.

Erlass des Finanzministeriums vom 30. October 1868.

betreffend Abänderungen der Statuten und des Reglements der privil. österreichischen Nationalbank.

In Ausführung des Gesetzes vom 30. Juni 1868 haben die in Nachstehendem bezeichneten Abänderungen der Statuten und des Reglements der Nationalbank vom Jahre 1863, dann des Reglements für die Hypothekar-Credits-Abtheilung der Nationalbank vom Jahre 1856 mit provisorischer Giltigkeit in Wirksamkeit zu treten.

1. Die §§. 10, 14, 20, 21, 22 und 25 der Bankstatuten werden abgeändert wie folgt: § 10. Von dem Jahreserträgnisse der Geschäfte und des Vermögens der Bank gebühren den Actionären nach Abzug aller Auslagen zunächst Fünf vom Hundert des Bankfondes. Von dem noch verbleibenden reinen Jahreserträgnisse werden zehn vom Hundert in den Reservefond hinterlegt, die anderen neunzig vom Hundert sind zur Super-Dividende bestimmt. Aus dem im ersten Semester erzielten reinen Erträgnisse, so weit es sich nach den vorausgegangenen Bestimmungen zur Vertheilung an die Actionäre eignet, wird im Juli eines jeden Jahres ein von der Bankdirection zu bemessender Betrag an die Actionäre erfolgt. Der Rest der reinen Jahreserträgnisse wird nach der im Jänner des folgenden Jahres stattfindenden Generalversammlung hinausbezahlt. Genügen die reinen Jahreserträgnisse nicht, um eine fünfpercentige

Verzinsung des Bankfondes zu erzielen, so kann das Fehlende dem Reservefonde entnommen werden, in solange derselbe hiedurch nicht unter zehn Percent des Bankfondes herabsinkt.

§ 14. Die Bankdirection hat für ein solches Verhältniss des Metallschatzes zur Noten-Emission Sorge zu tragen, welches geeignet ist, die vollständige Erfüllung dieser Verpflichtung zu sichern. Es muss jedoch jedenfalls jener Betrag, um welchen die Summe der umlaufenden Noten zweihundert Millionen Gulden übersteigt, in gesetzlicher Silbermünze oder Silberbarren vorhanden sein. Ebenso muss jener Betrag, um welchen die umlaufenden Noten, zuzüglich der gegen Verbriefung, oder in laufender Rechnung, mit oder ohne Verzinsung in der Nationalbank erliegenden fremden Gelder den vorhandenen Baarvorrath übersteigen, mit statutenmässig escomptirten oder belichenen Effecten, mit eingelösten verfallenen Coupons von Grundentlastungs-Obligationen oder mit Wechseln auf auswärtige Plätze bedeckt sein; dann mit statutenmässig (§ 44 der Statuten für die Hypothekar-Credits-Abtheilung) eingelösten und zur Wiederveräusserung geeigneten Pfandbriefen der Bank, welche letztere jedoch den Betrag von 20 Millionen Gulden nicht überschreiten dürfen, und nur mit zwei Drittel des Nennwerthes zur Bedeckung dienen können. Bis zur Höhe des vierten Theiles des Metallvorrathes kann Gold in Münze oder in Barren anstatt des Silbers zur Bedeckung verwendet werden. Als im Umlaufe befindlich sind die von der Nationalbank ausgegebenen und nicht an ihre Cassen zurückgelangten Noten anzusehen. Der Betrag der im Umlaufe befindlichen Noten und der Stand ihrer Bedeckung ist wöchentlich kundzumachen. Sollte die Erfahrung darthun, dass der hier festgestellte Betrag der bloss bankmässig bedeckten Noten unzulänglich sei, so ist die Nationalbank berechtigt, ihre diesfalls zu stellenden thatsächlich begründeten Anträge der Finanzverwaltung vorzulegen und deren verfassungsmässige Behandlung anzusprechen.

§ 20. Die österreichische Nationalbank führt ihre Rechnungen in österreichischer Währung; sie ist berechtigt: a) Wechsel, Effecten und Coupons zu escomptiren (§ 21); b) Darlehen gegen Handpfand zu erfolgen (§ 22); c) Depositen zur Verwahrung zu übernehmen (§ 24); d) mit oder ohne Verzinsung sowohl Geld gegen Verbriefung, als auch Geld und Wechsel in laufende Rechnung (Giro-Geschäft) zu übernehmen; e) Anweisungen auf ihre eigenen Cassen auszustellen (§ 26); f) commissionsweise Geschäfte zu besorgen; g) verfallene Coupons von Grundentlastungs-Obligationen einzulösen; h) Gold und Silber gemünzt und ungemünzt, dann Wechsel auf auswärtige Plätze anzuschaffen und zu verkaufen; i) nach den durch die Allerhöchste Entschliessung vom 16. März 1856 genehmigten und durch den Finanz-Ministerialerlass vom 20. März 1856 (Reichs Gesetz-Blatt Nr. 36) kundgemachten, mit gegenwärtigen Statuten im Anhange vereinigten Statuten und Reglement, Hypothekar-Darlehen zu gewähren. Das Geschäftsjahr der Bank beginnt am 1. Januar und endet mit 31. December.

§ 21. Die Bank escomptirt gezogene und eigene Wechsel, welche auf österreichische Währung lauten; der Zahler mag am Orte der Escompte-Casse wohnhaft sein oder den Wechsel dort nur zur Zahlung angewiesen haben. Die Bank kann in Wien auch Wechsel escomptiren, welche an Plätzen zahlbar sind, wo sich eine Bankfiliale befindet. Von den Filialen können auch Wechsel escomptirt werden, welche in Wien zahlbar sind. Die Bank kann ihre Filialen ermächtigen, Wechsel zu escomptiren, welche an Orten, wo Filialen bestehen, zahlbar sind. Die Nationalbank ist berechtigt, alle zur Beleihung bei derselben geeigneten Effecten und deren Coupons, in soferne selbe längstens innerhalb drei Monaten zahlbar sind, zu escomptiren. Die Bank ist nicht verpflichtet, eine Ursache der verweigerten Escomptirung anzugeben.

§ 22. Die Nationalbank ist sofort berechtigt, auf Gold und Silber, auf inländische Staatspapiere, auf Effecten von Landes- und Gemeindeschulden, auf Pfandbriefe inländischer Hypothekar-Credit-Institute, und auf voll eingezahlte, an einer öffentlichen Börse amtlich notirte Actien und Effecten von Prioritäts-Anlehen von Industrie-Unternehmungen in beiden Theilen des Reiches Darlehen zu erfolgen.

§ 25. Die Nationalbank übernimmt baares Geld in Noten oder Münze, gegen Verbriefung, mit oder ohne Verzinsung, auf bestimmte oder unbestimmte Zeit. Im Girogeschäfte übernimmt die Bank Gelder, Wechsel und Effecten mit oder ohne Verzinsung in laufender Rechnung, worüber nach Eingang durch Anweisung (Cheque) und Abschreibung auf dem zu diesem Behufe eröffneten Folium verfügt werden kann. Die Bankdirection kann die angesuchte Eröffnung eines Foliums gewähren oder abweisen, ohne eine Ursache ihres Beschlusses anzugeben.

2. Die §§. 26, 27, 31 und 40 des Bankreglements werden abgeändert, wie folgt:

§ 26. Die Prüfung der zum Escompte angebotenen Wechsel erfolgt in der Regel durch ein Censur-Comité. Es ist Pflicht der Bankdirection, Vorsorge zu treffen, dass in den Censur-Comité's ein gleichmässiger und unparteiischer Vorgang beobachtet wird. Wechsel, welche escomptirt wurden, ohne durch ein Censur-Comité geprüft worden zu sein, sind nachträglich dem Censur-Comité vorzulegen.

§ 27. Die Zahl der Censoren wird von der Bankdirection nach dem Bedarfe und den Verhältnissen der verschiedenen Plätze bestimmt. Die Censoren werden von der Bankdirection aus dem Stande der Handels- und Gewerbetreibenden auf die Dauer von drei Jahren gewählt. Diejenigen, welche die Reihe zum Austritte trifft, können unmittelbar wieder gewählt werden. Söhne, dann Gesellschafter und Procuraführer eines Bankdirectors dürfen nicht Censoren sein.

§ 31. Wechsel und Effecten, deren Verfallsfristen den Zeitraum von drei Monaten überschreiten, werden von der Bank nicht in Escompte übernommen.

§ 40. Darlehen oder deren Verlängerung dürfen auf keine längere Frist als 90 Tage gewährt werden.

3. Die §§. 28, 30, 34, 36 und 37 des Bank-Reglements, sowie § 11 des Reglements für die Hypothekar-Creditabtheilung haben zu entfallen.

4. Diese Abänderungen treten mit dem Tage der Kundmachung in Wirksamkeit.

Brestl m. p.

Gesetz vom 13. November 1868,

betreffend die Abänderung des §. 4 der Statuten der privilegirten österreichischen Nationalbank und der §§. 1. 40 und 41 der Statuten der Hypothekar-Creditabtheilung derselben.

Mit Zustimmung beider Häuser des Reichsrathes finde ich zu verordnen, wie folgt:

I.

Der § 4 der Statuten der Nationalbank vom 27. December 1862 (R.-G.-Bl. Nr. 2 vom Jahre 1863) wird abgeändert wie folgt: Das Bankvermögen besteht aus dem Bankfonde und dem Reservefonde. Der in 110.250.000 Gulden ö. W. bestehende, auf 150.000 Actien eingezahlte Bankfond wird auf neunzig Millionen Gulden vermindert. Eine Erhöhung oder Beschränkung dieses Fondes kann nur mit Zustimmung der Generalversammlung und Genehmigung der Gesetzgebung stattfinden.

II.

Die Verminderung des Bankfondes hat durch Rückzahlung von 135 Gulden in Banknoten auf jede einzelne Actie zu geschehen. Durch diese Reduction des Actiencapitals bleiben jedoch alle Bestimmungen über die Höhe des Silberschatzes und der Notenbedeckung unberührt. Diese Reduction des Bankfondes hat sofort stattzufinden.

III.

Die Bestimmungen des zweiten Absatzes des §. 1 der Statuten für die Hypothekar-Creditabtheilung der Nationalbank werden aufgehoben und die §§. 40 und 41 dieser Statuten abgeändert wie folgt: § 40. Für die pünktliche Verzinsung und Bezahlung des Pfandbriefcapitales haften vorzugsweise die hypothecirten Capitalien und ausserdem das sonstige bewegliche und unbewegliche Vermögen der Nationalbank. Dagegen wird im Falle der Auflösung der Bankgesellschaft oder der Trennung der Abtheilung für den Hypothekar-Credit von den anderen Geschäftsabtheilungen der Bank diese Haftung auf einen aus dem Actiencapitale der Bank zu bestellenden Fond beschränkt, welcher mindestens dem zehnten Theile der dann im Umlaufe befindlichen Pfandbriefe gleichkomm und nach Maassgabe der Einlösung der Pfandbriefe In demselben Verhältnisse vermindert werden kann. § 41. Die Nationalbank ist berechtigt, Pfandbriefe bis zum Betrage von 150 Millionen Gulden hinauszugeben, doch darf die Gesammtsumme der im Umlauf befindlichen Pfandbriefe die Gesammtsumme der jeweilig bestehenden Hypothekarforderungen niemals überschreiten.

IV.

Mit dem Vollzuge dieses Gesetzes ist der Minister der Finanzen beauftragt. Wien, am 12. November 1868.

Franz Joseph *m. p.*

Taaffe *m. p.*   Brestl *m. p.*

VERLAG VON DUNCKER & HUMBLOT IN LEPZIG.

L. Brentano.

Die Arbeitergilden der Gegenwart. 2 Bde. gr. 8.
Preis 4 Thlr.

1. Band. Zur Geschichte der englischen Gewerkvereine. 1871. 1 Thlr. 20 Ngr.
2. Band. Zur Kritik der englischen Gewerkvereine. 1872. 2 Thlr. 10 Ngr.

L. Brentano,

Ueber Einigungsämter. Eine Polemik mit Dr. Alex.
Meyer in Breslau. gr. 8. Preis 10 Ngr.

L. Brentano,

Die „wissenschaftliche" Leistung des Herrn Ludwig
Bamberger. Ein Nachspiel zu den Arbeitergilden der
Gegenwart. gr. 8. Preis 24 Ngr.

A. Held,

Die deutsche Arbeiterpresse der Gegenwart. gr. 8.
Preis 1 Thlr. 6 Ngr.

J. F. H. Dannenberg,

Das deutsche Handwerk und die sociale Frage.
gr. 8. Preis 24 Ngr.

Verhandlungen

der Eisenacher Versammlung zur Besprechung der
socialen Frage am 6. u. 7. Oct. 1872. Hrsg. vom ständigen Ausschuss. gr. 8. Preis 1 Thlr. 15 Ngr.

Im Anschluss hieran sind erschienen:

Schriften des Vereins für Socialpolitik:

I.

Gutachten über das Actiengesellschaftswesen, erstattet
von Wiener, Goldschmidt (Leipzig), Behrend. gr. 8.
Preis 20 Ngr.

II.

Gutachten über Fabrikgesetzgebung, Einigungs- und
Schiedsämter, erstattet von Jacobi, Bitzer, Gensel, Lud-
wig-Wolf, Tiedemann, R. Härtel, v. Helldorf, J. Schulze
Dr. Websky, Neumann. gr. 8. Preis 1 Thlr. 10 Ngr

III.

Gutachten über die Personalbesteuerung, erstattet von
Nasse, Held, Gensel, Graf Wintzingerode, C. Rössler. gr. 8.
Preis 20 Ngr.

Druck: Wilhelm Baensch, Leipzig.